Siegfried Bernfeld als Student (um 1912)

Siegfried Bernfeld · Sämtliche Werke
Band 2

Siegfried Bernfeld
Sämtliche Werke in 16 Bänden

Herausgegeben
von Ulrich Herrmann

Band 2

Siegfried Bernfeld

Jugendbewegung und Jugendforschung

Schriften 1909–1930

Herausgegeben
von Ulrich Herrmann

Beltz Verlag
Weinheim und Basel

Gedruckt mit Unterstützung der Deutschen Forschungsgemeinschaft

Die Fotografien von Siegfried Bernfeld stellte freundlicherweise Frau Lisl Neumann-Vierthel (Wien) zur Verfügung.

Die Deutsche Bibliothek – CIP-Einheitsaufnahme

Bernfeld, Siegfried:
Sämtliche Werke : in 16 Bänden / Siegfried Bernfeld. Hrsg. von Ulrich Herrmann. – Weinheim ; Basel : Beltz.
NE: Herrmann, Ulrich [Hrsg.]; Bernfeld, Siegfried: [Sammlung]
Bd. 2. Jugendbewegung und Jugendforschung :
Schriften 1909–1930. – 1994
ISBN 3-407-54981-4

Lektorat: Peter E. Kalb

Herstellung: Klaus Kaltenberg
Satz: Satz- und Reprotechnik GmbH, Hemsbach
Druck: Druck Partner Rübelmann, Hemsbach
Umschlaggestaltung: Kalle Giese Grafik, Overath-Landwehr
Printed in Germany

ISBN 3-407-54981-4

INHALT

Autobiographisches

Aus Ideale – Die Geschichte einer Jugend in Skizzen, Rhythmen und Gesprächen (1909) 11

Aus dem „Classenbuch" (1910) 14

Die Geschichte meines Gymnasialstudiums (1911) . 21

Jugendkultur und Schulreform

Das Akademische Comité für Schulreform (1913) . 33

Ein Sprechsaal für Mittelschüler (1913) 35

Das Akademische Comité für Schulreform – Bericht über das erste Semester (1913) 36

Die erste studentisch-pädagogische Tagung in Breslau (1913) 40

Die Arbeiten des Akademischen Comités für Schulreform (1914) 42

Rat- und Hilfsstelle für jugendliche Angelegenheiten – „Grüner Anker" (1914) 45

Das Akademische Comité für Schulreform (1914) . 48

Drei Reden an die Jugend (1914):

- Die Idee einer allgemeinen Jugendkultur 52
- Der Kampf der Jugend gegen Schule und Familie 61
- Über das Recht der Jugend in der Schule 76

Jugendbewegung

Entwurf eines allgemeinen Programms der Jugendbewegung (1913) 89

Die Jugendgemeinde (1914) 91

Praktische Arbeit (1914) 99

An die Freideutsche Jugend (1914) 101

Die Freideutsche Jugend – Eine Abrechnung mit den Marburger Beschlüssen (1914) 109

Die Zukunft der Freideutschen Jugend – Zur Verständigung (1914) 122

Bericht über den XIV. Freistudententag in Weimar (1914) 134

Ämter für die Jugend (1914) 137

Die deutsche Jugendbewegung (1917) 140

Die Psychoanalyse in der Jugendbewegung (1919) . 149

Tendenzerziehung und Autonomie des Zöglings in der Jugendbewegung (1928) 158

Jugendforschung

Das Archiv für Jugendkultur (1913) 165

Ein Archiv für Jugendkultur (1914) 169

Über Schülervereine – Ein Beitrag zur Gruppenpsychologie und ihrer Methodik (1916) . . 174

Ein Institut für Psychologie und Soziologie der Jugend (1917) 222

Die Psychoanalyse in der Jugendforschung (1922) . 261

Ein Freundinnenkreis (1922) 273

Historische Jugendtagebücher (1928) 325

Zur „Sittenlosigkeit der Jugend“ (1928) 334

Reliquien und Tagebücher (1930) 339

Jüdisches Institut für Jugendforschung und Erziehung

Gründungsaufruf (1920) 357

Gründungsmitteilung (1920) 359

Jüdisches Institut für Jugendforschung und Erziehung – Selbstdarstellung und Arbeitsprogramm (1920/21):

Arbeitsprogramm 361
Selbstdarstellung 365
Sammelanweisung 366
Vorschläge für wissenschaftliche Arbeiten aus dem Institut 367

Ein pädagogisches Forschungs-Institut in Palästina (1920/21) 371

Errichtung einer wissenschaftlichen Studien- und Versuchsstelle beim Education-Department in Erez-Israel – Ein Memorandum (1920) 393

Handbuch der jüdischen Jugendbewegung – Ein Programm (1918/20) 398

Das jüdische Institut für Jugendforschung – Arbeitsprogramm (1920/21) 401

Korrespondenzblatt der Freunde des Jüdischen Instituts für Jugendforschung und Erziehung, Nr. 1, August 1920 406

Korrespondenzblatt, Nr. 2, September 1920 411

Korrespondenzblatt, Sondernummer, Herbst 1920 . 415

Programm der Abteilung Wirtschaftserziehung, 1921 417

Korrespondenzblatt, Nr. 3, Februar 1921 424

Semesterbericht über das Arbeitssemester 1920–1921 434

Ankündigung von pädagogischen Ferienkursen . . 439

Korrespondenzblatt, Nr. 4, April 1921 441

Bericht über das dritte Semester im Winter 1920/21 450

Korrespondenzblatt, Nr. 5/6, Juli 1921 457

Korrespondenzblatt, Nr. 7, April 1922:

Anweisungen zur Sammlung von Material
I. Über Geheimsprachen und Geheimschriften bei Kindern und Jugendlichen 460
II. Über Phantasiespiele 462

Korrespondenzblatt, Nr. 8, August 1922:

Anweisungen zur Sammlung von Material:
III. Die Sprachentwicklung des jiddischen und hebräischen Kindes 466
Bericht des wissenschaftlichen Seminars des Instituts über das Jahr 1921/22 469

***

Nachweis der Erstveröffentlichungen und der Quellen, Editionsbericht 473

Siegfried Bernfelds „Sämtliche Werke" 481

Nachwort des Herausgebers 489

Personenregister 499

Sachregister 509

Autobiographisches

Siegfried Bernfeld als Gymnasiast

AUS IDEALE

Die Geschichte einer Jugend in Skizzen, Rhythmen und Gesprächen erzählt von B.
(1909)

Es dämmerte schon. Der Teich entschlummerte, leise nickten die Weiden und Erlen eine gute Nacht den gelben Wasserrosen zu; die dankten duftend und schlossen ihre zarten Kelche. Die Birke träumte von blühendem Birkenwald, und selig lächelte sie im Schlafe. Noch einmal reckten die Schwäne ihre Flügel, dann gingen auch sie zur Ruh. Schilf und Riedgras wiegte sich leis am Ufer. Dort stand ein Mädchen, unbeweglich, schön, als hätte eben erst das Abenddämmern sie geboren. Träumerisch blickte sie nach Westen, als suchte sie das ferne Land der Griechen wie einst Iphigenie.

Gebannt blieb Robert stehen und sog das Bild in sich. Das Mädchen sah ihn an mit einem ruhigen, mit einem sanften Blick. Da grüßt' er sie – er wußte nicht warum, er mußte so – er grüßte wie ein frommer Mann den Tempel Gottes grüßt.

***

... es fragte Robert: „Und glaubst du, daß sie kommen werden, deine neuen Menschen?"

Lebhaft rief sie aus: „Ja, sie werden kommen, sie müssen kommen. Und dann wird's wunderschön auf Erden sein. Menschlich werden die Menschen sein und göttlich das Leben. Stark werden sie sein und tüchtig; alle werden sie arbeiten, darum werden sie einander ehren; sie werden wissen, darum werden sie einander verstehen und lieben; frei werden sie sein von Bosheit und Mißverstand; schön werden sie sein an Körper und schön an Geist; was sie tun werden, wird schön sein. Die Männer werden sich selbst achten, darum wird ihnen die Frau Mensch sein; die Menschen werden sich kennen, darum werden sie frei sein. Gerecht wird die Welt verteilt sein, denn jeder wird haben, was er für sich erarbeiten wird. Und Ordnung wird auf der Erde sein, drum wird es für jeden den rechten Platz geben."

„Wann, glaubst Du, wird diese schöne Zeit kommen?"

„Durch Wahrheit mit Liebe zur Menschlichkeit. Wann sie für alle kommen wird, das weiß ich nicht. Für manchen ist sie schon gekommen, und mancher erlebt sie vielleicht bald noch in sich." ...

***

... Eben hatte Robert das Licht in seinem Zimmer ausgelöscht. Es jagten seine Gedanken. In rasend-wirrem Flug sah er und hörte er den vergangenen Tag nochmals, doch alles klang wie ferner Glockenton. So schwirrte sein Denken und zauberte bunt durcheinander aus der Dunkelheit hervor eigene Gedanken und fremde Worte, Fetzen von Gedichten, rasch wechselnde Bruchstücke von Stimmungen und Erlebnissen. Dazwischen raunte es: Ernst, Goethe ... Faust ... Goethe ... Es wurde ganz still in ihm. Da kam's tief aus seinem Körper, dunkler noch als die Nacht, ein Gefühl, als wäre sein Gehirn ihm ausgerissen; so leer wurde es in seinem Kopf, dann in der Brust, so leer, so öde. – Langsam rang es sich los in ihm, aus ihm; es war, als hätt' er die Sphinx geboren. Sehnsucht ergriff ihn, wahnsinnige Sehnsucht. Weit reckte er die Arme aus – die schwüle Mainacht spielte um seine Stirne. Er sehnte sich nach etwas, nach irgend etwas. Nach einem Menschen. Nach einem Mädchen. Nach ihr. Und hier steht sie ja schon auf der Wiese, beim Erlengebüsch. Wie pocht sein Herz, wie bebt es bei jedem Schritt. Sonderbar ist die Begegnung, ganz anders wie sonst, es siedet sein Blut, und seine Augen blitzen. Er sieht sie an mit Lüsternheit in jeder Wimper, und nicht in das Auge sieht er wie sonst. Tief in der Seele erschrickt er vor seinem Blick. Nieder sinkt er vor ihr und brünstig küßt er ihre nackten Füße und zieht sie gewaltig zu sich nieder und preßt die Brust an ihre Brust, er preßt ihr fast die Seele aus, die flammend zum Himmel leuchtet. –

Weit öffnet er die Augen. Es hat geblitzt.

„Bedecke deinen Himmel, Zeus! Ich küsse dich doch, du Teure, ich küsse dich doch zu Tode."

– Ein dröhnender Donnerschlag. –

Robert sank zusammen, es stockte sein Blut; bebend dachte er: „Was willst du? Meldest du dich, Gott? Schleuderst du Blitze?"

– Und wieder Blitz und Donner. –

Er richtete sich auf; er hatte sich gefaßt. „Blitze zu, mich schreckst du nicht mehr. Damals hättest du blitzen müssen, damals, als ich mit Zweifeln rang, da ich flehte, offenbare dich, sonst weiß ich nicht, ob du bist. Damals schwiegst du."

– Ein greller Blitz; und Donner. –

„Ich spotte deiner! Was kümmert's dich, was ich mit ihr tue, mein ist sie, mein, und bleibt es auch."

– Wieder Blitz und Donner; gelber, heller als früher. –

„Die Gedanken sind mein, auch die Gedanken an sie; ich darf sie in Gedanken beflecken!"

– Es war, als lohte das Firmament in Flammen auf; *ein* Feuerschein die Welt. Von rechts her und von links her funkte und zuckte und blitzte es, gelb und rot und blau und blendendweiß, dann abgrundtiefe, finstre Nacht. –

Robert deckte mit den Händen die Augen und schrie: „Währt das Blitzen eine Ewigkeit!"

Da krachte prasselnd und knatternd und rollend der Donner.

Betäubt lag Robert, bewegungslos. Er hörte im Nachbargarten Kegelschieben und einen fernen Springbrunn rauschen. Er öffnete langsam die Augen. Die Luft war so taufrisch wie nach einem Gewitterregen. Er murmelte lächelnd: „Wie bin ich abergläubisch. Lichtenberg sagt ... er war ... es auch." Die Lider fielen ihm zu.

AUS DEM „CLASSENBUCH“

(1910)

Vorbemerkung. Wir haben in unserem Aufsatz über den neuen „Anfang“ auf die vor zwei Jahren in Wien erschienene Zeitschrift der Jugend hingewiesen, die sich *„Das Classenbuch“* nannte. Sie sollte das Gegenclassenbuch, das von der Jugend geführte Classenbuch sein. Leider sind, wie gesagt, von diesem nach unserer Meinung ganz herrlich gelungenen Unternehmen nur zwei Hefte erschienen. Aber es wäre ewig schade, wenn sie ohne Sang und Klang aus der Öffentlichkeit verschwinden sollten. Wir wollen deshalb mit gütiger Erlaubnis des vorläufig noch anonymen Herausgebers einige Proben aus den beiden Heften zum Abdruck bringen und ihnen damit bei uns ein Denkmal setzen.

I. Ziele

Goethe sprach einmal seine Verwunderung darüber aus, was er mit vierundzwanzig Jahren geleistet habe; er knüpfte daran die Betrachtung, daß er in mancher Beziehung mit vierundzwanzig Jahren mehr gekonnt und gewußt habe als mit sechzig. Überhaupt, meint er, habe jedes Lebensalter seinen Verstand und seine Kompetenz und stelle für sich einen Höhepunkt dar.

Wenn wir uns dieses Goethewort zu Herzen nehmen, so gewinnen wir einen Maßstab für den Wert aller Lebensalter und ihrer Hervorbringungen. Jede Periode unseres Daseins ist in irgendeinem Punkte und in irgendeiner Beziehung allen übrigen überlegen, diese Überzeugung ist es, welche den Angelsachsen einen solchen Vorsprung über die anderen Rassen der Erde verleiht. Sie verehren das Greisenalter, das ja auch bei uns hochgepriesen wird, aber nicht minder den Mann, den Jüngling und die Kindheit. Sie verehren alle Lebensalter in ihrer Art und betrachten das ganze Leben als eine ungebrochene Einheit, bestehend aus lauter Gipfeln und Höhen. Man muß nur wissen, worüber man jedes reden und urteilen lassen darf.

Wenn wir es versuchen, mit diesen Blättern dem frühen Jünglingsalter, der eigentlichen Pubertätszeit, eine Tribüne zu schaffen, so glauben wir damit eine notwendige Stimme in das Orchester der Gesamtheit einzufügen, die, wenn sie unterdrückt wird, sich irgendeinmal rächt. Es hat sich gezeigt, daß die Schulreform durch nichts so vorwärts gebracht wurde als durch die Stimmen der Jugend.

Wir wollen es möglich machen, daß die Lehrer und Erzieher, welche ihrer Natur nach immer befangen sind und befangen machen, auf diesem Wege doch zu den Stimmen der Jugend gelangen und erfahren, wie es in den Herzen aussieht. Eine Verständigung zwischen Alter und Jugend, eine Briefpost zwischen Zögling und Erzieher sei diese Zeitschrift. Kein Weg auf der Welt ist weiter als dieser. Immer wieder geschieht es, daß nach vielen Jahren hinter der Schulzeit Lehrer und Schüler erfahren, wie sehr sie sich einst mißverstanden haben.

Eltern und Kinder, Geschwister untereinander, Lehrer und Zöglinge sind sich fremd, wie zwei Nationen mit verschiedener Sprache, sie bedürfen eines treuen Mittlers; der muß freilich die Gabe besitzen, das Vertrauen der Jugend zu erringen, damit sie in ihrer Sprache aufrichtig und unbekümmert ihre Freuden und Leiden erzähle, und da gibt es nur einen Weg: Die Jugend muß selbst zum Wort kommen. In diesem Sinn eröffnen wir diese Spalten. Wir errichten das Heim, in welchem die Jugend nur selber schalten und walten und nach Herzenslust hausen soll. Wir wollen einmal sehen, was die Jugend der Jugend zu sagen hat, und die Lehrer und die sonstigen Leute, welche es angeht, sollen als Freunde zu Gaste geladen sein. Wie der Engländer mit seinem Sohne über die höchsten Staatsprobleme gelassen plaudert, so wollen wir mit der Jugend plaudern, ohne ihrer Fassungskraft allzusehr zu mißtrauen. Dieses Blatt soll ein erziehender Freund sein, ein Freund des beschwerten Gemütes, wir wollen unsere Jugend beraten, sie vor Unheil, falschen Wegen, Übereilungen schützen und ihr geistig, gemütlich und praktisch helfen, so gut wir es vermögen. Wir wollen mit ihr die Wege der Bildung beraten und den Geschmack frühzeitig lenken und veredeln. Ihr aber auch in rein praktischen Fragen bei Konflikten zu Hause und in der Schule ratend zur Seite stehen, sei es, indem wir ihre Probleme ganz allgemein erörtern, sei es, indem wir den einzelnen ganz intim einen Wink erteilen.

Wir sind der Hoffnung, daß sich unter der Jugend künftige Mannescharaktere finden, welche vorbildlich und führend auf ihre Genossen zu wirken fähig und berufen sind. In diesem Raum werden sich, so meinen wir, junge Individualitäten begegnen, die füreinander Trost und Hilfe sind, denn die Jugend leidet viel an Einsamkeit; sie werden sich hier suchen und finden und ein Bündnis für das ganze Leben begründen. Die Jugend soll auf der einen Seite gebender, auf der anderen Seite empfangender Teil sein. Den größten Wert legen wir aber auf rein sachliche gegenständliche Berichte über den Unterrichtsbetrieb und die Lehrweise an den mittleren Schulen zu dem Zwecke, um künftigen Schulreformen die Wege zu ebnen und das Material vorzubereiten.

Am liebsten sind uns solche Mitarbeiter, welche uns ein sachlich zutreffendes gegenständliches Bild vom Schulbetrieb geben. Sine ira et studio.

Wie der Titel unserer Zeitschrift sagt, handelt es sich um eine Kritik der Schule, aber die Kritik ist nicht Selbstzweck, sondern Mittel zu einem höheren Zweck: Anpassung der Schule an die eigentlichen Lebensziele: die Lebensbeherrschung. Insbesondere interessiert es uns, welche Früchte die Reformbestrebungen der letzten Jahre getragen haben und ob es wirklich besser geworden ist. Wir werden nicht jede Anklage ohne weiteres für wahr annehmen und gelten lassen, aber wir wollen andererseits nicht engherzig sein, wenn es gilt, die subjektiven Beschwerden der Jugend entgegenzunehmen.

Unser Ziel ist nicht Einschüchterung der Lehrer, sondern Information. Unsere letzte Aufgabe: freundschaftliche Verständigung zu gemeinsamer Arbeit. Das Mittel, dessen wir uns bedienen, ist allerdings Erhöhung des Selbstgefühls der Jugend, dadurch, daß wir es in ihre Hand geben, ihre Sache selbst zu führen, zwar nicht als Richter, aber als berechtigte Partei. Nicht den schlechten Schüler, nicht den Schul- und Lebensunfähigen wollen wir schützen, sondern im Gegenteil den Begabten, den Gesunden, den Lebhaften; wo ihn die Schule in Gefahr bringt, wollen wir ihn geleiten.

Zum Anwalt des Schulballastes machen wir uns nicht, aber dem leeren Schulbegriff, dem Lehrmittel an sich, dem albernen Lehrbuch – dergleichen gibt es –, der grund- und sinnlosen Maßregelei werden wir uns desto energischer widersetzen. Somit hoffen wir, nach keiner Richtung mißverstanden zu werden, und übergeben dieses erste Heft der Öffentlichkeit, damit es durch sich selbst und seine Taten werbe.

II. Das Briefgeheimnis

Da es unmöglich ist, die dünne Papierwand, die einen Brief umhüllt, durch irgendeinen noch so kunstvollen Apparat zu schützen, und da der ganze menschliche Verkehr augenblicklich vernichtet wäre, wenn nicht die Gewißheit bestünde, daß ein Kuvert genau so viel wert ist wie ein Stahlpanzer, hat man das Ehrgefühl schützend um das Briefgeheimnis gelegt; und mit diesem scheinbar dünnen, in Wirklichkeit unzerreißbaren Schleier angetan, legt der Brief Tausende von Meilen zurück, ohne daß sein Absender von der geringsten Sorge geplagt würde. Einen fremden Brief aufbrechen ist so schändlich wie einen Schlafenden überfallen, wie Lauschen an der Tür. Das Briefgeheimnis ist ein wesentlicher Bestandteil der Verfassung, ein Wahrzeichen der freien Persönlichkeit; im Briefgeheimnis bekunden wir uns alle gegenseitig Achtung und Respekt.

Haben wir Mittelschüler das Recht, dies Heiligtum auch für uns zu fordern? Nun, alle Argumente, welche bei den Volljährigen dafür sprechen, treffen auch bei uns zu. Es ist durchaus verwerflich, wenn Eltern und Erzieher das Recht beanspruchen, in unsere Korrespondenz gegen unsern Willen gewaltsam einzubrechen. Eltern und Erzieher sollen freiwillig darauf verzichten; sie mögen sich den Zutritt zur Korrespondenz ihrer Jungen auf freundschaftlichem Wege verschaffen, aber Briefe aufreißen, sei es aus unberechtigter Besorgtheit, sei es aus Herrschsucht oder Neugier, ist gemein. In vielen Konvikten besteht die Unsitte, daß Briefe von der Anstaltsleitung geöffnet werden. Das ist Polizei und nicht Erziehung. Dagegen muß prinzipiell und energisch Einspruch erhoben werden. Das ist ein armseliger

Erzieher, der sich den Zutritt zum Seelenleben seiner Zöglinge nicht anders zu verschaffen weiß. Meistens handelt es sich um nichts anderes als um die schreckliche Gefahr, daß der Sechzehnjährige – um Gottes willen – vielleicht am Ende gar den Liebesbrief eines Backfisches bekommt. Schrecklich! Als ob durch den Einbruch in das Briefgeheimnis etwas anderes erreicht würde, als daß die Korrespondenz auf andere, mehr abseits liegende Wege gelenkt wird. Weise Eltern gehen anders vor: Sie erklären ausdrücklich ihren Jungen, daß sie das Briefgeheimnis aus höheren Gründen achten, und erbitten sich als Gegengabe Wahrhaftigkeit in allen Beziehungen, wenn es sein muß, freiwillig gewährten Durchblick der Korrespondenz. Ist es bei Eltern und Erziehern unschön, wenn sie das Briefgeheimnis brechen, so ist es bei Schuldirektoren, Lehrern und Hofmeistern einfach unerträglich und im speziellen Falle jeder nur mögliche Widerstand zu erheben.

Professoren und Direktoren, welche das Briefgeheimnis verletzen, kommen ins Classenbuch.

III. Nachdenkliche Notizen eines Oktavaners[1]

In der Schule empfand ich heute tief die Lächerlichkeit der literarischen Gespräche auf den Gängen während der Pause. Und doch, es liegt etwas Gutes darin, ein Drang nach geistiger Betätigung. Warum knüpft kein Professor daran an, um uns vom Gewäsch zum Urteil zu führen?

Man sagt, das Gymnasium ist lebensfremd. Das ist ein Vorwurf, der es nicht trifft. Wir werden im Gymnasium sehr gut fürs praktische Leben vorbereitet. Ich versichere, man hat mein Gehirn nicht allzusehr mit humanistischen Dingen belastet. Ich weiß gar nichts von griechischer und römischer Kultur. Aber praktisch sein habe ich gelernt. Ich weiß sehr gut, daß man es mit der Wahrheit absolut nicht ernst zu nehmen braucht. Mit der Wahrheit wäre ich schon mehrmals durchgeflogen, die Klugheit hat mir geholfen. Die Professoren haben es seit acht Jahren oft genug gesagt: Schwindeln ist erlaubt, man darf sich bloß nicht erwischen

1 D.h. also nach norddeutschem Sprachgebrauch: eines Primaners.

lassen. Davon bin ich ganz fest überzeugt worden. – Auch das hat man mich gelehrt, und es ist sehr wichtig fürs Leben: Wer mehr spricht, scheint mehr zu wissen; wer mehr zu wissen scheint, imponiert mehr; und wer am meisten imponiert, der kommt am weitesten. Ich habe diese Moral zwar nicht von einer Autorität ausgesprochen gehört, aber stets befolgt gesehen. Von wenigen Ausnahmen abgesehen. Und für die Ausnahmen lehrte man uns in Prima schon ein famoses Sprüchelchen: exceptio firmat regulam. Ich glaube, das hat sicherlich ein bequemer Gymnasialprofessor erfunden. – Und noch eins. Aus der Logikstunde:

Auch ein Schulrat ist ein Mensch.
Auch der Schuldiener ist ein Mensch.
Der Schuldiener ist durch Zigarren zu gewinnen.
Schlußfolgerung: Der Schulrat ist durch Zigarren zu gewinnen.

Die Praxis hat diesen ideologischen Schluß zwar etwas modifiziert, aber nicht als Fehlschluß erwiesen. Die Modifikationen sind auf folgende einfache Weise zu erschließen:

Der Schuldiener braucht Zigarren.
Der Schuldiener kann durch Zigarren zu allem gebracht werden.
Der Herr Schulrat braucht Autorität.
Der Herr Schulrat ist durch geheuchelte Autoritätsanerkennung zu allem zu bringen.

Wir haben am Gymnasium Redeübungen. Wozu diese eingeführt sind, weiß ich nicht. Es mag übrigens sein, daß man reden lernt durch sie. Aber was man durch sie nicht lernt und was man auch sonst nicht lernt, das ist: sprechen. Glaubt man vielleicht, das könne man ohnehin? Nein, das können wir gar nicht, denn reden, wie einem der Schnabel gewachsen ist, das ist verboten, und man lernt es nicht, statt dessen sich prägnant, richtig und geläufig auszudrükken. Vielleicht ist daran schon die Volksschule schuld. Mag sein; aber auf jeden Fall: das Gymnasium tut nichts dazu, um seine Schüler sprechen zu lehren. Es gibt nicht wenige, die ihre ganze Schulzeit hindurch – in der Schule, meine ich

– keine Viertelstunde lang zusammenhängend zu sprechen waren genötigt worden.

Ich bin in der achten Klasse und habe das Wort Soziologie noch von keinem Professor gehört. Vielleicht sind die Anforderungen hoch, die ich stelle; aber, soll man denn von einer Schule, die sich selbst so hoch schätzt, nicht Hohes verlangen? „Die Schüler sollen sich selbst bilden"; gut, wir sind einverstanden. Aber lehren Sie uns, wie wir uns bilden sollen! Oder noch besser: Lassen Sie uns ganz frei, da Sie uns ja nicht helfen können oder wollen! Oder sollen wir trotz Ihnen etwas werden? Meinen Sie es so? Es ist schon geschehen; und wird auch noch weiter geschehen, Herr Professor. (Fortsetzung folgt) [nicht erschienen]

DIE GESCHICHTE MEINES GYMNASIALSTUDIUMS*

(1911)

Ich werde in dieser meiner Geschichte erzählen, wie es mir im Gymnasium ergangen ist, wie das Gymnasium auf meine geistige Entwicklung, während der acht Jahre[1], die ich es besuchte, gewirkt hat, fördernd und hemmend. Ich werde nicht urteilen; denn das kann ich als Gymnasiast nicht wagen, da ich ja mitten in den Kalamitäten stehe, die unzähligen Faktoren also nicht gegeneinander abwägen kann, die hier mitwirken, und ungerecht einseitige „Anklagen" will ich nicht erheben. Ich habe eine Ahnung von der unendlichen Kompliziertheit jener Kulturinstitution, die wir als Gymnasium kennen; ich habe darum eine Ehrfurcht davor, die mich hindert, vorschnell zu urteilen, ehe ich über der Materie stehe. Ich will einfach erzählen, und ich bin überzeugt, es werden manche Dinge dabei klar werden, mehr neue Perspektiven sich zeigen, als wenn ich „anklagte". –

Ich habe die dritte und vierte Volksschulklasse in einer ländlichen Schule mit „Koedukationsprinzip" besucht. Wir waren höchstens unser zwei in der Klasse, deren Eltern „hochdeutsch" sprachen, die übrigen waren Kinder von kleinsten Gewerbeleuten und von Landleuten. Es kann da-

---

* Konzept. 33 Klein-Oktavseiten mit Bleistift, offenbar eilig, mit zahlreichen Korrekturen geschrieben. In Umschlag mit Zeichnungen von Protozoen, Radiolarien und Diatomeen und von einem Wohnungsgrundriß. Titelseite enthält nebst Notizen zur Disposition des nicht geschriebenen Teils die Aufschrift: Die Geschichte meines Gymnasialstudiums. Wien 1911. Am 19. März, mit Willen unvollendet gelassen.

1 Robert Walter [i. e. Siegfried Bernfeld] hat eine Klasse repetiert; befindet sich also zur Zeit der Niederschrift in der achten Klasse.

her nur wenig wundernehmen, daß ich in meinen Schulerfolgen meinen Kollegen weit überlegen war und daß mich mein Lehrer als seinen begabtesten Schüler bezeichnete. Meine Eltern waren – das ist auch begreiflich – leicht davon zu überzeugen –, und sie beschlossen beide bei sich, mich studieren zu lassen; bei meinem Vater spielte wohl auch die Erwägung mit, daß er als Kaufmann mit großen Verbindungen einem jungen Juristen wohl manche verlockende Lebensaussichten gewähren könne. Man sprach auch zuweilen – scherzhaft vor Gästen zum Beispiel – davon, ich hätte zu nichts Eignung als zum Advokaten, was schon daraus erhelle, daß ich ganze Tage lang ohne Unterbrechung zu reden imstande wäre. Von anderen Berufen wußte ich übrigens ebensowenig als von dem des Advokaten; so setzte sich in mir der Glaube fest, ich wollte Advokat werden. Und als ich die vierte Klasse der Volksschule mit Vorzug bestanden hatte, legte man meine Zukunft mir in meine Hände, und ich zog mein Los, ich wollte Advokat werden. Gut. Ich sollte daher noch im selben Herbst aufs Gymnasium. Mein Freund hatte nicht die Gabe des flüssigen Ausdruckes wie ich vielleicht, seine deutschen Aufsätze waren nicht auf 1 wie meine, und mit der Orthographie stand er auf Kriegsfuß. Daß er als „Dummkopf" nicht aufs Gymnasium würde gehen können, das war klar, was aber tun mit dem Jungen? Bürgerschule? Ausgeschlossen; das ist bloß für die unteren Klassen. – Also Realschule. Dabei blieb es, er kam in die Realschule, freilich erst ein Jahr später als ich in das Gymnasium, da er noch die fünfte Klasse machen mußte.

Ich war um diese Zeit das, was man ein „aufgewecktes Kind"zu nennen pflegt. Meine Aufmerksamkeit war eifrig auf die Dinge in der freien Natur gerichtet, ich hatte Interesse für alles, was in ihr vorging, die Einrichtungen, Arten und Weisen des menschlichen, staatlichen und persönlichen Lebens. Sonderbar stach ab von diesem Interesse, und ich kann wohl sagen: frühreifen Verständnis für die natürlichen Dinge und Verhältnisse der Wirklichkeit, eine sehr lebhafte und üppige Phantasietätigkeit, ja geradezu Phantasterei. Diese beiden Eigenschaften durchdrangen einander auf eine merkwürdige Weise: wenn ich mir nicht genug tun konnte in der abenteuerlichen, träumerischen, umfassenden Weite des Rahmens für die Phantasie meiner Wünsche, so waren alle Details innerhalb dieses Makrokosmos von einer scharfen, fast weltklugen Realistik. Als Beispiel ein Traum, der mich seit dieser Zeit manches Jahr beschäftigt hat, ein Kügelchen zu besitzen, nicht größer als meine Handfläche, das aber in sich die ganze Welt umschlösse, die ganze; und dazu die Fähigkeit, durch ein Wörtchen jeden beliebigen beschränkten oder unbegrenzten Teil von ihr vergrößern zu können, und dann zusehen zu dürfen, wie's lebte und was es enthielt. Und in diesem Rahmen, den ich mannigfaltig auszuschmücken bestrebt war, eine bis ins geringste gehende Kleinmalerei all der Dinge, die ich würde dann sehen und vor allem tun, denn auch für die wirkliche Welt war verbindlich, was ich an meiner zu ändern fand. – Dazu kam ein nachdenkliches Wesen, das aber niemals zu Grübelei werden konnte, weil ich viel zu leicht abgelenkt werden konnte, ja eigentlich stets abgelenkt war; mein Gemüt war frei von Bosheit, wenn ihm natürlich all die großen und kleinen Fehler der großen und kleinen Menschen nicht fehlten; Bosheit war nie darunter. Aus der leichteren Beweglichkeit des Gemütes entsprang häufig Zorn, aus der des Geistes eine pathetische emphatische Vielredenheit. Einen Willen hatte ich nicht, bisher hatte ich keine Gelegenheit gehabt, ihn auszubilden, und gerade um jene Zeit begann man, ihn fast systematisch zu unterdrücken. Daraus entsprang sehr bald eine widerliche Herrschbegier. Ich war schon damals geschlechtlich erregbar und erregt, ohne zu wissen, was es war, und zuweilen ausschweifend, ohne zu wissen, was ich tat.

Dieses ungefähr war mein geistiger Zustand zur Zeit, als ich ins Gymnasium eintrat. Ich habe ihn schildern müssen, weil ich glaube, daß er notwendig ist zum Verständnis des Folgenden...

Bis zur ersten lateinischen Schularbeit ging es mir sehr gut in der Schule. Latein war mir neu und fesselte mich darum während der Stunden, und meine Aufgaben machte ich pünktlich und sorgfältig; denn sooft ich ein Heft in die Hand nahm, durfte ich lesen „I. Klasse Gymnasium", und das erfüllte mich mit Stolz, und ich fühlte mich beim Lernen. Freilich konnte das nicht lang anhalten; gar bald waren mir die lateinischen und mathematischen Aufgaben so gleichgültig, daß ich mich nicht entschließen mochte zu lernen. Ich spielte lieber im Garten, sägte und bastelte und las sehr viel und sehr gern. In der Schule merkte ich ziemlich auf – ich war ja gezwungen dazu –, und so zeigte erst die Schularbeit klar, daß meine Kenntnisse nicht genügende waren. Von da an hatte ich so manchen trüben Tag. Meine Eltern zwangen mich zum Lernen nachmittags; und so saß ich meist ein oder zwei Stunden stumpfsinnig über meinen Büchern. Nach dem ersten „Nicht genügend" nahm ich mir vor, besser zu lernen. Und ich begann es auch, veranlaßt durch den gütigen Zuspruch meiner Mutter. Freilich wußte ich eigentlich nicht, was das heiße: Lernen. Man hatte mir zwar oft genug gesagt: Sei nicht zerstreut! Paß auf! Denke nach! usw., wie das aber anzufangen sei, hatte mir keiner meiner Professoren auch nur angedeutet. Die zweite Arbeit war wieder nicht genügend.

Wir hatten jede Woche Donnerstag Schularbeit. Ich hatte nach jeder das Bewußtsein, sie sei verhaut und war diesen Tag betrübt – später, als mir meine „Nicht genügend" und „Ganz ungenügend" ziemlich selbstverständlich geworden waren, war ich zwar kaum mehr wirklich betrübt, aber ich fühlte die Verpflichtung, nicht zu lachen, zu spielen usw., sondern „betrübt" zu sein – besorgt und in Angst. Freitag bekamen wir sie meistens zurück, diesen Tag verweinte ich. Samstag machte ich verzweifelte Anstrengungen zu lernen. Sonntag versagte man mir gewöhnlich ein Vergnügen, weil ich: – Montag und Dienstag war ich frei und vergnügt. Mittwoch lernte ich verzweifelt.

Das mag so zwei Monate fortgegangen sein. Der Klassenvorstand legte meinem Vater ans Herz, er möge mich aus dem Gymnasium entfernen, ich gehöre nicht hinein. Daß mein Vater sich solche Enttäuschungen nicht hatte träumen lassen von seinem „so begabten" Sohn, hielt er mir nach jedem Mißerfolg vor; zwar er prügelte *nie*, aber er hielt mir feierlich und rührend eine Strafpredigt. Ich fluchte meiner angeblichen Begabung und sagte und glaubte es auch, ich müsse offenbar dumm sein. Ich konnte es nicht begreifen, woher ein Professor die Erlaubnis nehme, so in mein Glück einzugreifen. Und ich war von der Ungerechtigkeit um so überzeugter, als ich ja gelernt hatte. Das war der Erfolg der allwöchentlichen nicht genügenden Schularbeiten. Auch in der zweiten und dritten Klasse gab es solche

Monate, und zwar eine stattliche Reihe, denn ich stand von Dezember bis Februar und von Mai bis Juli nun sehr schlecht. Und diese Depressionen waren wohl von tiefem Einfluß für mich, und es wird vielleicht noch viele Jahre dauern, bis ihre Wirkungen aus meiner Seele gewischt sein werden.

Wie sich dieser Einfluß nach und nach gestaltete und was wohl noch für Faktoren mitgewirkt haben, kann ich nicht sagen. Aber wenn ich mich meines Seins vor dem Gymnasium erinnere, so weiß ich klar, daß ich, von keckem Selbstvertrauen und Stolz durchdrungen, mir viel zutraute und ich auch manches konnte. Schon am Ende des ersten Gymnasiumsjahres ist das anders geworden. Ich hielt mich für ein geistig minderwertiges Subjekt, ohne Begabung und Fähigkeit. Mein Mißtrauen gegen mich ist absolut und fast krankhaft geworden – ebenso meine Scheu, meine Schüchternheit, etwas von meinen geistigen Gedanken zu erzählen. Wenn meine Kollegen während der Pausen sprachen und sich gar sehr klug dünkten und auch so schienen, mit geborgten Phrasen über alles redeten, was sie nicht verstanden, so stand ich schweigend dabei, hielt jene für Genies – sie waren mir auch wirklich in vielem vor, denn sie waren Großstadtkinder, und ich war eigentlich „vom Land", wenn ich auch in Wien lebte – und verlernte dabei das Reden. Das ist ein Versäumnis, das ich jetzt erst und nur mühsam hereinbringe, wäre nicht mein Freund gewesen und manches andere Erlebnis außerhalb der Schule, so könnte ich's wohl überhaupt nicht. Noch heute, wenn ich am Gespräch mich beteiligen soll, taucht mir zuweilen halb unbewußt ein Gedanke an meine „Dummheit" auf, der mich dann freilich am weiteren Sprechen hindert. Und immer schwebt in meinem Geiste die Erinnerung an die Unbeholfenheit, Scham und Verlegenheit auf aus jener Zeit, wo solche Gedanken mich beherrschten, und hemmt den Fluß der Rede und Gedanken. Daß diese Geistesverfassung meines elften bis fünfzehnten Lebensjahres bloß von den Erlebnissen in den unteren Gymnasialklassen verursacht ist, wage ich freilich nicht zu behaupten, obwohl in meiner Erinnerung nichts ist, das noch auf andere Gründe schließen ließe, die mitgewirkt haben könnten *vor* meinem fünfzehnten Jahr. Dann freilich begannen neue Erlebnisse, die allerdings jene Gedanken und Empfindungen ins Krankhafte steigerten.

Nach mehreren ganz ungenügenden Leistungen von mir beschlossen meine Eltern, mir einen Hauslehrer aufzunehmen. Es fiel die Wahl auf einen jungen Juristen. Man könnte genausogut sagen, der Zufall entschied für jenen Juristen. Und er kam täglich – ich glaube für zwei Stunden. Einen Hauslehrer haben zu müssen, wurde mir als der Inbegriff von Faulheit und Schandbarkeit bezeichnet. Meine Tageseinteilung war (im Mai) etwa diese: acht bis zwölf Uhr Schule, ein Uhr Mittag, zwei bis drei: Aufgaben für den Lehrer, drei bis fünf: Lehrer, fünf bis sechs (eventuell sieben): Aufgaben für die Schule, halb acht Uhr Nachtmahl, acht bis neun Uhr Lesen. Nach Schularbeiten und Mißerfolgen und anderen strafwürdigen Ereignissen wurde mir die Lektüre entzogen; dieses hat mich manche Stunde lang unglücklich gemacht und meinen Widerwillen gegen Latein und alles, was damit zusammenhängt, vermehrt, denn ich las damals leidenschaftlich gern. Übrigens nahm ich diese Einteilung nie gar zu tragisch, oft stahl ich mir eine Stunde oder zwei, um im Garten zu spielen, zu sinnen oder zu basteln. Ich wußte, daß ich Pflichtversäumnisse beging, und Betrug und Lüge entsprangen mannigfaltig daraus. Meine Seele sträubte sich dagegen heftig und lange, aber es scheint mir nur zu begreiflich zu sein, daß ein unerzogenes Gewissen – wenn es auch fein war –, ein ungebildeter Willen solchen Verlockungen unterlagen.

Es scheint im übrigen mein Lehrer ein tüchtiger Mensch gewesen zu sein, denn zu Ende des Jahres bekam ich sehr gut auf die Schularbeit – und kam durch. Was ich aber auch bei ihm nicht erlernte, das war ein Funken Interesse für Latein und Mathematik; und auch das erlernte ich nicht, was das nämlich heiße, „denken“ und „lernen“, und wie man es anzufangen habe, um Jahreszahlen und Vokabeln sich zu merken. Darum waren mir die Monate seines Unterrichts von keinem dauernden Gewinn gewesen. Im nächsten Schuljahr hatte ich zu Weihnachten wieder verzweifelt schlechte Noten. – Die übrigen Gegenstände des Unterrichts boten mir so manche Anregung, brachten so manche Befriedigung für meine Wißbegier. Die Geographie weitete meinen Horizont; die Naturgeschichte lehrte mich

Kenntnisse, nach denen ich Sehnsucht hatte; die wichtigste Frucht des Deutschunterrichts war für mich die Anregung zu deklamieren. Auch die Schulbibliothek hat mich in jenen ersten Jahren sehr gefördert.

Aber von viel größerer Bedeutung als dieses war ein anderes: mein Lehrer der Naturgeschichte. Dieser Mann lehrte mich zum erstenmal die Würde des Menschen kennen; er lehrte mich – durch kein größeres Mittel als durch seine ganze Persönlichkeit – Ehrfurcht. Die tief innerliche unauslöschliche Liebe des Schülers zum Lehrer. Er hat mir die Begeisterung des Greises gezeigt und die Liebe zur Natur unumstößlich gefestigt. Freilich, das war eine Wirkung aus der Ferne, und wie tief sie [auch] war, sie hätte viel, viel tiefer sein können. Und meine Seele hatte Sehnsucht danach, daß sie viel, viel tiefer sei. Der Lehrplan, die große Anzahl seiner Schüler, kurz die Organisation des Gymnasiums hat es verhindert, daß diese Liebe in mir sich bis an ihre inneren Grenzen ausweiten konnte; sie ist eigentlich ein Krüppel geblieben und hat wohl auch ein Teil zu den Verwirrungen in meiner geistigen Entwicklung beigetragen, an denen ich heute noch leide. Näheres darüber zu sagen, verbietet der Rahmen, den ich mir für diesen Aufsatz vorgezeichnet, und es ist wohl auch meine Ausdrucksfähigkeit noch zu gering, um so verwickelte Dinge halbwegs klar darstellen zu können.

Es ging mir in den ersten drei Jahren im allgemeinen so: Zum größeren Teil waren mir die Schulgegenstände uninteressant, was mich etwa doch an ihnen interessiert hätte, wurde immer bloß hie und da einmal gestreift. Da ich geistig sehr rege war und mich mit vielen Plänen zu verschiedenen Arbeiten trug, war ich von mir selbst aus völlig beschäftigt; da ich auch Freunde und Nachbarskinder in der Nähe hatte, mit ihnen zu spielen, da ich endlich sehr gerne las, fiel es mir meistens tagsüber gar nicht ein, für die Schule zu lernen. Raffte ich mich ja einmal auf, so wollte ich möglichst gründlich sein und begann zunächst zu wiederholen. Und ich wiederholte von Anfang an; das machte mir meistens Freude, weil ich ja häufig etwas wußte, und ich trieb's so ein paar Tage lang, dann wurde ich wieder geprüft, natürlich aus dem neuen, also ungelernten Teil; es ist selbstverständlich, daß ich nichts konnte. Das deprimierte mich stets so, daß ich stets mehr zu glauben begann, ich könne gar nicht lernen. Und ich konnte es auch wirklich nicht, wie ich schon früher gezeigt hatte. Und ich habe es auch heute nicht erlernt. Trotz aller Mahnungen, Tadeln, Gewissensbisse, Leiden und Sorgen – es waren all meine Interessen zu mächtig, sie zogen mich ab, sie beschäftigten mich auch dann völlig, wenn ich mich redlich bemühte zu lernen. Ich *konnte* nicht an das denken, woran ich denken sollte. Ich war *immer* zerstreut. Und das konnte auch kein Lehrer besser machen. Der fand sich alle Jahre gegen April, manchmal auch schon gegen Februar ein und hatte die Aufgabe, mich durchzubringen. Das heißt, er mußte darauf sehen, mir in Latein und Mathematik – in den späteren Jahren auch Griechisch und Physik – genügende Kenntnisse beizubringen. Da ich aktiv nicht lernen konnte, mußte das passiv geschehen, er mußte die Dinge so oft wiederholen, bis ich sie mir – und wäre es auch für eine Woche – gemerkt. Eigentlich erlernt habe ich dabei gar nichts. Es war nur gerade genug, um durchzukommen. Weil aber diese Methode zeitraubend war, konnte der Lehrer auch gar nicht weiter auf mich wirken. Ich blieb ohne Interesse für die Schulfächer; und mein Wille blieb völlig ungeübt; denn ich lernte ja passiv; beim Lernen war mein Wille ausgeschaltet, und meinen Willen in irgendeiner Beschäftigung zu üben und zu bilden, hintertrieb man mit der Mahnung: Lerne, was für mich hieß: Höre das so oft, bis du's halt auswendig weißt.

Trotzdem ging ich sehr gerne in die Schule. Das hatte folgende Gründe: Vor allem mein Naturgeschichtslehrer. Ein Tag, an dem ich eine Stunde bei ihm gehabt hatte, war kein verlorener mehr für mich. – Dann gab es von Zeit zu Zeit freiere Hausarbeiten, die mich für viel entschädigten. Und dann meine Mitschüler. Ich war körperlich schwach und wurde deshalb von ihnen geprügelt; ich hielt mich für grenzenlos dumm – warum, wird man begreifen, wenn man bedenkt, was man mir in der Volksschule gesagt hatte, und was ich im Gymnasium zu hören bekam – und sie für grenzenlos gescheit; sie wußten zu sprechen und ich nicht; sie gaben es mir zu merken und fühlen, und trotzdem zogen sie mich geheimnisvoll an. Nicht alle waren es, aber die wenigen dafür um so intensiver. Und sie lehrten mich, was sie wußten: ins Theater gehen und darüber reden; geschlechtliche Unreinlichkeiten, flüssig schreiben und Bewunderung. Ich habe durch sie gelernt, neidlos bewundern und fremdes Verdienst anzuerkennen. Sie gaben mir auch Bücher und vielfache Anregungen. Ich verdanke ihnen sehr viel; wenn das, was ich jetzt bin, was Dankenswertes ist. Aber Freundschaft und Liebe haben sie mir sowenig wie meine Lehrer und Professoren gegeben.

So kam ich in die vierte Klasse. Mein Leben ging weiter wie bisher, nur daß ich in allem tiefer wurde. Meine Gedanken, meine Gefühle wurden umfassender, mein Gesichtskreis weiter, ohne daß die Schule etwas Beträchtliches dazu getan hätte. Zugleich wurde mein Wille immer schlaffer. Wieviel von dieser Schwäche mir angeboren ist, das weiß ich nicht, und ob es je gelungen wäre, aus mir einen Napoleon zu machen, weiß ich auch nicht; aber das weiß ich, daß ich damals nach einer Leitung dürstete; daß ich mich dem Lehrer völlig hingegeben hätte, der mit Kraft bestimmend auf mich hätte einzuwirken versucht. Ansätze dazu hätte er in mir genug gefunden. Denn in diesem und im nächsten Jahre begann in mir die Liebe zu erwachen; mit ihr das unbestimmte unruhige Sehnen und nie gestillte Ausgreifen des Geistes, das in mir Gestalt gewann in intensiver Deklamationstätigkeit, in einem Sammeleifer, in beginnender poetischer Produktion und erwachenden ethischen Gefühlen und Gedanken. Die Schule aber kümmerte sich um all das gar nicht. Sie hinderte aber diese meine Bestrebungen. So mußte ich gegen sie – je mehr meine Interessen wuchsen in Tiefe und Breite – arbeiten. So wurde ich einfach aus einem schlechten Schüler ein sehr schlechter Schüler, ich fiel in der vierten Klasse durch. Eine Nachprüfung wurde mir bewilligt, so kam ich in die fünfte Klasse. Im Februar zeigte sich, daß meine Kenntnisse in Latein und Mathematik nicht genügende waren.

Meine Lässigkeit nahm immer mehr zu. Für die Schule arbeitete ich gar nichts, denn das Lernen mit meinen Hauslehrern konnte kein Arbeiten genannt werden...

Was ich für mich arbeitete, wurde auch zerstreut durch die Vielfältigkeit, zerrissen durch den Schulbesuch und getrübt durch das Bewußtsein einer Schuld getan; ohne Leitung, Ziel und Stetigkeit; ich machte kaum bemerkenswerte Fortschritte – ich bin heute in der Kenntnis der Pflanzen nicht viel weiter als vor vier Jahren – und lernte auch dabei nicht: Arbeit und Selbstbeherrschung.

Zusammenfassung: Was ich im Gymnasium nicht erlernte, war: lernen; das Gymnasium hat nur sehr wenig dazu beigetragen, in mir ethische und soziale Gefühle zu wecken; mich zu festigen; und dieses Wenige bloß zufällig, unbeabsichtigt. Das Gymnasium ist ganz und gar ohne Berücksichtigung meiner inneren Entwicklung an ihr vorbeigegangen. Es hat sich nicht einmal Mühe gegeben, mich zu verstehen. Daher tat es ganz willkürliche Eingriffe in das Leben meiner Psyche. Es hat mich vollkommen zufällig erzogen (Keime geweckt, gefördert, unterdrückt), das heißt überhaupt nicht erzogen. Sein Einfluß auf mich war aber sehr groß. Es ließ auch meinen Eltern, meinen Privatlehrern und mir selbst viel zu wenig Zeit und Gelegenheit zur Erziehung. Ich hätte daher überhaupt keine gehabt, hätte ich sie mir nicht gestohlen.

Jugendkultur und Schulreform

Das akademische Comité für Schulreform.

Die L e i t g e d a n k e n des A.C.S. sind folgende:

Kindheit und Jugend sind nicht die zwecklosen Durchgangsstadien zum erwachsenen Menschen, sondern notwendige, in sich geschlossene Entwicklungsstufen.

Jugend und Mannheit sind nicht graduelle, sondern qualitative Unterschiede. Die Jugend ist also nicht unvollkommene, unreife Mannheit, sondern ein vollkommener Zustand für sich.

Der Uebergang aus einer Entwicklungsstufe in die andere erfolgt naturnotwendig, organisch, zwanglos.

Die Jugend hat nur einen Sinn: sich zum vollkommenen Träger des Kulturgeistes zu bilden.

Wenn die Entwicklungsgesetze und das Ziel von Jugend und Mannheit verschieden sind, so muss es auch die rationellste Gestaltung ihres äusseren Lebens sein.

D i e Gestaltung der Lebensverhältnisse der Jugend, die der Sonderart ihrer Natur entspricht, heisst Jugendkultur.

Die Schulreform hat die Aufgabe das Schulwesen neu zu gestalten in dem Sinne, dass die äussere und innere Organisation der Schule der erreichbar vollkommenste Ausdruck für das Streben nach Jugendkultur ist.

Das A.C.S. sucht seine A u f g a b e n in diesem Rahmen, beschränkt sich aber auf folgende 3 Komplexe:

1. Beiträge zu schaffen zur wissenschaftlichen Fundierung des Begriffs, der Aufgaben und der Technik der Jugendkultur;
2. Die Verbreitung des Begriffs und der Gesinnung Jugendkultur unter der Studentenschaft;
3. Einrichtung und Unterstützung von Unternehmungen, die der Mittelschülerschaft wenigstens fragmentarische neben der Schule und der üblichen Lebensweise herlaufende Mittel zur Jugendkultur geben sollen.

Als Arbeiten, die bereits ausgeführt oder in Angriff genommen oder für die nächste Zeit vorbereitet werden, seien genannt:

zu 1.: Materialsammlungen zur Erforschung des Problems der Gemeinschaftsbildung der Jugend, des Problems der jugendlichen Produktivität, des Problems des jugendlichen Geschlechtslebens.

zu 2.: Schaffung von studentischen päd.-psychologischen Laboratorien; Veranstaltung von öffentlichen Vortragsabenden; Herausgabe von Broschüren.

zu 3.: Einrichtung von Sprech- und Lesesälen für Mittelschüler; tätige Förderung des Sportlebens; tätige Unterstützung der "Zeitschrift der Jugend: der Anfang".

Die innere <u>Organisation</u> des A.C.S. ist wesentlich so gestaltet:

Die durchzuführenden Arbeiten werden in gemeinsamen Besprechungen beschlossen und je einem C.M. wird die Durchführung je einer Arbeit übertragen. Es hat diese Arbeit bei völliger Freiheit der Mittel und unter eigener Verantwortung in einer bestimmten Zeit im Sinne des A.C.S. durchzuführen.

Der gegenwärtige Arbeitsleiter ist Siegfried BERNFELD, Wien, XIII., Suppégasse 10.

DAS AKADEMISCHE COMITÉ FÜR SCHULREFORM

(1913)

Die *Leitgedanken* des A.C.S. sind folgende:

Kindheit und Jugend sind nicht die zwecklosen Durchgangsstadien zum erwachsenen Menschen, sondern notwendige, in sich geschlossene Entwicklungsstufen.
Jugend und Mannheit sind nicht graduelle, sondern qualitative Unterschiede. Die Jugend ist also nicht unvollkommene, unreife Mannheit, sondern ein vollkommener Zustand für sich.
Der Übergang aus einer Entwicklungsstufe in die andere erfolgt naturnotwendig, organisch, zwanglos.
Die Jugend hat nur einen Sinn: sich zum vollkommenen Träger des Kulturgeistes zu bilden.
Wenn die Entwicklungsgesetze und das Ziel von Jugend und Mannheit verschieden sind, so muß es auch die rationellste Gestaltung ihres äußeren Lebens sein.
Die Gestaltung der Lebensverhältnisse der Jugend, die der Sonderart ihrer Natur entspricht, heißt Jugendkultur.
Die Schulreform hat die Aufgabe, das Schulwesen neu zu gestalten in dem Sinne, daß die äußere und innere Organisation der Schule der erreichbar vollkommenste Ausdruck für das Streben nach Jugendkultur ist.

Das A.C.S. sucht seine *Aufgaben* in diesem Rahmen, beschränkt sich aber auf folgende drei Komplexe:

1. Beiträge zu schaffen zur wissenschaftlichen Fundierung des Begriffs, der Aufgaben und der Technik der Jugendkultur;
2. die Verbreitung des Begriffs und der Gesinnung „Jugendkultur" unter der Studentenschaft;

3. Einrichtung und Unterstützung von Unternehmungen, die der Mittelschülerschaft wenigstens fragmentarische neben der Schule und der üblichen Lebensweise herlaufende Mittel zur Jugendkultur geben sollen.

Als Arbeiten, die bereits ausgeführt oder in Angriff genommen oder für die nächste Zeit vorbereitet werden, seien genannt:

Zu 1.: Materialsammlungen zur Erforschung des Problems der Gemeinschaftsbildung der Jugend, des Problems der jugendlichen Produktivität, des Problems des jugendlichen Geschlechtslebens.
Zu 2.: Schaffung von studentischen pädagogisch-psychologischen Laboratorien; Veranstaltung von öffentlichen Vortragsabenden; Herausgabe von Broschüren.
Zu 3.: Einrichtung von Sprech- und Lesesälen für Mittelschüler; tätige Förderung des Sportlebens; tätige Unterstützung der „Zeitschrift der Jugend": „Der Anfang".

Die innere Organisation des A.C.S. ist wesentlich so gestaltet:
Die durchzuführenden Arbeiten werden in gemeinsamen Besprechungen beschlossen, und je einem Comité-Mitglied wird die Durchführung je einer Arbeit übertragen. Es hat diese Arbeit bei völliger Freiheit der Mittel und unter eigener Verantwortung in einer bestimmten Zeit im Sinne des A.C.S. durchzuführen.

Der gegenwärtige Arbeitsleiter ist
Siegfried Bernfeld, Wien XIII., Suppégasse 10

EIN SPRECHSAAL FÜR MITTELSCHÜLER

(1913)

Im Auftrage des A. C. S. hat ein Wiener Comitémitglied den „Sprechsaal Wiener Mittelschüler" eingerichtet, dessen Leitgedanke der folgende ist:

Der Sprechsaal Wiener Mittelschüler ist gedacht als Zentrum der freien geistigen Betätigung der Wiener Mittelschülerschaft.

Er ermöglicht es jedem, über den engen Kreis seiner zufälligen Bekannten und Klassenkollegen hinaus mit Gleichaltrigen und Gleichgerichteten sich über alles auszusprechen. Er ermöglicht es jedem, im freien Verkehr mit jüngeren und älteren Kollegen und mit Studenten neue geistige Anregungen zu geben und zu empfangen.

Dieser persönliche und geistige Verkehr ist im Sprechsaal Wiener Mittelschüler so geregelt, daß in den Zusammenkünften (vorläufig wöchentlich Samstag von 6 bis 8 Uhr abends) zuerst ein freier Vortrag über ein Thema von allgemeinerem Interesse von einem Mittelschüler oder einer Schülerin gehalten wird und sich daran eine Diskussion anschließt; zuletzt werden Fragen, die Administration des Sprechsaales betreffend – je nachdem sie notwendig sind oder angeregt werden – beantwortet und besprochen.

Bis jetzt wurden folgende Vorträge gehalten: Jugendkultur, Energie und Ethik, Die moderne Lyrik, Die Esperantobewegung, Über reproduktive Kunst, Der Wandervogel, eine Jugendbewegung. Jedesmal schloß sich eine lebendige Diskussion an, die über die verfügbare Zeit hinaus Stoff zu Gespräch und Meinungsaustausch gab.

DAS AKADEMISCHE COMITÉ FÜR SCHULREFORM

(1913)

Da die Organisation des A. C. S. notwendigerweise ein getrenntes Arbeiten bedingt (nur die Wiener Mitarbeiter treffen sich in zwanglosen Zusammenkünften), andererseits aber für jeden eine Orientierung über die geleistete Gesamtarbeit wünschenswert ist, so werden jetzt in zwangloser Folge allen Teilnehmern und Freunden Berichte über den Stand der Arbeiten zugeschickt. Die Rundschreiben, die durch die stets erweiterte Organisation immer nötiger werden, können nun auf diesem Wege leicht vermittelt werden.

Bericht über das I. Semester

Im Januar 1913 wurden das Programm und der vorläufige Arbeitsplan festgelegt, eine Geschäftsordnung entworfen und der Arbeitsleiter bestimmt. Die *leitende Idee* des A. C. S. ist die Arbeit an der Jugendkultur. Dieses Wort, von Gustav Wyneken geprägt, wurde definiert als jene Gestaltung der Lebensverhältnisse der Jugend, die der Sonderart ihrer Natur entspricht.

Das *Arbeitsgebiet* wurde nach drei Richtungen abgegrenzt:

1. Beiträge zur wissenschaftlichen Fundierung des Begriffes, der Aufgaben und der Technik der Jugendkultur;
2. Verbreitung des Begriffes und der Gesinnung „Jugendkultur" unter der Studentenschaft;
3. Einrichtung und Unterstützung von Unternehmungen, die der Schülerschaft wenigstens fragmentarische, neben der Schule und der üblichen Lebensweise herlaufende Mittel zur Jugendkultur geben sollen.

Von diesen Aufgaben wurden im 1. Semester die folgenden in Angriff genommen.

Zu 1.: Die Einrichtung des Archivs für Jugendkultur wurde begonnen. Dieses will eine umfassende Sammlung wissenschaftlich zu verwertender Dokumente sein für die Sonderart des jugendlichen Lebens und für den inneren Zustand des gegenwärtigen Schul- und Familienlebens. Der Plan des Archivs und die Aufforderung zur Materialsammlung wurden in einem Aufsatz im „Anfang" veröffentlicht; Sonderabzüge dieser Arbeit einer Anzahl von Schülern, Studenten, Forschern und Redaktionen gesandt. Bisher haben sich die „Zeitschrift für angewandte Psychologie", die „Zeitschrift für pädagogische Psychologie" und das „Archiv für Pädagogik" bereit erklärt, über das Archiv für Jugendkultur zu berichten. Als Sammler haben sich gemeldet und betätigt Schüler, Schülerinnen und Studenten in Berlin, Wien, Heidelberg, München. Von den geplanten Verträgen mit Redaktionen und Teilsammlungen wurde als erster der Vertrag mit der Redaktion des „Anfang" abgeschlossen, andere sind vorbereitet oder dem Abschluß nahe. Ein Rundschreiben an die Sammler, Ende August versandt, machte besonders auf Schülerzeitschriften aller Art aufmerksam. Bis jetzt gelangten auf diese Weise über 120 Hefte in den Besitz des Archivs. Der Gesamtbestand sind über 500 Nummern. Der Beginn der Katalogisierungsarbeiten wurde durch eine namhafte Spende von Rudolf Goldscheid ermöglicht, dem wir auch an dieser Stelle unsern herzlichsten Dank aussprechen. Von den geplanten größeren Spezialsammlungen wurde als erste die Rundfrage über den Zustand des Vereinswesens an deutschen und österreichischen Schulen in Angriff genommen. Ein Fragebogen wurde verfaßt und der ganzen Auflage des ersten Heftes des „Anfangs" beigelegt, um Stichproben aus dem ganzen Gebiet zu erhalten. Bisher kamen 100 Bogen ausgefüllt, zum Teil von aktenmäßigem Material begleitet, zurück. Fast täglich gelangen weitere an uns.[1] Daneben wurde mit systematischer Durchführung der Rundfrage be-

---

1 Vgl. dazu die Auswertung in der Abhandlung „Über Schülervereine", in diesem Band S. 174ff.

gonnen. In Steiermark (Mai), Jena (Juni), Berlin, Heidelberg (August), Wien (September) wurde je ein Komiteemitglied damit betraut.

Zu 2.: Die Konstituierung eines „studentischen Laboratoriums für Psychologie und Pädagogik an der Wiener Universität" wurde für Herbst 1913 vorbereitet. Eine Anzahl Studenten begann in drei Gruppen mit Assoziationsstudien und Intelligenzprüfungen. Fünf setzten diese Arbeiten bis Juli fort. Die Eröffnung eines Psychologischen Instituts an der Universität machte weitere Bemühungen überflüssig.

Von den geplanten Broschürenfolgen wurde die erste „Der moderne Student" mit einer Flugschrift an die Abiturienten begonnen. Das Heft erschien im September 1913 im Verlag von Hugo Heller in Wien.

Zu 3.: Am 1. Februar 1913 wurde der Sprechsaal Wiener Mittelschüler gegründet. Allwöchentlich wurden bei einer Zahl von ca. 25 Teilnehmern in Privatwohnungen Diskussionen über einen kurzen Vortrag eines Schülers geführt. Im Laufe des Monats Mai wurden neben diesen allgemeinen Zusammenkünften zwei Gruppen gebildet: eine philosophische und eine Wandergruppe. Gesamtzahl der Teilnehmer über fünfzig. Die Einrichtung ähnlicher Sprechsäle in München, Stuttgart, Berlin wurde unterstützt. In Darmstadt und Prag bereiten sich welche vor. Unabhängig bildeten sich Sprechsäle in Heidelberg und in Coburg.

Im Juni wurde auf Initiative eines Schülers ein Komitee von Schülern eines Gymnasiums gebildet, das das Programm für einen Schülerausschuß entwarf und über die Art der Durchführung beriet. Die Direktion hat ihr Einverständnis bereits bekanntgegeben, und der Schülerausschuß dürfte in der nächsten Zeit eingeführt werden. Ein zweites Komitee wurde an einer andern Schule derselben Stadt im Juli eingerichtet, das jetzt nach den Ferien seine Beratungen fortsetzt.

Im August wurde in Wien eine Propagandastelle für die Zeitschrift „Der Anfang" eingerichtet, die es übernommen hat, bei Buchhändlern, Schülern, Studenten systematisch für seine Verbreitung zu sorgen.

Die Geldmittel wurden durch Spenden von den Leitern

für ihre Arbeiten zusammengebracht. Jeder Leiter ist völlig unabhängig, berichtet aber regelmäßig dem Arbeitsleiter.

Leiter und Vertreter des A.C.S. sind zur Zeit in Wien, Berlin, München, Prag, Leoben, Stuttgart, Freiburg, Heidelberg, Darmstadt, Graz, Jena tätig.

Am 15. September wurde das eigene Lokal, das gemeinschaftlich mit der Redaktion „Anfang“ und dem Sprechsaal gemietet wurde, bezogen. Adresse: Wien I, Stoß im Himmel 3, I/9. Bureaustunden: an Wochentagen von 10–12½, von 2–5 Uhr.

Der Arbeitsleiter S. Bernfeld

DIE ERSTE STUDENTISCH-PÄDAGOGISCHE TAGUNG IN BRESLAU

6.–7. Oktober 1913

Wir dürfen mit dem Verlauf dieser Tagung durchaus zufrieden sein. Das Wesentliche ist dabei nicht, daß die pädagogischen Gruppen aller Universitäten von nun an eine gemeinsame Geschäftsstelle haben und ihre Vertreter sich alljährlich zu einer gründlichen Aussprache treffen werden, und auch darauf ist nicht das größte Gewicht zu legen, daß der „Anfang" im Mittelpunkt der Diskussion stand und viele neue Freunde gefunden hat. – Daß jeder Freund der Freiburger Richtung an diesem Tag aus der ungeahnten Werbekraft seiner Ideen die sichere Überzeugung gewann, daß der Idee der Jugendkultur, der Freien Schulgemeinde und des „Anfang" die nächste Zukunft gehört, und daß er daraus auf lange Kampfesmut schöpfen wird, deute ich ebenfalls nur an. Das wesentlich Neue, der Wechsel auf die Zukunft war, daß man mit uns diskutierte. Man: hohe Verwaltungsbeamte, Universitäts- und Gymnasiallehrer mit uns, den Studenten, die sich ausdrücklich als Vertreter der Schuljugend bezeichnet hatten. Es war so etwas wie der erste Anfang eines konstituionellen Zustandes im Erziehungswesen. Es war vom „Anfang" die Rede, von der Erziehung im Elternhaus, von der Schule und vom Verkehr der Geschlechter miteinander. Die Verhandlungen des Tages werden nächstens bei B. G. Teubner im Druck erscheinen.

Wir notieren hier nur die Tatsache einer öffentlichen Aussprache der Vertreter der Schülerschaft und des bestehenden Systems. Noch eins verdient, angemerkt zu werden. Vielleicht ist der Unterschied zwischen der Breslauer und Freiburger Richtung weniger ein prinzipieller Gegensatz der *Gruppen,* wie man bisher meinen mußte, sondern eher ein Unterschied des Ideals bei den *einzelnen.* Die einen bejahen das gegenwärtige Erziehungswesen – freudig oder als nötiges Übel – und wünschen, daran zu bessern; die andern ersehnen ein völlig neues Erziehungswesen, besser kein „Erziehungswesen“, sondern ein Jugendleben, in den Organismus menschheitlicher Kultur eingeordnet. Also nicht Breslau – Freiburg, sondern Schulreform – Jugendkultur.

DIE ARBEITEN DES AKADEMISCHEN COMITÉS FÜR SCHULREFORM

(1914)

Das Akademische Comité für Schulreform ist anmaßend in bezug auf sein inneres Ziel: es strebt an, der vollkommenste Studentenverein zu werden, und radikal in bezug auf sein äußeres Ziel: es strebt an eine grundlegende Umgestaltung des Jugenderziehungswesens. Darin sind wir völlig einig mit den pädagogischen Gruppen Freiburger Richtung; es erübrigt sich, darüber hier Näheres zu sagen.

In seiner inneren Organisation unterscheidet sich das A. C. S. wesentlich von den üblichen Arten der Studentenvereine. Darüber sei hier Näheres berichtet.

Wir sind ausgegangen von Überlegungen über Sinn und Wesen der Organisation und den besonderen Bedingungen studentischer Organisationen.

Jeder Mensch kann in seinem Maß beitragen zur allgemeinen Kulturarbeit. Daß er es auch wirklich tue, dazu sind *Organisationen* da. Die besten Organisationen werden jene sein, die möglichst vielen Menschen die Möglichkeit geben, ja sie zwingen, bis zur äußersten Grenze ihrer Kräfte sich an jener allgemeinen Kulturarbeit zu beteiligen. Und so wird die beste studentisch-pädagogische Organisation jene sein, die die größte Anzahl von jungen Menschen verpflichtet, soviel in ihrer Kraft steht, an der pädagogischen Bewegung der Gegenwart teilzunehmen. Hier liegt ein ganz wesentlicher Unterschied zur üblichen *Organisation*; beschränkt diese sozusagen die Kraft jedes einzelnen nach ihren eigenen Zielen und zwingt ihn, nur so viel zu arbeiten, als die Vereinsorganisation erlaubt, so müßte jene so gestaltet sein, daß sie jeden zwänge, so viel zu arbeiten, als ihm seine Eigenart und Stellung erlaubt. Wir haben uns gesagt, wenn uns unsere Vereine an der uns gemäßen Arbeit hindern, so lösen wir sie auf, und wir haben uns entschlossen, uns nach und nach jene Organisation zu gestalten, die viele tätige junge Menschen einreiht in den Kampf um ein neues Jugendleben.

Das *wesentliche Hindernis* zur Erfüllung der Idee der Organisation schien uns zu sein die prinzipielle Scheidung der konzipierenden, beschließenden und ausführenden Kräfte der Vereine. Wir haben grundsätzlich die beschließenden und ausführenden Funktionen an die konzipierenden gebunden. Das heißt ganz einfach: Wer eine Idee zu irgendeiner Arbeit hat, hat zugleich die Machtvollkommenheit, sie auszuführen, aber ebenso zugleich die vollkommene Verantwortung für das Gelingen.

Die *Folgen* dieser Einrichtung sind dreierlei:

1. Die *nötigen Arbeiten* werden *wirklich getan*, denn es gibt keine bequemen Verschiebungen auf Ausschüsse, Komitees und Subkomitees. Jeder ist ganz persönlich daran beteiligt, ob ein Brief sofort beantwortet wird, ein kurzer Gang getan wird. Die Unterlassung kann unter Umständen seine ganze Arbeit gefährden, und es gibt den typischen „lässigen Schriftführer“ nicht, der sonst immer an allem schuld ist.
2. Die einzelnen *Kräfte* werden *nicht* so rasch *verbraucht*. Da niemand sich in vergeblichen Kämpfen zu verzehren braucht, bis er in vielen Sitzungen seinen Vorschlag, für den er brennt, durchgesetzt hat, da ferner niemand Arbeiten irgendwelcher Art zu machen braucht, deren Notwendigkeit er nicht völlig einsieht, in den Mitteln und Methoden keine andere Grenze gezogen ist als die Erfindungsgabe und die Organisationskraft jedes einzelnen, so fehlt die Erscheinung des begeistert Eintretenden, der nach wenigen Monaten mißvergnügt und verstimmt den Verein verläßt.
3. Es *fällt* der umständliche *Administrationsapparat fort*, der gewöhnlich einen Vorsitzenden, seinen Stellvertreter, einen Schriftführer und einen Kassier fordert. Für jede Teilarbeit ist ihr Leiter in seiner Person Vorsitzender, Stellvertreter und Kassier, meist auch Schriftführer. Und dies ist leicht möglich, da auf jeden mit dieser Methode bloß wenig Agenden kommen.

Man könnte so das A. C. S. mit einem Verband von Organisationen vergleichen, nur daß die meisten dieser zusammengeschlossenen Organisationen bloß aus einem oder zwei Mitgliedern bestehen. Die Geschäftsstelle dieses Verbandes ist ersetzt durch den Arbeitsleiter, der die vereinigende Korrespondenz führt und diese Arbeitsgemeinschaft vertritt. An Stelle des Verbandstages haben wir zwangslose Zusammenkünfte der Wiener Mitarbeiter und Rundschreiben an die auswärtigen. Die Zusammenkünfte sind ganz und gar nicht Sitzungen, sondern gesellige Besprechungen, in denen die getrennt Arbeitenden voneinander erfahren, neue Freunde eingeführt und neue Ideen besprochen werden.

Dies ist etwa das Wesentlichste von unserer inneren Organisation; sie ist noch sehr unvollkommen, manches Problem ist noch nicht gelöst und manches noch gar nicht gesehen. Vielleicht dürfen wir aber hoffen, später einmal einen hohen Grad an Vollkommenheit in unserer technischen Organisation zu erreichen, wenn wir unserem Prinzip treu bleiben, auch nicht die kleinste Einrichtung zu übernehmen, sondern immer aus dem Bedürfnis heraus die adäquate Organisation zu gestalten. Über das Inhaltliche unserer Arbeit unterrichtet der angefügte Bericht. Mehr zu sagen erübrigt sich, da das Wesentliche der *Geist* ist, in dem gehandelt wird. Ihn genau zu formulieren, kann uns heute noch nicht gelingen. Es wird auf die Vorträge von Wyneken und Benjamin hingewiesen, mit denen wir uns identifizieren.

RAT- UND HILFESTELLE FÜR JUGENDLICHE ANGELEGENHEITEN „GRÜNER ANKER“

(1914)

Das Akademische Comité für Schulreform hat den *Grünen Anker* ins Leben gerufen, um damit ein Rat- und Hilfsorgan für alle Angelegenheiten und Nöte der Jugend zu schaffen.

Für die speziellen Angelegenheiten der Erwachsenen ist in ziemlich reichlicher Weise gesorgt; die Jugend entbehrt bis heute eines eigenen Hilfsorgans. Eltern, Schule und die Hilfsstellen der Erwachsenen sind naturgemäß nur selten befähigt, sich in jugendliche Bedürfnisse und Nöte mit vollem Verständnis und Hingebung einzufühlen.

Die Folge sind Leiden und Bedrängnisse, von deren Ausdehnung und Stärke die wenigsten eine wirkliche Vorstellung haben. Wie könnten die Erwachsenen denn auch die spezifischen Angelegenheiten der Jugend *jugendlich* nachfühlen, da sie selbst immer der vorhergegangenen Generation angehören und eben kraft des Zustandes der Erwachsenheit durch eine Kluft von der Jugend getrennt sind! Die Jugend aber ist ein Körper- und Seelenzustand von Besonderheit und eigenem Sinn und Autonomie; sie kann in der Regel nur von der Jugend selbst verstanden werden und nur in seltenen Ausnahmefällen von Erwachsenen, die dank glücklicher Verhältnisse jung, warm und beweglich geblieben sind.

Sind wir es doch gewöhnt, daß die meisten Eltern mit ihren Kindern gerade über die wichtigsten Fragen des Lebens nicht sprechen, sei es aus Vornehmheit oder Hochmut, sei es aus Unwissenheit oder peinlicher Geniertheit.

Die Jugend hat daher vielfach das Vertrauen zu den Erwachsenen verloren oder hält sie nicht mehr für kompetent, über jugendliche Angelegenheiten zu urteilen und zu entscheiden. Die Jugend wendet sich an die Jugend, an ihresgleichen, appelliert an das Verständnis der Altersgenossen oder der nur um ein geringes Älteren.

Von den großen und allgemeinen Bedürfnissen der Jugend ist hier die Rede, nicht von den individuellen Verschrobenheiten einzelner jugendlicher Personen. Gerade diese durchgängig-allgemeinen Angelegenheiten sind es, durch deren mißverständliche Auffassung sich die Jugend am meisten bedrängt fühlt, Bedrängnisse, die nur in den aller krassesten Fällen – doch häufig genug und rapid zunehmend – zum Selbstmord der Knaben und Mädchen führen; in ungezählten Fällen aber zur Verkrüppelung, Brechung oder Verkümmerung der jugendlichen Seelen. Hilflos, ohne Stütze, ohne Erkenntnis, ohne Ermunterung, ohne gesicherten, ermutigenden Rückhalt an einer jugendlichen Gemeinschaft, fristet die Jugend ihr Leben mühsam dahin, von allen mißverstanden, von niemandem ernst genommen, bis sie schließlich – frühreif geworden – die schnelle Erreichung des Erwachsenheitszustandes als letzte Rettung erblickt.

Unzufrieden mit diesen haltlosen Zuständen, überzeugt von ihrer eigenen Kraft und Hilfsfähigkeit, ist daher die Jugend darangegangen, sich im *Grünen Anker* ihr eigenes Hilfsorgan zu schaffen. Menschen, die selbst noch ganz jung sind oder der Jugend noch nahe genug stehen, um sie völlig verstehen zu können, um von ihr zur Mitarbeit gewünscht zu werden, haben sich zu dieser Hilfsorganisation zusammengeschlossen.

Es kann nicht bezweifelt werden, daß junge Menschen in bedrängter Situation sich mit ganz anderen Hoffnungen und mit größerem Vertrauen an den *Grünen Anker* als Hilfsstelle der Jugend wenden werden, als an die Hilfsstellen der Erwachsenen.

Bei der Häufigkeit und Komplikation der Fälle werden aber die Kräfte der innerhalb des *Grünen Ankers* Tätigen nicht ausreichen; eine Anzahl Erwachsener sind daher von uns gebeten worden, in schwierigen Fällen zu intervenieren, und haben sich freudig zur Übernahme und Behandlung solch schwieriger Fälle bereiterklärt. Allen jenen, die die lebendige Beziehung zur Jugend noch nicht verloren haben, ist hier ein Arbeitsfeld von unabsehbarer Weite eröffnet. In solch schwierigen Fällen, die teils persönliche

Intervention in der Schule und bei den Eltern erfordern, teils liebevolles Eingehen auf den besonderen Zustand des Hilfsbedürftigen und auf die Eigenart des Falles zählen wir insbesondere:

Konflikte im Elternhause, besonders religiöser und moralischer Art.

Konflikte in der Schule.

Zweifel in der Wahl des Berufes oder elterlicher Zwang in dieser Hinsicht.

Zwangsweise Internierungen.

Abgabe der Knaben oder Mädchen in *bedenkliche Internate.*

Konflikte im jugendlichen *Sexualleben.*

Körperliche oder geistige Mißhandlung durch Eltern oder Vorgesetzte.

Innere Kämpfe und Ringen um die Entfaltung der Persönlichkeit.

usw.

Für diese Fälle stehen dem *Grünen Anker* Eltern, Ärzte, Ärztinnen, Juristen, Pädagogen, Hochschullehrer, Abgeordnete, Journalisten usw. zur Seite.

Rat, Trost, Verständnis, Hilfe, Ermunterung, Intervention sollen den Suchenden in liebenswürdig-kameradschaftlicher Weise zuteil werden. Als Hort der Jugendlichkeit wird der *Grüne Anker* natürlich die Rechte der Jugend mit aller Kraft vertreten, jugendliche Irrtümer und Mißverständnisse, Übertriebenheiten und Verschrobenheiten aber zu klären und beseitigen suchen.

Ist materielle Hilfe rasch nötig, so wird solche in besonders dringenden Fällen durch finanzielle Unterstützung, sonst aber durch Beschaffung von Stellungen oder Sicherstellung der Lebenshaltung während der Zeit der Bedrängtheit zuteil werden.

Wir wenden uns nun an alle jene, die unserer Sache günstig gesinnt sind, um finanzielle und moralische Unterstützung, um Zusage von Hilfeleistungen und Interventionen. Die Listen unserer Helfenden können nicht groß genug sein.

Es kann kein Zweifel bestehen, daß sofort nach öffentlichem Bekanntwerden des *Grünen Ankers* die Inanspruchnahme desselben in größtem Maße vor sich gehen wird.

Wer daher mithelfen will, gebe dies uns rasch bekannt!

DAS AKADEMISCHE COMITÉ FÜR SCHULREFORM

(1914)

In der Organisation des Akademischen Comités für Schulreform schneiden sich zwei Gedankenkreise:

Zuerst die *Idee der kulturellen Organisation*. Der Wille des einzelnen, sich selbst und den Rest noch ungestalteten Lebens, ungeformter Dinge, dem Kulturgut anzugliedern – im letzten Grunde der unendliche Machtwille des einzelnen, der unersättlich die ganze, aber wirklich die *ganze* Welt seinem eigenen Prinzip gemäß ordnen und verwandeln will –, erfährt vor der Fülle der Aufgaben und der Schwere des Werkes seine eigene Unzulänglichkeit. Er sieht sich beschränkt auf einen kleinen Umkreis von Werken und Dingen; und er kann sich diesem um so weniger ganz hingeben, da er ewig beunruhigt bleibt durch die überwältigende Fülle ringsum; denn Kulturwille ist immer Wille zum Restlosen, Ganzen. Ruhe, Tiefe, Sinn bekäme dieses beschränkte und verwirrte Gestaltungsbemühen, wenn irgendeine Instanz gegeben wäre, die nach einem klaren Plan „Bereich und Rhythmus" der Teilarbeit des Einzelnen genau bestimmte und so verbürgte, daß die Glieder sich zu einer Kette fügen, daß die Kette die ganze Welt umspannen werde. Den Plan der Vorsehung dem verborgenen Schöpfer zu entwinden, zu lesen und bewußt zu erfüllen, oder, wenn überhaupt kein solcher Plan hinter dem Chaos liegen sollte, ihn erstmalig zu zeichnen, das ist im Grunde der Sinn der kulturellen Organisation. Der einzelne, zum sinnlosen Stückwerk gezwungen, wählt mit Willen und frohem Mut die Rolle eines Gliedes für sich und erhält so Wert in einer Gemeinschaft, die ihn nach einem Plan vor seine Aufgabe stellt und ihn zwingt zur äußersten Kraftanspannung in der Richtung der Kultivierung der Welt. Die beglückende Aussicht, zugleich mit den Genossen jenen eigenen Willen zu erfüllen – ohne die Not des Dankes, denn alles wirkt hier wechselseitig –, erzeugt die Atmosphäre des Ordens, der Bruderschaft.

Das A. C. S. war gedacht als solcher Orden; im Formalen. Seinen Inhalt fand es im zweiten Gedankenkreis: *der Idee der Freien Schulgemeinde, der Jugendkultur*. Sie zeigte, als Vision, eine Gestalt des jugendlichen Lebens, die jener Idee der kulturellen Organisation nahe verwandt ist: eine jugendliche Ordensgemeinschaft, eingegliedert in die Kultur, mit einer besonderen Aufgabe ihr gegenüber, so ganz entsprechend der natürlichen Verfassung der Jahre von 14 bis 21, daß man, die Idee einmal ergriffen, nicht anders konnte als denken, daß sie noch heute realisiert sein würde. Aber zugleich sah man mit fast unbrechbarer Macht die Trägheit der Einrichtungen entgegenwirken, und alle Köpfe schienen, vergiftet von den Ausstrahlungen dieser Erziehungseinrichtungen, unfähig, eine neue und reine Idee zu fassen. Zwar war die reinigende Wirkung deutlich genug, die von Wyneken, Wickersdorf und manchem Verwandten ausging, aber all dies schien langsam, verschwenderisch und verwirrt zu wirken. Und so entschlossen wir uns, den geheimen Plan und den festen Bund zu schaffen, die den Kampf der Einrichtungen leiten und zugunsten der Jugendkultur entscheiden sollten.

So entstand eine kulturelle Organisation, die sich zur Aufgabe setzte, nach einem Plan der Idee der Freien Schulgemeinde zum Sieg zu helfen, oder eigentlich, die nur die Aufgabe hatte, diesen Plan zu entwerfen und nach ihm die Kräfte sinnvoll zu verteilen: das A. C. S. Wir schrieben in unserem ersten Zirkular – März 1913 –: „Jedes Mitglied erhält (aus diesem Umkreis von Aufgaben) eine Arbeit zugewiesen, die es bei völliger Freiheit aller Mittel und unter eigener Verantwortung im Sinne des A. C. S. in einer bestimmten Zeit ausführt."

Auf diese Weise sind die Ideen zu folgenden Organisationen entstanden und zum Teil durchgeführt, die nach ihren eigenen Gesetzen sich selbständig entwickeln und die Kampfwagen für den Sieg einer neuen Jugend sein sollen:

Der Anfang, Zeitschrift der Jugend. „Tribüne, auf der die Jugend aller Richtungen unbevormundet über ihre Probleme sprechen kann."

Das Archiv für Jugendkultur. Eine wissenschaftliche Sammlung von Dokumenten über den Zustand des Schul- und Erziehungswesens, aus der Perspektive der Jugend, und von Dokumenten zur Soziologie und Psychologie des Alters von etwa 12–25.

Die Sprechsäle für Schüler. Versuche, das jugendliche Leben, soweit Schule und Elternhaus es freigeben, auf seine eigenartige Weise zu gestalten.

Der Grüne Anker. Eine Rat- und Hilfsstelle für jugendliche Angelegenheiten: Konflikte mit Eltern und Behörden; Berufswahl; Krankheit; seelische und soziale Not jeder Art.

Schülerausschüsse. Legale Vertretung der Schüler einer Klasse gegenüber ihren vorgesetzten Behörden.

Die Schülerkonferenz. Vertretungen der Schülerschaft eines Ortes oder Landes, mit der Aufgabe, Eingaben, berichtend oder wünschend, über Änderungen des Schulwesens an die Behörden zu senden, im Sinne der Vorschläge von Natorp, Ostwald, Kerr u. a. im „Anfang" (Nr. 10).

Der *Allgemeine Jugend-Kultur-Fonds*. Umfassende Geldsammlung zur Unterstützung von Jugendorganisationen, deren Aufgabe ist, die Jugend einzugliedern in die Kultur.

Öffentliche Aussprachen zwischen Studenten, als den Vertretern der Schuljugend, und Gymnasiallehrern, Eltern und Behörden über konkrete Fragen des Schullebens.

Manche dieser Einrichtungen haben sich bereits bewährt und sind schnell gewachsen, andere werden vorbereitet. Und kann man auch mit den Leistungen des A. C. S. in den drei Halbjahren seines Bestehens recht zufrieden sein, wenn man mit den Maßstäben der üblichen Studentenvereine mißt, so fehlt soviel wie alles, wenn man mit dem eigenen mißt. Das A. C. S. stellt eine Vermischung dar von Orden und Kampfbund und leidet darunter. Das liegt an seiner Entstehung. Es hätte eine streitbare Brüderschaft werden sollen. Aber der Sprechsaal, aus ihm entstanden, hat die meisten Kräfte in sich aufgenommen. Er ist seinem Wesen nach, das in der jüngst aus seinem Kreise gegründeten Jugendgemeinde reiner zum Ausdruck kommt, ein beschauliches Organ, ein Bund, der innere Vollkommenheit erstrebt, der für eine kleine Gruppe fruchtbar ist. Die Jugendgemeinde hat dies gemeinsam mit der Schulgemeinde, im Gegensatz zum A.C.S. Aber dieser Gegensatz ist nun erkannt. Und zugleich noch dies: Die große Menge der wertvollen Jugend neigt zu diesem inneren Leben, und vor allem die jüngere Schicht, die durch Schule und Haus von Anfang an nach innen gewiesen ist, der das Außen verboten ist. Sie verlangt einen gegenwärtigen Inhalt, der nicht Kampf für die Zukunft ist. So wie die Freideutsche Jugend in klarer Erkenntnis dieser Tatsache den Kampf der „Radikalen" ablehnt. Und doch hat sie Unrecht. Denn wiederum: Der Jugendorden – und gar der Wandervogel – sind Stückwerke, sie sind Notorganisationen für eine Zeit, die noch nicht die ganze Jugend in Freien Schulgemeinden leben läßt. Aber diese Zeit muß kommen. Damit sie komme, muß in letzter Linie doch der Orden *kämpfen*. – Aber nicht er, sondern ein Organ von ihm: die Kampfgemeinschaft der Jugend. Und ein Glied dieser Kampfgemeinschaft wird das A.C.S. werden. Wir sind daran, es aus diesem Gedanken umzubauen. Seine Aufgabe ist so bestimmt, enger begrenzt, aber schärfer zugespitzt: Zusammenschluß aller Akademiker, die als ihre Pflicht wissen, die Mittelschuljugend zu vertreten gegenüber der Öffentlichkeit, für sie zu kämpfen im Sinne der Idee der Jugendkultur. Andere Kampfgruppen werden andere Ziele finden, und alle schließen sich zusammen, für den *allgemeinen Orden der Jugend* kämpfend, nach *seinem* Plan, als seine *ecclesia militans*.

Anmerkung der Schriftleitung: Wir halten es für unsere Pflicht, von der Organisation des Akademischen Comités für Schulreform, als einer für die Gegenwart besonders charakteristischen Erscheinung des akademischen Lebens, einen seiner Begründer berichten zu lasssen; natürlich konnte das nur in aller Kürze geschehen. Ausführlicheres findet sich in den verschiedenen Heften der Zeitschrift: „Der Anfang" und in dem Bericht über die erste studentisch-pädagogische Tagung zu Breslau (jene erscheint in Berlin im Verlag „Die Aktion", dieser erschien bei B.G. Teubner in Leipzig).

DREI REDEN AN DIE JUGEND
(1914)

I.
Die Idee einer allgemeinen Jugendkultur

Von den Jugendgemeinden

Wenn die Jugend leidenschaftlich zu fühlen beginnt, daß ihre gegenwärtige Lage gleicherweise für sie unfruchtbar, quälend und demütigend, wie für die Gesellschaft ewig störend und beunruhigend, für die Kultur verarmend und verflachend ist; wenn sie in einer lebendig geträumten Utopie von einer Zeit, in der die Jugend ein abgesondertes Gemeinschaftsleben eigener Art, Schönheit und Hingabe mit den überragendsten Männern und Frauen der Zeit als freigewollten Führern lebt, die Lösung ahnt; und wenn sie endlich *denkend* die Betätigung gefunden hat für ihre Lage und ihre Möglichkeiten, dann ist in ihr von selbst das *Tatgelöbnis* entstanden, nicht eher genügsam zu werden bei der Änderung der Schule, des Staates, ihrer Lebensformen, ehe nicht jene Zeit der *allgemeinen Jugendkultur* restlos und vollkommen heraufgeführt ist.

Kein spöttisches Lächeln der Kurzsichtigen, kein unwilliges Murren der Satten, kein resigniertes Seufzen der Faulen, am wenigsten tobendes Drohen der Bedrohten wird uns abhalten können, jene Utopie mit Ernst als ein Ziel zu verfolgen, wohl wissend, daß es Wirklichkeit ist; denn es wirkt in uns und treibt uns zum Wirken. Darum schauen wir aus nach den möglichen Wegen. Wir wissen, daß dieser unzählige sind. Wir glauben an jenes Ziel, und so sehen wir alle Wege hinführen, viele gewunden oder ungangbar steil. Und sie mögen wollen oder nicht oder das Gegenteil: Sie kommen doch dorthin, wo[hin] sie müssen.

Aber irgendwo muß eine Gruppe sein, die das Ziel kennt, die den sichersten Weg sucht oder baut. Langsam werden sich alle Wanderer an dieser Gruppe ausrichten.

Die neue Straße, die wir bauen, beschreiben wir hier den Freunden und Feinden, daß sie helfen, damit sie auf ihr gehen, damit sie mit wachsamen Augen gelockertes Gestein erspähen, zu zerstören versuchen, und – statt unser Werk zu zertrümmern – unsere Helfer an die Stätte zum Besseren rufen. Dank ihnen, die uns Aufseherdienste tun.

Der Wandervogel

Zehntausende finden im Wandervogel eine persönliche Lösung der Jugendfrage. Sie empfinden an sich dasselbe Leiden wie wir. Kurz entschlossen nehmen sie Laute, Rucksack und Stock und schmeißen die Tür ins Schloß, oder schließen sie vorsichtig leise – je nachdem – und ziehen in den Wald, ins Gebirge. Dort finden sie sich zur Schar; sie zünden ein Feuer an – und singen und tanzen, als wäre kein Morgen. Das unterscheidet uns von ihnen, soviel wir im übrigen Ähnliches und Gleiches haben mögen: daß wir versuchen, daß wir es wagen, hinter jener Unbefriedigung des einzelnen ein allgemeines Übel zu sehen; daß wir bewußt unsere Lage, die Lage der Jugend, betrachten; ihren Zusammenhang mit der ganzen Ordnung der Welt, des Staates, der Gesellschaft zu erfassen trachten und Lösungen suchen, die nicht allein uns befriedigen, sondern die *erlösen*.

Man sagt, „die Jugend sei unbewußt". „Wir wollen unbewußt sein." So sagen die Wandervögel selbst. Als wenn es nicht lächerlich wäre zu sagen: „Wir wollen unbewußt bleiben." „Werden", müßte es heißen, wäre man ehrlich. Denn „unbewußt sein" heißt, von sich nichts wissen – und jene wissen von sich, daß jugendliches Wesen Unbewußtheit sei. Als wenn das nicht ebenso gedacht wäre wie irgendein anderes Wort über jugendliches Wesen. Es ist euch keine Wahl, ihr müßt *an alle* denken, so ihr überhaupt *denkt*.

„Aber die Jugend soll keine Probleme haben, sie soll unbewußt sein", sagen ihre Freunde. Und wir wissen nicht warum? Wir haben nie gemerkt, daß die „Frühreife" dem späteren Alter geschadet hat. Wer wagt zu sagen, weil er früher dachte, denkt er jetzt weniger? Wohl haben wir oft gesehen, daß früher Wachsein nicht verhindert hat, am Mittag zu schlafen. Aber warum? Wo doch ohne Gegenbeispiel vielleicht alle, die als Männer dachten, besonders dachten, frühreife Jugend waren.

Ihr sprecht von den frühreifen Schwätzern? Heißt sie schweigen! Aber sagt nicht, diese denken zu früh, wo sie reden.

Man sagt noch eines: „Die Jugend soll sich nicht binden." Schon wollten wir meinen, dies kann nur böswillig gesagt sein, so dumm, flach wäre es, ehrlich gemeint. Wir hören aber Männer so sprechen, die wahre Freunde der Jugend sein könnten. Man soll die Jugend nicht binden, weder an Rassenhygiene, noch an ..., aber auch nicht an das Dogma von der schlechten Lage der Jugend.

„Die Jugend soll sich nicht frühzeitig binden." Soll das heißen, sie soll ihre Taten nicht an den eigenen lauteren Willen binden? Oder sie soll nicht Erkenntnisse suchen, die ihr nicht vorgeschrieben sind? Oder sie soll nicht nach ihren Erkenntnissen handeln? Sie soll warten. Worauf? Womit? Mit Erkenntnis, bis sie reif zur richtigen ist. Mit dem Handeln, bis sie erwachsen ist. Und bis dahin möge sie handeln nach fremden Erkenntnissen gegen die eigenen.

Wir lassen uns nicht betäuben und sagen: trotzdem. Wir wollen *Erkenntnisse*. Und also gilt demgegenüber kein „die Jugend soll", „die Jugend soll nicht". Denn wir fühlen dieses Wollen als heiliges Muß. Mögen die andern die Sittlichkeit nennen in der Philosophie und in der Tat. Und ob wir reif sind für eine Erkenntnis, entscheidet sich nicht nach Reife-Prüfung und Alter. (Seltsam genug, daß sogar Natorp und Avenarius Schüler und Studenten als Reifestufen trennen.) Wenn plötzlich verschwommener Kristall klar wird, Verwirrtes geordnet, Schwankendes geebnet, dann ist erkannt. Und danach nicht handeln ist unsittlich, und weil es den Glauben an Werte beleidigt, unjugendlich.

Aber die Jugend binden heißt, ihrem Denken ein Ziel setzen, durch heuchlerische, träge Bescheidenheit: „für dieses Problem bin ich noch nicht reif". Diese Frage entscheidet der ernste Versuch. Binden heißt, die Resultate des Denkens einspannen in die gegenwärtige Ordnung (die Radikalen sind immer verrucht). Binden heißt, Gefühle und Bindungen nicht kontrollieren lassen, ob sie zu Recht bestehen, ob sie innere Bindung oder äußere Fessel sind (Pietät, Dankbarkeit, Liebe, Verehrung).

Wir fragen uns, ob wir uns nicht hüten müssen vor jenen, die Unbewußtheit predigen, vor Bindungen warnen; ob sie nicht fesseln, ob sie nicht Gründe haben: geheime Wünsche, verborgene Furcht, ihnen selbst nicht bewußt.

Wir wissen, daß Unterschiede im Denken sind. Wir wissen, daß der Wandervogel Recht hat, wenn er für die Jüngsten sorgt, die noch nicht von Problemen starren.

Aber dieses unterscheidet die Jugendgemeinde von ihm: Wir glauben, es ist ein Recht, selbst die Pflicht der Jugend, über Religion, Staat, Schule, Eltern und Jugend zu denken. Nicht alle können es. Manche wollen es kaum. Aber keinem gereicht es zur Schande.

Der Sprechsaal

Dieses ist die Grundgesinnung der Sprechsäle. Aber es ist ihre einzige; darin unterscheidet sich die Jugendgemeinde von ihnen. Sie ist aus der Idee und Tatsache „Sprechsaal" emporgewachsen. Man könnte sagen, sie ist der fortentwickelte Sprechsaal, und von nun an tritt sie an seine Stelle, wenn er nicht nötig bliebe, in seiner ursprünglichen Form, neben oder vor der Jugendgemeinde.

Der Sprechsaal ist ein *Symptom des Willens* zur Jugendkultur, die Jugendgemeinde ist ein Ausdruck dieses Willen. Im Sprechsaal war es zum erstenmal, daß sich ein Kreis von Jugend, nicht mehr einzelne, denkend mit ihrem Problem beschäftigte. Hier wurde über die Aufgabe der Jugend in der Kultur gedacht. Und wir wünschen nichts mehr, als daß es immer und überall einen Ort gäbe, an dem dies geschähe. Daß eine Fortsetzung da sei für den Wandervogel, eine Ergänzung für jene, die *denken* wollen.

Diese Aufgabe – ein ewig Treibendes in der Jugend – bleibt im Sprechsaal notwendig unbefriedigt: der Gedanke drängt zur *Tat*. War es auch eine Art Gemeinschaft, in der die

Erkenntnisse kamen oder vertieft wurden, und wirkten sie auch im Einzelnen nach, drückten sie sich auch aus in anderen Gemeinschaften – ihr selbst, der Zusammenkunft der Jugend, kommt sie nicht zugute. So bleibt diese im wesentlichen ohne Form; so stellt sie nicht eine Einreihung von Jugend-Art in den Zusammenhang der Menschheit dar.

Der Sprechsaal hat eine Hausordnung und weiter kein Gesetz. Jeder kann hier hören und reden; jeder kann versuchen, sein Wesen auszuwirken, jeder hat das Recht auf seine zufällige Besonderheit. Hier ist die *Vielheit* gegeben: die Vielheit der Anschauungen, Weisen, Formen; und es ist überdies keine *Einheit* gegeben, die jene Mannigfaltigkeit ordnete und wertete. Das Grundgesetz des Sprechsaals ist Freiheit des Einzelnen, des Einzelfalls, des Besonderen.

Die Jugendgemeinde hat als einzige Gegebenheit ihre Idee, ihren einheitlichen Willen; eine Einheit. Diese Einheit bemächtigt sich der Mannigfaltigkeiten, Besonderheiten, gestaltet eine Form; denn sie wertet diese Eigenheiten, vernichtet die einen, fördert die anderen. Ordnet sie. In ihr herrscht die Idee. Sie tritt dem Erwachsenen gegenüber als Gesetz.

Dieses ist also der tiefste Unterschied: Das Gesetz des Sprechsaals wirkt an den Ort gebunden; es gebietet auch nur über weniges. Bloß ein Teil der Person des Sprechsälers steht unter ihm, wird von ihm bestimmt. Das Gesetz der Jugendgemeinde bindet und befreit den ganzen Menschen, wo immer er sei; es gestaltet an ihm, was formbar ist.

Die Freie Schulgemeinde

Die Freie Schulgemeinde ist gegenwärtig der einzige vollendete Ausdruck des Willens nach Jugendkultur. Aber nur ein Ausdruck. Und jene, die meinen möchten, nun sei das Problem der Jugend im Wesen gelöst, das übrige sei nur noch ein technisches Problem, eine Frage der Organisation – Wie wird die Form der F. S. G. für alle übertragen, vervielfältigt? – sind in einem argen Irrtum. Denn die F. S. G. ist gedacht als *Schule*. Ihr Umfang ist gegeben durch die Kraft ihres Seins, durch den Umfang ihrer Gestaltungsbereiche. Darum ist sie im wesentlichen ein einziges Kunstwerk.

Die Jugendgemeinde geht aus von der Idee der allgemeinen Jugendkultur. Für sie ist der Umfang gegeben: sämtliche junge Menschen einer Rasse, eines Kulturkreises, eines Staates, je nachdem. Und die Frage ist nun: Wie werden diese in Verbindung gesetzt mit ihren Führern, wie ist deren Zusammenhang untereinander und mit den formgestaltenden Kräften der wenigen Großen?

In der F. S. G. ist dieses Problem so gelöst, daß ein Kreis von Schülern mit ihrem selbstgewählten Lehrer und Führer lebt; die Führer sind im Lehrerkollegium, und Führer und Jugend sind in der Schulgemeinde zusammengeschlossen. Der Führer ist dreierlei in seiner Person.

In der Jugendgemeinde sind diese drei Arten Führertum an drei Arten Menschen gebunden. Lehrer sind solche, die die Gemeinde zuweilen bestellt oder erbittet. Im allgemeinen sind die Lehraufgaben in ihr beschränkt; denn die Gemeinde ist aufgebaut neben der Schule. Sie wird versuchen, was sie vermag, die Lehraufgaben einzurichten in dem Umkreis der Dinge, der unter ihrem, dem Gesetz der Jugend steht. Das Amt des Lehrers in der Jugendgemeinde wird ein vorübergehendes sein. Bücher und Schöpfungen werden direkt die Glieder der Gemeinde mit dem ewigen Bestand der geistigen Güter in Verbindung setzen.

Äußerlich ist der Kamerad der Jugendgemeinde dem Führer der F. S. G. gleich. Denn die Gleichen schließen sich zusammen zu Gruppen oder Kreisen von einer besonderen Tönung, einer besonderen Teilgesetzmäßigkeit der einen Idee. Die Kreise sind die Elemente der Gemeinde. So wie die Farben des Regenbogens, die die gebrochenen Elemente des Weiß sind, und so wie sie übereinandergestellt dem naiven Beschauer als weiß gelten, so die Gruppen und die Gesamtheit. Jede Gruppe von Gleichen findet einen in ihrer Mitte, der vollkommenster Ausdruck oder strengster Hüter ihrer Besonderheit ist; dieser ist ihr Führer: lebendiges Glied in der Wechselkette von kameradschaftlicher Liebe und anfeuernder Anführer, Anreger, Erster zugleich.

Der Meister sind nur wenige. Darum haben jene Recht, die sagen, die F. S. G. könne nie für alle sein, denn in ihnen ist der Meister Lehrer und Kameradschaftsführer zugleich. Und es gibt nur wenige Meister, man braucht aber viele

Lehrer und ungezählte Führer. Die Jugendgemeinde braucht nur *einen* Meister (oder einige; die Drei in der „Pädagogischen Provinz"). Er ist ihr geistiger Quell. Er ist der unbestechliche Wertmesser und Richtungweiser. Von ihm geht die Kraft der Formgestaltung aus, und zwar auf zweifachem Wege: *physisch*, indem der Kreis der oberen Führer mit ihm in lebendigem Verkehr steht und seine Kraft verbreitet, verteilt auf ihre Gruppen, Kreise, durch den Ring der unteren Führer; so geht die Wirkung von einem zum anderen durch jeden; an Festen oder an besonderen Tagen oder in besonderen Fällen an jedem Tag tritt er mit vielen einzelnen in persönliche Wechselwirkung; *geistig* durch seine Reden, Schriften, Worte und Taten. Was an Ehrfurcht, Wirkung und Bereitschaft so seinen eigenartigen Ausdruck nicht finden kann, wird im Symbol und in der Form sich aussprechen. Symbol ist uns kein geheimes Verschleiern, kein unehrliches Aufbauschen; es ist der kleine Teil, der auf ein gewaltiges Großes schließen läßt, es ist die deutliche Sprache für gleiches Grundfühlen und Gerichtetsein. Dieses unterscheidet F. S. G. und Jugendgemeinde, daß in jener die gestaltende Wirkung des Meisters unmittelbar auf die wenigen Einzelnen sich erstreckt, in dieser mittelbar durch Führer und Symbol auf die tausenden einzelnen, gereinigt und vervielfacht.

Die Probe

Wäre jugendliche Art und jugendlicher Wille in erkannter Gesetzmäßigkeit gebunden an irgendwelche bestimmten Jahre des physischen Alters, dann wären alle Menschen dieses Alters Glieder der Jugendgemeinde. In Wahrheit ist es nicht so. Darum können ihre Glieder nur jene sein, die von dieser Art und diesem Willen sind. Wer immer eine Zeitlang das Gastrecht der Gemeinde genossen hat, kann vor ihr bekennen, daß er ihrer Art und ihres Willens ist. Er bekennt sich zu ihrer Formulierung: Die Jugendgemeinde gliedert die Jugend als besonderen Faktor ein in die fortschreitende Kultur. Sie findet als Eigenart des Jugendlichen seine Liebe zur Idee, seinen Willen zur konsequenten Tat. Sie findet als Mission der Jugend in der Kultur: eine Gemeinschaft darzustellen, die rein bestimmt ist aus Ideen, und deren Zweck der Dienst an den höchsten Werten der Kultur ist. Und so vereinigt die Jugendgemeinde alle jungen Menschen, die dieses wollen und durch die Tat bezeugen und bewähren:

Innerhalb der Gemeinde
Die Jugendgemeinde als Ganzes hat jene Mission. Der einzelne hat Sinn und Zweck nur in ihr. Er begibt sich des Rechts auf persönliche Ausnahme. Aber die Gemeinde wirkt und lebt nur, soweit ihre Glieder in ihr leben und in ihr denken, wirken. Darum übernimmt jeder die Pflicht zur äußersten Wirksamkeit in ihr.

Außerhalb der Gemeinde
Ein jeder will Schönheit und Ernst der Jugend in Körper, Tracht und Gebärde äußern. Ein jeder ist ein Kämpfer um das Recht des Jugendlichen zu seiner Eigenart. Darum versucht er durchzusetzen seine Liebe zur Idee, seinen Willen zur konsequenten Tat. Ein jeder ist Kämpfer um den Sinn des Lebens der Jugend; er kämpft für eine zukünftige Ordnung der Welt, bei der die Jugend ihre Mission erfüllen kann und muß. Er weiß, daß diese Zeit nur kommen kann durch den Willen von Generationen; darum versucht er, diesen Willen durch Worte und Taten zu erzeugen. Er sieht die Jugend gehindert, diesen Willen und Begriff zu fassen, wegen der Einrichtungen zu ihrer Erziehung und wegen der Ordnung des wirtschaftlichen Lebens; darum verwirft er diese Einrichtungen und diese Ordnung. Er kennt aber auch die komplizierten Bedingungen und Gesetze von Einrichtungen und die Zwecklosigkeit der triebhaften, persönlichen Auflehnung gegen sie; darum verwirft er diese und sucht Einrichtungen zu schaffen zum Kampf gegen Einrichtungen. Er weiß, daß er ständig betrachtet wird als Repräsentant der Gemeinde; darum sorgt er vor, daß niemals verwechselt werden sein Haß, seine Auflehnung, sein Wunsch und seine Neigung mit den Gedanken, der Richtung und den Taten der Gemeinde.

So kann man der Gemeinde nicht angehören, wie man einem Verein angehört; man gehört ihr. Niemand ist ihr Mitglied, aber jeder ist Glied in ihr. Wenn aber einer kommt, dem die Worte leicht von der Lippe rinnen und dessen Bekenntnis nichts anderes sagt, als daß er es auszusprechen vermag, dem wird die Kraft des Willens fehlen, nach jenen Worten und Gesetzen zu leben und sich zu verwandeln. Den wird die Gemeinde aus ihrem Kreis wieder entfernen, wenn sie gesehen hat, daß er wirklich so ist.

Die Einrichtungen

Die Jugendgemeinschaft ist ein geistiger Organismus, kein physischer. Darum ist keine ihrer Einrichtungen wesentlich an einen Ort gebunden. Ihre Elemente sind die Kreise, Gruppen, Logen, Hetairien, oder wie immer der Name sei, vielleicht in späterer Zeit Wandervogel-Führerschaft, Freischar, Korps. Der Kreis vereinigt die Gleichen in der Jugendgemeinde, einerlei, ob sie ihr Wesentliches finden in einem Gedanken, einem Erlebnis, gleichem Blut oder gleichem Wuchs. Es bleibt dem Kreise frei, selbst zu bestimmen, wie er wählen will aus den Gliedern der Jugendgemeinde; frei, wie er die Gesetze erfüllt und wie er dem Geist der Jugendgemeinde dient; genug, daß er es tut, im Rahmen des Willens der Gemeinde.

Die Kreise vereinigt die Gemeinde. Was in dem einzelnen an Wille, Wertgefühl, Erkenntnis – unbewußt oder dumpf empfunden oder klar erkannt – lebendig ist, formuliert die Gemeinde als Tendenz. In ihr wird die Tendenz als Gesetz erkannt, wenn sie in der Gesamtheit lebt. Die Jugendgemeinde lebt dem Dienst der höchsten Werte der Kultur. Darum verteilt sie die Objektivationen des geistigen Schaffens der Menschheit in Breite und Tiefe. Das wandernde Buch, die Reise, die Plastik dient diesem Zweck. Die Sammlungen dieses Niederschlags machten sie lebendig und rückt sie in den Mittelpunkt (Bibliotheken, Museen, Theater). Die schaffenden Künstler und Denker unserer Zeit stehen mündlich und schriftlich im Zusammenhang mit der Jugendgemeinde. Sie verschmäht den niedrigen Zwischenhandel der Zeitung, der Zivilisation, der Schule.

So wertet sie und entscheidet, was sein soll. Zunächst in ihrem Kreis. Dann über ihn hinaus. Dieses Gebiet draußen kennenzulernen, hat jeder die Pflicht, [um] in ihm zu wirken. Für diesen Teil seines Seins ist er den fremden Gesetzen unterworfen: in der Schule, im Handel, im Beruf. Er hat zu berichten in der Jugendgemeinde, und in ihr wird der Weg bezeichnet, der zum Ziel führt: das ganze Leben der ganzen Jugend unter ihr Gesetz zu stellen.

An manchen Orten sind die räumlichen Einrichtungen in einem Haus vereinigt, dem Jugendheim. Es ist Eigentum der Jugendgemeinde. Ein Ausschuß verwaltet es in ihrem Auftrag und Willen. Das Heim kann Menschen Wohnung und Zuflucht bieten.

Mehr der Öffentlichkeit zu sagen, ist überflüssiges Werk. Die Einrichtungen haben Sinn und Wert aus dem Zusammenhang. Die Ideen sind nicht in Worten auszudrücken, sondern einzig auszudeuten.

Wer aus den Zeilen – zwischendurch – verwandte Gesinnung und gleichen Willen fühlte, stoße zu uns. Bis sich die Gleichen gefunden haben, werden sie beginnen, Fremdes auszugleichen.

II.
Der Kampf der Jugend gegen Familie und Schule

Ich habe das letzte Mal von dem *Sinn der Jugend*, ihrer Eigenart und ihrem Wert für die menschliche Kultur gesprochen. Heute wollen wir reden von der *tatsächlichen Sinnlosigkeit der heutigen Jugend* und von ihren Unarten – nicht Eigenarten – innerhalb der heutigen Kultur. Was ich das letzte Mal sagte, war eine allgemeine Darlegung über das ideelle Leben der Jugend. Heute müssen wir in unseren Darlegungen die Welt der Wirklichkeit und der Tatsachen unterstreichen. Wir wollen die Jugend betrachten, wie sie *ist*, nur untersuchen, was sie heute für den Zusammenhang der Kultur und für die Menschheit *bedeutet*.

Die Jugend hat Jahrtausende geschlafen; sie ließ andere ihr Haus bauen. Heute aber ist sie erwacht, sieht sich um und findet einen Käfig statt eines Wohnhauses. Schon immer hat ja die Jugend den Gegensatz zum Alter gefühlt, und immer war der Jugend erste Tat, wenn sie einmal zum Bewußtsein gekommen war und den Käfig gesehen hatte, gegen ihn zu rennen und ihn niederzureißen. Jede neue Generation setzte sich in Gegensatz zu den Erwachsenen, zu der ganzen Kultur oder zu Teilen derselben: Die eine rennt den Käfig der überkommenen Kunst nieder, die andere rebelliert gegen die Philosophie des Alters, die dritte sträubt sich gegen seine Politik. Und so findet jede neue Jugend einen neuen Gehalt, einen anderen Käfig, den sie zertrümmern kann, als Ausdruck für die gesamte Gegensätzlichkeit, in der sie sich zum Alter befindet. Die Zahl dieser Inhalte ist beschränkt, und so beginnt immer wieder ein Kreislauf: Immer wieder steht die Jugend da, wo die Menschheit wenige Generationen vorher gestanden ist – bei einer neuen Kunst, einer neuen Philosophie, einer neuen politischen Gestaltung.

Das muß Gründe haben. Sie liegen, wie ich glaube, darin, daß die grundsätzliche Eigenart der Jugend und ihr Wohnhaus einander nicht gemäß sind. Die Jugend, die zum Bewußtsein ihrer selbst gekommen ist, ihre Eigenart erfaßt hat und sich nun umsieht – was findet sie? Hier eine Jugend, die an der Maschine steht und zertreten wird; dort eine, welche die Hände im Schoß hält und auf das große Ereignis, auf das Wunder ihres Lebens wartet; und schließlich eine Jugend, die in ein Lehrgefängnis eingesperrt ist.

Von dieser Jugend und zu dieser Jugend rede ich hier vor allem. Es ist ein Lehrgefängnis, wo eine Stätte der höchsten und trefflichsten Kultur sein könnte und sein müßte. Warum ein Lehrgefängnis, warum nicht ein Lehrpalast oder Lehrpaläste wie im alten, im gedachten Griechenland? Darum, weil der Lehrbau errichtet ist nach den Zielen, die eine andere fremde Eigenart gefunden haben, nämlich das Alter. Das fühlt die Jugend am schwersten in der Schule, daß sie nicht mittätig ist bei dem Bau und nie weiß, „Warum?" und „Wozu?" Was sollen uns diese Lehrstoffe, Lehrpläne und Lehrmethoden? Wir wissen es nicht. Es kann sein, daß sie richtig sind; sie können aber auch falsch sein, und beinahe jeder fühlt es, daß sie wirklich falsch sind, nämlich falsch von seinem Standpunkt, von seinem Leben und Fühlen aus.

Was tut nun die Jugend dagegen? Sie rettet sich aus dem Lehrgefängnis so: Was sie an Kulturgütern erhalten, was sie wirklich lernen will, das lernt sie außerhalb, neben und gegen die Schule, in Jugendvereinen oder vereinzelt, mit intensiver Hast und mit besonders tiefer Geistigkeit, jedenfalls aber außerhalb und neben der Schule. Die Jugend sieht den Plan der Schule verfehlt, nicht angepaßt ihren geistigen Bedürfnissen. Ob sie ihrer Bequemlichkeit angepaßt ist, ihren geistigen Bedürfnissen; ob sie ihrer Bequemlichkeit angemessen ist, davon spreche ich nicht. Aber in dem Willen, wirklich zu lernen, Kulturgüter in sich aufzunehmen und die Anfänge von Kulturgütern zu erzeugen, in diesem Willen fühlt sich die Jugend enttäuscht. Und noch eines: Die Schule, ihre Einrichtungen, ihre Lehrer, das alles tritt uns entgegen als etwas Fertiges, das wir annehmen müssen, in das wir hineingestellt werden, ohne die geringste Möglichkeit, auch nur etwas daran zu ändern. Wir befinden uns in der Lage der entrechtetsten Klassen oder besser einer Klasse, die es von der heutigen Menschheit überhaupt nicht mehr gibt, einer Klasse, die vollkommen ohne Mitbestimmungsrecht und ohne Mitbestimmungsmöglichkeiten ist am Bau dessen, das sie bis in ihre Tiefen bestimmt. Ich rede nie von der Bequemlichkeit; ich rede nicht davon, daß es eine Schule geben, daß die Jugend sich eine Schule denken könnte, die ihr das Leben bequem macht. Ich rede davon, daß die gegenwärtige Schule dem *Sinn* der Jugend nicht gerecht wird, wie ich ihn das letzte Mal gezeigt habe: dem Sinn, freie, geistige Arbeiter zu sein, die Fortpflanzungsstätte der Kultur, das Wahrzeichen für die reinen und letzten Werte des menschlichen Geistes. In diesem Willen, in dieser tiefen und hohen Eigenart zugleich findet sich die Jugend in der Schule enttäuscht, und aus diesem Willen heraus kämpft sie gegen diese Schule.

Und nun außerhalb der Schule: Da ist die Jugend hineingefügt in den gesellschaftlichen Bau der Familie! Ein Symbol schwebt über dieser Einführung der Jugend in die Familie: Die Mutter hat dem Vater ein Kind geschenkt! Das ist das Symbol der Stellung der Jugend in der Familie: Geschenkt wird der Mensch von einem Menschen dem anderen, er *gehört* ihm; das Kind ist ideell und tatsächlich das Eigentum seiner Eltern, ein Zustand, den es für Menschen der übrigen Gesellschaftsordnung nicht mehr gibt; der Zustand der Sklaverei, um es ganz scharf zu sagen.

Kann die Jugend in diesem Zustand ihrem Sinn gerecht

werden? Kann sie so die Werte der Menschheit in sich aufnehmen? Kann sie bestimmend werden für die letzten Werte, wenn sie hineingefügt ist nicht in die Menschheit, sondern unlöslich hineingefügt in einen kleinen Baustein der Menschheit, in ein Einzelorgan des Organismus, in die Familie? Ich rede nicht vom Kind unter 14 Jahren. Ich rede vom jungen Menschen, der ganz natürlicher Weise aus seiner seelischen Bedingung heraus sich ganz langsam wegzuentwickeln beginnt nach den letzten Werten der Menschheit und der Kultur und der sich nun gefunden fühlt und gebunden findet, durch rechtliche Mittel gebunden findet an den engen Zusammenhang der Familie.

Und noch eins: Die Familie ist *wirtschaftlich* bestimmt in ihrem innersten Aufbau, und sie ist in ihren letzten Konsequenzen wirtschaftlich. Wir fanden als Sinn der Jugend, daß sie die einzige Zeit sei, die *nicht* wirtschaftlich bestimmt [zu] sein braucht und nicht wirtschaftlich bestimmt sein darf und *kann* – von innen heraus, von ihrer Eigenart heraus nicht kann –, aus dem Bau der Gesellschaftsordnung, aus den Produktionsbedingungen und Bedürfnissen heraus im letzten Grunde nicht wirtschaftlich bestimmt sein kann und nicht bestimmt sein soll. Hier ist sie es. Aber die Familie liebt doch ihr Kind, die Eltern lieben doch ihre Kinder, und so werden diese tatsächlichen, diese rechtlichen Schranken und Bedingungen weggefegt, ausgelöscht durch ebenso tatsächliche Bedingungen und Befreiungen der elterlichen und kindlichen Liebe.

Und doch steht dem gegenüber ein blutiges Symbol – blutig im geistigen Sinne: die Sage von Abraham, der einen Ruf von Gott bekommt zu beweisen, daß Gott ihm das Wertvollste sei, und der darum nicht ansteht, seinen Sohn Isaak zu opfern. Geistig geschieht das täglich, dem Besten der Familie, dem Besten der gegenwärtigen Ordnung. Im ganzen und im einzelnen fallen täglich Hunderte und Tausende von jungen Geistern zum Opfer, in dem Sinn zum Opfer, als aus diesem Bestand, aus der Nötigung, aus der Notwendigkeit, daß die Familie bestehen bleibt, wie sie ist, die Jugend nicht gelöst wird aus den wirtschaftlichen und materiellen Zusammenhängen, in die sie hineingeboren ist; daß sie darum nicht schon längst erreicht hat, was Fichte von ihr wollte: losgelöst aus der erwachsenen Gemeinheit jugendliche Gemeinschaften zu bilden, die letzte Ruhepunkte, letzte Werkstätten menschlicher Kultur sind.

Ich sage noch einmal „geistig und allgemein“! Wir müssen uns hüten, geistige und allgemeine Prinzipien roh und unförmig hineinzutragen in das Besondere, in das Materielle. Nicht daran liegt es, nicht das ist die Erbsünde gegenüber der Jugend, daß in einem einzelnen Fall, in einer einzelnen Familie einer an seiner Bequemlichkeit oder an seinem Geist leidet, sondern daß die soziale Lage der Jugend, daß ihre ganze Bedingtheit und Bestimmung heute die ist, im engen Zusammenhang mit der Familie, durch die Schule und durch die Familie, vorbereitet zu werden auf das materielle Leben in Familie und gegenwärtiger Gesellschaft, während wir als Sinn der Jugend fanden, daß sie losgelöst sein muß, eine Stätte braucht, die nicht bestimmt ist durch die sekundären Werte, sondern die unmittelbar bestimmt und gerichtet ist im letzten und im einzelnen durch die primären Werte und Werturteile.

Und so müßte die Jugend, wie sie einen Kampf gegen die Schule begonnen hat, einen Kampf gegen die Familie beginnen; aber wohl verstanden, nicht einen Kampf um die persönliche Bequemlichkeit jedes einzelnen, sondern einen Kampf um eine gesellschaftliche Institution. Wir sind unzählige Male falsch dahin verstanden worden, als würden wir meinen, als würden wir wollen, daß sich der einzelne gegen einzelne auflehnt. Was wir wirklich wollen und meinen, ist nur, daß wir klar und deutlich sehen: Aus ihren Bedingungen heraus, aus ihrer Eigenart und ihrem Sinn fordert die Jugend eine Loslösung aus dem Familienzusammenhang, eine Loslösung aus den materiellen Bestimmungen, so wie wir es im kleinen, im einzelnen in England, in Amerika vielfach haben, daß die Jugend aus den Häusern ihrer Eltern entlassen wird und in Schulen, in Internate kommt. Genau so meinen wir das im allgemeinen. Und doch nicht genau so; denn diese englischen und amerikanischen Schulen sind doch nicht geistig bestimmt, sind nicht aus dem Wesen der Jugend gebaut und von der Jugend gebaut, sondern sind abermals eine bestimmte Form der gegenwärtigen Schule, der gegenwärtigen Generation.

Ich habe erwähnt und zu zeigen versucht, daß es keine

so absonderliche, so ganz revolutionäre und die Tiefen der Menschheit erschütternde Idee ist, daß die Jugend tatsächlich aus dem allgemeinen Zusammenhang teilweise losgelöst werden möge. Gegenwärtig finden wir aber jedenfalls einen scharfen Gegensatz der Jugend gegenüber der Schule und der Familie, d.h. einen Gegensatz aus der Idee der Jugend heraus zu der gegenwärtigen Schule und der gegenwärtigen Familie. Die Jugend wird eben an fertige Formen, an fertige Kulturgüter herangebracht, und man will sie auf irgendeine Weise zwingen, diese in sich aufzunehmen. Dagegen steht die Jugend mit ihrer vollen Aktivität und Lebendigkeit und mit ihrer eigenen Wertbestimmung und wehrt sich gegen diesen Zwang. Sie will die Güter selbst erzeugen, die sie annimmt, und will sie im tiefsten Grunde zwingend verstanden haben, ehe sie sie akzeptiert; und sie weiß, daß sie vieles von dem, was man ihr zumutet, gar nicht akzeptieren kann, wenn sie ihrem eigenen Geist und ihrem eigenen Sinn treu bleiben will: nämlich all das, was Absonderung und Ungerechtigkeit ist in der gegenwärtigen Ordnung, was falsch ist, weil diese Güter nicht erzeugt wurden aus dem Willen zu irgendeinem Höchsten, sondern aus dem Zwang zum Nächsten, aus dem Zwang, das Naheliegende, Materielle zu befriedigen.

Eines der wichtigsten dieser Güter ist für die Jugend die Moral. Hier steht sie einem Faktum, einem gegebenen Gut und Böse gegenüber, und das soll sie in sich aufnehmen. Aber nicht das allein: Auch *leben* soll sie danach und sich davon in ihrem Tiefsten und Eigensten *bestimmen* lassen. Und sie sieht, daß das nicht geht. Sie fühlt sich diesen moralischen Gesetzen, diesen aufgenötigten Verpflichtungen gegenüber wie ein Kind im Rock des Vaters: Er schlottert an ihm, das Kind füllt die Formen nicht aus; sie sind zu groß, zu erwachsen, aber – wenn man will – auch zu klein für die Jugend, weil sie freier ist, andere Ziele und andere Bestimmungen hat. Und hier, in diesem Punkt, liegt das tiefste Leiden für sie, aber zugleich die größte Möglichkeit für die Zukunft der Menschheit und für ihre eigene Lebensgestaltung. Jeder junge Mensch fühlt und erlebt an irgendeinem Tag wirklich Gut und Böse. Und von dem Augenblick an, an dem er dieses Erlebnis in irgendeiner Form gehabt hat, ist er geweiht und eingetreten in die Reihe derer, welche die höchsten und letzten Werte in sich aufgenommen haben. Aber das Moralkleid der Alten ist nicht gebaut nach diesem Erlebnis von Gut und Böse, sondern es kleben ihm noch Flocken an aus vergangenen Zeiten, aus Unfähigkeiten und materiellen Nötigungen vergangener und gegenwärtiger Perioden. Wenn die Alten nun wirklich konsequent wären und sagen würden: „das mußt du anziehen", so gäbe es keinen Fortschritt und kein Weiterkommen, wir wären ad absurdum geführt; denn dieses Kleid aus vergangenen Perioden macht es unmöglich, etwas Neues herzustellen. Die Jugend weiß aber, daß das gar nicht so ist; sie fühlt ganz genau, daß dieses Kleid auch dem Alter zu groß oder zu klein ist, je nachdem. Nun erst findet sie den Mut zu sagen: „Wir wollen es nicht tragen, wir wollen unser Kleid für uns passend bauen, aus unserer Art heraus, aus unseren Notwendigkeiten, aus unserer Bestimmung für die Menschheit." Wie dieses Kleid nun aussehen wird, darüber läßt sich gar nichts Bestimmtes sagen. Es wird vielleicht geschlossener, strenger sein als das gegenwärtige Moralkleid; denn die Jugend ist strenger, fester mit ihren Anforderungen an sich selbst und an andere. Wenn sie einmal Gut und Böse erlebt hat, dann weiß sie: Die letzte Richtschnur ist unbeirrbar und will keine Kompromisse schließen. So wird vielleicht, in großen Zügen geschildert, das Kleid aussehen, das die Jugend sich selbst machen wird.

Am brennendsten nun neben jenen Kämpfen gegen Schule und Elternhaus – man kann das, wie ich gesagt habe, auch so formulieren: ein Kampf *für* Schule und *für* Elternhaus – ist derjenige, den das Verhältnis der Geschlechter zueinander schafft, in dem Eros das Kleid der Moral bestimmt. Hier soll die Jugend – ihr junger, keimender Eros – ein Gewand akzeptieren, das den Bedürfnissen eines ausgelebten, erwachsenen Eros gemäß ist. Es ist fast so, als hätte man die Jugend mit Scheuklappen versehen wie ein Gespann und peitschte sie an jedem Kreuzweg vorbei im alten, ausgefahrenen Geleise, wo sie doch ein Herkules sein will, der sich an jedem Scheideweg von neuem aus eigener Wahl und Bestimmung einen dornenvollen, steinigen Weg sucht. In dieser Grundformel finden wir die ganze Schiefe, in der sich die junge Moral gegenüber der alten befindet. Und so verdrückt und so bedrängt lebte die Jugend überall dort, wo sie bisher mit der Moral in Konflikte kam, oder doch kommen konnte, daß sie noch gar nicht einmal den Gedanken zu fassen wagte, sie könnte das Recht haben, sich auch hier einen eigenen Palast nach eigenem Maß zu bauen. Und dieses Beginnen ist auch das schwerste deshalb, weil die anderen an ihrer Moral – im weitesten Sinn genommen – ein so hohes und endgültiges Gut zu haben glauben oder zu haben vorgeben, daß sie nicht gewillt sind, etwas daran ändern zu lassen, und bereit sind, bis aufs letzte zu kämpfen, damit das nicht geschieht. Furcht ist es, die Jugend könnte sich ein Kleid nähen, das nicht Moral, sondern Unmoral ist.

Und vielleicht ist diese Furcht nicht unbegründet, dann, wenn sie Moral in ihrem tiefsten Sinne nehmen – „tiefst" in der Stufenleiter nach unten, meinte ich –, in dem Sinn, daß moralisch das ist, was die Bequemlichkeit des Bürgers fordert, was sie nicht in Unruhe bringt, daß Moral also das ist, mit dem sich am längsten leben läßt. Dann freilich, dann wird das Moralkleid der Jugend so sein, daß man es wird unmoralisch nennen müssen. Bei all jenen aber, die nicht diese Moral, die etwas Tieferes wollen, die meinen, moralisch sei ein Leben dann, wenn es seiner innersten Bestimmung gemäß nach außen hin gestaltet ist, ist diese Angst umsonst. Dann ist sie nicht nötig, dann weiß jeder junge Mensch, daß sie absurd ist. Denn das ist jedem klar: Wenn die Jugend daran gehen wird, sich ein Kleid für ihre Triebe zu machen; wenn sie so weit sein wird, auch das selber frei gestalten und dämmen zu dürfen und nicht von anderen diktiert bekommt, wie von nun an Eros oder andere Erscheinungen des Trieblebens zu verlaufen haben – dann wird dieses Kleid seiner innersten Bestimmung gerecht und seiner innersten Bestimmung gemäß sein müssen; denn die Jugend hat keine Tradition in dem Sinn, daß sie irgendetwas bereits Vorhandenes hernehmen könnte, daß sie irgendwelche andere Ziele mitverwenden könnte, daß sie irgendwelche fremde Fäden einweben könnte. Sie muß in ihre eigenen Tiefen steigen; sie muß ihre eigene Art und ihre eigenen Bestimmungen scharf und bis aufs letzte ins Auge fassen, wenn sie überhaupt ein Maß haben will, das sich bequem trägt, in das sie sich hineinleben kann, nach dem sie ihre Triebe dämmt und gestaltet. Und das ist die dritte

Antithese der Jugend gegenüber den Formen, die das Alter geschaffen hat; und auch hier ist die ganze Entwicklung der Menschheit darum so sinnlos und so immer wieder auf denselben Punkt zurückkommend wie die ewige Schlange, die sich in den Schwanz beißt, weil noch niemals ein Geschlecht da war, das ohne andere Bedingungen als die Bedingung der eigenen Stimme, des Rufes von innen heraus, sich eine Moral hat schaffen dürfen.

Und wie sieht nun die Jugend aus, die in diesen drei Antithesen leben muß? Die in den drei fundamentalen Punkten ihres Lebens ihrem eigenen Sinn nicht gemäß, ihrer eigenen Art zuwiderleben muß? Ich spreche wieder nicht vom Einzelfall, ich spreche von der Jugend als einer sozialen Erscheinung, als einer wissenschaftlichen Bedingtheit. Wie sieht sie aus? Ist sie überhaupt ihrem Sinn gerecht; weiß sie überhaupt, was ihr Sinn ist, und hat sie auch nur den Versuch machen können, ihrem Sinn gemäß zu leben? Wir sprachen von der wirtschaftlichen Indetermination der Jugend. Die heutige Jugend ist aber wirtschaftlich determiniert, und zwar nicht nur jene, die mitarbeiten müssen am Güterprozeß, sondern auch jene, die in der Familie stehen, auch jene, die in der Schule sind. Alle sind sie mitbestimmt durch das wirtschaftliche Leben, und zwar nicht mitbestimmt nur in jenem Fall, der durchaus selbstverständlich ist, weil eben alle in einem wirtschaftlichen Zusammenhang stehen, sondern in einem Fall, der weit über das hinausgeht, was die Jugend verträgt, um ihrem Sinn entsprechend zu leben. Die Bedingungen des wirtschaftlichen Lebens, die die Jugend angehen, reichen so weit, daß sie sie in allen ihren letzten Entscheidungen als junge Menschen beeinflussen und ablenken. In allem, nicht nur in der Wahl des Berufs, die ja schließlich der Augenblick ist, in dem der junge Mensch freiwillig sich eingliedert in die wirtschaftlichen Bestimmungen, in denen er aufhört, jung zu sein, aus freiem Willen, und die Aufgabe der kommenden Jugend überläßt. Nicht nur hierin, sondern in allem und jeglichem von der Bestimmung des Lehrstoffs und des Lehrziels und der Lernmethode bis in die letzten, tief persönlichsten Entscheidungen, bis in die Gestaltung des eigenen Trieblebens und bis in die Gestaltung des eigenen Geisteslebens ist die Jugend indirekt determiniert. Sie will es aber nicht sein. Ihre

Aufgabe ist ja, ihre welthistorische Bedeutung wäre ja, ein Gemeinschaftsleben zu präsentieren, ein Gemeinschaftliches darzustellen, das wesentlich anderswoher determiniert und bestimmt ist.

Und nun! Wie rettete sich die Jugend vor Jahrtausenden aus dieser Einengung, die ihr nichts erlaubt, was ihr zukäme oder was sie will? Auf zwei Arten: zurück in die Kindheit oder nach vorn in die Erwachsenheit. Das sind zwei Typen des jungen Menschen: Der junge Mensch, der mit Gewalt die Zeit der unbewußten Kindheit, die Zeit der sorglosen Einstellung gegenüber der Menschheit und gegenüber den Produkten des Geistes beibehält; der eine Groteske auf einen jungen Menschen ist, weil er an dem kultivierten Leben dahinstürmt wie eine brausende Lokomotive; der rein triebmäßig lebt. Und dann der junge Mensch, der sich in das Alter flüchtet; der Gernegroß, der mit 15 Jahren den Zylinder aufsetzt – um ein Symbol zu nehmen –, oder mit 15 Jahren ein Gelehrter oder ein Dichter oder ein Organisator zu sein sich einbildet, oder vorgibt; und im ganzen sind sie beide eine blasierte, eine unfähige, eine ungerichtete Menschenmenge, die nichts ist als eine Karikatur des Kindes oder eine Karikatur des Erwachsenen und doch nichts aus sich selbst heraus. Das ist die heutige Jugend, und wenn Sie sagen, ich hätte zu schwarz gemalt – und ich glaube, das werden viele sagen –, so sehen Sie gerade darin, daß noch etwas da ist im jungen Menschen, was nicht Kind ist und nicht Erwachsener, etwas, das Sie durchschimmern sehen durch die groteske Karikatur, die der gegenwärtige junge Mensch darstellt, etwas, das kultiviert werden sollte und kultiviert werden könnte, um dann etwas zu sein, etwas ganz Vollwertiges, etwas ganz in sich Geschlossenes, Unersetzliches zu sein wie ein *ganzes* Kind und ein *ganzer* Mann.

Und nun ist die Jugend zu sich selbst gekommen. Sie geht nicht mehr den Weg, den die Jugenden vor ihr gegangen sind: der Zertrümmerung von Kulturwerten aus Tatendrang und Gestaltungsversuchen. Jene Antithese: Alter und Jugend, sie hat einen neuen Inhalt gefunden. Was sie jetzt zertrümmern will, das ist der Käfig ihrer Lebensart, der Käfig der Lebensweise, den die anderen gebaut haben, im besten Willen vielleicht, aber ohne Verständnis, ohne Wissen um den Sinn der Jugend, mit Blindheit gegenüber der kulturellen Aufgabe der Jugend, mit Blindheit gegenüber ihrer ganz scharf umschriebenen seelischen Eigenart und gesellschaftlichen Stellung.

Hier gibt es nicht etwas zu zerschlagen, das andere gut gemacht haben, sondern hier gibt es etwas *aufzubauen*, was andere noch gar nicht gemacht haben. Hier ist die Stelle, wo die Jugend einsetzen kann, sich mit einzugliedern in den gesamten Bau des geistigen Lebens, in die gesamte Produktion von Offenbarungen menschlichen Geistes: die Gestaltung ihres eigenen Lebens, der Formen ihres eigenen Lebens, die Gestaltung der Schule, die Gestaltung des Familienlebens und die Gestaltung der Triebe.

Die Gestaltung der Schule: Das soll nicht heißen, die Gymnasien verbrennen und nun der Jugend in den Wäldern neue Schulen bauen lassen. Das soll heißen, die wesentlichen Erziehungsvorgänge die Jugend selber besorgen lassen. Es gibt keine Fremderziehung, sondern eine *Selbst*erziehung; das wissen alle Pädagogen, das wissen alle Mütter und Väter, die jemals vor dem Problem gestanden sind, einem jungen Menschen, der nicht will, etwas beizubringen, in irgendeiner Richtung dauernd auf ihn zu wirken, ja auch nur *einen* augenscheinlichen tatsächlichen Erfolg zu erzielen. Es gibt nur Selbsterziehung, eigene, gewollte Gestaltung der Umwelt des einzelnen, ferner Handlungen der Gestaltung der Gegenstände und des objektivierten Wertes an der Umwelt. Und diese Selbsterziehung muß die Jugend in die Hand nehmen, kein anderer kann es für sie. Aber sie soll auch da nicht alles selbst machen, sondern nur das Wesentliche daran, nämlich das Sich-erziehen, Sich-führen-lassen zu einem Ziele von einem Führer. Denn es ist wesentlich verkehrt, jugendfremd und ohne Kenntnis der tieferen Kräfte des jugendlichen Zustandes gedacht, der Jugend Anarchie zuzumuten. Die Jugend ist das natürliche Alter der Gesellschaft, des Ordnens, der Unterordnung bis zum Letzten, aber nur dem freigewählten Führer, zu einem wohlverstandenen Zweck, in Formen, die ihrer Eigenart gemäß sind. Und wenn also die Jugend eine neue Schule will, so heißt das nicht, daß sie von nun ab weniger lernen will; nicht, daß sie die Kulturwerte ablehnt, die bisher geschaffen wurden; und auch nicht, daß sie jeden ablehnt, der über 21 oder 25 oder 31 Jahre alt ist, sondern umgekehrt. Die Jugend bekennt von nun ab: Wir wollen diese Kulturgüter in uns aufnehmen; wir wollen uns zu ihnen leiten lassen durch einen Führer, aber nicht durch jeden; nicht von dem, den man uns hinstellt, der uns bis in die letzten Fasern seines Wesens fremd ist; in Vergleichen und Bildern zu uns spricht, die wir nicht verstehen oder die wir verlachen müssen; der Ziele hat, die wir nicht wollen; von dem wir spüren, daß er uns in eine Richtung führt, mit der wir nichts zu tun haben wollen, weil sie uns, die Jugend in uns negiert. *Das* nennen wir Kampf gegen die Schule. Es ist ein Kampf *für* die Schule, ein Kampf, der weiterkommen wird, der erste in seiner Art. Denn es gab noch niemals eine Zeit, eine Bewegung, in der die Jugend sagte: Wir wollen lernen, ihr müßt es nur so machen, wie wir es können.

Von jeher war die Pädagogik auf den Zwang solcher, die nicht wollen, gerichtet; man hat eine Wissenschaft aus der Kunst gemacht, denen etwas beizubringen, die nichts wissen wollen. Von jetzt an wird die Pädagogik nichts anderes sein als die richtige Auslese der Führer, und diese wird die Jugend selbst besorgen, nicht im heutigen Sinn auf Grund eines Wahlaktes oder Wahlschwindels, sondern durch die Tat. Jetzt kann so ein Lehrer ein ganz gescheiter Mann sein, aber er ist doch kein Führer für die Jugend. Und Führer in diesem Sinn sein heißt nicht, ein Mann sein, der ein staatsgültiges Zeugnis zum Erziehen hat, sondern es müssen Männer sein, die durch die Tat beweisen, daß die Jugend sie will, in Gemeinschaft lebend mit den jungen Menschen, Bruder zu Bruder, bis zum kleinsten Bruchteile des Lebens und auch in den täglichen Einrichtungen immer bestimmt und organisiert nach dem letzten Sinn und den letzten Aufgaben der Jugend. Und zwar muß dieses Leben von der Jugend selbst und ihren Führern bestimmt und angenommen sein. In einer Gemeinde, der Schulgemeinde in irgendwelchen Formen, durch Abstimmung oder sonstwie. Aber jedenfalls ist es eine ganz platte Forderung der Demokratie: jeder Mensch muß doch das Recht haben, mitzubestimmen bei jenen Einrichtungen, die geschaffen werden für sein eigenes Leben, die ihn selber beschränken oder befreien sollen. Das heißt Schulreform in unserem Sinn, das ist unser Kampf gegen die Schule.

Unser Kampf gegen das Elternhaus ergibt sich von selbst aus nichts anderem als dem Willen der erwachsenen Generation, daß die Jugend besser werde als sie, und aus der Erkenntnis, daß dies nicht geschehen kann im ständigen Kontakt, in der ständigen Reibung und Determination durch diese alte Generation, die sich selbst ja zugesteht, daß ihr eigener Wunsch durch diese Reibung nicht erfüllt werden kann. Vielleicht wird durch die Trennung der beiden Generationen ein Opfermut verlangt; ich glaube nicht, daß es einer ist oder daß es in vielen Fällen einer ist, aber vielleicht ist es doch so. Aber trotzdem muß das Opfer verlangt werden, nicht zur Bequemlichkeit der Jugend, sondern im Interesse des menschlichen Geistes. Denn ein Erziehungswesen aus der Idee der Jugend, aus der Idee des Geistes heraus gedacht, erzeugt keine Familie, sondern eine Jugendgemeinschaft. Und wenn man das Zerstören der Familie nennt, so sagen wir darauf zweierlei: Vielleicht haben *erstens* die Soziologen recht, die sagen, daß der Familie ohnedies nichts mehr hilft, daß die Geschichte der Familie die Geschichte des Verfalls ist. Vielleicht ist die Familie [*zweitens*] überhaupt nicht jene Form der menschlichen Ordnung, die nach letzten Werten bestimmt ist. Aber auch ohne das zu beurteilen, bleibt die Forderung aufrechterhalten. Wenn die Jugend losgelöst aus den Reibungen und Bestimmungen durch das Familienleben auswärts ihr eigenes Leben lebt in Gemeinschaften, die nach ihr bestimmt sind, so hört alles das auf, was jetzt als Trübung zwischen Eltern und Kind steht. Die Stimme des Blutes und der Liebe vom Kinde zu den Eltern ist unauslöschbar, wo dort wirklich eine Verwandtschaft ist. Und diese wird bestehen, so gut wie heute. Heute aber ist sie überwachsen und überwuchert durch falsche Autoritätsansprüche auf der einen und falsche Subordinationsverweigerung auf der anderen Seite. Es kann heute kein Mensch mehr Eigentum eines anderen sein. Die Jungen sind sich bewußt geworden, daß sie in einer entsetzlichen Ausnahmestellung leben: daß ihre Eltern auf sie ein Recht haben; daß ihre Eltern auf ihnen mit einem Gewicht lasten, wie es in unserer gegenwärtigen Zeit kein Mensch einem anderen gegenüber darf; und dieses Gewicht, dieser Autoritätsanspruch, der in so ungeheuerem Maß nicht nur im allgemeinen, sondern jetzt ganz im besonderen und konkreten auf jedem lastet, vernichtet die Liebe oft und übertönt sie fast immer. Wenn wir hier wiederum reinlich scheiden zwischen Bedingungen, die aus dem Blut, Bedingungen, die aus seelischer Verwandtschaft kommen, und auf der anderen Seite Bedingungen, die aus überkommenen Gesetzen, aus vergangenen Wirtschaftsordnungen, aus vergangenen Sittenlehren sich erzeugt haben, so haben wir beides reiner. Wir haben reiner die gesellschaftliche Stellung, die rechtliche Stellung der Jugend, und wir haben reiner das Verhältnis zwischen Eltern und Kindern: kindliche Liebe losgelöst von der kindlichen Dankbarkeit im rechtlichen Sinn.

Und nun das *Dritte*. Da kann ich gar nichts weiter sagen als: Man muß es die Jugend einmal versuchen lassen, ihre Triebe aus sich heraus zu hemmen; und wir müssen uns hier, ich möchte sagen, ein skrupelloses Zutrauen zu uns selber, und es müssen die Erwachsenen ein skrupelloses Zutrauen zur Jugend in sich erzeugen. So viel ist in Jahrtausenden an dem Triebleben der Jugend gesündigt worden, an aufgezwungenen Gestaltungen oder Verunstaltungen dieses Trieblebens, daß wir nun einmal den Mut haben müssen, eine, zwei oder drei Generationen der Jugend, losgelöst von aller überkommenen Moral, ihr Leben aus dem inneren Moralkodex gestalten zu lassen. Man fürchtet ein Chaos, man fürchtet eine Anarchie, man fürchtet Revolution, man fürchtet, die ganze Menschheit werde aus den Fugen gehen. Ich entgegne hier wieder mit einem billigen Argument und einem wertvollen Argument. Das billige Argument heißt: Vielleicht ist es nicht so schade, wenn die Menschheit aus den Fugen geht; es wünschen das auch andere, nicht nur die Jugend. Das ernstere Argument lautet: Sie wird nicht aus den Fugen gehen, sie wird zum erstenmal in die Fugen kommen. Denn so lange kann der Bau der menschlichen Gesellschaftsordnung nicht stabil sein, solange Menschen leben, die durch ihn nicht befriedigt werden, die in ihm nicht wohnen können, wenn sie sich selber und ihren Aufgaben gerecht werden sollen. So mußte die Arbeiterschaft befreit werden, d.h. so mußten die Arbeiter, die eine Klasse bildeten, die nicht mitbauen durfte an dem ganzen Bau der Gesellschaft, mit herangezogen werden zu diesem Bau im ganzen Umfang, und so müssen jetzt die Frauen Mitgehilfinnen werden bei der Arbeit am Bau der Gesellschaft im ganzen Umfang, sonst wäre der Bau niemals zur Ruhe gekommen. Aber man darf die Jugend nicht vergessen. Auch sie muß eingefügt werden in die Erbauer der menschlichen Gesellschaft, in jene, die mittun aus freiem Willen und bestimmt durch eigenes Gesetz. Dann wird zum erstenmal der Bau der Gesellschaft fundiert sein, er wird zum erstenmal wirklich stehen. Es kann sein, daß in dieser Umbauperiode, in dieser Zeit, in der aus der äußeren Krankheit „Jugend" etwas Hohes, etwas Gesundes wird, daß da manches abgegriffen wird, was bis heute als Gold galt – es kann sein, wir aber müssen diesen Mut haben, wir als Jugend. Und die anderen müssen ihn erst recht haben; denn sie sind schuld daran, wenn es nicht ohne besonderes Rütteln und Schütteln wird abgehen können.

Wie nun die Jugend sein sollte, was ihre Idee ist, habe ich vor einer Woche gesagt; wie sie heute ist, habe ich soeben gesagt. Und nun diese Jugend, diese ganz verkümmerte und verkrüppelte Jugend, will ein Recht haben auf eigene Bestimmung, sagt man, diese Jugend traut sich überhaupt zu, etwas zu ändern, etwas zu verbessern? Sie ist ja doch gar nicht jene Jugend, der wir alle trauen würden, der wir alle gern den Bau ihrer Lebensgestaltung überließen! Darauf kann ich nur sagen: Ja, es muß so sein; denn wenn sie diese Jugend nicht daran bauen lassen, die nächste wird ja doch noch schlechter werden, mindestens um kein Haar besser werden, und einmal muß die Jugend die Kelle in die Hand nehmen und selber mittun am Bau der Gesellschaft, am Bau ihrer eigenen Lebensformen, und das lieber heute als morgen. So kann man den Nichtjugendlichen antworten. Wir sagen: Uns bleibt gar keine Wahl, wir sind erwacht, und wir wollen diesen Kampf. Wir wollen ihn nicht unbewußt, wir wollen ihn nicht kindlich, aber wollen ihn auch nicht ganz klar bewußt, nicht mit Kompromissen und Formen, die abgetan sind, also nicht ganz erwachsen, sondern wir wollen diesen Kampf jugendlich. Wir werden ihn führen; die Frage ist nur, wie wir auch siegen werden.

III.
Über das Recht der Jugend in der Schule

Wir wollen heute über das Recht der Jugend in der Schule nachdenken. Dazu wollen wir gemeinsam drei Fragen beantworten. Wir wollen wissen, was das Recht der Jugend ist, was die Schule darin soll, was heute in unseren Schulen zur Verwirklichung dieses Rechtes geschehen kann. Wir denken dabei immer an unsere Schule, d.h. an die sogenannte höhere Schule. Wir sind uns bewußt, daß diese Trennung zwischen der höheren Schule und der anderen Schule eine traurige Zeiterscheinung ist, die hoffentlich bald überwunden sein wird. Es ist aber doch eine Notwendigkeit, sich auf die Verwirklichung des Rechtes der Jugend in der höheren Schule speziell zu besinnen, solange diese Institution eben noch besteht.

Und nun reden wir vom Recht der Jugend. „Jugendlich" ist uns keine physiologische oder kalendarische Bezeichnung. Das Wort „jugendlich" ist der Ausdruck für eine bestimmte seelische und geistige Art. Es bezeichnet eine bestimmte Möglichkeit zu erleben und eine bestimmte geistige Haltung. Derjenige ist *dumm*, der die Frage nach dem letzten Sinn des Lebens erlebt, der von dieser Frage wirklich und tatsächlich ergriffen, vielleicht erschüttert wird; der durch die Unruhe, die ihn angesichts dieser Frage ergreift, aus dem Bewußtsein, ein bestimmtes Wissen zu besitzen, herausgeschleudert wird. Der ist *jung*, dem der Sinn dafür aufgegangen ist, daß man allüberall fragen kann. Dem jungen Menschen versteht sich gar nichts von selber. Ihn hat ein unbedingter Fragegeist gepackt. Er kommt dabei gar nicht mehr zur Ruhe, bis er der Antwort auf die Frage nach dem letzten Sinn, nach dem festen Ziel, nach dem obersten Wert, nach dem Warum des Lebens auf der Spur ist.

Nicht wahr: Es ist sicherlich unmöglich, irgendwie auf diese Fragen jetzt hier einzugehen. Es ist vielleicht überhaupt nicht möglich, auf diese Fragen eine Antwort zu geben. Denn eine Antwort ist ein verstandesmäßig festgesetztes, bestimmtes, erkenntnismäßiges Urteil. Ich weiß aber nicht, ob auf diese Fragen ein solches Urteil der Vernunft möglich ist. Ich weiß nicht, ob nicht vor dieser Frage der Verstand gleichsam stille steht und der Mensch die Antwort im Erleben empfängt.

So ist es: Der jugendliche Mensch ist kein Mensch, der angesichts der Frage nach dem letzten Sinn verzweifelt, sondern ihm ist der Zweifel nur der Weg, der ihn zu den Quellen seines Lebens, zum Glauben an den Sinn des Lebens, an den Wert, an den Beruf seines eigenen Lebens führt. Der junge Mensch ist beseelt von dem Glauben, daß er in einem Strom des Lebens darinnen steht. Ihn erfüllt die Gewißheit, von unendlichen gestaltenden Kräften getrieben und getragen zu werden. Er fühlt, wie in ihm sich etwas bildet, das ihn mit den innersten Kräften der Welt in lebendigen Zusammenhang bringt. Er empfindet in sich den Willen, sich von diesen gestaltenden Kräften ergreifen zu lassen, nicht sich von ihnen treiben zu lassen, sondern sie durch sich hindurchströmen zu lassen, über sie Herr zu werden, sie zu meistern, sie zu ordnen, sie zu richten, und so zielbewußte Bewegung in den Strom des Lebens hineinzubringen, das chaotische Leben zu ordnendem Aufbau zu gestalten. Die gestaltenden Kräfte des Lebens bestimmen den jungen Menschen, in sich, in dem anderen, in allen den Menschen aufzubauen. Dieser Aufbau, das ist ihm die Frage auf die Antwort nach dem letzten Sinn. Der Aufbau bedeutet ihm nicht Aufbau eines wirtschaftlichen, staatlichen Systems allein, sondern bedeutet ihm die Arbeit an dem Zustandekommen einer wahrhaft menschlichen Gemeinschaft, die nach den Grundsätzen der Gerechtigkeit und der lebendigen Freiheit geordnet ist. Bei seiner Frage nach dem unbedingten Sinn erscheinen ihm Wirtschaft und Recht, die Zivilisation, der Staat nur ein Mittel, und zwar ein trauriges Mittel zum Ziele, Menschen zu bilden und die beseelte Gemeinschaft der Menschen zu errichten. So hat für den jungen Menschen alles Handeln eine zentrale, auf die Seele des Menschen gehende Bedeutung. Nicht die äußere Ordnung der Dinge, nicht der sogenannte Fortschritt, sondern die Bildung des Menschen zum Menschen, das ist ihm die Hauptsache. Der Mensch und nichts als der Mensch, der glaubende, von den gestaltenden Kräften des Lebens durchflutete Mensch, ist ihm der Zweck alles Handelns.

Der junge Mensch bejaht den Menschen und die wahrhaft menschliche Gemeinschaft, die den Staat einmal überflüssig machen soll, und sein Geist ist darauf gerichtet, Mittel und Wege zu finden, um diese Gemeinschaft zu verwirklichen. Der junge Mensch zweifelt an den überkommenen Werten der Familie, der Schule, des Staates, der öffentlichen Tradition, des öffentlichen Lebens, um sich neue Ziele zu setzen, um neue Zwecke erfüllen zu können, die auf dem Wege zu dem letzten Ziel der bisherigen Gemeinschaft der Menschen liegen.

Und weil alles Leben grau und einerlei und Not würde, wenn die Menschen nicht mehr von der Frage nach dem letzten Sinn ergriffen würden; wenn ihr Geist sich nicht mehr darauf richtete, eine Antwort auf diese Frage zu geben; weil die Bewegung des unendlichen Geistes stille stände, wenn nicht mehr bezweifelt und wenn nicht mehr neue Ziele gesetzt, neue Wege beschritten würden, wenn es keine Jugend mehr gäbe – deshalb hat die Gesellschaft eine Pflicht, Menschen das Recht auf Jugend zu geben.

Alle Menschen haben das Recht auf Jugend, vornehmlich aber die, die ihrer seelisch-leiblichen Verfassung nach – es sind meist die um die 20 herum – noch nicht eingespannt sind in den mechanischen Gang des alltäglichen Geschehens, in das geschäftige Getriebe des Verdienens; vornehmlich die, die noch gleichsam außerhalb der Linie des Fortschritts stehen, die noch gleichsam mit dem Leben „spielen" – das Wort Spiel in seinem metaphysischen Sinn verstanden –; die noch leiblich in Spannkraft sind, die noch überschüssige Kräfte, die noch Feuer und Wollust und Übermut besitzen; die noch springen und singen und tanzen können; die noch so viel Freude haben, einmal gründlich töricht zu sein.

Zu seinem Recht kann der junge Mensch nur dann kommen, wenn er in seiner Eigenart geachtet wird, wenn es ihm möglich gemacht wird, zu zweifeln und zu spielen, d. h. so zu leben, als gäbe es gleichsam gar keinen Fortschritt, keinen Zweck, kein Geschäft, keinen Verdienst und auch gar nicht das, was die Menschen „Glück" nennen, von dem in den Zeitungen und in den Büchern geschrieben steht. Nur dann kann der junge Mensch sein Jugendleben leben, wenn er so leben kann, als ob er gleichsam im Zentrum der Welt stünde; nur dann, wenn er als Selbstzweck betrachtet wird und sich betrachten kann. Es ist die Aufgabe des Menschen, sein ganzes Leben im tiefsten Sinne des Wortes als Selbstzweck zu leben. Alle Menschen sollen so leben, als ob es keine Vergangenheit und keine Zukunft, sondern nur die ewige volle Gegenwärtigkeit gäbe. Da heute nicht alle Menschen so leben können, so ist es die unbedingt gebotene politische Notwendigkeit, die Bedingungen für ein solches Leben herzustellen. Nur in kurzen Momenten des künstlerischen oder religiösen Erlebens sind uns jene Minuten der inneren Vollendung geschenkt, in denen wir das Bewußtsein haben, als ob das Leben Selbstzweck sei. Das Kind lebt ganz aus diesem Bewußtsein. Je mehr der Mensch dem Tod entgegengeht, desto mehr verliert er dieses Jugendbewußtsein.

Um so reicher wird das Leben, als Jugendleben möglich ist. Deshalb muß die Gesellschaft, der Staat dafür sorgen, daß die Jugend frei aus sich wachsen kann, daß sie nicht unnötig und durch Vergewaltigung ihres eigentlichen Wesens in die Zwecke des Fortschrittlebens hineingezwängt wird. Nur dann kann sie ein Leben als Selbstzweck in Annäherung gestalten, wenn sie autonom ist. Autonomie ist nicht jene Freiheit, die Anarchie, Freisein von jeglicher Bindung ist. Autonomie ist Selbstgesetzgebung, freie Bindung, freie Aufgabenstellung. Nehmt die Gottheit auf in Euren Willen...

Es ist das Problem jeglicher Erziehung: Ausgleich zu finden zwischen den inneren Notwendigkeiten der Jugend und den der Unvollkommenheit der ordentlichen Gesellschaftsordnung folgenden Bedingungen des beruflichen Lebens.

Erzieher: Tendenz – zu ziehen – Gewaltanwendung – vom Spiel befreien – in das Schema des Fortschritts hineinzwängen. Er sieht von der älteren Generation aus möglichst ohne Achtung vor dem Eigenwert der Jugend zur kommenden Generation hin.

Warum Erziehung heute ohne Freude: Vergewaltigung – Spielverderbung. Nur wachsen lassen. Glaube an die Harmonie der Dinge. An die Selbstbildung des Menschen zum Menschen. Selbstbindung – Selbstüberwindung: Aufgaben, Unendlichkeit, Heroismus gegen Idyll.

Also Forderung: Autonomie, spontane Bildung. Jugend

nicht Anhängsel, nicht Durchgangsstadium, Mensch an sich. Ernst vor ihr.

Jugend kann als Mensch leben nur in der Gemeinschaft. In ihr: Zweifel leben. Zielsetzung: gegenseitige Hilfe, Kameradschaft. Erzieher: Beispiel, Führung. Er soll begeistern, überzeugen, Leben erwecken, anregen, Ziele andeuten, Wege erkennen lassen.

Heute die Schule: Lebt sie aus dem Gedanken, der Jugend die Rechte zu geben? Heil der Jugend? Dient sie ihr? Gemeinschaft? Kameradschaft? Achtung? Sozialistische Liebe? Autonomie? Steht sie im Leben? Erweckt sie?

Wir klagen an: „die Schule“, nicht die einzelnen – verstaubte Oberlehrer, Aktenmenschen, verbogene Geheimräte, Untertanen, Pedanten, Greise, ängstlich, unerfüllt, freudelos; mit einem Wort: Untertanen durch die Disziplin, im Innern gehemmt, im Äußeren gebunden; mit einem Wort: von dem Staatsgeist der Schule befangen und ganz unselbständig gemacht. Anklage: das System der Staatsschule. Derselbe Geist der Autorität, derselbe Wille zur Disziplin. Der Staat: Gott souverän, Moloch, Hekatomben. Schule, Gespenst, Gefängis, vertreibt Jugendsein, saugt Leben aus. Der Staat: Zwangseinrichtung zur Niederhaltung einer Volksschicht, zwei Völker. In der Schule: Niederhaltung der Jugend, zwei Völker. Wie im Staate: doppelte Moral. Wie im Staate: kasernenhaft, Bankreihen, Strafe. Wie der Staat: Klassenschule.

Der autoritative mechanisierende Staatsgeist durchdringt die Schule, läßt nicht freies Leben und Liebe wachsen, keine Menschlichkeit. Deshalb der Religionsunterricht: nichts von Prophetie, nichts von Bekenntnis; Dogmen, Trennung der Konfession, nichts aus voller Menschlichkeit, die keine Trennung kennt. Man erlebt nichts. Keine Universalität. Keine Gegenwärtigkeit. Gedächtnis, Geschichtlichkeit ohne Kritik.

In der Geschichte auch hier Gedächtnis, Wust von Zahlen, Spezialismus, auch hier keine Universalität. Kein Leben der Kultur. Da Lehrer kein Mensch, erlebt man keine Probleme, keine Menschen, keine Situationen. Auch hier Gegenwärtigkeit. Der Zweck: Nationalisierung, Kulmination der Kultur im Deutschtum. Militarisierung: Krieg, Feldherren.

Erziehung zur Disziplin: auch im Sprachunterricht formal. Sprache nicht Mittel zum Kulturverständnis.

Warum so wenig Deutschunterricht? Weil dazu Seele gehört, weil dazu Leben, Gegenwärtigkeit gehört, weil dann zu wenig vom toten Geist der Vergangenheit geredet werden könnte. Alles in allem: Übermittlung von Wissen, Verstandesbildung, keine Kritik, kein Kämpfen, keine Weite, keine Anschauung des Lebens in Kultur und Natur. Überhaupt keine Erziehung zur Werktätigkeit durch Arbeitsschule, keine Erziehung zur Gemeinschaft durch Gemeinschaft. Keine Erziehung zum Menschentum durch Motivgebung und Erregung.

Gott sei Dank: diese Staatsschule hierzu nicht berufen. Wir werden sehen, wie dies Problem anzupacken ist. Wie sollte solches möglich sein in der militarisierten Schule, in der doppelten Moral im Untertanengeist ohne Sinn (Kultursinn), ohne Glauben, Leben, Freude, Gemeinschaft, Jugendrecht?

Was kann die Rettung bringen? Fortführung der Revolution, Sturz der Bürokratie des Kultusministeriums. Radikale Schulerneuerung. Am besten: Neuaufbau. Vorbild Wickersdorf. An den alten Schulen, so gut es geht: Wiedergeburt aus dem Geist wahrer Menschlichkeit, aus dem Glauben des Sozialismus, aus der Kulturidee der beseelten Gemeinschaft, aus dem Willen zur lebendigen Philosophie, aus dem Willen zur Jugend, aus dem Willen zur Erziehung zur Werktätigkeit, aus dem Willen zur Überwindung der Trennung von Seele und Arbeit.

Schulreform nicht in Isolation. Einheitliches Volksbildungswesen. Grundlage: Grundschule – Differenzierung, Fachschule, Technische Hochschulen – Universität – Akademien – Freie Gemeinden. Diese: entstaatlichte Weltanschauungen, aktivistische Zielsetzung. Im ganzen: Autonomie. Rätesystem: Bildungsräte – Aufbau von unten her – Zentralrat, vertreten im obersten Regierungsrat.

Nun: Was kann heute geschehen zur Verwirklichung des Rechtes der Jugend in unserer Schule? Am besten neue Schulgründungen und freies Vereinsleben der Jugend. Jugendbewegung neben der Schule. Wandervogel, Freideutsche Jugend, „Anfang"-Aufbaujungend. Eroberung der Schule durch die Jugendbewegung.

Anfang dazu Schulgemeindeerlaß vom 27. November 1918 (Text des Erlasses)

Seine Geschichte interessant für die Charakterisierung des Schulgeistes. Direktoren gegen das Recht der Jugend, gegen das neue Leben, gegen die Ansätze zur Gemeinschaftsbildung.

Zweiter Erlaß (siehe Text des Erlasses).

Erster Erlaß nicht aufgehoben. Aufbauversammlung: Winkelmann.

Was ist der Sinn der Schulgemeinde?

1. Aussprache erzieht zur Offenheit, zur Ritterlichkeit, gegen die Lüge und doppelte Moral. So Bedingungen zur Gemeinschaftsbildung.
2. Sie gibt Anschauung der Schulgemeinschaft. Erweckt den Willen zur Gemeinschaft. Sozialistische Erziehung.
3. Lebendige Demokratie: Achtung aller voreinander als Menschen, macht alle verantwortlich, pädagogische Tat, erzieherischer Wert.
4. Öffentliches Gewissen der Schule. Offenbart Sinn der Schule, inneres Leben der Schule in seiner Vielfältigkeit. Alle für alle verantwortlich. Alle der Schule verantwortlich, alle der Jugend verantwortlich.
5. Allgemeines Kennenlernen. Möglichkeit zur Gruppenbildung.
6. Transformator für das öffentliche Leben.
7. Stätte öffentlicher politischer Erziehung. Weniger zum Parlamentarismus, sondern zum Sinn für die Sache, die sich durchsetzt; Lust zum Gestalten und Organisieren wird erweckt.

Sie gibt mannigfaltige Impulse pädagogischer und schulpolitischer Art. In ihr pulst das Leben zusammen. Man fühlt die Pulsierung. Gegensätze entstehen, neue Gedanken können auftauchen. Man kämpft für sie. Offene Bahn für neue Werte.

Was macht man in der Schulgemeinde? Man redet und spricht sich aus. Man stellt Anträge. Über was spricht man? Über

1. alle inneren Verwaltungsfragen der Schule (Ordnung; Straffälle);

2. Unterrichtsfragen, Anträge für Erweiterung und Vertiefung des Unterrichts (Kunstunterricht, Philosophie, Gegenwartsleben, Arbeitsunterricht). Anträge über die Methode des Unterrichts (Dozentenmethode, freie Vereinigung);
3. Schule und Kultur (Bildungsziel).

Die Schulgemeinde bespricht dies alles. Sie wählt einen Schülerrat, der mit dem Lehrerkollegium zusammen die Anträge der Schulgemeinde in die Wirklichkeit umsetzt.

Kann der *Schülerrat* aus der Schulgemeinde gewählt werden? Erst später, wenn sich die einzelnen Menschen kennen. Jetzt soll er von den einzelnen Klassen gewählt werden. Prima bis Untersekunda je 3 Vertreter. Was macht er?

1. Er übernimmt die Durchführung der Ordnung innerhalb der Schule.
2. Lehrerkollegium und Schülerausschuß bereiten die Schulgemeinde vor, beraten ihre Anträge durch. Bestimmen gemeinsame Zielsetzung, Stoff, Methode der Erziehung. Sie wählen in paralleler Vertretung Vertreter für den pädagogischen Landesrat.
3. Die Ausschußmitglieder tragen den Geist der Selbstverwaltung in die Klassen, erregen das Interesse für die Schulgemeinde.

Neben diesem Hauptschülerausschuß aus der Schulgemeinde heraus Wahl von *weiteren Ausschüssen*:

1. Ausschuß für die Schülergerichtsbarkeit, Schlichtungsstelle, Streitigkeiten unter den Schülern, vertreten im Kollegium.
2. Unterhaltungsausschuß (Kunstveranstaltung).
3. Vortragsausschuß, Vorträge vor der Schulgemeinde.
4. Bibliotheksausschuß.

Die Anregungen zu diesen Ausschußbildungen treten aus der Schulgemeinde hervor. Mehr noch: sie gibt Motive zur Bildung von freien Arbeitsvereinigungen. Aufgetauchte Fragen werden dort vertieft. Gegenseitiges Verhältnis der Befruchtung. Nun ans Werk, Tatbeweis. Nicht Angst vor dem Neuen.

Etwas noch gegen Einwände.

1. Ordnersystem: Man braucht keine Schulgemeinde, denn [es gibt ja ein] Ordnersystem. Dagegen: Ordnersystem, Ausdruck des alten Schulsystems. Bestehenbleiben der zwei Parteien, der doppelten Moral, keine Gemeinde, keine Demokratie, kein Sammel- und Klärbecken, Unterdrückung von Minderheiten, keine Kontrolle der Schüler über ihren Vertreter.
2. Die Disziplin wird zerstört? Das muß traurige Disziplin sein. Das ist die falsche Disziplin einer falschen Autorität, die vor den Schülern Angst hat.
3. Parlamentsspielerei: Dieses nur, wenn sie nicht weiß, was sie tun soll, wenn keine Ausschüsse und Arbeitsgruppen.
4. Geschenk der Revolution: Nicht wahr: schon vor der Revolution an Schulen durchgeführt. Kein Erzeugnis eines Parteiprogramms, eine rein menschlich-pädagogische Angelegenheit.

Wann soll die Schulgemeinde nicht kommen?
Wenn die Jugend nicht um sie kämpft, wenn die Jugend ihr Recht nicht fühlt, wenn sie zufrieden ist.

Aus der Zufriedenheit rüttelt auf: die Jugendbewegung. Sie trägt den Sinn der neuen Schule an die alte heran, sie läßt in Gemeinschaften von Lernenden und Lehrenden den neuen Schulgeist wachsen in Sprechsälen und Arbeitsgruppen.

Sprechsaal: eine Aussprachemöglichkeit neben der Schule. Wie ein Marktplatz.

Wer bildet ihn? Schüler, Studenten, Lehrer, Eltern usw.

Worüber redet man im Sprechsaal? Über die Schule und die Schulgemeinde, über grundsätzliche Fragen des Lebens, der Kunst und Religion.

Warum?

Der Tat wegen, Klärung, Zielsetzung.

Seine Vertiefung in *Arbeitsgruppen*. Über Kunst, Literatur, Religion, Sozialismus usw.

Ihr Zweck: über die Schulen hinweg Menschen zusammenzubringen, freie Lehrerwahl, Wahl des Stoffes und der Unterrichtsmethode.

Der Sinn dieser pädagogischen Selbsthilfe erfüllt sich erst, wenn Freundesgemeinschaften wachsen. Zusammenschluß mit dem Wandervogel, Zusammengehen mit der proletarischen Jugend, Zusammenwachsen im Kampf für die Rechte der Jugend:

1. Jugendheime.
2. Wochenend-Heime, Siedlungen und Feste der Jugend, Schulprogramm, Wirtschaftsprogramm, gegen die Reaktion.

Nun Schluß: nicht Sache der Jugend, ungeprüft zu verneinen. Es kommt darauf an: empfangen zu wollen. Durch das Einzelne der Schulgemeinde hindurch das Allgemeine des neuen Kulturgedankens zu sehen, d. h. die Idee der beseelten Gemeinschaft, Gemeinde des Volks, Gemeinde der Menschheit.

Utopie. Sinn der Utopie: Erleben der vollen, ewigen Gegenwärtigkeit – der Jugend.

Jugendbewegung

Entwurf eines allgemeinen Programmes der Jugendbewegung.

Z I E L der Jugendbewegung ist:

Die Förderung der Entwicklung der Jugend durch Gestaltung ihrer Lebensverhältnisse & ihres Lebens

1. ihrer Eigenart entsprechend, im Sinne höheren Glückes der Jugend,

2. ihrer Aufgabe im Menschheitsganzen entsprechend, im Sinne des Fortschritts der Kultur.

Dieses Ziel verfolgt die Jugendbewegung durch zwei Organisationen:

A/ Die Organisation der J u g e n d.

I. Die jungen Menschen sollen zum Bewusstsein ihrer Zusammengehörigkeit erweckt werden& sich zu Jugendgemeinschaften zusammenschliessen zur Gestaltung ihres Lebens gemäss demZiele der Jugendbewegung.

II. In diesen Jugendgemeinschaften, die die verschiedensten Formen annehmen sollen /Sprechsäle, Kameradschaften, Hetärien, Zirkel etc./, soll der junge Mensch einen Lebensinhalt und einen Halt im Leben finden, hier soll ihm geboten werden, was ihm Schule & Familie nicht bieten oder auch nicht bieten können, und seine Erziehung ergänzt & geleitet werden, wie es seine Aufgabe der Menschheit gegenüber verlangt.

III. Sie haben insbesondere zwei Aufgaben zu erfüllen:

1. Der Tendenz der Jugend zum Zusammenschluss mit Gleichaltrigen, die in der von der Psyche des Erwachsenen wesentlich verschiedenen Struktur des jugendlichen Seelenlebens begründet ist , zu entsprechen & der Jugend so ein ihrer Eigenart gemässeres Leben zu bieten.

2. Die Geistesbildung der Jugend zu fördern, indem sie den jungen Menschen Gelegenheit zu freier Aussprache im Kreise von Jugendgenossen gewähren und sie zum Nachdenken über ihr Leben & ihre Lebensverhältnisse anregen, so dass sie nicht alles von der alten Generation ihnen Überlieferte gedankenlos hinnehmen, sondern es prüfen, auswählen & selbständig denkend erfassen, wie es der Fortschritt der Kultur verlangt.

IV. Die einzelnen Jugendgemeinschaften sollen durch eine /mit der Organisation der Erwachsenen in Verbindung stehende/ Organisation vereinigt werden, die den Zweck hat :

1. Verkehr zwischen den einzelnen Gemeinschaften anzubahnen & zu vermitteln.

2. In Verbindung mit der Organisation der Erwachsenen die Gemeinschaften zu stützen & nach aussen zu sichern.

B/ Die Organisation der Erwachsenen mit folgenden Aufgaben:

I. Die Organisation der Jugend zu unterstützen, sie nach aussen zu sichern& zu schützen.

II. Die Umgestaltung aller mit dem Leben der Jugend in Zusammenhang stehenden Institutionen, letzten Endes der gesamten Gesellschaftsordnung, im Sinne des Ziels der Jugendbewegung anzustreben, insbesondere durch Verbreitung und Verwirklichung der Idee der Freien Schulgemeinde, die eine Synthese der beiden Forderungen des Ziels der Jugendbewegung bildet.

ENTWURF EINES ALLGEMEINEN PROGRAMMS DER JUGENDBEWEGUNG

(1913)

Ziel der Jugendbewegung ist:
Die Förderung der Entwicklung der Jugend durch Gestaltung ihrer Lebensverhältnisse und ihres Lebens
1. ihrer Eigenart entsprechend, im Sinne höheren Glückes der Jugend;
2. ihrer Aufgabe im Menschheitsganzen entsprechend, im Sinne des Fortschritts der Kultur.

Dieses Ziel verfolgt die Jugendbewegung durch zwei Organisationen:

A. Die Organisation der Jugend.

I. Die jungen Menschen sollen zum Bewußtsein ihrer Zusammengehörigkeit erweckt werden und sich zu Jugendgemeinschaften zusammenschließen zur Gestaltung ihres Lebens gemäß dem Ziele der Jugendbewegung.

II. In diesen Jugendgemeinschaften, die die verschiedensten Formen annehmen sollen (Sprechsäle, Kameradschaften, Hetärien, Zirkel etc.), soll der junge Mensch einen Lebensinhalt und einen Halt im Leben finden; hier soll ihm geboten werden, was ihm Schule und Familie nicht bieten oder auch nicht bieten können, und seine Erziehung ergänzt und geleitet werden, wie es seine Aufgabe der Menschheit gegenüber verlangt.

III. Sie haben insbesondere zwei Aufgaben zu erfüllen:
1. Der Tendenz der Jugend zum Zusammenschluß mit Gleichaltrigen, die in der von der Psyche des Erwachsenen wesentlich verschiedenen Struktur des jugendlichen Seelenlebens begründet ist, zu entsprechen und der Jugend so ein ihrer Eigenart gemäßeres Leben zu bieten.
2. Die Geistesbildung der Jugend zu fördern, indem sie den

jungen Menschen Gelegenheit zu freier Aussprache im Kreise von Jugendgenossen gewähren und sie zum Nachdenken über ihr Leben und ihre Lebensverhältnisse anregen, so daß sie nicht alles von der alten Generation ihnen Überlieferte gedankenlos hinnehmen, sondern es prüfen, auswählen und selbständig denkend erfassen, wie es der Fortschritt der Kultur verlangt.

IV. Die einzelnen Jugendgemeinschaften sollen durch eine mit der Organisation der Erwachsenen in Verbindung stehende Organisation vereinigt werden, die den Zweck hat:

1. Den Verkehr zwischen den einzelnen Gemeinschaften anzubahnen und zu vermitteln.
2. In Verbindung mit der Organisation der Erwachsenen die Gemeinschaften zu stützen und nach außen zu sichern.

B. Die Organisation der Erwachsenen mit folgenden Aufgaben:

I. Die Organisation der Jugend zu unterstützen, sie nach außen zu sichern und zu schützen.

II. Die Umgestaltung aller mit dem Leben der Jugend in Zusammenhang stehenden Institutionen, letzten Endes der gesamten Gesellschaftsordnung, im Sinne des Ziels der Jugendbewegung anzustreben, insbesondere durch Verbreitung und Verwirklichung der Idee der Freien Schulgemeinde, die eine Synthese der beiden Forderungen des Ziels der Jugendbewegung bildet.

DIE JUGENDGEMEINDE

(1914)

Für die Mitglieder einer Freien Schulgemeinde ist die Aufgabe, die Idee Jugendkultur in ihrer Gemeinde darzustellen, wesentlich lösbar. Darum ist die Freie Schulgemeinde in ihrem Wesen vollkommen; denn ob jene Aufgabe zu einer gegebenen Zeit an einem bestimmten Ort auch wirklich gelöst wird, mag zwar eine äußerst wichtige Frage sein, ist aber unwesentlich. Ebenso ist es unwesentlich, ob die Tatsache „Jugendkultur" einmal, viermal oder tausendmal in den Zusammenhang der Dinge hineingestellt ist. An der Wirklichkeit, daß hundert junge Menschen mit ihren Führern eine strenge jugendgemäße Kulturgemeinschaft bilden, ist nichts geändert dadurch, daß Millionen es nicht können, und wären es selbst solche, deren Wert und Schönheit es weit mehr verdiente. Darum haben jene Recht, die von der Einzigkeit der Freien Schulgemeinde sprechen, wenn sie darunter meinen, daß ihrer Idee genüge getan ist mit einem einzigen Exemplar. Diese Betrachtung der Schule als Kunstwerk hat gegenüber der allgemeinen Auffassung von der Schule als einem Zweckmechanismus so leuchtende Schönheit, daß niemand wünschen möchte, diese Schule ins Allgemeine zu denken, da der Fluch der Flachheit allem Allgemeinen anhaftet, und das nachgeahmte Kunstwerk uns widerlicher aufregt als der biedere Mechanismus.

Aber die Tatsache „Freie Schulgemeinde" erweckt Forderungen nicht nur in jenen, die sie darstellen, sondern auch in allen jenen, in deren Gesichtskreis, in deren Willensbereich sie hineinragt; Forderungen nicht nur an jene, die jene Tatsache aufbauen, sondern auch an jene, die Vertreter menschlicher Einrichtungen und Ordnungen sind oder zu sein vorgeben.

Wenn auch die einzelne Tatsache „Jugendkultur" von Quantitäten unabhängig ist, so ist dennoch die Idee nicht unabhängig davon; denn der Idee der Kultur, der Idee der Lebensgestaltung wohnt letzten Endes immer der Wille zur Totalität, zur Restlosigkeit inne. Und solange auch noch die kleinste und verborgenste Möglichkeit zur Jugendkultur undargestellt, unverwirklicht, latent bleiben muß, solange ist die Idee überhaupt nicht verwirklicht. Und dazu kommt, daß in ihr als wesentlich die Beziehung gesetzt ist zwischen der jungen Generation und den dauernden Werten des menschlichen Geistes und daß diese die endgültige Lösung jener Beziehung erst finden, wenn die Totalität der Jugend und die Totalität der Kultur in einer Gemeinschaft vereint sind, um aufeinander zu wirken. Und wird schon von hier aus nicht mehr belanglos erscheinen, ob jene Tatsache „Jugendkultur" hundert oder alle jungen Menschen ergriffen hat, und erwächst schon von hier aus zunächst logisch die Forderung nach allgemeiner Jugendkultur, so wird diese Forderung zum leidenschaftlichen und stürmischen Begehren bei der Jugend selbst, wo immer ihr diese Tatsache der einen Freien Schulgemeinde zum Symbol einer neuen Ordnung wurde. Denn hier ist eine zweite Wirklichkeit in den Kreis der Ideen getreten, der aus Wickersdorf ausgegangen ist. Die Jugendbewegung hat in einem Teile wenigstens jene Wirklichkeit aufgefaßt, sich im Willen zu ihr gefunden. Dem einzelnen, lebendigen Jungen wäre ein schlechter Trost jene Gewißheit, daß die Schulgemeinde an sich der Mehrzahl nicht bedarf, wo diese lebenden einzelnen eben in ihrem Eigentlichsten verkümmernd der Mehrzahl der Schulgemeinden bedürfen. Und so haben diese einzelnen, zu einer Gruppe verbunden, die Forderung gestellt, an jene die es angeht: Wir wollen Anteil haben an Jugendkultur.

So scheint sich von zwei Seiten, logisch deduziert aus der Idee und leidenschaftlich gefordert, das *Problem der Freien Schulgemeinde als allgemeiner Erziehungsinstitution* zu ergeben. Mit dieser Forderung stehen wir vor der Gefahr, das einzigartige Kunstwerk in vielfacher Schablone zu kopieren. Wir stehen vor der Möglichkeit, daß der Ruf „Jugendkultur" gehört werde als „mehr Jugendkultur". Und die Antwort wird bei manchen Hütern jener Idee Achselzucken für den Willen der vielen sein; und vielleicht auch der Versuch, diese Unfähigkeit zu begründen: metaphysisch, ästhetisch, sentimental oder sonstwie.

Aber mit Unrecht, denn jenes Problem ist nicht mehr das alte, noch weniger eine technisch-organisatorische Aufgabe, sondern ein *Neues*. Es ist die Frage gestellt: Wie soll das Leben der ganzen gegenwärtigen Jugend gegenwärtig gestaltet werden, so daß es jugend- und kulturgemäß sei? Zunächst wird man geneigt sein, dies als ein Scheinproblem zu behandeln, für das also bloß ein Kompromiß als Lösung möglich wäre; denn, so wird man sagen, darum ist ja dieser völlig neue Typus einer Schule hingestellt, weil man der Überzeugung war, daß der gegenwärtigen Jugend in Schule, Haus und Großstadt nicht zu helfen sei. Und man vergißt, daß man die Freie Schulgemeinde als allgemeines Erziehungsinstitut nicht allein für die gegenwärtige, sondern daß man sie auch für jede künftige Zeit abgelehnt hat; und daß dafür vor allem nicht maßgebend war, daß sich niemals die Lage der Jugend ändern würde, sondern daß man bei jener Verneinung ausging von einer besonderen Anschauung vom Wesen des Führers; daß man zweifelte, viele Künstler zu finden, die Freie Schulgemeinden, Kunstwerke, schaffen könnten; daß also zuletzt die Unmöglichkeit sich nicht ergibt aus der gegenwärtigen Lage der Jugend, sondern aus der gegenwärtigen Zahl ihrer Führer. – Das ist richtig: Um einmal die letzten und höchsten Möglichkeiten der Jugend zu zeigen, um zum ersten Male ihren Wert, ihre Schönheit, ihre Ziele überhaupt nur zu finden, war die völlige Isolierung nötig. So wahr, wie das letzte Resultat unseres soziologischen Denkens und der deutliche Wille der Jugend als Endzustand die Form der Freien Schulgemeinde fordern. Und so ständen wir zuletzt auf alle Fälle vor dem Problem der allgemeinen Schulgemeinde und müßten es lösen. Das heißt, wir müßten eine positive Gestaltung finden. Denn mit Recht würde die Zumutung abgelehnt werden müssen, „Jugendkultur für alle" heiße, die *eine* gefundene Form so oft nebeneinanderstellen, bis sie *alle* umfaßt. Vielmehr, es ist hier eine völlig neue Aufgabe gegeben: eine Form zu schaffen, die sich über der ganzen Jugend erhöbe, die das Leben jedes einzelnen jungen Menschen in Beziehung setzte zu dem aller anderen, die es nach der Idee „Jugendkultur" bestimmte.

Jenes Problem der Zukunft mag in einer späteren Zeit betrachtet werden. Das der Gegenwart meldet sich durch

Tatsachen und fordert seine gedankliche Vertiefung und seine Einreihung.

Schon die Gründung der Sprechsäle war der erste Schritt der Jugend zum Ziel der allgemeinen Jugendkultur. Es war ein Symptom des Willens: Jugendkultur für uns und alle andern! In einzelnen außerhalb Wickersdorfs war ja dieser Wille längst lebendig. Im Jung-Wandervogel vor allem, aber auch in allen anderen Bünden mehr oder weniger hat manchen Wynekens machtvolle Stimme geweckt, zum Denken gebracht über die allgemeine Lage der Jugend, über die Möglichkeiten, eine neue Lebensart für sie und damit eine neue Epoche für die Kultur heraufzuführen. Und als wir uns im Wiener Sprechsaal zusammenfanden, war für uns bald dieser Gedanke zum Sinn unserer Vereinigung geworden: Die Erkenntnis, daß die Form der Freien Schulgemeinde und ihr Gehalt *der* Gehalt und *die* Form jugendlichen Lebens sei, sollte uns nicht ein Schauspiel, ein Ergötzen, ein Zur-Kenntnisnehmen sein. Wir wollten soviel von „fragmentarischer Jugendkultur" uns schaffen, als uns die besonderen Lebensumstände gestatten mochten. Wir hofften, in späterer Zeit würde die ganze Jugend ganz haben, was wir wenigen fragmentarisch nur erreichten: Jugendkultur. Solche Gedanken und Bestrebungen kreuzten aber mit anderen, fremden im Sprechsaal (siehe „Der Anfang", 2. Jg., Berlin/Wien 1914, H. 2/3, S. 51–58: Sprechsaal und Jugendgemeinde), und man ging daran, eine Jugendgemeinde zu gründen. Es sollte eine Schulgemeinde werden zwischen Schule und Elternhaus.

So droht der Freien Schulgemeinde die Gefahr der Vervielfältigung, der Verflachung und Mechanisierung nicht nur von den Neuendorffs und Dürerschulen, wie seit Beginn zu erwarten war, sondern auch von der Jugend selbst, die begeistert im Begriffe ist, ihr Ideal zu entgeisten. Die Gefahr kann sich aber in höchsten Segen verwandeln, wenn das Problem *gesehen* und gestaltet wird. Darum gilt hier keine ästhetische Geste. Die Freie Schulgemeinde als Kunstwerk ist eine Form. Wir haben die zweite zu finden: die Jugendgemeinde. Finden heißt freilich nicht deduzieren, sondern hinstellen. Aber eine klare Überlegung der Unterschiede zwischen Freier Schulgemeinde und Jugendgemeinde wird schon nach den ersten Versuchen zeigen, daß wir nicht nachahmen dürfen, daß wir ganz neu zu versuchen und zu bewältigen, zu ordnen haben.

Der Umfang der Freien Schulgemeinde ist begrenzbar. Der Umfang der Jugendgemeinde ist wesentlich unbegrenzt. Der Umfang der Freien Schulgemeinde hängt im Grunde von der Wirkungsweite ihrer Führer ab. Sie hat nicht mehr Führer, als ihr geistiger Leiter zu einem Kollegium zusammenzufassen vermag, soviel Schüler, als ihre Lehrer zu ordnen, zu bannen und zu beeinflussen vermögen. Sie ist wie ein Sonnensystem mit errechenbarer Zahl von möglichen Planeten und Sonnen. Sie kann sich eines Tages als überfüllt erklären und sich abschließen. Für der Jugendgemeinde Umfang ist nicht die Kraft des Leiters bestimmend. In der Idee ist ihr Umfang gesetzt durch die Zahl sämtlicher junger Menschen einer Muttersprache eines Kulturgebiets oder einer Rasse, eines Staats, je nachdem, was man als das jugendunterscheidende Merkmal betrachten mag. Wer jugendgemäß leben will, ist ihr Mitglied. Und so wird sich von Anfang an in der Jugendgemeinde ein Verhältnis zwischen Führern und Geführten ergeben, das fundamental verschieden sein wird von dem in der Freien Schulgemeinde.

Man könnte versucht sein, um den Schwierigkeiten zu entgehen, die sich von hieraus für einen Lebensstil ergeben (die wirklich so groß sind, daß sie ihn sogar unmöglich zu machen scheinen), vorerst eine Analogie zur Freien Schulgemeinde zu bilden, die leicht gelänge. Man könnte versuchen, den empirischen Umfang der Jugendgemeinde aufzuteilen auf eine Anzahl von Führern, die ihm gewachsen wären, und für jedes Wachstum des Umfangs neue Führer zu suchen. Aber gerade dies hieße aus einem Eigenwesen den Schatten eines anderen machen. Das eben unterscheidet die beiden Wesen: das eine hat der Idee nach *immer* Führermangel (in einem noch näher zu erklärenden Sinn), das andere nie. Wir sehen natürlich ab von den unlösbaren Widersprüchen, die sich in der Empirie ergäben bei jener Verfahrungsweise. Selbst wenn sie möglich wäre, dürfte sie nicht sein. Denn für die Freie Schulgemeinde ist die Gegebenheit ihr Leiter, der Schöpfer.

Die Freie Schulgemeinde will die Gegebenheiten der Kultur – den objektiven Geist – der jungen Generation vermitteln. Für sie ist zunächst feststehend, was übermittelt werden soll. Die Kulturgüter in einer Auswahl, die bestimmt ist von der religiösen oder philosophischen Gesinnung des Leiters, der Gesellschaft. Sie hat jedenfalls in irgendeiner Form einen Lehrplan. Die Jugendgemeinde hat nichts derart. Denn *erstlich* gibt es für sie keine andere Gegebenheit als die *ihres* Lebens, also auch keine Anforderungen objektiver Kultur, so wenig als Anforderungen des künftigen praktischen Lebens. *Zweitens* steht die Schule, die erstere Aufgabe übernommen hat oder der sie doch überwiesen werden sollte, als solche außerhalb der Gemeinde. Sie ist von ihr beeinflußbar; wir hoffen, sie wird von ihr neu gestaltet werden. Sie kann gewissermaßen durch geheime Beschlüsse der Jugendgemeinde in jenen Teilen, in denen sie mit Jugend in lebendiger Verbindung steht, verändert werden, in den Bereich eingemeindet werden, aber als solche steht sie außen, unbeeinflußbar. Darum hat die Jugendgemeinde keinen objektiven, keinen gegebenen Lehrplan. Das schließt nicht aus, daß sie – oder einzelne ihrer Teile – sich einen ambulanten Lernplan geben. Denn dies fühlt die Jugend als ihr Recht, als ihre Pflicht, die Kultur, die ihr angeboten oder die ihr vorenthalten wird, zu untersuchen, zu werten, ob sie sich sie aneignen kann, und so zu bestimmen, was von Dauer sein *soll*.

Die Freie Schulgemeinde ist zugleich eine geistige und eine physische Gemeinschaft. Die Jugendgemeinde ist allein eine ideelle Gemeinschaft. Sie ist örtlich nicht gebunden. Denn nicht die Jugend einer Stadt ist die eigentliche Gemeinschaft, sondern die autonome Jugend. Die an einem Ort Wohnenden können unter Umständen eine Gruppe bilden, aber selbst dieses ist unwesentlich, denn auch für die Zugehörigkeit zu den engeren Gruppen, die die Jugendgemeinde aufbauen, sind einzig geistige Bindungen wesentlich. Weil aber die geistige Gemeinschaft unmöglich ist ohne die physische, so wird die Jugendgemeinde ein System von Trefftagen, Austausch, Besuch, Verkehr und Wanderung bauen, das weder in der Freien Schulgemeinde noch sonst in einer Institution der Gegenwart ein Analogon findet. Und ebenso wird sich ein Briefverkehr, ein System von Zeichen, Symbolen, Erinnerungen und Bindungen entwickeln von nie geahnter Weite und Tiefe. Die ruhenden

Pole dieses Systems werden die Jugendheime, vielleicht die Schulgemeinden, über das Land verstreut sein. Aber nicht nur dies. Die Gemeinde hat keinen Ort, sie ist nicht anders an die Physis beschränkend gebunden als im Symbol. Man hat die Freie Schulgemeinde einen Orden genannt; von hier aus nicht mit Recht. Sie ist eine Loge, selbst eine Großloge von besonderer Art, von Einzigheit *in* ihm. Den Orden stellt die Jugendgemeinde dar.

Und von hier aus läßt sich nun noch ein Positives über die Führer der Jugendgemeinde sagen. Der Führer der Schulgemeinde vereint in sich drei zu sondernde Funktionen. *Einmal* ist er Lehrer. Und dies ist er seiner Aufgabe nach vor allem. Er ist gewählt vom Leiter, als Einer, der fähig ist, ein bestimmtes Gebiet der objektiven Kultur, die übertragen werden soll, darzustellen, weiterzugeben. Er ist für sie; er repräsentiert in einem gewissen Sinn dies Stück Kultur, oder diese Denkrichtung. Die übrigen Eigenschaften seines Wesens sind danach betrachtet, ob er fähig ist, der Jugend ein lebendiges, würdiges, interessantes Symbol jener Wissenschaft oder Kunst zu sein. Damit ist zugleich ein Stück der *zweiten* Aufgabe des Führers bezeichnet. Er ist der Verehrungswerte, an und für sich. Hier ist nicht mehr die Frage nach dem Kulturgebiet. Ihm gehört das Vertrauen seiner Jünger, daß er Priester ist, daß er im Zusammenhang steht mit den letzten geistigen Prinzipien, daß er darum die unbeirrbare Magnetnadel ist, die nach dem Pol des Rechten, des Sollens weist. Und durch diese Ehrfurcht die er erzwingt, herrscht er zugleich, wird ihm gehorsamt, so ist er der eigentliche Stilbildner des Gemeinschaftslebens. Und *drittens* ist er all dies als *naher* Freund als Du-Kamerad, der durch Händedruck, Wink oder Blick das Zeichen zum Kampf oder Dienst gibt, der geliebt wird, so geistig und sinnlich, wie Jugend liebt. – Die Jugendgemeinde kennt diesen Führer wesentlich nicht. Der Lehrer lebt nicht in ihr, gehört nicht zu ihrem Bild. Zuweilen wird eine Gruppe, vielleicht einmal die Gemeinde, sich ihn erbitten, sich ihn mieten für eine Zeit; nebenbei werden immer dieser oder jener auch so wirken, aber immer nur auch und nebenbei. Sie kennt allein den Priester. Und zwar nicht als Typus, sondern als Person; „die Dreie" der „Pädagogischen Provinz". Aber nicht von Angesicht zu Angesicht, sondern mittelbar durch Schrift und Überlieferung. Wieder der Idee nach: denn es macht nichts aus, ob dieser höchste Führer – oder diese – durch Reisen oder Feste Hunderten oder Tausenden zu Gesichte kam. Sie kennen ihn nur mittelbar. Aber darum wird er eine andere und tiefere Wirkung üben. Er wird freilich auch ungekannte Mittel brauchen, um sich allen vernehmlich zu machen. Auch hier wird das Symbol ausdrücken, was nicht eigentlich gesagt wird werden können.

So ergibt sich die Eigenart der Gruppen, die organisch gefügt, die Elemente der Gemeinde sein werden. Es ist nicht die Gefolgschaft des Führers, die sich in ihnen findet, sondern die Brüderschaft von Gleichen. Gleiche finden sich zu Gleichen und stellen eine Nuance dar, eine Besonderheit. Meist werden sie sich um einen finden, der nicht an Alter oder Wissen, Ehrfurchtswürde oder ähnlichem von ihnen unterschieden ist, sondern der nur die Tatkraft, die Initiative und besondere natürliche Betonung dessen in sich vereinigt, was sie als ihr Gleiches empfinden. Dies wird der Führer-Kamerad sein. Und weil er besonders ihr Gleiches vertritt, wird er in unmittelbaren Verkehr mit dem Priester gelangen, und so der Mittler zwischen ihm und seinem Genossen sein.

Noch eins sei angedeutet, das die Freie Schulgemeinde von der Jugendgemeinde wesentlich trennt. Das Temperament, die Richtung der Idee: Die Freie Schulgemeinde *stellt dar, ist,* die Jugendgemeinde *will, wird.* Denn der Jugendgemeinde wird die Gegenwart ein ewiges Hindernis sein; sie hat die Mission, diese Gegenwart zu verwandeln, so lange, bis sie der Idee der Jugend, bis sie ihr selbst Raum gewährt; mehr, bis sie geformt ist nach ihrer Idee, bis sie Jugendkultur ausdrückt. Wenn ich nicht fürchten müßte, wertend verstanden zu werden und nicht bloß konstatierend, wollte ich sagen: die Freie Schulgemeinde ist *statisch,* die Jugendgemeinde *dynamisch;* die Freie Schulgemeinde hat Autonomie für *ihre* Jugend, die Jugendgemeinde kämpft (allein durch ihre Existenz, man denke nicht an Pulver und Streik) um die Autonomie *der* Jugend; ist jene *ästhetisch,* so ist diese *ethisch.* Das Wesen der einen ist *Schönheit,* der anderen *Sehnsucht.*

PRAKTISCHE ARBEIT

(1914)

Immer aufs neue wird in den freistudentischen Abteilungen praktische Arbeit verlangt. Diese Forderung wird aus zwei Ursachen erhoben, aus einer subjektiven: einem Bedürfnis nach Tätigkeit, Auswirkung, Kampf, Arbeit, und einer objektiven: der Einsicht von der Notwendigkeit irgendeiner Arbeit für irgendeinen Zusammenhang.

Die subjektiven Leute sind die brauchbaren, aber darum doch nicht sehr wertvollen; es sind jene, die mit gleicher Hingebung, Begeisterung und Maßstablosigkeit Arbeiter unterrichten, Adressen schreiben, „soziale Arbeit" tun usw. usw. Alles von einem Motiv getrieben: Lärm, Betrieb.

Die Objektiven wären die wertvollen, aber es gibt sie eigentlich nur als vereinzelte in unseren Organisationen. Die Gruppen selber können es nicht sein. Die katholische Studentenarbeit stellt so etwas dar wie eine gelungene objektive Arbeit. Das Palladium der Freien Studentenschaft ist zugleich die Vernichtung dieser objektiven Arbeit: ihre Neutralität. Diese Arbeit setzt entschiedene Richtung, ausgesprochene Wertanschauung voraus, und gerade das kann in der Freien Studentenschaft nicht geboten werden. Ihren Gruppen als solchen fehlt das Ziel, das in diesem Falle unerläßlich wäre, fehlt der Maßstab für die objektive Notwendigkeit einer Arbeit, und so kann keine Gruppe ihre Kräfte einem Plan unterordnen, weil eben dieser Plan in seiner notwendigen Einseitigkeit niemals die Zustimmung aller für längere Zeit erhielte.

Positive Arbeit sollte auch mehr bedeuten als Selbsterziehung. Es wäre gefordert irgend eine Leistung an der Kultur, eine Organisation, in sie hineingestellt von der Studentenschaft oder einem Teil von ihr. Weil der einzelne Mitarbeiter als Student notwendig nur kurze Zeit am gleichen Ort tätig ist, so ist eine um so strengere und um so gewaltigere überpersönliche Organisation nötig. Diese fordert Kräfte und Mittel, von einem solchen Umfang, von Aufopferung ungezählter einzelner in einem solchen Maße, wie sie nur ganz entschiedene autoritativ gebaute Organisationen leisten können. Und so ist im Grunde all das, was an positiver Arbeit von der Freien Studentenschaft geleistet wird, notwendig fragmentarisch und nach außen beinahe belanglos. Selbst von den Arbeiterunterrichtskursen, der „positiven Arbeit“ der Freien Studentenschaft nahe verwandt, dem geschlossensten Bau dieser Art muß gesagt werden, daß sie die wirklichen Werte der Studentenschaft und nicht den Arbeitern der Gesellschaft gibt.

Man sollte darum auf diese praktische Arbeit als einer objektiv gerichteten verzichten. Man soll sie nicht soziale, sondern Selbsterziehungswerk nennen, aber man soll sie auch konsequent aus diesem Willen organisieren und ausgestalten. Es gibt positive Arbeit, die der Studentenschaft wesentlich ist: die Gestaltung der Hochschule und des eigenen Lebens. Dieses eigene Leben muß heute, wo der Student immer mehr umspielt wird von den Wellen der Jugendbewegung, ja wo er die eigentlich treibende Kraft in ihr ist, gefühlt werden als Jugendleben. Und auch hier hat die Organisation beim Differenzpunkt einzusetzen, bei dem, was den Studenten von der übrigen Jugend *unterscheidet*, was ihm *wesentlich* ist.

In dem strengen Willen zu jugendlicher Eigenart und ihrer studentischen Besonderheit liegt eine gestaltende Kraft, die ganz dem entspricht, was die Idee des Reichs Gottes auf Erden der katholischen Studentenschaft bedeutet. In ihr liegt die Möglichkeit zu objektiver Kulturarbeit.

Die jugend- und kulturgemäße Hochschule kann allein das Ziel objektiver und positiver Arbeit des Studenten sein. Indem er sein eigenes Reich auf festen Grundpfeilern neu ordnet, erfüllt er eine unersetzliche und von ihm allein zu leistende Arbeit in der Kultur.

Nur glaube man nicht, daß sich den gegenwärtigen Organisationsformen dieses Ziel aufkleben läßt, es müssen neue geschaffen werden. Wie weit die Freie Studentenschaft schon jetzt entsprechende Formung dieser Idee darstellt, muß untersucht werden, stelle ich zur Diskussion.

AN DIE FREIDEUTSCHE JUGEND

(1914)

Der Hauptausschuß der Freideutschen Jugend hat in der Münchener Versammlung vom 9. Februar 1914 offiziell erklärt: „1. Auf die völlig ungerechtfertigten und entstellenden Äußerungen eines Redners im bayrischen Landtag stellen wir fest, daß die Behauptung, ‚Der Anfang' sei Verbandszeitschrift der Freideutschen Jugend, völlig irrig ist. 2. Die Freideutsche Jugend ist kein Verein mit besonderen Zielen, sondern sie ist nur ein Zusammenschluß schon bestehender verwandter Vereinigungen. ‚Der Anfang' als Zeitschrift kann also kein Glied der Freideutschen Jugend sein und ist darum auch nicht mit der Freideutschen Jugend zu identifizieren. Ebenso steht die Freideutsche Jugend in keinem Verhältnis zum Akademischen Comité für Schulreform und zu den ‚Sprechsälen'. 3. Im übrigen lehnt die Freideutsche Jugend die ihr mit Hinweis auf den ‚Anfang', auf den Jungwandervogel und die Festschrift – ob mit Recht oder Unrecht sei dahingestellt – unterschobenen Tendenzen, nämlich Kampf gegen Elternhaus, Schule, Staat und Religion, auf das allerschärfste ab. 4. Die Behauptung, ‚die Idee des Freideutschen Jugendtages ginge von Herrn Dr. Wyneken aus', ist vollkommen falsch. Er hat im Auftrag eines der dreizehn einberufenden Verbände, als Vertreter des Bundes für freie Schulgemeinden, an dem Freideutschen Jugendtag teilgenommen. Wenn der Freideutschen Jugend versteckte Beziehungen zu liberalen und monistischen Richtungen zugeschrieben worden sind, so sei noch einmal wiederholt, was jedem, der sich mit der Freideutschen Bewegung eingehender beschäftigt hat, ohne weiteres selbstverständlich ist: Die in der Freideutschen Jugend zusammengeschlossenen Verbände sehen gerade in der Tatsache ihre Verwandtschaft, daß sie Jugendliche vereini-

DER ANFANG
ZEITSCHRIFT DER JUGEND

HERAUSGEGEBEN VON

GEORGES BARBIZON, BERLIN / SIEGFRIED BERNFELD, WIEN

BERLIN 1. Jahr MÄRZ 1914 Heft 11 WIEN

„Der Anfang" erscheint als Monatsschrift zum halbjährlichen Bezugspreis von 2 Mark bzw. 2,50 Kronen (im Auslande zu 3 Mark). Wird durch den Buchhandel, durch die Post oder direkt vom Verlag bezogen.

An die freideutsche Jugend

Der Hauptausschuß der Freideutschen Jugend hat in der Münchener Versammlung vom 9. Febr. offiziell erklärt: „1. Auf die völlig ungerechtfertigten und entstellenden Äußerungen eines Redners im bayrischen Landtag stellen wir fest, daß die Behauptung, ‚Der Anfang' sei Verbandszeitschrift der Freideutschen Jugend, völlig irrig ist. 2. Die Freideutsche Jugend ist kein Verein mit besonderen Zielen, sondern sie ist nur ein Zusammenschluß schon bestehender verwandter Vereinigungen. ‚Der Anfang' als Zeitschrift kann also kein Glied der Freideutschen Jugend sein und ist darum auch nicht mit der Freideutschen Jugend zu identifizieren. Ebenso steht die Freideutsche Jugend in keinem Verhältnis zum Akademischen Comité für Schulreform und zu den ‚Sprechsälen'. 3. Im übrigen lehnt die Freideutsche Jugend die ihr mit Hinweis auf den ‚Anfang', auf den Jungwandervogel und die Festschrift — ob mit Recht oder Unrecht sei dahingestellt — untergeschobenen Tendenzen, nämlich Kampf gegen Elternhaus, Schule, Staat und Religion auf das allerschärfste ab. 4. Die Behauptung, ‚die Idee des Freideutschen Jugendtages ginge von Herrn Dr. Wyneken aus', ist vollkommen falsch. Er hat im Auftrage eines der dreizehn einberufenden Verbände, als Vertreter des Bundes für freie Schulgemeinden, an dem Freideutschen Jugendtag teilgenommen. Wenn der Freideutschen Jugend versteckte Beziehungen zu liberalen gen und demzufolge in ihrem Programm nur solche Ziele aufstellen, die der Jugend gemäß sind. Daher müssen sie es entschieden ablehnen, mehr als das zu sein, und sich in den Dienst einer Partei zu stellen, sei sie wirtschaftlicher, politischer oder religiöser Natur. Wer darin ein Bekenntnis zum Atheismus, eine Abkehr vom Vaterland, eine Revolution gegen die Schule und gegen die Familie sieht, dem müssen wir es absprechen, daß er in deutschen Worten deutsch zu denken vermag. Die Freideutsche Jugend tritt also nur für das ein, wozu sie sich ausdrücklich bekannt hat: Die Freideutsche Jugend will aus eigener Bestimmung vor eigener Verantwortung mit innerer Wahrhaftigkeit ihr Leben gestalten. Aber für die Wege einzelner, für die Tendenzen einzelner Kreise muß sie jede Verantwortung durchaus ablehnen und es ihnen selbst überlassen, für sich einzustehen."

Tags darauf versandte der Hauptausschuß folgendes Rundschreiben: „In einer Münchener Zeitung werden die von den Freideutschen Verbänden auf der Montagsversammlung abgegebenen Erklärungen dahin zusammengefaßt: Die einzelnen angeschlossenen Korporationen sagten sich ausdrücklich von der neuen sogenannten Jugendkultur Dr. Wynekens und des scharf befehdeten Schülerorgans ‚Der Anfang' los. – Dazu haben wir folgendes zu bemerken: Aus den abgedruckten Erklärungen geht deutlich hervor, daß ‚Anfang' und Freideutscher Jugendverband nie zusammengehörten, sich also auch nicht voneinander lossagen konnten. So weit drüben auf Seiten des ‚Anfang' eine Jugend steht, die ehrlich nach Heranbildung ganzer selbständiger Menschen durch strenge Selbsterziehung strebt, so grüßen wir sie als unsere Mitkämpfer. Aber die Verantwortung für ihren Weg, den sie gehen, für den pädagogischen Versuch, den Dr. Wyneken mit dem ‚Anfang' macht, insbesondere die uns gemeinsam untergeschobenen Tendenzen des Kampfes gegen Schule, Elternhaus usf. wollen und können wir nicht übernehmen, die lehnen wir ab. Ferner: Wo immer Dr. Wyneken von einer neuen Jugendkultur spricht, da versucht er, das Wesen der heutigen Jugendbewegung von seinen Ideen aus darzustellen und daraus Forderungen für sie abzuleiten. Unsere Erklärungen besagen, daß Wyneken nicht der Schöpfer der Freideutschen Jugend ist, und daß weder er für sie noch diese für seine pädagogischen Bestrebungen verantwortlich sein kann. Mag sein, daß seine Deutung das Wesen der Jugendbewegung trifft, wie es auch ein Teil unserer Freideutschen Jugend glaubt, ein anderer dagegen ablehnt; darüber kann eine Bewegung als Ganzes, die in der Ausprägung ihres gemeinsamen Grundgedankens so viele Gegensätze vereint, natürlich nicht entscheiden. Jedenfalls gehört Dr. Wyneken nach wie vor als Vertreter des Bundes für Freie Schulgemeinden der Freideutschen Jugend an, und wir sehen in ihm – und alle Angriffe von außen gegen seine Person können daran natürlich nichts ändern – einen Mann, der im Kampf für seine Ideale und aus Liebe zur Jugend auch für die Ziele der Freideutschen Jugend eintritt. Dies ist eigentlich selbstverständlich, leider versäumte unser Redner am Montag abend die Gelegenheit, es noch einmal besonders zu erklären."

Das ist der gegenwärtige Tatbestand. Er ist nicht sehr erfreulich. Hätte man die zweite Erklärung gleich anfangs, statt der ersten, abgegeben, so wäre alles in Ordnung gewesen. Statt dessen – nach endlosen Erörterungen und nicht ungewarnt – die erste, die mindestens den Schein eines ängstlichen Abrückens vom Bundesgenossen erweckte, um sich dann durch die Logik der Moral zur zweiten Erklärung gedrängt zu sehen, und so im ganzen ein Bild des Schwankens zwischen Tapferkeit und Ängstlichkeit zu bieten. Man sage nicht: Die erste Erklärung war für den, der sie wortgetreu auffaßte, ganz klar; für den Schein können wir nichts. Die Sätze haben eben nicht nur einen Wortlaut, sondern auch einen Ton; sie stehen nicht im leeren Raum, sondern in einer konkreten Situation. In unserm Fall: Sie waren eine dem Bundesgenossen erwiesene Unfreundlichkeit *im Angesicht des Feindes*. Denn eine Versäumnis auch nur des Tones, ein völliges *Fehlen* jeder kameradschaftlichen Haltung wirkte hier als positive Unfreundlichkeit. Und dem Schein sei man immer wehrlos ausgeliefert? O nein. Es gibt etwas, was keinen falschen Schein aufkommen läßt, und das heißt: *Haltung*. Und dafür hatte der Hauptausschuß der Freideutschen Jugend zu wenig Sinn. In solchen Situationen gilt es, mit großen Buchstaben zu schreiben, weithin lesbar; aber nicht Erklärungen abzugeben, deren Wortlaut man mit der Lupe untersuchen muß. Die bloße Geste mannhafter und kameradschaftlicher Haltung hätte genügen müssen, um jeden Zweifel, jede falsche Interpretation von vornherein auszuschließen.

Nun, das ist versäumt worden. Immerhin hat man sich spontan am folgenden Tag zu einer Remedur entschlossen; und es ist anzuerkennen, daß sie gut ausgefallen ist, ohne ängstliche Verklausulierung, und das ist mehr, als man sonst im öffentlichen Leben gewohnt ist, und trifft besser den neuen Ton der Jugend. Wir lassen also die Frage der Haltung damit ruhen und wenden uns der Sache zu.

„Die freideutsche Jugend will aus eigener Bestimmung, vor eigener Verantwortung, mit innerer Wahrhaftigkeit ihr Leben gestalten." Das hieß am Tag der Versammlung: Die unterzeichneten, einladenden Verbände nennen sich Freideutsche Jugend und finden ihr Gemeinsames in dieser Formel. „Die freideutsche Jugend tritt für diese innere Freiheit unter allen Umständen geschlossen ein." Das hieß an diesem Tag: Die unterzeichneten Verbände treten füreinander ein, im Fall, daß einer bedroht ist. Das A. C. S. gehörte nicht zu den einladenden Verbänden: wir haben nichts mit ihm zu tun. Das war leicht zu konstatieren.

Man hätte die Formel auch anders auslegen *können*. Sie könnte heißen: Wo junge Menschen einen Bund schließen mit dem Willen, ihr Leben mit innerer Wahrhaftigkeit nach eigenem Gewissen zu gestalten, da ist freideutsche Jugend. Wo solche Menschen behindert werden, ihrem Willen rein zu leben, wird die ganze Jugend dagegen kämpfen. Hat man so tatsächlich nichts mit dem „Anfang", dem A.C.S. und den „Sprechsälen" zu tun? *Hat man die einzige hier entscheidende Frage gestellt: Wollt ihr euer Leben vor eigener Verantwortung mit innerer Wahrhaftigkeit gestalten, um danach seine Stellung zu entscheiden*? Man hätte die Formel nur so auslegen *dürfen*, wenn man es wirklich ernst mit ihr meint. Wessen Empörung glüht nicht auf, wenn er die Sätze in einer Landtagsrede liest: „Das sind die modernen Bestrebungen, denen gegenüber, Herr Staatsminister, kein schwächliches Paktieren hilft und keine mattherzige Stellungnahme! Da heißt es: *Nur immer feste druff*!" und in einer Ministerialverordnung: „Nach der erwähnten Aufforderung ist der Sprechsaal Münchener Mittelschüler gedacht als Mittelpunkt der freien geistigen Betätigung der Münchener Mittelschüler und -schülerinnen. Er ermöglicht es jedem, über den Kreis seiner zufälligen Bekannten und Mitschüler hinaus mit Gleichaltrigen und Gleichgesinnten sich über alles auszusprechen und im freien Verkehr mit jüngeren und älteren Kameraden und Mitstudenten neue geistige Anregungen zu geben und zu empfangen. Was oben bezüglich der Zeitschrift ‚Der Anfang' gesagt und angeordnet wurde, hat im allgemeinen auch für den Sprechsaal zu gelten; die Anstaltsvorstände werden die Bewegung sorgfältig im Auge behalten und nach Maßgabe der Disziplinarordnung, wie der Verbreitung der gedachten Zeitschrift unter den Schülern, so auch ihrem Eintritt in den Sprechsaal in der entsprechenden Weise nachdrücklich entgegenzuwirken haben." Wer hier nicht fühlt, was gefährdeter Jugendwille ist, gehört nicht zu einer Freideutschen Jugend. Es sei denn, sie ist ein Name für eine Vereinsmitgliedschaft.

Und darum stellen wir die Frage nach dem Erkennungszeichen. Wer ist ein Glied in eurem Verband der Jugend? Scheidet ihr nach dem Willen zur Gestaltung jugendlichen Lebens, oder was sonst ist euer Maß?

Die Antwort mag sein, wie sie muß. Der „Anfang" hat erklärt: „Das Programm der Freideutschen Jugend ist das unsrige", er wird fortfahren, für dieses Programm, die Gestaltung jugendlichen Lebens aus Freiheit und Wahrheit zu wirken und zu kämpfen. Der „Anfang" bietet der Jugend einen Plan, auf dem sie die Probleme ihres Lebens bespricht, die Fragen seiner Gestaltung erörtert. So hilft er klären, Taten vorbereiten und fördern. Geht das wirklich die Freideutsche Jugend nichts an?

Die *Sprechsäle* werden fortfahren, mit der Formel vom Hohen Meißner im täglichen Leben Ernst zu machen. Sie sind die Ergänzung des Wandervogels. Sie ziehen in den Kreis des zu Gestaltenden das ganze Leben des Schülers; außerhalb der Schule, aber während der Schulzeit, in der Großstadt. Sie sind der ernsthafte Versuch der Jugend, sich ihren Anteil am *geistigen* Leben der Zeit zu erobern, und das eigene Leben über den Bereich des Wanderlebens und seiner Ausstrahlungen hinaus zu kultivieren. Hat die Freideutsche Jugend wirklich mit diesen „Sprechsälen" nichts zu tun? Oder muß sie anerkennen, daß hier der ungebrochene Wille zur Erfüllung jener Formel ist, *der nicht Halt macht vor der ersten Schwierigkeit*?

Das A. C. S. faßt das Problem der Lebensgestaltung der Jugend (der Jugendlichen) noch tiefer. Es sucht die Eigenart der Jugend wissenschaftlich zu ergründen, die Stellung der Jugend in der Gesellschaftsordnung in ihrer Tiefe zu begreifen und daraus die allgemeinen Gesetze, Bedingungen und Bindungen für die Lebensgestaltung der Jugend zu finden (Archiv für Jugendkultur). Und in dieser Arbeit bleibt es unbeirrbar. Ferner: Man kann nicht sein Leben gestalten in Freiheit und Wahrhaftigkeit sonntags oder mittwochs und samstags von 5–7 Uhr und die übrigen Stunden und Tage daneben stehen lassen. Das ist Phrase, Kurzsichtigkeit, Irrtum oder Schlimmeres. D. h. es wäre; denn niemand glaubt es. Und wenn das A. C. S. nun den Willen hat, nach seinem Wissen zu handeln, wenn es erkennt, und genau so, wie jeder in der Freideutschen Jugend, meinen wir, erkennt: In Schule und Elternhaus ist auch Jugend, die lebt, also [die] Pflicht hat, dieses Leben zu gestalten; und wenn es solche Wege sucht, wenn es damit beginnt, vorbereitend in Rundfragen und Aussprachen, einsetzend in Schülerausschüssen, *Grünem Anker*, Elternabenden usw. und vor dem Schlagwort „Kampf gegen Schule und Elternhaus" nicht feige erbebt und zurückschreckt, überzeugt, daß dieser Kampf für die Jugend im rechten Sinn zugleich einer *für* die Schule und Familie ist: Hat damit die Freideutsche Jugend nichts zu tun? Oder wo ist der wirkliche Wille zur Losung vom Hohen Meißner? Wo ist die Tat?

„Die Freideutsche Jugend tritt für diese innere Freiheit unter allen Umständen geschlossen ein."

Wie will die Freideutsche Jugend nunmehr eintreten? Was tut sie gegen die Unterdrückung des Wandervogels durch so manche Schulbehörde? Was will sie tun gegen das Verbot des „Zupfgeigenhansls"? Was will sie tun gegen das Verbot des „Anfangs", des Münchener Sprechsaals? Sie hielt eine Aufklärungsversammlung ab, in der jeder Bund für sich eintrat; *sich* als löblich, brav und ungefährlich darstellte und beteuerte, gegen Schule und Elternhaus nichts zu haben. Ob es dazu eines Verbandes bedarf?

Und so stellen wir *die zweite Frage*: Glaubt die Freideutsche Jugend, daß eine wahre Gestaltung des ganzen Lebens der Jugend möglich ist im Rahmen der Einrichtungen und unter der Herrschaft des Geistes des heutigen Erziehungswesens? Und, wenn ihr die Antwort hierauf klar ist: Lehnt die Freideutsche Jugend ab, daß die Studenten als die freien, natürlichen Vertreter der Schuljugend bemüht sind, auf irgendeine Weise – wir legen uns auf keinen Weg fest, aber er muß gangbar sein und auf das Ziel hinführen – eine Änderung des Erziehungsgebäudes, der Einrichtung der Schule und des Hauses herbeizuführen im Sinn jugendlicher Lebensgestaltung aus eigener Bestimmung, vor eigener Verantwortung, mit innerer Wahrhaftigkeit? Und ferner: Wir werden den Anregungen Ostwalds und Natorps (im 10. „Anfang"-Heft) folgen und werden bald Eingaben veranlassen gegen die Bedrückung des religiösen Gewissens in der Schule. Wird die Freideutsche Jugend an unserer Seite stehen? Wird sie für uns geschlossen eintreten, wenn man uns bekämpfen wird? Oder wird sie „in keinem Verhältnis zu uns stehen"?

Wir hoffen im Ernst, Antwort auf diese Fragen zu erhalten. Vielleicht nicht offiziell vom Verband der Freideutschen Jugend. Wohl aber von den einzelnen, von allen einladenden Bünden oder ihren Führern. Diese Antworten werden entscheidend sein für die Zukunft des Freideutschen Jugendverbandes. Sie werden klar und deutlich sondern jene, denen das Gelübde vom Hohen Meißner nur eine zu nichts verpflichtende Dekoration, nur eine eitle Selbstbespiegelung war, und jene, denen es voller Ernst mit jener Formel ist und die für diese Lebensgestaltung bereit sind, Angriffe zu dulden und „Freunde" zu verlieren. Der „Anfang" sagte damals (H. 6, S. 162): „Wo ist die Stimme, die den Klang dieses Festes fortleitet, wo der Herd, der das Feuer dieses Festes aufbewahrt? Der ‚Anfang' will diese Stimme sein und dieser Herd." Man sprach von Überhebung. Möge nicht allzu bald die Zeit kommen, wo wirklich der „Anfang" der *einzige* Herd dieses Feuers ist. Man mache sich den Ernst der Lage ganz klar: *Von der Antwort auf unsere Fragen hängt es ab, ob die Freideutsche Jugend ihre Parole vom Meißner weiterführen darf, oder ob sie revozieren muß und die Zeitungsschreiber recht behalten, die sagten, daß jene Losung eine Phrase sei.*

DIE FREIDEUTSCHE JUGEND

Eine Abrechnung mit den Marburger Beschlüssen (1914)

I.

In dem Aufruf, durch den im Herbst des vorigen Jahres zahlreiche Jugendbünde zu einem Jugendtag, einem Fest der Jugend, wie es noch nie dagewesen war, einluden, hieß es, daß die deutsche Jugend an einem geschichtlichen Wendepunkte stehe. Sie wolle sich nicht mehr mit der bisherigen passiven Rolle begnügen, sondern habe den Entschluß gefaßt, eine jugendlichem Leben gemäße und zugleich mit ernstem Inhalt erfüllte Lebensführung, eine neue, edle Jugendkultur sich zu erarbeiten.

Als nun die Tausende auf dem Meißner zusammenkamen, da stellte sich wirklich das Gefühl ein, etwas geschichtlich Neues zu erleben, ein Erwachen der Jugend, ein Eintreten der Jugend in die Weltgeschichte, die Erfüllung einer lange im Verborgenen lebenden Sehnsucht, den Ausdruck einer neuen geistigen Wirklichkeit.

Zum ersten Mal auch kam es großen Massen der Jugend zum Bewußtsein, daß eine Kluft sie von dem Fühlen und Denken der breiten Durchschnittsschicht der älteren Generation trennt; daß andere Ideale sie bewegen, daß sie sich ein schöneres, edleres Leben ihres Volkes ersehnt, als es gegenwärtig in der Öffentlichkeit in Erscheinung tritt, und daß sie sich innerlich von dem die alte Generation beherrschenden Geist (d.i. dem Philistertum) losreißen und sich von ihrem besseren Gefühl, ihrem strafferen Willen leiten lassen will.

In diesem gemeinsamen Gefühl fanden sich die so ganz verschiedenartigen Verbände der Jugend auf dem Hohen Meißner zusammen, und so ward der Meißnertag der Geburtstag einer neuen, großen Bewegung: der *Jugendbewegung*.

Stellen wir jetzt neben diesen großen Willen und Glauben der Jugend unvermittelt jenes „Programm", das nunmehr seit dem Marburger Vertretertag das Wesen der Freideutschen Jugend kennzeichnen soll. Es lautet: „Die Freideutsche Jugend ist eine Gemeinschaft von Jugendbünden, deren gemeinsame Grundlage darin besteht, von der Jugend geschaffen und getragen zu sein, und deren gemeinsames Ziel es ist, die Vermittlung der von den Älteren erworbenen und überlieferten Werte zu ergänzen durch eine Entwicklung der eigenen Kräfte unter eigener Verantwortlichkeit mit innerer Wahrhaftigkeit. Jede Parteinahme in wirtschaftlicher, konfessioneller und politischer Beziehung lehnt sie ab. Die den einzelnen Verbänden eigentümlichen Wege und Ziele werden durch den Zusammenschluß nicht berührt. In dem diesen Jugendbünden gemeinsamen Streben nach Selbsterziehung sucht sich die Freideutsche Jugend durch Veranstaltung von Vertreter- und Jugendtagen in gemeinsamer Arbeit und Feier zu erhalten und zu fördern."

Analysieren wir die Kundgebung. Gegenüber der auf dem Hohen Meißner angenommenen bekannten Formel weist sie folgende Änderungen auf: 1. Sie stellt Bedingungen der Zugehörigkeit zur Freideutschen Jugend auf, durch die ein Teil der alten Verbündeten ausgeschlossen wird. 2. Das Wesen der Freideutschen Jugend besteht nicht mehr in eigener Gestaltung ihres Lebens, sondern in „Ergänzung" der Erziehungsarbeit der Älteren. 3. Diese „Ergänzung" oder „Selbsterziehung" findet nicht mehr „aus eigener Bestimmung" statt. 4. Ablehnung der Parteinahme. 5. Weggefallen ist das Gelübde des geschlossenen Eintretens der Freideutschen Jugend für ihre innere Freiheit.

Was aber macht nun den *positiven* Inhalt dieses Programms aus? Was ist das Kleinod, das hinter all diesen Stachelzäunen von Negationen und Verwahrungen aufbewahrt wird? Es ist – eine ungeheure Banalität. Nämlich die erstaunliche Erklärung, daß einige Jugendvereine neben der offiziellen Erziehung und Unterweisung in Haus und Schule auch noch selbst etwas für ihre Bildung oder Entwicklung tun wollen. Was jeder Fußballklub oder literarische Schülerverein allezeit von sich sagen konnte, das tritt jetzt an die Stelle des großen Willens und Gelübdes vom Hohen Meißner.

Um solch armselige Dinge auszusprechen, war wirklich all der Aufwand überflüssig. *Das ist nichts geschichtlich Neues,* was da in Marburg beschlossen worden ist.

II.

Das heißt aber: *In Marburg ist die Jugend von ihren Vertretern blutig blamiert, unsterblich lächerlich gemacht worden*. Der Freideutsche Jugendtag stand im Mittelpunkt des öffentlichen Interesses. Und man hatte alles getan, ihn ins öffentliche Interesse zu rücken. Man hatte wirklich Großes, Neues der Welt in Aussicht gestellt. Und die Welt wurde aufmerksam. Lange Spalten widmete die gesamte Presse dieser neuen Bewegung, und auch die Gegner bewiesen durch die Heftigkeit ihrer Angriffe, wie sehr sie die Konsequenzen einer wirklichen ethischen *Emanzipation der Jugend* ernst nahmen. Nur daß sie spöttisch voraussagten, daß alles nur ein Strohfeuer sein würde, da nach ihren Allerweltserfahrungen die Jugend eines nachhaltigen Ernstes und Willens nicht fähig ist.

Und nun? Nun haben sie recht behalten. Die Einigungsformel vom Hohen Meißner ist schon nach einem halben Jahre glatt aufgegeben, die Aufrufe zum Jugendtag sind verleugnet worden. Von einer gemeinsamen *Aktion* der Jugend, dem geschlossenen Eintreten, ist nicht mehr die Rede – und der „geschichtliche Wendepunkt" besteht darin, daß man für die Jugend etwas in Anspruch nimmt, was ihr nie jemand streitig gemacht hat: das Philistertum der Alten durch ihr eigenes zu ergänzen. „Geschichtlicher Wendepunkt" – „unabhängig von den trägen Gewohnheiten der Alten sich ihr Leben gestalten" – „Geistesverjüngung des Volkes" – „neue, edle Jugendkultur" – mit welchen Gefühlen muß die Jugend jetzt dies Dokument ihrer Begeisterung lesen! Was kann sie sagen, wenn ihr ihre eigenen Worte jetzt von triumphierenden Gegnern um die Ohren geschlagen werden?

In dieser Lage – fürwahr, auch eine geschichtlich bemerkenswerte – haben ihre Führer jetzt die Jugend gebracht.

Und das heilige Fest der Jugend, der Meißnertag, mag jetzt im Sprichwort das Hornberger Schießen ablösen.[1]

III.

Wir wollen nunmehr die Motive des Zurückweichens der Freideutschen Jugend aufzeigen und begnügen uns damit, solche anzuführen, die tatsächlich vorgebracht worden sind.

Alle jene Beschlüsse des Marburger Vertretertages liegen in derselben Richtung. Dann auch der Beschluß, daß zur Freideutschen Jugend nur Jugendverbände (mit dem erwähnten Programm freiwilliger Erziehungsbeihilfe) gehören sollten, hatte, wie die Diskussion beweist, so gut wie ausschließlich den Sinn, den Bund für Freie Schulgemeinden (oder sagen wir direkt: Dr. Wyneken) auszuschalten. Für alle jene Beschlüsse ist ein und dieselbe Motivation gültig, und wir wollen sie nun darstellen und beurteilen.

Das erste Motiv war einfache Furcht. Man hatte es erlebt, daß man verantwortlich gemacht wurde für das, was ein-

---

1 Interessant ist es zu verfolgen, wie schon bei der Drucklegung der Festschrift „Freideutsche Jugend" die Furcht zum Ausdruck kommt, in zu radikalem Lichte zu erscheinen. In dem dort abgedruckten zweiten Aufruf sind verschiedene Stellen anders gefaßt als in seiner ursprünglichen Form, wie er überall verbreitet wurde. Wir setzen diese Stellen hierher und fügen in Klammern die Fassung hinzu, die sie in der Festschrift erhalten haben:
„Die deutsche Jugend steht an einem geschichtlichen Wendepunkt (entscheidenden Wendepunkt). Die Jugend, bisher ... angewiesen auf eine passive Rolle des Lernens, auf eine spielerisch-nichtige Geselligkeit ... (nur: angewiesen auf eine passive Rolle). ... Sie versucht, unabhängig von den trägen Gewohnheiten des Alten und von den Geboten einer häßlichen Konvention sich selbst ihr Leben zu gestalten (Sie versucht, unabhängig von den Geboten der Konvention sich selbst ihr Leben zu gestalten). ... sie glaubt, daß nichts heute unserm Volke nötiger ist als solche Geistesverjüngung (fehlt ganz). ... Uns allen schwebt als gemeinsames Ziel die Erarbeitung einer neuen, edlen, deutschen Jugendkultur vor (Uns allen schwebt als gemeinsames Ziel vor die Erarbeitung neuer Lebensformen, zunächst für die deutsche Jugend)." Die ursprüngliche Fassung ist die von den Verbänden unterschriebene und im offiziellen Einladungsblatt verbreitete. Es wäre interessant zu erfahren, wer die verwässerte Fassung in der Festschrift gemacht hat, *und wer den Betreffenden dazu autorisiert hat. U. A. w. g.*

zelne Gruppen, die sich zur freideutschen Jugendbewegung rechneten, gefordert und getan hatten (Sprechsäle, „Anfang"). Aber diese Sache war ja längst durch die wiederholten öffentlichen Erklärungen erledigt, daß die Freideutsche Jugend als solche nicht für die Sonderziele der einzelnen Gruppen und Verbände verantwortlich sei, sondern nur für das allgemeine und gemeinsame Programm. Wenn nun die Gegner nicht die Loyalität besaßen, diese Erklärung zur Kenntnis zu nehmen, so gebot die *Selbstachtung*, diese Gegner und ihre lügenhaften Angriffe fortan zu ignorieren. Statt dessen wird man nicht müde, sich vor ihnen zu rechtfertigen, läßt man sich von ihnen einfach die Taktik vorschreiben, und da jene öffentlichen Erklärungen nichts helfen, tut man ihnen schließlich doch den Willen und schüttelt die am schärfsten angegriffenen Bundesgenossen ab.

Nicht alle freilich haben dies geradeheraus gesagt, und nicht bei allen war gerade *diese* Ängstlichkeit das treibende Motiv. Sie gaben etwas anderes an: Man wolle nicht von Wyneken „bevormundet" sein. Die Sinnlosigkeit dieses Grundes ist nur zu verstehen aus einem gewissen *Willen* zur Unklarheit. Wodurch *konnte* Wyneken denn „bevormunden"? Er war in keinem Ausschuß, er konnte nichts tun als öffentlich reden und schreiben, woran ihn die Trennung von der Freideutschen Jugend nicht hindert. Er hat niemals in der Freideutschen Jugend irgendwie seine besonderen Pläne durchsetzen wollen, und wenn er es gewollt hätte, so hätte man ihn doch einfach überstimmt – inwiefern also *konnte* er die Freideutsche Jugend „bevormunden"?

Gewiß hat Wyneken die Jugendbewegung immer so dargestellt, wie *er* sie sieht; das ist sein schriftstellerisches Recht, und niemand ist verpflichtet, seine Ansichten zu teilen. Und das ist es, was dem Widerstand gegen die angebliche Bevormundung eigentlich zugrunde liegt: das Bewußtsein, daß Wyneken, geradeheraus gesagt, der *einzige* war (oder wer weiß noch einen zweiten?), der der Freideutschen Jugendbewegung einen gedanklichen Gehalt, eine tiefere Begründung gab, und demgemäß die Furcht, daß diese Bewegung mit *Naturnotwendigkeit* in die Richtung der Ideen Wynekens einlenken würde. Im Bewußtsein der eigenen geistigen Impotenz wußte man sich gegen den drohenden *Geist* nicht anders zu schützen, als durch gewaltsame Exkommunizierung einer *Person*.

Was aber berechtigt jene Jugendvertreter, durch die Ausstoßung eines Mannes, der mehr als alle andern der Jugendbewegung Geist eingehaucht, der Jugend neue Quellen erschlossen hat, die ihnen anvertraute Jugendbewegung geistig *verarmen* zu lassen? Niemand verlangt, daß man sich mit Wyneken identifiziere. Aber seine Mitarbeit, deren Wichtigkeit (auf dem Jugendtag) man bis zum Schluß anerkannt hat, jetzt einfach wegzuwerfen, das ist ein Raub an der Jugend.

Von manchen Seiten ist in Marburg ausgesprochen worden, die Freideutsche Jugend repräsentiere einen besonderen Typ von jungen Menschen, der dem Wynekens sowie dem der Sprechsäle, des „Anfang" und – natürlich – dem jüdischen entgegengesetzt sei. Deswegen seien diese Personen und Kreise abzulehnen; für sie wurde der Sammelname „Intellektualisten" beliebt. – Das hätte man uns freilich gleich sagen sollen, dann wären wir dem Meißner ferngeblieben. Wir glaubten, daß sich dort das Geschlecht sammeln wolle, „das aus dem Dunkeln ins Helle strebt", und nicht umgekehrt. Wenn die Freideutsche Jugend eine Spezialveranstaltung für die nichtdenkende Jugend ist, so nehmen wir ihr unsern Ausschluß nicht mehr übel. Übel aber wird uns beim Gedanken an die Existenz einer so gerichteten deutschen Jugend, die sich vor dem Intellekt fürchtet, die sich um die Auseinandersetzung mit Gedanken herumdrückt durch den Ausschluß von Personen. Das also sind die Erben *deutschen* Geistes und die Bringer von Geistes*freiheit*? Das sind die Träger *jugendlichen* Mutes? Das wagt sich „frei-deutsche Jugend" zu nennen? Ein Schutzverband blonder Tippeltröpfe zur Aufrechterhaltung der eigenen Beschränktheit und Gemütlichkeit? Will sich die Jugend eine solche Degradierung gefallen lassen?

Ganz zu schweigen von dem sachlichen Unsinn. Denn kaum einer hat so viel Verständnis für den romantischen Sinn der Jugend bewiesen, wie gerade Wyneken. Er, der doch sein Erziehungssystem auf dem Empfinden der Jugend aufgebaut hat, der von *ihrem* Wertfühlen ihre Lebensform mitbestimmen lassen will.

Wenden wir uns jetzt dem offiziell vorgebrachten Grund oder Vorwand zu, der für Wynekens Ausscheiden geltend gemacht wurde. Man sagte, daß die sog. Alters- und Zweckverbände, d.h. diejenigen Vereine, die vornehmlich aus Erwachsenen bestehen, von der freideutschen Bewegung als einer Jugendbewegung ausgeschlossen werden sollten. Damit sollte also auch der Bund für Freie Schulgemeinden ausscheiden. Nun ist zu sagen: Prinzipiell muß es begrüßt werden, daß man der Bewegung den Charakter der Jugendbewegung wahren will. Aber das hatte ja Wyneken als Vertreter des Bundes schon vor dem Meißnertag zur Sprache gebracht. Damals hatte er auf die Aufforderung, den Aufruf mit zu unterzeichnen, erwidert, daß sein Bund nicht eine Einrichtung *der* Jugend, sondern eine Einrichtung *für* die Jugend sei; jugendfreundlich, aber nicht ausschließlich jugendlich; aber die Leitung des Festes hatte ihn gebeten, trotzdem zu unterzeichnen. Und er hatte es dann auch getan. Was dann folgte, ist ja bekannt: Daß Wyneken einer von denen war, die am meisten für die freideutsche Bewegung taten, und daß zwischen ihm und der Bewegung das beste Einvernehmen bestand. Er verfaßte den zweiten Aufruf, er hielt am Sonntag auf dem Meißner die große Festrede, und er war es vor allem, der auf dem Hanstein die entscheidende Wendung herbeiführte. Damals, als von einigen Richtungen der Versuch gemacht wurde, die Bewegung für ihre Sonderziele einzufangen, gelang es ihm, die aufgeregten Massen zu beruhigen und den Gedanken durchzusetzen, daß die Jugend nur für sich, nur für ihre eigenen jugendlichen Ziele zu kämpfen habe. Daß er damals die Politisierung der Bewegung verhinderte, ist auch von dem Freideutschen Ausschuß immer dankbar anerkannt worden.

In der offiziell als Bericht herausgegebenen Broschüre heißt es:

„Jeder (d.h. abgesehen von den eigentlichen Jugendbünden) versuchte, die versammelte Jugend für sein Ideal zu begeistern, ihre Mitarbeit zu gewinnen, gerade sein Problem, also das der Rassenhygiene, der deutsch-völkischen Erziehung, der sozialen Hilfsarbeit usw. der Jugend als Aufgabe zu stellen ... In ganz anderer Bahn des Denkens bewegte sich Wyneken, als er darauf hinwies, daß im bisherigen Verlauf der Rundsprache von allen möglichen Zielen, die nichts spezifisch Jugendliches an sich hätten, gesprochen worden sei, aber noch gar nicht von der Jugend und ihren besonderen Nöten und Bedürfnissen, also bezeichnenderweise z. B. nicht von der Schule. Als nun die eigentliche Diskussion einsetzte, um das allen Einzelbestrebungen Gemeinsame herauszuschälen oder eine für sie alle gemeinsame Grundlage zu finden, da stellte sich nach und nach mit immer größerer Klarheit heraus, daß Wynekens Einwurf tatsächlich den in der Versammlung schlummernden Gegensatz zweier Grundrichtungen getroffen hatte. ... Paasches Rede rief Wyneken wieder auf den Plan. Noch einmal hob er hervor, daß auf diesem Jugendtag noch immer die Jugend vergessen sei, daß man sich nicht bemüht habe, ihren besonderen Wesensbedürfnissen zu dienen, sondern sie zu allen möglichen, an sich zwar guten aber jugendfremden kulturpolitischen Sonderzwecken zu benützen. ... Jedenfalls fühlten er und Gleichstrebende sich verpflichtet, wie ein Schild vor der Jugend zu stehen und sie nach Kräften vor Überrumpelung zu schützen. Damit war an den Jugendtag die wichtigste Frage gestellt."

Wyneken hat ferner das große Verdienst, positiv einen reichen Schatz geistiger Werte in die Jugendbewegung hineingetragen zu haben. Er hat ihr zwei besondere Schriften gewidmet („Was ist Jugendkultur?" und „Die neue Jugend", München: Verlag G. Steinicke), er ist in Reden, Vorträgen und Aufsätzen für sie eingetreten – kurz, es hat niemand für sie annähernd die gleiche geistige Arbeit geleistet wie er. Liegt also irgendein aktueller Grund vor, ihn und seinen Bund jetzt plötzlich auszuschließen?

Aber die Begründung, daß man mit dem Bund für Freie Schulgemeinden nur einen „Altersverband" ausschließen wollte, versagt zuletzt noch vor der einen Tatsache, daß man auch die Freie Schulgemeinde ausschloß. Ist denn diese ein Altersverband? Ist denn diese Schule, die wahrlich vor allen den Vorzug besitzt, ein Heim der Jugend zu sein, eine Organisation des Alters? Welche ungeheuerlichen Vorstellungen muß die Freideutsche Jugend von dieser Schulgemeinde haben, wenn sie sie von ihrem Kreis ausschließt. Ein Ereignis aus der Diskussion in Marburg möge dies beleuchten: Als jemand einwandte, daß mit der Freien Schulgemeinde auch wertvolle Kreise der Schülerschaft ausgeschlossen würden, wagte man ihm zu erwidern: dann mögen die Schüler von Wickersdorf unter sich eine Art Wandervogel gründen und als solcher beitreten. Diese Dummdreistigkeit wurde zum Beschluß erhoben. Also die Freie Schulgemeinde soll ihre eigene Organisation verleugnen und in einer ihr wesensfremden beitreten. So wird das Selbstbestimmungsrecht der Jugend, so eine geistige Leistung, wie die Freie Schulgemeinde, gewertet. Daß man in der Freien Schulgemeinde einen seiner edelsten Bundesgenossen verliert, das wird man nicht einmal begreifen. In Wickersdorf hatte man es sich lange überlegt, ob man sich überhaupt an dem Meißnerfest beteiligen wollte; denn wer eine eigene Kultur, einen eigenen Stil des Lebens wirklich geschaffen hat, der prüft wohl, mit wem er kameradschaftlich zusammengeht. Und die Wickersdorfer hatten auf dem Meißner gewirkt durch die Geschlossenheit ihres Auftretens, durch die Tadellosigkeit ihres Benehmens. Daß sie wirklich sich als Kameraden der Bewegung fühlten, beweist, daß, sowie die Verfolgungen in München losgingen, die Wickersdorfer Lehrer und Schüler unter sich 200 Mark für einen Streitfonds sammelten und dem Freideutschen Ausschuß übersandten. Es handelt sich hier nicht um das Geld, sondern um die spontane, tatkräftige Kameradschaftlichkeit. Die ließ man sich gefallen und setzte einige Wochen später die Kameraden vor die Tür. (Ganz ähnlich hat man es mit einem Freideutschen Ausschuß, der sich spontan in der Bremer Jugend gebildet hatte, gemacht.)

Vor allem aber: Wenn man denn die „Altersverbände" ausschließen wollte – niemals durfte es in diesem Zeitpunkt geschehen. Gerade jetzt, wo Wyneken und der „Anfang" die am meisten Angegriffenen waren, mußte man auch jeden Anschein vermeiden, als ob man vor diesen Angriffen zurückwiche. Es war eine Forderung des jugendlichen Anstands, gerade jetzt um so fester zu den Freunden zu halten. Wie wenig hierfür das Gefühl noch entwickelt ist, das beweist eine wahrhaft schmähliche Handlungsweise, durch die man dem ausscheidenden Wyneken in versteckter Form noch den Makel der Unritterlichkeit anzuheften sucht. Es heißt in dem vom Programmausschuß der Freideutschen Jugend herausgegebenen offiziellen Bericht, der an die Zeitungen versandt worden ist: *„In ruhiger und ritterlicher Weise,* die Lebensinteressen der Jugend selbst betonend, lösten der ‚Bund deutscher Volkserzieher' und der ‚Vortrupp' ihr Verhältnis zu dem Verbande auf. *Länger dauerte es, bis der ‚Bund für Freie Schulgemeinden' die Berechtigung der vorgetragenen Wünsche einsah ...“* Obendrein eine Unwahrheit. Nie hatte Wyneken „die Berechtigung der vorgetragenen Wünsche" zugegeben oder eingesehen. Wir meinen, diese *eine* Tat sollte genügen, um der Jugend über die Qualität einiger ihrer Vertreter die Augen zu öffnen.

Der letzte Grund, warum man Wynekens Kreis los sein wollte, war die Rücksicht auf den Wandervogel e. V. Dessen 40000 Mitglieder hätte man gar zu gern dem Freideutschen Verband zugerechnet. Der Vorsitzende des WV e. V. aber, Neuendorff, der selbst Schuldirektor ist, wollte nicht mit seinem Verein einem Bund beitreten, in dem Wyneken war und der Schulen wie die Freie Schulgemeinde enthielt. Daß man ihm hierin nachgab, bedeutet zugleich ein Zurückweichen vor dem alten Schulsystem, jetzt repräsentiert und gegen die Freiheit der Jugend ausgespielt vom Bundesleiter des Wandervogels! Der Versuch, den Wandervogel zu fangen, ist ja nun allerdings mißlungen; denn auf dem Gautag in Frankfurt a. d. O. ist der Beitritt abgelehnt worden. Bleibt nichts übrig als das Hohngelächter über eine Bewegung, die sich in übergroßer Ängstlichkeit zwischen zwei Stühle gesetzt hat.

IV.

Was ist jetzt die Freideutsche Jugend? Abgesehen von dem Jungwandervogel, der noch dazu gehört, ein Kartell der Freischar und ein paar ähnlicher akademischer Organisationen. Das also ist von der Jugendbewegung übriggeblieben; ein Schwanz der Freischar ist sie geworden. Diese ist ja die Urheberin der Bewegung gewesen; ihre historische Tat war es, den Jugendtag auf dem Meißner anzuregen. Aber es war kein Freischartag, sondern ein Jugendtag. Und wenn man nachher die Leitung der Geschäfte der Freischar überließ, so war es ihr damit anvertraut, *die Sache der Jugend* zu verwalten. Übriggeblieben aber ist unter ihren Händen nicht viel mehr von der Sache der Jugend als eben die Sache der Freischar. Wenn die Freischar wirklich die Beschlüsse ihrer Vertreter in Marburg billigt (wir wissen, daß große Kreise in ihr nicht so denken!), so wird sich für sie ihre schöne Tat, die Inaugurierung der Jugendbewegung, in ein Monument der Schande verwandeln.

Was ist jetzt die Freideutsche Jugend? Ein kleines Kartell etwelcher Vereine. Was war die Freideutsche Jugend? Eine große geschichtliche Jugendbewegung. Wer aber gibt den paar Leuten, die jetzt den Namen „Freideutsche Jugend" für sich in Anspruch nehmen, den Namen, der für Tausende das Symbol ihrer Begeisterung war, eigentlich das Recht dazu? Der Freischar-Klüngel soll *die* Freideutsche Jugend sein?

Und das neue Programm? Das jeder Kegelklub und jeder klerikale Studentenverein unterschreiben kann? Ja, schlimmer, das – zum ersten Mal in der Weltgeschichte – geradezu ein *Vertrauensvotum* der Jugend an die gegebenen Erziehungsfaktoren und ihre Tätigkeit bedeutet – die man ja nur bescheiden „ergänzen" will? Also stillschweigend anerkennt? Das hat noch keine Jugend fertiggebracht, das hat auch noch niemand von ihr verlangt, das ist ein Servilismus, der jedes Oberlehrers kühnste Erwartungen übertreffen muß. Und indem man den Entschluß, den man auf dem Meißner faßte: füreinander einzutreten, wenn einer der Kameraden bedroht war, ausdrücklich ausmerzte, gab man in aller Form den Gedanken der kameradschaftlichen Solidarität preis. Freilich war das in Marburg schon eigentlich nur noch die Besiegelung der Münchener Taten: Schon in München hatte man ja vollständig vergessen, wozu man eigentlich da war. Für die bedrohte Jugend fand man kein Wort, und begnügte sich mit einem vorsichtigen Abrücken vom Freunde und einem Schwelgen in der eigenen Harmlosigkeit.

V.

So ist die Sache der Jugend von denen, die sich ihre Vertreter nannten, preisgegeben worden. Nun hat *die Jugend selbst* das Wort. Wollen wir uns durch ein paar unfähige Köpfe unsere große Sache verderben oder aus der Hand nehmen lassen? Man hat die „Sprechsäle" abgelehnt, den „Anfang" weit von sich gewiesen. Aber fürwahr, warum sollen wir nicht mit Coriolan sagen:

> „*Ich* banne *Euch*!
> Bleibt hier zurück mit Eurem Unbestand,
> Der schwächste Lärm mach' Euer Herz erbeben,
> Euer Feind mit seines Helmbusch's Nicken fächle
> Euch in Verzweiflung – habt die Vollmacht immer,
> Zu bannen Eure Schützer – bis zuletzt
> Euer stumpfer Sinn, der glaubt erst, wenn er fühlt,
> Der nicht einmal Euch selbst erhalten kann,
> Stets Feind Euch selbst – Euch endlich unterwerfe
> Etwelchem Volk, das ohne Schwert Euch schlug.
> Verachtend um Euch die Stadt – wend' ich so
> meinen Rücken:
> Noch anderswo gibts eine Welt."

Und eine Jugend.
Wo ist jetzt die wahre „Freideutsche Jugend"? Sie ist nach wie vor da, wo die Jugend „aus eigener Bestimmung, vor eigener Verantwortung, mit innerer Wahrhaftigkeit ihr Leben gestalten" und in diesem Willen sich gegenseitig fördern und schützen will. *Dies ist der Begriff der Freideutschen Jugend*, und kein Vertreterkonvent hat das Recht, ihn in sein Gegenteil zu verkehren. Wir lassen uns den Begriff der Freideutschen Jugend nicht verfälschen, *und wir verzichten nicht auf den Namen „freideutsch"*. Wir behalten ihn bei, in seinem ursprünglichen, echten Sinn. Soviel an uns liegt, wollen wir der Jugend die fürchterliche Blamage, die tiefe Beschämung, die ihre Vertreter ihr zugedacht haben, ersparen.

Der „Anfang" hat einmal in den Tagen des Meißnerfestes sich erboten, die Stimme zu sein, die den Ton des Jugendtages fortleitet, und der Herd, der sein Feuer aufbewahrt. Der „Anfang" wird Wort halten und sich um jene Sekte, die jetzt die Jugendbewegung und ihren Namen, das Symbol ihrer Begeisterung, an sich reißen möchte, nicht bekümmern. Welche Formen wir für die Bewegung finden werden, wird die Zeit lehren.

Es ist eine lächerliche Anmaßung, die Kreise, die sich in den Sprechsälen und um den „Anfang“ zusammenfinden, ferner die Freien Schulgemeinden von der freideutschen Jugendbewegung ausschließen zu wollen: den aktivsten, treuesten, ernstesten Teil der Bewegung. Wir richten an alle diese Kreise die Aufforderung, die Anmaßung jener Clique mit völliger Nichtbeachtung zu beantworten und nie und nimmer an der Jugendbewegung des Jahres 1913 zu verzweifeln, weil sie von etlichen ihrer Führer verleugnet worden ist. Diese Jugendbewegung möge über jene Clique zur Tagesordnung, d.h. zur ernsten Arbeit an einer neuen edlen Jugendkultur und zum Kampf um eine neue, sinnvolle Lebensführung der Jugend übergehen. Und mögen uns zur Seite treten alle die, die in Marburg zwar Vertreter ihrer Verbände, aber nicht Vertreter ihres Willens hatten.

DIE ZUKUNFT DER FREIDEUTSCHEN JUGEND – ZUR VERSTÄNDIGUNG –

(1914)

I.

Es ist allmählich ein offenes Geheimnis, daß die Marburger Beschlüsse der Freideutschen Jugend keine Geltung erlangen werden.

Noch haben sie keine Geltung, daran ist festzuhalten. Die Frage der Rechtsverbindlichkeit der Festsetzungen jenes Vertreterkonvents ist bisher über den Kampf um den Inhalt des Beschlossenen ganz übersehen worden. Es ist Zeit, sie zu beleuchten. Die Freideutsche Jugend bestand aus jenen 13 Verbänden (wenn man die beiden Akademischen Vereinigungen für einen zählt), die die Einladung zum Jugendtag unterschrieben haben (siehe „Anfang", Nr. 5[1]). Dabei ist der Wandervogel e.V. nicht mitgezählt, obgleich auf dem Meißner seinen einzelnen Gauen ein Stimmrecht wie selbständigen Verbänden eingeräumt worden ist, und ebenso nicht der Dürerbund und der Bund deutscher Volkserzieher, die ebenfalls, ohne daß die stimmführenden Verbände darüber beschlossen hätten, auf dem Meißner Stimmrecht hatten.

Von diesen stimmführenden Verbänden waren durch Bevollmächtigte in Marburg vertreten (siehe „Die Marburger Tagung" S. 26): die Freischar, der Bund deutscher Wanderer, der Bund abstinenter Studenten, die Akademische Vereinigung, ferner scheinbar (S. 5) der Vortrupp, endlich der Bund für Freie Schulgemeinde und die Freie Schulgemeinde Wickersdorf. Das sind 7 von 13. Der Vortrupp trat gleich zum Beginn der Verhandlungen aus oder vielmehr konstatierte seine Nichtzugehörigkeit – so blieben 6 von 12. Das war der Stand der Dinge während des ersten Verhand-

1 Der Anfang I (1913), H. 5, S. 129–131.

lungstages. Nach Schluß der ersten Sitzung traten dann der Bund für Freie Schulgemeinden und die Freie Schulgemeinde Wickersdorf aus – es blieben also 4 von 10. Ist eine solche Versammlung noch beschlußfähig zu nennen? Übrigens hat möglicherweise der erzeugte falsche Schein einer offiziellen Sitzung der Freideutschen Jugend noch andere Folgen gehabt: Es ist wahrscheinlich, daß der Bund für Freie Schulgemeinden und Wickersdorf damals nicht ausgetreten wären, wenn es deutlich gewesen wäre, daß diese Vertreterversammlung nicht beschlußfähig und also ihre Beschlüsse nur vorläufig und unverbindlich waren.

Eine Verfassung der Freideutschen Jugend lag noch nicht vor; es ist aber ganz sinnwidrig, daß vier Verbände gegen den Widerspruch von zweien und unter Nichtbeteiligung von sechsen – also daß ein Drittel der Freideutschen Jugend einfach die Verfassungsgebung an sich reiße und sich des ganzen weiteren Geschicks der Freideutschen Jugend bemächtige. Was jene vier Verbände da beschlossen haben, kann nur gelten entweder als ein unverbindlicher Vorschlag oder als eine Sonderbundsbildung, der dann allerdings die Monopolisierung des allen gemeinsamen Namens durchaus nicht einzuräumen wäre.

Tatsächlich scheint man nun selbst im Kreise jener vier die Marburger Beschlüsse noch nicht als endgültig zu betrachten. Wenigstens verlautet, daß man sich dort noch immer nicht entschließen könne, sie zu ratifizieren. Und man tut recht daran.

Ganz sicher aber ist, daß weite Kreise jener vier Verbände – in dem führenden, der Freischar, vermutlich die Mehrheit – mit jenen Beschlüssen tief unzufrieden sind; es ist einfach Tatsache, daß das, was wir im „Anfang" Heft II, 1 über diese Sache gesagt haben[2], auch vielen von ihnen aus dem Herzen gesprochen war. Dazu kommt die wackere Haltung des Jungwandervogels. Er hat soeben auf seinem Bundestag beschlossen, in der Freideutschen Jugend zu bleiben, um dort ihrem ursprünglichen Sinn, dem Gelübde vom Hohen Meißner, wieder Geltung zu verschaffen.

---

2 Die Freideutsche Jugend. Eine Abrechnung mit den Marburger Beschlüssen. In: Der Anfang II (1914), H. 1, S. 1–12 [in diesem Band S. 109–121].

Kurzum, die Marburger Beschlüsse drücken glücklicherweise nur den Willen einer kleinen Minderheit innerhalb der Freideutschen Jugend aus, und sie werden und müssen schon deshalb fallen. Die Frage ist, was dann werden soll.

II.

Die Hauptschwierigkeit in der Organisation der Freideutschen Jugend lag in der Zusammenfassung der verschiedenen Altersschichten zu *einer* Gemeinschaft, unter *ein* Gesetz. Die Studenten, die die Freideutsche Jugend schufen, dachten dabei nicht an die Jugend der Schuljahre. Deren Problem hatten sie sich nicht klar gemacht, hatten sie noch nicht empfunden. In ganz konventioneller Einstellung scheinen sie diesen Teil der Jugend einfach als den durch die pädagogischen Autoritäten gefesselten und also zur Aktivität unfähigen, zum Gelöbnis der Tat unbefugten angesehen zu haben.

Aber man hatte nun einmal – im Wandervogel, in der „Germania", in der Freien Schulgemeinde, im Landschulheim – die Schuljugend mit in den Bund hineingezogen, und so mußte man in den Kauf nehmen, daß sie sich nicht ignorieren ließ. Bekanntlich ist es Wyneken gewesen, der ihr Interesse, von dem tatsächlich gar nicht die Rede war, auf dem Hanstein in den Vordergrund schob, oder vielmehr, der zuerst und als einziger dort die Idee der *einen* Jugend vertrat. Gerade im Hinblick auf diesen jüngeren Teil der Jugend geschah es ja vornehmlich, daß er die Bindung der Freideutschen Jugend an Sonderziele bekämpfte. So kann man sagen, daß durch das bewußte und kräftige Sichregen der Schuljugend (oder ihrer Vertreter) das Schicksal der Freideutschen Jugend entscheidend beeinflußt, ja, in eine andere Richtung gedrängt worden ist, als den Urhebern der Tagung vorschwebte. Erst auf der Tagung selber ging ihnen das Problem in seinem ganzen Umfange auf, erst dort trat ihnen der Gedanke der einen ideellen Jugend nahe. Und das Ergebnis war, wie recht und billig: daß die allgemeinere und am tiefsten gefaßte Jugendidee den Sieg davontrug; in diesem Falle die von der jüngeren Schicht getragene über die der älteren.

Es gereicht diesen Älteren zur Ehre, daß sie, unvorbereitet, sich doch sogleich in diesen Gedanken der einen unteilbaren Jugend mit ihrem besonderen Wert und ihren eigenen aus dem Wesen der Jugend folgenden Aufgaben, in den Gedanken der notwendigen Jugendkultur hineingefunden haben. Sie haben dabei zwar wenig an die realen Nöte und Bedürfnisse der Schuljugend gedacht, sich auch kein konkretes Bild der neuen Jugend gemacht; sie fühlten nur die innere Notwendigkeit eines neuen, adligen und sinnvollen Jugendlebens; und sie erlebten ein wenig einen Tag lang die Wirklichkeit einer solchen einen, unteilbaren Jugend; diejenigen wenigstens, die auf dem Meißner etwas Neues und nicht bloß wieder sich selbst und ihren eigenen Kreis erlebten.

Dann aber erfolgte der Rückschlag. Das Erlebnis verblaßte, die eigenen Sonderinteressen der Älteren traten ihnen wieder in den Vordergrund, und vor allem wurde ihnen durch die Münchener Kämpfe erst recht klar, daß sie ja wirklich mit der jüngeren Jugend, mit der Schülerschaft ein Bündnis geschlossen hatten, was ursprünglich gar nicht in ihrer Absicht gelegten hatte. So schnellten sie zurück. Die Formel vom Hohen Meißner wurde auf einmal als Schlinge und Fessel empfunden, und so kam es, aus der Negation heraus, in Marburg zu jenem Beschluß, der, zu allem anderen, auch der Komik nicht entbehrt: Die *Studenten* stellten sich wieder unter den Schulmeister, sie nahmen willig das Joch der autoritativen Erziehung wieder auf sich und beanspruchten nur ein wenig „Ergänzungs"-Freiheit. Das geschah offenbar rein aus Versehen. So ganz war jetzt auf einmal der Blick auf die Schülerschaft eingestellt, daß man sich selbst darüber vergaß.

Das kann natürlich nicht bestehen bleiben. Aber nun ist die Frage in ganzer Schärfe so gestellt: Erkennt man überhaupt noch die Einheit und Zusammengehörigkeit der ganzen Jugend an, oder akzeptiert man einfach die gegebene Einteilung in einen passiven Teil, die der autoritativen Erziehung unterworfene Schülerschaft, und einen zur Aktivität fähigen, die Studenten?

Aber damit würde man hinter die eigene Entwicklungsstufe zurückgehen. Denn schon der Wandervogel hat die eine, unteilbare Jugend tatsächlich hergestellt (wenn er auch gegenwärtig sehr an den Schwierigkeiten leidet, die gerade aus dieser Tatsache erwachsen). Und Professor Weber hat in seiner Rede in der Münchener Tonhalle (die man doch wohl als eine der bleibenden Urkunden der Jugendbewegung wird betrachten dürfen) den Gedanken in den Mittelpunkt gestellt, daß durch die Freideutsche Jugend die Kluft zwischen Schul- und Universitätsjahren überbrückt, die Zweiteilung der Jugend aufgehoben worden sei.

Und in der Tat, welchen Sinn kann eine Bewegung mit dem Losungswort vom Hohen Meißner haben, wenn nicht den, daß nicht mehr äußere Verhältnisse, sondern innerer Zustand, nämlich sittlicher Ernst und Idealismus, das Recht auf Aktivität und Selbstbestimmung verleihen sollen? Wer überhaupt das Recht des Handelns nach dem Gewissen vertritt, kann es nicht bloß für sich selbst fordern. Leuchtet tatsächlich inmitten der Schuljugend dasselbe Feuer auf wie in der akademischen Jugend, so muß diese, wenn sie sich nicht selbst verleugnen will, die eine und gemeinsame Flamme anerkennen. Wie sollte denn auch der Abschluß einer Schulzeit, die so wenig die Zeit einer wirklichen Schul-Erziehung war, wie sollte ein wissenschaftliches Examen irgendeine Wirkung auf die innere Reife des Menschen haben oder der Ausdruck eines Abschnitts in seiner inneren Entwicklung sein können! Bei uns mit diesem falschen Schein, dieser trügerischen Konvention aufzuräumen, das ist auch eine Forderung der Wahrhaftigkeit.

Überdies ist es ein Widersinn, jungen Menschen nur deshalb, weil sie die (angeblich) bessere, tiefere Bildung erhalten, bis zu ihrem 19. und 20. Lebensjahre alle Selbstbestimmung abzuerkennen, während gleichaltrige Arbeiter, Kaufleute usw. schon längst im wirtschaftlichen und politischen Kampf Stellung nehmen. Die Studenten, die die Freideutsche Jugend geleitet haben, waren noch viel zu sehr in ihren spezifisch akademischen Verhältnissen befangen, sie ahnten noch viel zu wenig, wieviel Selbständigkeit tatsächlich das Leben heute schon dem frühen Jünglingsalter zumutet, weil ihre eigene Kinder- und Schulstube sie davor bewahrt hat.

Die Idee von der neuen unteilbaren Jugend, geeint durch einen gemeinsamen Geist und Willen, muß ein Grundpfeiler der Freideutschen Jugend bleiben, wenn die ganze freideutsche Jugendbewegung überhaupt ihren Sinn und Wert behalten soll. Wir alle haben sie doch irgendwie als einen „Wendepunkt", als etwas „geschichtlich Neues" empfunden, auch wenn wir uns nicht durchaus darüber klar wurden, worin dies Neue bestand. Aber halten wir uns an das Wirkliche, an das Unbezweifelbare, an das *Erlebnis*. Es *gab* doch ein Erlebnis vom Hohen Meißner, und das Sichfinden der *ganzen* Jugend war ohne Frage ein wesentlicher Bestandteil dieses Erlebnisses. Dies unmittelbar Gewisse, noch nicht durch die Reflexion Gebrochene müssen wir uns zu erhalten und wieder lebendig zu machen suchen, von ihm aus werden wir den Weg finden, der uns geziemt. Wir müssen uns frei machen von dem unzulänglichen Intellektualismus der Marburger Programmacher und wieder Gefühl für die Sache selbst bekommen.

III.

Man fürchtet, Unmögliches zu unternehmen, wenn man sich mit der noch nicht bündnisfähigen, weil noch gebundenen Schuljugend einläßt. Natorp, wie es scheint, der eigentliche Vater der unglücklichen Marburger Formeln, hat besonders eindringlich die Schrecken eines Konflikts mit den Mächten von Staat und Gesellschaft der Jugend vor die Augen zu halten gesucht. Arbeiterführer hätten darüber vielleicht gelacht. Unsere Akademiker, politisch ungeschult, aufgewachsen in dem Gedanken, als Staatsdiener einmal ihr Brot zu erwerben, während ihrer ganzen Jugendzeit unmittelbar abhängig, aber auch wohlgehütet, von jenen staatlichen und sozialen Gewalten, haben ein starkes Organ für die Stimme der Vorsicht; sie perhorreszieren von vornherein den Gedanken eines Kampfes. Aber glaubt man eine geschichtliche Wende ohne Kampf heraufführen zu können?

Offenbar schweben jenen Vorsichtigen abenteuerliche Bilder von Revolution und Generalstreik vor. Und doch ist nirgends in dem erwachten und vorwärtsdrängenden Teile der Schuljugend jemals mit solchen Gedanken gespielt worden. Nicht eine Zeile im „Anfang" kann so ausgelegt werden. Bisher hat die Gegenaktion der Jugend gegen die geistige Unterdrückung und sittliche Depravierung durch unsere Erziehungsfaktoren einzig und allein bestanden erstens in öffentlicher Aussprache und Kritik („Anfang"), zweitens in Organisation eigener Gemeinschaften zum Zweck geistiger Selbsthilfe („Sprechsäle" – im Prinzip nichts anderes als „Wandervogel" und „Germania"); und es ist auch nicht abzusehen, welche anderen Wege in Zukunft von der Schuljugend gefunden werden könnten.

Diese Wege aber wird man fortan der Schuljugend prinzipiell offenhalten müssen. Daß die Schuljugend in der gegenwärtigen Erziehungspraxis intellektuell, ethisch, sozial und physisch nicht zu ihrem Rechte kommt, dies Erlebnis aller, dessen deutlichstes Symptom der Wandervogel ist, muß allerdings im Bewußtsein der Freideutschen Jugend eine selbstverständliche Voraussetzung sein. Und daß Versuche eigener, edlerer, wahrerer, gesünderer, geistigerer Lebensgestaltung, eigenes Ringen nach einer „Jugendkultur", wie sie vom Wandervogel und von den Sprechsälen ausgehen, prinzipiell zu begrüßen sind und mit unter den Begriff der Freideutschen Jugend fallen, auch wenn sie in Opposition zu Maßnahmen oder Richtungen der offiziellen und autoritativen Erziehung stehen, das muß man auch unumwunden anerkennen, und hat es ja schon einmal getan, als man veröffentlichte: „Soweit drüben auf seiten des ‚Anfangs' eine Jugend steht, die ehrlich nach Heranbildung ganzer, selbständiger Menschen durch strenge Selbsterziehung strebt, so grüßen wir sie als unsere Mitkämpfer."

Es ist ganz selbstverständlich, daß die Freideutsche Jugend sich für die besondere Arbeits- und Kampfesweise dieser Gruppe ebensowenig verantwortlich erklären kann, wie hinsichtlich irgendeiner anderen. Nur das Prinzip muß sie anerkennen, daß Vergewaltigung des Gewissens und der Überzeugung auch der Schuljugend nicht erlaubt ist, daß die Schuljugend das Recht hat, dagegen sich durch selbsterzieherische Selbsthilfe zu wehren, kurz, daß es auch in den Schülerjahren ein – rechtlich nicht umschreibbares – Recht der Jugend auf sich selbst und auf ein eigenes Leben gibt. Und eben weil dies Recht nicht juristisch festlegbar, ja, kaum begrifflich faßbar, überdies von Individuum zu Individuum verschieden, seine Geltendmachung also Sache des Taktes ist, sollten am allerwenigsten die älteren Kameraden die Jugend hier im Stich lassen, nur um sich an ihrem so ungeheuer schwierigen Problem nicht die Finger zu verbrennen. Die Jugend der Schule hat mutige, treue Helfer unter ihren älteren Kameraden jetzt nötiger als je; und damit sollte diese Frage eigentlich schon entschieden sein.

Mehr aber als die Furcht vor unabsehbaren Konflikten mit den öffentlichen Gewalten bestimmt vermutlich eine andere Erwägung die Freideutsche Jugend zur allzu vorsichtigen Haltung, nämlich die Sorge um ihren Nachwuchs. Man fürchtet als Folgen eines Odiums, das von denen, in deren politischem Interesse es lag, skrupellos erzeugt und von einer gedankenlosen liberalen Presse geduldet und verbreitet worden ist, ein tiefes Mißtrauen der Eltern, ein Zurückscheuen der Jugend, wenn man den angeblich „radikalen" Flügel der Jugendbewegung zu sich rechnet.

Gegen dies Bedenken ist freilich kein Kraut gewachsen. Aber es kommt zu spät. Die Jugendbewegung, deren Ausdrucksmittel u. a. der „Anfang" ist, ist nun einmal da und wird weitergehen. Sie bekennt sich zum freideutschen Panier und *kann* nicht einfach abgelehnt werden. Und man hat nun doch einmal auf dem Hohen Meißner ein Banner aufgepflanzt. Der Aufruf zum Fest und die Einigungsformel sind doch nun einmal Urkunden, die zu verleugnen Scham und Selbstachtung verbieten. Mag sein, daß man dort etwas weiter gegangen ist, als man sich vorgenommen hatte: Jetzt gilt es, den im Enthusiasmus gewählten mutigeren Weg mit Festigkeit zu Ende zu gehen. Wir wollen nicht darüber streiten, welcher Weg der taktisch (oder auch pädagogisch) klügere gewesen wäre: das einmalige Hinstellen des großen Ideals der neuen Jugend oder das allmähliche Weiterführen von Stufe zu Stufe (aber wer würde die Richtung und das Ziel im Kopf behalten haben?) – wir haben nicht mehr die Wahl und müssen den Kampf mit der Dummheit und Trägheit der Masse aufnehmen, müssen Tag für Tag um die Jugend werben und darauf vertrauen, daß die wirklich Berufenen *unsrer* Fahne folgen werden, auf der die Worte Freiheit und Wahrhaftigkeit stehen, und nicht sich auch den Rest ihrer Freiheit noch autoritativ und im Dienst fremder Zwecke organisieren lassen wollen. Wir sind nicht dazu da, unsre Marschordre vom Philistertum innerhalb der Jugend zu empfangen, sondern der Jugend ein Bild ihrer Zukunft und ihrer Aufgabe zu zeigen, groß und streng genug, um Begeisterung zu erzeugen und des Glaubens würdig zu sein.

IV.

Das Gelübde vom Hohen Meißner darf nicht preisgegeben werden. Damit wäre der ganzen neuen Selbstachtung (die doch die Grundlage aller Selbsterziehung, alles neuen Ernstes und Verantwortlichkeitsgefühls ist) das Rückgrat gebrochen. Es darf nicht aufgegeben werden, weil es der Auftakt der neuen Jugendbewegung war und weil wir nicht imstande sind, das Stück von uns aus noch einmal anzufangen. Das Fest vom Meißner ist ein Geschenk des Schicksals; wer ein solches nicht zu erkennen und zu ergreifen vermag, dem wird nichts gelingen.

Aber seien wir uns ruhig dessen bewußt, daß das Gelübde vom Meißner noch nicht der Ausdruck der wirklichen Beschaffenheit der Jugend, sondern eines Ideals ist; daß es uns eine Richtung gibt, der wir treu bleiben sollen. Lassen wir es bestehen als die einzige kanonische Formulierung unsrer Gesinnung, als eine alte, heilige Urkunde unsres geistigen Ursprungs. Benutzen wir diese Formel nicht zu Dogmen- und Prinzipienreiterei, widerstehen wir der Versuchung, sie auszulegen und auszumünzen. Sie sei uns Symbol, aber stets ein einigendes, nie ein trennendes. Gehen wir aus von der Wirklichkeit des Erlebnisses und von dem Glauben an die eine Jugend, lassen wir uns dies Erlebnis durch jenes Symbol bedeutet sein, aber durch seine Ausdeutungen nie zerstört werden.

Der gefährlichste Punkt jener Formel ist das Gelübde, unter allen Umständen füreinander in Fragen der Gewissensfreiheit einzutreten. Es ist hierin nichts gesagt über die Art und Weise jenes Eintretens; und wenn wir in dem Gelübde das Symbol eines Ideals sehen, so können wir nur sagen: je nach Vermögen und Mut. Es ist möglich, daß dies Symbol uns noch mitunter beschämen wird; lassen wir uns dadurch erziehen, selbst wenn es einmal in der Form geschehen sollte, daß die Vorwärtsdrängenden unter uns sich den Zaudernden gegenüber auf das Symbol berufen und es als Geißel gebrauchen. Wir wissen, daß in der Freideutschen Jugend – auch in der, deren Haltung wir scharf opponieren mußten – ein großer Fonds von Ehrlichkeit und redlichem Willen ist. Und wir geloben, das nicht aus dem Gedächnis zu verlieren, wir geloben, auch im Kampf der Kameradschaft eingedenk zu sein und über der Wahrheit nicht die Liebe zu vergessen.

V.

Jedes spezifizierte Programm, jede ins einzelne ausgeführte Verfassung der Freideutschen Jugend sagt mehr aus, als wir gegenwärtig (und wohl noch auf lange hinaus) aussagen können. Der Versuch von Marburg ist mißlungen, möge er uns vor weiteren bewahren. Gerade diejenigen, die auf unmittelbares Erleben drangen und sich gegen die „intellektualistische" Ausdeutung und Einengung dieses Erlebnisses sträubten, hoffen wir auf unserer Seite zu haben, wenn wir nun als vorläufig einzigen Inhalt der Freideutschen Jugend jenes Erlebnis bezeichnen und als ihre einzige Aufgabe, es festzuhalten und beständig zu erneuern.

Darum möge nichts anderes uns verbinden als der alljährliche Jugendtag. Und möge zur Freideutschen Jugend gehören, wer immer sich zu ihr bekennt – ohne Altersgrenze nach oben wie nach unten.

Wir schlagen auch vor, daß Verbände als solche nicht Bestandteile der Freideutschen Jugend ausmachen, sondern sich lediglich (offiziell) als ihr freundlich oder befreundet nahestehend bezeichnen können. Auch mag einer dieser Verbände die Arbeit der Geschäftsführung auf sich nehmen. So wird kein Verband sich durch die Verfassung der Freideutschen Jugend beengt oder wohl gar durch die Zugehörigkeit zu ihr gefährdet fühlen und ebenso die Freideutsche Jugend nicht Gefahr laufen, in das Schlepptau eines Verbandes genommen zu werden.

Den Jugendtag aber denken wir uns so: Er sei eine große neutrale Zusammenkunft, ohne irgendwelche offiziellen und allgemein verbindlichen Kundgebungen, Festreden usw. Nur ein Feuer versammle am Abend alle um sich. Im übrigen aber herrsche volle Freiheit des Austausches und der Darbietung, es sei wie ein bunter geistiger Jahrmarkt und zugleich ein wundervolles, reiches Fest. Wer immer der Jugend etwas zu sagen hat – heiße er nun Popert oder Wyneken oder auch Gusto Gräser –, der sammle seine Hörer um sich, ein jeglicher in seiner Waldecke, und ein jeder gehe zu dem, den zu hören, mit dem sich auseinanderzusetzen sein Herz ihn treibt und sein Wunsch vielleicht während des ganzen Jahres war. Da werden wir etwas erstehen sehen von der geistigen Lebendigkeit des alten Athens; da können Jugend und Geist sich begegnen, da ein Jüngling seinen Führer, ein Führer seine Jünger finden.

Und da wird die Jugend sich untereinander kennenlernen; da kann sie die öden Schlagworte des Parteikampfes los werden und die Zerspaltung und das Mißtrauen gegeneinander überwinden. Da kann sie von sich einen lebendigen Eindruck geben und empfangen. Und sicherlich wird jeder zur Fülle des Festes beitragen, was er vermag: Lied, Musik und Reigen, Schauspiel, Spiele und Wettkämpfe, leibliche und geistige.

Auf diesem Fest könnte fürwahr etwas von neuer Jugendkultur sichtbar werden, auf ihm von Jahr zu Jahr der Fortschritt der Jugend in der Kultivierung ihres Lebens in Erscheinung treten. Hier könnte ein im deutschen Kulturleben noch ganz beispielloser Sammelplatz – nur den großen Spielen der Hellenen vergleichbar – von Geist und Leben geschaffen werden – fürwahr etwas anderes, als die mechanisierten „Olympischen Spiele", die jetzt von Volk zu Volk wandern: ein Sammelplatz deutscher Jugend, eine Stätte, wo deutsche Zukunft, deutscher Geist in organischer Lebendigkeit hervorbrechen.

In jedem Jahr der Jugend, ja, der Nation solch ein Fest zu geben, das ist eine konkrete Aufgabe der Freideutschen Jugend, und es ist Aufgabe genug. Das erscheint uns als die organische Fortentwicklung der Ereignisse und Erlebnisse des vorigen Jahres, und wir unterbreiten diesen unsern Vorschlag der Jugend, auch der aus dem anderen Lager. Wir haben den Kampf gegen dies Lager führen müssen, aber wir wissen uns frei von Verbitterung. Wir glauben, daß unsre Gegner geirrt und gefehlt haben, aber wir sind weit davon entfernt, uns dem Eindruck von Ehrlichkeit und

Redlichkeit zu verschließen, den wir persönlich aus ihrem Kreise empfangen haben. Wir geben uns der Hoffnung hin, daß auch auf jener Seite das Bedürfnis nach einer ehrenvolleren und fruchtbareren Lösung des Problems der Freideutschen Jugend besteht, als sie in Marburg gefunden worden ist, und wir sind bereit, Vorschläge solcher Lösungen, die etwa aus jenem Lager kommen werden, mit derselben Ruhe und Sachlichkeit, aber auch mit demselben Willen zu einem unbedingt anständigen Ergebnis zu prüfen, wie wir sie für die Prüfung unseres Vorschlags wünschen.

BERICHT ÜBER DEN XIV. FREISTUDENTENTAG IN WEIMAR

(1914)

Man schien sich darüber zu streiten, ob die Freie Studentenschaft dem *Corda-fratres*-Bund anzuschließen sei; ob man den „Reformkorporationen" auf irgendeine Weise Mitarbeit ermöglichen könnte; ob man für die Jugendbewegung eintreten sollte. In Wahrheit kämpfte eine neue Idee mit einer alten Organisation, neue Ausblicke mit „bewährten Prinzipien". Es siegten die anderen: Man schloß sich dem *Corda-fratres*-Bund „vorläufig" nicht an; in den Reformkorporationen „sah man eine Gefahr"; und der Jugendbewegung steht man sympathisch gegenüber (mit Mißtrauen und geballten Fäusten).

Die Taktik siegte. Dr. phil. Walter A. Berendsohn verhalf ihr mit seinem „studentischen Bildungsideal" zu einer Mehrheit. Als Benjamin in erschütternder Rede die Freie Studentenschaft vor die Not der moralischen Entscheidung stellte zu bekennen, wenn sie Freundschaft fühlte – einstimmig hatte man dies beteuert, weil man taktisch war und Beteuerungen in der Diskussion andere sind als in der Resolution –, damals wagte man zu sagen: die Freie Studentenschaft ist zu *machtlos*, für die Jugend einzutreten, sie kann nicht einmal sich selbst helfen – übrigens braucht sie diese neuen Ideen nicht, denn mit der *Macht ihrer Idee* wird sie siegreich durchdringen ...

Benjamin und Kranold, Berlin und München, kämpften um die neue Hochschule, geboren aus dem Geist der Jugend – drüben sah man die Dinge sich an aus der Perspektive des Nachwuchses. Sich's mit keinem verderben! Und so wird bald wieder ein Esel zwischen zwei Bündeln Heu verhungern müssen. Man verfing sich in Widersprüchen. Um ja nicht mit der Freideutschen Jugend zugleich auch die Scharen um Wyneken anzuerkennen, d. h. um nicht neutral sein zu müssen, lehnte man im Namen der Neutralität ab, für seine eigenen Ideen einzutreten, die nun in der Schuljugend erwachen wollen. Und mit 17 gegen 5 Stimmen wurde der Antrag München-Berlin abgelehnt. (Vergleiche die Chronik[1].)

Aber zuletzt: Was fragen wir nach Majoritäten? Jugendkultur ist ein Wille und zählt keine Stimmen; seinem Ansturm erliegen alle, die nicht mitstürmen. (Die Angst erzeugt den Haß der Feinde.) Und wir haben hier Solltmann gesehen, der ein Paulus wurde. Am ersten Abend versuchte er mit ernster eindringlicher Rede, sich selbst zu überzeugen, daß der Antrag München-Berlin unannehmbar sei, zwei Tage später stimmte er für ihn. In Weimar haben wir wieder erlebt, wie die Idee der neuen Jugend mit magischer Macht alle *Geister* in ihren Bannkreis zieht. Daß von den Gegnern des Antrags M.-B. kaum *ein wesentliches Wort* gesagt wurde, während seine Freunde Reden von ungewöhnlicher Tiefe, von Begeisterung und Geist hielten, das ist uns mehr als 17 Stimmführer.

Nebenbei: Wie man Stimmführer wird. In einer freistudentischen Organisation kandidierten für das Amt des Vorsitzenden-Stellvertreters zwei Freistudenten. In der Empfehlungsrede des Vorsitzenden hieß es: X. („Wynekenianer") wird mit seiner bekannten Kraft der Initiative zwar

---

1 In der „Chronik" heißt es (Der Anfang, 2. Jg. 1914, H. 4, S. 123): 4. Juni, Weimar. 14. Freistudententag. Erregte Debatte über die Jugendbewegung. Der Antrag München-Berlin wird abgelehnt: „...begrüßt freudig die neuen Kräfte, die sich in der deutschen Jugend regen und die auf dem Meißnerfest nach außen hin zum Ausdruck gekommen sind... Diesen Kräften muß freie Entfaltungsmöglichkeit gesichert werden; doch ist diese Freiheit, wie einzelne Fälle zeigen, bisher nicht in vollem Umfang gegeben. Die Fr. St. wird überall dort für die noch nicht hochschulmündige Jugend eintreten, wo man versuchen sollte, ihr das Recht auf eine selbständige Überzeugung zu verkümmern..." Eine schwächliche Erklärung wurde angenommen: „... sympathisch gegenübersteht... studieren wird ..." – Gründung eines „Weimarer Verbandes von freistudentischen Freunden der Jugend-Bewegung" in sehr zahlreich besuchter Versammlung. „Der Verband will der Jugend-Bewegung in der Freistudentenschaft die ihr gebührende Anerkennung verschaffen. Der Verband hält es für eine Pflicht der Fr. St., die Selbstbestimmung der Jugendbewegung, ohne Rücksicht auf den sachlichen Inhalt ihrer einzelnen Zweige gegen äußeren Zwang zu schützen..."

zweifellos Ideen und Bewegung bringen, aber Y. („bewährter freistudentischer Ehrenbeamter") wird die dringenden administrativen Arbeiten sorgfältiger und expeditiver erledigen. Y. wurde mit überwiegender Mehrheit gewählt. Y. war in Weimar Stimmführer einer befreundeten Organisation und stimmte unter den 17.

Noch eins sei angemerkt. In Weimar waren Stimmführer, die verpflichtet waren, und Gäste, die aus freiem Willen gekommen waren: Altfreistudenten und Freistudenten. Von diesen energisch interessierten gegenwärtigen Freistudenten waren fast alle am Tisch der Münchener und Berliner.

Das also ist das Ergebnis des XIV. Freistudententags: Was lebendig, kräftig und jung ist in der Freien Studentenschaft, hat sich zusammengeschlossen zum Weimarer Verband freistudentischer Freunde der Jugendbewegung. Wir hoffen, daß diese Liga die Macht der fleißigen Adressenschreiber brechen wird, der Taktiker und Hochschulspießbürger.

ÄMTER FÜR DIE JUGEND
(1914)

In Weimar ist es uns nicht gelungen, die deutsche Freie Studentenschaft zum Gelöbnis gegenüber der Jugend zu veranlassen: „Wir treten für Euch ein: wir wollen Euch helfen." Was manchen damals zögern ließ, was manchen auch jetzt noch hindert, sich zu diesem Willen zu bekennen, ist die Frage: Wie mag das „Eintreten" gemeint sein? Die Sorge scheint nicht unberechtigt: „Wird uns dies nicht abführen von unseren Wegen? Vor allem führt es nicht zu gefährlicher Arbeitsweise?" Man muß nicht gerade ein grundsätzlicher Feind jeder Neuerung sein und kann doch die Verflachung der freistudentischen Arbeit befürchten, die von den „anmaßenden Wickersdorfern" zu kommen droht. Denn man erwartet von uns – so scheint es – kein anderes Eintreten als Streik, Protestversammlungen, Schimpfe in Wort und Schrift.

Aber unsere Gegner kennen uns schlecht, wenn sie uns so sehen. Freilich: Wir fürchten die Versammlung so wenig wie die Preßfehde. Wir werden selbst vor einer Kampagne nicht zurückschrecken, *weil* sie Wochen dauert. Denn wir wissen, daß wir heilige Kämpfer sind. Aber: Wir wünschen nicht, daß man uns zwingt, so einzutreten. Wir werden zuwarten, ehe wir uns allen hörbar machen. Uns ist jenes „Eintreten" einmal ein Symbol. Ein Bekenntnis: Wir gehören zusammen. So sagen wir den Menschen, der Jugend, daß wir uns nicht schrecken lassen durch ungerechte Schranken, die man zugezogen hat. Schulordnung und akademische Freiheit sind durch eine Farce getrennt, die man Reifeprüfung zu nennen beliebt. Aber wir erkennen keinen Unterschied zwischen Pennälern und jungen Herrn. Wir verkünden, daß wir die Idee der Jugend faßten; daß Selbstbestimmtsein Recht und Mission der Jugend ist. – So wäre allein schon die Resolution ein Eintreten gewesen. –

Dann kann Eintreten für das Selbstbestimmungsrecht der Jugend heißen, den Abfallhaufen der gegenwärtigen Ordnung fortschaffen, damit er nicht die Luft verpeste und dem Körper die Kraft des klaren Denkens raube. So wie der Student eintritt für Bildung, indem er dort hilft und aushilft, wo die gegenwärtige Ordnung Aberglauben und Unkenntnis läßt, so tritt er für die Jugend ein, indem er ihr bei den Konflikten hilft, in die sie verwickelt ist durch das geltende Heute; das nicht gewillt ist, ihr zu helfen, sondern bereit, ihr sogar die Möglichkeit zu nehmen, es selbst zu tun.

Hier ist zunächst ein Bildungsproblem zu lösen, denn die Schule ist weit entfernt davon, zu viel zu fordern; sie gibt dem Regsamen zu wenig. (Auch zuviel des Unbrauchbaren; dies beiläufig.) Es ist eine Tatsache, die jeder an seiner Umgebung, die meisten an sich selbst bestätigen können; was an intensivem, geistigem Leben in der Schülerschaft pulsiert, steht neben der Schule: der literarische Verein oder das Bemühen des einzelnen und seiner Freunde um Kunst oder Wissenschaft. Ohne Anregung, ohne Richtung, ohne Mitteilen versiegt dies mit der Zeit oder verirrt. Hier kann der Student eintreten.

Selbstmord, Geschlechtskrankheit, tiefe Depression, auftreibende Konflikte mit Lehrern und Behörden, unhaltbare Stellung zu Eltern und Vorgesetzten, materielle Not *sind* weit über das „der Pubertät natürliche Maß" hinaus Massenerscheinungen in der heutigen Jugend. Hier muß der Student eintreten.

Vielleicht erwidert man, das tut der einzelne in seinem Kreis, oder das tue der einzelne. Dadurch erniedrigt man sich und die Jugend. Denn hier ist nicht von Almosen die Rede, die wir dem Bedauernswerten reichen aus übergroßer Güte unseres Herzens. *Wir vergessen nicht, daß wir von der Gesamtheit eine andere Lage der Jugend in der Gesellschaft fordern; eine Einordnung in sie; denn heute ist von Ordnung keine Rede.* Indem wir in – freilich vergeblicher – Arbeit dem einzelnen helfen, zeigen wir allen, daß es hier zu helfen gibt. Der Umfang unserer Arbeit wird den andern zeigen, daß es anderer Mittel bedarf, als was wir vermögen. Aber wir wissen uns verpflichtet, da einzutreten, wo die anderen nichts sehen oder auf die Jugend schelten, die sich im Sumpf beschmutzt, aus dem Kröten zu fischen man sie zwingt.

Dies könnte „Eintreten“ heißen.

Darum schlage ich vor, die Freien Studentenschaften sollen Ämter für die Jugend einrichten. Zwei von ihren Aufgaben sind oben verzeichnet worden: Das Amt richtet Besprechungsabende von Schülern mit Studenten ein, *Sprechsäle*. (Man scheue den verfemten Namen nicht, man trete für ihn ein.) Ferner richtet es ein eine unentgeltliche Rat- und Hilfsstelle in jugendlichen Angelegenheiten (*Grüner Anker*). Deren allgemeines Organisationsprinzip wäre, daß die Studenten bloß die Verbindung herstellen zwischen den Hilfesuchenden und geeigneten Erwachsenen, Ärzten, Juristen, Universitätslehrern, Journalisten, Männern und Frauen der Gesellschaft usw., die hierzu geworben wurden. Nur in seltenen Fällen vermögen die Studenten selbst zu entscheiden und zu helfen.

Hier liegen fruchtbare Aufgaben angedeutet, auch für den Weimarer Verband von freistudentischen Freunden der Jugendbewegung. Er mag die Durchführung solcher Arbeiten selbst in die Hand nehmen, überall dort, wo man noch nicht wissen will, wie das „Eintreten“ gemeint war.

DIE DEUTSCHE JUGENDBEWEGUNG

(1917)

Die Tatsachen und Forderungen, die die deutsche Bezeichnung „Jugendbewegung" gegenwärtig umfaßt, verdienen unsere beständige Aufmerksamkeit. Da in dieser Bewegung keine jungen Juden aktiv sind, müssen wir *als erstes* begreifen, welche Hoffnungen, Wünsche und Bemühungen der Juden sich durch die Jugendbewegung erfüllen können. Erst dieses Verständnis kann uns den Weg zeigen, auf dem die Verbindung der Juden mit der deutschen Kultur und der deutschen Volkszugehörigkeit gelockert werden kann und wie die Juden ihre bedeutenden Kräfte für die Erneuerung der jüdischen Kultur und die Heilung des jüdischen Volkes einsetzen können. Dies ist insofern besonders nötig, da die jungen Menschen in der deutschen Jugendbewegung einen Typus von Jugend repräsentieren, der bei uns nicht fehlen sollte. *Zweitens* scheint mir, daß die deutsche Jugend Formen des Jugendlebens und Forderungen an die Erziehung gefunden hat, die – mit gewissen Veränderungen – für die Jugend einer jeden Nation geeignet erscheinen. Aber welche Formen *wir* brauchen, was für *uns* unentbehrlich und unbedingt notwendig ist, das müssen wir von ihnen erst noch lernen.

Die deutsche Jugendbewegung zeichnet sich nicht durch eine einheitliche Verbindung, Vereinigung oder ähnliches aus. Die Bezeichnung *deutsche Jugendbewegung* schließt unzählige Verbindungen mit mannigfaltigen Werten und vielen Unterschieden ein. Diese Bezeichnung ist aber insofern berechtigt, als die ganze Bewegung *ein* gemeinsames Merkmal besitzt: Alle diese einzelnen Verbindungen und Gruppen entstanden und wuchsen allein aus der Jugend selbst ohne wesentliche Zusammenarbeit mit Erwachsenen; sie alle dienen in erster Linie der Jugend selbst ohne irgendein anderes Ziel; sie alle werden in jeder Hinsicht einzig und allein durch die Jugend selbst geführt. Das alles unterscheidet sie einerseits von Organisationen, die politische Ziele im Auge haben und die bisweilen gleichfalls den Namen „Jugendbewegung" tragen, so zum Beispiel sozialistische und katholische Organisationen; andererseits unterscheidet sie sich von solchen Organisationen, die durch Erwachsene gegründet wurden und durch diese geführt sind, wie zum Beispiel die Pfadfinder.

Die Jugendbewegung ist in drei Hauptgruppen gegliedert: den *Wandervogel*, die *Freideutsche Jugend* und die *Jugendkulturbewegung*.

I.

Der *Wandervogel*, vor zwanzig Jahren durch einige Berliner Schüler gegründet, entwickelte sich aus diesen ganz kleinen Anfängen zu einer bedeutenden Macht in der deutschen Schülerwelt[1]. Der Wandervogel bereicherte das äußere und innere Leben der deutschen Schülerwelt tatsächlich nicht nur um einen neuen Typus, sondern er veränderte sie auch in weitreichender Art und Weise über ihre eigenen Grenzen hinaus. Heute erfaßt der Wandervogel ungefähr 20000 Schüler und Studenten, aufgeteilt in ein Dutzend Verbände. Die wichtigsten sind: Alt-Wandervogel, Wandervogel e.V., Jung-Wandervogel, Bund Deutscher Wanderer, Wanderscharen e.V. Sie unterscheiden sich untereinander in vielerlei Hinsicht. Übereinstimmung besteht nur in dem, was den allgemeinen Typus betrifft, ohne eine gemeinsame Dachorganisation.

Das äußerliche Leben des Wandervogels ist leicht zu beschreiben. Sein grundlegendes Organ ist die Horde: drei, sechs, zehn oder auch mehr Schüler verschiedenen Alters finden sich irgendwie und versammeln sich um den Führer,

---

1 Siehe Hans Blüher: Der Wandervogel. Geschichte einer Jugendbewegung. 3 Bände, Berlin-Tempelhof 1912. Obwohl diese Geschichte in ihrer Tendenz einseitig ist und oft alles auf einen Haufen geworfen wird, gibt sie uns trotzdem, was die Tatsachen betrifft, eine vorzügliche Anschauung der früheren und gegenwärtigen Verhältnisse im Wandervogel.

einen älteren Schüler oder – in der Mehrzahl – einen Studenten. Jede Woche zieht die Horde an schulfreien Tagen mit dem Rucksack und im Klang der Laute in die Wälder, auf die Berge oder über die Felder. In der Ferienzeit werden weite Wanderfahrten veranstaltet. Dabei ist Einfachheit und Einsamkeit die Hauptsache: nach Möglichkeit kaum mit der Eisenbahn fahren, im Freien kochen, Lagerfeuer, übernachten in Schuppen oder Scheunen, volkstümliche Gesänge zum Klang der Laute oder der Geige, Tänze und Feste im Freien. Bei den Gemeinschaftsfahrten und an den Feier- und Gautagen versammeln sich regelmäßig die einzelnen Horden: hier sprechen sich die Führer aus, hier werden Reden gehalten, hier werden Beschlüsse gefaßt. Wenn keine Wanderfahrten stattfinden, treffen sich alle beim sogenannten Heimabend: hier werden Lieder eingeübt, Bücher gelesen und besprochen, Wanderungen geplant und Feiern vorbereitet. Jeder Bund hat seine eigene Zeitung oder sein eigenes Mitteilungsblatt, in überwiegender Zahl auf Gauebene. Überdies muß man eine ungewöhnliche Kleidung tragen, die dem Mitglied des Wandervogels nach außen hin ein besonderes Merkmal verleiht: eine kurze gestreifte Samthose, eine Loden- oder Lederjakke, einen möglichst abenteuerlich aussehenden Hut und eine mit Bändern reich geschmückte Laute.

Für einen Außenstehenden ist es aber fast unmöglich, ein Bild vom Innenleben der Organisation zu zeichnen. Hier müssen einige Worte über die Triebkräfte und die Wirkungen des Wandervogels genügen. Die Gefühlswelt und das Streben des Wandervogels beruhen auf *Freundschaft*, *Naturliebe* und *Körpergefühl*. Diese drei Grundmomente des vollen Erblühens der Jugend sind an den Orten ihrer gegenwärtigen Erziehung – in der Schule und zu Hause – zum Verkümmern verurteilt. Und es ist ein entscheidendes Verdienst des Wandervogels, auf die vernachlässigte Bedeutung dieser drei Momente hingewiesen zu haben. Der Wandervogel setzte seinen Willen durch und fand bei der Jugend, den Eltern und den Pädagogen gebührendes Verständnis und Anerkennung. Er gab der Jugend die Möglichkeit, auf der Grundlage dieser drei Grundsätze intensiv zu leben, und schuf so einen Typus des jungen Mannes, der stärker, schöner, selbständiger und edler als der bisherige ist.

Die befreiende Atmosphäre der zuverlässigen Freunde in gemeinsamen Angelegenheiten, ein lebendiges Gefühl für den eigenen Körper, für die eigene Kraft und Schönheit, das schöpferische Ideal der einzelnen, die Nüchternheit, Selbständigkeit und Natürlichkeit – dies alles rief die sittlichen Kräfte wach und vervollkommnete sie: Das Ideal der unbedingten Wahrheitstreue und der Hingabe an die Gemeinschaft wurde wieder lebendig. Überdies wurde die Jugend für die kulturellen Bestrebungen, die außerhalb des Wandervogels entstanden, empfänglicher, und diese fanden bei ihnen, ohne die sonst übliche Propaganda, große Unterstützung. Die Naturliebe wuchs zur Vaterlandsliebe, die Hingabe an die Freundesgruppe erweckte das Zugehörigkeitsgefühl für die weitere Volksgemeinschaft, die Nation. Aus diesem Gefühl entstand ein nationales Streben; aus dem neu erwachten sinnlichen Gefühl erwuchs die Überzeugung, daß jedes Individuum für den Zustand des Volkskörpers verantwortlich ist. Aus dieser Quelle erwuchsen Bestrebungen in Richtung auf Rassenhygiene, Abstinenz und Sexualethik.

Man muß jedoch betonen, daß das Interesse und der Einsatz für diese Ideale und Ziele nur innerhalb und nicht außerhalb der Organisation zum Ausdruck gebracht werden. Der Wandervogel hat keine politischen oder parteilichen Tendenzen. Wie mir scheint, nimmt die Jugend im deutschen Volk folgende Aufgabe instinktiv wahr: sich selbst gemäß dieser Ideale zu erziehen und diese im persönlichen Leben zu verwirklichen. Aber diese instinktiv gebildete Orientierung führte immer wieder zu schweren Fehlern und zu Unbehagen: Selbstbegrenzung, völlig fehlendes Interesse für Vorgänge außerhalb des Wandervogels, Abkapselung einzig und allein in der Vorstellungswelt und im Weltbild des Wandervogels. Wenn sich ältere Jünglinge nicht ziemlich früh aus dieser Orientierung befreien, dann entstehen bei ihnen und in den durch sie geführten Horden, Ortsgruppen und Bünden Stagnation, Verwirrung und Sentimentalität.

II.

Jungen Menschen aus diesen Kreisen, die an die Universität gingen, war das zeitgenössische Studentenleben von Grund auf fremd und zuwider. Weder Korporationen und Verbindungen des alten Typs noch freie und rein intellektuell orientierte Fachverbindungen – wie die Freien Studentenschaften – konnten ihre Wünsche, Gewohnheiten und Ideale befriedigen. Sie gründeten neue akademische Gemeinden, deren charakteristischste und bekannteste die sogenannten Freischaren wurden. Sie bilden eng verbundene Freundeskreise, die an jeden einzelnen strenge Anforderungen stellen, in denen Idealvorstellungen von Menschen und Völkern zu extremsten Anstrengungen in der Selbsterziehung zwingen. Diese Studenten erhoffen sich auf diese Art und Weise eine Auslese von Männern, die in der Zukunft in ihrem Berufsleben gesellschaftliche und nationale Kulturtendenzen erfolgreich verwirklichen. Die *Freischaren* haben über die Pflicht der Selbsterziehung hinaus keine weitere gegenüber Volk und Menschheit. Den in ihnen vereinigten Individuen bietet sich die Möglichkeit eines Lebens in Freundschaft, Schönheit und Jugendlichkeit.

Im Juli 1913[2] verschickten die Freischaren vielen ähnlichen und verwandten Verbindungen (auch an einige Gruppen des Wandervogels und an die Reformschulen) die Einladung zur großen Feier der Freideutschen Jugend auf dem Hohen Meißner bei Kassel. Ungefähr zwei Monate später, am 11. und 12. Oktober 1913, begingen die jungen Menschen dieses Fest. Und hier erwies es sich eigentlich zum ersten Mal, welch breite Kreise diese bisher fast im Untergrund arbeitende Bewegung gezogen hatte. Was bisher selbst den an der Bewegung beteiligten Jugendlichen niemals ganz klar gewesen war, kam zutage: Die Jugend erzeugte in Kleidung, Charakter und Inhalt einen neuen, eigenen, charakteristischen Lebensstil. Auf dem Hohen Meißner schlossen sich alle einander ähnlichen Gruppen im Verband der sogenannten Freideutschen Jugend zusammen, indem sie die folgende gemeinsame Formel anerkannten:

2 (Irrtümliche) Datumsangabe bei Siegfried Bernfeld: 23. Oktober.

„1. Die Freideutsche Jugend will aus eigener Bestimmung, vor eigener Verantwortung, mit innerer Wahrhaftigkeit ihr Leben gestalten. 2. Für diese innere Freiheit tritt sie unter allen Umständen geschlossen ein. 3. Zur gegenseitigen Verständigung werden Freideutsche Jugendtage abgehalten. 4. Alle gemeinsamen Veranstaltungen der Freideutschen Jugend sind alkohol- und nikotinfrei."

Aber man darf ganz sicher die Verdienste der Freideutschen Jugend im Hinblick auf die Lebensgestaltung, die Sittenreform und die Interessen der akademischen Jugend nicht überbewerten; denn für sie gilt dasselbe, was über den Wandervogel gesagt wurde: Sie zeichnet sich durch einen etwas lächerlichen und seichten Ernst aus, und wie der Wandervogel hat sie kein Verhältnis zu den Kräften, Tendenzen und Interessen, die über die der Jugend hinausgehen. Und doch lassen sich die Hauptprobleme der Freideutschen Jugend mit den tieferen gesellschaftlichen und nationalen Problemen vergleichen: Lebensgestaltung, Ausdruckskultur, Reformkleidung, Abstinenz und Siedlungsbewegung.

III.

Während der Wandervogel und die Freideutsche Jugend eine einheitliche Organisation bilden, unterscheidet sich die sogenannte *Jugendkulturbewegung* in vielerlei Hinsicht von diesen beiden Organisationen. Sie ist, im Gegensatz zu ihnen, um vieles jünger und weniger verbreitet. Während ein *Gefühl* der Jugend selbst den Ausgangspunkt jener Bewegungen bildet, ist der Ausgangspunkt hier die *Idee* der Jugend. Gustav Wyneken, der Gründer der Freien Schulgemeinde Wickersdorf, formulierte nachdrücklich, vielleicht zum ersten Mal in der Geschichte der Pädagogik, den Begriff „Jugend" und entwickelte eine Form der Erziehung, die auf dieser Vorstellung aufbaut. Die Anhänger dieser Idee stellen das Hauptkontingent der Jugendkulturbewegung. Kurz gesagt, kann der Grundgedanke dieser Bewegung so bestimmt werden: Ähnlich wie sich der Jugendliche körperlich von Kindern und Erwachsenen unterscheidet, so unterscheidet er sich auch im Psychischen von ihnen, und zwar nicht nur deshalb, weil sich die Jugend *quantitativ* gesehen vom Erwachsenen unterscheidet, weil sie *weniger* vortrefflich und vollkommen zum Beispiel an Erfahrung, Ausdauer und zielbewußtem Streben usw. ist, sondern gerade dadurch, daß ihre geistigen Strukturen Elemente enthalten, die – durchschnittlich gesehen – *mehr* ins Gewicht fallen als in späteren Jahren. Man muß sich immer der Tatsache bewußt sein, daß die Jugend *mehr* Schwung, Eifer und Interesse besitzt, *mehr* Hingabefähigkeit und Leidenschaft für geistige und moralische Momente als der Erwachsene. In der Jugendzeit werden die absoluten Werte wie Größe, Schönheit, Wahrheit, Gerechtigkeit und das Gute zum ersten Mal erlebt und somit auch mit einer Intensität, die im späteren Leben natürlicherweise nachläßt. Aber weit mehr: Die Jugend besitzt in sich einen Drang, diese lebhaft empfundenen, absoluten Kriterien zu realisieren und sie tatsächlich im täglichen Leben anzuwenden. Das Ehrgefühl entspringt gerade dem geistigen Wandel in der Zeit der geschlechtlichen Pubertät. Das alles zeigt, daß der Jüngling nicht einfach ein unfertiger oder unvollständiger erwachsener Mensch ist, sondern daß er zugleich ein eigenes Wesen hat, das einen festen Eigenwert besitzt. (Ungefähr genauso, wie die Raupe auch ein „Jugendlicher" ist, d. h. ein unvollkommener Schmetterling, dabei aber ein Lebewesen mit seinen eigenen, zwar vorübergehenden, aber doch äußerst wichtigen Bedürfnissen.) Und nicht nur im Äußeren zeigt sich diese Eigenart, sondern auch im geistigen und emotionalen, vor allem jedoch im sinnlichen Leben.

Von hier aus versteht man, daß die Art und Weise der Empfindungen der Jugend den Empfindungen des erwachsenen Menschen oft fremd und feindselig gegenüberstehen, was umgekehrt genauso der Fall ist. Man muß nun aber davon ausgehen, daß kein junger Mensch zwischen dem 14. und 21. Lebensjahr diesen Typus faktisch darstellt, sondern daß dieser als Keim in ihm angelegt ist und somit der Auftrag des jungen Menschen lautet – so unsere Annahme –, diese Anlage ganz in sich zu entfalten. Aus dieser Eigenschaft der Jugend ergibt sich ihre Aufgabe gegenüber der Kultur: Die Kultur braucht diese Jugend, die an ihren höchsten Werten festhält, sie stumm lebt und in Jugendgemeinden verwirklicht; denn im Leben der Erwachsenen spielen gerade diese Werte größtenteils nur mehr eine kleine Rolle. Die Erwachsenen werden ganz von wirtschaftlichen und zivilisatorischen Momenten und Zielen in Anspruch genommen, und sie haben in ihrem Leben keinen Platz mehr für Sittlichkeit, Kunst und Schönheit. Die Kultur und die Nation brauchen die Jugendkultur; die Jugend dagegen, die die Kultur in den Mittelpunkt ihres Seins stellt, muß einen neuen Typus entwickeln, eine neue Lebensform, d.h. Formen, die ihr, psychologisch gesehen, gerecht werden – eben eine eigene Jugendkultur.

Diesem Streben nach Erschaffung einer Jugendkultur für die ganze Jugend stehen große Schwierigkeiten im gegenwärtigen Erziehungssystem und durch die zeitgenössischen moralischen und pädagogischen Ansichten im Wege, und in der gegenwärtigen sozialen Aufbauphase der Jugendkulturbewegung stellte sie sich der Aufgabe, diese Hindernisse zu überwinden. In diese Richtung geht also die politische Bewegung. Die Jugend lebt hier nicht für den neuen Stil der Jugend, wie die Freideutsche Jugend und der Wandervogel, sie erschöpft sich nicht in diesem Streben, sondern sie bemüht sich, darum zu kämpfen, daß die Jugend im ganzen ein Leben ohne Kompromisse führen kann; nicht nur auf freier Flur und in ihren Lokalen oder an unterrichtsfreien Tagen, sondern immer und überall – in der Schule und zu Hause, zu jeder Stunde.

Auf welche Weise man sich dem Ziel nähern kann, darüber zu schreiben fehlt hier der Platz. Bevor jedoch der Kampf aufgenommen wurde, überwand die Bewegung die Schulorgane, die Parteipolitik, selbst den Wandervogel und die Freideutsche Jugend. Der Krieg überrollte alles, bevor es zu irgendeiner Klärung in diesen Bestrebungen kommen konnte.

***

Diese kurzen Worte rufen vielleicht das Interesse für die Jugendbewegung wach und bahnen den Weg für Ihr Verständnis. Dieses kann durch folgende Schriften vertieft werden: Freideutsche Jugend. Eine Monatsschrift. Verlag Adolf Saal: Hamburg 1914ff. – Die freideutsche Jugend.

Festschrift 1913. Eugen Diederichs: Jena 1913. – Aus den Schriften Gustav Wynekens vor allem: Schule und Jugendkultur. Eugen Diederichs: Jena 1913. – Die Freie Schulgemeinde. Vierteljahrsschrift. Verlag Diederichs: Jena 1910ff. – Was ist Jugendkultur? Verlag Steinicke: München 1913.

DIE PSYCHOANALYSE IN DER JUGENDBEWEGUNG

(1919)

Auch die hartnäckigsten Leugner der infantilen Sexualität sprechen der eigentlichen Jugendzeit, dem Lebensabschnitt etwa vom 12. bis zum 20. Jahr, eine der erwachsenen ähnliche Sexualität zu. Zwar über Maß, Art und Bedeutung dieses Triebes in der Pubertät und Nachpubertät sind die Meinungen geteilt, aber es ist geradezu das theoretische Dogma, daß mit der Pubertät der Geschlechtstrieb erwache und in ihrem Verlauf immer mächtiger und bestimmter werde. Merkwürdigerweise bleibt aber in der Praxis des Erziehungswesens, in der Schule so gut wie im Hause, diese theoretische Überzeugung völlig wirkungslos. Auch die Jugenderziehung ist, wie die Kindererziehung, so organisiert, als wären ihre Objekte gänzlich asexuelle Wesen. Wo sich dies Thema jedoch nicht gut ganz übersehen läßt, im Problem der Koedukation und der sexuellen Pädagogik, da ist der Weisheit letzter Schluß: verhindern, daß die Jugend geschlechtlich erregt werde; Erzeugung der Askese.

Die Jugend hat sich zu keiner Zeit an die Forderungen der Erwachsenen gehalten, sondern im geheimen ihrem Trieb gegeben, was ihm gebührt. Sie behandelte die verantwortlichen Hüter als nicht kompetent in dieser Frage, ließ sie uneingeweiht und harmlos und kümmerte sich im übrigen kaum um ihre Lehren (wo dies aber doch geschah, erzeugten sich oft neurotische Erkrankungen). Die Sexualität der Jugend blieb so gewissermaßen von der Gesellschaft verdrängt und darum – ganz so wie die verdrängten Triebe der Individuen – völlig unbeherrscht. Es ist ein Verdienst der Jugend, von 1880/1890 hierin eine Revolution gebracht zu haben. Bis dahin fühlten sich einzelne der Jugend durch das Sexualmonopol der Erwachsenen bedrängt, verkürzt oder verwirrt und kämpften dagegen: Nun aber fühlten sie sich als Jugend mißverstanden und entwertet und begannen, das Recht der jugendlichen Sexualität zu fordern. Zunächst freilich, so scheint es, war ihr Bemühen, die Alten in ihren Forderungen *ad absurdum* zu führen. Sie stellten sich gehorsam und versuchten passive Resistenz. Wedekinds „Frühlings Erwachen" ist ein Ausdruck dieser Haltung, die er in seiner eigenen Jugend erlebt haben mag und die begeisterte Zustimmung der Jugend aus den Neunziger Jahren fand. Hier war der Vorwurf von einem Meister ausgesprochen: „So kommt es mit eurer Verheimlichung, seht her, das habt ihr davon!"

Der Prozeß der „Entharmlosung der Pädagogik durch die Jugend" (G. Wyneken) schritt weiter fort. Zu Beginn dieses Jahrhunderts fing die Jugend an, auf eine neue Weise als Jugend in Opposition zu den Erwachsenen zu treten. Sie begann sich zu organisieren, willens, ihr eigenes, das ihr gemäße Leben zu führen, zuerst und am großzügigsten im Wandervogel. Die Jugend entfloh gewissermaßen dem Elternhaus, um auf der Wanderschaft nach ihren eigenen Bedürfnissen zu leben; natürlich auch nach ihren erotischen Bedürfnissen. Wurde aber diese Opposition im allgemeinen bewußt und klar ausgesprochen, so blieb sie fürs erste doch auf dem Gebiet der Sexualität unausgesprochen, sogar unbewußt. Darum brachte diese erste, aus der Jugend selbst entstandene Jugendbewegung unserer Zeit keine Veränderung der Bewertung des jugendlichen Sexuallebens durch die Erwachsenen, nicht einmal eine Beherrschung desselben durch die opponierende Jugend. Erst in der Zeitschrift der Jugend „Der Anfang"[1] wurde 1913 öffentlich von Jugendlichen kritisch über das gegenwärtige Sexualleben der Jugend und über ihre Forderungen in diesem Punkte von der jugendlichen und erwachsenen Öffentlichkeit gesprochen.

Diese Diskussion, die mündlich und schriftlich in voller Öffentlichkeit stattfand, zeigte, was jedem Kenner der Ju-

---

1 „Der Anfang." Zeitschrift der Jugend. Herausgegeben von Georges Barbizon und Siegfried Bernfeld. Berlin 1913/14. Verlag „Die Aktion" [in dieser Werkausgabe Reprint Bd. 3].

gendbewegung[2] und der Jugend überhaupt schon aus den bisherigen unterirdischen Diskussionen, Bestrebungen, Klagen vorher deutlich geworden war: *Erstens,* daß die sexuellen Tendenzen und Bedürfnisse der Jugendzeit zwar andere als die der Kindheit, aber nicht minder völlig verschieden von denen der Reife sind. *Zweitens,* daß die Jugend selbst in dieser Frage heillos verwirrt empfindet und denkt, weil sie aus der Diskrepanz zwischen ihren Forderungen und denen der herrschenden Moral keinen Ausweg findet und weil ihr im allgemeinen selbst die dürftigen Tatsachen und Erkenntnisse der gegenwärtigen Sexualwissenschaft vorenthalten werden. Und wo ja einmal einer oder eine Gruppe von dieser Wissenschaft Notiz nehmen konnte, wurde er erst recht nicht gefördert. Die übliche rationale Lehre von der Pubertät als den zwei bis drei Jahren, in denen der Sexualtrieb gleich in seiner eigentlichen Gestalt erwacht und sich stetig entwickelt, ist gegenüber der Unsicherheit, Hemmung, Sprunghaftigkeit, Problematik und langen Dauer der wirklichen Pubertät in den Schichten der gebildeten großstädtischen Jugend von heute schematisch, unwirklich und mehr verwirrend als befreiend. Die Psychoanalyse aber, die auch hier der Wahrheit näher kommt, indem sie die Pubertät als die lange andauernde, konfliktreiche Zeit auffaßt, in der die infantilen Partialtriebe schubweise zur Einheit, Verdrängung oder Sublimierung gelangen, ein reiches Geistesleben und quälende, meist vorübergehende neurotische Züge erzeugen, blieb aus vielen Gründen über Gebühr lang völlig unbeachtet. Daß die Psychoanalyse, einmal in die Jugendbewegung eingeführt, mindestens klärend würde wirken müssen, ist sicher. Daß sich dies aber schon so schnell geäußert hat, wie ich im folgenden zeigen will, ist ebenso merkwürdig, wie die eigenartige Reaktion der Jugend auf die neuen Kenntnisse und Anschauungen.

---

2 Schriften zur Kenntnis der Jugendbewegung (außer den noch im folgenden genannten): Freideutsche Jugend. Jena 1913. Gustav Wyneken: Was ist Jugendkultur? München ^{2}1914; und: Die neue Jugend. München ^{3}1919. S. Bernfeld: Die neue Jugend an die Frauen. Wien 1914. Zeitschriften: Freideutsche Jugend. Die Freie Schulgemeinde. Der Wandervogel. Wanderer.

Mit seiner Schrift „Die deutsche Wandervogelbewegung als erotisches Phänomen“[3] hat Hans Blüher, wie man sagen muß, einen neuen Abschnitt in der Jugendbewegung und somit im Leben der ganzen gegenwärtigen Jugendgeneration eingeleitet. Er versuchte, mit psychoanalytischer Methode dem Problem der Gründe, Hintergründe, Motive und Triebe einiger Jugendtypen und Jugendgemeinschaften näherzukommen, und fand, daß sie sich auf der männlichen Inversion aufbauen. Dieser Versuch, seine Ergebnisse und der mutige Verfasser wurden heiß bekämpft. Die Jugendbünde lehnten bis auf einen, den Jugendwandervogel, Blüher ab. Bezeichnenderweise ist dieser der einzige, der sich prinzipiell jugendlich erhält, d.h. die erwachsenden Mitglieder ausschließt und auch keine pädagogisch interessierten Erwachsenen (Oberlehrer) aufnimmt. Der Jugendwandervogel war von Anfang an in den leitenden Kreisen für Blüher. (Ebenso der „Anfang“-Kreis, der gerade um diese Zeit sich zu organisieren begann, gleichfalls auf dem „oberlehrerfeindlichen“ Standpunkt stehend.)

Vor allem mit zwei Argumenten hat man versucht, gegen Blüher Stimmung zu machen, da man seinen Tatsachen nichts entgegensetzen konnte: Man hat abwechselnd die Schule Freuds als unmaßgeblich und unwissenschaftlich oder Blüher als jüdisch verdächtig machen wollen[4]. Aber es fruchtete nichts. Überaus rasch haben sich Blühers Schriften verbreitet, und viele haben sie angeregt oder bestärkt, die Psychoanalyse zu studieren begonnen. Und heute – nach kaum drei Jahren – wird Freud in den Zeitschriften der Jugend immer öfter ausführlicher und positiver erwähnt. Selbst in der Organisationsform der Bewegung und in der Formulierung ihrer Aufgabe wird die Konsequenz aus der neuen psychoanalytischen Kenntnis gezogen. Dafür bloß drei Beispiele an dieser Stelle:

Erstens: Der Jugendwandervogel hat die Mädchen ausgeschlossen, weil er sich bewußt wurde, daß der Eros

---

3 Verlag Bernhard Weisse, Berlin 1913.

4 Zur Diskussion über Blüher, mit dessen eigenen Stellungnahmen, vgl. die Beiträge in: Wandervogelführerzeitung, (Jena), H. 3, Februar 1913; Der Führer. Mitteilungen aus dem Wandervogelalbum (Dresden), 1. Jg., Nr. 7 (April) – Nr. 10 (Dezember) 1913. [Hg.]

männlicher Pubertät die mann-männliche Bindung fordert. *Zweitens*: Hans Blüher hat eine nicht geringe Zahl junger und zum Teil bedeutender Freunde zur Verwirklichung der Idee einer geistbestimmten Gemeinschaft in einem Männerbund gefunden. *Drittens*: Gustav Wyneken, der älteste, tiefste und bedeutendste Führer der Jugend, gelangte zu neuen und wichtigen Formulierungen über das Wesen der Jugendbewegung, beeinflußt durch die Psychoanalyse. „Das neue Prinzip [der Jugendbewegung] ist ein neues *Körpergefühl*. Dies neue Körpergefühl ist keine Erfindung der Jugendbewegung, sondern eine weltgeschichtliche Erscheinung ... und nun wage ich die Behauptung, daß niemand so geeignet, so berufen ist, der Träger dieses neuen Weltbildes ... zu werden, wie die Jugend ... [Sie] ist ihrem Wesen nach Trägerin des Prinzips der Leiblichkeit, des Körpergefühls ... ich will diesen Grundtrieb der Jugendbewegung einmal verdeutlichen und versinnbildlichen mit einem ihrer fragwürdigsten Auftritte, mit der Tanzerei auf dem Hohen Meißner[5]. Man konnte erschrekken über die Gehirnlosigkeit dieses Treibens, aber das Bild gewinnt doch eine ernste Bedeutung, wenn man diese Gehirnlosigkeit als eine sozusagen gewollte, wenigstens aus leidenschaftlicher Triebbejahung und nicht aus Verlegenheit und Gedankenlosigkeit ansieht. Der pedantisch fanatische, zunächst komisch wirkende Eifer der Herumspringenden hatte für den Tieferblickenden etwas von kultischem Ernst. Es war eine Feier des aus Geisteshaft entsprungenen Leibes, ... aber er war doch wieder entdeckt, man fühlte sich wieder als Körper ... Da ist zunächst die Erotik. Ich spreche ... vom eigentlichen erotischen Problem der Jugend, von der Not des Eros. Für uns besteht seine Not darin, daß er verleugnet, verdrängt, verpönt ist auf tausenderlei Art. Noch aber hat die Jugend keine andere

---

5 Über das Fest auf dem Hohen Meißner, Oktober 1913, veranstaltet von der Freideutschen Jugendbewegung, siehe: Der Anfang, I. Jg., Hefte 5–7; Die Freideutsche Jugend im Bayerischen Landtag. Bericht über die Landtagsverhandlungen/ Die Presseäußerungen/ Die Aufklärungsversammlung in der Münchner Tonhalle mit der Rede von Universitäts-Professor Alfred Weber. Vom Hauptausschuß der Freideutschen Jugend. Hamburg 1914; Der Wanderer, 8. Jg., Sept.–Dez. 1913.

erotische Neuorientierung gefunden, als das Bekenntnis zur sexuellen Abstinenz und zur Kameradschaftlichkeit als dem anzubahnenden Verhältnis der Geschlechter. Das heißt aber ... keine Lösung, sondern eine Ausflucht ... Die Front der Jugend darf nicht von vornherein dieselbe sein wie die der Schulmeister und Moralprediger ... Der Eros muß im öffentlichen Denken erst wieder rehabilitiert werden, ehe überhaupt an eine Läuterung und Veredelung des Triebes gedacht werden kann. Ein ins Halbdunkel verbannter Eros wird krank und bösartig, er ist kulturunfähig, unkultivierbar." [Die Freie Schulgemeinde, Oktober 1915/Jänner 1916.]

Zweierlei ist an allen diesen Tatsachen bemerkenswert, und darum haben wir sie breiter dargestellt, als sie vielleicht an sich in dieser Zeitschrift verdienen würden.

Es ist, als ob das Schwellengesetz für die Entwicklung der Gesellschaft ähnlicherweise gälte wie für den einzelnen. Konflikte aus überkommenen Anschauungen, Wertungen und Einrichtungen summieren sich der Gesellschaft unbewußt, nur von den einzelnen schmerzlich empfunden, erst bis ein gewisses Maß überschritten wird, bemerkt die Gesellschaft eine soziale Wunde. Und von da an beginnt das gesellschaftliche Streben nach ihrer Heilung. Die Bewertung der Sexualität und die sexuelle Organisation der Gesellschaft sind ein solches überkommenes Gut, gegen das jene, die seine Schädlichkeit erkannten, bis jetzt vergeblich ankämpften. Aber es scheint, als wäre die Reizschwelle erreicht: Die Jugend fängt an, die sexuelle Frage als eine öffentliche soziale Wunde zu empfinden und die Gedanken und Mittel der bisher einsamen Vordenker als ihre eigenen anzunehmen. Wenn dieser Prozeß, der sich eben andeutet, andauert, dann wird von hier aus ein Neudenken der wissenschaftlichen Probleme erfolgen, und die Psychoanalyse darf hoffen, daß ihre Arbeitsleistung keine verlorene sein wird. Aber die Vertreter des bisher Gültigen wehren sich natürlich gegen neue Erkenntnisse und darum vor allem gegen die sexuelle Entharmlosigung der Jugend durch die Psychoanalyse. Sie verfügen über ein Argument, das tatsächlich ernst und schwierig genug ist, um jeden zum Nachdenken zu zwingen. Sie sagen, die Jugend könnte durch die Kenntnis der Psychoanalyse – und der

Sexualwissenschaften überhaupt – an kulturellem Wert verlieren. Diese Besorgnis hat wohl nur dann einen Sinn, wenn man, ins Psychoanalytische übersetzt, meint, es bestehe ein Zusammenhang zwischen der inadäquaten Befriedigung des sexuellen Triebes und den kulturellen Leistungen; diese sind, oder sind doch weitgehend, abhängig von der Sublimierung der Sexualität. (Es sei nur angemerkt, daß vielfach dieselben Schriftsteller, die eine Sublimierung leugnen, in ihrer Furcht vor der Psychoanalyse deren Ergebnisse implicite akzeptieren.) Da die Pubertät jene Zeit ist, in der viele wichtige Sublimierungen dauerhaftester Art entstehen können, und da auch wir Kulturwerte bejahen und also Sublimierungen fordern, entsteht hier tatsächlich ein überaus schwieriges pädagogisches Problem, das nicht ohne Verantwortlichkeitsgefühl gelöst werden kann. Und wenn etwa Psychoanalytiker über diese Schwierigkeit wegtäuschen wollten, so täten sie um so mehr Unrecht, als sich a priori über die Reaktion einer jugendlichen Masse auf die Psychoanalyse nichts aussagen läßt und die empirische Rechtfertigung ihres Optimismus nur durch ein entsprechendes Experiment zu geben wäre.

Seit 1913 vollzieht sich nun dieses nötige Massenexperiment tatsächlich. Das ist der zweite Grund, warum ich hier einiges aus der deutschen Jugendbewegung mitteile und das Studium derselben für die Zukunft empfehle. Mir ist weder aus der umfangreichen Literatur der Jugend, noch aus der eigenen Anschauung sehr weiter Kreise ein einziges Symptom bekannt geworden, das die Besorgnisse jener Forscher und Pädagogen rechtfertigen würde. Die Psychoanalyse wird entweder abgelehnt aus einem instinktiven Selbstschutz gegen gefährliche Erkenntnisse. Die Formel hierfür, die man in Gesprächen oft genug hören kann, ist etwa: Ob dies alles wahr ist, weiß ich nicht; aber diese Wahrheit geht mich so wenig an, wie irgendeine andere wissenschaftliche; bedeutsam ist allein die Wahrheit des Gefühls, der Schau, Inspiration, Kunst, Intuition usw. Oder die Psychoanalyse wird in das System der geistigen Werte eingereiht, sie tritt in den Dienst der Sublimierung. Und zwar auf drei Weisen, soviel ich bisher bemerken konnte. Die häufigste Form dürfte jetzt die allgemeine „Vergeistigung" sein, für die folgende zwei Äußerungen typisch sind: „Blüher betont doch, daß diese Liebe zwischen Mann und Mann durchaus nicht nur, ja sogar weniger sinnlich bestimmt ist, sondern daß der Ton gerade auf jene geistige, platonische Liebe zu legen ist“ [Die Pachantei, Stimmen aus dem Wandervogel, 1. Heft, März 1914, Berlin] und: „Dies Reich des Körpers aber ist, wohlgemerkt, ein geistiges Reich ... Es gibt keine anderen Werte als geistige. Wenn Betonung des Körperlichen zu geistiger Rückbildung, Vernachlässigung des Körperlichen [wie eine gewisse Richtung der Askese glaubt] zur Steigerung des Geistigen führte, so wäre ohne jede Frage letztere zu wählen ..., darum ist für uns auch nicht jede Betonung des Körperlichen epochemachend, wohl aber das Erwachen eines neuen Körpergefühls. Das ist die Erschließung ... eines neuen Organs im Geist. Die daraus hervorgehende Körperpflege steht nicht im Dienst des Körpers, sondern folgt aus dem neuen Leben des Geistes.“ (Gustav Wyneken)

Die zweite Form ist eigenartiger. Sie geht von Blüher aus, hat bisher erst einen kleinen Kreis ergriffen, dürfte sich aber sehr schnell verbreiten und vertiefen. Hier wird eine einzelne Konstatierung der Psychoanalyse herausgegriffen, und zwar das Wesen der Homosexualität, ihre Bedeutung in der Zeit der männlichen Pubertät, ihre Rolle für die Produktion geistiger Werte. Auf diese Erkenntnis oder vielleicht auch nur vermeintliche Erkenntnis wird eine Weltanschauung und Lebensführung basiert, die dem Geist unbedingt hingegeben ist, der Kulturbund der Männer, d.i. der mann-männlich gerichteten Jugend. Blüher propagiert diese Gemeinschaftsform unter dem unglücklich gewählten Schlagwort „Antifeminismus“. Der Jugendwandervogel ist seinem Ruf bereits in einer gewissen Richtung gefolgt, andere strengere und enger an Blüher angeschlossene Gruppen sind im Bilden. Man mag dem Inhalt dieser beiden Reaktionsweisen gegenüberstehen wie immer, man muß zugeben, daß ihre Formen Platz bieten für alle jene Werte und kulturellen Taten, um deren Erhaltung willen man die Jugend sexuell unwissend oder doch wenigstens von den psychoanalytischen „Ungeheuerlichkeiten“ frei haben wollte. Nicht ganz dasselbe gilt von der dritten Weise, die nur erwähnt sei, weil ihre Wirkung noch nicht zu überblicken ist. Manche werden durch jene Entharmlosigung zu Forschern, Sexualforschern, Psychologen, Kulturforschern usw.[6] Es kann sein, daß manche von diesen destruktiv denken. Der Wissenschaft aber dürften auch sie, vielleicht gerade sie nützlich werden.

Zweifellos ist es nur ein bestimmter Typus von Jugend, für den alles Gesagte gilt. Allein nur auf diesen kommt es an. Denn daß die Ungeistigen unter der Jugend durch die Unkenntnis der Psychoanalyse geistig würden, glaubt niemand. Diese dürften wie auf alles, so auch auf die Psychoanalyse in ihrer Weise reagieren. Aber um diese sind die Pädagogen auch nicht besorgt, sondern sie fürchten vielmehr, daß selbst die Geistigen und „Ethischen" ungeistig und „unethisch" werden könnten. Diese Besorgnis ist wenigstens nach der bisherigen Geschichte der Psychoanalyse in der Jugendbewegung nicht sehr schwer zu nehmen, wenn es auf die Formen des geistigen Lebens und nicht auf seine Inhalte ankommt.

---

6 Otto Fenichel: Sexuelle Aufklärung. In: Max Hodann (Hrsg.): Schriften zur Jugendbewegung. Heft 2: Die Jugend zum Sexualproblem, I. Leipzig 1916, S. 52–60.

TENDENZERZIEHUNG UND AUTONOMIE DES ZÖGLINGS IN DER JUGENDBEWEGUNG

(1928)

Vorbemerkung: Die nachstehenden Äußerungen sind nach einem Referat von Dr. Bernfeld, das er auf dem vorjährigen Führerkursus des Jüdischen Wander-Bundes in Lehnitz gehalten hat, niedergeschrieben worden. Dem Referat lag folgende Problemstellung zugrunde: Die Erziehung der Jugendbewegung ist eine Tendenzerziehung, sie bedeutet in einem bestimmten Sinne eine Vergewaltigung des Zöglings. Wie ist mit dieser Tatsache die von weiten Teilen der Erziehungsbewegung erhobene Forderung der Autonomie des Zöglings, d. h. der Entscheidung des Zöglings nur gemäß den Kräften, die in ihm selbst vorhanden sind und die der Erzieher zur Freiheit zu führen hat, zu vereinbaren?

Es gibt keine Autonomie des Kindes und des Jugendlichen im eigentlichen Sinn des Wortes. Erziehung ist ganz allgemein die „Vergewaltigung" der kindlichen Seele. Man kann diesen Prozeß auch Entfaltung nennen, es bleibt aber immer eine sehr fühlbare Einschränkung des Trieblebens des Kindes. Das unerzogene Kind wäre nicht gesellschaftsfähig; durch die Vererbung werden nicht die höheren Verhaltungsweisen mit übernommen. Die Erziehung hat die Aufgabe, das Erbgut an Trieben kulturfähig zu machen. Erziehung ist daher immer ein Eingriff in die Freiheit des Trieblebens des Zöglings, die allgemeine Forderung der Autonomie daher unberechtigt.

Ein Kind würde ohne Einwirkung auf die Triebwelt z. B. nicht sprechen lernen, schon die Entziehung der Mutterbrust und die Ernährung nur zu bestimmten Stunden des Tages bedeutet eine einschränkende Erziehungsmaßnahme. So beginnt die Erziehung schon in den allerersten

Lebenstagen des Kindes. Es gibt keine „natürliche" Verhaltungsweise, die außerhalb der Gesellschaft stünde.

Es gibt Erziehungsformen, in denen das Zusammenleben ohne eine systematische Einwirkung bis zu einem bestimmten Alter verläuft. Das Negerkind z.B. wird nicht erzogen, nicht gestraft. Es gibt nur eine unmittelbare Reaktionsweise der Mutter, die aber nicht in irgendeiner bewußten pädagogischen Absicht erfolgt. Dies Kinderparadies hat ein Ende mit der Vorpubertät. Der Knabe wird dann für einige Wochen oder Monate aus der Gesellschaft herausgenommen und in ein besonderes Erziehungshaus gebracht. Hier wird er körperlich gegen Qualen und Leiden abgehärtet, hier findet die Tätowierung und die Beschneidung statt (Initiationsriten). Während das erste Stadium der Erziehung bis zur Vorpubertät also nur Individualkonflikte kannte, entstehen in der folgenden Periode Konflikte mit der Gesellschaft. Auflehnung gegen die Erziehungseinrichtungen dieser Periode würde Tötung durch den Stamm zur Folge haben.

Bis heute hat sich demgegenüber eigentlich gar nichts geändert, nur die Zeit der Erziehung hat sich verlängert bis zum 14., 18., 20. und 25. Lebensjahr. Gesellschaftliche Erziehung wird von der Geburt des Kindes an geübt z.B. durch die Kleidung, durch die Tageseinteilung des Lebens des Kindes. Die Eltern müssen es so machen, wie es in den Berufs- und Gesellschaftsverhältnissen üblich ist, in denen sie leben. Das Kind folgt also nicht seiner eigenen Autonomie, sondern es unterliegt der Heteronomie, der Fremdherrschaft der gesellschaftlichen Kräfte. Wegen der Verlängerung der Erziehungszeit ist die Erziehung nicht mehr so brutal, sie ist humanisiert. Der Erziehungsprozeß ist unerkennbarer geworden.

Der Zweck der Erziehung ist, der Gesellschaft möglichst viel Kinder zuzuführen, die den Anforderungen der Gesellschaft entsprechen.

Welche Rolle spielt innerhalb der gesellschaftlichen Erziehung die Jugendbewegung? Die Jugendbewegung opponierte gegen die Vergewaltigung der Seele des Kindes durch die Schule, der Jugendführer vergewaltigt aber genauso oder noch mehr, denn seine Erziehung ist wirksamer, man kann sich seinen Einwirkungen nicht entziehen;

der Lehrer ist eine gesellschaftlich gesetzte Institution, der Jugendführer wird geliebt, er wird freiwillig anerkannt. Heute sind die Jugendführer Repräsentanten der Gesellschaft, unsere Jugendbünde sind anerkannt, der Jugendführer ist ein anerkannter Beamter der Jugendbewegungsorganisation. Die Führer der Jugendbewegung sind von der Gesellschaft akzeptierte Nebenerzieher. Der Unterschied zu den übrigen gesellschaftlichen Erziehungsinstitutionen ist minimal geworden: Der Jugendführer ist Kulturträger gegenüber den Jugendlichen wie der Lehrer, er will wie der Lehrer das Triebleben der Jugendlichen beeinflussen. Der Lehrer aber erhält seine Zielsetzung vom herrschenden Kulturideal, sie darf nicht in entscheidendem Widerspruch mit der Zielsetzung der Gesellschaft stehen, sonst wird ihm sein Lehramt entzogen.

Auch in der Jugendbewegung wird gesellschaftlich erzogen, der Jugendführer nimmt zwar sein Mandat aus sich, doch vom Kulturideal, sonst wird auch ihm sein Handwerk gelegt.

Autonomie im objektiven Sinne ist also nicht gegeben, sie kann nur subjektiv gegeben sein: zur Erreichung des möglichst größten Nutzeffektes der Erziehung ist es nötig, den größten Anschein der Freiheit entstehen zu lassen.

Ich habe behauptet, daß die Gesellschaft sozusagen eine Anerkennung der Jugendbewegung ausgesprochen hat. Was ist aber Gesellschaft? Man geht hier fälschlicherweise von der Behauptung eines einheitlichen Kulturwillens aus, die Gesellschaft besteht aber aus vielen Kulturidealen; im wesentlichen bestehen zwei Klassen mit zwei polar entgegengesetzten Kulturidealen: Das Kulturideal des Bürgertums verlangt, daß das Proletariat möglichst weitgehend seinen, des Bürgertums, Zwecken nutzbar gemacht wird, das Proletariat wird verlangen, daß die Unterdrückung möglichst gering bleibt, schließlich aufgehoben wird. Die Erziehung der sozialistischen Jugendbewegung darf also keineswegs wie die bürgerliche Gesellschaft die Opposition des Kindes gegen das Kulturideal des Bürgertums unterdrücken, im Gegenteil, es soll ihm opponieren.

Alle Erziehungsinstitutionen werden von der herrschenden Klasse geleitet. Wir können jetzt ein Vordringen der staatlichen Erziehung beobachten, um der herrschenden

Klasse innerhalb der Erziehung die Macht zu erhalten. In der primitiven Gesellschaft wird die unterdrückte Klasse überhaupt nicht erzogen; der Initiationsritus wird an der Sklavenklasse nicht vollzogen. Vom Standpunkt der bürgerlichen Klasse brauchen Erziehung nur die Söhne der herrschenden Klasse. Leider – vom Standpunkt des Bürgertums aus – braucht wegen der komplizierten Wirtschaft und deren Anforderungen auch der Arbeiter, auch das Proletariat eine Erziehung. Vom Standpunkt des Bürgertums kommt es nun darauf an, daß das Wissen, das ein Machtmittel sein kann, in ein Unterordnungsmittel umgewandelt wird. Das Erziehungsideal des Bürgertums für das Proletariat ist daher: wissen und trotzdem brav sein; alle sogenannten moralischen Gebote sind Unterordnungsmittel. Der Inhalt des Lehrplans für das Proletarierkind ist absolut willkürlich, die Schule ist Machtinstitution, es kommt nicht auf das Lernen, sondern auf das Stillsitzen an, darüberhinaus soll der „Mißbrauch" des Gelernten verhindert werden.

Die Jugendbewegung will die Jugend von diesen Einrichtungen emanzipieren. Die Jugendbewegung ist revolutionär, es scheint also ein Widerspruch darin zu liegen, wenn die Gesellschaft die Jugendbewegung anerkennt. Aber die Jugendbewegung ist in erster Linie für die herrschende Klasse da. Die Jugend der herrschenden Klasse braucht Selbstbewußtsein und Unabhängigkeit. Diese Eigenschaften werden vermittelt durch Landerziehungsheime und auch durch die Jugendbewegung; dies ist nicht dem Programm nach, sondern nur *de facto* so in England, in den Colleges soll dieses Ziel ausgesprochenermaßen erreicht werden. Im „Jungdeutschen Orden" und im Landerziehungsheim soll nicht Stillsitzen, sondern Adelsstolz erlernt werden, mit dem einzigen Unterschied, daß im „Jungdeutschen Orden" der feudal-militaristische, im Landerziehungsheim der demokratisch-kapitalistische Führer erzogen werden soll. Auch im „Jungdeutschen Orden" ist Disziplin erforderlich, aber die autonome Disziplin des künftigen Generalobersten im Landerziehungsheim ist das Erziehungsziel der ausgeglichen harmonische, demokratische, im Unterhandeln geschickte Gentleman. In den Unterschieden des Erziehungsziels drückt sich der Kampf, der innerhalb des Bürgertums in der kapitalistischen Gesellschaft zwischen dem Agrarkapital und dem Handels- und Finanzkapital tobt, aus.

Das Proletariat ist aber auch nicht mehr ganz machtlos. Für das Proletariat ist aber eine Jugendbewegung bedeutungslos, ja schädlich, die die Formen der bürgerlichen Jugendbewegung übernimmt und ihr Erziehungsziel in den nebensächlichen Zielen der kleinbürgerlichen freideutschen Jugendbewegung erfüllt sieht.

Die Gesellschaft bekämpft nur diejenigen Zielsetzungen, die ganz konkret sind, allgemeine Zielsetzungen sind der Gesellschaft ungefährlich und von ihr daher geduldet. Die Führer dieser Teile der Jugendbewegung sind eben stillschweigend angestellte Staatsbeamte. Sowie die Zielsetzungen konkret und dadurch der Gesellschaft gefährlich werden, reagiert sie aktiv, d.h. sie bekämpft dann die Jugendbewegung aufs schärfste.

Aus alledem ergibt sich, daß es eine Form von Verfangenheit im bürgerlichen Denken ist, eine List des bürgerlichen Gedankens, wenn eine sozialistische Jugend sich wegen ihrer Tendenz im Gegensatz zu einer nirgends existierenden Autonomie des Zöglings den Kopf zerbricht. Für eine sozialistische Jugendbewegung muß vielmehr die Frage des Klassenkampfes an erster Stelle stehen. Die Erziehung zum Klassenkampf ist das wichtigste Ziel jeder sozialistischen Jugendbewegung. Weit weniger wichtig ist die Erziehung zur Gemeinschaft.

Die sozialistische Jugendbewegung, soweit sie aus dem Bürgertum herkommt, hat in der Regel weder Gemeinschaft mit dem Bürgertum noch mit dem Proletariat, aber sie kann Solidarität mit letzterem üben. Es wäre sehr wichtig, wenn zu den Erziehungsinhalten der Jugendbewegung die Verrichtung gemeinsamer produktiver Arbeit gehörte.

Jugendforschung

Fragebogen über den Zustand des Vereinswesens an den österreichischen und deutschen Mittelschulen (Gymnasien, Realgymnasien, Realschulen etc.).

Das akademische Comité für Schulreform (A. C. S.) ist der Meinung, daß der Trieb, sich irgendwie zu Vereinigungen zusammenzuschließen, dem Wesen der Jugend entspreche, und kann daher die gegenwärtige Taktik der Schulbehörden nicht billigen, die über diese Tatsache hinwegsehen, das Vereinswesen verbieten, und dadurch den gesunden Trieb in falsche Bahnen drängen, natürlich ohne ihn töten zu können. Das A. C. S. beabsichtigt, in der nächsten Zeit energische Schritte zu machen, um eine Veränderung des gegenwärtigen Zustandes herbeizuführen, der den Forderungen einer modernen, kulturbewußten Pädagogik zu widersprechen scheint. Was aber dem A. C. S. an staatlicher Autorität fehlt, muß es durch die moralische Autorität eines umfangreichen, einwandfreien Tatsachenmaterials ersetzen können.

Darum wendet es sich an **alle Mittelschüler, Gymnasiasten** und **Realschüler,** mit der dringenden Bitte, ein jeder möge einen Fragebogen wie den umstehenden ausfüllen, wahrheitsgetreu und prägnant, und außerdem, so ausführlich als er nur vermag, auf besonderem Bogen über alles berichten, was sich auf das Vereinswesen der Mittelschüler bezieht. Sehr erwünscht sind uns Vereinszeitschriften, Abzeichen, Akten, und wäre es auch nur leihweise.

Auch die Gegner unserer Ansichten mögen die Bogen ausfüllen. Vielleicht wird uns das gesamte Material belehren, daß wir mit unseren Voraussetzungen Unrecht hatten.

Ein Bogen, auf dem alle oder die meisten Fragen mit „—" beantwortet werden mußten, ist für uns genau so wichtig als ein mit Zahlen ausgefüllter. Wir bitten um **umgehende** Beantwortung.

Die ausgefüllten Bogen und die anderen Materialsendungen sind mit der Aufschrift: „Vereins-Enquête" zu senden an die Adresse: Wien XIII/9, Suppégasse 10. Fragebogen sind in beliebiger Anzahl kostenlos unter derselben Adresse zu verlangen.

Unbedingte Diskretion ist allen Einsendern verbürgt!

DAS ARCHIV FÜR JUGENDKULTUR
(1913)

Was bisher jede fundamentale Schulreform verhindert hat, ist der Eindruck, den das System unseres heutigen Erziehungswesens von außen betrachtet macht. Der Anblick dieses geschlossenen in sich wertvollen Gebäudes der Theorie des humanistischen Gymnasiums läßt die Überzeugung nicht allgemein durchdringen, daß sein Bauplan falsch orientiert ist, daß dieser Palast für die Jugend nicht wohnlich ist, daß sie ihr Leben in ihm unerträglich findet. Es vergißt sich alles so leicht, darum darf man den Erziehungseinrichtungen noch nicht lange entwachsen sein, um auch die Ansicht von innen lebhaft vor Augen zu haben. Jeder Schüler und jeder Student trägt in sich eine Summe von Erfahrungen und Urteilen über diese Frage, die niemals oder doch ohne Gewicht ausgesprochen, nach und nach gefälscht und vergessen werden. Diese Summe von Erfahrungen zur rechten Zeit treu zu bewahren und der Gesamtheit und ihren wirkenden Organen eindringlich zur Kenntnis zu bringen, ist die Aufgabe des Archivs für Jugendkultur.

Im Archiv für Jugendkultur (A. J.) werden systematisch gesammelt und geordnet aufbewahrt:

1. Direkte Schilderungen und Kritiken des Schullebens und der Schuleinrichtungen durch Schüler und Studenten;
2. Schriftstücke, Drucksachen, Bilder und Gegenstände jeder Art, soweit sie Dokumente darstellen für den inneren Zustand unseres Schulwesens, soweit sie indirekte Schilderungen des Anblicks von innen sind. – Aber das Archiv darf sich darauf nicht beschränken, will es seiner Aufgabe gerecht werden. Die Jugend beginnt heute einen Kampf um ihr Recht, um das Recht auf ein ihr gemäßes Leben. Sie wird sich dabei bewußt, daß nicht

nur die Schule ihre Sonderart mißachtet, sondern daß auch die andern Formen des heutigen jugendlichen Gemeinschaftslebens, vor allem das Familienleben, in vielem ihrer Natur widersprechen. Soll dieser Kampf auch nur den allerkleinsten Erfolg haben, so müssen diese Gedanken der Jugend „in das öffentliche Denken der Menschheit eingereiht werden", die Überzeugung, daß durch das bestehende System der Einrichtungen zu ihrer Erziehung manche ihrer ureigensten, schönsten Triebe gebrochen und ihr Gedanken und Gewohnheiten anerzogen werden, die ihr fremd sind. Und darum sammelt und bewahrt das Archiv als Beweismaterial dafür

3. die Dokumente für den Zustand des Familienlebens, des Internats- und Staatslebens, wie er sich in dem Geist der Jugend spiegelt.

   Das Archiv will nicht dem Kampf *gegen* die Schule dienen, sondern dem *für* Jugendkultur, darum darf es ihm nicht genügen, das Anklagematerial gegen das bestehende Erziehungswesen zusammenzubringen, sondern es muß die Grundlage für ein neues schaffen helfen. Und die Grundlage der Jugenderziehung liegt in der Kenntnis der Jugend. Was für die Kindererziehung seit einigen Jahrzehnten „Child study" leistet, muß auch für die Jugend, die Jahre der Reife, begonnen werden. Das Archiv will dabei helfen und sammelt und ordnet darum

4. die Dokumente für die Sonderart des jugendlichen Trieb- und Geisteslebens (Briefe, Tagebücher, Produktionen jeder Art) und für die Gesetze des jugendgemäßen Gemeinschaftslebens (Vereinsbildungen, Schülerselbstverwaltung, Schulgemeinde).

So wird das Archiv das dokumentarische Tatsachenmaterial aufbewahren für den Zustand des jugendlichen Geistes, für den inneren Anblick der Erziehungseinrichtungen und für den dumpfen ungehörten Kampf, den jener Geist gegen die Einrichtungen führt.

Von der inneren Organisation des Archivs sei hier folgendes mitgeteilt (die ausführlichen Bestimmungen sind durch den unterzeichneten Arbeitsleiter des Akademischen Comités für Schulreform [A. C. S.] zu beziehen): Das Archiv wird im Auftrag und unter der Aufsicht des A.C.S. eingerichtet und geführt. – Für den Fall, daß die Weiterführung unmöglich wird, übergibt das A.C.S. die Sammlungen der „Brücke" (Internationales Institut zur Organisierung der geistigen Arbeit in München, Schwindstr. 30). – Die eingesandten Sammelstücke werden auf Unterlagen in den Weltformaten nach einem Registratursystem aufbewahrt, das bei größter Übersichtlichkeit allen Erweiterungen und jedem Ausbau der Sammlungen sich automatisch anzupassen vermag (Deweysches System). Wird auch jedes Stück nur in einer einzigen Rubrik wirklich eingereiht, so wird es doch im Zettelkatalog unter allen Stichworten geführt, zu denen es irgendeine innere Beziehung hat, so daß kein Gedanke und kein Dokument übersehen werden kann und jedem die intensivste Ausnützung ermöglicht ist.

Das Material wird zusammengebracht:

1. Durch gelegentliche Zusendung. Die Archivleitung wird durch die Presse und Flugblätter an die Mittelschüler und an die Studentenschaft die Bitte richten, jeder einzelne möge aus seinem Besitz, was ihm geeignet erscheint, dem Archiv überlassen.
2. Durch Verträge mit bereits bestehenden Teilsammlungen – z.B.: Sammelstelle für Schülerzeitungen, Göttingen; Redaktionsarchiv der Zeitschrift „Der Anfang" – wird es möglich werden, gewisse Teile des A.J. zu vervollständigen.
3. Durch Sammler. Mittelschüler, Studenten und eventuell andere Personen, die sich dem A.C.S. zu diesem Zweck anbieten, werden systematisch nach den Sonderbestimmungen, die das A.J. herausgibt, möglichst lückenlose Sammlungen für ein genau umgrenztes Gebiet zusammenzubringen versuchen.

Das wertvolle Material, in dessen Besitz auf diese Weise das A.J. gelangen wird, kommt zur Kenntnis der Öffentlichkeit *erstens* durch gelegentliche Publikation in der Zeitschrift der Jugend „Der Anfang", in pädagogischen und psychologischen Zeitschriften, oder durch monographische Behandlung wichtiger Fragen in Sonderpublikationen; als Herausgeber kommen ausschließlich Comité-Mitglieder in Betracht oder Schriftsteller im Auftrage des A.C.S.

Zweitens wird das Archiv zur gegebenen Zeit Gelehrten und Dissertanten für ihre Arbeiten zur Verfügung gestellt werden.

Soll dieser Plan in seiner umfassenden Weite verwirklicht werden, so bedarf es nur eines: der Zusammenarbeit Vieler und Gegensätzlicher nach einheitlichen Bestimmungen. Daß die Jugend diese Größe der Unterordnung aufbringt, daran zweifeln wir nicht, und darum bitten wir die Mittelschüler und Studenten Deutschlands und Österreichs um zahlreiche gelegentliche Zusendungen und um Anmeldungen als Sammler und als Hilfskräfte für die Administration.

EIN ARCHIV FÜR JUGENDKULTUR

(1914)

War die Psychologie bis in die neueste Zeit fast ausschließlich Psychologie der Erwachsenen, so wendet sich seit einigen Jahrzehnten das Interesse auch der Jugend zu. Und als wäre man sich einer Schuld bewußt gewesen, hat man sich mit größter Intensität dem Gegenpol des bisherigen Interesses zugewendet: der Säuglingszeit und der eigentlichen Kindheit. Heute erst beginnt man auch *den* Problemen nachzugehen, welche die Jugend bietet, die Zeit der Pubertät im weiteren Sinne (ca. 12 bis 20). Hat jenes aufblühende Studium der Kinderpsyche – außer seinen Eigenwerten – die allgemeine Psychologie sehr gefördert, so hofft man mit Recht ein gleiches von der Erforschung der „Adolescence". Bei der *Kindheit* waren die elementaren psychischen Erscheinungen in ihrem Entwickeln zu beobachten; die Sinnespsychologie und Vorstellungslehre haben daraus großen Nutzen gezogen. In der *Jugend* entstehen und entwikkeln sich die höchsten und kompliziertesten geistigen Vorgänge, Liebe, Produktivität, Gemeinschaftsgefühl, ästhetisches, ethisches und religiöses Leben; man hat für diese Gebiete von der Jugendpsychologie sehr bedeutsame, ja grundlegende Arbeiten zu erwarten.

Vor allem zwei Problemgruppen sind es, für die nahezu nichts getan ist: das Problem der jugendlichen Produktivität – und somit der Produktivität überhaupt – und die Psychologie des jugendlichen Gemeinschaftslebens, in der der Kern für eine neue wirkliche *Gesellschafts*psychologie liegen dürfte. Was diese Gebiete des Seelenlebens, selbst diese Fragestellungen so sehr vernachlässigt erscheinen läßt, ist wohl, daß sich auf sie die heute übliche experimentelle Methode nicht anwenden läßt. Darum ist man gerne bereit zur Meinung, exakte Resultate ließen sich in ihnen überhaupt nicht gewinnen. Wenn wir aber als Wesen der experimentellen Methode das Verfahren erkennen, das aus komplizierten Determinantenkomplexen einzelne nach Gefallen herauslöst und ihre isolierte Wirksamkeit und Wechselwirkung studiert, so scheint es sehr wohl möglich, selbst bei diesen komplizierten Erscheinungen zu gesicherten Resultaten zu kommen, wenn man vom Kleid der Methode (den Apparaten) absieht und sich an ihr Wesen hält.

Gesetzt, ein Forscher besäße sämtliche von Jugendlichen geschriebenen Gedichte und jedem einzelnen wären detaillierte Bemerkungen über alle nur erdenklichen Daten biographischer und psychologischer Art beigefügt (körperliche und geistige Struktur, Familienverhältnisse, Gesellschaftsschichte, Schulerfolge usw.); gesetzt weiter, derselbe Forscher besäße von vielen hundert jugendlichen Persönlichkeiten verschiedenster Kultur, Gesellschaftsschicht, Nation, Sprache usw. vollständige Psychographien (etwa nach dem Lipmann-Stern-Baade'schen Schema) nebst ihrem gesamten Opus, so ist gar kein Zweifel, daß dieser Forscher auf Grund der von ihm mit höchster Genauigkeit zu gebenden zahlenmäßigen Korrelationen zwischen den einzelnen Determinanten und den Erscheinungsformen der Produktion in der Lage sein wird, Gesetze für die jugendliche Produktivität aufzustellen, deren Wert um nichts geringer sein wird, als die Ergebnisse irgendwelcher elementargesetzlicher experimenteller Untersuchungen.

Während es aber nach jenen experimentellen Methoden jedem Forscher möglich war, nach Begabung und Bedürfnis die experimentellen Mittel genauer oder ungenauer zu verwenden, hängt hier die Genauigkeit der Ergebnisse ab von einem Faktor, der völlig außerhalb des Machtbereiches eines einzelnen liegt: in der Vollständigkeit und Verläßlichkeit des Materials. Dieses freilich muß in einem Umfang und einer Mannigfaltigkeit vorhanden sein, die eine Privatsammlung schwerlich erreichen könnte.

Diese – und praktische pädagogische – Erwägungen haben das Akademische Comité für Schulreform[1] bewogen,

1 Das A. C. S. ist eine Vereinigung von Studenten (z. Z. der Hochschulen: Berlin, Freiburg, Göttingen, Heidelberg, Jena, Leoben, Mün-

die Einrichtung eines Archivs für Jugendkultur zu versuchen. In diesem Archiv soll objektiv alles gesammelt werden, was sich irgend als Dokument für das jugendliche Seelenleben verwerten läßt: Manuskripte, Bilder, Gegenstände. Es soll kein Gebiet von der vollständigen Sammlung ausgeschlossen sein. Für den Anfang muß man sich aber Einschränkungen auflegen, darum wird zunächst nur das deutsche Sprachgebiet berücksichtigt werden, und in diesem vor allem nur die Mittelschuljugend.

Die *Sammlung des Materials* geschieht:

1. Durch gelegentliche Zusendung. Es wird durch Publikation der Ziele des Archivs in Zeitungen und Zeitschriften dafür gesorgt werden, daß die gelegentlichen Zusendungen recht zahlreich fließen.
2. Durch Verträge mit bestehenden Teilsammlungen. Es werden Verträge mit Schulleitungen, Redaktionen von Schülerzeitungen, der Zeitschrift der Jugend „Der Anfang" und Teilsammlungen (z.B. Archiv für Schülerzeitungen, Göttingen) geschlossen werden, die eine Vervollständigung einzelner Teile ermöglichen werden.
3. Durch Sammler. Die Hauptarbeit wird systematisch von ihnen geleistet werden. Sie werden alle – an den verschiedenen Orten und in den verschiedenen Gesellschaftsschichten – nach einheitlichen Bestimmungen für die Art des Materials und die Datenbeibringung vorgehen. In ihren Händen wird auch die Durchführung der Enquêten liegen, die umfangreiche Materialsammlungen für einzelne bestimmte Fragen beibringen sollen. Als Sammler für den zunächst in Angriff genommenen Teil des Archivs kommen auch – sogar in erster Linie – Schüler der obersten Klassen der Mittelschulen und Studenten in Betracht.

Die Ordnung des Materials. Die Archiv-Leitung stellt ein Datenheftchen zusammen, das alle für die psychologische

---

chen, Prag, Wien), dessen Aufgabe u.a. ist: „Materialsammlungen zur Erforschung des Problems der Gemeinschaftsbildung der Jugend, des Problems der jugendlichen Produktivität und des Problems des jugendlichen Geschlechtslebens". Der gegenwärtige Arbeitsleiter ist Siegfried Bernfeld, Wien I., Stoß im Himmel 3 I/9).

Forschung wichtigen Fragen enthält. (Das Heftchen wird den hervorragendsten Fachgelehrten zur Begutachtung vorgelegt.) Die Sammler sind verpflichtet, jedem Sammelstück ein Datenheftchen – so vollständig als möglich ausgefüllt – beizulegen. Die Einordnung des einlaufenden Materials geschieht nach Schlagworten: jedes Sammelstück wird unter dem dominierenden Begriff eingereiht; aber alle auch nur beiläufigen Beziehungen zu anderen Begriffen werden in einem ausführlichen Zettelkatalog mitregistriert.

Wird es so vielleicht möglich werden, ein umfangreiches, für einzelne Sachgebiete nahezu vollständiges Material zusammenzubringen, so wird es doch auf diese Weise nur relativ selten gelingen, die *ganze* Produktion einzelner jugendlicher Persönlichkeiten zu umfassen, da nur wenige sich ihres gesamten Besitzes von Manuskripten, Tagebüchern usw. werden entäußern wollen. Diese werden veranlaßt, ihr Material wenigstens leihweise auf eine bestimmte Zeit dem Archiv zu überlassen. Von dort wird es registriert und katalogisiert zurückgesandt; das Datenheftchen wird aufbewahrt. Die Besitzer verpflichten sich, das Material aufzubewahren und von Zeit zu Zeit dem Archiv teilweise, je nach Bedarf, wieder leihweise zur Verfügung zu stellen. Wenn dann auch die bestehenden Teilsammlungen der wissenschaftlichen Institute und der Forscher dem Katalog einverleibt sein werden, so wird dieser eine mehr oder minder gelungene Annäherung an den Idealfall darstellen, einer nie versagenden Auskunftsstelle über sämtliche Dokumente des jugendlichen Seelenlebens, die im Privatbesitz verstreut sind, und das Archiv wird die Vermittlungsstelle zwischen diesen Dokumenten und den Forschern sein.

Verwertung des Materials. Zunächst steht das Material Mitgliedern des A. C. S. zu Seminararbeiten und Dissertationen usw. zur Verfügung. Von einem gegebenen Zeitpunkt an werden die Sammlungen – unter bestimmten Bedingungen – zu wissenschaftlichen Zwecken allgemein benützbar sein.

Zuletzt sei noch kurz denen erwidert, die gegen die Zuständigkeit der Studenten etwas einwenden möchten. Erstens ist es gerade die Aufgabe des Studenten, die Vorarbeit zur wissenschaftlichen Arbeit zu leisten: die Materialsammlung und Sichtung, wie unzählige Seminar- und Dissertationsarbeiten beweisen. Zweitens ist dies der besondere außerwissenschaftliche eigenartige Wert dieses Unternehmens, daß es ziellose und tätigkeitslose Kräfte (die Arbeits-, Sammel- und Organisationskräfte des höheren Schülers und jungen Studenten) verwendet, wertvolle Dokumente, die sonst unzugänglich und unbeachtet verloren gehen, zu erhalten: Dokumente, die ans Licht gebracht und beachtet, zu einer grundlegenden Neugestaltung des Jugendlebens führen müssen; zu einer gewaltigen Kräftebefreiung, statt der Kräfteunterdrückung durch die heutige Schul- und Hauserziehung.

ÜBER SCHÜLERVEREINE
EIN BEITRAG ZUR GRUPPENPSYCHOLOGIE UND IHRER METHODIK

(1916)

Über die Entwicklung des sozialen Bewußtseins sind bisher eine Anzahl kleinerer Arbeiten publiziert worden, die sich mit dem Auftreten der ersten sozialen Empfindungen und mit der ersten Entwicklung einzelner sozialer Bewußtseinsphänomene befassen. Eine allseitige Erforschung dieses Problems steht noch aus und wird auch solange nicht gegeben werden können, als man sich mit der Feststellung der sozialen Bewußtseinsphänomene im einzelnen begnügt. Es wird hinzukommen müssen die Psychologie der Gruppen Jugendlicher und zwar gleicherweise die Psychologie der gemischten Gruppe, wie ich sagen möchte, in der verschiedene Altersstufen aus irgendeinem Grund oder zu irgendeinem Zwecke vereinigt sind (die Familie oder die Schulklasse würde beispielsweise eine solche gemischte Gruppe darstellen), und die Psychologie der reinen Jugendgruppe, in der Jugendliche gleichen Alters oder doch wenigstens gleichen Entwicklungsalters vereinigt sind; eine solche Gruppe stellt z. B. ein Schülerverein dar. Und zwar kommt es bei der Untersuchung solcher sozialer Gebilde der Jugend gleicherweise auf deren Morphologie als auf die seelische Verfassung des einzelnen Gruppengliedes an, die eine Voraussetzung für ihr Entstehen ist oder die sie in ihm erzeugen.

Über Schülervereine im besonderen bestehen gelegentliche Untersuchungen, von denen am wichtigten wohl die kleine Arbeit von Will S. Monroe über die Entwicklung des sozialen Bewußtseins des Kindes ist. Es wird notwendig sein, Untersuchungen dieser Art systematisch und im größten Maßstabe vorzunehmen, weil wir, ganz abgesehen von dem pädagogischen und soziologischen Interesse, durch die Erkenntnis jener seelischen Kräfte der Jugend, die wirksam sind, wenn sie völlig unter sich selbst ist, eine unersetzliche Ergänzung zu dem Bild erhalten, das wir uns von ihr auf Grund der Beobachtung ihres Verhaltens in der Schule oder im Laboratorium machen.

Bei der Wichtigkeit und bei dem völligen Mangel an Material zu diesen Fragen ist es vielleicht berechtigt, wenn wir hiermit die Ergebnisse einer Enquête veröffentlichen, die nicht nur unvollständig abgebrochen werden mußte, sondern die auch außerpsychologische Zwecke verfolgte. Da aber einige Fragen psychologisch auswertbar sind und die Beantwortung unter besonders günstigen Umständen erfolgte, sollen die Ergebnisse hier mitgeteilt werden. Sie bilden einen Beitrag zur Psychologie der eigentlichen Jugend. Im ersten methodischen Teil und in der Zusammenfassung im dritten Teil möchten wir bei der Darstellung der Methode der Enquête einige Hinweise zur Methodik der Jugendforschung überhaupt geben.

I. Die Enquête über den Zustand des Vereinswesens an den österreichischen und deutschen Mittelschulen (Gymnasien, Realgymnasien, Realschulen usw.)

Die eben erwähnte Enquête hatte den Zweck, einmal authentisches, umfangreiches Material über den tatsächlichen Zustand des Vereinswesens zu gewinnen, und zwar sollte durch sie festgestellt werden, in welcher Anzahl es geheime oder doch nicht offiziell anerkannte Vereine von Schülern gibt, was deren Tendenzen und welches deren Formen sind; ferner der prozentuale Anteil der Schülerschaft an solchen Vereinigungen; zuletzt, welche Wünsche für zu gründende Vereine die Schüler hätten, den Fall gesetzt, daß ihnen im Gegensatz zur bestehenden Praxis die Freiheit gegeben wäre, sich nach Belieben zu Vereinigungen zusammenzuschließen. Die Ergebnisse dieser Rundfrage in einer Broschüre niedergelegt, hätten das Substrat für weitergehende Unternehmungen zur Propagierung einer gewissen Art von Vereinsfreiheit der Schüler abgeben sollen. Die Durchführung dieser Kette von Unternehmungen war auf mehrere Jahre geplant und hätte vom Akademischen Comité für Schulreform (A. C. S.) durchgeführt werden sollen.[1]

Mit der Durchführung der Rundfrage wurde im Mai 1913 begonnen und zwar, indem der ersten Nummer von „Der Anfang, Zeitschrift der Jugend“ der Fragebogen beigelegt wurde. Dies hatte den Zweck, zunächst einmal aus allen Teilen Deutschlands und Österreichs Stichproben zu erhalten. Daran sollte sich die eigentliche Enquête im Winter 1913/14 anschließen. In diesem Stadium hätten die Vertreter des A. C. S. in den Schulen für eine möglichst vollständige Ausfüllung der Bogen durch möglichst alle Schüler ihrer Klassen sorgen sollen. Der Sommer 1914 war für die Verarbeitung bestimmt, und im Winter 1914/15 hätte die Propagandaaktion beginnen sollen.

Der Fragebogen hatte den folgenden Text als Einleitung:

Das akademische Komitee für Schulreform (A. C. S.) ist der Meinung, daß der Trieb, sich irgendwie zu Vereinigungen zusammenzuschließen, dem Wesen der Jugend entspreche, und kann daher die gegenwärtige Taktik der Schulbehörden nicht billigen, die über diese Tatsache hinwegsehen, das Vereinswesen verbieten und dadurch den gesunden Trieb in falsche Bahnen drängen, natürlich ohne ihn töten zu können. Das A. C. S. beabsichtigt, in der nächsten Zeit energische Schritte zu machen, um eine Veränderung des gegenwärtigen Zustandes herbeizuführen, der den Forderungen einer modernen, kulturbewußten Pädagogik zu widersprechen scheint. Was aber dem A. C. S. an staatlicher Autorität fehlt, muß es durch die moralische Autorität eines umfangreichen, einwandfreien Tatsachenmaterials ersetzen können.

Darum wendet es sich an *alle Mittelschüler, Gymnasiasten* und *Realschüler*, mit der dringenden Bitte, ein jeder möge einen Fragebogen wie den umstehenden ausfüllen, wahrheitsgetreu und prägnant, und außerdem, so ausführlich als er nur vermag, auf besonderem Bogen über alles berichten, was sich auf das Vereinswesen der Mittelschüler bezieht. Sehr erwünscht sind uns Vereinszeitschriften, Abzeichen, Akten, und wäre es auch nur leihweise.

---

1 Das A. C. S. ist eine Vereinigung von Studenten, dessen Aufgabe ist: 1. Beiträge zu schaffen zur wissenschaftlichen Fundierung des Begriffs, der Aufgaben und der Technik der Jugendkultur; 2. die Verbreitung des Begriffs und der Gesinnung „Jugendkultur“ unter der Studentenschaft; 3. die Einrichtung und Unterstützung von Unternehmungen, die der Mittelschülerschaft wenigstens fragmentarische, neben der Schule und der üblichen Lebensweise herlaufende, Mittel zur Jugendkultur geben. Das A. C. S. ist gegenwärtig zwar nicht aufgelöst, aber gänzlich ohne Tätigkeit, da alle Mitglieder zu irgendeinem Kriegsdienst einberufen sind.

Auch die Gegner unserer Ansichten mögen die Bogen ausfüllen. Vielleicht wird uns das gesamte Material belehren, daß wir mit unseren Voraussetzungen Unrecht hatten.

Ein Bogen, auf dem alle oder die meisten Fragen mit „–" beantwortet werden mußten, ist für uns genauso wichtig als ein mit Zahlen ausgefüllter. Wir bitten um *umgehende* Beantwortung.

Die ausgefüllten Bogen und die anderen Materialsendungen sind mit der Aufschrift: „Vereins-Enquête" zu senden an die Adresse: Wien XIII/9, Suppégasse 10. Fragebogen sind in beliebiger Anzahl kostenlos unter derselben Adresse zu verlangen.

Unbedingte Diskretion ist allen Einsendern verbürgt!

Die vier Fragen, die für die Zwecke dieses Aufsatzes vor allem in Betracht kommen, lauteten:

5. Aus welchen Gründen traten Sie dem Verein bei?
7. Was glauben Sie dem Verein zu verdanken?
10. Welchen Vereinen träten Sie bei (auch Nicht-Schülervereinen) im Falle der Vereinsfreiheit für Mittelschüler?
11. Was für Schülervereine sähen Sie gerne gegründet im Falle der Vereinsfreiheit?

Die übrigen sieben Fragen bezogen sich auf die genannten tatsächlichen Zustände. Fünf allgemeine Rubriken waren überdies für Gattung und Ort der Schule, Klasse, Fortgangsklasse (nach österreichischem Sprachgebrauch die Bezeichnung für den allgemeinen Leistungsdurchschnitt; von den reichsdeutschen Ausfüllern meistens mißverstanden) und eventuell den Namen.

Daß den Fragebogen einige Sätze einleiten, die in apodiktischem Ton eine Behauptung aufstellen, die zum Teil erst durch die Enquête bewiesen werden sollte, wird man geneigt sein als einen Fehler zu rügen. Es ist aber der Zweck der Rundfrage nicht zu vergessen. Durch sie sollten Nachrichten einlangen über geheime Vereinigungen, und es war vor allem zu fürchten, daß die Schüler sich weigern würden, irgendeine Auskunft zu erteilen, in erster Linie aus Angst, es könnte sich um eine Art Falle handeln, die ihnen von der Schule aus gestellt wäre. Es galt also, von vornherein bereits durch den offenen Ton des Fragebogens solche Zweifel zu zerstreuen. Und ferner war zu hoffen, daß die Vereine, die besonders unter dem Vereinsverbot leiden, also die geheimen, am ehesten durch eine klare Einsicht in den für sie nützlichen Zweck der Enquête veranlaßt werden könnten, aus ihrer Reserve herauszutreten; damit stand oder fiel aber das Unternehmen. Zuletzt ist noch darauf hinzuweisen, daß es nur darauf ankam, möglichst viel von den Vereinigungen zu erfahren; denn wie viele Gleichgültige oder Gegner des Vereinswesens es gibt, wäre durch eine Subtraktion leicht festzustellen gewesen, wenn nur die Zahl der bestehenden Vereine und ihrer Mitglieder bekannt geworden wäre. So hat in diesem Falle die suggestive Einleitungsbemerkung in keiner Weise das Ergebnis getrübt, sondern im Gegenteil sowohl erreicht, daß sich heftige Gegner der ausgesprochenen Überzeugung durch sie zu heftigen Gegenäußerungen veranlaßt fühlten, als auch den Mitgliedern geheimer Vereine Mut gemacht, über sie Notizen niederzuschreiben.

Wie im einzelnen die Durchführung geplant war, wird am besten ersichtlich aus den folgenden Durchführungsbestimmungen, die den Vertretern des A. C. S. zugegangen war.

... 2. Die Enquête wird in Deutschland in jedem Bundesstaat, in Österreich in jedem Kronland für sich durchgeführt. In jedem Gebiet wird je ein Vertreter vom Arbeitsleiter mit der Durchführung betraut. 3. Der Vertreter arbeitet in allen Stücken auf eigene Verantwortung und nach freiem Ermessen, doch bindet er sich an eine bestimmte Durchführungszeit. Er hat das Recht, sich als vom A. C. S. beauftragt zu bezeichnen. Bindend sind für ihn die Punkte 3, 4, 5, 9, 10 dieser Bestimmungen, die übrigen gelten als Vorschläge. 4. Als Richtlinie für seine Tätigkeit diene dem Vertreter der Wunsch, aus einer Reihe von Städten seines Gebietes von *jedem* Mittelschüler einen richtig ausgefüllten Fragebogen zu erhalten; aus allen übrigen zahlreiche Stichproben. 5. Der Vertreter fertigt mit Hilfe des Amtskalenders und des gewerblichen Adreßbuches zunächst ein Adressenverzeichnis aller privaten und öffentlichen Mittelschulen seines Gebietes an. ... 6. Der Vertreter wird bemüht sein, in so vielen dieser Schulen als irgend möglich eine persönliche Verbindung mit einem Schüler der obersten Klassen zu erhalten. Diesem Schüler wird eine genügende Anzahl von Fragebögen übergeben und er wird beauftragt, Sorge zu tragen, daß jeder Schüler der oberen Klasse *einen* Bogen richtig ausfülle, daß eine ziemliche Anzahl Bögen von Jüngeren ausgefüllt werde, daß ferner die Materialsendungen und authentischen Berichte der Vereinsleitung recht reichlich fließen; er sammelt die Bögen und übergibt sie dem Vertreter oder sendet sie an den Arbeitsleiter der A. C. S. oder überwacht die richtige Zusendung durch jeden einzelnen Ausfüllenden für sich. 7. An die oberen Klassen jener Schulen, mit denen eine persönliche Verbindung nicht zu erlangen war, sendet der Vertreter Pakete mit der Zahl von Fragebögen, die der durchschnittlichen Schülerzahl entspricht; an den Schuldiener oder an die x ... Klasse des Gymnasiums ... in ... oder auf eine andere ortsübliche Weise adressiert. 8. Soweit es nötig oder rätlich erscheint, wird dem Paket ein vervielfältigter Brief beigelegt, in dem die Schüler auf die Wichtigkeit des Unternehmens, die Notwendigkeit einer vollzähligen Beteiligung und authentischer Berichte der Vereinsleitungen hingewiesen werden. 9. Das Adressenmaterial wird dem Arbeitsleiter zur Aufbewahrung im Archiv des A. C. S. zugesandt. Die Schulen, mit denen weder eine persönliche noch schriftliche Verbindungen erreicht wurde, werden bezeichnet. ... 11. Die Kosten für die Durchführung (ca. 30 Mk. im Höchstfall) hat der Vertreter zu tragen; es steht ihm frei, irgendwelche Geldsammlungen unter dem Titel „für die A. C. S.-Vereinsenquête" zu veranstalten. Auf besonderen Wunsch des Vertreters trägt der Arbeiterleiter aus dem ihm zur Verfügung stehenden Geld eine vorher zu vereinbarende Summe bei.

Der tatsächliche Verlauf der Unternehmung war anders als der Plan. Die Stichproben liefen nach Erwarten nicht sehr zahlreich, aber sehr lehrreich ein. Gegen 150 wurden auf diese Weise gesammelt, worunter etwa ein Dutzend mit sehr ausführlichen Materialien belegt war. Die Vertreterorganisation wurde plangemäß im Herbst 1913 in Angriff genommen und begann, sich sehr gut zu entwickeln. In einer Stadt waren an über 20 Schulen in jeder mindestens ein Vertreter, an etwa einem Dutzend anderer Orte ein bis vier, fünf Vertreter, die nach den Bestimmungen in ihren Klassen oder Schulen die Enquête durchzuführen hatten und ca. 500 ausgefüllte Bögen sammelten. Daß diese Organisation im Laufe eines halben Jahres weder sich erweiterte, noch die Hoffnungen erfüllte, die sie erweckte, liegt an zwei Gründen: *Erstens* hatte man sich mehr auf einmal vorgenommen, als die vorhandenen Kräfte bewältigen konnten, die überdies durch den Wandervogel und die Sprechsäle stark in Anspruch genommen waren. Es ergaben sich mannigfaltige Schwierigkeiten; so gab es Schüler, denen die Eltern nicht erlaubten, den Bogen auszufüllen, anderen verwehrten es die Lehrer oder die Vereinsvorstände, hier waren Zweifel über die Antwort auf die eine und dort auf die andere Frage aufgetaucht: alles Dinge, die geeignet waren, an sich den Verlauf nur zu verlangsamen, und die leicht zu lösen gewesen wären durch konzentrierte Tätigkeit eines oder zweier. Aber es war [*zweitens*] indessen die bekannte Hetze gegen Gustav Wyneken und die Jugendkulturbewegung inszeniert worden, und dadurch waren alle Mitarbeiter, die gern sich in friedlicher und stetiger Arbeit betätigt hätte, nach außen zum „Kampf in Wien" und ebenso in München und in Baden gerichtet worden. Es mußten alle Arbeiten eingestellt werden, die nicht für den Augenblick nützlich waren. So wurde auch diese Enquête für den nächsten Herbst aufgeschoben. Und zwar war gedacht, sie nicht mehr vom A. C. S., sondern vom Archiv für Jugendkultur durchzuführen. Dieses, zwar eine Gründung des A. C. S., hätte, von ihm völlig unabhängig gemacht, im Herbst 1914 ein selbständiges Institut werden sollen. Der ausgebrochene Krieg hat diese Gründung verschoben, und so ist gegenwärtig nicht abzusehen, wann, und ob überhaupt, einige der genannten Pläne zur Ausführung gelangen werden.

Die Ausführlichkeit, mit der ich die Geschichte der Enquête dargestellt habe, rechtfertigt sich nicht durch ihre inhaltliche Wichtigkeit, sondern durch die Möglichkeit, einiges anzuknüpfen über die gegenwärtige und künftige Art der Materialbeschaffung für jugendpsychologische Untersuchungen. Alle Probleme, zu deren Lösung Materialien anderer Art nötig sind als die von den Lehrern durch ihre Schüler zu beschaffenden, sind in der gegenwärtigen Psychologie stiefmütterlich behandelt worden und müßten es bis in alle Ewigkeit bleiben, wenn man nicht eine Methode finden könnte, welche diese Art der Materialbeschaffung durch eine andere ergänzt. So schreibt z. B. Fritz Giese in seiner Untersuchung über das literarische Schaffen von Kindern und Jugendlichen pessimistisch genug über die Schwierigkeiten, die für die Wissenschaft damit verbunden sind, eine genügend große Anzahl von Tagebüchern Jugendlicher zu erwerben.[2] Und es ist auch wirklich gar nicht einzusehen, auf welche Weise ein Lehrer, ein Vater oder irgendein Forscher über den zufälligen Erwerb des einen oder anderen Exemplares hinaus in den Besitz dieser und ähnlicher ängstlich gehüteter und häufig vernichteter Dokumente gelangen sollte. Diesen Tatsachen gegenüber stellt die Enquête des A. C. S. einen Weg dar, der für die Zukunft manches hoffen läßt. Denn immerhin sind durch sie etwa 100 Notizen über geheime Vereine und eine ganze Anzahl von zusammenhängenden Darstellungen aus solchen und

---

2 Fritz Giese: Das freie literarische Schaffen bei Kindern und Jugendlichen. (Zeitschrift für angewandte Psychologie und psychologische Sammelforschung, 7. Beiheft.) Leipzig [1]1914, [2]1928.

über sie der Wissenschaft zur Verfügung gestellt. Um noch ein Beispiel zu nennen, verfügt Giese in der genannten Arbeit über sechs Schülerzeitschriften, während das Archiv für Jugendkultur sich im Laufe eines Jahres in den Besitz von über 300 Heften zu setzen wußte. Die Zahl der Briefe, darunter nicht wenige allerintimster Art, über die es verfügt, ist sicherlich schon heute und ohne irgendeine systematische Sammlung um vieles größer als irgendeine bestehende Sammlung usw. Solche Sammelresultate zu erzielen ist einzig und allein dann möglich, wenn die Jugend selbst an dem Zustandekommen einer reichhaltigen Sammlung zuverlässigen Materials interessiert ist. In diesem Falle würde sie die Scheu überwinden, die sonst verhindert, daß Tagebücher, Gedichte oder ähnliche Aufzeichnungen in die Hand des Forschers gelangen. Dies beweist das rasche Wachsen des Archivs für Jugendkultur, das auf diesem Prinzip aufgebaut ist. Wenn sich auch sehr vieles dagegen einwenden ließe, daß von nun ab die gesamten Mittel zur Jugendforschung allein auf diese Weise beschafft werden sollten, so scheint uns doch in dem Gedanken, die Jugend selbst aktiv heranzuziehen, eine Anregung gegeben zu sein, die nicht unbedacht bleiben sollte. Es ist bekannt genug, wie groß bei jugendlichen Menschen die Hemmungen gegen eine Lüftung des undurchdringlichen Schleiers sind, den sie selbst um große Gebiete ihres Innenlebens und seiner Ausdrücke legen; wie in das „innere Heiligtum" der jugendlichen Seele nur dem erprobten Freunde ein Einblick gegönnt wird und wie man Gedichte, Zeichnungen und Tagebücher eher verbrennt, als sie einem Dritten in die Hände fallen zu lassen. Diesen starken Hemmungen stehen aber gewisse weniger beobachtete Tendenzen entgegen. Es ist merkwürdig genug, daß ein anderer Typus von Jugendlichen geradezu „geistigem Exhibitionismus" verfallen zu sein scheint und überhaupt nicht genug Hörer finden kann für die Enthüllung der intimsten Regungen. Es ist nicht selten zu beobachten, daß diese beiden Tendenzen in verschiedenen Zeiten bei demselben Individuum auftreten, und mir sind wenigtens Fälle bekannt, in denen sie gleichzeitig wirksam waren. Diese Tatsache eröffnet eine allgemeine Möglichkeit zur Erlangung von Material. Dazu kommt noch, daß vielleicht in größerem Maße, als man durchschnittlich annimmt, in einem bestimmten Alter das Interesse an der Beobachtung der eigenen seelischen Vorgänge äußerst intensiv auftritt. Von hier aus entsteht spontan ein in der Jugend weit verbreitetes natürliches Interesse an Menschen- und Seelenkenntnis und -forschung. Auch diese Tendenz ist uns günstig. Zuletzt sei darauf hingewiesen, wie stark und allgemein verbreitet in der späteren Jugendzeit der Wunsch ist, eine sinnvolle Tätigkeit in einem wertvollen Ganzen auszuüben. Und da um die gleiche Zeit die Erkenntnis der eigenen Unfähigkeit zur augenblicklichen Schaffung produktiver Werte lebendig wird, entsteht vielfach eine Art Hingebung an Handlangerdienste, vorausgesetzt, daß deren Notwendigkeit erkannt wird. Dies alles zusammenwirkend, gibt die psychologische Möglichkeit einer Organisierung der Jugend, das wäre also zunächst der höheren Schüler und der Studenten, zum Zwecke der Materialbeschaffung für die Jugendforschung. Diese Organisation würde um so lebensfähiger sein, je deutlicher in den Sammlern das Empfinden wäre, daß sie zugleich mit der Befriedigung eigener Triebe einem großen Ganzen, der Jugend, und einem objektiv Wertvollen, der Wissenschaft, dienen.

Man wird zwei Kategorien von Einwänden gegen die vorgetragene Meinung bereit haben: *Erstens*, man nütze auf die beschriebene Weise der Wissenschaft nicht; und *zweitens*, man schade der Jugend. Der Wissenschaft sei nur gedient mit natürlichem Material, und was auf diese Weise beschafft werde, könnte einerseits nichts anderes als erkünsteltes, *ad hoc* hergestelltes sein, und andererseits sei ja ein überwiegender Teil der Jugend überhaupt nicht literarisch tätig und könne auf diese Weise nicht erforscht werden; infolgedessen bestände durch das große einseitige Material die Gefahr zu einseitigen Schlußfolgerungen. Diese letzte Bemerkung besteht zu Recht. Wohl kann man die Gefahren, die von hier kommen, mindern, indem wohl jeder Jugendliche irgendwelche psychologisch auswertbare Schriftstücke produziert, z. B. Briefe, und indem man sich durchaus nicht auf die eigenen Niederschriften einer Person zu beschränken braucht. Es ist ja im Prinzip möglich, Phonogramme, Stenogramme oder aus dem Gedächtnis Notiertes zu sammeln. Trotzdem ist dieser Einwand berechtigt, aber er wird es vielmehr erst, wenn jene Idee durchgeführt und mit ihrer Hilfe Material zusammengetragen sein wird. Dann erst wird es Zeit sein, ihn vorzubringen; denn dann erst werden wir imstande sein, jene einseitigen Schlußfolgerungen zu ziehen, vor denen er uns dann wird hüten können. Was aber den anderen Einwand der ersten Kategorie angeht, so ist den Gefahren, die er zeigt, leicht auszuweichen. Vor allem ist nicht gedacht, daß die Sammler selbst ausschließlich ihre eigenen Produktionen abliefern, sondern daß sie in erster Linie bei anderen sammeln, die durchaus nicht immer über die Zwecke der Sammlung orientiert zu sein brauchen, die unter Umständen überhaupt von der Tatsache nichts wissen müssen, daß das betreffende Schriftstück aufbewahrt wird. (Man denke etwa an Zeichnungen, Verse usw., die während der Schulstunden zirkulieren.) Was aber die Sammler von sich selbst oder von Eingeweihten abgeben, wird sich natürlich fast ausschließlich auf zurückliegende Perioden ihres Lebens beziehen, also nicht mehr korrigierbar sein. Überdies wird man sich durch Vereinbarungen von der Art der folgenden, die vom Archiv für Jugendkultur in Umlauf gebracht worden war, hinreichendes Material erwarten dürfen, das allen Anforderungen entspricht. Den Sammlern wird es leicht möglich sein, unter ihren Altersgenossen manchen zu finden, der sich zur Unterzeichnung eines solchen Vertrages entschließt, zumal wenn ihm versprochen werden kann, daß die mit ihm persönlich bekannte Mittelsperson keinen Einblick in die Materialien erhält.

Vereinbarung

1. D ... *Unterzeichnete verpflichtet sich*, zugleich die in seinem Besitze befindlichen Briefe, Tagebücher, literarischen, künstlerischen und musikalischen Produkte Jugendlicher kostenfrei dem Archiv für Jugendkultur als unveräußerlichen Besitz zu überlassen.
2. D ... *Unterzeichnete ist damit einverstanden*, daß für den Fall der Auflösung des Archivs für Jugendkultur diese Sammlung der „Brücke" (Internationales Institut zur Organisation der geistigen Arbeit, München) übergeben wird.
3. Das *Archiv für Jugendkultur verpflichtet sich:*
   a) das gesamte Material auf eigene Kosten in die Sammelumschläge, Mappen und Schachteln des Archives einzuordnen, zu registrieren und zu katalogisieren;
   b) dafür zu sorgen, daß jedes einzelne Stück eine möglichst weitgehende wissenschaftliche Verwendung erfahre.

4. D ... *Unterzeichnete behält sich vor,* einen beliebigen Teil dieser Sammlung eine beliebige Zeit in seiner eigenen Wohnung aufzubewahren, verpflichtet sich aber für diesen Fall, die Materialien in den Sammelumschlägen des Archivs zu belassen und einzelne Stücke auf Wunsch der Leitung dem Archiv für eine bestimmte Zeit zur Verfügung zu stellen.
5. *Das Archiv verpflichtet sich,* von heute bis längstens zum ... die nötigen Katalogisierungsarbeiten vollzogen zu haben und wird am ... die Stücke Nr. ... zur Aufbewahrung übersenden.

Endlich werden sich die Sammler sehr nützlich erweisen bei einer Tätigkeit wie der, welche ihnen bei der oben geschilderten Enquête zugefallen war.

Die zweite Gruppe von Einwänden entspringt der Besorgnis, die Jugend könnte Schaden leiden sowohl durch die Verführung zu systematischer Selbstbeobachtung und Selbstzergliederung als auch durch den Zuwachs an Eitelkeit oder Selbstbewußtsein und die Verleitung zu unredlichen Hantierungen, die durch das Heranziehen zu jener Sammeltätigkeit erwüchsen. Es läßt sich schlecht auf solche Einwände erwidern, denn sie zeugen von so völlig anderer Ansicht und Bewertung der Jugend, daß wir verzweifeln müssen an der Möglichkeit, durch einige beruhigende Behauptungen etwas auszurichten. Wir für unseren Teil würden uns freuen, wenn es gelänge, durch diese Einrichtung so nebenbei das Selbstbewußtsein der Jugend zu heben, denn wir finden sie nur allzu gedrückt, unfrei und würdelos. Aber darüber läßt sich kaum streiten. Nur soviel kann vielleicht gesagt werde, daß widerliches Selbstbewußtsein dort entsteht, wo es völlig grundlos und inadäquat herrscht, nicht aber dort, wo es mit der tüchtigen Ausführung einer wertvollen Tätigkeit verbunden ist. Vor der Verführung zur Selbstzergliederung fürchten wir uns darum nicht, weil wir diesen Zustand für einen natürlichen halten, der nur vorübergehend ist. Die Gefahr, daß er sich fixiert, ist ohnehin gegeben, und dies geschieht auch oft genug und erzeugt bekannte Krankheitszustände oder -symptome. Daß bei einem oder dem anderen die Sammeltätigkeit fixierend wirkt, ist an sich möglich, dem steht aber die ebenso große Möglichkeit gegenüber, daß durch sie im Gegenteil eine Brücke geschaffen wird zur Selbstzergliederung als Wissenschaft. Durch diese Objektivierung könnte der eine oder der andere geheilt werden. Aber vor allem ist diesem und dem anderen und ähnlichen Einwänden entgegenzuhalten, daß diese Tätigkeit als Sammler niemals oder doch fast niemals das ganze Seelenleben des betreffenden Jugendlichen erfüllen wird, sondern eine neben den zahlreichen anderen literarischen, wissenschaftlichen, organisatorischen Tendenzen sein wird, von denen die Zeit von 16 bis 22 so überreich ist. Durch diese Eingliederung wird das Bedrohliche genommen, das jener Tätigkeit als einer völlig isolierten anhaften mag.

Es muß natürlich trotz des Gesagten zugegeben werden, daß dem Nutzen dieser geschilderten Aktivierung der Jugend im Dienst der Jugendforschung Schäden und Unzulänglichkeiten gegenüberstehen. Dennoch glauben wir, nach den ersten Versuchen im Archiv für Jugendkultur berechtigt zu sein, die Möglichkeit einer Eingliederung jener Gedanken und Versuche in ein System der Methoden der Psychologie der Jugend anzunehmen.

II. Ergebnisse

Dem Bearbeiter lagen 243 brauchbar ausgefüllte Fragebögen vor, von denen die in Betracht kommenden Fragen in 40 Fällen nicht beantwortet waren (ca. 350 ausgefüllte Bögen sind in den Tagen der Mobilisierung teils verloren gegangen, teils unerreichbar geworden). Dieses Material ist viel zu gering, um sichere zahlenmäßige Aufschlüsse darüber zu geben, in welchem Prozentsatz sich die Schülerschaft an Vereinigungen irgendwelcher Art beteiligt. Doch können einige nicht uninteressante Fingerzeige aus dem Vorliegenden gewonnen werden. Jeder Bogen enthielt eine Frage über die Zahl der Mitschüler des Ausfüllenden und eine nach der mutmaßlichen Zahl der Beteiligten *erstens* an Nicht-Schülervereinen, *zweitens* an offiziellen Schülervereinen, *drittens* an geheimen Schülervereinen (unter denen zu verstehen war „*jede* Art der Verbindung einiger Mittelschüler zu irgendeinem bestimmten Zweck, Lesekränzchen sowohl als Kneipe mit geregelten Zusammenkünften, ohne Bewilligung des Lehrkörpers"). Aus den Bögen 1–146 ergab sich, daß die Prozentzahl der Beteiligung in einer Klasse an Vereinen der *ersten* Art begrenzt wird durch 0,5% und 86% der Schülerzahl; für Vereine der *zweiten* Art durch 3%

und 100%; für die der *dritten* Art durch 2% und 74%. Die größte Zahl der Nennungen erreichte für 1. der Prozentsatz von 31–45, für 2. von 50–70, für 3. von 20–30. Es dürfte manchen überraschen, so hohe Prozentsätze besonders für die Kategorien 1 und 3 zu erfahren. Es ist auch zuzugeben, daß die Verhältnisse an den verschiedenen Schulen sehr verschieden sein mögen. Immerhin gibt zu denken, daß die Antworten, die aus den verschiedensten Gegenden Deutschlands und Österreichs eingelaufen sind, die auch verschiedenste Schulgattungen betreffen, als unterste Grenze für die Beteiligung der Schüler zu geheimen Vereinigungen 2% ergeben. Es ist bei dieser Zahl zu bedenken, daß gewöhnlich das Geheimnis der Mitgliedschaft auch den Mitschülern gegenüber sehr streng bewahrt wird und daß daher die Antworten der Ausfüllenden Mindestwerte darstellen. Dazu kommt noch, daß in der Enquête auch eine ganze Anzahl jüngerer Schüler zu Worte gekommen sind, in deren Klassen keine wirklich organisierten geheimen Vereinigungen bestehen, wodurch das Ergebnis getrübt wird, indem es die Durchschnitts- und Mindestzahlen herabsetzt. Wir haben also jedenfalls mit beträchtlich größeren Prozentsätzen bei den älteren Schülern, etwa von Obersekunda, bzw. in Österreich Sexta, aufwärts zu rechnen.

Den Psychologen dürfte zunächst am meisten interessieren, was wohl die Motive sein mögen, die eine immerhin beträchtliche Zahl von Jugendlichen im Alter von etwa 16–19 veranlaßt, Vereinen irgendwelcher Art beizutreten. Es ist klar, daß wir nicht hoffen können, durch eine einfache Befragung der Betreffenden einen besonders tiefen Einblick in die wahren Gründe der Tendenz zur Vereinsbildung zu gewinnen; am wenigsten dann, wenn diese Befragung auf die etwas grobe und schematische Weise erfolgt, die mit der Methode des gedruckten Fragebogens notwendig verknüpft ist. Soll eine solche Enquête also überhaupt einen psychologischen Nutzen und nicht gar unabsehbaren Schaden durch Scheinresultate bringen, so müssen wir uns klar sein darüber, was wir eigentlich erfragen. Dies ist im vorliegenden Fall wohl der bewußte Beweggrund, der überdies durch ein Schlagwort oder eine Formel schematisiert wird. Zuweilen sind es geradezu eingelernte Antworten, welche die Mitglieder eines Vereins produzieren. *Das Hauptresultat unserer Rundfrage scheint nun zu sein, daß sie eine erstaunliche Einförmigkeit jener bewußten Beweggründe nachweist. Von 90 brauchbaren Antworten auf die Frage (5) „Aus welchen Gründen traten Sie dem Verein bei?“ lassen sich 30 unter dem Schlagwort Gemeinschaft, 30 unter dem der geistigen Ausbildung und 24 unter dem der Körperkultur zusammenfassen.* 18mal werden nationale Gründe erwähnt; alle übrigen Motive sind zersplittert und folgen in weiten Abständen: Zwang, Lebensfreude, „Weil getrunken wird“, Idealismus wird je 1mal erwähnt; Vorbereitung zur Hochschule wird 2mal, Menschenkenntnis 4mal, politische Gründe werden 6mal, das Bestreben, reden zu lernen, 8mal genannt. (Daß die Addition dieser Zahlen die Summe der Antworten übersteigt, erklärt sich daraus, daß vielfach mehrere Gründe von einem einzelnen angegeben wurden, die alle in der Spezialisierung getrennt gezählt wurden.) So zeigt sich, daß es drei Gruppen von Motiven sind, die mit überwältigender Mehrheit das Gebiet beherrschen. Genau das gleiche zeigt sich bei der Frage (7) „Was glauben Sie dem Verein zu verdanken?“, wo unter 79 Antworten 34 die geistige Ausbildung, 28 die Gemeinschaft, 23 die Körperkultur nennen. Von den nationalen Gründen, die 11mal erwähnt werden, abgesehen, werden alle übrigen Motive verschwindend wenig bezeichnet.

Die Antworten auf die Frage (10) „Welchen Vereinen träten Sie bei im Falle der Vereinsfreiheit?“ geben anscheinend ein anderes Bild. Die einen haben die Frage mit der Nennung bestimmter Vereine, die anderen mit der Angabe der Gattung von Vereinen beantwortet. Von 76 Angaben der zweiten Art beziehen sich 33 auf Bildungsvereine, 34 auf Kunstvereine, 20 auf politische und 48 auf „Körperkultur“; Geselligkeit wird bloß 5mal genannt. Daß aber das Motiv der Gemeinschaft hier so sehr zurücktritt, dagegen das der Politik und der Kunst so sehr in den Vordergrund geschoben wird, dürfte sich aus der besonderen psychischen Verfassung erklären, in der sich der Antwortende bei Frage (10) befindet. Bei den Fragen (5) und (7) handelte es sich im Grunde um die Analyse einer Erinnerung: Was wirkte damals in mir, als ich dem Verein beitrat? Jener Zustand wurde reproduziert. Bei der Darstellung desselben wirkte als Fehlerquelle die Nötigung, Einzelnes konkret hervorzuheben. Die Konstellation im Augenblick des Antwortens gab jener Erinnerung das Relief. Was im Augenblick der Antwort wichtig erschien, wurde genannt, nicht was seinerzeit wirksam gewesen war. Und in diesem Augenblick erschien wohl meistens wichtig, was aus irgendeinem Grunde erwünscht war. Zuweilen diktierte hier die Eitelkeit, zuweilen eine naive psychologische Theorie, sehr häufig erfolgt die Antwort an jener Erinnerung vorbei als theoretische rationale Konstruktion – aber immerhin war die Erinnerung als Substrat der Antwort vorhanden, und bei einiger Ehrlichkeit und Beobachtung wich die Antwort nicht fundamental von der tatsächlichen Erinnerung ab. Ganz anders ist es bei Frage (10), denn hier fehlt die korrigierende Erinnerung. Hier ist den Tendenzen des Augenblickes völlig freier Spielraum gegönnt. Das allein schon läßt diese Antworten als weniger wertvoll erscheinen, wenn nach den Motiven der Vereinsbildung und nicht nach der Mannigfaltigkeit der Interessen und Wünschen bei Jugendlichen gefragt ist. Dazu kommt, daß hier mit der Frage gerade jene Wünsche geweckt werden, die durch die bisherige Übung, durch das Verbot, sich an Vereinigungen zu beteiligen, unerfüllt geblieben sind. Daraus erklärt sich das Emporschnellen des Motivs „Politik" und zum Teil „Kunst". (Zum Teil allerdings scheint umgekehrt in dieser Beziehung das Ergebnis von (5) und (7) den tatsächlichen Umfang des Interesses für Politik nicht ganz richtig zu bezeichnen.) Aber in dieser Arbeit interessiert uns weniger das Interesse an Politik als vielmehr, wieweit es als Motiv bei den zustande gekommenen Vereinigungen wirksam war. Durch eine ähnliche Erwägung läßt sich das besonders auffällige Fehlen des Motivs vom Bedürfnis nach Gemeinschaft verstehen. In (10) wird gefragt, *welchen* Vereinen träten Sie bei? Darauf läßt sich bloß antworten „keinem" oder „diesem und jenem". In der Tat antworten 17 Experten ausdrücklich mit „keinem"; 52 zählen einzelne Vereine auf, 71 nennen Gattungen von Vereinen und 5 Gattungen mit Beispielen. Von diesen 128 sagen jene, die ein Bedürfnis nach Gemeinschaft haben, dies *implicite* mit dem Namen des Vereins aus, sie fühlen sich aber determiniert durch das Wörtchen „welche" und suchen nun nach den Wirkungen anderer Tendenzen in sich, um zu bezeichnen, *welcher* Gemeinschaft sie beitreten wollten. Nur wenige, 9, nennen die

Vereinsform, z.B. „anständig!“ oder „Schülervereinen“. Die meisten suchen nach einem Inhalt, etwa „Körperkultur“; nur ganz wenige vermögen zu sagen, daß sie die Gemeinschaft an und für sich um ihrer selbst wünschen, nämlich jene 5. So sagt das merkwürdige Ergebnis dieser Frage nichts gegen die Richtigkeit der früheren Ergebnisse.

Niemand kann erwarten, durch eine erste sehr allgemeine Rundfrage tiefe spezielle Erkenntnisse zur Psychologie des Gemeinschaftsbedürfnisses der Jugend zu gewinnen, wohl aber kann man hoffen, einen ersten Einblick in die hier waltenden Kräfte zu tun. Zu diesem Zweck teilen wir noch die folgenden speziellen Ergebnisse mit. Denn die Antworten, die uns vorliegen, sind natürlich mannigfaltiger, als sie erscheinen mögen, wenn sie unter jenen drei Schlagworten zusammengefaßt betrachtet werden. Im einzelnen wird sich natürlich über die Einreihung einer Antwort in eine der aufgestellten Kategorien streiten lassen, dennoch ist das Resultat deutlich genug, wenn wir auf die Details eingehen.

Von den 30 Antworten auf die Frage (5), die wir oben unter dem Schlagwort der geistigen Ausbildung zusammengefaßt haben, beziehen sich 15 auf allgemeine Bildung, 9 auf literarische Bildung; 7 Experten sind Vereinen beigetreten, um fremde Ansichten kennenzulernen, 6 um Anregungen zu erfahren, 2 wünschten Ausbildung in der Musik und ebenso viele in den Naturwissenschaften. Jenen Wunsch nach allgemeiner geistiger Ausbildung drücken 7 aus mit Bedürfnis nach „Bereicherung, Vervollkommnung, Entwicklung des Geistes, Förderung meiner Ausbildung“; je 2 sprechen vom Bildungstrieb, von der Übung im Denken, von Kenntnissen, die ihnen die Schule nicht bietet; Einer wünscht sich wissenschaftiche Weltanschauung, ein anderer Vielseitigkeit. Von den Freunden der Literatur wollen die einen literarische Kenntnisse erwerben („um die moderne Literatur kennenzulernen“; „aus sprachwissenschaftlichem Interesse“; „um stets Gelegenheit zu haben, zu lesen, was ich will“), die anderen literarische Betätigung („um mich in literarischen Arbeiten zu üben“; „um mit meinen literarischen Arbeiten in weitere Kreise zu dringen“). Die 24 Antworten, die sich auf Körperkultur beziehen, zerfallen in verschiedene Gruppen. Eine Anzahl der Experten trat dem Sportverein um eines bestimmten Sportes willen bei. Es nennen Fechten 6, Hockey 2, Fußball, Eislauf, Rudern je einer. Anderen liegt am Ideal der Körperkultur, der Ausbildung des Körpers (6), oder an dem der körperlichen Kraft, Stärke (4); 2 betreiben Sport um der Bewegung willen, einer hat „Freude an körperlicher Beschäftigung", einer ist im Verein zur Förderung seiner Gesundheit. Einige schreiben undifferenziert vom Sport schlechthin (5).

Von den 30 unter „Jugendgemeinschaft" vereinigten Antworten enthalten 12 ganz allgemeine und vage Ausdrücke: Gesellschafts-, Geselligkeitstrieb, -gefühl, -sinn, -lust, oder man wünscht ein „Beisammensein; engeren Anschluß; geselligen Verkehr". Gleichgesinnte, gleichdenkende Kameraden, Gleichaltrige, Freunde, Schüler anderer Anstalten erhoffen sich 11. 5 wollen sich unterhalten; sie erwarten Zeitvertreib, schöne Stunden. Einer möchte „sich mal aussprechen", einer Fühlung bekommen mit der Welt der Jugend.

Noch weniger Differenzierungen zeigen die 18 Erwähnungen des nationalen Motivs. 13mal heißt es einfach aus „nationalen Gründen, Interessen", 4mal ist der Wunsch entscheidend, an der nationalen Arbeit, an nationalen Bestrebungen teilzunehmen; 2 Experten möchten an der Hebung des nationalen Gefühls mitwirken, einer national aufgeklärt werden und aufklären.

Wir haben bereits erwähnt, daß alle anderen Motive für den Eintritt in einen Verein verhältnismäßig selten genannt werden. Außer den oben mitgeteilten kommen noch die folgenden vor: Ungenügen an der Schule, Trotz gegen die Schule und innere Opposition (6mal); Abstinenz (2mal); „zufällig", „weil viele Kollegen beitraten", „last not least: Herdentier"; „teils durch das Geheimnisvoll-Mystische angelockt"; „weil ich die Nützlichkeit einsah" (nämlich für die Kultur); „für geistige Freiheit und Fortschritt", Schulreform, Anstandslehre, Theater, jugendlicher Idealismus, Jugendkultur, Naturliebe, Überzeugung (je 1mal). Ein Drang nach Aktivität wird 6mal geäußert (auch: „will tatkräftig eintreten", „etwas zu unternehmen, innerer Trieb, etwas zu leisten, schaffen dürfen"). Einer will „Menschen sehen, wie sie sind und sein wollen"; Zwei möchten den Wert ihrer Person feststellen.

Die Antworten auf Frage (7) stimmen mit denen auf Frage (5) bis in die subtilsten Einzelheiten so sehr überein, daß wir uns ihre detaillierte Mitteilung ersparen können. Diese Tatsache erhöht den Wert der mitgeteilten Ergebnisse um so mehr, als bloß 9mal die Frage (7) mit ausdrücklicher Beziehung auf (5) erledigt wird; z. B. „hat meine Erwartungen erfüllt". Diese bemerkenswerte Übereinstimmung ist auch nicht etwa dadurch in ihrem Wert herabzusetzen, daß man sagte, sie sei selbstverständlich; denn der Experte, der irgendeinen Wunsch als den maßgebenden für seinen Eintritt in den Verein erinnerte, sei prädestiniert, bei der unmittelbar darauffolgenden Beantwortung der Frage, was er dem Verein verdanke, diesen selben Wunsch als den erfüllten zu reproduzieren. Aber von den 30 Experten, die z. B. das Motiv der Gemeinschaft bei (5) erwähnten, haben nur 13 es bei (7) wiederholt, und von den 4 Experten, bei denen in (5) der Wunsch nach Menschenkenntnis eine Rolle spielte, hat keiner ausdrücklich geschrieben, daß er sich in dieser Beziehung durch den Verein gefördert fühle, während 8 andere dies besonders betonen. So werden wir auf irgendwelche allgemeingültigen Zusammenhänge hingewiesen, die hinter den hier bekannt gewordenen Ergebnissen stehen und denen nachzuspüren die lohnende und wichtige Aufgabe späterer Untersuchungen wird werden müssen.

Den Psychologen interessieren neben dem Umfang der Beteiligung Jugendlicher an Vereinen und neben den dazu treibenden Motiven auch noch gleicherweise die Formen dieser Betätigung. Auch darüber vermögen wir einige Andeutungen zu machen.

144 Experten antworteten auf die Fragen (1), (2), (3)[3] positiv. Von diesen nennen 78 *einen* Verein, dem sie angehören, 45 *zwei*, 21 *drei* Vereine. *Vier* Vereinen gehören 11 an, 6 sind Mitglieder in *sechs* Vereinen und je 1 ist gar in *sieben*, *acht* und *zehn* Vereinigungen. Ganz ähnlich zeigen die 57 Antworten auf Frage (10), in denen einzelne Vereine genannt werden, daß *einem* Verein 21, *zweien* 19, *dreien* 7, *vieren* 6, *fünfen* einer angehören möchten. Dazu kommen noch 5

3 (1): Welchen Vereinen (Nicht-Schüler-Vereinen) gehören sie an?
(2): Welchen offiziellen Schülervereinen gehören sie an?
(3): Gehören sie einem geheimen Schülerverein an?

Jugendliche, deren Phantasie überhaupt keine Grenzen kennt, wenn sie an die Vereine denken, denen sie angehören könnten; sie zählen deren eine Anzahl auf und fügen noch ein „usw." an.

Es wäre interessant genug, den Beziehungen im einzelnen nachzugehen, die zwischen den verschiedenen Vereinen bestehen, denen einer angehört, und ebenso denen, die walten zwischen der Zahl und Art der Vereine, deren Mitglied einer wirklich ist, und derer, denen er beitreten möchte; nicht minder wichtig wäre die Untersuchung der Gruppe von Fragen nach der Art der Tätigkeit des einzelnen im Verein, aber das vorliegende Material gestattet über jene ersteren gar nichts auszusagen und von diesem letzten bloß einen allgemeinen Eindruck festzuhalten. Wir bemerken einmal den Typus dessen, der nur *einem* Verein angehört, diesem aber sein ganzes Denken, Fühlen und Handeln weiht; dann den Typus dessen, der zwar auch völlig aufgeht im Vereinsleben, der aber diese Energie verteilt auf 2 oder 3, der sie zersplittert auf 5 bis 10 verschiedene Vereine. Ein anderes Extremenpaar gliedert sich diesem ein: Einer ist bei jener Vereinstätigkeit völlig „demütig hingegeben", er bekleidet kein Amt (oder er ist Schriftführer) und tut alles, was den anderen zu minder ist; ein anderer ist immer nur der erste, oder dünkt es sich wenigstens zu sein; auf die Frage „Was glauben Sie dem Verein zu verdanken?" schreibt er stolz und kurz: mein Geben. Jenem ersten Extremenpaar ist ein drittes entgegenzusetzen solcher, die nichts für die Vereinstätigkeit übrig haben. Sie mögen einem angehören oder mehreren, so geschieht dies entweder aus Zwang und Zufall oder „aus Überzeugung", weil der Verein als notwendiges Übel erkannt wurde zur Erfüllung irgendwelcher erwünschter Zwecke.

Entsprechend diesen Typen des Verhaltens Jugendlicher zu Jugendvereinen sind auch deren Formen äußerst mannigfaltig. Für uns gilt es zunächst, diesen Formenreichtum kennenzulernen. Erst bis die Psychologie im Besitz einer umfangreichen Morphologie der Jugendvereine sein wird, werden die Typik und die Gesetzmäßigkeit mit Erfolg zu erfassen sein. Die wissenschaftliche Literatur verfügt gegenwärtig nur über zwei Arbeiten dieser Art. In Pilgers Buch sind interessante Dokumente aus Pennalien mitgeteilt, nur daß sie zu dürftig sind, um alle Probleme auch nur ahnen zu lassen. Blühers Geschichte des Wandervogels genügt zwar strengen Anforderungen. Aber es wäre unbedingt nötig, daß wir viele solcher Monographien hätten. Bis dahin, also wer weiß wie lange, müssen wir zufrieden sein mit minder ausführlichen Darstellungen von Vereinsindividualitäten, um an ihnen zu betrachten und zu bemerken, was immer wir zu entnehmen vermögen.

Unsere Rundfrage hat einige Dokumente in unseren Besitz gebracht, die von diesem Gesichtspunkt aus wert sind, mitgeteilt zu werden. Zwar waren die Notizen sehr dürftig, die auf den Fragebogen selbst angemerkt waren, aber die Bitte „Wollen Sie veranlassen, daß uns durch die Leitung dieses Vereins ein authentischer möglichst ausführlicher Bericht zukommt, enthaltend ..." war bei einigen nicht unberücksichtigt geblieben, und so können im folgenden als Proben von den eingelaufenen Statuten, Protokollen usw. einige mitgeteilt werden, die vermutlich für die Jugend überhaupt typisch sind, wobei wir allerdings eine Auswahl treffen müssen, die nicht sachlich begründet ist, sondern bestimmt wird durch Rücksichten aller Art.

Der „Literarische Kranz" ist eine Vereinigung, wie sie im allgemeinen jenen vorschweben mag, die ein Bedürfnis nach Anregung, Gedankenaustausch, kameradschaftlichem Verkehr und literarischer Ausbildung angegeben haben. Er wurde von vier Gymnasiasten gegründet, die im folgenden als H., P., A. und N. bezeichnet werden sollen. Sie waren zur Zeit der Gründung im 16. Lebensjahre. Ihr Anführer war anscheinend ursprünglich P., im Laufe der Zeit erwarb sich N. die führende Rolle. Die Fragebogen, die sie zwei Jahre nach der Gründung ausfüllten, lassen ihre Persönlichkeiten scharf unterscheiden, P. gehört als Mitglied an 1. dem „Kosmos" und dem deutschen Touring-Club; 2. dem „Literarischen Kranz" (1. Vorstand seit Gründung), Vorstand der „Absolvia" (1 Jahr); 3. erstens Vorstand des Tennisklubs, zweitens der literarischen Akademie der Marianischen Studentenkongregation; er verwendet auf den Tennisklub wöchentlich 10–12 Stunden; auf den literarischen Kranz 2 Stunden alle 14 Tage; auf die Kongregation 2–4 Stunden alle 14 Tage. Dem Tennisklub trat er bei wegen „Körperkultur; ungezwungenen Verkehrs mit Damen; der literarischen Akademie zur Hebung des literarischen Niveaus bei den katholischen Mittelschülern". Er gehört ihr seit ihrer Gründung an. Dem Tennisklub glaubt er Gelenkigkeit, der literarischen Akademie literarische Kenntnisse, beiden „viele Bekannte, einige Freunde (?), Menschenkenntnis" zu verdanken. Auf Frage (10) antwortet er: „Zahle zur Zeit 50–60 Mark jährlich Vereinsbeiträge; glaube nicht, noch vielen Vereinen meine Unterstützung widmen zu können. Alle Vereine fördern nur die Mittelmäßigkeit; nie den Hervorragenden!" Auf Frage (11): „Solche, deren Mitglieder nicht reden und schreiben, sondern handeln; nicht viele, sondern nur einige, aber bedeutende." Während P. in seinem Wesen und Handeln widerspruchsvoll und unklar, aber übersprudelnd, temperamentvoll und oppositionell ist, scheint N. eine mehr stetige, klarere, aber zielbewußter radikale Natur zu sein. Er gehört dem Bund für Freie Schulgemeinden, der „Lese" und dem „Literarischen Kranz" an, diesem seit seiner Gründung. Er verwendet auf die Vereinstätigkeit jeden Samstag von 7½–10 Uhr abends. Auf (5) antwortet er gar nicht, auf (7) „Viel Anregung in jeder Hinsicht". Er würde „allen Vereinen, die kulturellen Bestrebungen dienen, also Bund für Mutterschutz, Friedensgesellschaft, Guttemplerorden" beitreten.

Über die *Gründung* des Literarischen Kranzes berichtet die „Chronik des Literarischen Kranzes" (ein sehr sauber geführtes, gebundenes Buch von 124 beschriebenen Oktavseiten, dessen Motto lautet: „Zeiten kommen, Zeiten gehen, unser Bund, er wird bestehen"): S. 1. „Bericht über die *erste Sitzung* des L.K. (Gründungssitzung). Die erste Sitzung des L.K. fand am 28. Oktober 1911 bei O. statt. Es nahmen daran teil H., P., A., N.; auf Antrag von P. wurde der Verein L.K. gegründet. P. wurde zum Vorsitzenden, N. zum Schriftführer und H. zum Kassierer gewählt. Dann wurden die Satzungen durchberaten und schließlich 10 Ziffern aufgestellt. (Der Wortlaut der Satzungen befindet sich im Anhang.) Den neu Eintretenden soll künftighin das Kommersbuch von Reclam, geb., gratis geliefert werden. Als Hauptlektüre wurde ‚Hamlet' festgesetzt. Die Mitglieder müssen die Reclamausgabe (31) haben. Der Schriftführer hat über die wichtigsten Vorkommnisse in den Sitzungen eine Chronik zu führen."

„*Entwurf zu den Statuten* des Literarischen Kranzes. § 1. Der L.K. besteht aus Schülern des ... gymnasiums zu ... aus den Klassen 7 bis 9. Der L.K. will seine Mitglieder mit den besten Werken der Literatur bekannt machen, zugleich soll aber Geselligkeit und Freundschaft unter den Schülern gefördert werden. Die schönen Künste – besonders Musik – sollen dabei nicht vernachlässigt werden. § 2. Seinen Zweck sucht der L.K. dadurch zu erreichen, daß seine Mitglieder wöchentlich einmal abends abwechselungsweise bei einem Mitglied zusammenkommen. Als Zeit kommen die Stunden zwischen ½8 und 10 in Betracht. Außerdem will der L.K. Zeitschriften zur Benützung für die Mitglieder anschaffen. § 3. Mitglied kann jeder Schüler, der Interesse für die Ziele des L.K. hat, werden. Über seine Aufnahme haben die schon vorhandenen Mitglieder zu entscheiden. Die Mitgliederzahl darf jedoch 12 nicht überschreiten. § 4. Jedes Mitglied des L.K. ist verpflichtet, jeder Sitzung beizuwohnen. Verhindern ihn wichtige Gründe zu kommen, so hat er sich vorher zu entschuldigen. Bei unentschuldigtem Wegbleiben sind 50 Pf. in die Kasse zu zahlen. Zu spät Gekommene haben für jede angefangene Viertelstunde 10 Pf. zu zahlen. § 5. Der Monatsbeitrag beträgt 50 Pf. Beim Eintritt ist der einmalige Betrag von 1 Mk. zu entrichten. § 6. Die Leitung und Vertretung des L.K. Die Leitung und Vertretung des L.K. obliegt einem Vorsitzenden. Ihm zur Seite steht ein Schriftführer und ein Kassierer. § 7. Die Bewirtung (bei den Sitzungen) bleibt dem die Sitzungen abhaltenden Mitglied überlassen; doch soll Alkoholgenuß vermieden werden. § 8. Jedem Mitglied, das mit den Zwecken des L.K. nicht mehr einverstanden ist, steht der Austritt frei. Ebenso kann der L.K. ein Mitglied auf Mehrheitsbeschluß ausschließen. § 9. Wenn die Mitgliederzahl auf drei herabsinkt oder ein anderer wichtiger Grund vorliegt, kann sich der L.K. jederzeit auflösen. Dabei wird auch über ein etwaiges Vermögen des L.K. entschieden. § 10. Änderungen der vorstehenden Satzungen werden auf Mehrheitsbeschluß vorgenommen. . . ., den 28. Oktober 1911." Es folgen die vier eigenhändigen Unterschriften.

Der äußere Verlauf der Vereinstätigkeit ist ziemlich einförmig. Einige Proben beweisen dies und zeigen zugleich die stetige Entwicklung des Vereins.

„Bericht über die *zweite Sitzung* des L.K. Die zweite Sitzung des L.K. fand am 4. November 1911 bei H. statt. Anwesend waren die vier Mitglieder. Es wurden folgende Beschlüsse gefaßt: Als belletristische Monatsschrift sollen ‚Velhagen und Klasings Monatshefte' vom September an bezogen werden. Von Januar 1912 an soll ‚Kosmos' als naturwissenschaftliche Monatsschrift, und die ‚Lese' als literarische Wochenschrift abonniert werden. Dem die Sitzungen abhaltenden Mitglied steht es frei, das Rauchen in seiner Wohnung zu gestatten oder nicht. Bericht über die *dritte Sitzung* des L.K. Die Sitzung des L.K. fand am ... November 1911 bei N statt. Anwesend waren alle 4 Mitglieder. Eingelaufen waren ‚Velhagen und Klasings Monatshefte' 1, 2, 3. N. stiftete als Grundstein zur Kranzbücherei: ‚Das XXV. Jahr' (Jubiläumskatalog von S. Fischers Verlag). Der Vorsitzende teilte mit, daß das k. Rektorat mit der Gründung des L.K. und seinen Satzungen einverstanden sei. Als Bücherwart wurde A. aufgestellt. Dann wurde mit der Lektüre des ‚Hamlet' begonnen.: I, 1 bis I, 3. ... Bericht über die *fünfte Sitzung* des L.K. Die fünfte Sitzung des L.K. fand am 25. Nov. 1911 bei H. statt. Anwesend waren die vier bisherigen Mitglieder und die zwei neuen. Auf einstimmigen Beschluß wurden M. und K. in den L.K. aufgenommen. H. vermittelte eine Stiftung von 1,00 M. Es wurde festgesetzt, daß Büchereinkauf und Zeitschriftenbestellung künftighin dem Kassierer überlassen werden soll. Im Kranzapfel fanden sich 2,30 Mk. Musikalischer Teil: Eingeübt wurde ‚Gaudeamus igitur' und ‚Ergo bibamus', außerdem wurden noch andere Lieder lustigen Inhalts gesungen. M. erfreute den L.K. durch Vortrag eines von ihm selbst komponierten und gedichteten Kranzliedes. M.

(Klavier) und H. (Violine) brachten auch noch ,Largo' von Händel zum Vortrag. Literarischer Teil: N. las eine Novelle von Arthur Schnitzler ,Die dreifache Warnung' aus ,Das XXV. Jahr' vor. Die Lektüre aus ,Hamlet' wurde fortgesetzt: II, 2 bis III, 2, ... Bericht über die *achte Sitzung* des L. K. ... Literarischer Teil: N. las eine 28seitige Broschüre von Lily Braun ,Die Emanzipation der Kinder' (Eine Rede an die Schuljugend. München 1911) vor. Im Anschluß daran wurde die Anregung gegeben, im L. K. nicht nur Erzeugnisse der schönen Literatur zur Vorlesung zu bringen, sondern auch Abhandlungen und Aufsätze über moderne Tagesfragen – sofern sie für die Kranzmitglieder interessant sind – vorzulesen. Die Lektüre des ,Hamlet' wurde beendet: IV, 7–Schluß. Bericht über die *neunte Sitzung* des L. K. (Weihnachtskonvent) ... es erhob sich ... das Kranzmitglied K., um in einer launigen Rede die Verdienste eines jeden Kranzmitgliedes hervorzuheben. Der erste Vorsitzende P. habe natürlich das Hauptverdienst: nämlich den L. K. gegründet und organisiert zu haben. Der zweite Vorsitzende und Schriftführer N. habe den Kranzmitgliedern durch das Vorlesen verschiedener Erzählungen und Novellen manche Freude bereitet, und der dritte Vorsitzende und Kassenwart H. sei immer auf die finanzielle Hebung des L. K. sehr bedacht gewesen. Dagegen habe der Bücherwart A. infolge des geringen Bestandes der Kranzbücherei leider noch wenig Gelegenheit gehabt, seine Tätigkeit für den L. K. zu entfalten; M. schließlich habe durch zahlreiche Klaviervorträge – darunter auch manche Selbstkompositionen – sich sehr um den L. K. verdient gemacht. Der Redner schloß mit seiner eigenen Person, wobei er bemerkte, er habe bisher noch nicht viel für den L. K. geleistet, und so wolle er daher eine Ibsenausgabe (in 3 Bänden) für die Kranzbücherei stiften, es solle für den Verein das nordische Motto gelten: Up ewig ungedeelt. ... Bericht über die *17. Sitzung* des L. K. ... worauf P. den ersten seit Bestehen des L. K. gefertigten Aufsatz mit dem Titel: ,Nutzen und Schaden eines Literarischen Kranzes' zur Vorlesung brachte. N. ... gab der Hoffnung Ausdruck, es möchten noch recht viele Aufsätze von den Kranzmitgliedern geschrieben werden."

Das „Buch für Aufsätze, geführt von den Mitgliedern des Literarischen Kranzes", das auf 119 Seiten derselben Ausstattung wie die Chronik fünf Aufsätze und fünf Beurteilungen enthält, wird durch die Arbeit von P. eröffnet. „Nutzen und Schaden eines Literarischen Kranzes. Ja, was ist denn das für ein merkwürdiges Aufsatzthema, höre ich schon meine lieben Kranzbrüder rufen, Nutzen und Schaden eines Literarischen Kranzes, gar noch Schaden, so etwas ist doch überhaupt ausgeschlossen. Nur gemach; so überzeugt ich ja selbst von dem Wert und Nutzen unseres schönen L. K. bin, nach einigem Überlegen muß ich doch auch zugeben, daß er neben seinen vielen Vorteilen auch manche Nachteile mit sich bringt ... ich glaube vielmehr, daß es ganz gut ist, wenn ich gleich am Anfang dieses Buches das Verhältnis zwischen Nutzen und Schaden darzulegen suche, da auf den nachfolgenden Blättern wohl noch manches Mal das Lob dieser ,die Geselligkeit fördernden und die Allgemeinbildung in so idealer Weise hebenden Einrichtung, genannt L. K.' gesungen werden wird ... Als Hauptvorteil wird wohl jedem Mitglied eines Literarischen Kranzes der Umstand erscheinen, daß er durch seinen Kranz mit den verschiedensten Werken alter und neuer, allerneuester Literatur auf bequeme und angenehme Weise bekannt werden kann. In der Tat ist ja der Genuß beim Lesen einer dramatischen Arbeit viel größer, wenn die verschiedenen Rollen des Stückes auch von verschiedenen Personen gelesen werden ... und abgesehen davon wird doch beim gemeinsamen Lesen auf manche schwieriger zu deutende Stelle, die der einzelne nur leicht überliest, ein oder der andere Lichtstrahl geworfen. ... so bleibt noch eines zu beachten, was für die Lektüre der einzelnen Mitglieder von größter Wichtigkeit sein kann: Die Kranzbibliothek ... aber nicht nur genießend sollen sich die Mitglieder literarisch betätigen, sie sollen auch, soweit es möglich ist, selbst Arbeiten für den Kranz liefern ... Hierbei findet immer noch ein zweites Mitglied Gelegenheit, sich im Rezensieren zu üben ... immerhin wird eine Besprechung solcher brennenden Fragen auch einem persönlich diesen Dingen ferner stehenden manche Anregung bieten. Habe ich bisher den literarischen Nutzen ... zu würdigen versucht, so sind damit die Vorteile ... noch lange nicht erschöpft. Ich bin sogar der Überzeugung, daß der nichtliterarische Nutzen des Kranzes für viele Mitglieder wertvoller ist, als der rein literarische. Als den hauptsächlichsten dieser Nebenvorteile, wenn ich so sagen darf, muß man wohl den Umstand betrachten, daß der Kranz den Mitgliedern die schönste Gelegenheit bietet, sich aus einem frohen Kreise gleichaltriger und zum größten Teile auch gleich ideal gesinnter Kameraden einen rechten und wahren Herzensfreund auszusuchen. Und einen solchen Freund zu finden, ist für einen normal veranlagten Pennäler in unseren Jahren doch das größte Glück. ... Die übrigen Vorteile kann ich kürzer behandeln ... einmal ist es doch ganz schön, wenn man weiß, was man am Samstag abend anstellen wird und sich schon die ganze Woche auf den gemütlichen Kranzabend freuen kann ... Von Schäden unseres L. K. wird im folgenden wohl kaum die Rede sein. Die Abhandlung ist ja nicht bloß für uns geschrieben, sondern behandelt einen Literarischen Kranz im allgemeinen. Ich möchte daher jetzt einige Schäden namhaft machen, die sich allzuleicht in eine derartige Schülerverbindung einschleichen ... Da ist vor allem die sogenannte Lesewut ... Weiterhin wäre es gewiß ein Schaden für den Kranz, wenn bei der Wahl der Lektüre zu sehr nach dem Geschmack einzelner vorgegangen würde ... Die größte Gefahr, die den Mitgliedern eines L.K. droht ... ich meine den literarischen Dünkel, der sich bei vielen jungen Leuten zeigt, die sich etwas eingehender mit der Literatur beschäftigt haben ... Eine solche Überhebung ist ja eigentlich recht lächerlich, aber sie kommt tatäschlich oft genug vor, wo sich dann meist noch die unangenehme Folgerung ergibt, daß die anderen Mitglieder diese Literaturbrüder, die sich da hochmütig von ihnen absondern, mit scheelen Augen ansehen und den Kranz unweigerlich für einen ausgemachten Streberbund erklären ... Wenn von zwei Freunden der eine Kranzmitglied ist, während der andere diesen Bestrebungen fernsteht, dann kommt der erstere schon manchmal in die Lage, daß er wählen muß zwischen seinem Freund und dem Kranz. Ich möchte da stets raten, den Freund, wenn irgend möglich nicht aufzugehen, da sonst leicht der Fall eintritt, daß sich der Betreffende die Frage stellen muß: ‚Ja, war denn der Kranz eigentlich dieses Opfer wert?‘ ...“

„Die *21. Sitzung* des L. K. fand am 23. März 1912 bei H. statt. Anwesend waren alle sechs Mitglieder, sowie als Gäste R. und Z. ... Hierauf wurde die Aufnahme des Herrn R. als ordentliches und Herrn Z. als außerordentliches Mitglied in den L. K. durch den ersten Vorsitzenden vollzogen ...“ Von den *Briefen*, die dem Material beilagen, gehört hierher der zweite. „Liebe Kameraden! Meinem Eintritt in den L. K., den ich sehr gern vollzogen hätte, stellen sich leider zwei Hindernisse entgegen: ... Zweitens, da ich im Sommer im Turnverein leichtatlethischen Sport zu betreiben gedenke, wozu besonders die Stunden von sechs bis acht Uhr abends ausersehen sind, kann ich wenigstens am Samstag und Mittwoch künftig nicht mehr abkommen. Es tut mir wie gesagt herzlich leid, daß ich nicht mehr mit euch zusammen sein kann, da es mir in eurer Mitte sehr gut gefallen und mir die Zwecke und Absichten des L. K. sehr sympathisch sind. Auf keinen Fall aber möchte ich mich ganz von eurem schönen Unternehmen zurückziehen und werde deshalb, wenn ihr es erlaubt, monatlich den bestimmten Beitrag leisten und mit eurer gütigen Zustimmung, wenn es mir die Zeit erlaubt, hin und wieder einem Abend beiwohnen. Mit herzlichem Gruß! Z." Aus der 22. *Sitzung*: „Der Antrag P, ihm die Vollmacht zu erteilen, während der Osterferien mit dem ersten Vorsitzenden des ... Literarischen Kranzes ‚Kastalia' in persönliche Unterhandlungen zu treten, um eventuell ein Kartell zwischen dem L.K. und der Kastalia herbeizuführen, wurde nach einiger Debatte angenommen ... Die 34. *Sitzung* des L. K. fand am 6. Juli 1912 bei R. statt. Anwesend waren sämtliche ordentliche Mitglieder, Z. war entschuldigt ... Hernach erstattete der Kassenwart des L. K., H., den Kassenbericht, aus dem sich die erfreuliche Tatsache ergab, daß das Barvermögen des L. K. am Schluß des ersten Vereinsjahres 25,00 Mk. betrage. Die Bücherei des L.K. hatte wie der Bibliothekar mitteilte, den gewiß nicht unansehnlichen Bestand von fast 40 Bänden.

Sodann erhob sich der zweite Vorsitzende des L. K., N., um mit einigen Worten einen kurzen Überblick über die bisherige und einen Ausblick auf die zukünftige Tätigkeit des L. K. zu geben. Wenn man sich am Ende des ersten Vereinsjahres frage, „Hat der L. K. sein Ziel erreicht?", so dürfe man getrost sagen: Ja. Denn sein Ziel sei ja hauptsächlich gewesen, Geselligkeit und Kameradschaftlichkeit unter den Mitgliedern hervorzurufen und zu pflegen. Das sei ihm vollauf gelungen. Als Mittel zum Zweck habe die Literatur gedient. Aber auch auf diesem Gebiet sei viel geleistet worden. Es genüge, die Namen: ‚Hamlet', ‚Faust', ‚Sappho', ‚Uriel Acosta' zu nennen. ... Daneben sei natürlich eine große Anzahl von Novellen und Erzählungen, Skizzen und Gedichten, meist moderner Schriftsteller, vorgelesen worden ... Auch auf dem Gebiete der Musik hätten die Mitglieder manch Wertvolles und Schönes gehört. Der Redner kennzeichnete sodann die bisherige Tätigkeit des L. K. als eine wesentlich passive, genießende, und das sei das Entscheidende. Der L. K. dürfe sich hiermit nicht zufrieden geben, er dürfe nicht stehen bleiben, ... er müsse sich ein neues Ziel stecken und danach mit allen Kräften streben. ... Als das neue Ziel aber bezeichnete der Redner die schöpferische Tätigkeit sämtlicher Mitglieder, die endlich aus ihrer Passivität heraustreten und mit eigenen Leistungen hervortreten müßten. Dazu dienten Aufsätze und Vorträge mit Diskussionen ..."

Aus dem Aufsatzbuch bringen wir die Einleitung des Vortrags über Geschichte, den N. in der 36. *Sitzung* vorlas. „‚Die Emanzipation der Kinder', so lautet der Titel einer Broschüre, die sich in der Bücherei des L.K. befindet. ... Ich will bloß das Schlagwort ‚Emanzipation der Kinder' oder besser der Schüler wieder aufgreifen und eine Verbindung herstellen zwischen ihm und dem L.K.. Wie verhält sich der L.K. (ich meine nicht gerade den unseren) zur Emanzipation der Schüler? Meines Erachtens ist der L.K. ein Symptom der Emanzipation, er ist bereits eine Erscheinungsform der Schüleremanzipation, durch den L. K. tritt die Emanzipation der Schüler ins Leben. Sich emanzipieren heißt sich selbständig machen, loslösen, frei und unabhängig machen. Die Schüler emanzipieren sich, d.h. sie machen sich los, frei, unabhängig von der – Schule. Das bedarf einer Erläuterung. Wenn ich sage: Die Schüler emanzipieren sich von der Schule, so meine ich nicht, daß sie hierbei in einen Gegensatz oder eine Gegnerschaft zur Schule treten. Gerade das Gegenteil. Der Idealzustand wäre der, daß Schule und Schüler eine Einheit bildeten. Tatäschlich aber besteht ein Dualismus zwischen beiden: Hie Schule – hie Schüler. Es ist nicht meine Aufgabe zu untersuchen, wer daran schuld ist und was für eine Schulreform diesen Übelstand beseitigen könnte. Sondern: Wie stellt sich der L. K. hierzu? Das Wirken des L. K. soll nicht hemmend, sondern fördernd für den Schüler sein. Was die Schule nicht bieten kann – da liegt das Arbeitsfeld des Kranzes. Der L. K. soll also gewissermaßen eine Ergänzung zur Schule bilden. Inwieweit der L. K. dieser seiner Aufgabe gerecht werden kann, das hängt ganz von der Beschaffenheit und Leistungsfähigkeit der jeweiligen Mitglieder ab ..."

„Die *40. Sitzung* des Kranzes, die am 26. Oktober 1912 bei H. stattfand, ist in mehr als einer Hinsicht bemerkenswert. Abgesehen von der stattlichen Anzahl von 40 Sitzungen, die mit diesem Abend erreicht wurde, konnte man auch die erste Wiederkehr des Gründungstages feiern. Eine weitere erfreuliche Tatsache war die Aufnahme des achten ordentlichen Mitgliedes, Herrn D. Ein ebenfalls für das Kranzleben förderliches Ereignis war eine von A. angeregte Debatte über Wege und Irrwege des L. K. P. gelang es unter Betonung der einigenden Momente, einen Ausgleich zwischen den verschiedenen, teilweise entgegengesetzten Meinungen zu schaffen ... Die *49. Sitzung* ... Besonders erfreulich war es, daß einmal ein Mitglied mit eigenen dichterischen Erzeugnissen hervortrat, D. ließ zwei Gedichte im Stil Verhaerens hören ... Am 11. Januar 1913 versammelten sich die Mitglieder des L. K. bei E. Wenn dieser Sitzung auch schon mancher für die Entwicklung des Kranzes höchst bedeutungsvolle Abend vorausgegangen war, so glaube ich doch, daß diese letzte Sitzung hinter keiner der früheren zurücksteht. Denn einerseits war dadurch die Zahl der Sitzungen auf 50 angewachsen, andererseits ging mit ihr die Leitung des Kranzes aus den Händen P. auf N. über. Zur *71. Sitzung* des L. K. mit der zugleich der Schlußkonvent für dieses Schuljahr verbunden war, vereinigten sich die Mitglieder des Literarischen Kranzes am 4. Juli ... Der wichtigste Punkt, dem die Besprechung galt, war die Frage, ob der Literarische Kranz aufgelöst oder im nächsten Jahre noch weiter geführt werden solle. Da es sich deutlich gezeigt hatte, daß es nicht möglich sei, hinreichend neue Mitglieder für die Ideen des L. K. zu gewinnen und auch die alten Mitglieder im nächsten Jahre nicht mehr die nötige Zeit besitzen werden, um an den Sitzungen teilzunehmen, so wurde nach einer langwierigen heftigen Debatte der Antrag K., den Kranz aufzulösen, angenommen (Stimmenzahl 6:4).

Die *72. und letzte Sitzung* des L. K. fand am 10. Juli statt ... Die wichtigste Aufgabe, die der Kranz noch zu vollenden hatte, war die Beendigung des begonnenen Dramas ... Wenn ich mich heute in meinem Geiste um ein Jahr zurückversetze und die Entwicklungsstufe, die der L. K. am Ende des vorigen Schuljahrs innegehabt hat, ins Auge fasse, dann darf ich wohl ohne jede Übertreibung behaupten, daß der Literarische Kranz in seinem zweiten Vereinsjahr keineswegs in seiner Entwicklung stehen geblieben ist, sondern stets bemüht war, das neue Ziel, das er sich am Ende des Vorjahres gesteckt hatte, zu erreichen, und daß es ihm auch vollständig gelungen, alle die schweren Aufgaben, die seiner harrten, in glänzender Weise zu lösen. Schon die Namen der gelesenen Dramen zeigen uns, daß der L. K. in diesem Jahr einen weit höheren Grad der Vollendung erstrebte als im Vorjahre. Ich brauche nur die Namen der drei Dramen des großen Norwegers zu nennen, nämlich „Die Kronprätendenten", „John Gabriel Borkmann" und „Brand". ... Von Goethe, Schiller, Hebbel und Kleist wurden Dramen gelesen. Den Hauptpunkt des heurigen Programmes bildeten aber sicherlich die eigenen Arbeiten der Kranzmitglieder; wenn es auch nicht allen Mitgliedern möglich war, selbst literarisch tätig zu sein, so konnten doch alle sich an den

Debatten und Diskussionen beteiligen, die oft einen großen Teil des Abends in Anspruch nahmen, sie konnten auf diesem Weg ihre Ansicht verteidigen und wurden dadurch auch zu schärferem Nachdenken über das Gelesene angeregt. – Manche Mitglieder sind wohl durch gemeinsame Arbeiten im Kranze auf verschiedene literarische Erzeugnisse aufmerksam gemacht worden. ... Wenn also die Kranzmitglieder auf diese Weise in der Kenntnis der deutschen Literatur, in ihrer Freude an derselben und in ihren literarischen Ansichten gefördert wurden, wenn sie im Kreise ihrer Kranzbrüder angenehme Abende erlebten, an die sie sich auch noch erinnern werden, wenn uns das Schicksal mit seiner eisernen unerbittlichen Hand voneinander weggerissen hat, wenn endlich durch den Kranz verschiedene Freundschaftsbande geknüpft wurden, die auch noch über die Gymnasialzeit hinaus Bestand haben werden, dann hat der L.K. während der zwei Jahre seines Bestehens seinen Zweck vollkommen erreicht."

Diese Proben reichen vielleicht hin zu zeigen, wie sich alle schriftlichen Berichte dieses Vereins ganz an der Oberfläche halten und innere wichtige Vorgänge mehr verheimlichen als bekannt machen.

Aber wir sehen deutlich genug, wie sich diese acht jungen Leute eine Insel geistigen Daseins in die ungeistige Welt hineingebaut haben, auf der allein sie sich würdig und wertvoll vorkommen, die sie lieben. Alle ihre Äußerungen sind durchschnittlich begabt und philiströs. Sie selbst aber fühlen sich – und dies trotzdem mit gewissem Recht – über die anderen Mitschüler und auch die Erwachsenen erhaben, weil sie den Willen zum Genialen, Bedeutenden, Guten in sich fühlen.

So schreibt H. im Fragebogen, er sehe keine Schülervereine gerne gegründet, „da es bei uns nur wenige Leute gibt, die höhere Interessen haben als Biersaufen, Sport treiben und Flirt treiben. Aus diesem Grund sondern sich auch manche von den begabteren Schülern von den anderen ab und sind für Vereine nicht zu gewinnen, da sie sagen, was auch sehr richtig ist, daß in einen Verein immer Leute hereinkommen, die auf einem für ihre Begriffe zu niedrigen Niveau stehen. Sie können sich denken, daß bei solchen Verhältnissen auch das Weiterbestehen des L.K. in Frage gestellt ist". Sich und seinen Kreis zählt er natürlich nicht zu „jenen Leuten". Und dies mit Recht, denn er trat dem L.K. bei, „weil ich mich für Literatur sehr interessiere, aber das Gefühl hatte, daß die Anregungen, die man aus Literaturgeschichte oder ähnlichem erhält, nicht genügen, daß ein lebendiger Gedankenaustausch viel besser auf neue Interessengebiete hinleitet". Und er verdankt dem Verein „eine Unmenge Anregungen. Besonders auf dem Gebiet der modernen Literatur. Daß ich das Basteln aufgab, weil ich das Bedürfnis nach zielbewußter Arbeit bekam und dieses Ziel, das ich suchte, in dem Literaturstudium fand ..."

Im Grunde ist dies dasselbe, das alle Kranzbrüder ähnlich schreiben, und doch ist es für H. etwas anderes; denn es ist aus dem Material deutlich genug, daß er zu Anfang mehr ein Lernender, offenbar unter Einfluß P. und N. stehend, sich sehr bald zum Führenden aufschwang. Das gleiche ist bei N. zu merken, nur war er von Anfang an mehr führend. Er verdrängt nach und nach P., dessen Einfluß immer geringer wird. Obwohl diesen Führenden A. und die anderen deutlich als Geführte gegenüber stehen, die nicht im geringsten aktiv sind oder über den offenbar schüchternen Versuch des Vortrags eigener Kompositionen und Gedichte nicht hinauskommen, drücken auch sie mit den gleichen Worten ihre Hoffnungen und deren Erfüllung aus. Es scheint fast, als würde die Tatsache dieser verschiedenen Rollen geflissentlich vor den anderen und vor sich selbst verheimlicht werden, und dies tritt hinzu zu der Grundlage anderer hin- und hertreibender affektiver Tendenzen, Ambitionen, Neigungen und Abneigungen, die immer unausgesprochen bleiben und fast immer völlig unklar, selbst unbewußt sind, auf denen sich doch eine freudige Bejahung des Ganzen aufbaut, die zwei Jahre imstande ist, das Gebilde nicht nur schlecht und recht zu erhalten, sondern so, daß alle Beteiligten es als ein durch und durch harmonisches empfinden. Aber merkwürdig genug zerfällt es plötzlich sang- und klanglos durch Mehrheitsbeschluß, nachdem eine gewisse Stagnation in den letzten Wochen unverkennbar war.

Jener angedeutete subliminale Kampf im einzelnen zwischen seiner tief zugrunde liegenden Unbefriedigung und seinem bewußten Willen, doch weiter im Verein zu bleiben, kommt äußerst klar zutage in P.s Rede über die Vorteile und Nachteile des L.K. Daß in diesem Vereinsleben seelische Kräfte wirksam sind, die durch die üblichen allgemeinen Redensarten der Laien und die Scheinerklärungen von Pädagogen und Psychologen bei weitem nicht erschöpft werden und denen gegenüber die ausgesprochenen Gründe der Experten nichts anderes als Versuche der Rationalisierung eines Irrationalen darstellen, sieht man ein, wenn man jene Rede von P. sorgsam prüft. Klar und deutlich erkennt P., wie es gar nicht wahr ist, daß der L.K. die literarischen Kräfte fördere usw.; denn er weiß, das könnte besser so und so geschehen, aber trotzdem bejaht er uneingeschränkt seinen L.K., und so sieht er sich gezwungen, ins Allgemeine zu flüchten, er spricht von den Schäden und Unzulänglichkeiten, die einem Literarischen Kranz überhaupt möglicherweise anhaften können.

Durch das Gesagte soll hier nur nahegelegt sein: Auch bei diesem wissenschaftlichen Verein, in dessen ganzem sichtbaren Bau Kameradschaftlichkeit usw. Nebenziele sind, scheint das eigentlich Zusammenhaltende nichts anderes zu sein als jenes Affektband, das wir an dieser Stelle noch nicht schärfer zu bezeichnen vermögen als mit dem vagen Wort: Bedürfnis nach Gemeinschaft.

In manchen Beziehungen ist dem L. K. ähnlich *„Die jungliterarische Gesellschaft: Die Stürmer"*, deren Statuten aus folgenden 27 Paragraphen bestehen.

„§ 1 Die Gesellschaft führt den Namen „Die Stürmer"! § 2. Zweck der Gesellschaft ist, jungen aufstrebenden Talenten Gelegenheit zur Veröffentlichung ihrer Geistesprodukte zu geben. § 3. Dieser Zweck wird durch Herausgabe einer Monatsschrift, ferner durch Veranstaltung literarischer und wissenschaftlicher Vorlesungen und schließlich durch Aufführung dramatischer Arbeiten erreicht. § 4. Man unterscheidet: erstens Gründer, zweitens unterstützende Mitglieder, drittens Beiträger. § 5. Gründer sind jene Beiträger oder unterstützenden Mitglieder, die der Gesellschaft seit ihrem Bestehen angehören. § 6. Beiträger haben die Verpflichtung, an der Zeitschrift nach Kräften mitzuarbeiten. § 7. Untertützende Mitglieder haben diese Verpflichtung nicht und daher in der Organisation der Gesellschaft keine Stimmen. § 8. Unterstützende Mitglieder können ohne weiteres von jedem Mitglied aufgenommen werden. § 9. Die Aufnahmebedingungen für Beiträger sind: 1. Mindestalter 16 Jahre. 2. Befähigungsnachweis für literarische oder wissenschaftliche Arbeiten. § 10. Als Befähigungsnachweis gilt eine literarische oder wissenschaftliche Arbeit, die der Redaktion der Zeitschrift einzusenden ist. § 11. Die Majorität der Gründer kann in Ausnahmefällen von diesem Befähigungsnachweis dispensieren. § 12. Gegen das Urteil der Redaktion gibt es eine Appellation an den Ausschuß und schließlich an die Generalversammlung. § 13. Der Beiträger erscheint nur dann als aufgenommen, wenn die Gesamtheit der Gründer und Mehrheit der Beiträger dafür sind. § 14. Die Rechte der Gründer sind: 1. Der freie Bezug der Zeitschrift. 2. Der freie Eintritt zu allen Veranstaltungen der Gesellschaft. 3. Das uneingeschränkte Stimmrecht bei den Generalversammlungen. 4. Aus der Mitte der Gründer wird der Ausschuß gewählt. 5. Ein Gründer kann nur dann ausgeschlossen werden, wenn die ⅔ Majorität aller Mitglieder gegen ihn stimmt. 6. Wenn die Gesamtheit der Gründer gegen einen Antrag das Veto einlegt, so muß dieser unbedingt fallengelassen werden. 7. Ein einstimmiger Beschluß der Gründer ist unter allen Umständen gültig. § 15. Die Rechte der Beiträger sind: 1–3 wie § 14. 3. Besonders tüchtige Beiträger können, wenn die Gesamtheit der Gründer dafür ist, die Rechte der Gründer erhalten. 5. Ein Beiträger kann auf Beschluß der Gesamtheit der Gründer oder der Mehrheit der Beiträger ausgeschlossen werden. § 16. Die Rechte der unterstützenden Mitglieder sind: 1 und 2 wie § 14. 3. Das beschränkte Stimmrecht, d.h. nur bei nichtadministrativen Angelegenheiten. 4. Die Ausschließung der unterstützenden Mitglieder erfolgt nur auf Beschluß von mindestens sechs anderen Mitgliedern. § 17. Alle Mitglieder haben eine einmalige Einschreibegebühr von 50 Hellern und einen monatlichen Beitrag von vorläufig 1 Krone zu leisten. § 18. Der Betrag muß im vorhinein in Geld oder Briefmarken an den Kassierer der Gesellschaft geschickt werden. § 19. Zahlt ein Mitglied den Beitrag nicht, so wird es bis zur Zahlung aller Rechte verlustig. § 20. Jedes Mitglied verpflichtet sich, der Gesellschaft mindestens 3 Monate anzugehören. § 21. Alle Beiträge für die Zeitschrift sind an die Redaktion zu senden (Rücksendung nur, wenn Porto beiliegt). § 22. Generalversammlungen werden nach Bedarf von den Gründern einberufen. § 23. Statutenänderungen können nur von der Generalversammlung beschlossen werden. § 24. Die Aufgaben des Ausschusses sind: 1. Kontrolle der Redaktion. 2. Leitungen der Veranstaltungen der Gesellschaft. § 25. Der Austritt eines Mitgliedes muß einen Monat vorher dem Ausschuß bekannt gegeben werden. § 26. Die Stimmen der bei der Generalversammlung abwesenden Mitglieder werden der Majorität zugewiesen. § 27. Die Mitglieder unterwerfen sich den Statuten." Es folgen zwei Unterschriften für die Redaktion, eine des Kassierers und eine für den Ausschuß.

„Die Stürmer" sind eine besondere Varietät des literarischen Jugendvereins. Ihre Statuten erwecken den Anschein, als wären sie nur dazu da, um den ursprünglichen Gründern auf ewige Zeiten möglichste Macht und bleibenden führenden Einfluß zu sichern. Ungewöhnlich ist auch die Prätension, mit der sie auftreten. Das Rundschreiben, das von den Gründern versandt wurde, zeigt dies deutlich.

„Euer Wohlgeboren! Die Endesgefertigten erlauben sich, Euer Wohlgeboren mitzuteilen, daß sie die Absicht haben, eine literarische Gesellschaft zum Zwecke geistiger Kulturpflege ins Leben zu rufen. Es ist ein bekannter Fehler unseres literarischen Lebens, daß jungen aufstrebenden Talenten keine Möglichkeit geboten wird, ihre Geistesprodukte zu veröffentlichen. Darunter leidet die Entwicklung des Talentes aber sehr; denn wo keine Ermunterung und keine Aneiferung sind, da kann auch keine Fortbildung sein. Unsere literarische Gesellschaft soll daher folgende Ziele verfolgen: 1. Soll in einer periodisch erscheinenden neu zu gründenden Zeitschrift allen Mitgliedern das Wort gegeben werden. Der Inhalt dieser Zeitschrift soll aus folgendem bestehen: a) aus einer satirischen politischen Rundschau, b) aus einem bunten Teil (Beiträge der Mitglieder), c) aus einer Rubrik: Kunstreferate, d) aus einer literarischen Rundschau (in dieser Rubrik wird in jeder Nummer einer unserer hervorragendsten Autoren besprochen werden). 2. Sollen in geeigneten Lokalen literarische Vorlesungen und Aufführungen dramatischer Arbeiten stattfinden. – Falls sich Euer Wohlgeboren für die Sache interessieren sollten, so ersuchen wir Sie, an uns eine diesbezügliche Erklärung abgehen zu lassen. In nächster Zeit wird dann die konstituierende Versammlung stattfinden, deren Ort und Zeit Ihnen natürlich mitgeteilt werden wird. Mit dem Ausdrucke vorzüglichster Hochachtung ...".

Die Verfasser dieses Schriftstücks waren damals etwa 17 Jahre, Schüler eines österreichischen großstädtischen Gymnasiums. Die Gesellschaft bestand über ein Jahr, von der Zeitschrift sind über 20 Nummern erschienen. Die Darstellung und Bearbeitung des Inhalts dieser Zeitschrift wird für eine spätere Arbeit über Schülerzeitschriften aufgespart.

Eine Zuschrift aus einer kleinen preußischen Stadt gewährt uns einen raschen Einblick in eine völlig anders geartete Vereinigung, in der zwar auch von Literatur gesprochen wird, deren eigentliche Tätigkeit aber auf einem ganz anderen Gebiete liegt. „Die Gesellige Prima ist", wie eines ihrer Oberhäupter mitteilt, „für alle Primaner obligatorisch (von der Schule aus). Jeder eintretende Primaner ist zunächst ein halbes Jahr lang Fuchs, wird mit Prügeln eingeweiht und muß bei den allsonnabendlich stattfindenden Sitzungen Bier und Kaffee für die ‚Burschen' heranbringen. Die Prima besitzt Statuten, in denen zunächst von den ‚höheren Zwecken' (Geselligkeit usw.) die Rede ist, nachher bloß noch von den Strafen, die für Zuspätkommen, Werfen mit Biertellern und Zuckerstücken oder sonstigen ‚Störungen der Sitzung' festgesetzt sind. Was eine ‚Störung der Sitzung' ist, hat der *primus omnium* zu entscheiden, der alle Jahre von den Primanern neugewählt und vom Lehrerkollegium bestätigt wird. Außerdem bestehen noch folgende Ämter: 1. Tabakskommission, bestehend aus drei Burschen, die für Tabak, Liederbücher usw. sorgen müssen; 2. Theaterkommission, hat alle 4 Wochen mit Hilfe anderer Primaner auf der Bühne etwas von sich zu geben; 3. Schriftwart; 4. Kassenwart; 5. Weinonkel (sorgt für das Abiturientenessen); 6. Kunstoheim, verwaltet und verleiht die Kunstmappen der Prima; 7. Die ‚Grüne Weide', man höre und staune: Diese drei Leute sind beauftragt, die Prima möglichst in jeder Sitzung durch Vorlesung möglichst vieler, möglichst eigener (!!) Gedichte zu erfreuen und so das Niveau der Prima um ein bedeutendes zu heben (NB. natürlich ist die Muse dieser Leute kastriert und infolgedessen ziemlich steril, d.h. sie fabrizieren mit Kummer und Unbehagen lauter Kitsch). Einer von diesen Unglücklichen, ja sogar das Haupt dieser ‚Grünen Weide' bin nämlich ich selbst. Ich spreche also aus eigener Erfahrung. – Alle diese Angaben, obwohl manchmal in ironischer Form gehalten, entsprechen *vollkommen* den Tatsachen und können also als authentisches Material Verwendung finden."

III. Zusammenfassung und Ausblick

Monroe[1] stellt fest, daß „amerikanische Kinder, sich selbst überlassen, Organisationen gründen". Wir haben übereinstimmend damit gefunden, daß an den höheren Schulen Deutschlands und Österreichs die älteren Schüler im Prozentsatz von 2 bis 100 Vereine gründen, unabhängig davon, ob ihnen dies von der Schulgesetzgebung erlaubt oder verboten ist. Wenn wir die Existenz von vereinsartigen Gebilden mitberücksichtigen, können wir uns beinahe ebenso allgemein ausdrücken wie Monroe.

Der Psychologie erwächst aus dieser Tatsache die unabweisliche Aufgabe, diese sozialen Gebilde zu untersuchen. Bisher ist dies nicht geschehen. Wohl hat sich eine Anzahl von Pädagogen mit der Frage der Schülervereine befaßt, aber die unwissenschaftliche Einstellung aller ihrer Arbeiten ist charakterisiert durch den Einleitungssatz Pilgers: „Eine eigentümliche Mißbildung in dem Leben unserer höheren Schulen . . . die Vereinigung von Schülern zu Verbindungen". So kommt es, daß wir über die entscheidenden Fragen gar nicht unterrichtet sind.

Schon der Name „Schülerverein" erzeugt eine falsche psychologische Fragestellung und verdeckt wichtige Unterschiede und Zusammenhänge. Wir haben durch unsere Enquête deutlich zwei Arten von Schülervereinen kennengelernt: solche, die von Nichtschülern zu irgendwelchen Zwecken gegründet sind, vielfach auch von ihnen geleitet, jedenfalls ständig beeinflußt werden, und solche, die spontan von den Schülern selbst gebildet und von ihnen allein geführt werden. Gegenüber diesen beiden Arten sind zwei verschiedene Fragestellungen nötig. Bei der *ersten* ist die Frage, welche Gründe Schüler zum Beitritt in den Verein veranlassen und welche psychische Veränderung sie durch ihre Zugehörigkeit zu ihm erfahren. Bei der *zweiten* ist noch die Frage hinzuzufügen, unter welchen Umständen eine

1 Die Literaturnachweise finden sich am Ende dieser Abhandlung.

Gruppe von Schülern spontan eine Vereinigung gründet, und ferner: welches die äußeren und inneren Formen solcher spontan entstandener sozialer Gebilde der Jugend sind.

Die Pädagogen, die sich über diese Probleme Gedanken gemacht haben, dürften im allgemeinen mit dem übereinstimmen, was Pilger, freilich extrem bewertend, so ausdrückt: die Ursachen des Schülerverbindungswesens sind Genußsucht; nichtiger Drang, groß zu tun mit Dingen, die dem Schüler noch nicht gestattet sind; hochmütiger Kitzel, einem geschlossenen Ganzen anzugehören und zugleich aus ihm mühelos Zuwachs an subjektiver Wichtigkeit zu gewinnen; Drang nach Geselligkeit und Freundschaft. Dazu käme etwa ein gewisses Interesse für Musik, Literatur, Wissenschaft usw., von dem Pilger absichtlich wenig spricht, das aber z.B. Rausch mehr in den Mittelpunkt rückt.

Dies wäre so ziemlich das meiste, was man im allgemeinen vermutet. Was wir wissen, ist ungefähr das gleiche, nur noch weniger. Wir haben gesehen, daß die Schüler ihre eigene Vereinstätigkeit begründen mit dem Bedürfnis nach Sport, nach geistiger Anregung und nach Geselligkeit. Dasselbe ergibt die Arbeit von Monroe und Blühers Analyse des Wandervogels. Untersuchungen über die Interessen und Ideale Jugendlicher, die zu ganz anderen Zwecken unternommen wurde, zeigen so übereinstimmend, daß diese Trias ein konstitutives Element des jugendlichen Seelenlebens darstellt, daß wir zur Meinung berechtigt sind, es handle sich bei uns um kein Fehlergebnis. Ich erinnere hier, um zwei weit auseinanderliegende Arbeiten zu nennen, an Gieses[1] Untersuchung der spontanen literarischen Produktion und an Starbucks[2] Erforschung der religiösen Bekehrung. Alles hierher Gehörige zusammengefaßt, gibt die leider noch immer nicht ins Deutsche übersetzte einzigartige Darstellung Stanley Halls.

---

1 Bibliographische Angaben s.o. S. 180.

2 Edwin Diller Starbuck: Religionspsychologie. Empirische Entwicklungsstudie religiösen Bewußtseins. Mit einem Vorwort von William James. 2 Bde., Leipzig 1909. (Philos.-soziolog. Bücherei, Bde. 14/15.)

Was aber bedeutet jenes Ergebnis? Gerade weil jede Erforschung des jugendlichen Seelenlebens, sie fange von welcher Seite auch immer an und habe welchen Zweck nur immer, jene dominierenden Interessen aufdeckt, können wir uns in unserem speziellen Fall mit ihnen nicht begnügen; denn offenbar sind nicht jene drei die spezifischen Vereinsbildner. Oder, präziser gesagt: am Zustandekommen jugendlicher Gemeinschaften sind sie nicht in nahezu gleichem Maße beteiligt, wie unsere Enquête zu ergeben scheint. Es ist noch nicht sehr lange her, daß die Körperkultur, der Sport usw. im Schulbetrieb unvergleichlich weniger zu ihrem Rechte kamen als jetzt. Wäre nun das Bedürfnis nach Sport tatsächlich für ein Drittel der Jugend die Veranlassung, sich an Vereinen zu beteiligen, so müßte es gegenwärtig um einen ziemlich hohen Prozentsatz Beteiligte an Schülervereinen weniger geben als früher. Wir haben aber nicht den geringsten Grund, dies anzunehmen. Auch deutet nichts darauf hin, daß die Zahl der Vereine abnehmen werde, wenn die fortschreitende Schulreform die sportlichen Bedürfnisse der Jugend noch mehr berücksichtigen wird. Man könnte hier einwenden, daß jeder sportlichen Übung, die von der Schule ausgeht, immerhin etwas Schulmäßiges anhaftet, das die Jugend nicht liebt.

Dennoch scheint uns, als wäre auch in den spezifischen Sportvereinen nicht das Bedürfnis nach dem Sport das vereinsbildende Motiv. Blühers Geschichte des Wandervogels, dieses bedeutendsten und originellsten Jugendsportbundes, beweist dies deutlich genug. Wir fragen hier nach den psychischen Ursachen des Vereinslebens, also nach den psychischen Bedingungen in den einzelnen, die zu Organisationen, zu geregelten Formen bestimmter Art führen. Schon eine theoretische Überlegung kann uns klar machen, daß aber die Details dieser bestimmten Formen nicht zu verstehen sind als rein aus dem Bedürfnis nach Sport entstanden. Wäre der Wandervogel nur dazu da, um der Jugend den physischen Vorgang des Wanderns zu ermöglichen, wozu die weitausgreifenden Organisationen, wozu die Formen, das Werben, die Broschüren und Zeitschriften, die Leidenschaft, die allein der Organisation als solcher gilt? Und was vom Wandervogel gesagt ist, wird noch auffälliger bei den kleinen und kleinsten Vereinen. Und wenn man darauf hinweisen möchte, daß natürlich das Wandern ein Komplex physischer und psychischer Bedürfnisse ist, der komplizierter Ausdrucksformen bedarf, so sei gegengefragt, wozu bedarf es eines *Bundes*, um Hockey zu spielen?

Für das Motiv der geistigen Anregung gilt ähnliches. Wir haben schon im zweiten Abschnitt darauf hingewiesen, daß im Grunde die wissenschaftlichen Vereine keine rationelle Methode zur Erweiterung und Vertiefung von Kenntnissen sind. Zwar ist nicht zu bezweifeln, die Gespräche mit den Freunden regen an, sie weisen auf Neues, sie veranlassen zum Nachdenken, zum Ausdrücken des Gedachten; oft wird es vorkommen, daß jemand erst im Verein mit ganzen Wissensgebieten bekannt wird; viele erfahren in ihm zum erstenmal klar, was es mit dem Geschlechtsleben für eine Bewandtnis habe und dergleichen mehr. Aber die hier allein entscheidende Antwort kann nicht gegeben werden: In welcher Beziehung steht jene geistige Anregung zu dem eigenartigen Gebilde dieses bestimmten Vereins?

Um diesen Gedanken völlig klar zu machen, weisen wir auf eine merkwürdige Vereinigung hin, deren Dokumente schon vor der Enquête dem Archiv übergeben wurden, den „Freien Zusammenschluß Werdender". Der F. Z. W. – wie der Zirkel lautet – ist ein regelrechter Verein mit allem Zugehör und allen Charakteristicis, zählte aber bloß zwei Mitglieder. Diese zwei 17 Jahre alten Freunde, mit lebhaften wissenschaftlichen Interessen, die einander seit Jahren kennen und anregen, fühlen das Bedürfnis, sich einen Bund zu nennen, geben sich eine Verfassung, nennen ihre gegenseitigen Besuche Sitzungen, schreiben Papiere voll mit Protokollen, geben ihren Zusammenkünften strenge Formen, schließen sich auf eine bestimmte Weise von ihren Kameraden, der Welt überhaupt ab und knüpfen an ihren Bund die ausschweifendsten Erwartungen von Macht und Veränderungen in der Menschheit. Wir haben zu fragen, was sind die psychischen Bedingungen eines solchen Verhaltens? Das gleiche gilt für alle anderen Vereinigungen Jugendlicher, bei denen sich die Problematik freilich nicht so aufdrängt, weil das gleiche Verhalten, wenn es von einer größeren Gruppe Jugendlicher ausgeht, einen Sinn zu haben scheint. Wir meinen jedoch, dies kommt nur daher, daß in diesem Fall eine Analogie mit den Vereinen der Erwachsenen möglich wird.

Die Vereine der Erwachsenen sind zwar auch psychologisch so gut wie noch gar nicht erforscht, aber es möchte uns scheinen, als wären ihre Formen im allgemeinen ihren Zwecken ziemlich adäquat. Mindestens bemüht man sich um diese Harmonisierung mehr oder weniger. Eine Ausnahme scheinen die geselligen Vereine zu machen. Bei ihnen wird vieles von den Formen der Zweckvereine festgehalten ohne deren Zweck. Aber meist schwingt hier eine ironische, eine karikierende Absicht mit. Bemerkenswert ist nun, daß es Zweckvereine Jugendlicher im strengen Sinne kaum gibt, daß aber andererseits auch jene Gebilde selten sind, die sich ausdrücklich als Geselligkeits- oder Unterhaltungsvereine bezeichnen. Vielmehr besteht bei den Vereinigungen Jugendlicher eine auffällige Inadäquatheit zwischen den Formen des Vereins und seinen angeblichen oder vermeintlichen Zwecken (es handelt sich hier natürlich nicht um eine bewußte Täuschung der „Übrigen" durch die Vereinsmitglieder!). Soweit sportliche oder geistige Interessen, Bedürfnisse usw. von Jugendlichen als vereinsbildende Motive angegeben werden, gilt vielleicht: Diese sind so gut wie niemals die spezifische Ursache der Vereinsbildung, sondern die letztere ist im Allgemeinen und im Einzelnen bestimmt durch andere Ursachen, deren adäquater Ausdruck die speziellen Vereinsformen sind. Und zwar ist hier zweierlei denkbar und vermutlich auch wirksam. Jene unbewußten oder ungenannten Ursachen X verschmelzen mit den bewußten und genannten Interessen, a, b ... zu einem einheitlichen Komplex, so daß die Vereinsformen adäquat sind dem so entstandenen Bedürfniskomplex Xa, Xb ... oder beide bleiben nebeneinander bestehen, dann kann es sein, daß derselbe Verein Mitglieder mit verschiedenen Bedürfnissen a, b ... vereinigt oder daß seine Inhalte und Formen wechseln und nur das X und dessen Ausdruck konstant bleiben.

Mit der Vermutung, daß die Gesellschaften der Jugend aus ihrem Geselligkeitstrieb entstehen, sagt man wahrscheinlich nichts Falsches, aber etwas Belangloses. Außerdem verhindert ein so bald eintretendes Genügen an dem bloßen Wort „Geselligkeitstrieb" das Fortschreiten der Erkenntnis. Wohl müssen wir zuletzt die Zuflucht nehmen zu einem Wort, doch möchten wir dies nicht früher tun als unerläßlich. Eines ist gewiß: Das Bedürfnis nach Gemeinschaft überhaupt erklärt nicht die besonderen Formen einer bestimmten Gemeinschaft. Wir müssen dies ausdrücklich betonen, obgleich es manchem selbstverständlich erscheinen wird; denn im allgemeinen scheint man geneigt, durch Einsetzen des sehr vieldeutigen Begriffes „Trieb" sich das Verständnis detaillierter Zusammenhänge zu erschweren. Man vergegenwärtige sich aber nur dies eine: Die Zugehörigkeit zu einem bestimmten Verein bedeutet für den einen herrschen, für den anderen gehorchen; wird durch sie zu einigen Menschen ein engeres Verhältnis gewonnen, so wird der Verkehr mit anderen zugleich um so mehr erschwert. Es bleibt schließlich nichts übrig vom Begriff des Geselligkeitstriebs, als daß er die Tatsache bezeichnet, der Jugendliche hat das Bedürfnis nach der Anwesenheit anderer Personen. Und wie weit ist es von hier bis zum Verständnis einer höchst differenzierten Organisation von Jugendlichen. Abgesehen von der Frage nach der näheren Analyse jenes Bedürfnisses, erhebt sich, um nur eine zu nennen, die, warum ein Jugendlicher A gerade zu diesen anderen Jugendlichen B–X ein so bestimmtes Verhältnis hat, daß sich aus ihm die Besonderheiten des Vereins V ergeben.

Zeigt sich so der Begriff des Geselligkeitstriebs als zu allgemein, um die Psychologie der Schülervereine begreifen zu lassen, so weist er andererseits darauf hin, daß der Begriff „Schülerverein" keinen psychologisch eigenartigen Tatbestand umfaßt. Vermutlich sind gewisse Arten von Vereinigungen, die jugendliche Nichtschüler bilden, jenen im Charakteristischen ähnlich. Haben wir bisher die Notwendigkeit betont, die Spezialdeterminanten für die Eigenart von Vereinsindividualitäten aufzusuchen, so müssen wir jetzt, ebenso hypothetisch und andeutend, auf die Untersuchung der Variationsbreite dieser Eigenart und ihrer Determinanten hinweisen.

Keinesfalls deckt sich der psychologische Begriff des Jugendvereins mit dem der Jugendgruppe. Vielmehr ist er eine besondere Art von ihr. Ich würde vorschlagen, vorläufig die Möglichkeiten der Objekte einer Sozialpsychologie der Jugend zu sondern in die zwei Hauptarten der gemischten und der reinen Jugendgruppen. Die gemischten Gruppen umfassen alle Sozialgebilde, in denen auch Jugendliche psychologisch wirksam sind, also z. B. die Familie, gewisse Vereine Erwachsener usw. Unter den reinen Jugendgruppen ließen sich annähernd vollständig und ohne Zwang unterscheiden: das Paar, der Freundeskreis, der Verein, die Organisation. Hierbei sind bloß die relativ ständigen Gruppen berücksichtigt und nicht die vorübergehenden; ferner ist über die Richtung der Hauptgefühle nichts ausgesagt, so daß zu den Freundeskreisen auch die „Feindeskreise" gehörten, wenn das Wort erlaubt ist.

Unter *Organisation* würden die festgefügten Zweckverbände Jugendlicher verstanden werden. Spontan entstandene Jugendorganisationen dürften, wie bereits erwähnt, sehr selten sein, doch sind sie immerhin möglich. Im allgemeinen werden sie von Erwachsenen oder doch Erwachsenden gegründet, meistens zu politischen Zwecken. Aber auch einige wissenschaftliche Studentenvereine z. B. gehören hierher.

Beim *Freundeskreis*, um das Extrem der Organisation vorwegzunehmen, gibt es keine Formen, wenigstens keine, die ausdrücklich vereinbart wurden. Was an regelmäßigen Vornahmen existiert, beruht auf Gewöhnung, ergibt sich von selbst aus den Umständen. Die Zahl der Mitglieder ist mindestens drei, im übrigen aber völlig unbestimmt und wechselnd, doch schwerlich über zehn. Seine Erscheinungsformen sind äußerst mannigfaltig; als Extreme könnten beispielsweise bezeichnet werden einerseits der freundschaftliche ständige Verkehr einer jugendlichen Person mit mehreren anderen, die sich untereinander kaum kennen, die aber doch durch ihren gemeinsamen Freund in einer Art affektivem Verhältnis zueinander stehen, andererseits eine Gruppe von ganz bestimmten Personen, die sich zu bestimmten Stunden der Woche an einem vereinbarten Ort treffen und während dieser Stunden immer das gleiche vornehmen, etwa Dramen lesen, Karten spielen oder Zoten reißen.

Von dieser Form des Freundeskreises ist bloß ein Schritt zum eigentlichen *Verein*. Wenn die geübten Formen des Freundeskreises durch Vereinbarung festgesetzt werden, so ist dieser Schritt getan. Der Verein hat immer einen ernsthaft gemeinten Namen. Auch manche Freundeskreise legen sich Namen zu, aber meist parodistisch und ironisch oder jedenfalls nicht ohne eine gewisse Scham. Der Verein wird als Individuum gefühlt, und die auch vom Freundeskreis oft gewollte und immer empfundene Exklusivität wird im Verein organisiert. Das erste Symptom dieser Gesinnung, dieses Versuchs, ist die Namensgebung. Von hier bis zur differenzierten Gruppe mit Aufnahmebestimmungen und Zeremonien, mit einer Hierarchie, mit Strafen, gedruckten Satzungen, Protokollen, Zeitschriften usw. führt eine lückenlose Reihe. Auch eine Zwecksetzung kann beginnen und selbst so weit fortschreiten, daß der Unterschied zur Organisation sich verwischt.

So fließend aber die Grenzen zwischen *Verein* und *Organisation* auch sind, im allgemeinen lassen sich beide sehr wohl voneinander abgrenzen. Die Jugend*organisation* unterscheidet sich von der Organisation Erwachsener psychologisch kaum. Ihre Zwecke mögen andere sein, jedenfalls ist das Alter der Mitglieder ein anderes. Der Jugend*verein* aber unterscheidet sich von den Vereinen und Organisationen Erwachsener auch dann, wenn seine Zwecke dieselben sind. *Erstens* gibt es in den Jugendvereinen so gut wie nie in größerem Umfang jene Form der Mitgliedschaft, die in denen [i. e. Vereinen] der Erwachsenen die durchschnittlich häufige ist. Die Vereinstätigkeit seiner Mitglieder erschöpft sich nicht in dem Bezahlen des Mitgliedsbeitrags. Für die Mitglieder eines Jugendvereins ist diese Mitgliedschaft nicht immer ein zentrales, aber regelmäßig ein wichtiges Erlebnis. Die Zahl der Stunden, die im Verein zugebracht oder für ihn verwendet werden, mag relativ klein sein, aber sie ist sehr viel größer als bei den Erwachsenen (auch hier ist abgesehen von den Geselligkeits-, Gesangsvereinen usw.). *Zweitens*, und dies scheint uns sicherer und wichtiger zu sein, die Realität des Vereins spielt für den Jugendlichen eine geringere Rolle als für den Erwachsenen. Dies kann unter Umständen, wie wir gezeigt haben, so weit gehen, daß zwei junge Leute sich aus ihren belanglosen Zusammenkünften einen weltbewegenden Bund der Werdenden zusammenphantasieren, ohne den Widerspruch zu bemerken, der zwischen diesen ihren Phantasien und der Realität besteht, oder besser: die Phantasien sind die Realität. Von diesem Extrem abgesehen, scheint es in gewissem Maß immer zu sein, daß die meisten Mitglieder all das, was ihrem Verein an Wichtigkeit, Geltung, Wirksamkeit, kurz an Bedeutung, je nachdem in der Welt, der Kultur, der Nation, in der Realität fehlt, hinzuphantasieren, und diese Phantasien gewinnen meistens einen entscheidenden Einfluß auf die Gestaltung des Vereins, wenigstens in dem Sinn, daß sie ungehemmt ausgesprochen, ernst genommen, niedergeschrieben werden; oft aber auch, indem sie in der Eigenart der Statuten und in umfassenden Plänen sich spiegeln. Man verlangt für sie Glauben, mindestens bei den Mitgliedern. Ja, man könnte vielleicht sagen, die Mitglieder eines Jugendvereins stellen die Auswahl derer dar, die den gleichen Glauben an die Bedeutung ihres Zusammenseins in bestimmten Formen haben. Daß diese Inadäquatheit zwischen Realität und Phantasie nicht bemerkt wird, oder wo dies geschieht, nicht so deutlich empfunden wird, daß das Vereinsleben aufgegeben werden müßte, ist ein wesentlich unterscheidendes Charakteristikum des Vereinslebens Jugendlicher.

Den *Jugendverein* gegen den *Freundeskreis* und die *Jugendorganisation* einerseits, gegen die Vereinigungen der Erwachsenen andererseits abzugrenzen, könnten wir demnach etwa so versuchen: Der *Jugendverein* ist eine Gruppe von Jugendlichen, die spontan aus den Bedürfnissen eines oder einiger weniger von ihnen entstanden ist und die durch einen Namen indvidualisiert wurde. Das Leben dieser Gruppe und in ihr ist wenigstens zum Teil durch gesetzte Formen geregelt. Die Mitglieder beteiligen sich intensiv am Vereinsleben, wenigstens so, daß ihre Träume und Gedanken in bedeutendem Maß sich um die Tatsache des Vereins, die damit zusammenhängenden Wünsche und die durch ihn vermittelten Erlebnisse konzentrieren. Die Diskrepanz zwischen der reellen und der phantasierten Bedeutung wird nicht bemerkt oder die Erkenntnis reicht nicht hin, um den Verein aufzugeben. Die Formen des Vereins im einzelnen sind aus seinen eventuell gesetzten Zwecken nicht völlig zu verstehen. Wenn wir so versuchen, die Tatsache der Schülervereine in die der Jugendvereine einzugliedern, so erweitern sich die Fragestellungen, die wir eingangs erwähnten. Wir meinen, daß künftige Untersuchungen die folgenden drei Reihen von Problemen werden berücksichtigen müssen:

1. *Die erschöpfende Feststellung des Formenreichtums.* Natürlich handelt es sich hier nicht allein um die juristischen und soziologischen Formen der Jugendvereine, sondern vor allem um ihre psychologischen. Häufig genug dürfte es sein, daß zwei juristisch und soziologisch sehr ähnliche Gebilde ganz verschiedene psychologische Individuen oder Typen sind. Wenn etwa zwei Vereine in ihrem ganzen Bau übereinstimmen und also auch zum Beispiel die satzungsgemäß festgesetzten Funktionen des Vorsitzenden und der Mitglieder gleich sind, so macht es doch psychologisch einen äußerst wichtigen Unterschied aus, ob der Vorsitzende tatsächlich in dem einen Verein befiehlt oder ob er im anderen vorschlägt. Die psychologische Typik der Vereine ist mannigfaltiger als die juristische und soziologische, weil nicht alle psychologischen Unterschiede sich in den juristisch und soziologisch erfaßbaren Tatbeständen dokumentieren. Das Erkenntnisziel dieser ersten Reihe ist natürlich die Erfassung von Typen und ihre systematische Anordnung nach einem gewissen Prinzip, also etwa nach ihrer näheren oder ferneren Beziehung zu den Freundeskreisen und Jugendorganisationen. Zweifellos werden sich dabei manche der psychologischen Differenzen, wie Alter, Geschlecht, Bildung, Nation deutlich äußern und werden zu berücksichtigen sein. Dies führt im allgemeinen bereits zur nächsten Reihe, zur
2. *Analyse der Bedingungen der Eigenart von Vereinsindividualitäten.* Hier ist die Fragestellung ganz konkret. Es ist nach den Ursachen der besonderen Formen jedes einzelnen Vereins zu forschen; oder präziser gesagt, unter welchen Bedingungen gesetzmäßig gewisse bestimmte Vereinsformen entstehen. Diese Frage kann gleicherweise gegenüber den Vereinstypen als ganzen wie gegenüber den Bestandteilen, in die sich die Vereinsformen zerlegen lassen, erhoben werden. Es lassen sich *drei Arten von Bedingungen* unterscheiden, die einander vielfach durchdringen und die erst zusammengenommen ganz verständlich werden, die aber für sich untersucht werden müssen, da sie verschiedener Methoden bedürfen.

(1) Zunächst ist klarzustellen, welche psychische Konstellation, welche einzelnen Erlebnisse, welche Art ihrer Verarbeitung in einem Jugendlichen vorhanden sein müssen, um ihn zur Gründung eines Vereins überhaupt und ferner einer bestimmten Vereinsform zu treiben. Beiläufig ist mit festzustellen, worin sich der tatsächliche Organisator eines Vereins von jenen anderen Jugendlichen entscheidend unterscheidet, die eben dieselbe Vereinsform zwar wünschen, phantasieren, aber sie nicht realisieren.

(2) Ferner ist ebenso das Bedürfnis nach Zugehörigkeit zu einem Verein bestimmter Form, der bereits gegründet ist, zu untersuchen; auch hier ist die Differenz anzugeben zwischen jenen, die etwa lange Listen von „mir sympathischen Vereinen" führen, ohne daß sie zur Tat, zur wirklichen Beteiligung kämen, und jenen, die ihren Wunsch erfüllen. Ohne Zweifel wird ein wahrscheinlich beträchtlicher Rest auch nach der Untersuchung in diesen beiden Richtungen unerklärt bleiben.

(3) So manches an den speziellen und allgemeinen Vereinsformen ist determiniert durch gesellschaftliche Tatsachen. Die Nachahmung von Vereinen der Erwachsenen und von gesellschaftlichen Gruppen anderer Art, der Familie, des Staats, der Gewerkschaften usw. wird nachzuweisen sein. Ebenso dürfte nicht wenig außer durch direkte Nachahmung auch noch durch unbewußte gesellschaftliche Tendenzen und Bedürfnisse bedingt sein, die gleicherweise in den Vereinen aller Altersklassen derselben Zeit wirksam sind. Hierin ist das Problem der Ähnlichkeit gewisser spontan entstandener Jugendgruppen mit primitiven Gesellschaftsformen inbegriffen.

3. *Der Zusammenhang der allgemeinen vereinsbildenden Faktoren mit Grundtrieben.* Wie fügt sich das System der vereinsbildenden Faktoren, die in der zweiten Reihe untersucht worden waren, in die seelische Gesamtheit eines Individuums ein? In welchem Zusammenhang stehen sie mit den psychischen Grundkräften und Trieben? Diese Frage ist berechtigt unabhängig davon, ob man eine Vielheit solcher Triebe annimmt, wie es allgemein üblich ist, oder ob man sie auf eine Zweiheit zurückführt, wie Freud, ob man die Grundkräfte auf physiologische Tat-

sachen zurückführen zu können vermeint oder nicht. Wohl werden die Methoden und die Einzelfragestellungen in diesen verschiedenen Fällen verschieden sein (wir wollen darum hier nicht mehr tun als das Problem nennen und darauf hinweisen, daß der einzige ernsthafte Versuch dieser Art von Blüher in seinem „Wandervogel als erotisches Phänomen" unternommen wurde und hinzufügen, daß wir selbst uns für eine spätere Arbeit die ausführliche Diskussion dieses Punktes und die Aufstellung einer zusammenfassenden Anschauung vorbehalten), aber sie werden in irgendeiner Art notwendig sein, wenn man nicht der Meinung ist, daß die Vereine eine völlig isolierte Erscheinung sind, sondern vielmehr annimmt, daß auch in ihnen die allgemeine Gesetzmäßigkeit des psychischen Geschehens sich auf eine eigenartige Weise äußert.

Anhang

Gesichtspunkte für die Beschreibung von Jugendvereinen

1. Beobachtung

Auch die geheimste Jugendvereinigung hat eine schmale Berührungsfläche mit der Welt außer ihr und wird so in gewissem Grad der Beobachtung zugänglich. Es gilt zunächst dieses Äußerlichste des Vereins genau festzuhalten: den Ort, an dem die Gruppe gesehen wurde; die Zahl der beteiligten Jugendlichen; deren Differenzierung nach Geschlecht und Alter; die beobachtete Tätigkeit der Gruppe oder die Tätigkeiten in ihr; Charakterisierungen der einzelnen Personen in ihr; deren Gehen, Äußeres, Mimik, Bewegungen, Tracht, Tätigkeiten; was von gesprochenen Worten gehört und aufgefaßt wurde. Wer Gelegenheit hat, auf diese Weise irgendeine Gruppe von Jugendlichen, seien es Kinder, die auf der Gasse „Deutsche und Franzosen" spielen, sei es eine Gruppe von Mittelschülern, die in einem Gasthaus Karten spielen, oder eine Wandervogelhorde im Gebirge, öfters zu beobachten und seine Beobachtungen gewissenhaft und regelmäßig notiert, würde in den Besitz eines äußerst wichtigen psychologischen Materials kommen. Auch Ameisen oder Bienen machen uns keine direkten Mitteilungen über ihr Seelenleben, und doch haben die Zoologen allein durch die Methode des unermüdlichen objektiven Beobachtens ein erstaunliches Tatsachenmaterial angehäuft, das erlaubt, sich ein Bild vom psychischen Zustand dieser Tiergruppen zu machen. Ähnliches ist in der Jugendpsychologie nötig und möglich überall dort, wo die betreffenden Personen über ihre psychischen Erlebnisse keine direkte Auskunft geben wollen oder können; also auch bei manchen Jugendvereinen.

2. Daten

Aus vielen Gründen, die hier nicht erörtert zu werden brauchen, kann die Methode der Beobachtung in der Psychologie freilich nur eine ungleich geringere Rolle spielen als in den Naturwissenschaften; sie ist nur gewissermaßen die Einleitung zu anderen Verfahrungsweisen.

In vielen Fällen wird es möglich sein, durch ein oder das andere Mitglied des beobachteten Vereins Daten über ihn zu erhalten: seinen Namen, die Zahl der Mitglieder; ihr Alter, Geschlecht, Beruf, soziales Milieu; die Art der Zusammenkünfte, ihren Ort, ihren Inhalt; das Ausmaß und die Art der vereinbarten Formen; Art und Ausmaß der Vereinstätigkeit außerhalb der Zusammenkünfte; die Zwecke; das Alter des Vereins; die Dauer der Mitgliedschaft jedes einzelnen; das Budget; die Beziehungen zu den Jugendlichen, zu den erwachsenen Nichtmitgliedern, zu anderen Jugendvereinen und Organisationen.

3. Materialien

Erwünscht wäre, in den Besitz der Vereinsgüter zu gelangen oder doch eine ausführliche Beschreibung derselben nach der Natur vornehmen zu können. In Betracht kämen andeutungsweise die Statuten, Protokolle, Chroniken, Festschriften, Zeitschriften; die Korrespondenz, Bibliothek, Sammlungen; das Archiv; Abzeichen, Verständigungszeichen, Zirkel, Exlibris, Gelegenheitszeichnungen und Scherze; die Heimeinrichtung, Sport-, Fecht-, Trink-, Spiel-, Rauch-, Haushaltungsgerät; Wandzeichnungen, Sprüche; Photographien, Stammbücher, Fremdenbücher; Erinnerungszeichen, Reliquien.

Dazu kämen die Materialien aus dem Besitz der einzelnen Mitglieder, die über sie selbst Aufschluß geben könnten und über die persönlichen Beziehungen der Mitglieder zueinander: Privatkorrespondenzen; Tagebücher; literarische, künstlerische, technische, wissenschaftliche Produktionen.

4. Aussagen

Diese objektiven Daten und Materialien werden lebendig und führen zu tieferen Erkenntnissen, wenn sie gestützt werden durch die Kenntnis der subjektiven Erlebnisse der Vereinsmitglieder. Diese sind zwar zum Teil bereits in dem genannten Material enthalten, wären aber zu ergänzen durch die systematische Aufnahme der Aussagen möglichst vieler Mitglieder und einiger anderer Personen.

Von allen *Mitgliedern* ist zu erfragen: ein allgemeiner Überblick über ihr äußeres Leben; über ihre geistigen und affektiven Interessen; über die von ihnen ausgeübten und phantasierten Tätigkeiten jeder Art; ihr Verhalten zu Jugendvereinen in früherer Zeit und gegenwärtig; zu Vereinen überhaupt; welchen gehörten sie an, in welcher Weise, wie lange; ausführliche Geschichte des Eintritts und Austritts; vor allem über den Eintritt in den beobachteten Verein: Erwartungen, Hoffnungen, Erfüllungen, Enttäuschungen, die sich an ihn knüpfen; Stellungen zu den einzelnen anderen Mitgliedern, äußerlich, innerlich: Rechte, Pflichten, Erwartungen, Neigungen, Abneigungen. Zusammenfassend ist zu erfragen die Meinung des Experten über die Zwecke und Zukunftsaussichten des Vereins. Besonderes Gewicht ist zu legen auf erschöpfende Mitteilungen über die Geschichte und Bedeutung aller einzelnen Vereinsbestimmungen, -einrichtungen, -zeichen und der gesammelten Materialien. Ebenso detaillierte Darstellungen der Vereinstätigkeit und ihrer Wirkung auf das Leben des Experten im allgemeinen.

Von den *Gründern* sind überdies Aussagen anzustreben über die Entwicklung ihrer Pläne; wie sie mit der Diskrepanz zwischen Idee und Wirklichkeit, so weit sie ihrer überhaupt bewußt werden, fertig geworden sind; wem die Erfolge des Vereins zu verdanken sind; wie sie ihre eigene Rolle einschätzen; welches die Bedeutung ihres Vereins für die Nation, die Kultur, die Menschheit nach ihrer Meinung wirklich ist und wie sie hätte werden sollen.

Von jugendlichen *Nichtmitgliedern* wäre zu erfragen, was sie vom Verein wissen, wie sie sich im allgemeinen zu ihm stellen, warum sie nicht seine Mitglieder sind, ob sie gar keinem Verein angehören oder angehören möchten; die Geschichte ihrer Vereinserlebnisse und -phantasien; eine allgemeine Darstellung ihrer Interessen, Tätigkeiten und ihres persönlichen Verkehrs.

5. Analysen

Nur in seltenen Fällen wird es möglich sein, noch über den Punkt 4 hinauszugehen, der ohnehin im allgemeinen ein fernes Ideal wird bleiben müssen. Daß dies aber wenigstens in einzelnen Fällen doch erreicht werde, ist unerläßlich. Durch 1 bis 3 erhalten wir objektives Material; dieses bietet die vierte Stufe in einer sehr fehlerreichen Form. Denn alle Fehlerquellen der Erinnerung und der Aussage treten hier vielfach verstärkt durch Hemmungen und Fälschungstendenzen jeder Art gehäuft und konzentriert in Erscheinung. Wir müssen in die Lage kommen, diese Fehler zu korrigieren. Es ist nötig, jene Aussagen durch eine Art Kreuzverhör und durch Zwang zu konzentriertester Erinnerung und Ehrlichkeit zu verbessern. Dies könnte in gewissem Maß durch eine der Psychoanalyse gleichende Methode erreicht werden; durch eine Psychoanalyse von begrenztem Umfang und vor allem ohne therapeutische Absichten, also auch ohne therapeutische Vorannahmen wie Mitteilungen von Deutungen an die aussagende Person. Ausgangspunkte für solche Versuche sind die durch 1 bis 4 gewonnenen Materialien und Aussagen. Die Einstellung zu gewissen Personen, die Erwähnung besonders intensiver oder ungleichmäßiger Interessen, Tätigkeiten, auffällige Verkehrsformen, unverständliche Abkürzungen, Siegel und Zirkel geben den Ausgangspunkt für umfassende freie Assoziationen einerseits und für Versuche konzentrierter Erinnerung andererseits. Die Aufgabe des Forschers ist hier im allgemeinen im Gegensatz zu der des Arztes, bloß zuzuhören und zu merken. Nur in einzelnen Fällen wird der Forscher, um die Richtigkeit oder die Falschheit von vermuteten Zusammenhängen zu prüfen, dieselben der Versuchsperson mitteilen. Die Hauptsache bleibt hier, ein für die Methode der Sammelforschung zugängliches Material bereitzustellen, das sich von dem auf Stufe 4 erhaltenem dadurch unterscheidet, daß es wenigstens teilweise die tatsächlichen psychischen Erlebnisse aufdeckt, die mit jenen Ausgangspunkten verknüpft sind, statt der angeblichen, statt der den Experten selbst klar bewußten, die sie in den Aussagen reproduzierten.

Dieses Schema ist ein vorläufiges: zu einem endgültigen kann es erst erweitert werden, wenn Beschreibungen der geforderten Art publiziert sein werden. Es wäre wünschenswert, daß dies zahlreich geschehe. Wir hoffen, daß dieser Aufsatz Anregung dazu geben wird.[3]

Literatur

Psychologische Untersuchungen:

Monroe, Will S.: Die Entwicklung des sozialen Bewußtseins der Kinder. Studie zur Psychologie und Pädagogik der Kindheit. (Sammlung von Abhandlungen aus dem Gebiet der pädagogische Psychologie und Physiologie, Bd. 3, Heft 2.) Berlin 1899.

Hall, Granville Stanley: Adolescence; its Psychology and its Relations to Physiology, Anthropology, Sociology, Sex, Crime, Religion, and Education. 2 vol., New York/London 1904.

Blüher, Hans: Die deutsche Wandervogelbewegung als erotisches Phänomen. Ein Beitrag zur Erkenntnis der sexuellen Inversion. Berlin 1912.

Materialien enthalten:

Pilger, Robert: Über das Verbingungswesen auf norddeutschen Gymnasien. Berlin 1880. (Aktenmäßiges Material aus 19 Verbindungen von 1840 bis 1879; zu beachten, daß der Standpunkt des Verfassers psychologische Zusammenhänge verdeckt.)

Rausch, Alfred: Schülervereine. Erfahrungen und Grundsätze. Unter Beifügung der gesetzlichen Bestimmungen und Verordnungen. Halle 1904.

3 Die Besitzer von Beschreibungen dieser Art, von Teilen solcher oder bloßer Materialien bitten wir, sich mit dem in Gründung befindlichen Institut für Psychologie und Soziologie der Jugend, das hervorgehen soll aus dem eingangs erwähnten Archiv für Jugendkultur, in Verbindung zu setzen, damit eine Arbeitsgemeinschaft zur Erforschung des Problems des jugendlichen Gemeinschaftslebens entstehen könne. Nähere Informationen durch Dr. Siegfried Bernfeld, Wien XIII, Suppégasse 10; auch in dessen Aufsatz „Ein Institut für Psychologie und Soziologie der Jugend" [in diesem Band S. 224ff.].

(Einige Dokumente aus dem Schülerverein der Latina der Franckeschen Stiftungen.)
Johnson, John: Rudimentary society among boys. (Johns Hopkins University Studies.) Baltimore 1884. (Zitiert nach Monroe, s. o. – Beobachtungen an einer spontan entwickelten eigenartigen Jugendgemeinschaft.)
Richter, Gustav: Jena und sein Gymnasium. Eine Festrede. Jena 1902. (Zitiert nach Rausch, s. o. – Dokumente aus dem Schülerverein.)
Friedemann, Adolf: Das Leben Theodor Herzls. Berlin/Leipzig 1914. (Satzungen des Schülervereins „Wir".)
Blüher, Hans: Wandervogel. Geschichte einer Jugendbewegung. 2 Bde., Berlin 1913. (Vortreffliche allseitige Monographie.)

Ferner ist zu nennen:
Dittmar, ...: Schülerverbindungen. In: K. A. Schmid (Hrsg.): Enzyklopädie des gesamten Erziehungs- und Unterrichtswesens. 2. Aufl., fortgeführt von Wilhelm Schrader. 7. Band, 2. Teil, Leipzig 1886, S. 166–178.
Altenburg, Oskar: Wissenschaftliche Vereine der Schüler. In: W. Rein (Hrsg.): Enzyklopädisches Handbuch der Pädagogik. 9. Bd., Langensalza 1909, S. 573–578.
Emscher, Fritz Heinz von der: Schülerverbindungen und Gymnasialdisziplin. Zeitgemäße Betrachtungen. Dresden 1904.
Nath, Max: Schülerverbindungen und Schülervereine. Erfahrungen, Studien und Gedanken. Leipzig/Berlin 1906.
Szymank, Paul: Schülervereinigungen? In: Pädagogisches Archiv 48 (1906), S. 155–162.
Lassmann, Alfred: Pennalien und Schülervereine. In: Deutsche Arbeit. Monatsschrift f.d. geistige Leben der Deutschen in Böhmen. 13. Jg., Prag 1913/14, S. 435–438.
Sommer, Otto: ... In: Studentska Revue 1914. (In tschechischer Sprache, nicht ermittelt.)

In der schönen Literatur sind Schülervereine dargestellt in:
Redwitz, Oscar von: Hermann Stark. Deutsches Leben. 3 Bde., Stuttgart 1869.
Stilgebauer, Edward: Götz Krafft. Die Geschichte einer Jugend. Bd. 1, Berlin 1904.
Holz, Arno/Jerschke, Oskar: Traumulus. Tragische Komödie. Dresden 1905.
Bierbaum, Otto Julius: Prinz Kuckuck. Leben, Taten, Meinungen und Höllenfahrt eines Wollüstlings. In einem Zeitroman. 3 Bde., München/Leipzig 1907/8.

EIN INSTITUT FÜR PSYCHOLOGIE UND SOZIOLOGIE DER JUGEND

– Archiv für Jugendkultur – Entwurf zu einem Programm (1917)

Vorbemerkung

Die vorliegende Arbeit ist vielfachem Mißverständnis ausgesetzt, darum sei zweierlei vorausgeschickt:

Erstens: Das Programm zu einem Institut für Psychologie und Soziologie der eigentlichen Jugend (ca. 14.–21. Lebensjahr), das hier entworfen wird, ist nach und nach aus den Bedürfnissen und Erfahrungen der Sammlungen entstanden, die der Verfasser seit einigen Jahren versucht hat, bisher freilich nur unsystematisch und anderen Arbeiten nebenher laufend. Die technischen und methodischen Vorschläge, die im zweiten Teil gemacht werden, sind somit im einzelnen erprobt. Nur ihre Zusammenfassung zu einem Ganzen ist noch nicht mehr als ein Gedanke.

Zweitens: Das Institut soll dem Jugend-Erziehungswesen in weitestem Sinne dienen, 1. durch Förderung der gesamten Jugendforschung und 2. durch Aktionen, die auf den Resultaten dieser Wissenschaft basierend, eine Veränderung des Erziehungswesens bewirken wollen. Zunächst freilich muß alle Arbeit auf das erste Tätigkeitsgebiet konzentriert werden. Darum legen wir im folgenden dar, was wir unter „gesamter Jugendforschung" verstehen, und wie wir meinen, daß sie durch ein technisches und methodisches Institut gefördert werden könnte. Was wir bieten, sind nur Andeutungen, ist eine Auswahl aus den möglichen Problemen und Einrichtungen. Der Zweck dieser Auswahl ist, Förderer und Freunde zu gewinnen, damit es möglich werde, die vorhandenen Sammlungen und Kräfte, das bereits bestehende „Archiv für Jugendkultur" zur vorgeschlagenen Organisation zu erweitern.

I. Die Problemkreise

Von einer wissenschaftlichen Jugendforschung kann gegenwärtig nur auf einigen Gebieten der Psychologie und Didaktik die Rede sein. Durch diese Experimentelle Pädagogik aber wurde die Praxis des Erziehungswesens bei weitem nicht so gefördert, wie man anfangs erwartet und erhofft hatte. Den Konsequenzen aus dieser Erkenntnis durch das Wörtchen „noch nicht" sich entziehen zu wollen, ist ebenso töricht wie der Versuch der anderen zu leugnen, daß diese letzten Jahrzehnte Experimenteller Pädagogik wichtige Ergebnisse gebracht haben, und zu behaupten, daß von einer großen experimentellen Arbeitsgemeinschaft nichts zu erwarten sei, als „was ohnehin schon jeder wisse oder was keinen interessiere“. Diese beiden Einstellungen verschleiern die Wahrheit und gehen nicht aus von einem ernsten Willen zu einer wahrhaftigen, gründlichen Verbesserung des Erziehungswesens, sondern vom Willen, recht zu behalten. Bei zielbewußter Betrachtung verwerfen wir die Verachtung der experimentellen Methode, aber jenes „noch nicht“ vermag uns deswegen ebensowenig endgültig zu beruhigen.

Man definiert Pädagogik treffend als die Wissenschaft von den Erziehungstatsachen. Unter Erziehung aber pflegt man die Summe der Maßnahmen zu verstehen, die getroffen sind, um einen Jugendlichen zu einem bestimmten Zweck zu verändern. Da dies heute nur in der Schule geschieht, wird aus Jugend Schulkind und im Grunde aus Pädagogik Didaktik; und da man vor allem die sogenannte experimentelle Methode im Auge hat, so sieht man zu, wo man mit ihr etwas auszurichten vermag, anstatt die Aufgabe zu beachten und die Methoden danach zu wählen. Es werden nur jene Probleme wissenschaftlich erforscht, die in Beziehung stehen zu jenen Erziehungsmaßnahmen; die Erziehungsziele aber werden „gesetzt“. Zu einer gründlichen Verbesserung ist aber auch die Lösung vieler anderer Probleme nötig, und so müssen wir neue Forschungsgebiete und Methoden den bekannten und bewährten hinzufügen.

Wenn Pädagogik die Wissenschaft von den Erziehungstatsachen ist, so sei uns erlaubt, von der Tatsache der Erziehung auszugehen. Sie stellt sich dem bloßen Beschauer zunächst als eine eigentümliche *gesellschaftliche Einrichtung* dar. Ein nicht unbeträchtlicher Bruchteil der Männer und Frauen eines Volkes ist damit beschäftigt, eine vielfache Überzahl von anderen Menschen nach bestimmten Regeln in ihrem Äußeren und ihren Handlungen zu verändern. Sehr komplizierte Einrichtungen dienen diesem Zwecke, die im ganzen Umfang einen beträchtlichen Teil des Nationalvermögens repräsentieren. So ist die Nation in

Erzogene und Unerzogene geteilt. Die Teilungslinie geht ausnahmslos durch alle übrigen Schichten, Stufen, Stände und Klassen. Denn jeder Mensch gehört eine Zeitlang seines Lebens in die Klasse der Unerzogenen. Diese Einteilung ist elementar und naturgesetzlich. (Man kann sich freilich unter dem Begriff „erzogen“ auch inhaltliche und qualitative Bestimmungen denken; dann gäbe es neben den notwendig unerzogenen Menschen auch zufällig unerzogene, und man könnte es als eine Entwicklungsrichtung der Gesellschaft bezeichnen, die Zahl der zufällig unerzogenen Menschen möglichst herabzusetzen.) Ausnahmslos lebt der Mensch eine Zeitlang im unerzogenen Zustand, und darum ist diese Gliederung der Gesellschaft in Jung und Alt, oder besser für die Kulturvölker: in erzogen und unerzogen, auch auf irgendeine Weise in ihrem Bau angedeutet.

Irgendwelche Verschiedenheiten an Rechten und Pflichten – im weitesten Sinn – bei Erzogenen und Unerzogenen bestehen in jeder gesellschaftlichen Ordnung; immer haben die Unerzogenen eine besondere Stellung in ihr. Heute wäre sie mit einigen Worten etwa so bezeichnet: Ausnahmslos haben die Unerzogenen weniger Rechte als die Erzogenen, stufenweise von der absoluten Rechtlosigkeit bis zur Vollgiltigkeit [Volljährigkeit]. Ferner besitzen sie im allgemeinen ein besonderes Recht: das der Befreiung von wirtschaftlicher Produktion, und eine besondere Pflicht: sich erziehen zu lassen. Diese Sonderstellung findet ihren verfassungsmäßigen Ausdruck. Während aber die Erfüllung jenes Rechtes völlig dem Vermögen und in weitem Maße dem Willen einzelner, der Eltern z. B., überlassen ist, wird für jene Pflicht in gewissem Maße und Sinne öffentlich gesorgt, im öffentlichen Erziehungswesen. Das Interesse der Öffentlichkeit ist im allgemeinen – das Fürsorgewesen ist eine Ausnahme, von der sich leicht erweisen läßt, daß sie die Regel bestätigt – auf diese Funktion konzentriert. Ihr ist also der Jugendliche vor allem ein Unerzogener, und die erste Pflicht, das erste Recht, das sie ihm gegenüber fühlt und beansprucht, ist das der Erziehung.

Darum hat die Wissenschaft überall dort, wo ihr überhaupt die Jugend zum Problem wurde – dies zum ersten Mal energisch getan zu haben, ist ein unschätzbares Verdienst der Experimentellen Psychologie –, doch nur einen

Teil dieses Problems gesehen. Sie sah Jugend als ununterrichtetes Alter, und ihre Problematik war die: Wodurch unterscheidet sich dieser Unerzogene vom Erzogenen, Unterrichteten? Sie war ausschließlich psychologisch. *Wir wollen eine erweiterte Fragestellung und finden als vorläufig nächstes Problem das umfassendere der Stellung der Jugend in der Gesellschaft*, ein wesentlich *sozialwissenschaftliches*.

Vielleicht wird man geneigt sein, hierin gar kein eigentliches wissenschaftliches Problem zu sehen, da ja vermutlich die Darstellung der Lage der Jugend in der menschlichen Gesellschaft sich erschöpfe in einer sehr leicht zu gebenden Feststellung des gesetzten Zustandes. Denn Jugend habe eben gar keine gesellschaftliche Funktion und bestimme oder bezeichne gar nicht die Struktur einer Gesellschaftsordnung. Vor allem deshalb nicht, weil die Tatsache „Jugend" eine konstante sei. Das Kind als solches sei gesellschaftlich wertlos; erst die Hoffnung, daß aus ihm ein Erwachsener werden wird, verleihe ihm einen Wert, und die Tatsache, daß das Erwachsenwerden nur durch Erziehung zu leiten ist, bestimme die „eigenartige Stellung" in der Gesellschaft. Demgegenüber ist zunächst ohne weiteres zuzugeben, daß der Schein dieser Auffassung entspricht. Aber eine genauere vergleichende Betrachtung jener „Stellung der Jugend" zeigt augenblicklich, daß *eines* zum mindesten unbestreitbar ist: Bei den verschiedenen Völkern der Gegenwart und Vergangenheit sind die Art und das Maß des Rechtes und der Pflichten der Unerzogenen außerordentlich verschieden. Ebenso mannigfaltig ist die Verschiedenheit der Rechte und Pflichten der Jungen im Vergleich mit denen der Alten eines Volkes oder einer Zeit. Allein schon die Frage nach der jeweiligen Dauer der Jugendzeit, nach dem Zeitpunkt ihres Anfangs und dem ihres Endes, ist ein kompliziertes Problem.

Niemand wird bestreiten wollen, daß die Ordnung dieses Chaos von Tatsachen und die Zuordnung seiner Teile zu bestimmten Tatsachenkomplexen eine wissenschaftliche Aufgabe von höchster Schwierigkeit und großer Bedeutung ist. Der einzige Versuch dieser Art, Paul Barths interessante „Geschichte der Erziehung in soziologischer und geistesgeschichtlicher Beleuchtung" (Leipzig 1911), ist in dieser Beziehung unzulänglich. Er berücksichtigt im Grunde ebenfalls nur die Erziehung, d.h. er stellt dar die Beziehung zwischen den verschiedenen Gesellschaftsordnungen und den Erziehungssystemen, oder im allgemeinen nicht einmal den wirklichen Erziehungseinrichtungen und Maßnahmen, sondern der Theorie dieser Vornahmen, der pädagogischen Ideen. Seine Arbeit überragt die üblichen durch den erweiterten Gesichtskreis, durch die großzügige Vermehrung der Tatsachen, mit denen die Erziehung in Beziehung gesetzt wird; aber sie bringt keine wesentliche neue Erkenntnis dieser Tatsache selbst. Nur das II. Kapitel bringt Nachrichten, die man nicht oft in einer Geschichte der Pädagogik findet: die Erziehung der Naturvölker. Und weil man bei diesen vielfach überhaupt keine Einrichtungen findet, die man im üblichen Sinn „Erziehung" nennen könnte, begnügt er sich, stattdessen die Stellung der Jugend im primitiven Bau der Gesellschaft zu schildern, verengt aber diese Darstellung sofort auf die im speziellsten Sinne pädagogischen Gebiete, so wie es deren in der Gesellschaftsstruktur der Völker gibt. Darum findet Barth auch keine soziologischen Gesetze und Erkenntnisse. Er muß sich begnügen, „vom soziologischen Standpunkte aus zu beleuchten", weil die jeweilige Form der Erziehung nur ein kleiner Bestandteil eines großen Komplexes, der jeweiligen Eingliederung der Jugend in die Gesellschaft, ist und sich erst aus deren Erforschung die jeweilige Form der Erziehung begreifen läßt, als Symptom einer allgemein treibenden Kraft, Richtung oder wie man es nennen wollte. Die Erziehung ist bestimmt durch die allgemeinen Anschauungen vom Wesen und Nutzen der Jugend; diese sind im zu erforschenden Zusammenhang mit den Variablen der Gesellschaftsordnung und den Konstanten der seelischen Beziehung jung-alt und äußern sich in der ganzen Stellung der Jugend in der Gesellschaft. Die Erziehung ist ein bestimmter Teil von ihr, der nur aus dem ganzen Zusammenhang gesetzmäßig zu erfassen ist.

Wenn oben von *Rechten und Gesetzen* die Rede war, so ist dies nicht bloß eigentlich zu verstehen; denn die „Stellung" ist bei weitem nicht bezeichnet durch rechtliche Beziehungen. Schon darum nicht, weil nach der Auffassung vieler Völker mindestens die Beziehungen zwischen Eltern und Kindern überhaupt keine rechtlichen, sondern *natürliche* sind. Die Rechte haben dort nur Sinn und Umfang von Schutzmaßregeln gegen „widernatürlichen“ Mißbrauch. Wohl wird ein erschöpfendes Studium des Rechts der Jugend, vergleichend bei Völkern und Zeiten, wichtige Aufschlüsse bringen und vor allem in der Richtung fördern, was überhaupt Objekt einer besonderen Rechtsetzung wurde; von Wichtigkeit werden Untersuchungen sein – statistisch vergleichend – über die Praxis der Rechtsprechung und Übung; von großem Interesse wird sein, die Wandlungen des Begriffs „jugendliches Verbrechen“ zu verfolgen; festzustellen und zu begreifen, wie die Gesellschaft verschieden genötigt war, sich gegen jugendliche „Unsitte“ zu schützen; welche Mittel sie verwendete; aber eine erschöpfende Darstellung der gesellschaftlichen Stellung der Jugend ist aus dem Studium ihrer rechtlichen Determinierung allein nicht zu geben.

Auf eine Stufe tieferer Erkenntnis führen *Untersuchungen der Sitten und Gebräuche*, denen Jugend unterworfen ist. Sie stehen vielfach außerhalb des Gebäudes rechtlicher Bestimmungen, sich auf Gebiete erstreckend, die von jenen unbestimmt bleiben. Sie sind heute etwa in der Tracht der Jugend in vielen Gegenden, besonders beim weiblichen Geschlecht, deutlich erhalten. Vielfach durchbrechen sie selbst das geltende Recht und setzen über es hinaus, für Feste, Tage usw. eine Zeit vergangener Ordnung wieder blitzartig aufweckend und in völlig neue Gesinnungen hineintragend. Aber weil vielleicht solche Erscheinungen als „Versteinerungen und Überbleibsel“ zu deuten sind, vervollständigen sie zwar das Bild, aber nicht restlos. Sie weisen auf Probleme, sie enthalten in sich die wichtige Frage, warum gerade dies und das gerade so erhalten blieb, aber sie lassen wichtiges unbeleuchtet und ungelöst.

Hinter jenen Symbolen wirklicher Zustände und diesen Resten sind nun diese selbst zu erforschen: die realen Verhältnisse der Einordnung der Jugend in die Gesellschaft. Hier ist nicht mehr die Frage nach den allgemeinen Beziehungen der Unerwachsenen zu den Erwachsenen überhaupt, was ihnen von gesamtheitswegen verboten oder auferlegt ist, sondern was sie in diesem Rahmen nun wirklich tun und in welcher engeren Gruppe sie sich befinden, handelnd und leidend. (Nicht die ganze Jugendzeit muß in *einem* engeren Verband verlebt werden, es sind darum die Variationen und Kombinationen zu ergründen.)

Soll so gewissermaßen eine Formel für die Stellung der Jugend in einer Gesellschaft aufgestellt werden, so müssen zunächst die Bestimmungsstücke bezeichnet und für sich erforscht sein. Als erstes solches Teilstück eines Jugend-Lebensganzen drängt sich uns die *wirtschaftliche Tätigkeit*, höchste Variationsmöglichkeiten in sich einschließend, auf. Dies bestimmt die Lage einer Jugend aufs äußerste, ob sie früh oder spät, in vollem Umfang oder in Ausnahmen wirtschaftlich produktiv ist, d.h. ob sie in irgendeiner Weise wirtschaftlich tätig sein muß, um den nötigen Lebensunterhalt zu bekommen. Es ist zu bestimmen notwendig, ob der Lebensunterhalt der Jugend von einer Gruppe innerhalb der Gesellschaft aufgebracht wird, der Familie etwa oder vom Staat, wem also eigentlich der Mehrbetrag von Arbeit, der von der Gesellschaft zur Erhaltung ihrer Jugend geleistet werden muß, zur Last fällt, wieweit die Jugend selbst diesen Mehrbetrag auf sich nimmt. Die Fragen müssen vergleichend beantwortet werden, welcher Art die Arbeitsleistung der Jugend ist, wie sie verteilt ist auf Alter und Klassen, welches ihre Beziehung zur Arbeit der Erwachsenen ist.

Daß die Kinder irgendeine Zeitlang erhalten werden, also daß sie irgendeine Zeitlang wirtschaftlich passiv sind, ist naturnotwendig, und es gibt keine Ordnung, in der diese Zeit sich deckte mit der natürlichen Ernährung des Kindes durch die Mutter. Kinder sind also *immer* in irgend einem Maße ein Passivposten der Gesellschaft. Es wirkt von dieser Seite her die Tendenz, immer nur in gewissem Maße, die Zahl der Kinder herabzusetzen und die Zeit ihrer Unproduktivität zu verkürzen. Von der entgegengesetzten Seite wirkt unbestreitbar die Tendenz, die Zahl der Kinder zu vergrößern, die Zeit ihrer Indetermination zu verlängern. Vielfach sind es zur gleichen Zeit und beim gleichen Volk *verschiedene* Gruppen, die diese Tendenzen verwirklichen möchten (z.B. tendiert die gegenwärtige Familie zum Geburtenrückgang, der gegenwärtige Militärstaat zum Geburtenüberschuß). In diesem Kräftespiel, das, verwickelt genug durch die sozialen und historischen Komplikationen, noch mehr verwirrt wird durch seelische Bedingungen, liegt die Lösung der Probleme: Produktivität der Erziehung, Dauer der Jugend, erwünschte und unerwünschte Kinder, Zärtlichkeit, Strenge, Geburtenrückgang usw.

Ist die Rolle der Jugend als Produzentin mit allen ihren gesellschaftlichen Ausstrahlungen erforscht, bleibt noch übrig, ihre Konsumtionskraft und -art in ihrem gesetzmäßigen Verlauf zu ergründen. Denn auch dies ist ein Faktor der gesuchten Formel, und zwar einer von großer Variabilität in verschiedenen Zeiten und Klassen. Von diesem Problemkomplex seien genannt die Fragen nach der Höhe der privaten wirtschaftlichen Konsumtion, nach Kleidung, Nahrung, Luxusmitteln, auf Alter, Geschlecht, Klassen verteilt, ferner die schwierigeren und wichtigeren Fragen nach den Rückwirkungen dieser Kosumtion auf die Erzeugung: Industrien, die der Jugend dienen (Konfektion, Spielwaren, Jugendschriften usw.), und die private Mehrarbeit einzelner oder kleinerer Gruppen, der Familie etwa, um den Unterhalt und die Bedürfnisse der ihnen zugewiesenen Kinder zu bestreiten, also die Rolle der Jugend im Haushalt; zuletzt die gesellschaftlichen Einrichtungen, die der Pflege der Jugend dienen, in ihrem wirtschaftlichen Aspekt und ihren wirtschaftlichen Ausstrahlungen.

Dieses wenige möge genügen, den Problemkreis zu bezeichnen, der sich um die Frage nach der wirtschaftlichen Stellung der Jugend, nach ihrer Stellung in der Wirtschaft ordnet. Noch weniger beachtet und erforscht ist die *geistige Stellung* der Jugend, um mit einem Worte ganz kurz zu benennen, was sich schon bei einiger Achtsamkeit in ein unübersehbares Gewirre von Problemen, Beziehungen und Tatsachen zersplittert. (Wir kennen die primitive Gesellschaft der Altersklassen, in der die Jugend für sich organisiert nach besonderen Gesetzen lebt, wobei sie zuweilen Funktionen erfüllt, die für die Gesamtheit wichtig sind und die manchmal von ihr allein erfüllt werden, z. B. die Landesverteidigung. Die Ephebie der Griechen überträgt ihrer Jugend besondere, nur ihr zukommende geistige Aufgaben usw.) Der Problemkreis, um den es sich hier handelt, ist bezeichnet: Welches war die gesellschaftliche außerwirtschaftliche Funktion der Jugend bei Völkern und Staaten, wie war die Jugend für die Ausübung dieser Funktion organisiert? Welches sind die Gesetze des Baues solcher Jugend-Gesellschaften und ihrer Wandlungen? Oder, wo von einer Funktion der *Jugend* nicht die Rede sein kann: Welches war ihr formaler und tatsächlicher *Anteil* an den außerwirtschaftlichen Funktionen der Gesellschaft? Und zwar wird es nicht bloß darauf ankommen, welches der *Anteil* der Jugend an Kunst, Religion, Politik, Landesverteidigung usw. einer Zeit war oder, was in früheren Zeiten diesem entsprach, sondern auch die Problemreihe wird zu behandeln sein, welches die *Schätzung* dieses Anteils und damit der Jugend in jenen Gesellschaftsformen war.

Diese Betrachtungen und Untersuchungen werden nun zum *soziologischen Begriff der Jugend* führen, der sich aus ihrer sozialen Bedeutung, aus ihrer Stellung in der Gesellschaft ergibt. Die physische und psychische Eigenart der Jugend ist ein Gegebenes. Daher kennt jede Gesellschaft den einzelnen Jugendlichen gleicherweise. Die Frage, die hier gestellt werden muß, ist nun nicht die, worin jene Eigenart besteht, sondern, ob eine bestimmte Gesellschaftsordnung diese Eigenschaften im ganzen oder einzelne von ihnen als wertvoll für *ihre* Zwecke empfindet und ob sie nun darum diese spezifischen natürlichen Eigenschaften des Jugendalters für sich verwendet, indem sie die Träger dieser Eigenschaften irgendwie organisiert, um ihre natürlichen Tätigkeiten oder doch Möglichkeiten dem Bau von Handlungen und Gesinnungen, aus dem sie besteht, einzugliedern. Aus der Fülle der verschiedenen Tatsachen dieses Gebietes ergibt sich der soziologische Begriff der Jugend als jener sozialen Gruppe, die aufgrund ihrer natürlichen Eigenart eine bestimmte spezifische Aufgabe wirtschaftlicher oder geistiger Natur in einer bestimmten Gesellschaftsordnung erfüllt. Und das wissenschaftliche Problem, das dieser Begriff der Jugend, alles vorhin erwähnte zusammenfassend, verbirgt, ist die Frage nach dem Zusammenhang einer bestimmten Aufgabe der Jugend in einer bestimmten Gesellschaftsform mit dieser. Der soziologische Begriff der Jugend ist der allgemeine Ausdruck für die Gesetzmäßigkeit, nach der sich gewisse Formen der Eingliederung der Jugend in die Gesellschaftsordnung auf diese Ordnungen beziehen.

Die reine Eigenart der Jugend, wenn dieser Ausdruck

hilfsweise erlaubt ist, jene Eigenschaften, die Menschen etwa im Alter von 10 bis 25 Jahren hätten, wenn man sie völlig unbeeinflußt miteinander leben ließe, hat wohl nie die Möglichkeit einer gesellschaftlichen Funktion ergeben. Sie wird erst möglich bei irgendeiner Art von Einwirkung auf die Jugend. Diese Einwirkung geht aus von jenen, die irgendein Ziel für diese Einwirkung wissen, und wird ausgeübt gegen jene, die es sich aus irgendwelchen Gründen gefallen lassen müssen. Das Ziel ist in jeder Ordnung gegeben als Erhaltung dieser Ordnung. Solange diese „Ordnung" einfach ist, wenige Gruppen zusammenfaßt, oder solange der Gesichtskreis jener Einwirkenden kaum über die engere Gruppe, in die sie eingereiht sind, hinausreicht, heißt Erhaltung der Gesellschaftsordnung Erhaltung der Gruppe, in der sich das Subjekt und das Objekt der Einwirkung befinden. Wer in seinem Lebensunterhalt von einer Gruppe abhängig ist, deren Erhaltung Formen, Handlungen, Gedanken usw. verlangt, die ihm nicht von vornherein zugleich natürlich sind, ist genötigt, jenen Einwirkungen sich zu fügen, sich nach den Geboten dieser ihn ernährenden Gruppe zu richten. Daher ist eine Einwirkung vom Erwachsenen auf den Jugendlichen notwendig überall dort vorhanden, wo der Jugendliche sich in gemischten psychologischen Gruppen befindet, wo er nicht in einer Gemeinschaft von Jugendlichen lebt.

Solche Gesellschaftsformen kennen Begriff, Tatsache und Theorie der *Erziehung*. Die Tatsachen der Erziehung, ihre Art und ihr Umfang bestimmen die Stellung der Jugend in einer Gesellschaft sehr wesentlich. Sie geben das dritte Bestimmungsstück für jene gesuchte Formel. Denn, um die Grenzpunkte der Variabilität zu zeigen: Einmal kann Erziehung dazu dienen, die Jugend für *ihre* gegenwärtige Aufgabe geeignet zu machen, so wenn die kriegerische Jugend eines Negerstammes im Bogenspannen geübt wird; ein andermal kann Erziehung dazu dienen, die Jugend, die als solche überhaupt keine Aufgabe erhielt, zu einer in der Erwachsenheit zu erfüllenden Aufgabe bereit zu machen. Wo dies völlig und konsequent durchgeführt wäre, könnte man von Jugend im soziologischen Sinn überhaupt nicht mehr sprechen, es könnte nur mehr von Erzogenen und Unerzogenen die Rede sein.

Die Geschichte der Erziehung ist ungezählte Male geschrieben und von vielen Seiten und Standpunkten beleuchtet worden. Genügend und befriedigend behandelt ist aber kaum mehr als die Geschichte der Pädagogik und des Schulwesens. Was wir fordern, ist davon nicht nur in der Methode, sondern selbst im Stoff, im Problemkreis wesentlich verschieden. Pädagogik ist die *Lehre* von der Erziehung und nicht diese selbst, ja nicht einmal die Lehre von der wirklichen Erziehung, sondern die Lehre von der absichtlichen, systematischen Erziehung. Als solche ist sie ein sehr wichtiger und lehrreicher Teil, aber nur ein Teil jenes Wissenschaftszweiges, der die Versuche der Gesellschaft darstellt, die Eigenart der Jugend zu den jeweiligen Zwecken ihrer eigenen Erhaltung zu verändern. Die Geschichte des Schulwesens geht weiter, sie schildert nicht bloß, was nach den jeweils herrschenden Theorien hätte sein sollen, sondern auch, was war. Sie ist aber eingeschränkt auf jene Zeiten, in denen es für die Tätigkeit der Erziehung gesellschaftliche Einrichtungen gab, und auch hier auf diese selbst. Aber erst seit wenigen Jahrzehnten erreichen diese Einrichtungen alle Jugendkreise und heute noch nicht alle Jugendlichen und bei weitem nicht alle ganz und ihre ganze Jugendzeit lang, so daß auf alle Fälle noch das weite Gebiet der tatsächlichen Erziehung außerhalb des Schulwesens historisch zu behandeln bliebe. Überdies leidet die Geschichte des Schulwesens empfindlich an dem Mangel, mehr die äußere Geschichte als die inneren Tatsachen zu erbringen, so daß im ganzen wenig getan ist zur vollendeten, gesetzlich erfaßten Antwort auf die Fragen, die hier in Betracht kommen: Welches waren die tatsächlichen Vornahmen und Einrichtungen, die dazu dienten, dazu führten oder dazu führen sollten, die jugendliche Eigenart zu verändern, dem Bedürfnisse irgendeiner Gruppe oder Ordnung anzupassen; gleichgültig, ob dies bewußt oder unbewußt, von der Familie, vom Vater, von der Kirche, vom Männerhaus, vom Staat, vom Lehrer usw. geschah? Welches ist der gesetzmäßige Zusammenhang dieser Vornahmen mit dem ganzen Bau einer bestimmten Gesellschaft?

Wenn die Stellung der Jugend nach diesen drei Richtungen, der wirtschaftlichen, geistigen und pädagogischen, erforscht sein wird, wird die Möglichkeit gegeben sein, dem

Problem des „Ziels" der Erziehung näher zu treten. Denn *erstlich* wird der Zusammenhang aufgedeckt sein zwischen gewissen pädagogischen Zielsetzungen und gewissen sozialen Tendenzen. Man wird gewissermaßen die Hintergründe der Pädagogik aufgedeckt haben, und es wird die tiefste gesellschaftliche Konsequenz jeder pädagogischen Zielsetzung „philosophischer Natur" klarliegen, und es wird sich fragen, ob auch dann noch so manches Ziel und so manche Methode gebilligt werden wird, wenn der Hintergrund sozialer Zustände, die sie voraussetzen oder herbeiführen, bekannt ist. Und *zweitens* wird deutlich werden, daß bestimmte Ziele der Pädagogik notwendig bestimmte Gesellschaftszustände verlangen, daß diese zugleich mitherbeigeführt werden müssen, soll das pädagogische Ziel erreicht werden. Die Pädagogik wird aufhören, den ewigen Kreistanz um sich selber aufzuführen, sie wird ihren Horizont erweitern und wird fruchtbarer werden. Und *drittens* wird sie einsehen, daß jeder Ordnung *ihre* pädagogische Zielsetzung entspricht. Sie wird aufhören, sich direkt von „Gott" abzuleiten und wird sich begnügen, sich von der gewollten Gesellschaft abzuleiten. Diese selbst von „Gott" oder einem beliebigen *ens metaphysicum* abzuleiten, soll natürlich jedem unverwehrt bleiben. Diese drei sind im Grunde *ein* Fortschritt, die Erfassung des Grundsatzes einer wissenschaftlichen Ziellehre der Pädagogik: *Ein* unausweichlicher, streng gesetzlich pädagogische Zielsetzungen bestimmender Faktor ist die augenblicklich wirksame soziale Tendenz, die sich ausdrückt in der ganzen Stellung der Jugend in ihrer jeweiligen Gesellschaft. –

Die Untersuchungen im Rahmen dieser ersten Problemgruppe werden zwar alle *gesellschaftlichen* Einrichtungen und Tätigkeiten erforschen, die *durch* die Jugend entstanden sind, oder *für* sie, auch *gegen* sie; sie werden das Leben der Jugend in Wirtschaft, Kunst, Religion, Politik, in der Familie, der Schule usw. erforschen, soweit es irgendwie in Beziehung gesetzt ist zu den Erwachsenen, zu irgendeiner Gesellschaftsgruppe von Erwachsenen; sie lassen aber unberücksichtigt das weite Gebiet von Einrichtungen, die von den Jugendlichen für sich selbst geschaffen sind, sie lassen unerforscht das ganze Leben der Jugend, soweit es keinen Zusammenhang hat mit dem der Erwachsenen. Und so ergibt sich ein neues Forschungsgebiet in der Problemgruppe, die man nennen könnte *Naturleben der Jugend*[1]. Eine Gesellschaft, in der die Jugend unbeeinflußt in jugendlicher Gemeinschaft leben könnte und in der allein durch dieses freie Leben eine gesellschaftliche Funktion erfüllt würde, böte für diese Problemstellung ebenso wenig Raum wie ihr Gegenpol: eine Ordnung, in der das System, das der Veränderung der jugendlichen Eigenart in Gesellschaftswerte dient, so starr und völlig konsequent wäre, daß auch keine einzige Handlung, kein Gedanke der Jugendlichen möglich wäre, die nicht ihm dienten. In beiden Fällen wäre das ganze Leben der Jugend restlos zur Gesamtgesellschaft in Beziehung gesetzt; es wäre also keine Tätigkeit vorhanden, die nicht die Stellung der Jugend in ihr mitbestimmte. In allen anderen Fällen aber bleibt ein freier Raum, dessen Umfang und allgemeine Art zwar seinerseits bestimmend ist für das erste Problem, dessen detaillierte Erforschung und Darstellung aber eine besondere Aufgabe von einiger Schwierigkeit ist. Die historische Methode ist hier im strengen Sinn überhaupt unmöglich; denn in dieses Problem gehört ja eben gerade all das, was keinerlei Beziehung zur Gesellschaft hat und infolgedessen auch nicht aufbewahrt wurde. Weil aber gelegentliche Mitteilungen oder Überreste auf uns gekommen sind, so ist sie zwar nicht völlig unmöglich, aber aufs äußerste lückenhaft und kaum ergiebig. Um so reicher ist die mögliche Ausbeute in der Gegenwart, wenn nur die Forscherkraft in diese Richtung geleitet ist.

Es sind zunächst die *Spiele*, die an dieser Stelle beachtet werden müssen. Aber nicht von ihrer Psychologie, d.h. nicht von der seelischen Verfassung des einzelnen Spielenden wird hier gehandelt, sondern von dem äußeren und inneren Bau von Gruppen Jugendlicher, die zum Spiele vereint sind. Von den ganz losen und vorübergehenden, Stunden dauernden Vereinigungen einiger Gassenjungen zum „Räuber-und-Polizei-Spiel" bis zu komplizierten, ausgebreiteten, festgefügten Geheimbünden ethischer Natur oder den nach zehntausenden zählenden, eigenartigen

1 Ich erfahre, daß Gustav Jäger diesen selben Ausdruck in etwas anderem Sinn bereits vor vielen Jahren verwendet hat.

Wanderbünden führt eine ganze Stufenleiter von ungezählten Kombinationen und Variationen. So verschieden wie die Ziele, vom Kartenspielklub über das Tanzkränzchen und die Strolchplatte bis zum „Verein für Sozialrevolution", ist das innere Gefüge der Jugendgemeinschaften, das Verhältnis des einzelnen zur Gesamtheit. Es liegt hier das Problem der jugendlichen Gemeinschaft, das bloß angedeutet sei, indem darauf hingewiesen wird, daß zu seiner Erforschung auch hinüberzugreifen sein wird auf jene Formen jugendlichen Gemeinschaftslebens, die, wie die Altersklassen der Naturvölker, eine gesellschaftliche Funktion erfüllten oder wie die Schulklasse das Resultat sind aus eigentlichen jugendlichen Bedürfnissen und den Anforderungen der Gesellschaft.

Durch die Beachtung der Spielvereine der Jüngeren und der Vereinigungen und Verbände verschiedenster Art der Älteren (Sport, Geselligkeit, Wissenschaft, Reform), die jenen im Wesen völlig entsprechen, ist ein großer Teil des „Naturlebens der Jugend" der wissenschaftlichen Forschung erschlossen; denn Jugend ist vorwiegend sozial, sie drängt ihrer Natur nach zur geschlossenen Gruppe. Wenn in unserer Zeit weite Kreise der Jugend außerhalb solcher Jugendgemeinschaften leben, so wird dies von ihnen selbst im allgemeinen als ungesunder Zustand empfunden, und mancherlei Einrichtungen werden von ihnen getroffen, um dieses Übel zu mindern. Korrespondenz, Zeitschriften, enge Freundeskreise müssen darüber hinweghelfen und größere Zusammenhänge ersetzen. (Dies und die „Jugendbewegung" als großzügigster gegenwärtiger Versuch und am meisten beachtetes Symptom dieser Lage werden eines eigenen Studiums bedürfen.) Ein großer Rest bleibt aber in den Äußerungen jenes Triebes, der im Gegenteil zur Vereinsamung drängt, der Liebe. Sie schafft den zweiten großen Formenkreis des „Naturlebens der Jugend". Auch hier wiederum ist an dieser Stelle nicht das seelische Verhalten des Liebenden zu studieren, sondern die Gesellschaftsform der Liebe, wenn dies zu sagen erlaubt ist. Es fragt sich nach dem tatsächlichen Zustande des jugendlichen Liebeslebens zu einer bestimmten Zeit. Alle Formen der Masturbation, der Prostitution, der freien und gesetzlichen Liebe und Ehe werden zu berücksichtigen sein, nach Art, Verbreitung,

Umfang darzustellen, der Zusammenhang mit dem übrigen Leben der Jugend und ihrer Stellung zu erklären sein; ebenso die gleichgeschlechtige Freundschaft in ihren Stufen von der leidenschaftlichen, geistigen, schwärmerischen Heldenfreundschaft bis zur physischen Homosexualität. Auch hier wird die Forschung an manchen Stellen in jenen ersten Problemkreis hinüberragen, so überall dorten, wo für die Jugend besondere Liebesgesetze gelten, wie z. B. in den Jugendgemeinden der Massai, oder wo etwa die Knabenliebe eine Rolle in der Gesellschaft spielte oder wo aus dem Liebesleben der Jugend kriminelle Konflikte erwachsen; und vor allem an der ganzen breiten Fläche, mit der die natürlichen Bedürfnisse der Jugend und die Sittlichkeitsanschauungen der Erwachsenen sich berühren, in der sexuellen Pädagogik.

Von hier aus führen viele und breite Wege in einen neuen, dritten Problemkreis; denn mindestens in der heutigen Zeit ist das Leben eines jungen Menschen nicht erfüllt in den Gemeinschaftsformen, sie seien nun natürliche wie der Jugendverein, oder künstliche wie die Schulklasse oder Fabrik, sie mögen die Beziehungen zwischen vielen Menschen, von ganz wenigen wie im Freundeskreis, oder gar nur von zweien wie in der Liebe enthalten: es bleibt immer noch der beträchtliche Kreis des Persönlichen, freilich mannigfaltig, nach Umfang, Inhalt und Intensität bei den einzelnen verschieden von dem gewollten Alleinsein zum „Träumen", zur poetischen Produktion bis zum pathologischen Einsamkeitsbedürfnis aus innerem oder äußerem Zwang. Diese Fragestellung führt von der obigen nach dem „Naturleben der Jugend" fort zu einer neuen, der nach dem „Naturleben *des* Jugendlichen". War bisher einzig und allein von der Jugend als sozialer oder soziologischer Erscheinung die Rede, so fragt es sich nun nach der Jugend als persönlicher, psychologischer Erscheinung. Bisher wurde erforscht der Einfluß der Jugend einer Zeit auf ihre Einrichtungen und umgekehrt. Was tut eine bestimmte Gesellschaft für oder gegen ihre Jugend als Ganzes? wurde gefragt; ferner wurde erforscht das Leben der Jugend als sozialer Gruppe: ihre Aufgaben in der Gesellschaft, ihre Rechte und Pflichten. Die eigenartige Stellung der Jugend zu manchen Zeiten (z. B. der unseren) bringt es mit sich, daß nicht jede Gruppe von Jugendlichen, nicht jede jugendliche Gemeinschaft auch eine soziale Gruppe ist, sondern vielmehr sind die allermeisten sozusagen unter der Bewußtseinsschwelle der Gesellschaft; sie sind *Gesellschaften*, aber nicht Teile der Gesellschaft. Und so ergab sich ein neues Problem: Wie lebt die Jugend, soweit sie keine spezifische Aufgabe in der Gesellschaft hat? Aber nun taucht die Frage auf: Wieweit ist überhaupt das Leben des jugendlichen Individuums in irgendeiner Gruppe *für* sie, *durch* sie verlaufen? Und diese Frage führt zu einer völlig anderen Betrachtung der Jugend, zu der methodisch in der Jugendkunde und Pädagogik fast allein üblichen psychologischen. Allerdings ist auch die andere Betrachtungsweise hin und wieder angewendet worden, vor allem einige Kapitel daraus sind vielfach und gründlich dargestellt und untersucht worden. Besonders ausführlich ist die wirtschaftliche Stellung der Jugend behandelt worden. Man hat auch hinreichend klar sie zuweilen als soziale Gruppe betrachtet, aber wohl ausnahmslos deskriptiv, morphologisch. Dies aber genügt bei weitem nicht; nur als Material zur endgültigen wissenschaftlichen Untersuchung kann vieles verwertet werden. Und das heißt in diesem Falle zur soziologischen, denn die Lehre von der Gesetzmäßigkeit im Bau und den Veränderungen sozialer Gruppen ist die Soziologie. Und darum handelt es sich hier; um die Gesetzmäßigkeiten, die hinter dem Chaos von Erscheinungen stehen, das uns jene zwei Problemkreise aufwiesen, also um die *Soziologie der Jugend*. Ein wichtiger, aber immerhin nur ein kleiner Teil dieser Soziologie der Jugend ist die Pädagogik. Worauf es uns nun in erster Linie bei der Grundlegung einer wissenschaftlichen Pädagogik anzukommen scheint, ist, in einem Satz, ihre Ergänzung durch die Soziologie der Jugend. Denn diese allein zeigt der Pädagogik mit wissenschaftlichen Mitteln ihre möglichen und notwendigen Ziele. Oder, um vorerst vorsichtiger zu schreiben, sie hilft ihr, jene Ziele wissenschaftlich zu finden, die bisher auf irgendeine mystische oder jedenfalls unwissenschaftliche Weise aus der Philosophie oder gar aus der Psychologie gefunden werden mußten.

Die Soziologie der Jugend wird die Erscheinungen, die sie betrachtet, die Stellung der Jugend in der Gesellschaft und die Gesellschaften der Jugend, auf ihre Weise erklären, d.h. in Zusammenhang bringen mit anderen *sozialen* Erscheinungen und zurückführen auf *soziale* Einheiten und *soziale* Triebkräfte, z.B. wirtschaftliche. Sie wird sie darstellen als unter der allgemeinen soziologischen Grundgesetzlichkeit stehend. Damit wird die Aufgabe der Soziologie, selbst ihre Möglichkeiten in diesem Falle erschöpft. Aber es sind noch lange nicht die Möglichkeiten jener Erscheinungen erschöpft. Ist die soziologische Betrachtung gleichsam eine in der Fläche verlaufende, so wäre noch eine in die Tiefe verlaufende möglich; denn die Eigenart der jugendlichen Gesellschaften z.B. ist nicht allein bestimmt durch das soziale Kräftesystem, sondern ebenso ist sie das Resultat der Besonderheiten, Bedürfnisse und Fähigkeiten der einzelnen, die in der Gruppe vereinigt sind.[2] Der jeweilige tatsächliche Zustand ist das Resultat aus der horizontal wirkenden sozialen Tendenz und der vertikal wirkenden psychologischen Art. Und es fragt sich zunächst: Welches ist nun die Wechselwirkung zwischen dem einzelnen und der Gruppe im allgemeinen und besonderen?

Haben wir bisher die Formen der Gruppen analysiert, so müssen wir jetzt die Bedürfnisse des einzelnen[3] untersuchen, aus denen diese Formen entstanden sind, oder dort, wo Jugendliche in bestimmte Formen hineingeboren werden, erforschen, welche Bedürfnisse in ihnen befriedigt werden, gleichgültig, ob früher einmal auch diese oder ganz andere die betreffenden Formen geschaffen haben. Es

---

2 Wobei natürlich nicht zu vergessen ist, daß wahrscheinlich gesetzmäßige Veränderungen im einzelnen andererseits durch seine Zugehörigkeit zu einer Gruppe entstehen.

3 Wenn im folgenden die Problemkreise der Psychologie der Jugend anders behandelt werden als die der Soziologie im vorhergehenden, so hat dies den Grund darin, daß in den Arbeiten der Psychologen William Stern, Ernst Meumann, Aloys Fischer, Felix Krüger und Stanley Hall die Aufgaben und Methoden, welche uns vorschweben, im allgemeinen bereits klar genug angedeutet sind, so daß wir nur von unserem Gesichtspunkt aus zu beleuchten und zu ergänzen brauchen, während für die Soziologie weiter ausgeholt und weniger vorausgesetzt werden mußte. Das Institut soll die Psychologie keineswegs in zweiter Linie und mehr summarisch behandeln, sondern vielmehr von ihr als dem gegenwärtig Reiferen ausgehen, wie auch sein Name andeutet.

wird sich bald unterscheiden lassen zwischen besonderen und allgemeinen Bedürfnissen. Man wird unterscheiden lernen *einerseits* zwischen solchen, die mit einem bestimmten Alter, einem bestimmten Grad physischer Entwicklung notwendig verbunden sind – solchen, die mit unveränderbaren, von der Gesellschaft gesetzten Einrichtungen und ihren Einwirkungen auf das Seelenleben notwendig verbunden sind –, und *andererseits* solchen, die sich bei einzelnen Menschen ohne sichtbaren Grund oder aus ganz ungewöhnlichen äußeren Ursachen oder aus ganz ungewöhnlicher Art, auf übliche äußere Ursachen zu antworten, erzeugen. So gewinnt man schon von hier aus Hinweise auf die äußerst wichtige Problemstellung: Was von der feststellbaren Eigenart der Jugend einer Zeit ist wirklich *jugendliche* Eigenart, und was ist Eigenart der Zeit? Diese Fragestellung steht hinter allen einzelnen folgenden, denn jede bringt zugleich einen Beitrag für sie.

Wenn von Bedürfnissen die Rede ist – dies sei hier ein für allemal vorweggenommen –, so kann es unmöglich genügen, diese in allgemeinster Form zu konstatieren, um damit eine Handlung zu erklären. Die Psychologie des jugendlichen Gemeinschaftslebens ist bei weitem nicht erledigt durch die Behauptung eines „Bedürfnisses" oder „Triebes" nach Gemeinschaft bei der Jugend. Vielmehr beginnt hier erst das eigentliche Problem. *Erstlich*: Was heißt dies „Bedürfen nach Gemeinschaft"? Denn offenbar ist nicht gemeint ein Bedürfnis nach der Anwesenheit anderer Menschen, oder es ist nicht an und für sich dies damit gemeint; es ist vielmehr zu fragen, *wonach* denn im einzelnen ein Bedürfnis besteht. Und *zweitens*: Welches sind die Ursachen dieses Bedürfnisses, d.h. mit welchen anderen seelischen Vorgängen ist es notwendig verknüpft, wie wird es von gewissen beeinflußt, wie wirkt es auf andere ein, welches ist seine Variationsfähigkeit, welches ist seine Geschichte im einzelnen?

Es kann hier natürlich nichts Inhaltliches gegeben werden, weil dies eben gerade jene Untersuchungen voraussetzte, die hiermit angeregt werden sollen. Bisher ist zur Aufklärung dieses ganzen großen Tatsachenkomplexes des jugendlichen Gemeinschaftslebens so gut wie gar nichts geleistet worden, wenn von einigen wenigen Hinweisen in der psychoanalytischen Literatur abgesehen wird. Es wird einer großen Anzahl von Längsschnitten durch das Gruppenleben Jugendlicher bedürfen, um überhaupt erst den Umfang des Problems zu ersehen. Nur soviel kann wohl jetzt schon gesagt werden, daß es sich hier um ein Zentralproblem der Psychologie der Jugend handelt; denn Jugend *ist* sozial, und nichts unterscheidet vielleicht schärfer die verschiedenen Altersstufen innerhalb der Jugend, als der feinere Bau ihrer Gesellschaften. Wir können uns Jugend kaum anders vollkommen denken als in der Gruppe, und wir haben eigentlich nur zwei Möglichkeiten, um den Jugendlichen einsam zu denken: als Kranken oder als Genialischen. Vielleicht ist dieses subjektive Denken mehr als ein Fehlgedanke, vielleicht wird die psychologische Untersuchung es bestätigen. Auf jeden Fall aber verrät es ein neues Problem, das der jugendlichen Produktivität als solcher und in ihrem Zusammenhang mit dem Gemeinschaftsleben. Auch hier wird zunächst ein morphologischer Teil zu geben sein. Eine Darstellung des ganzen Umfangs und der Art der Produktivität der Jugend auf Alter, Geschlechter, Nationen, Klassen, Zeitalter verteilt. Man muß aber nicht nur an die zeichnerische und lyrische Produktion denken, über die einiges geschrieben ist, sondern zunächst den Begriff in jenem weiten Sinne nehmen, in dem er etwa dem soziologisch betrachteten Spiel entspräche, und ihn dann im einzelnen untersuchen, als Phantasie, wissenschaftliche, technische, künstlerische, politische Phantasie und Tätigkeit, als Sammeltätigkeit, selbst als Lektüre, Sinnen und Träumen. Auf die Umschreibung des Gebietes folgt die Erklärung, auch wieder in Korrelation mit der übrigen seelischen Verfassung und Geschichte im Individuum.

Die Beziehung von Gemeinschaftsleben und Produktivität liegt mindestens zum erotischen Leben auch schon nach den gegenwärtigen Kenntnissen so klar zu Tage, daß man davon ein paar Worte sagen muß. Daß die Liebenden im Frühling poetisch werden, und daß eine deutliche Proportion zwischen unbefriedigter Liebe und Verlangen nach Gemeinschaft besteht, sind Alltagsweisheiten, die zwar nicht das Richtige treffen, aber darauf aufmerksam machen. Viel näher kommt hier dem Problem und seiner Lösung Hans Blüher, um einen Autor zu nennen, in der Geschichte des Wandervogels (Berlin 1913), und gar die psychoanalytische Literatur ist überreich an Bemerkungen dieser Art, selbst an Untersuchungen, die aber – neben mindestens scheinbarer Unwissenschaftlichkeit – daran leiden, daß sie von Produktivität schlechtweg handeln, ohne, wie es hier sein müßte, die jugendliche Besonderheit ins Auge zu fassen. Was an dieser Stelle als eigentliche Aufgabe angesehen werden muß, ist das Doppelproblem des jugendlichen Sexuallebens und seine Beziehung zur Produktivität, oder besser: zum jugendlichen Seelenleben überhaupt. Das heißt, es ist festzustellen, in welchem Umfang und in welcher Art eigentliche Sexualhandlungen und Vorstellungen bei der Jugend vorkommen. Und da dies offenbar nicht in ganz gleicher Weise wie beim Erwachsenen der Fall ist, so ist festzustellen, worin die Unterschiede im wesentlichen und im einzelnen bestehen und wie der Übergang vom unerwachsenen Sexualhandeln und -vorstellen zum erwachsenen sich vollzieht. Es ist ferner festzustellen, in welchem korrelativen Zusammenhang diese Erscheinungen und Vorgänge mit allen übrigen seelischen und physischen Akten stehen; und all dies zusammenzufassen in der Ontogenie des erwachsenen Sexuallebens. Man wird dabei die Tatsache niemals übersehen dürfen, daß Sexualvorstellungen unter Umständen – und zwar anscheinend häufig – statt in Sexualhandlungen in asexuelle Vorstellungen, Gefühle und Handlungen sich zu verwandeln vermögen, oder um noch vorsichtiger zu sein: von solchen gefolgt sind, ohne eine sichtbare sexuelle Spur zurückzulassen. Zugleich entdeckt aber der genaue Beobachter Vorstellungen, Gefühle und Handlungen einer besonderen Kategorie; sie sind zu kennzeichnen dadurch, daß sie in keinem sinnvollen Zusammenhang mit dem übrigen Seelenleben stehen. Diese Tatsache der Verdrängung und Sublimierung ist nie zu vergessen, und wir kämen zur Darstellung der uneigentlichen Sexualvorstellungen und Handlungen, der Sublimierungen einerseits, und der Symptome von Verdrängungen andererseits. Diese sind gleicherweise wie das eigentliche Sexualleben nach Umfang und Art bei der Jugend zu erforschen.

Diese drei Gebiete des Gemeinschaftslebens, der Produktivität und des Sexuallebens, die Begriffe weit genug gefaßt, erschöpfen den Umkreis der psychologischen Jugendforschung. Es mag zwar zugegeben sein, daß diese Einteilung ungewohnt ist, selbst daß sie unmethodisch ist, so bleibt doch bestehen, daß sie natürlich und praktisch ist und daher solange gelten mag, bis die Psychologie imstande sein wird, aus sich heraus eine endgültige Einteilung zu geben. Nun glaubte man zwar – und vielfach glaubt man es wohl noch immer –, in der Einteilung „Wahrnehmung, Vorstellung, Gefühl" usw. eine methodisch richtige zu haben, aber allein schon die Streitigkeiten um den „Willen" beweisen, daß es noch nicht so weit ist. Und darüber hinaus: Es hat sich bisher die Psychologie, soweit sie nicht rein deskriptiv ist, völlig außerstande gezeigt, aus den „Elementen des Seelenlebens" seine Kombinationen und komplexen höheren Erscheinungen anders als mit ganz vagen Allgemeinsätzen aufzubauen oder auch nur diese nach jenen zu analysieren. Und da nun gar in neuerer Zeit immer aufs neue die Zweifel auftauchen, ob überhaupt all dies komplex ist, was so bezeichnet wurde, und einfach, was man dafür hielt, und überdies die Frage entsteht, ob denn überhaupt im Prinzip die restlose Auflösung von komplizierten Prozessen in einfache möglich ist oder ob nicht bestimmte Kombinationen von einfachen mit diesem Einfachen unvergleichbar sind, weil sie nicht eine bloße Summe von diesen darstellen; und weil endlich der zutiefst liegende Einwand noch lange nicht ausreichend geklärt ist, ob man im seelischen Geschehen überhaupt von quantitativen Additionen sprechen könne, erscheint es unabweislich, die elementare und die komplexe Forschung zu trennen. Natürlich bleibt es ein letztes Ziel der Wissenschaft, diese beiden zu vereinen, wenn sie beide reif genug dazu sind, es ist aber keinesfalls im Augenblick möglich. Diese wissenschaftliche Gesinnung mag bezeichnet sein durch die oben gegebene Einteilung.

Wenn am Eingang dieser Arbeit gesagt ist, daß von der Experimentellen Psychologie niemals eine erschöpfende Grundlegung der Pädagogik zu erwarten ist, so geschah dies nicht bloß, weil sie zu den soziologischen Problemen, die dazu unerläßlich sind, nichts beizutragen vermag, sondern auch darum, weil ihr für absehbare Zeit auch von den psychologischen Problemen nur einen Anteil zu lösen möglich sein wird. Und zudem einen Anteil, der von vornherein darauf verzichten muß, für die prinzipielle Umgestaltung der Dinge von entscheidendem Einfluß zu werden. Denn diese Erkenntnis wird nach und nach allgemein: Je elementarer geistige Erscheinungen und Vorgänge sind, um so geringer sind die Differenzen nach Individuen und natürlichen Gruppen, also auch nach Altersklassen. So mögen die experimentellen Forschungen der elementaren psychischen Vorgänge ganz und gar unerläßlich sein für die allgemeine Erkenntnis vom menschlichen Seelenleben, die Psychologie der Jugend fördern sie nicht im wesentlichen. Der Idealfall wäre trotzdem allerdings, wenn die Jugendforschung sich erheben könnte über einem abgeschlossenen Lehrgebäude von den allgemeinen elementaren Gesetzmäßigkeiten des psychischen Geschehens, das einzig die Experimentelle Psychologie aufzubauen vermag; es ist allerdings richtig, daß sie dieses voraussetzt, aber es wäre verkehrt, aus der logischen Aufeinanderfolge eine zeitliche zu machen und nun in Wirklichkeit *warten* zu wollen, bis es soweit sein wird. Vielmehr ist es richtig, daß beide Gebiete zur gleichen Zeit bearbeitet werden. Das schließt aber trotzdem ein, daß sich die Lehre von den komplexen Erscheinungen logisch *auf* die von den elementaren bezieht, daß sie deren Resultate stets verwendet, daß sie *auf* ihr aufbaut. Die höchstmögliche Förderung der Wissenschaft ist nicht möglich, wenn der Bereich der einzig approbierten wissenschaftlichen Forschung bestimmt wird nach der Tragweite und Eigenart *einer* Methode (oder eines Methodenkreises), sondern wenn die nötigen Methoden erfunden werden für den *ganzen* Aufgabenkreis. Die Aufgabe der psychologischen Jugendforschung ist bestimmt durch jene Einteilung. Daß wir wissenschaftliche Methoden zu ihrer Erforschung verlangen, ist selbstverständlich, aber wir wünschen, daß eins nicht vergessen werde: Die Wissenschaftlichkeit einer Methode ist eine *formale* Eigenschaft: die unbeirrbar gewissenhafte und genaue Beschreibung von Tatbeständen und deren gesetzmäßigen Beziehungen.

Die Erkenntnisstufen der Psychologie der Jugend bauen sich gewissermaßen übereinander. Die *unterste* gibt die allgemeine Gesetzmäßigkeit der elementaren seelischen Vorgänge, sie lehrt die Elemente kennen und entscheidet die

Frage, welche Besonderheiten der allgemeinen Gesetzmäßigkeiten gewissen Altersklassen zuzuordnen sind. Sie erforscht, welche Elemente des erwachsenen Lebens dem Jugendlichen fehlen, erkennt die elementare Struktur der jugendlichen Seele, d.h. sie stellt fest, in welchen Kombinationen jene elementaren Erscheinungen vorhanden sind, in welchen Beziehungen sie zueinander stehen. Über dieser Basis erhebt sich vertikal die *zweite* Stufe: Sie wird gebildet aus zahlreichen Längsschnitten durch die Entwicklung zahlreicher einzelner Jugendlicher, nebeneinander gestellt, gleiche zu gleichen. Hier wird untersucht die Frage nach der Entwicklung des komplexen Seelenlebens von der Geburt bis zur Erwachsenheit. In jedem Längsschnitt sind sorgfältig die tatsächlich vorhandenen konkreten Erscheinungen untersucht, ihre Beziehungen zueinander im gleichen Zeitpunkt und ihre Aufeinanderfolge im Laufe der Jahre; immer alles beachtet, was oben über die Problematik gesagt ist. Solche Darstellungen an zahlreichen Individuen völlig durchgeführt, durch Stichproben an zahllosen anderen an wichtigen Punkten zufällig und systematisch vermehrt, werden Gesetzmäßigkeiten des komplexen Seelenlebens verraten, typisches Vorhandensein, typische Korrelationen, typische Entwicklungen aufweisen lassen. Solche Untersuchungen werden vorgenommen werden an der ganzen Mannigfaltigkeit der jugendlichen Sonderklassen, nach Alter, Geschlecht, Familienzugehörigkeit, Nationalität, Kultur, zeitgeschichtlicher Stellung, Beruf, Vermögensklasse, Krankheitszuständen, Schulbildung usw.; man wird vergleichen alle Jugendlichen, die unter ähnlichen Lebensbedingungen, als jüngere Brüder, als Waisen, als Söhne von Genies, geboren sind. Man wird hinzufügen müssen die Jugend ganz fremder Rassen, der Naturvölker, man wird ausdeutend verwerten müssen, was aus Urzeiten, aus alter und jüngster Vergangenheit überliefert und übriggeblieben ist von Dokumenten, die auf jugendliches Seelenleben schließen lassen. Dies wird neue gesetzmäßige Zusammenhänge erschließen. Über dieser Stufe der Erkenntnis des jugendlichen Individuums liegt die *dritte* horizontal, sie zusammenfassend. Sie erkennt die Gesetzmäßigkeiten zwischen den Individuen, sie bringt die jugendliche Sozialpsychologie. Die Problemgruppen, die hierher gehören, wurden oben angedeutet. Hier sei nur noch ergänzend erwähnt, daß nicht allein die Psychologie der rein jugendlichen Gemeinschaft gegeben werden soll. Es könnte auch kaum, denn in jeder sind Unterschiede des Alters, oder doch des Intelligenzalters, der sittlichen Höhe oder sonst welcher Eigenschaften und Fertigkeiten. Daraus entsteht eine neue Problemgruppe der Sozialpsychologie: die Frage nach den Erscheinungsformen und Gesetzmäßigkeiten dieser Wechselbeziehung verschiedener Alter in einer Gruppe, die in ihrer reinsten Form, d.h. bloß als seelische Beziehung ohne Vermengung mit Machtfragen, Rechtsbegriffen usw., sich als die von geistiger Führer- und Gefolgschaft darstellt. Nur eine unwesentliche Veränderung, freilich eine außerordentliche Vermannigfaltigung, erhält diese Beziehung samt den Problemen, die sie bietet, wenn jener Führer ein Erwachsener ist, und weist hinüber in das verwirrende Chaos der Fragen, die die eigentlich gemischte Gruppe bildet. Je mehr sich in ihr natürliche Beziehungen, Überlegenheit, Verwandschaft, Liebe usw. mischen mit rechtlichen, sittlichen, ökonomischen Begriffen, Ansprüchen, Traditionen, mit Machtverhältnissen, um so komplizierter, aber auch um so wichtiger und verlockender wird die psychologische Erforschung. Als Beispiele solcher vielfach verwirrter, gemischter Gruppen mit Machtansprüchen seien die heutige Familie und die Schulklasse erwähnt, denen als eine natürliche gemischte Gruppe eine Wandervogelhorde oder ein Sprechsaal entgegengesetzt sei.

Wie die Zusammenfassung der sozialwissenschaftlichen Untersuchungen über die Jugend zu einer Formulierung des soziologischen Begriffs der Jugend führen soll, so soll das Ergebnis der psychologischen Untersuchungen die Formulierung des psychologischen Begriffs der Jugend sein. Und zwar der heutigen Jugend und der Jugend *in abstracto*, der Jugend als Stadium der Unerwachsenheit überhaupt und der Jugend im engeren Sinne, als genau bestimmbarer Zustand zwischen Kindheit und Erwachsenheit. Handelt es sich dort um die Formulierung der allgemeinen (oder speziellen) *Beziehung* einer Gruppe zu allen anderen gesellschaftlichen Gruppen, so wird hier die *Struktur* erfaßt werden jedes einzelnen dieser Gruppe und somit ihrer selbst. Wenn auch diese Formel natürlich in das Gebiet der differentiellen Psychologie fällt, so wird sie doch eigentlich nicht eine „Differenz" bezeichnen, nicht „Jugend unterscheidet sich von Kindheit und Alter durch dies und jenes", sondern sie wird wohl sagen müssen: das jugendliche Seelenleben ist so und so gebaut, es entstand aus dem so gebauten kindlichen aus diesen Gründen und auf diese Weise und geht über in das erwachsene aus diesen Gründen und auf diese Weise. Aus der deutlich bestimmten psychischen Struktur der Jugend, die zu finden Aufgabe der Jugendforschung ist, wird sich durch den Vergleich mit den anderen Strukturen die *Eigenart der Jugend* formulieren lassen. Die Vereinigung des soziologischen und psychologischen Begriffs der Jugend wird uns den *allgemeinen Begriff der Jugend* erkennen lassen.

Der Kreis der Probleme, den die Jugend uns bietet, schließt sich in der Antwort auf die Frage, welche Eigenart hat die heutige Jugend und welche Funktion erfüllt sie in der heutigen Gesellschaft. Darüber hinaus verallgemeinert: Welches ist die allgemeine Eigenart der Jugend, und welche Funktion *kann* sie aus dieser heraus in einer bestimmten Gesellschaft erfüllen? Damit: Welches ist die Aufgabe der Jugend in der Kultur?

Hat sich bereits durch den soziologischen Begriff der Jugend eine bedeutsame Perspektive für die wissenschaftliche Zielsetzung der Pädagogik ergeben, so ist dies durch die allgemeine Formel der Jugend in noch höherem Maße der Fall; denn nun ist es möglich, eine Zielsetzung eindeutig zu finden, die völlig unabhängig ist von aller „Philosophie", die gefunden ist mit Methoden der Wissenschaft und darum den Vorteil der Gewißheit, der objektiven Gültigkeit hat. Wenn sich gezeigt hat, daß es möglich ist, einen Begriff von der Eigenart der Jugend eindeutig zu fassen, und wenn der Weg erforscht ist, auf dem diese sich zu der der Erwachsenen verändert, so ergibt sich daraus von selbst als *erstes* Ziel der Pädagogik, diesen Übergang sicherzustellen und zu rationalisieren, d.h. so zu gestalten, daß er den Anforderungen der Kultur entspreche. Und weiter: Ist irgend eine Kultur gegeben oder gewollt, so ist nach jenen Untersuchungen auch erfaßbar, welche spezifische Aufgabe der jugendlichen Eigenart in ihr zufallen könnte. Daraus ergibt sich als *zweites* Ziel, die Jugend auf diese Weise in die Kultur einzugliedern, daß sie möglichst einfach durch ihre Existenz zugleich ihre Aufgabe erfülle. Galt es im ersten Fall, die jugendliche Eigenart zur rechten Zeit zu *verändern*, so gilt es in diesem, sie zu *erhalten*. Die Synthese aus beiden zu finden, ist Ziel der Pädagogik. Sie hat jene Organisation der Jugend und der Gesellschaft zu erdenken und dann durchzuführen, die garantiert, daß die erwünschte Eigenart der Jugend als gesellschaftliche Einrichtung sich objektiviere und so erhalte; sie hat jene Mittel zu erproben und anzuwenden, die nötig sind, daß die einzelnen diese Organisation zu ihrer Zeit verlassen und in die Gemeinschaft der Erwachsenen eintreten.

Diese Formeln inhaltlich zu füllen, ist natürlich noch nicht möglich; hier muß genügen, die Richtung gezeigt zu haben. Deutlicher wird das Gesagte noch werden, wenn wir z.B. uns zwei denkmögliche Grenzfälle vergegenwärtigen. Der eine ist unser gegenwärtiges Erziehungswesen, in dem der Jugend als solcher grundsätzlich keine Aufgabe in der Gesellschaft zugewiesen wurde; darum fällt die wichtige Forderung II weg, und es bleibt einzig I: die Veränderung der jugendlichen Eigenart, die andeutungsweise natürlich trotzdem durchbricht und vermehrt zu schaffen macht. So wird die Erziehung in Schule und Haus in weitestem Umfang der Jugend selbst zur Qual, und sie lehnt immer energischer diese Methode und diese Zielsetzung ab. Es ist heute nicht wissenschaftlich zu entscheiden, ob jene Recht haben, die meinen, aus der gegenwärtigen Ordnung folge diese Zielsetzung nicht, auch sie biete Raum, ja, bedürfe der jugendlichen Eigenart. Wenn sie aber Unrecht haben, dann lehnt die Jugend diese Ordnung ab und mit ihr Ziel und Methode der Pädagogik. Was nun wäre etwa das Ziel der Pädagogik in dieser heutigen Ordnung nach dem Gesagten? Solche soziale Veränderungen vorzunehmen, daß sie anfangen könnte, ihre zweite Aufgabe in Angriff zu nehmen, die ihr oben gezeigt ist.

Wir setzen als Gegenbeispiel folgende Möglichkeiten, ohne natürlich sie als die wünschenswerten zu bezeichnen, rein als Konstruktion: *Erstlich*, der Übergang von der Jugend zum Alter vollzieht sich am rationellsten ohne besondere Einwirkung Erwachsener, wenn die Jugend, in freien

Gemeinschaften lebend, um das 21. Jahr etwa Möglichkeit zur Ehe erhält. *Zweitens*, die spezifische Eigenart der Jugend ist Gemeinschaften zu bilden, in denen die „absoluten Werte" der Kultur von ihr gepflegt werden. In dieser Ordnung gäbe es keine Pädagogik im heute üblichen Sinn.

Von diesem zweiten Grenzfall abgesehen, gibt es keine Ordnung, in der nicht in einem gewissen Grad irgendeinem Organ der Gesellschaft die Aufgabe bliebe, physische und seelische Erscheinungen an Jugendlichen zu verändern. Und damit bleiben alle Probleme der heutigen Pädagogik in irgendeinem Grad. Ebenso wird es immer eine Aufgabe sein, den geistigen Besitzstand der Zeit auf irgendeine Weise der Jugend zu vermitteln, und somit bleiben irgendwie die Probleme der heutigen Didaktik. Zur Erforschung dieser beiden Fragengruppen wird seit einigen Jahren Erstaunliches geleistet. Auf diesem Gebiet ist von der heutigen experimentellen Methodik sehr viel zu erwarten, wenn sie sich weiter so intensiv vervollkommnet wie bisher. Freilich steht man erst eigentlich am Anfang, und daher ist gerade für das Zentralproblem noch viel weniger getan, als für manche peripheren Detailfragen. Man arbeitet im allgemeinen völlig im Rahmen des Bestehenden. Man nimmt es als ein schlechthin Gegebenes, statt seine letzten Grundlagen experimentell zu prüfen. Doch scheint es, als näherte man sich immer mehr der entscheidenden Grundfrage: Wie ist Veränderung des seelischen Zustandes der Jugend überhaupt möglich? Diese Frage enthält eine Vorfrage nach der Diagnostik von seelischen Zuständen und Fähigkeiten. Deren Wichtigkeit für die Pädagogik ist völlig eingesehen, und mit der Forschung über Intelligenzprüfungen wurde hoffnungserweckend eingesetzt. Man wird dabei nicht stehenbleiben können und wird alle Mittel der Diagnostik studieren müssen, Physiognomik und Graphologie so gut wie Traumlehre und Symbolik, Ausdrucksbewegungen und Pathologie. Man wird nicht diese Wissenschaften *anwenden* können, weil einiges davon zum mindesten weit entfernt ist, etwas anderes als Sinn und Unsinn eng gemischt zu sein; man wird diese Gebiete an der Jugend von Grund auf studieren und anwenden müssen. Der Vorfrage folgt dann das Problem der Mittel. Die heutige Arbeit auf diesem Gebiet ist mehr eine

Erforschung der Mittelchen als der Mittel, und es wird Zeit, auf diese selbst zu achten. Hier wird eingehend die Rolle der Persönlichkeit erforscht werden müssen, die Frage des „guten Lehrers“, seine Morphologie und die Zuordnung der Lehrertypen zu den Schülertypen, auf die sie wirken; die Frage der Möglichkeiten und Grenzen des Einflusses von Vater, Mutter, Geschwistern, Freunden, Liebe; die Psychologie der Schulklasse, der Begeisterung und des Interesses. Diese allgemeinen Andeutungen und der kurze Hinweis darauf, daß jede Sondererziehung ihre besonderen Probleme bietet (Volksschule, Mittelschule, Berufserziehung, Freie Schulgemeinde, Universität usw.), und daß ferner jedes Volk und jede Zeit, jede Gesellschaftsordnung ihre Formen und deren besondere Probleme hat, begrenzt den Kreis der Mannigfaltigkeiten.

Wenn zuletzt noch kurz erwähnt wird, daß es gilt, die Forschungen mit in Betracht zu ziehen, die das Problem der physischen Eigenart der Jugend, ihrer Entwicklung und ihrer Beziehungen zur geistigen Art und soziologischen Aufgabe zu ergründen unternommen haben, so ist das ganze Gebiet umschritten und von außen in großen Zügen betrachtet, das als *universelle Jugendforschung* zu bezeichnen wäre. Die Literatur dieser Gebiete ist fast unübersehbar. Wenn trotzdem in diesem Überblick sehr summarisch geurteilt, getadelt wurde und Mängel festgestellt wurden, so sollte das niemals bedeuten, daß in der ganzen weiten Literatur auch nicht ein Beispiel existiere, das dem Behaupteten widerspräche; es war immer nur die Rede von dem, was heute Allgemeingut der wissenschaftlichen Welt geworden ist, was sie im großen und ganzen bestimmt und beschäftigt. Und demgegenüber stellt dieses Programm vielleicht wirklich, wie der Autor meint, in der Umfassenheit und dem Zusammenhang der Probleme einen Fortschritt der Pädologie[4] dar. Für das Einzelne und für das

4 Wenn das Wort „Pädologie“ hier und später gebraucht wird, so ist dies nicht anders aufzufassen, als die Verwendung *eines* Namens für viele Dinge, die aus irgendwelchem Grunde öfter zusammen genannt werden. Damit eine *Wissenschaft* bezeichnen zu wollen, liegt ganz fern; denn es handelt sich nicht um die Aneinanderreihung von Problemen aufgrund einer gemeinsamen inneren Gesetzmäßigkeit, sondern zu äußeren Zwecken; weil sie alle vereinigt erst

Ganze wird aber eine Priorität in dem Sinne der absoluten Neuheit der einzelnen Gedanken und ihres Ausdruckes nicht erhoben.

II. Das Institut

Wer vor einigen Jahrzehnten Gedanken wie die vorstehenden hätte mitteilen wollen, würde sie vermutlich als Programm für ein vielbändiges Werk, das zu schreiben er beabsichtige, formuliert haben. Er hätte dann ein Studium der Literatur begonnen und hätte schließlich – im besten Fall – umfassende und gründliche Kollektaneen, an einigen Fäden aufgereiht, herausgegeben. Dabei hätten Ahnungen von Zusammenhängen und Gesetzmäßigkeiten, etwa wie sie dem Verfasser dieses Aufsatzes oft genug gekommen sind und die ganz selten an einigen Stellen des ersten Teils angedeutet und an noch mehreren unterdrückt wurden, als Gewißheiten dienen müssen oder als Idee, die durch die Kollektanea dazu gemacht wurden. Die Wissenschaft und die Praxis der Jugendbehandlung hätten wohl keinen Nutzen aus diesem Werk gewonnen, keinesfalls aber den, der diesen beiden vom Autor gewünscht wurde; denn worauf es einzig und allein ankommt, ist, daß

erstens alle Tatsachen festgestellt werden, d.h. mit wissenschaftlichen Methoden gefunden, benannt und beschrieben werden, die das oben begrenzte Gebiet der Jugendforschung umfaßt;

zweitens, daß geahnte Zusammenhänge usw. als heuristische Hypothesen formuliert werden;

drittens, daß das gesamte Tatsachenmaterial danach gesichtet werde, ob es sich nach diesen Hypothesen restlos ordnen lasse; erprobt werde, ob sie mehr als Annahmen sind, sie seien im übrigen so geistreich wie nur immer;

viertens, daß diese Resultate allen Menschen zugebracht werden, die ihrer bedürfen, als Lehrer, Eltern, als Organisatoren des Schulwesens, des Jugendlebens, der sozialen, kulturellen und staatlichen Einrichtungen.

---

imstande sind, die Einrichtungen zur Erziehung der eigentlichen Jugend gründlich zu verbessern.

Nicht weniger ist das Mindeste. Und dies geht über die Kraft des einzelnen. Diese Erkenntnis hätte vor einigen Jahrzehnten einen Menschen in der Lage des Autors zum Verzweifeln gebracht; denn er hätte nur seine eigene Kraft zur Verfügung gehabt; heute ist ihm beides erspart, das Verzweifeln und das Kraftvergeuden, da die Zeit zur wissenschaftlichen Organisation reif geworden ist. Und so kann die vorangestellte Problemstellung, auch wenn sie nicht als Programm für die Lebensarbeit eines einzelnen gelten darf, Wert bekommen als Programm für die Lebensarbeit einiger und die Teilarbeit Ungezählter.

An dieser Stelle ausführlich über Wesen und Aufgabe der wissenschaftlichen Organisation zu schreiben, erübrigt sich um so mehr, als die Tatsache „Organisation" jedem geläufig und selbstverständlich ist, und auch das Problem „Organisation" bereits gestellt worden und in der „Brükke"[5] ein beachtenswerter Versuch, es zu lösen, unternommen worden ist. Auf dem engeren Gebiet unserer Aufgabe sind in den letzten Jahren zahlreiche Organisationen gegründet worden. Stern und Lipmann zählen deren 215 auf.[6] Aber alle diese Organisationen erfüllen die Aufgabe nicht oder nicht ganz, die uns gestellt ist, und die zu erfüllen wir den Willen haben. Schon darum reichen jene Institute, Zeitschriften usw. nicht aus, weil sie bei weitem engere Problemstellungen haben, als uns genügen würden; aber nicht nur darum. Klarer als durch umständliche allgemeine Deduktionen werden die Gründe werden, wenn nun eine konkrete Darstellung dessen folgt, was wir zu organisieren uns vorgenommen haben.[7] Nur dies möchte bedacht werden: Wir beschreiben ein Gedachtes als vollendete Wirklichkeit, die sich erst je nach den Forderungen des Tages, den hemmenden oder fördernden Um-

5 Gemeint ist: Brücke. Internationales Institut zur Organisierung der geistigen Arbeit, München. Vgl. den Hinweis von Bernfeld oben S. 167.

6 Otto Lipmann/William Stern: Forschung und Unterricht in der Jugendkunde. (Arbeiten des Bundes für Schulreform, 1.) Leipzig/Berlin 1912. [Die Aufzählung enthält: Zeitschriften, Vereine und Gesellschaften, Institute sowie die Kongresse.]

7 Am nächsten stehen unserem Plane die Institute von Lamprecht und Stern.

ständen und der Zahl und Art der lebhaft teilnehmenden Menschen im Rahmen der verfügbaren Mittel *allmählich entwickeln* soll. Das Recht dazu ist uns gegeben in dem Willen, was an uns liegt zu tun, daß es wirklich werde. Darum hätten jene ganz Unrecht, die nichts anderes und Treffenderes zu tadeln wüßten, als, es sei nicht und könne niemals werden.

Soll das Institut seiner doppelten Aufgabe (s. Vorbemerkung) gerecht werden, so hat es zunächst die bisherigen direkten und indirekten Ergebnisse der Forschung zu sammeln. Sie sind verstreut in Bibliotheken in Büchern, Broschüren und Zeitschriften. Ferner im Privatbesitz von Instituten und Forschern, als Exzerpte, Notizen, ungedruckte Manuskripte, Protokolle, Statistiken usw. Immer aufs neue werden Versuche gemacht, all dies in Bibliographien und Sammlungen übersichtlich und zugänglich zu machen. Das Institut wird *erstens* eine Bibliographie der veröffentlichten und im Privatbesitz befindlichen Bibliographien herstellen. *Zweitens* ein Gesamtregister zu den hierher gehörigen Publikationen in der Art verfertigen, daß in einer systematisch geordneten Schlagwörter-Kartothek unter jedem Begriff die Bibliographien und einzelnen Publikationen auffindbar sind, in denen mehr oder weniger ausführlich Tatsächliches darüber dargestellt wird. Das Haupterfordernis dieser Kartothek ist, daß sie vollständig und ausführlich sei. Es muß ebensogut möglich sein, in ihr zu finden, was alle Wissenschaften gegenwärtig z. B. über den elfjährigen Knaben beizubringen haben, als was in der Psychologie erörtert wurde über die Ursachen der seelischen Entwicklung. Die noch nicht veröffentlichten Aufzeichnungen, soweit sie zur Verfügung gestellt wurden, werden in der Kartothek mitverarbeitet.

Das Institut ist im allgemeinen nur im Besitz dieser Kartothek; die Originale werden von den Besitzern zur Bearbeitung geliehen und ihnen wieder zurückgestellt. Durch Kauf, Schenkung usw. gelangt es in den Besitz von Bibliotheken und Sammlungen dieser Art, die es entweder in eigene Verwahrung übernimmt oder angegliederten, bereits bestehenden Instituten überläßt.

Als nächste Aufgabe fällt dem Institut zu die Organisierung der Sammlung neuer unbearbeiteter Materialien der gesamten Jugendforschung. Hier sind zunächst jene Tatsachendarstellungen zu berücksichtigen, die indirekt Material zur Lösung unserer Probleme enthalten: historische, religionspsychologische, ästhetische Untersuchungen, Tageszeitungen usw. Diese Arbeiten werden in die Gesamtkartothek aufgenommen. Damit ist das Gebiet des Gedruckten erschöpft; und hat es sich bisher um die Erleichterung der Beschaffung von allgemein zugänglichen Materialien gehandelt, so sind jetzt allgemein unzugängliche und verstreute Materialien für die Forschung bereitzustellen. Die Manuskripte der Bibliotheken, der staatlichen Archive, der historischen, kulturwissenschaftlichen und literarhistorischen Institute und Museen enthalten ein reichhaltiges Material für die soziologische und psychologische Erforschung der Jugend, das nur deshalb so völlig unausgenützt geblieben ist, weil es nach den Bedürfnissen ganz anderer Wissenschaften gesammelt und geordnet ist. Natürlich ist an eine Umordnung auch nicht im entferntesten zu denken, aber sie kann auch überflüssig gemacht werden, wenn diese Materialien ihren Besitzern verbleiben, aber ein von diesen Sammlungen nach den Prinzipien des Instituts aufgenommener Katalog der Gesamtkartothek eingereiht wird. Vielfach und viel öfter, als gemeinhin angenommen wird, befinden sich im Besitze von einzelnen zu mehr oder minder wissenschaftlichen oder dilettantischen Zwecken angelegte Sammlungen von Manuskripten, Briefen usw. Jugendlicher, oder von Dokumenten, die wichtig sind für die Auffassung der Stellung der Jugend in der Gesellschaft einer Zeit, z. B. Schulhefte, Haushaltungsbücher, Stammbücher usw. Diese Materialien werden auf die gleiche Weise der Jugendforschung nutzbar gemacht. Da das Schicksal solcher Sammlungen von ihrem augenblicklichen Besitzer abzuhängen pflegt und daher sehr unsicher ist, wird es nötig sein, daß das Institut von ihnen nicht nur die Kataloge, sondern die Originale selbst erwerbe. Dies wird vielfach nur zu erreichen sein durch Erb- und Eventualverträge verschiedenster Art. Schulen, Internate, Zeitschriftenredaktionen, Fürsorgeanstalten, Wohltätigkeits- und politische oder konfessionelle Jugendvereine pflegen in ihren Korrespondenzen, Protokollen usw. äußerst reichhaltiges und wichtiges Material alljährlich zu vernichten. Es wird nötig sein, durch Verträge auch diese Quellen der Wissenschaft nutzbar zu machen.

Was bisher von Druckschriften und Manuskripten gesagt war, gilt gleicherweise für Drucksachen und Gegenstände. Das Institut wird auf dieselbe Weise Sammlungen erwerben und organisieren von Plakaten und Zeitungsausschnitten, die Jugend betreffend, von Programmen jugendlicher Dilettanten-Theatervorstellungen, von Photographien aller Art aus dem Schul- und Jugendleben, von Photographienserien, darstellend die jährliche Entwicklung einzelner jugendlicher Personen, von Schul-, Haus- und Vereinsgerät verschiedenster Art, von Trachten und Uniformen, von Erzeugnissen jugendlicher normaler, überbegabter und mindersinniger Personen.

Diese Aufzählung gilt bloß beispielsweise. Es wird die Aufgabe der Institutsleitung sein, aus Fachleuten der verschiedenen Wissenschaften eine Kommission zu bilden, die festsetzen wird, was grundsätzlich, also mit Aufmerksamkeit und systematisch, und was nebenbei oder keinesfalls gesammelt werden muß. Diese Kommission wird den Sammelplan aufstellen nach den Bedürfnissen der soziologischen und psychologischen Jugendforschung, aus den Möglichkeiten und Bedingungen der in Betracht kommenden Wissenschaften und Materialien heraus. Zufällig eingelangte Sendungen, laienhafte Beobachtungen, die Anforderungen neu unternommener wissenschaftlicher Untersuchungen werden immer aufs neue Anregungen geben.

Um diese Sammlungen und Zentralisierungen durchzuführen, bedarf das Institut einiger Hilfseinrichtungen, die es schaffen, in seinen Dienst stellen oder ergänzen muß. Und zwar ein Adressenverzeichnis der bestehenden Organisationen jeder Art, die der Jugendforschung dienen oder die ihr auf die beschriebene Weise dienstbar gemacht werden können. Also nicht nur die akademischen Intitute und staatlichen Archive, sondern auch die Privatsammlungen oder Materialanhäufungen (bei Vereinen und Redaktionen z.B.) sind zu berücksichtigen. Es kommt hinzu das Adressenverzeichnis der Forscher, Lehrer, Studenten, Schüler und anderen Personen, die als Sammler, Korrespondenten, Photographen usw. in Betracht kommen. Hier wird dem Namen beigefügt das engere Arbeitsgebiet und eine Qualifikation durch Vertrauensmänner. Aus dem Rahmen dieser beiden Verzeichnisse wird das Institut nach und nach die Objekte und Subjekte seiner Sammlungstätigkeit auswählen und wird nach Bedürfnis und Möglichkeit in einer Kategorie von Objekten und der andern die möglichste Anzahl von Verträgen abschließen lassen. Ebenso wird nach und nach eine immer größere Zahl von Sammlerkategorien dem Institut verpflichtet werden. Jene Kommission wird detaillierte Sammelvorschriften und Vertragsformulare entwerfen, nach denen die Arbeit einheitlich vollzogen werden wird.

Auf diese Weise wird das Institut in den Besitz umfangreicher Materialsammlungen gelangen und wird eine noch viel größere Anzahl von Sammlungen durch seinen Katalog der Jugendforschung zugänglich und dienstbar machen. So werden manche Zweige der Soziologie und Psychologie der Jugend zum ersten Mal Gelegenheit haben, umfangreiches und zum Teil vollständiges Material zu bearbeiten. Trotzdem werden manche Zweige auch hierdurch nicht gefördert werden können. Das so bereitgestellte Material bleibt unverwendbar für alle Untersuchungen, die sich auf den Erzeuger der vorliegenden Produkte beziehen, also weite Problemgebiete der Psychologie; denn es kommt hier nicht so sehr darauf an, einen ungefähren Schluß vom Erzeugten auf den Erzeuger zu tun, als vielmehr darauf, exakte Korrelationen zu berechnen zwischen bestimmten Eigenschaften des Produzierenden und bestimmten Eigenarten des Produktes. Dies gilt ähnlich wie für das Problem der jugendlichen Produktivität für alle psychologischen und sozialpsychologischen Aufgaben, die im ersten Teil gestellt wurden. Soll also auch das Bedürfnis dieser Forschung befriedigt werden, so bedarf es der Anlage einer besonderen Sammlung von Psychographien der jugendlichen Personen, auf die bezügliches Material in der Kartothek verarbeitet ist. Dies wäre das richtunggebende Ideal. Als durchführbar ist zu bezeichnen:

Erstens die Sammlung einer beschränkten Anzahl vollständiger Psychographien jugendlicher Persönlichkeiten, etwa nach dem Stern-Baade-Lipmannschen Schema. Eine Kommission wird die Objekte umsichtig auswählen, so daß Stichproben vorhanden sind für die verschiedensten Alter,

Klassen, Rassen und Milieueinflüsse. Die Psychographien werden ausgeführt werden von Organisationen, die dem Institut angegliedert sind und von geeigneten unter den Sammlern.

Zweitens wird eine beschränkte Anzahl von jugendlichen Personen unter fortlaufende wissenschaftliche Beobachtung durch geeignete Sammler des Instituts gestellt werden. Auch hier wird die richtige Auswahl der Objekte die große Zahl ersetzen müssen.

Drittens: Zu diesen vollkommen ausgeführten Stichproben sind nun äußerst zahlreiche fragmentarische Psychographien hinzuzufügen, die mit jenen zusammen ein brauchbares Instrument der Forschung geben werden. Jeder Sammler von Produktionen Jugendlicher erhält zu seinen Sammelvorschriften vorgedruckte Datenhefte und hat die Aufgabe, diese so ausführlich wie möglich auszufüllen und mit den dazugehörigen Sammelstücken zugleich abzuliefern. Auf jeden Fall ist ein Mindestmaß von Angaben über Alter, Geschlecht, Nationalität, Bildungsgang usw. des Autors und seiner Eltern erfragbar und angebbar.

Viertens: Es werden mit Jugendlichen (Studenten, Schülern usw.), soweit sie als Sammler des Instituts verpflichtet sind oder von solchen herangezogen wurden, Verträge abgeschlossen werden der Art, daß sie ihre Tagebücher, Briefe, Produktionen usw. und ebenso die ihrer Freunde aus ihrem Besitze dem Institut übergeben, und zwar zunächst leihweise auf einige Zeit zur Verarbeitung in die Kartothek; sie erhalten das Material hierauf für eine ihnen beliebende Zeit zurück; es bleibt jedoch im Besitze des Instituts und fällt bei Gelegenheit, spätestens beim Ableben des Kontrahenten, wieder an dieses zurück. Einzelne Stücke des Bestandes sind auch bis dahin immer je für eine bestimmte Zeit zur Einsichtnahme bereitgestellt. Jedem dieser Verträge ist ein ausführlich ausgefülltes, eventuell erst nach einer bestimmten Zeit zu entsiegelndes Datenheft beigefügt.[8]

---

8 Der Einwand, den man hier zweifellos machen wird, daß nämlich dieser Vorschlag noch undurchführbarer sei als alle übrigen, wird völlig entkräftet durch die Tatsache, daß das Archiv für Jugendkultur gerade auf diese Weise in kürzester Zeit ohne Möglichkeit einer sy-

Fünftens werden ähnliche Verträge mit gegenwärtig Erwachsenen, u. a. mit Schriftstellern, Gelehrten und Künstlern, über das noch erhaltene Material aus ihrer eigenen Jugendzeit abgeschlossen werden.

So wie die Sammelgebiete im einzelnen von einer Kommission bestimmt werden, wird eine Katalogkommission die Kartothek im einzelnen ausgestalten, indem sie ein Schlagwörterverzeichnis anlegt und ständig ergänzt, das zum System der Anordnung der Kartothek dient und die Unterlage darstellt für die Verarbeitung der einlaufenden Materialien. Die Kartothek wird in drei Abteilungen geführt werden:

1. Ein *Namenskatalog* nach dem Alphabet geordnet, dem die Datenhefte eingefügt sind, wird Auskunft geben über jeden im verarbeiteten Material enthaltenen Eigennamen, so daß es möglich werden wird, nicht nur die Produktionen einer bestimmten Person, sondern die auch sonstwo befindlichen und irgendwann früher oder später eingelaufenen Beziehungen auf sie – z. B. in Briefen, Tagebüchern, Schulnachrichten, amtlichen Zeugnissen, Tageszeitungen usw. – auf einmal zu übersehen und zu untersuchen. Der Namenskatalog dient ferner, um als Beispiel ein ganz entgegengesetztes zu nennen, dazu, alle Nennungen einer kulturführenden Person, etwa Nietzsches, in den Aufzeichnungen Jugendlicher aus verschiedenen Generationen und verschiedenen Milieueinflüssen zu übersehen.
2. Die zweite Abteilung des Kataloges wird der *Materienkatalog* sein, der, nach einem etwas modifizierten Deweyschen Dezimalsystem geordnet, Auskunft darüber gibt, welche Stücke des verarbeiteten Materials ein beliebiges Schlagwort erwähnen oder ausführlich behandeln, wo sich das betreffende Stück befindet und unter welchen Bedingungen es der Forschung zugänglich ist.
3. Der *Kategorienkatalog* ist die dritte Abteilung der Kartothek und gibt Auskunft über die Verteilung der im aus-

stematischen Sammlung und Verwertung in den Besitz von fast zehntausend Sammelstücken gelangt ist, darunter einiger Serien von Tagebüchern und einer Anzahl vollständiger Freundes- und Liebesbriefwechsel.

führlichen Datenheft enthaltenen psychologischen und soziologischen Kategorien im gesamten Material. Mit seiner Hilfe ist es möglich, durch wenige Handgriffe alles etwa auf siebzehnjährige, männliche, kriminelle Fabrikarbeiter bezügliche zusammenzustellen, ebenso wie alles auf Blinde oder auf weibliche Gymnasiastinnen Berlins bezügliche.

Die Bibliographie der Bibliographien und die Adressenverzeichnisse ergänzen diese Kartothek. So ist das Institut seiner Aufgabe gewachsen, allen Zweigen der Jugendforschung ein umfangreiches und wohlgeordnetes, fast unbearbeitetes Material zur Verfügung zu stellen. Das Institut wird darüber hinaus die Jugendforschung in ihrer Technik und Methodik zu fördern versuchen. Es wird die ihm angegliederten Institute und Einzelpersonen zu bestimmten einheitlichen Vornahmen verpflichten müssen, wenn es überhaupt in der Lage sein soll, die ihm gestellte Aufgabe zu bewältigen. So wird es vielleicht für den Verkehr mit diesen auf bestimmten Formaten bestehen müssen, sowohl für die Korrespondenz als vor allem für die Sammelstücke, soweit dies in der Macht der angegliederten steht. Publikationen, Drucksachen, Notizblätter, Protokollbögen, Kartothekzettel, Photographienunterlagen usw. aus dem Besitz derer, die sich dem Institut angliedern, werden möglichst in den Formaten der Institutsdrucksachen (Weltformat der „Brücke") zu halten sein. Dies wird mit beitragen zu einer allgemeinen Vereinheitlichung in dieser und manchen anderen technischen Angelegenheiten. Die Kommissionen zur Ausarbeitung des Schlagwörterverzeichnisses und des Sammelplans leisten zugleich auch wichtige methodische Arbeit, wenn sie alle Bestrebungen zur Vereinheitlichung und Vereinfachung der Nomenklatur berücksichtigen. Mit den Sammelplänen wird ungefähr das, was das Institut für angewandte Psychologie auf dem Gebiet der Intelligenzprüfungen und der Sprachentwicklung bei Kindern geleistet hat, für viele psychologische und soziologische Phänomene der Jugendforschung getan werden. Wenden sich jene Anleitungen vor allem an Eltern und Lehrer, so ziehen diese den Kreis weiter über Jugendrichter, Gewerbeinspektoren, Seelsorger, Vereinspräsidenten, Studenten usw.

Dies mögen einige Beispiele dafür sein, wie das Institut automatisch die Technik und Methodik der Jugendforschung fördern wird. Dies wird aber auch absichtlich und systematisch geschehen; so z. B. wird es in der Sammelplan-Kommission bei ihrer vielseitigen Zusammensetzung nicht zu vermeiden sein, daß sich Meinungsverschiedenheiten über den Wert etwa der Psychoanalyse für die Jugendforschung ergeben werden. Da niemand versuchen wird, solchen wissenschaftlichen Streit anders als streng wissenschaftlich zu schlichten, wird sich die Notwendigkeit eingehender etwa experimenteller Untersuchung ergeben, die vielleicht eine sehr wichtige Erweiterung der psychologischen Forschungsmethode, mindestens aber eine nötige Klärung herbeiführen wird. Ferner, um noch ein anderes Gebiet zu erwähnen, wird es nötig sein, für die Sammler und Mitarbeiter des Instituts, soweit sie nicht Fachleute sind, regelmäßig Kurse abzuhalten, die ein vertieftes Verständnis für ihre Tätigkeit und für die Anforderungen wissenschaftlicher Arbeit erzeugen werden. Zuletzt sei bemerkt – zuletzt nicht, weil es am unwichtigsten, sondern weil es am wenigsten gesagt und am meisten getan sein muß – wird das Institut ein formales Beispiel für wissenschaftliche Organisation überhaupt sein, weil hinter jeder seiner Einrichtungen das Problem der Organisation lebendig wirksam sein wird.

Stellt die bisher bezeichnete Tätigkeit des Instituts zwar seine spezifische, nach Umfang und Arbeitsverbrauch umfassendste dar, so ist sie doch nicht seine einzige und wichtigste. Es wird nicht genügen, die Materialien der Wissenschaft bereitzustellen, es wird auch nötig sein, sie von sich aus zu verwerten. Zwei Verwertungsmöglichkeiten seien kurz gekennzeichnet. Das Institut erteilt einerseits zu bestimmten Preissätzen schriftliche Auskünfte aller Art aus seiner Kartothek; der Zutritt zur Kartothek wird so allgemein wie möglich gestattet sein; Lese- und Arbeitsräume, das nötige Instrumentarium werden vielleicht zur Verfügung stehen; soweit dies irgend möglich sein wird, stehen die Materialien des Instituts und die ihm vertraglich angegliederten leihweise zur Verfügung. Andererseits veröffentlicht das Institut selbst regelmäßig noch unbearbeitete Problemstellungen, für die seine Materialien auszureichen scheinen und überwacht die Durchführung dieser Arbeiten; es wird vorgesorgt werden, daß bei Dissertationen und wissenschaftlichen Arbeiten an Universitätsinstituten die Fragestellungen, welche durch das Material und die Methoden des Instituts zugänglich werden, Berücksichtigung finden; Einzelpersonen und Organisationen werden zur Durchführung größerer Arbeiten verpflichtet werden; das Institut veröffentlicht eine *Zeitschrift für Psychologie und Soziologie der Jugend* und selbständige Abhandlungen und Monographien in Buchform. Diese Publikationen enthalten jene Dokumente, die allein schon durch die Ordnung des Schlagwörterkataloges selbständigen Wert bekommen, und einen Teil der Arbeiten, die in den Räumen im Auftrag oder unter der Aufsicht des Instituts ausgeführt werden.

Für die Durchführung der zweiten Hauptaufgabe des Instituts werden jene Prinzipien angewendet werden, nach denen der Dürerbund und die „Brücke“ ihre Arbeiten zu leiten versucht haben. Eine genauere Darstellung an dieser Stelle ist darum nicht möglich, weil die Voraussetzungen für diese Tätigkeit völlig andere sind, als für die bisher geschilderte; sie ist darum nicht nötig, weil das Institut erst eine Zeitlang seinen wissenschaftlichen Aufgaben sich gewidmet haben muß, ehe es die praktischen in Angriff nehmen kann, und weil schließlich über *deren* Durchführung und Methode eine Diskussion möglich und nötig ist, die völlig unabhängig von allem bisher Gesagten geführt werden muß. Darum haben wir dieser zweiten Abteilung des Instituts den eigenen Namen „Archiv für Jugendkultur“[9] gegeben, um auch schon äußerlich Wissenschaft und Politik voneinander zu trennen, fassen aber Archiv und Institut dennoch als eine einheitliche Unternehmung auf, gerade darum um zu verhüten, daß künftighin die Jugendpolitik völlig von der Jugendforschung getrennt bleibe.

---

9 Der Name „A. J.“ mag beibehalten bleiben, da er sich gerade in diesem reformerischen Sinne eingebürgert hat, wenngleich es nicht logisch einwandfrei ist, mit „Archiv“ eine politische Organisation zu bezeichnen.

DIE PSYCHOANALYSE IN DER JUGENDFORSCHUNG

(1922)

Die Sammlung von Beiträgen zur Jugendforschung, die hiermit der Öffentlichkeit übergeben wird[1], stellt in einigen klar umschreibbaren Beziehungen einen vielleicht nicht bedeutungsvollen, aber ersten Versuch dar und bedarf der Rechtfertigung vor der Jugendforschung und der präzisen Formulierung vor der Psychoanalyse, damit Mißverständnisse möglichst vermieden und das Versuchsartige der Prüfung und Bewährung – wie wir hoffen – unterzogen werden können. Darum sei gestattet, die Untersuchungen statt mit einer kurzen Einleitung mit einer ausführlichen Erörterung einiger grundsätzlicher und methodischer Fragen einzuleiten.

Es waren gewiß bloß stoffliche Gründe, aus denen nach und nach ein eigener Wissens- und Forschungskreis „Jugendkunde" von Psychologie und Pädagogik abgegrenzt wurde. Obwohl man zuweilen versucht, dieses Gebiet durch den Namen „Pädologie" scharf zu bezeichnen, kann von einer Wissenschaft dieses Namens, sofern man nur das Wort „Wissenschaft" in einem theoretisch präzisen Sinn nimmt, nicht gesprochen werden. Denn es gibt keine Forschungs-, Denk- oder auch bloß Darstellungsmethode, die ausschließlich der Jugendkunde zukäme, und keine, die für alle jugendkundlichen Problemstellungen genügte. Jugendkunde ist vielmehr die Zusammenfassung der Ergebnisse verschiedener Wissenschaften, soweit sie über das gleiche Objekt, den unerwachsenen Menschen, etwas aus-

1 Siegfried Bernfeld (Hrsg.): Vom Gemeinschaftsleben der Jugend. Beiträge zur Jugendforschung. (Quellenschriften zur seelischen Entwicklung, Bd. II) Leipzig/Wien/Zürich 1922. [Reprint in dieser Werkausgabe Band 4.]

zusagen vermögen. Es sind vor allem drei Wissenschaften, die Physiologie, die Psychologie und die Soziologie, von denen ein Segment in den Bereich der Jugendkunde fällt. Und wenn man der Soziologie den Rang einer Wissenschaft streitig machen möchte, so sind es Geschichte (Kultur-, Rechts-, Wirtschafts-, Pädagogiegeschichte) und Völkerkunde, die statt ihrer zu nennen wären; spricht man die Sozialpsychologie als eigene Wissenschaft an, so wäre auch sie zu den fundamentalen Wissenschaften der Jugendkunde zu zählen. Weniger umfangreich sind die Segmente, die aus Anthropologie und Biologie genommen sind. Demnach sind es eine reiche Fülle von Methoden, die zur Vermehrung und Vertiefung unseres Wissens und Verständnisses in bezug auf das Phänomen Jugend dienen. Sie alle zusammenzufassen, zu beschreiben und ihre Grenzen anzugeben, hat bisher noch niemand versucht, weil bisher eine in diesem Sinne ausgreifende Darstellung (ja, von unbedeutenden Versuchen abgesehen, selbst ein Programm der Jugendkunde) fehlt. Es sei daher auch im folgenden von den physiologischen, soziologischen und historischen Methoden ebenso wie von den anthropologischen und biologischen völlig abgesehen und ausschließlich die Frage erörtert, wieweit die bisher üblichen Methoden der Psychologie hinreichen, jene Tatsachen und deren Beziehungen festzustellen und verständlich zu machen, deren intensives Studium gleichermaßen eine theoretische und praktische Forderung der Jugendkunde und der Pädagogik ist.

So wie man begann, die Ergebnisse der Psychologie – seit Herbart – ernstlich auf ihre Tauglichkeit zu pädagogischen Anwendungen zu prüfen, erwies es sich, daß die vorhandenen Erkenntnisse zu keinerlei konkreter Förderung dienlich sein können. Zwischen dem Postulat: die Psychologie ist eine Grundwissenschaft der Pädagogik, und den konkreten Formulierungen blieb eine Kluft, die durch keinerlei Empirie ausgefüllt war; denn die Feststellungen der allgemeinen Psychologie waren zu allgemein für das Bedürfnis dessen, der über das Seelenleben der Kinder Erfahrungen erhalten wollte, zu nichtssagend, um mehr bieten zu können als einen vagen Rahmen für vage Postulate. Die Psychologie wußte nichts über das Kind, nichts, das an Sicherheit und Wahrheitsgehalt die naive Beobachtung, die naiven Erfahrungen des Erziehers übertroffen hätte. Die Psychologie selbst hatte damals noch keine Ansätze, über das naive, das autistische Denken hinauszuwachsen.

Fast gleichzeitig mit den Versuchen, die allgemeine Psychologie durch kritische Beobachtung, strenge Empirie und direkte Experimente auf eine neue, zum erstenmal wissenschaftliche Basis zu stellen, zeigt sich bei Preyer – um einen geläufigen Namen auf Kosten der historischen Genauigkeit zu nennen – das Bemühen, mit den gleichen Forschungsmitteln die psychologischen Kenntnisse über das Kind zu vermehren. So mannigfaltig sich diese kinderpsychologischen Studien entwickelten und so wenig sie völlig von anderen methodischen Bestandteilen isoliert geübt werden und wurden, ist es doch nötig, sie in freilich nur abstrakter Schärfe zu charakterisieren. Ihr auffälligstes Merkmal ist das Experiment oder genauer das Instrumentarium. Und doch heißt es die jugendkundliche Methodik völlig mißverstehen, wollte man diesem äußerlichen Merkmal irgendeine wesentliche Bedeutung zumessen. Experimentieren heißt kontrollierbare Bedingungen setzen. Dies ist ein methodischer Teilcharakter jeder wissenschaftlichen Bemühung, deren Anwendbarkeit allerdings bei psychologischen Untersuchungen gewissen, bereits von Wundt zureichend formulierten Beschränkungen unterliegt. Das Instrumentarium spielt dabei eine verhältnismäßig nebensächliche Rolle. Aber die Einführung des Instruments, ob dieses nun in einem genauen Protokoll (bis zur Verwendung von Phonograph und Kinematograph), in einer Stoppuhr oder einem umfangreichen elektrisch betriebenen Apparat besteht, ist Symptom für eine dem autistischen – naiven – Denken und Forschen weltenferne Sachlichkeit, Objektivität, Realitätstreue. Die Ergebnisse des naiven Denkens enthalten allemal einen beträchtlichen Anteil von Inhalten, die nicht aus der Realität genommen sind, sondern Zutaten: aus Wünschen, Vorurteilen, Verallgemeinerungen, Phantasien, Ungenauigkeiten, Irrtümern usw. entspringend, die dem Ich entsprechen, seinen Erlebnissen und Trieben. Und diese persönliche Gleichung ist unbestimmt. Alles wissenschaftliche Denken bemüht sich, die persönliche Gleichung so niedrig zu halten wie möglich und den unvermeidlichen Rest so genau zu bestimmen wie möglich. Diesem Zweck dienen *alle* seine Methoden – sie dienen ihm wenigstens zugleich mit –, sie mögen im übrigen Instrumente verwenden oder nicht. Die Einführung des wissenschaftlichen Denkens in der Kinderpsychologie geschah durch die „experimentellen" Methoden, ist aber seitdem unverlierbares Besitztum der Psychologie (und somit der Jugendkunde) und nicht Spezifikum jener Methoden.

Was man gemeiniglich mit dem Wort „experimentelle" Methoden – apologetisch oder polemisch – zu treffen vermeint, ist eine derselben: die psychische Maßmethode – oder, da es deren mehrere gibt – die Maßmethoden. Die genaue Messung verlangt Apparate, daher gehört bis zu einem gewissen Grad zu den Maßmethoden eine gewisse Anzahl von Meßapparaten und deren Hilfsinstrumenten. Aber messen kann man nur in Zeit und Raum und nur Quantitäten, die auf eine Einheit zurückführbar sind. Von hier aus ergeben sich für die Anwendung psychischer Maßmethoden eine Fülle von Problemen und Beschränkungen. Sie sind im strengen Sinn an das motorische System der Psyche gebunden und können auch hier nur einen im Grunde unbefriedigenden Grad von Genauigkeit erreichen. In der Jugendkunde ist ihr Umkreis noch eingeschränkter, da gerade die für Kindheit und Jugend spezifischen seelischen Prozesse sich der Messung weitgehend und von einem gewissen Alter an völlig entziehen. Der Vierzehnjährige unterscheidet sich, um ein Beispiel zu nennen, in fast allen meßbaren Funktionen psychisch vom Erwachsenen gar nicht mehr. Für die messende Kinderpsychologie gehört er demnach bereits in den Aufgabenkreis der allgemeinen Psychologie. Wollte man wegen der scheinbaren ausschließlichen Wissenschaftlichkeit der Maßmethoden – die sie nur gewissen Ähnlichkeiten mit physikalischen Methoden verdanken – das Erkenntnisziel nach den Erkenntnismöglichkeiten dieser Methode stekken, so hieße das, den bedeutendsten Teil der Jugendkunde für immer autistischem Denken überlassen. (Wie ja auch mancher „exakte" Autor, sobald er genötigt ist, eine Bemerkung über außermeßbare psychische Vorgänge der Kinder zu machen, rettungslos naivem, unkritischem Urteilen verfällt.) Um aber jedes Mißverständnis auszuschließen, sei es ausdrücklich hierhergesetzt: Ebenso verkehrt wäre es, sich der Maßmethode nicht an ihrem legitimen Ort zu bedienen; das hieße ebenfalls auf Erkenntnismöglichkeiten verzichten, die offen stehen.

Die Maßmethoden sind eine Art Spezialfall der wissenschaftlichen Beobachtung.[2] Sie ist die getreue, möglichst vollständige Fixierung des Wahrnehmbaren eines psychischen Phänomens. Auf das „getreu" ist der gleiche Wert zu legen, wie auf das „möglichst vollständig". Das Ideal wäre absolut getreu und restlos; und auf den Grad der Annäherung an dieses Ideal kommt es an. Ein hervorragendes Beispiel solcher naturwissenschaftlich genauer und vollständiger Beobachtung mit dem Bemühen, sie getreu zu fixieren, ist Preyers „Seele des Kindes". Wenn das Forschungsobjekt von der Forschungsabsicht nichts wissen kann, darf oder will, ist die wissenschaftliche Beobachtung die ausschließliche direkte Methode. Daher ist ihr Anwendungsgebiet in der Jugendkunde außerordentlich groß. Das kleine Kind kann von den Absichten des Forschers nichts wissen, verstehen; das größere darf es aus vielen Gründen und Rücksichten oft nicht; das größere Kind und der Jugendliche wollen es häufig genug nicht. Es ist kein Zufall, wenn in allen diesen Fällen ein Verfahren angewendet wird oder angewendet werden könnte, das der biologischen oder tierpsychologischen Behaviourmethode ähnlich ist. Es handelt sich darum, Vorgängen, die für den Fremdbeobachter nicht wahrnehmbar sind und vom Erlebenden nicht mitgeteilt werden (wollen, können), durch umfassende Beobachtung alles Wahrnehmbaren indirekt nahezukommen, sie zu bestimmen oder zu erraten. Dies Verfahren ist umso wichtiger, als sein Wert nicht bloß davon abhängt, wieweit es gelang, jenem zu Erschließenden nahezukommen, sondern vielmehr das Beobachten selbst – wenn es

2 Es bedarf kaum des Hinweises, daß das meiste hier Gesagte ebenso oder treffender zuerst von den grundlegenden Methodikern der Psychologie, von Wundt, Stern, Krüger, um drei zu nennen, formuliert wurde. Die Einfügung der Psychoanalyse in diese Feststellungen und Erörterungen wird unseres Wissens in dieser Weise hier zum erstenmal versucht; eine ausführliche Einfügung zur Psychoanalyse in die Psychologie bietet Oskar Pfister in seinem Buch: Zum Kampf um die Psychoanalyse. Wien 1920.

nur genau und vollständig genug geübt wurde – Tatsachen, Beziehungen, selbst Regeln feststellen läßt.

Die Selbstbeobachtung hat in der Jugendkunde weniger Raum als sonst in der Psychologie. Wie weit die Introspektion eine vollgültige wissenschaftliche Methode ist, mag noch strittig sein, daß ihr aber irgendein Platz im System der Forschungsmethoden zukommt, ist unzweifelhaft. Es ist bei ihr wesentlich schwerer, die Bedingungen einzuhalten, die das autistische Denken dem wissenschaftlichen annähern, aber manches Beispiel hat bewiesen, daß auch dies Schwere weitgehend gelang. Und jedenfalls ist die Introspektion das einzige Verfahren, das uns unmittelbare Erfahrung vom psychischen Leben vermittelt. In der Jugendkunde hat sie ein zweifaches Anwendungsgebiet. Ohne introspektive Erinnerung bleibt uns alles, was wissenschaftliche Beobachtung vom Kinde und dem Jugendlichen festzustellen vermag, letztlich unverständlich, oder wir sind in Gefahr, es im Sinne des erwachsenen Seelenlebens aufzufassen. Das kann eine treu bewahrte Erinnerung an die eigene Jugend und Kindheit verhindern. Leider gehört sie zu den Seltenheiten. Eher findet sie sich bei Dichtern als bei Psychologen. Von hier aus ergibt sich ein sehr schwerwiegender Einwand gegen die Resultate der Jugendforschung; sie sind allermeist unter der Wirksamkeit der Amnesie, der erfahrungsgemäß die Erinnerungen an die Kindheit und bis zu einem gewissen Grad auch an die Jugend unterworfen sind, gewonnen oder wenigstens gedeutet. Ernsthaft in Betracht gezogen wird dieser Faktor so gut wie niemals, erwogen wird er aber mindestens in der Psychologie des Säuglings. Die wissenschaftliche Selbstbeobachtung könnte die Funktion übernehmen, da schon die Rückgängigmachung der Amnesie nicht völlig gelingen will, doch wenigstens Schlüsse aus Fehlerinnerungen zu verhindern und die Bedeutung dieser unvermeidlichen Fehlerquelle näher zu bestimmen. Die Selbstbeobachtung des Kindes und Jugendlichen hat einen nicht völlig zu vernachlässigenden methodischen Wert. Die Einhaltung der wissenschaftlichen Grenzen ist dabei freilich nicht zu erwarten, obzwar es nicht ausgeschlossen ist, Kinder eines verhältnismäßig frühen Alters zu überraschend gewissenhafter Selbstbeobachtung zu erziehen. Aber diese mitgeteilte Selbstbeobachtung ist eine der wenigen Quellen, die uns für die Erkenntnis der kindlichen Seele fließen. Im Grunde beruht auf ihr ein größerer Teil der heutigen Kinderpsychologie als auf allen anderen zusammen genommen. Denn zu den Dingen, die am Kinde vor allem studiert werden, gehören seine sprachlichen Mitteilungen, die reaktiven und die spontanen. Die biographischen Monographien, wenn sie nur das zweite und die folgenden Lebensjahre mitbehandeln, beruhen mehr auf des Kindes Worten als auf seinen motorischen Äußerungen. Und gar die umfangreichen Untersuchungen nach der Fragebogenmethode, die Aussageexperimente, Tests und dergleichen sind beinahe ganz auf sie gebaut. Selten nur wird die Grundlage in Zweifel gezogen, daß es sich dabei schlechthin um Mitteilung von kindlichen Selbstbeobachtungen handelt, einerlei, ob das Kind erzählt, „ich habe geträumt, daß", oder ob es von den Motiven seines Handelns oder seinen Gefühlen erzählt. Was den Aussagen des Kindes an wissenschaftlicher Zuverlässigkeit mangelt, kann bloß durch getreue und vollständige Sammlung und Berücksichtigung derselben korrigiert werden, vollständig in bezug auf das einzelne Kind so gut wie auf die Gesamtheit.

Die Lebensäußerungen motorischer Natur in der frühesten Kindheit, die sprachlichen Äußerungen in der späteren, sind das auffälligste Forschungsmaterial, darum sind sie allein einigermaßen erforscht. Genaue Studien über die motorischen Äußerungen des sprachfähigen Kindes, etwa vom dritten Lebensjahr an, fehlen fast völlig. Das Laboratorium, die Schule und die Wohnstube der Kleinsten, sind die beinahe ausschließlichen Beobachtungssituationen der heutigen Jugendkunde. Es ist zweifellos, daß der zunächstliegende Fortschritt unserer Wissenschaft in der Ausdehnung der wissenschaftlichen Beobachtungsmethoden – das Wort in seinem weiten Sinn genommen – auf größere Kreise der seelischen Äußerungen liegen muß. Was Eltern, Ärzte, Kinderfräulein, Jugendführer, was jeder, der mit Kindern und Jugendlichen verkehrt, an naiven Erfahrungen besitzen, muß durch methodische Beobachtung der Wissenschaft eingemeindet werden. Es handelt sich dabei freilich um Äußerungen des kindlichen (und jugendlichen) Seelenlebens, die vor dem Erwachsenen, oder doch den meisten

Erwachsenen, geheimgehalten werden und in ihrer Gegenwart nicht oder bloß andeutungsweise entstehen, ausgelebt werden. Die Untersuchungen über das künstlerische und literarische Schaffen Jugendlicher, die seit einigen Jahren in immer wachsender Zahl vorgenommen werden, bedeuten hier einen wichtigen Anfang. Die vorliegenden Arbeiten[3] über einen Freundinnenkreis[4], einen geheimen Schülerverein, einen Knabenbund, ein Kinderspiel bringen Materialien, die für die Jugendkunde eine gewisse Erweiterung ihres methodisch festgestellten Wissens bedeuten; die weiteren Bände dieser „Beiträge zur Jugendforschung“[5] werden Tagebücher, Briefe, literarische Produktionen, Phantasien und dergleichen Äußerungen kindlichen und jugendlichen Seelenlebens zur Quelle jugendkundlicher Forschung zu machen versuchen.

Diese Erweiterung ist nun freilich keine neue Methode, sondern bloß ein neues Anwendungsgebiet. Aber sie macht uns eindringlich darauf aufmerksam, daß mit dem Messen und dem wissenschaftlichen Beobachten, dem Fremd- und Selbstbeobachten, dem direkten und dem indirekten, die Aufgaben und Wege der Jugendforschung nicht erschöpft sind. Das Feststellen der Beziehungen zwischen den Tatsachen muß der Feststellung der Tatsachen folgen. Und auch hier ist es im wesentlichen *ein* Denk- und Forschungsvorgang, der den verschiedenen angewandten Methoden – von der Vergleichung und Statistik bis zu den feinsten Rang- und Korrelationsrechnungen zugrunde liegt. Das Aufeinanderfolgen oder gleichzeitige Auftreten von festgestellten und genau beobachteten Tatsachen muß sich als allgemein oder als zahlenmäßig oft eintretend erweisen, damit eine regelmäßige oder gesetzmäßige Beziehung zwischen ihnen festgestellt sei. Und auch hier kommt es darauf an, daß der naive Eindruck, das Meinen und Vermuten, das von Affekten, Wünschen, Abneigungen gelenkt ist, von dieser persönlichen Gleichung befreit werde. Diesem

---

3 Bernfeld nennt die Themen der Beiträge des Bandes, dessen Einleitungsaufsatz hier abgedruckt wird. Der Band im ganzen bildet Band 5 dieser Werkausgabe.

4 S.u. in diesem Band S. 273ff.

5 Diese Bände erscheinen als Bände 4–6 dieser Werkausgabe Bernfelds.

Zwecke dienen alle Bemühungen, statt des vagen Eindrukkes der Häufigkeit deren Grad zu messen, statt des auffallendsten – also dem Forscher affektiv wichtigsten – Elementes alle in ihren gegenseitigen Beziehungen zu beachten, mit Vermutungen nicht sich zu begnügen, sondern sie zum Anlaß der Nachprüfung zu nehmen. Hier aber gelangt jede jugendkundliche Forschung bald an die Grenze ihres empirischen Bemühens, und sie wird genötigt, grundsätzliche Annahmen zu machen, die sie selbst nicht zu bewahrheiten vermag, sondern die sie aus ihren Grundwissenschaften, der Psychologie, Sozialpsychologie, Physiologie, Soziologie, je nachdem übernimmt. Spezifisch jugendkundliche Grundannahmen, Hypothesen, Axiome – im strengen Sinn des Wortes – gibt es derzeit nicht, weil die Jugendkunde keine Wissenschaft für sich ist, aber es kann wohl sein, daß auf ihrem Boden solche über den Begriff der Entwicklung, der Anlage und dergleichen erwachsen. Manchen Ansatz dazu weist insbesondere die Kinderpsychologie und das junge Studium der inneren Sekretion beim Unerwachsenen auf. Bei dieser Übernahme von Grundannahmen hat die Jugendkunde weitgehende Freiheit. Sie darf versuchen, jede auf ihrem Gebiet anzuwenden, einerlei, welche Rolle sie in ihrer Mutterwissenschaft spielt. Und hat nur zweierlei strengstens zu beachten: ob die jugendkundlichen Tatsachen (und deren erwiesene Beziehungen) die gedachte Annahme als unvollziehbar erweisen, und ob die Annahme das Erkenntnisziel der Jugendkunde fördert. Dabei wird ausdrücklich die Selbstverständlichkeit auszusprechen sein, daß es für die Jugendkunde nur *ein* psychologisches Erkenntnisziel – denn es ist hier nur von dem psychologischen Teil der Jugendforschung die Rede – geben kann: das Verständnis der Inhalte, Formen, Motive und Kräfte der seelischen *Entwicklung*.

Die eben beendete allgemeine Erörterung, die vielleicht manchem Leser zu ausführlich, anderen zu aphoristisch erschienen sein mag, ermöglicht nun, ganz kurz und prägnant das eigentliche Thema dieser Einleitung zu behandeln. Wir haben uns nach zwei Seiten hin zu rechtfertigen, da die folgenden Beiträge sich der psychoanalytischen Methode bedienen, und dies im Kreise der Jugendforschung, wenn auch nicht mehr so verbrecherisch wie vor etlichen

Jahren, so doch noch immer reichlich ungewohnt, befremdlich und bedenklich erscheint, und weil wir uns andererseits nicht nur der psychoanalytischen Methode bedienen, sondern zugleich auch einer Reihe anderer, und dadurch unsere Arbeiten sich ein wenig von dem gewohnten Bild einer psychoanalytischen Untersuchung unterscheiden.

Der überwiegende Teil der bisher erschienenen Arbeiten zur angewandten Psychoanalyse bringt analytische Beiträge zu einem Problem, das mit anderen Methoden – so weit es eben möglich war – bearbeitet worden war, um zu zeigen, was die Psychoanalyse zur Lösung des Problems beizutragen vermag, und um die analytische Forschung selbst zu bereichern, zu fördern. Die vorliegenden Arbeiten sind keine Förderungen der Psychoanalyse und keine analytischen Ergänzungen zu bereits bearbeiteten Problemen, sondern, wie der Untertitel andeutet, schlechthin Beiträge zur Jugendforschung. Sie versuchen ihr Thema mit allen Methoden zu behandeln, auch mit der Psychoanalyse. Wobei sich freilich zeigt, daß die Verwendung der Psychoanalyse entscheidende Fortschritte im Verständnis der jeweiligen Probleme ermöglicht.

Mit jenen Vertretern der Jugendkunde sich auseinanderzusetzen, die gegen die Anwendung der Psychoanalyse protestieren, erscheint unnötig, weil diese Art der Stellungnahme ebenso veraltet wie unwissenschaftlich ist. Uns ist die Psychoanalyse ein Bestandteil der Psychologie schlechthin, obwohl die Psychologie selbst, freilich nur noch die deutsche und französische, dies nicht immer wahrhaben will, und obwohl wir selbst wohl wissen, daß nicht alle inhaltlichen und methodischen Entdeckungen der Psychoanalyse endgültig über jeden Zweifel erhaben festgestellt sind. Wir haben den psychoanalytischen Teil der Psychologie mit denselben oben genannten Kriterien zu messen wie alle anderen Teile. Die bisherigen Resultate der Kinderpsychologie und Jugendforschung widersprechen in nichts den Annahmen der Psychoanalyse. Und deren Verständnis wird durch sie sehr wesentlich gefördert. *Erstens* ist die Psychoanalyse der einzige Versuch, die Tatsache der Entwicklung und die Inhalte des kindlichen Seelenlebens konkreter verständlich zu machen, als [es] durch die Feststellung der Anlage und der Einwirkung der Umwelt geschieht, und nur die Psychoanalyse hat bisher auch das kindliche Affekt- und Gefühlsleben in umfassender Weise behandelt. *Zweitens* erheischen die Annahmen der Psychoanalyse eine eindringende Beachtung von bisher völlig vernachlässigten Details der kindlichen und jugendlichen Seelenäußerungen und der auf sie einwirkenden Umwelt. Sie erweitert also den Kreis des zu Beobachtenden recht beträchtlich. *Drittens* ist es bisher der Psychoanalyse allein gelungen, die Amnesie, der die frühen Kindheitsjahre verfallen, wenigstens in einem gewissen Maße aufzuheben und so jene entscheidenden Erlebnisperioden der Selbstbeobachtung zugänglich zu machen, die erst den Maßstab bietet, an dem die Beobachtungen an kleinen Kindern zu messen, zu beurteilen, zu verstehen sind. Schließlich bedeutet die Psychoanalyse einen eminenten Fortschritt vom autistischen zum wissenschaftlichen Denken. Der psychoanalytisch geschulte Forscher hat es gelernt, zahllose Einengungen und Färbungen, mit denen Konvention, Moral, geläufige Meinungen und Wertungen und vor allem die ihm selbst unbewußt gewesenen eigenen Wünsche und Verdrängungen, seine eigene Sexualkonstitution und seine Ich-Wünsche und -Ideale sein Denken trübten, zu erkennen und zu überwinden; er ist reifer als andere zur Anerkennung der Realität, sein Denken, dessen Probleme und Ergebnisse, sind einem völlig vorurteilsfreien Forschen näher, seine persönliche Gleichung ist genauer bestimmbar und ihr Einfluß geringer.

Es mag Erstaunen erregen und in die Kategorie des bekannten Dogmatismus und Fanatismus der Analytiker eingereiht werden, wenn mit diesem Satz die Psychoanalyse, der man Unwissenschaftlichkeit und Dilettantismus vorwirft, nun gar als *die* wissenschaftliche Methode gepriesen wird – und doch ist nichts von unkritischer Begeisterung weiter entfernt als diese Einsicht. Wer je die Analyse als Forschungsmethode angewandt hat, ihre Ergebnisse auf derselben Ebene prüfend, auf der sie gewonnen wurden, und wer den selbstverständlichen Schritt wissenschaftlicher Gewissenhaftigkeit machte, der Selbstbeobachtung die überaus unangenehme und schwierige Aufgabe zuzumuten, sich des analytischen Weges zu bedienen, weiß, daß die Analyse Empirie, strenge Beobachtung und vorsichtigste Setzung von Beziehungen ist und daß sie einen – gar nicht leichten und raschen – Kampf mit all dem beinhaltet, was wir hier, immer unter bloßer Beachtung der Beziehung zum Forschungsprozeß, das autistische, das affekt- und nicht objektbestimmte Denken genannt haben (nach Bleulers Vorgang). Der große Widerspruch, der zwischen der Meinung der Freunde und Feinde der Analyse über deren Wert herrscht, mag wichtige – unzweifelhaft affektive – Gründe haben. In einem, freilich recht äußerlichen Punkt, scheinen die Gegner richtige Argumente zu verwenden: Es fällt sehr schwer, sich aus den analytischen Publikationen den Eindruck zu holen, daß sie auf Empirie, auf strenge Beobachtung und vorsichtigste Setzung von Beziehungen aufgebaut sind. Denn all jene Sicherungsmittel gegen autistisches Denken, die wir wissenschaftliche Methode nennen und die aus guten Gründen auch der Darstellung der Forschungsresultate beigegeben zu werden pflegen, fehlen im allgemeinen den analytischen Untersuchungen. Vor allem wohl deshalb, weil der Analytiker deutlich spürt, daß die Analyse selbst eine unvergleichlich sicherere Bewältigung der ungebührlichen Einmischung des Affektlebens ins Denken ist, als alle scheinbare Wissenschaftlichkeit. Wir halten dies für nicht völlig berechtigt, wenn es sich um wissenschaftliche – und nicht therapeutische – Untersuchungen handelt, und gar erst, wenn nicht ein analytischer Beitrag, sondern schlechthin ein Beitrag zur Psychologie gegeben werden soll. Darum haben wir versucht, in den Publikationen zur Jugendforschung, die dieser Band eröffnet, soweit es irgend nötig oder möglich war, jene Kautelen der Untersuchung und Darstellung einzuhalten, die man gewohnt ist nicht allein als hinter einer wissenschaftlichen Studie wirksam zu spüren, sondern in ihr selbst deutlich und vorwiegend gepflegt zu sehen. Ein Versuch, dessen Nachteil, dem gewohnten Bild analytischer Arbeiten fremdartig gegenüberzustehen, wohl aufgewogen wird durch den Nutzen, dem Kampf gegen die Analyse ein Argument zu entziehen.

EIN FREUNDINNENKREIS
(1922)

I. Material und Methode der Untersuchung

Die Anregung zu der nachstehenden kleinen Arbeit verdanke ich einigen Gesprächen mit Fräulein Elly A.[1], die mir gelegentlich Mitteilungen über einen Kreis junger Mädchen machte, dem sie in der Schule angehört hatte. Auf mein Ersuchen übergab sie mir alle noch in ihrem Besitz befindlichen Materialien aus jener Zeit, sammelte bei den ehemaligen Freundinnen die erhalten gebliebenen Briefe, gab ihre Erinnerungen zu Protokoll und vermittelte mir die Bekanntschaft mit vieren von den ehemaligen Kreismitgliedern, die mir gleichfalls ihre Erinnerungen zu Protokoll gaben.

Auf diese Weise kamen Briefe, Postkarten, ein Tagebuchblatt und Sitzungsprotokolle in meinen Besitz. Dieses Material verteilt sich in folgender Weise auf die fünf Teilnehmerinnen:

Elly A.: Ein Tagebuchblatt
Ein Brief
Drei Sitzungsprotokolle

Friederike B.: Zwei Briefe und Karten
Ein Sitzungsprotokoll

Margarete Nal. ...: Fünf Briefe und Karten
Ein Sitzungsprotokoll

Margarete D.: Sechzehn Briefe und Karten
Ein Sitzungsprotokoll

Helene E.: Fünf Briefe
Acht Karten

Die Besitzerinnen der Briefe haben die Korrespondenzen, soweit es nicht schon die Briefschreiberinnen getan hatten, für mich datiert. Die Überprüfung ergab aber eine bis auf zwei Jahre sich erstreckende Unsicherheit dieser Angaben; so war eine genaue Untersuchung der Briefe nötig, und es gelang, unter Berücksichtigung von Poststempel, Adressen, Papier, Schrift, Inhalt, alle auf ungefähr eine Woche genau zu datieren.

Die Protokolle sind stenographische Niederschriften der Mitteilungen der Teilnehmerinnen, denen vorher erklärt wurde, daß ich mich für die Geschichte jenes Kreises im Zusammenhang mit jugendkundlichen Forschungen interessiere, und daß ich sie bitte, möglichst ausführlich zu

---

1 Die Namen sind hier selbstverständlich durch frei erfundene ersetzt.

erzählen, was ihnen von ihrem Kreis und dessen Teilnehmerinnen erinnerlich sei, wobei Reihenfolge, Disposition usw. ihnen überlassen sei. An die zusammenhängende Erzählung schlossen sich einzelne Fragen von mir, die zusammen mit den Antworten stenographisch aufgenommen wurden.

Dieses Material wurde nun aufs sorgfältigste nach gewissen Schlagworten und Gesichtspunkten geordnet, und zwar so, daß jeder Zusammenhang der Briefe, Protokolle usw. zunächst zerstört wurde, und nur die den einzelnen Personen zukommenden Stellen beisammen blieben, ein Verfahren, wie es etwa mit dem Antwortenmaterial einer Enquête zur statistischen Auszählung ihrer Ergebnisse angewandt würde. Zählungen wurden ebenfalls vorgenommen, aber sie boten – wie nicht erstaunlich – kein irgendwie interessantes Resultat. So ergab sich ein sehr deutlicher Überblick, der die genaue Feststellung der Tatsachen, soweit sie überhaupt in unserem Material enthalten waren, und eine spätere Revision und Kontrolle ermöglichte. Dieser mühevollen Bearbeitung des Rohmaterials hatte sich in freundlicher Weise Frau Dr. phil. Anna Kulka unterzogen. Ich danke ihr auch an dieser Stelle für ihre Mühe.

Im folgenden wird auf Grund dieses Materials zunächst eine Darstellung der paarweisen Beziehungen der Teilnehmerinnen zueinander, hierauf des Kreises und seiner Entwicklung als Ganzes versucht, wobei wir, uns streng an das vorliegende Material haltend, eine Beschreibung geben, die so genau und vollständig ist, als das Material und seine besonderen Bedingungen gestatten. Voran geht eine kurze äußere Geschichte des Kreises und einige Daten über die fünf Teilnehmerinnen. Dieser Beschreibung fügen wir einige Bemerkungen an, die mit der von der Spärlichkeit des Materials gebotenen Vorsicht unter Heranziehung der Ergebnisse der entwicklungspsychologischen und psychoanalytischen Forschung, die Einfügung der Resultate unserer Untersuchung in einen größeren psychologischen Zusammenhang andeuten sollen.

II. Die äußere Geschichte des Kreises

Die siebzehn- bis achtzehnjährigen Mädchen Elly A., Friederike B., Margarete D., Helene E. und Margarete N. sind in intimer Freundschaft zusammengeschlossen. Sie besuchen eine Nähschule, um ihre hauswirtschaftliche Ausbildung mit diesem Zweige zu beginnen. Die sechs Klassen eines Wiener Mädchenlyzeums haben sie gemeinsam durchgemacht und sind nun die einzigen länger Bekannten unter ihren neuen Kameradinnen in der Nähschule. Während der Schulstunden, in den Pausen, stecken sie möglichst viel beisammen; außerdem treffen sie sich regelmäßig ein- oder zweimal wöchentlich abwechselnd in ihren Zimmern zu Hause, um „Dummheiten" zu machen, zu tanzen, zu lachen, sich zu unterhalten. Während der Ferien unterhalten sie einen Briefwechsel. Zu Beginn des nächsten

Winters besucht keine mehr die Schule. Elly, Margarete D. und Margarete N. arbeiten anfangs zusammen in einem Kinderheim; dann trennen sie sich auch hier. Elly und Margarete N. bereiten sich zu einer Prüfung vor. Der Kreis trennt sich noch nicht vollkommen. Sie kommen noch ziemlich häufig zusammen, aber nicht so innig wie früher, obzwar sie sich noch immer sehr freuen, einander beisammen zu sehen. Um so inniger wird aber die Freundschaft zwischen Friederike und Margarete N. Margarete D. bleibt mit Elly sehr lange befreundet, doch kommt aus vielen äußeren Gründen kein reger Verkehr zustande. Was ihm an Häufigkeit fehlt, gewinnt er an Ernst. Margarete D. und Helene verkehren viel miteinander, aber sie können sich nicht darüber täuschen, daß ihre Beziehungen weniger wichtig und nahe sind wie früher. Elly und Friederike sehen sich oft und gern, aber eigentlich durch Vermittlung von Friederikes Schwester, die in einem technischen Interesse mit Elly verbunden ist. Elly und Margarete N. lernen sich auf einer Skipartie persönlich sehr viel näher kennen und sind überdies durch das gemeinsame Interesse – die Prüfung – verbunden. Der Kreis der Siebzehn- bis Achtzehnjährigen hat sich im großen und ganzen aufgelöst in Paare von Achtzehn- bis Neunzehnjährigen.

Wenn es demnach scheinen möchte, als wäre dieser Kreis der Siebzehn- bis Achtzehnjährigen durch die zufällige Tatsache ihres gemeinsamen Schulbesuches und eines begreiflichen Zusammenschlusses der bereits länger bekannten Kameradinnen entstanden, so erweist sich dies bei näherer Betrachtung nicht als richtig. Die Beziehungen der fünf Mädchen zueinander reichen beträchtlich weiter zurück. Elly und Margarete D. waren in der dritten und vierten Volksschulklasse zusammen gewesen, sie waren damals neun und zehn Jahre alt gewesen. Elly besuchte die fünfte Volksschulklasse an einer anderen Schule und traf zu ihrer großen Freude Margarete D. bei der Aufnahmeprüfung im Lyzeum wieder. Margarete N. und Friederike sind Cousinen und kannten sich seit frühester Kindheit, ohne in Freundschaft zueinander zu stehen. Elly, Helene und Margarete D. wohnten im selben Häuserblock und hatten denselben Weg zur Schule. Sie machten ihn meistens gemeinsam mit einer Kollegin Ada. Ada, Elly, Helene und

Margarete D. saßen in der Schule in nächster Nähe und bildeten während der Schulstunden, in den Pausen und am Schulweg eine „Kompanie". Sie hatten Hefte, Bleistifte, Radiergummi, Lineale usw. gemeinsam. Was eine kaufte, gehörte auch den anderen. Auf jeden gemeinsamen Gebrauchsgegenstand malten sie „Elly und Co.", oder „Helene und Co.", je nachdem, wer ihn gekauft hatte. Margarete N., die in ihre nächste Nähe versetzt wurde, erlangte Aufnahme. Indessen war in der Klasse (erstes Lyzeum, Ende; die Mädchen waren um diese Zeit elf bis zwölf Jahre alt) eine Anzahl von Bünden zusammengetreten. Die Kompanie gehörte zu keinem und bildete den „Lustigkeitsbund". Dieser bestand die zweite Klasse hindurch (zwölftes bis dreizehntes Jahr). Seine Stützen waren Elly, Helene und Margarete D.; Ada und Margarete N. und ein oder die andere sechste oder siebente waren ambulante Mitglieder. Im dritten Schuljahr lösten sich die Bünde der Klasse auf. Der Kreis Elly, Helene, Margarete D. (Margarete N.) blieb bestehen und war jetzt seinem Hauptinhalt nach ein Bund gegen „Backfischigkeit", gegen „Stadt". Die meisten Mädchen der Klasse (dreizehn bis vierzehn Jahre) begannen um diese Zeit, Tanzunterricht zu nehmen, überhaupt die Augen auf Kleidung, Jungens usw. zu richten. Diese besuchten Gesellschaften in der inneren Stadt oder den inneren Bezirken, in die die Glieder unseres Kreises überhaupt nicht kamen und die sich daher als eine Art „Provinzlerinnen" fühlten. Als Ausdruck ihrer Gesinnung galt ihnen, kein Mieder zu tragen und die bekannte Backfischliteratur zwar zu lesen, aber gründlich zu verachten. Sie schrieben um diese Zeit eine umfängliche Persiflage auf diese Literatur, den Roman „Trudchen". Das erste Kapitel schrieb Elly, jede fügte ein weiteres hinzu. Der Roman war aus Zitaten und Redewendungen, Handlungen, Stimmungen u. dgl. im Ton der „Romane für junge Mädchen" geschrieben.

Der Verkehr dieser Mädchen war keineswegs ein völlig harmonischer, vielmehr gab es manchen Zank und Streit, zuweilen länger dauernde Entfremdung. Besonders Elly hatte darunter zu leiden. Aber immer wieder fand sich eine Versöhnung. Durch das vierte und den ersten Teil des fünften Schuljahres blieb dies konstant. Elly stand mehr außerhalb, Friederike kam neu hinzu. Der Verkehr erstreckt sich aber im großen und ganzen bloß auf die Schule und auf den Weg von und zur Schule. In der zweiten Hälfte der fünften Klasse beginnt die Freundschaft zwischen allen fünf wieder inniger zu werden. Sie treffen sich viel, auch außerhalb der Schule; arbeiten zusammen, gehen miteinander spazieren, spielen Tennis; unterhalten einen regen Briefwechsel. Dies dauert bis ins sechste Schuljahr an. Angesichts der Arbeit für die Matura bekommt die ganze Klasse einen gemeinsamen Inhalt und saugt gewissermaßen den isolierten Kreis auf. Das Lernen zur Abschlußprüfung absorbiert auch die Kräfte. Helene war schon im Jahre vorher ausgetreten; so verschwindet eigentlich der Kreis, während Margarete N., Friederike und Margarete D. umso inniger sich zusammenschließen, ohne aber für sich einen ähnlichen Kreis zu bilden.

Im Herbst nach der Matura treffen sich die fünf Mädchen, die während der Ferien in schriftlichem und persönlichem Kontakt geblieben waren, wieder und schließen sich aufs neue enger zusammen – wie bereits erzählt wurde.

Aus diesem kurzen Überblick erscheint uns zweierlei beachtenswert und festzuhalten. *Erstens*: Es sind deutlich drei Höhepunkte der Kreisgemeinschaft zu konstatieren: (1) Der „Lustigkeitsbund", Ende des zweiten und Anfang des dritten Schuljahres; die beteiligten Mädchen waren um diese Zeit gerade vierzehn Jahre alt. (2) Die enge Gemeinschaft Ende des fünften und Anfang des sechsten Schuljahres; die beteiligten Mädchen waren siebzehn Jahre alt, Friederike sechzehn. Und endlich (3) der Kreis im Winter der Nähschulzeit; die Mädchen waren hier im neunzehnten Lebensjahr, bzw. im achtzehnten. *Zweitens*: Die Zeiten zwischen den Höhepunkten des gemeinschaftlichen Lebens sind ausgefüllt durch paarweise engere Freundschaften, die aber – mit einer Ausnahme: Elly B. – aus den fünf Kreisfreundinnen genommen sind.

III. Daten über die Teilnehmerinnen

Es liegt nahe zu versuchen, das gesamte vorliegende Material psychographisch durchzuarbeiten, so daß die verschiedenen Charaktere der Teilnehmerinnen präziser bezeichnet werden könnten, als der allgemeine Eindruck, den die Briefe und Mitteilungen bieten, erlauben mag. Es zeigte sich aber, daß in unserem Fall auf diese Weise wenig zu erreichen war. Die psychographisch auswertbaren Elemente unseres Materials sind verhältnismäßig sehr gering und überdies sehr unregelmäßig verteilt. Eine auch nur annähernd genügende Gegenüberstellung der Charaktere ließ sich nicht gewinnen. Wir verzichten daher auf die Darstellung der psychographischen Fragmente und bitten den Leser, sich selbst davon zu überzeugen, daß die im letzten Abschnitt gezogenen Schlüsse auf den Andeutungen, die verstreut auch in dem publizierten Material enthalten sind, basieren.

Dennoch werden einige Daten über die Teilnehmerinnen nötig oder doch erwünscht sein. Dabei bitten wir zu beachten, daß wir keine Jahreszahlen angeben, sondern das Geburtsjahr der Hauptbeteiligten mit 1900 ansetzen und alle Daten auf dieses Jahr beziehen. Dies Verfahren empfiehlt sich aus der Verpflichtung des Verfassers mit Rücksicht auf die freundliche Bereitwilligkeit der Kreisteilnehmerinnen, Material und Aussagen in der Erwartung bereitzustellen, daß die Publikation die beteiligten Personen unkenntlich lassen werden. Es hat zugleich den Vorteil für den Leser, daß das Alter der Teilnehmerinnen unmittelbar ablesbar ist.

Elly A., auch Ernsti genannt, geboren 1900, besuchte eine fünfklassige Volksschule, trat 11 in ein Lyzeum ein, das sie als durchschnittlich gute Schülerin bis 17 besuchte. In diesem Jahr bestand sie die Reifeprüfung (Matura). Besuchte 18 den Fortbildungskurs dieses Lyzeums (Nähschule), arbeitete 19 in einer Wohltätigkeitsanstalt als freiwillige Helferin, bereitete sich zugleich auf die Prüfung zu einem sozialen Beruf vor, den sie seit 20 ausübt. Elly ist das Kind einer wohlhabenden Bürgersfamilie, hat einen älteren und einen jüngeren Bruder.

Margarete D., genannt Affi, Effi, auch Effi Briest: geboren 00; Schulgang bis 19 wie bei Elly, desgleichen das Milieu; hat mehrere ältere und jüngere Geschwister. Ohne Beruf. Heiratete 24 einen zwanzig Jahre älteren Mann, Freund ihres Vaters. Als Folge einer Kinderkrankheit verblieb ihr ein auffälliger körperlicher Fehler, der von 15 bis 19 sich etwas verliert und später völlig geheilt werden konnte. War im Zusammenhang damit mehrere Monate in Sanatorien (15).

Helene E., genannt Hely: geboren 00, Schulgang bis 19 wie bei Elly, doch ohne Abiturium. Helys Vater ist seit ihrer frühen Kindheit tot, sie lebte bei der Mutter mit einer älteren Schwester und einem jüngeren Bruder in knappen Verhältnissen. Litt seit 16 an einer offenbar hysterischen Erkrankung und war im Zusammenhang damit mehrmals zu kürzeren oder längeren Aufenthalten in Sanatorien und bei Verwandten in einem Balkanstaat. 19 nahm sie aus therapeutischen Gründen in demselben Staat eine Anstellung als Kinderfräulein, kehrte nach zirka dreiviertel Jahren zurück; heiratete 23 einen wenig älteren, wohlhabenden Mann.

Margarete Nal., genannt Nandl, auch Elisabeth: geboren 01, Schulgang und Beruf wie bei Elly, ebenfalls unverheiratet und seit 20 berufstätig. Zwei ältere Brüder; Milieu wie bei Helene.

Friederike B., genannt Rickl, früher „der Kutscher", geboren 02, Schulgang bis 19 wie Elly. Ohne Beruf, heiratete 20. Hat eine ältere Schwester, lebte ohne beträchtliche finanzielle Sorgen, war aber doch genötigt, 19 im Geschäft ihrer Verwandten zu arbeiten.

IV. Paarweise Beziehungen der Teilnehmerinnen

Die wenigen Mitteilungen, die dem vorliegenden Material zur Charakterisierung der einzelnen Teilnehmerinnen zu entnehmen waren, werden ergänzt durch die Kenntnis ihrer paarweisen Beziehungen zueinander. Durch sie dürfen wir aber auch hoffen, in die Struktur des Kreises überhaupt einzudringen.

Das jeweilige Verhältnis der Teilnehmerinnen zueinander äußert sich bei der Natur unseres Materials, bei Briefen, vor allem in den Formen des paarweisen Verkehrs, bei dem sich drei wichtige Faktoren unterscheiden lassen: a) die Häufigkeit des Verkehrs; b) seine Inhalte; c) die mit ihm verbundenen Gefühlsqualitäten. Für jeden dieser drei Faktoren sind mehrere Erkenntnisquellen vorhanden: vor allem objektive Daten; dann Selbstzeugnisse der Personen des Paares; schließlich Äußerungen der Kreisteilnehmerinnen, die außerhalb des Paares stehen. So ergibt sich für jedes Paar das Schema:

Äußerungen von A über A-B; von B über A-B; von B über B-A; von A über B-A; von C, D, E über A-B; von C, D, E über B-A. – Objektive Daten über A-B und über B-A.

1. Helene – Margarethe D. (Affi)

Affi gab im Protokoll an, daß sie mit Helene in der ersten und zweiten Klasse weniger verkehrt habe, dann aber „waren wir sehr zusammen". Im weiteren Verlauf der Aussage erklärt sie: „Zuerst war ich der Helene näher, dann entfremdeten wir uns, wie sie krank war." Diese drei Perioden der Intensität des Verkehrs sind auch durch ihre Äußerungen in den Briefen an die anderen Freundinnen belegt. 15, 16 und 17 schreibt sie: „Helene ist in stetem Briefwechsel mit mir." „Helene schreibt mir sehr fleißig." „Helene und ich besuchen uns jeden Tag." „Ich antworte Helene auf ihren gestrigen Brief." usw. Nachher wird Helene von ihr überhaupt nicht mehr erwähnt, nur einmal schreibt sie 19: „Helene hat schon geschrieben."

Helenens Mitteilungen an die Freundinnen bestätigen die Schwankungen des Verkehrs, ohne daß sie in allen Stücken die genaue Einteilung in drei Perioden erkennen ließen. Zwar 14 schreibt sie: „Wir waren noch nicht viel beisammen", und in den Briefen aus 15, 16 und 17 wird des häufigen Verkehrs mit Affi häufig Erwähnung getan. Aber Helene beklagt sich 17 zweimal über Affis Schreibfaulheit; dagegen aus 18: „Wir sind viel zusammen."

Rickl und Elly äußern im Protokoll beide, daß der Verkehr zwischen Hely und Affi zu Zeiten ein intensiver war.

Über die Inhalte dieses Verkehrs erfahren wir nur sehr wenig. Affi äußert sich nicht darüber, was im besonderen der Inhalt der Gespräche, Zusammenkünfte, Briefe und dergleichen war[2], und es liegen keine Briefe, zwischen Hely und Affi gewechselt, vor. In den vorliegenden Briefen von Hely oder Affi an andere Kreismitglieder finden sich kurze Bemerkungen, aus denen zu entnehmen ist, daß sie einander 15 von ihrem Befinden, von der Schule und über die anderen Kreismitglieder berichtet haben. So Hely an Nandl: „Der Affi habe ich schon geschrieben, sie mir auch; sie hat doch dort (im Sanatorium) einen Erfolg; das freute mich sehr." Oder: „Affi ist noch immer in ... (Sanatorium), sie schreibt mir, daß Du Dich zu einem kolossalen Brief an sie herbeigelassen hast, wirklich großartig!" Oder Affi an Nandl: „Schreibst Du den Lehrerinnen? Hely meint, man muß der W. schreiben." 16 waren sie bei allerhand Schuldummheiten vereint; so schreibt Hely an Nandl von der Französisch-Lehrerin: „... besonders jetzt, wo wir einen höchst originellen aparten Sport haben. Wenn sie diktiert, so sagen wir es laut nach, aber wie man's schreibt; das, sage ich Dir, ist zum Schreien! Ein Höllenspektakel! ... Affi und ich leisten Großes in diesem Sport. Wir machen das mit einer Gewandtheit, unglaublich schrecklich amüsant"; und lesen dieselben Bücher: „Affi und ich haben uns in ... (Leihbücherei) abonniert; erst lese ich, dann trage ich ihr das Buch hin und in zwei Tagen sind wir gewöhnlich mit einem Werk fertig. Ganz angenehm, nicht?" 17 klagt Hely, daß ihr Affi nicht schreibe, die einmal an Elly mitteilt, „... nachdem ich von ihr (Hely) einen Brief voll Vorwürfe erhalten habe.

---

2 Aber sie sagt im allgemeinen: „Wir haben zusammen Schularbeiten gemacht ... wir waren viel zusammen und haben unser Leben besprochen." An anderer Stelle: „Mit der Hely habe ich viel Intimes besprochen ..."

Ich fühle mich ihr gegenüber sehr schuldvoll." Bloß das eine ist festzustellen, daß Hely und Affi einander über die Kreismitglieder schreiben. Und Hely an Elly: „... ich glaube bestimmt, sie (Affi) hat was gegen mich, habe sie auch gefragt." 18 besuchen sie einander jeden Tag und „erzählen uns Blödsinn, unterhalten uns dabei aber sehr gut", oder es geht ihnen „sehr gut, spielen Tennis wie Halbgötter" oder sind nachmittags „bei der Rickl, eventuell mit einer Arbeit (wohl Handarbeit) bewaffnet."

Über die Intensität ihrer Beziehungen zu Hely äußert sich Affi zwar reserviert, aber doch deutlich genug: „Mit Hely habe ich mich am meisten befreundet gehabt ... mit den anderen viel weniger ... Hely hat überhaupt einen großen Einfluß auf mich gehabt. Sie hat mich in allen Dingen beeinflußt, ich war wenig mein eigener Herr, so daß ich alle ihre Gedanken und Ideen gehabt habe." Elly bestätigt das fast mit den gleichen Worten: „... sie hat mir auch eingestanden, daß sie damals von der Hely nicht loskommen konnte; sie war von ihr beherrscht!" Und Rickl äußert: „... zuerst waren wir zwei zu zwei: Hely und Affi, Nandl und ich." Wenn wir das mit dem Gesagten zusammenhalten und Äußerungen hinzunehmen, wie: „Affi bleibt hier, ich bin froh ..." oder „Hely ist ja jetzt wieder in Wien und da langweile ich mich nicht so gräßlich", so wird deutlich, daß zwischen Hely und Affi eine gegenseitige Freundschaft von gewisser Intensität bestand, die mindestens auf Affis Seite ein nicht unbeträchtliches Maß erreicht hatte. Sie dauerte freilich nicht die ganze Zeit an, sondern begann erst in der dritten Klasse (Affi: „In der ersten und zweiten Klasse hab' ich mit Hely weniger verkehrt") und endete mit dem Ausbruch von Helys Krankheit (Affi: „Zuerst war ich der Hely näher, dann entfremdeten wir uns; wie sie krank war, da hab' ich sie nicht verstanden ... die Krankheit von der Hely war der Schlußpunkt eigentlich, dann ist es zwar wieder zusammengekommen, aber viel weniger intim, viel weniger tief."). Die Zeit der Freundschaft ist also 14 bis 16 und dann 18 bis 19.

2. *Affi – Rickl*

Seit Helys Krankheit, da „wir uns lange nicht gesehen haben, hab' ich mich enger mit Rickl und Nandl beschäftigt", gibt Affi an, also seit 17, aber schon 18 schreibt Affi: „Rickl sehe ich seltener, sie ist im Geschäft." Rickl bestätigt, daß sie mit Affi keine Zeit näheren Beisammenseins gehabt habe. Aus den Briefen Affis an die anderen ist aber zu entnehmen, daß Rickl und Affi seit 15 in regelmäßigem Briefverkehr standen. Uns liegt nur je ein Brief von Affi (15) und von Rickl (19) vor. Der Affis ist freilich an Rickl und Nandl zusammen gerichet, aber er hat des Interessanten nach mehreren Richtungen, so daß er im Wortlaut hier stehe:

2. September 15.

Liebe Patenteckls! Entschuldigt diese schöne Aufschrift. Ich weiß nicht, was mir plötzlich eingefallen ist, daß ich Euch beiden miteinander schreibe. Für Eure beiden Briefe danke ich Euch vielmals. Rickl ich „bewundre Dir" wegen der Promptität. Sei auch weiter so prompt und Du wirst Dir einen glatten Weg in die Ewigkeit Bahnen. Hübsch nicht? Aber wißt Ihr, ich bin heute sehr fromm aufgelegt und singe schon seit drei Minuten vor neun Uhr (da bin ich aufgewacht) Kirchenlieder. Dafür bin ich aber schon eine ganze Ewigkeit nicht in der Kirche gewesen. Und Du, Nandl? Wie ich *Dir* kenne, auch nicht. Ihr müßt wissen, daß die Leute hier *Dir* und *Dich, mir* und *mich* immer verwechseln. Das ist ja ulkig. Vielleicht kommt meine Frömmigkeit daher, weil ich gestern in Hagenbecks Indierdorf war. Es war wirklich fein. Die kleinen Kinder sind entzückend. Da war so ein kleiner Junge, der hatte nur ein Ruderleibchen an, der war wirklich zu nett. Wißt Ihr so gelenkig möchte ich sein wie diese Leute. Denkt Euch, ein Mann hat ein kleines Mädchen bei den Füßen gepackt, dann hat sich das Kind nach hinten gebeugt und der Mann hat auch die Hände genommen und hat sie wie ein Stück Holz, mit ausgestrecktem Arm, in die Höhe gehalten. Könnt Ihr Euch die Stellung vorstellen[3]. Pardon, Bardong. Fein? Denkt Euch eine vierzehnjährige Frau ist dabei, die hat schon zwei Kinder. Diese Leute sind fast alle sehr schön und geschmeidig. Ich habe das jetzt Euch in epischer Breite erzählt, aber ich weiß ja sowieso nicht, was ich schreiben soll und da ist das ein willkommener Stoff. Hört einmal, Ihr gebt's aber nobel! Ein *Losch-* und *Parket*sitze! Kolossal! Für so „noblige Leit" hätt' ich Euch nicht gehalten. Um Gottes Willen Nandl „stürze Dir" ja nicht in die Donau, die ist so naß und kalt und das Wasser ist gar nicht zuträglich, habe ich gehört. Du könntest leicht Diphus kriegen, wenn Du zu viel trinkst. Weißt Du der Rhein ist zum Hineinstürzen auch praktisch, ziemlich tief und ganz in der Nähe, aber ich will's lieber nicht versuchen, mir ist so leid um meine *schenen* Kleider und alte habe ich keine hier. Bitte frage den W.[4] (ich kann den Namen nicht schreiben), ob er mir den 5 vom 13. auch noch anrechnet. Schlimm wäre es! Es freut mich, daß Ihr so vergniglich seid. Ich bin's manchmal auch. Denkt nur das ist schon der dritte Briefpapierkasten in diesem Sommer. Der Oberarzt trifft mich immer am schreiben und sagt ich werde sicher noch Schriftstellerin. Einen *schenen Schtil* habe ja. Nicht. A, richtig, jetzt muß ich Euch noch einen Witz erzählen. (Ich habe jetzt ein ganzes Buch mit Militärwitzen und köstlichen Zeichnungen.) Also: Ein Kadett fragt einen Infan-

---

3 Hier befindet sich im Original eine kleine Zeichnung.
4 Religionslehrer.

teristen welche Mittel es gibt um „Norden" zu bestimmen. Der Inf. antwortet: „Melde gehorsamst gibt es Sonne, der Mond, Kumpas und..." Kadett: „Der Po..." Inf.: „I bitt' Herr Kadett ich chenier mich." Versteht Ihr? Köstlich nicht? Noch einer: Ein Wachtposten ruft dem andern in großer Aufregung zu: Gewehr heraus! Gewehr heraus! Der andere Wachtposten kann aber niemanden sehen den er grüßen sollte, da zeigt der andere zitternd auf einen vorübergehenden Hoteldiener, auf dessen Mütze steht: *„Erzherzog Karl"*. Auch gut! Nicht? Liebe Kamele ich weiß nichts mehr. Hoffentlich seid Ihr mit mir zufrieden. Ich danke Euch nochmals mit *Zähren der Rihrung* in meinen Schweinsäuglein für Eure *treie Freindschaft*. Ich grüße Ihnen vielmals liebes Rinozeros und holdes Krokodil grüßt mir alle miteinander recht oft von mich. Euch selbst schicke ich 10 000 000 Zwickerbusserln. Eure Sonnenblume od. weiße Aster Affi. Entschuldigt das Briefpapier und Geschmier. P. S. Schreibt bald und erzählt nicht allen die Dummheiten die ich Euch heute geschrieben habe. Sie bleiben unter uns.

Aus diesem Brief entnehmen wir ungefähr Ton und Inhalt des Verkehrs; es stimmt gut zu ihm, wenn Affi angibt: „Mit Rickl hab' ich mehr nur Witze gemacht; lustig waren wir halt;" und Rickl äußert: „Wir haben uns gut verstanden, aber näher waren wir nie zusammen. Wir haben uns gut vertragen, aber über Ernstes, über gemeinsame Interessen haben wir nie gesprochen." Bloß 19, als sie gemeinsam in einem Kinderheim arbeiteten, übrigens nur kurze Zeit, sprachen sie „über irgendwelche Ansichten, Kindererziehung". Außerdem erwähnt Affi 16, daß sie einmal mit Rickl Tennis spielte; und Rickls Brief an Affi erwähnt von den anderen Kreismitgliedern Nandl. Er schließt mit: „Herzlichen Gruß und Kuß. Rickl." Eine Zeitlang waren Rickl und Affi im Schwarm für eine Lehrerin vereint gewesen.

3. *Affi – Nandl*

Von Affi an Nandl liegt uns eine Anzahl von Briefen, bzw. Karten vor; und zwar fünf aus 15, drei aus 16, je einer aus 17, 18, 19, drei aus 20; auch sonst haben wir mehrere Nachrichten, daß Affi und Nandl von 15 an in stetem Briefwechsel standen, wenn sie nicht beide am gleichen Ort wohnten. Von den Briefen Nandls an Affi enthält unser Material zwei aus 18 und einen aus 20.

Diese Briefe, unter denen sich eine Anzahl ziemlich langer (acht Seiten) befindet, sind recht inhaltsarm. Ihr Ton bleibt durch den ganzen Zeitraum von fünf Jahren nahezu auf dem gleichen Niveau, für das die oben mitgeteilte Probe typisch ist, die noch durch die folgenden Briefe zur verstärkten Charakterisierung gelangen mag:

[16].

M. D.[5] [Briefpapier mit Monogramm.] Liebe Nandl! Du entschuldigst schon das schöne Briefpapier und die tadellose Schrift, aber ich schreibe in der Franz. Stunde und sie gibt einem keine Ruh und quatscht etwas endloses von d. Madame de Staël. Wie Du Dir vorstellen kannst furchtbar interessant. Sie hat grad die Elly in der Arbeit. Ich muß immer dazwischen litterature schreiben. Eine unangenehme Arbeit. Mit der W.[6] verkehren wir so wie mit der M.[6] also ein sehr schönes Verhältnis. Heute hatten wir zum erstenmal Religion. Es war gräßlich fad. Der W.[6] (wie man den Menschen schreibt, weiß ich nie) hielt uns einen Vortrag, daß alle Dinge anders sein könnten als sie sind. Z. B. [Kleks.] (Lasse Dich das nichts genieren, ich hab mal mein künstlerisches Talent erprobt), die Erde könnte auch kalt sein, dann würde eben alles erfrieren, oder, die Menschen können schön oder häßlich, dumm oder geistvoll sein. Dann hat er gräßlich geschimpft, weil wir Lärm gemacht haben. Da haben wir uns eben alle anderweitig aber still und ruhig beschäftigt. Bis jetzt sind die Stunden beim J.[6] sehr interessant, aber man muß riesig aufpassen. Bis auf die Franz. und Religionsstunde geht es überhaupt ziemlich streng zu. Du die vierte Klasse hat sehr feine Gedichte gemacht. Eine Mathematikstunde, eine Stunde bei der M. und eine beim T. Ich habe im Anfang nicht sehr viel Lust gehabt, aber jetzt gehe ich schon ganz gern. So eine Hetz wie voriges Jahr wird es natürlich nicht werden, aber es kann ja auch nicht sein, sonst würde eine glänzende Matura werden. In der Stunde bei der M. haben wir heute riesig viel gelacht, sie läßt sich alles gefallen. Fast alle haben sich zur Gangaufsicht gemeldet, ich nicht, vor mir hätten sie keinen Respekt. Liebe Nandl wann kommst Du denn, am Montag? Verzeih, daß ich Dir so lange nicht geschrieben habe. Du weißt ja wie es im Anfang der Schule ist. Bis man alle Einkäufe besorgt hat dauert immer eine ganze Weile. Und dann war ich auch sehr faul. Nandl ich danke Dir vielmals für den schönen Einband auf dem Marquis. Er ist wirklich sehr schön und es war überhaupt ein großer Blödsinn von Dir das Buch gleich einbinden zu lassen weil es ein bissel gerissen war. Wenn Du zurückgekommen bist, mußt Du mir sagen wo Du es einbinden lassen hast, ich möchte auch eines ganz gleich einbinden lassen. Wie geht es Dir denn in R. ... Fein nicht? Ist Weinlese? Hast Du Rückfälle gehabt? Ich hoffe nicht. Es hat sich ja so schön verheilt nicht? Es war mir eine große Freude, daß Du so schnell wieder gesund warst. Du mußt auch froh sein, daß Du es los bist. Habt ihr schönes Wetter. Bei uns war es bis gestern sehr schlecht. Liebe Nandl, ich weiß nichts mehr. Du wirst ja bald alles mündlich erfahren. Jetzt muß ich Geschichte lernen und habe aber solche Lust in den Garten schaukeln zu geh'n. Richtig von unserer neuen Turngröße[6] habe ich Dir noch nichts gesagt. Zu übersehen ist sie nicht und sie schaut sehr energisch drein. Ich bin nur neugierig wie sie ist, am Samstag haben wir Stunde. Ich glaub' ein so weiches und leicht zu bildendes Gemüt wie die Zw. ...[6] hat sie nicht, und fürchte sehr sie wird unserer Erziehungsmethode Widerstand entgegensetzen. Servus liebe Nandl unterhalte Dich gut. Viele Grüße von Deiner

Affi. Grüße von der G. Die R. ist in der fünften Klasse

5 Von Affi gemalte Initialien; verkleckst.
6 Lehrerinnen und Lehrer.

13. September [15].

Mein liebes Nanditschkerl! Ich bin eben aus meinem Bett gekrochen, während Ihr schon eine Stunde fleißig seid. „Haarsträubend", nicht? Denke Dir nur der T. ... hat mir 5–6 Wochen Urlaub bewilligt. Dann werde ich während 5 Wochen nicht geprüft und muß nachlernen, werde aber nur etwas eingehender wie Ihr (Nicht über den ganzen Stoff) beim Katheder oder in der Bank geprüft. Findst Du das nicht nett? Weißt Du so eine Nachprüfung in der Direktion wäre unangenehm. Liebe Nandl ich krieg die Schulbücher und hab mir vorgenommen zu lernen, möchtest Du nicht so gut sein und mir abwechselnd mit den Andern schreiben was Ihr treibt und was Ihr lernt. Ja? Ich kann Euch aber nicht sehr viel schreiben, weil ich garnichts weiß. Ein Tag verläuft mir wie der andre und zur Abwechslung gehe ich manchmal in die Stadt. Übrigens ist D. ... sehr schön. Es sind so wunderschöne Parkanlagen hier. Ich glaube wirklich, daß Ihr einen Rappel (Fimmel sagt man hier) habt. Wenn ich nicht gesessen wäre so wäre ich sicher umgefallen, als ich gelesen hab, daß Ihr (Drei lustige Spatzen aus Wien) Rodlerkappen häkeln wollt. Wirklich unerhört!!! Liebe Nandl grüße in der Schule alle von mir und schreibe mir recht bald wie sich der ehrenwerte *Lehrkörper* beträgt. Wie schaut denn mein Herzblatt, die Zw. ... aus? Und der T. ...? Aber bitte schreibe bald von allen und allem und nimm viele 1000000 Grüße von Deiner kleinen Bachstelze in D. ... Affi.

Der Inhalt dieser Briefe besteht aus allerhand Schulangelegenheiten, Schilderung von Streichen, Parodierung der Lehrer; Berichte über Ferienerlebnisse belangloser Art, Nachrichten und Fragen über Befinden, Wetter, Bekanntschaften; viel wird auch vom Briefschreiben selbst geschrieben; hie und da wird über Lernen, Lektüre und Arbeit gesprochen, aber ausnahmslos ganz nebenbei, und nie fließt ein ernstes Wort über eine tiefere persönliche Angelegenheit ein, wenn man nicht eine einzige Stelle von wenigen Zeilen in diesem Sinne deuten will. Ein Wechsel oder eine regelmäßige Bevorzugung eines Themas ist nicht festzustellen. Nur daß, selbstverständlicherweise, mit dem Aufhören des Schulbesuchs die Schule, die bisher vorwiegend erwähnt wurde, aus dem Inhalt der Briefe verschwindet, so daß nun die Mitteilungen über Bekannte, Kreismitglieder und Unterhaltungen zahlenmäßig an erster Stelle stehen.

Von den Briefen Nandls an Affi liegen uns zwei aus 18 und einer aus 20 vor. Nandls Briefe sind kürzer und trokkener als die Affis. Der scherzhafte Ton ist weniger aufdringlich, aber doch deutlich genug in allen Briefen; so heißt es in dem von 20: „... faul bin ich, das kannst Du Dir gar nicht vorstellen, keinen Tag erhebe ich mich vor halb zehn Uhr (nobel ausgedrückt, nicht) ..." Ihr Inhalt ist: Ferienerlebnisse, Briefschreiben, Bekannte, Befinden, Kreismitglieder. Als Probe sei mitgeteilt:

(18).

Liebes Äffchen! Ich dank Dir allerherzlichst für Deinen lieben Brief. Die Faulheit stört mich nicht, weil ich wenigstens gerade so faul sein kann. Aber acht Seiten sind sehr liebenswürdig von Dir. Eine Hetz müßt Ihr im Prater gehabt haben. Auf der Rax müßt Ihr einen ziemlich gefährlichen Weg gegangen sein. Ich bin förmlich derschrocken, wie ich den gefährlichen Weg auf der Karte gesehen hab. Bin nur froh, daß Du mir nicht herunter gefallen bist, sonst hätten wir eine Kinderleich. Soll ich vielleicht Patenschaft bei Euren Kücherl übernehmen? Sag mirs nur, ich richt gleich 50 silberne Gabeln und Messer her, das wären doch genug große Geschenke. Du mußt mir aber eine Photographie von ihnen schicken, daß ich sie wenigstens kenne. Wir gehen jetzt jeden Tag baden und lassen uns fest von der Sonne braten. Der Strand wird von Jahr zu Jahr schöner und Gott sei Dank sind noch nicht viel Fremde. Montag waren wir in T... Es war wunderschön. Überhaupt der Sonnenuntergang über dem Meer. Samstag fahren wir wieder hin, wir haben nämlich Bekannte dorten. Denke Dir, wie merkwürdig: Wir sind kaum eine Viertelstunde in T..., treffen wir einen Bekannten, den wir in Wien schon lange nicht getroffen haben. Aber grade war er auch auf ein oder zwei Tage in T... Du hast keine Ahnung wie viele Touristen in T... jetzt herumgehen, weil in Tirol vor Regen nicht zu existieren ist, in Salzburg noch weniger. Ein Hundewetter! Gott sei Dank geht es uns hier besser in der Beziehung. Von Elly hört man überhaupt nichts. Wir werden sie bald mittels eines Dedektivs aufsuchen lassen. Liebes Äffchen, sonst ist nichts Neues. Ich weiß nicht, daß ich heuer so ungern Briefe schreib! Bitte schreib mir bald und viele herzliche Grüße von Deiner Nandl.

Eine beträchtliche Tiefe hat die Beziehung zwischen Affi und Nandl nie gehabt. Affi sagt darüber im Protokoll: „... Mit den beiden andern (Rickl und Nandl) habe ich weniger verkehrt... Erst wie die Hely krank war, ... habe ich mich enger mit Rickl und Nandl beschäftigt." Und Nandl gibt an: „... Es gab Zeiten, wo ich mich mit ihr sehr gut vertragen habe; vor allem in der sechsten Klasse. Nach der Schule kam es mehr zu einer Trennung wegen der weiten Entfernung..." Die Anschriften und Schlußfloskeln der Briefe widersprechen dem keineswegs, denn der ganze Ton der Briefe und der gegenseitigen Beziehung legen von vornherein nahe, daß sie bloß scherzhafte Übertreibungen sind. So schreibt Affi einmal: „Liebes Nanditschkerl, mein holdseliges Dromedar, lebe wohl und lasse es Dir gut gehen. 1000000 Grüße."

4. Affi – Elly

Der folgende Brief Affis an Elly ist der einzige, der sich in unserem Material befindet:

[17].
Liebe Elly! Ich bin ebenso anständig wie Du, darum antworte ich Dir auch mit einem Brief. Der Deine hat mich sehr erfreut, ich dachte schon Du wärest mir untreu geworden. Hely hat mir geschrieben, daß Du sehr fleißig schreibst und mir nicht, und Adieu hast Du mir auch nicht gesagt. Da war ich sehr böse auf Dich. Aber jetzt bin ich wieder ausgesöhnt und habe Dich heute sehr lieb. Du weißt bei mir kommt das immer zeitweise. Weißt Du wer nicht an mich denkt ist die I... Bis jetzt habe ich noch kein Lebenszeichen von ihr. Hat sie Dir geschrieben. Dir gehts gut wie ich höre, mir auch. Ich bin vergnüglich (wie Rickl sagt und schreibt). Du die Matura hab ich schon ganz vergessen. Wart einmal, was ich von Marienbad weiß, ist: „Kurort an der Franz-Josefsbahn, Mineralquellen (weil am Egergraben). Das ist alles, von Teplitz ist mehr zu sagen. Wie lang bleibst Du denn dort? Wir bleiben wahrscheinlich bis Ende August. Dann gibts ein frohes Wiedersehen. Du den Prospekt habe ich noch nicht bekommen. Der Kurs fällt sicher ins Wasser. Schade! Marienbad ist sehr schön. Wir machen wunderbare Spaziergänge im Wald. Gehst Du auch viel spazieren? Wenn Du wieder einmal Zeit hast, liebes Ellychen, so denke an mich und schreibe mir, es wird mich sehr freuen. Ich schicke Dir schriftlich einen Kuß, den wir uns mündlich noch nie gegeben haben und außerdem viele viele Grüße Affi.

Er unterscheidet sich deutlich von denen Affis an Rickl und Nandl, zwar kaum in seinem Inhalt, wohl aber im Ton, der wesentlich wärmer ist und durch alle Scherze hindurch einen gewissen tieferen Ernst durchspüren läßt. Auch Affis protokollarische Äußerungen bestätigen das. Sie erzählt, wie sie im Anfang mit Hely und Elly allein verkehrt hatte, wie sie zwar der Hely am nächsten gestanden, aber auch viel mit Elly gewesen sei, mit ihr viele gemeinsame geistige Interessen und 19/20 auch gemeinsame Arbeit gehabt habe; Elly sei ihr „der ernstere Teil des Ganzen" gewesen. Elly gibt an, sie habe „Affi gern, sehr gern gehabt"; obwohl sie sich schon seit langem kaum gesehen hätten, habe sie Affi „noch immer sehr gern". Sie kannten einander schon in der Volksschule, und Affi ist erst durch Elly, die sich für sie von Anfang an sehr interessiert hatte, in den Kreis und in nähere Berührung mit der ganzen Klasse gekommen. „In der Volksschule habe ich mehr so ein Dankbarkeitsgefühl gegen sie gehabt, weil sie mich leiden konnte; im Lyzeum hat es sich umgekehrt; da habe ich mich mehr erwachsen, als ihr Verteidiger, ihr Beschützer gefühlt... Am ersten Ausflug, auf den sie nur gezwungenerweise, von mir gezwungen, mitging, hat sie sich die Freundschaft aller erworben... Später ist auch die Affi nicht mit mir gegangen; wie sie mir später erzählte, hätte sie gern wollen, aber die Hely hat sie unter ihrem Zwange gehabt. Aber ich habe immer das Gefühl gehabt, daß sie doch zu mir hält ... Dann später haben wir wieder gut miteinander verkehrt ... Die Affi ist auch das einzige Mädchen, das mich geküßt hat und bei der es mir nichts gemacht hat, während ich mich sehr gesträubt habe, wenn die ... (Nicht-Kreismitglieder) ... es wollten." Der einzige Brief Ellys an Affi, der uns erhalten ist, ist durchaus in scherzhaftem spielerischem und übertreibendem Ton, sagt uns in diesem Zusammenhang nichts, wird aber später (S. 306f.) mitgeteilt und behandelt.

5. Hely – Nandl

Elf Briefe, zum großen Teil recht umfängliche, und sieben Karten von Hely an Nandl liegen uns vor (zwei 20, fünf 19, drei 18, zwei 17, vier 16, zwei 15 und zwei 14). Als typische Proben mögen die folgenden Briefe dienen:

8. August [14].

Liebe Nandl! Danke für Deinen lieben Brief. Du und I... scheint ja in bester Laune zu sein; ich bin es auch. Affi ist hier, schon aus Grado zurück. Wir waren noch nicht viel beisammen, weil es ununterbrochen regnet; bei Euch auch? Heute habe ich das große Vergnügen gehabt, Herrn T...[7] zu sehen; ich bin noch entzückt!!! Bist Du mit der I... viel zusammen? Das muß lustig sein! Hast Du G...[7] geschrieben? Rickl habe ich getroffen und Dir zu schreiben aufgefordert, sie weiß Deine Adresse nicht! (Eine Lüge?) Schade daß wir der P...[8] ihre Adresse nicht wissen, Tatsache ist, daß ich das bissl, und das war ein sehr kleines bissel, was ich Stenographie gewußt habe, längst vergessen. Du auch? Aber nächstes Jahr wird es wieder lustig sein bei unsrer lieben alten Schachtel! „Alleweil fidel!" fällt mir eben ein, erinnerst Du Dich noch? Das war doch köstlich, wie wir über das gelacht haben!! Bitte liebes Nandlchen, schreibe so bald wie Deine Hely. Empfehlungen an Deine liebe Mama. Grüße an I... und Deinem „Herrn Bruder"!!! [Zeichnung eines Rakkets und Balls mit „aut".]

[15].

Liebe Nandl! Danke für Deine liebe Karte, die spät, sehr spät, aber doch gekommen ist. Ich dachte Du hast mich überhaupt schon vergessen. Hier ist es sehr schön und lustig. Wir haben hier genug Bekannte, um uns zu unterhalten. Leider spiele ich nicht Tennis; das tut mir sehr leid. Heute war hier ein Tennistournier; da sehe ich riesig gerne zu. In einer Woche fahren wir schon nach Wien. Da schreibst Du mir dann auch. Der Affi habe ich schon geschrieben, sie mir auch; sie hat doch dort einen Erfolg; das freute mich sehr; Deinem „gestürzten Bruder" lasse ich mein Beileid durch Dich, Nandeline, ausdrücken; es tut mir sehr leid, aber ich hoffe doch daß es ihm bald wieder ganz gut geht. Übrigens, wie hat er das so geschickt angestellt? Irgendwo angefahren? Spielst Du Tennis? Wie lange bleibst Du dorten? Ich

---

7 Lehrer.
8 Lehrerin.

bin sehr egoistisch, aber es wäre doch fein, wenn Du bald nach Wien kämest. Schreibt die Rickl Dir? Sie wirds von mir aber gehörig kriegen, keine Zeile. Die S... ist auch hier und ich komme oft mir ihr zusammen. Überhaupt sehe ich viele von Wien hier. Nandl schreibst Du einer Lehrerin?; ich würde ihnen nicht schreiben, außerdem habe ich keine Ahnung, wo sie sich überhaupt aufhalten, so schreibe ich ihnen schon gar nicht (sehr logisch nicht?). Liebes Nandlchen, sei bald eine „Tüchtige Schreiberin" (àla P.) und laß etwas von Dir hören. Grüße an Deine w. Mama, Grüße an den Gestürzten. Deine Hely.

[16].

Liebe Nandl! Vielen Dank für Deine liebe Karte; Du wirst mich für ein schreckliches Wesen halten, weil ich Dir solange die Antwort schuldig blieb. Aber ich weiß garnicht wie so das war, einfach vormittag ist Schule, Nachmittag will man Ruhe haben. Entschuldige! Aber Du mußt das einsehen. Ich wollt Dir heut in der Französischen Stunde schreiben, aber die liebe Alte hat sichs in den Kopf gesetzt, Literatur zu diktieren: folglich war ich beschäftigt. Heute wars nicht sonderlich lustig. Physik ist ganz fein heuer, die neue Turnlehrerin war zu hören. Na, das ist ein Gestalt: Beiläufig wie „Grendels mother". Nicht ganz so arg, manche behaupten sogar sie ist ganz hübsch. Eine Figur wie ein Dragoner. Und streng – Ich glaube und fürchte das wird kein Gegenstand unserer Erziehungsmethode werden. Die scheint sich rien du tout gefallen zu lassen. Die Elly hat heute schon gefürchtet, daß dieses Ungeheuer, wenn sie (Elly) kein Nest machen will sie überhaupt mit ihren Koloßarmen, übers Reck wirft. Also, sind das doch herrliche Aussichten! Übermorgen ist die erste Stund! Ich bin schon wahnsinnig neugierig. Englisch ist auch fein. Neuigkeit: Fräulein E... leistet Großes in buntscheckigen gesprenkelten Krawatten und Halsbinden; einfach phänomenal. Jusi ist die alte geblieben; zum Kugeln. Die S... wurde gestern in der Deutschstunde nur mit Mühe vom Erstickungstode errettet sie hat nämlich ein Eckchen von den Höslein mit Schlung (neue verbesserte weiße Auflage) entdeckt und darum eben bald ihr blühendes Leben ausgehaucht. W...chen, die Arme tut mir manchmal bissel leid. Sie muß doch wirklich bemerken, wie wenig man sich aus ihr macht. Sie schaut manchmal so traurig aus. Besonders jetzt, wo wir einen höchstoriginellen Sport haben. Wenn sie diktiert, so sagen wir es laut nach, aber wie mans schreibt; das sage ich Dir, ist zum Schreien! Ein Höllenspektakel! Besonders L..., G..., Ad., Affi und ich leisten Großes in dem Sport. Wir machen das mit einer Gewandtheit, unglaublich schrecklich amüsant! In Geschichte und Geographie sitzt man auf Nadeln, buchstäblich. Er läßt nichts durchgehen, übersieht nichts und ist ein gräulicher Pedant. Elly natürlich ist nett, aber Geometrie ist zum sterben, aber im wahrsten Sinne des Wortes. Ich, die ich doch keinen Funken von dem ganzen Kram habe, beschäftig mich natürlich auf andre Art. Und sie fragt ganz lieb und harmlos: „Sie verstehens doch." Aufgabenlieferant ist mir die L... Sie ist sehr nett, sitzt vor mir; vor ihr ist Dir, liebe Nandalusia, ein Platz reserviert. Jetzt will ich Dich nur darauf aufmerksam machen, daß Du Dir ja nicht einbildest Du verdienst diesen langen ausführlichen, lieblichen Brief. Auf Deine kleine winzige Karte *„diese"* Antwort. Also lebe wohl, laß Dirs gut gehen, werde entsetzlich dick, verderbe Dir keinen Magen an den Trauben, spucke die Schalen aus und komme bald nach Haus. (Du wirst bereits gemerkt haben, daß ich unter die Dichter gegangen bin). Viele viele Grüße. Deine ein wenig überschnappte Hely, aber trotzdem ganz nett, nicht?

Liebe Nandl! Vielen Dank für Deinen lieben langen Brief, ein anständiger Charakter, nur nicht oberflächlich sein, mein innigst geliebtes Kind. „Oberfläche" ($2r\pi$ oder $r^2\pi$?) ist die Ursache vieler Leiden, die man dann sehr bereut, aber ach!! hélas! but! umsonst – – – Meine liebe Nandl, ich bin irrenhausreif. Eine Hitze, direkt zum eingehen, und Kopfweh zum Krepieren. Was meinst Du soll ich wählen, krepieren oder eingehen? Eingehen find ich bedeutend ästetischer ! Hélas! jetzt ist Schluß, mein gewöhnliches tiefernstes gedrücktes Temperament kommt jetzt zum Vorschein. Ich freß heut schon ununterbrochen heimlich Kopfwehpulver, ich kann doch niemanden anjammern, wie ichs zuhause so gern und viel getan hab! Vielleicht ists besser so. Ist doch schön in der Heimat zu krepieren? Nicht? Liebe Nandl, erschrick nicht, ich bin ein wenig aus dem Häusel, wenn Kopfweh vorüber ist bin ich wieder halbwegs normal. Hier ists herrlich! Bin soviel eingeladen, sehr noblig und gute Jausen. Hab schon viel eingekauft und naschen tu ich, ein Skandal. Überhaupt Geld geb ich aus, unglaublich, ich werde mit keinem Heller Geld nach Hause kommen. Ich werde schon sehr gedrängt spazieren zu kommen. Abend gehen wir ins Bioskop, dann Caféhaus. Du, eine Hetz ist in dem Bioskop, köstlich. Diese rührenden Sensationsdramen; eine Menge haben geheult, letztes Mal. Der da spielt Violin, der Kleine krabbelt mir am Buckel herum, das kleine Mädchen findet ich mach komische Buchstaben, da soll man schreiben, na Du wirst schon merken!!! Wie gehts dem Jammertal? Was ist mit dem Ausflug? Wohin? Wer geht alles mit? Von dort mußt Du mir unter heftigen Zähren eine Karte schicken, ja? Jetzt fällt mir gerade wieder meine Mama ein, die schreibt so köstlich ich soll mich unter keinen Bedingungen allein ins Türkenviertel wagen, höchstens unter Bedeckung zweier Wachleute, (beritten natürlich). Man hat nämlich vor kurzem eine junge Österreicherin dort verschwinden lassen. – Das schreibt sie ununterbrochen. Denk Dir geliebte Nandalusia, ich sitz verschleiert hinter einem kleinen Fenster und lasse meinen tränenfeuchten, schwermütigen Blick in die Ferne bis zum tiefblauen Himmel schweifen und eine Träne rollt mir über die erblaßte Wange. Na, hast Du Dich gefaßt? Was sagst Du zu dem Stil, ein ganzer Garten mit großem Blumenreichtum. Ich bin ein kompletter Narr, ich hab nämlich zwei Schalen schwarzen Kaffee getrunken, kann sein, daher mein Verstand. Schade, daß ich jetzt eine Zeit nicht Rad fahr, wegen meinem Kopf. Vorgestern haben wir eine herrliche Tour gemacht, beinah immer bergab, dann eingekehrt, dann nach Hause, zu fein. Morgen, wahrscheinlich, eine Wagenfahrt in den gottvollsten Wald. Dick bin ich, zum Erschrecken, keine Spur, ich nehme nicht so leicht zu, obzwar ich hier gestopft werde wie eine – eine echte Stopfgans, und verwöhnt fein. Lesen kann ich leider nichts; hier gehts mir natürlich nicht ab, zuhause wärs schrecklich gewesen. Nandl bitt Dich grüß alle, von A bis Z. Also von Grete Ad. bis Sy. v. V.; pardon ich bin blöd, direkt. Übrigens wie gehts der Sy? Das hat die Arme grad noch notwendig, nicht? Leb wohl! Deine bis in den Tod getreue Freundinne Hely. Bitt Dich, schreib^3, schreib^3, schreib^3, schreib^3, schreib^3.

Sonntag [19].

Liebste Nandl! Du wirst schon ganz böse auf mich sein! Ich kann nichts dafür; Du wirst vielleicht glauben, es ist übertrieben, ich bin aber wirklich nicht dazu gekommen. Schau, zum schreiben hab ich nur von ½9, 9 Uhr abends an Zeit. Erstens bin ich oft hundsmüd, zweitens hab ich was zu nähen oder zu stopfen, drittens muß ich nachhause schreiben od. einen andr. Brief und da siehst kommt der eine od. der andre oft zu spät – Jetzt fällts mir ein, was ist mit Rickl los? Ich schreib ihr nicht, sie ist mir Antwort schuldig auf meinen Brief, den ich ihr nach Sp. oder St. geschickt hab! Das ist direkt grauslich von ihr, das sag ihr bitte! – Heute sind wir ausgefahren, fein wars, aber eine Hundekälte. Die Kleine hat bei mir geschlafen, ein süßes Kleines. „Feilein Hely" sagt sie zu mir, ist das nicht lieb? Und gescheit ist die! Heut bin ich mit ihr vor dem Wegfahren bissel gegangen, hab eine Bäuerin (es gibt sehr hübsche hier) mit einem Kopftuch getroffen, die Kleine sagt: „Schau, Feilein Hely, die Frau hat eine Savette (Serviette) am Kopf". Jeder schaut sie an, wenn ich mit ihr geh. Nandl, solche „Gauche" von Burschen gibts hier, lauter Forstschüler, die Uniform ist fesch, am Eis sind sie immer und überbieten sich an Liebenswürdigkeiten, keiner war frech, mein ich. Gestern war ich sehr heimatlich berührt, ein Arbeiter, der am Teich Eis gehackt hat, hat mir „Ziag oh" nachgepfiffen. Ich war sehr geneigt es auch zu pfeifen. Jetzt hab ich mehr zu tun; die Buben lernen jetzt zu hause, gehen nicht mehr in die Schule. Der Lehrer kommt nur eine Stunde im Tag, die ganze übrige Zeit genieße ich sie; in der Früh ist Klavierstunde. Gott, führe mich nicht in Versuchung, jedem eine kl. Watsche zu geben. Der Kleine entzieht sich der unangenehmen Sachen und zieht sich für einige Stündchen ins Kloset zurück. Unterdessen spielt der Größte, eigentlich kann er wirklich schon was und hat Lust dazu, der Kleine aber – – dann werden Aufgaben gemacht, ab und zu liegen sie sich in den Haaren. Dann fragt der Kleine (er ist immer so, plötzlich fällt ihm, auch beim prügeln, was ein) „Du Fräulein, sieht der l. Gott in ein Haus, wenn ein anderes Haus eng davor steht?" Dann wird ein bischen weiter gerauft, dann spazieren, essen, dann kommt der Lehrer. Französisch macht ihnen Spaß, natürlich verdrehen sie die Wörter absichtlich; heute sag ich, „Kinder wie heißt die Türe?" Der Ältere sagt „Das sag ich nicht, ich nicht, ich sag Kloset, nicht Abort (la porte ist ihm also nicht fein genug, ich hab gebrüllt vor lachen). Aber sie folgen mir auf den Wink, ich bin froh; man darf mit ihnen keinen unnötigen Spaß machen, sonst erlauben sie sich was. Der große hat mich sehr gern, das ist so nett, er will es nämlich nicht so zeigen. Ich bin sehr stolz, Dienstag fährt Fr. G. mit der Kleinen nach Wien, ich hab die Buben ganz allein, der Vater ist in Prag bei einer Sitzung. Außerdem muß ich der Köchin aus der Speis alles herausgeben. Es wird eine große Arbeit, aber ich freu mich, daß sie mir die Buben so ohne weiters anvertraut. Du verstehst doch, Nandl, daß einem das Freude macht? Bitte sei lieb und schreib bald, ich erwarte den Briefträger immer mit großem Vergnügen. Es küßt Dich herzliche Deine Hely.

Die übrigen Briefe behandeln dieselben Themen wie die hier mitgeteilten und sind durch den gleichen Ton von absichtlichem Überschwang und von Ironie gekennzeichnet. In den ersten drei Jahren der Freundschaft steht die Schule völlig im Mittelpunkt des schriftlichen Verkehrs; nach ihr sind es Tennis, Kreismitglieder und Reisemitteilungen, die ihn vorwiegend, Lektüre, Angehörige und Briefschreiben, die ihn zuweilen befassen. 17 und 18 stehen die Nachrichten über Bekannte und Unterhaltungen im Vordergrund, Befinden, Schule und Kreismitglieder folgen in einem gewissen Abstand, zuweilen ist auch von Lektüre, Reisen,

Dummheiten, Wetter und Tennis die Rede. Im Jahre 19 dominiert absolut die Berichterstattung über die berufliche Arbeit und über Bekannte und Unterhaltungen, in weitem Abstand folgen Kreismitglieder, Briefschreiben; Essen, Befinden, Musik, Lektüre, Wetter werden vereinzelt gestreift. In wesentlichem Unterschied zu den Briefen der anderen Kreismitglieder nimmt in denen Helys ihr Verkehr mit Jungens und Männern einen beträchtlichen Raum ein. Nandls Bruder und ein Lehrer werden bereits in den Briefen aus 14 und 15 erwähnt, und zwar durchaus häufiger und ausführlicher, als dies in bezug auf diese oder andere männliche Bekannte bei den anderen Freundinnen der Fall ist. So ist eine Karte aus 14 mit einer Vignette geschmückt, die den Lehrer darstellt, wie er an Hely eine Frage richtet, und die oben mitgeteilten Briefe geben deutliche Beispiele. Von 17 bis 19 wird des Verkehrs, der Unterhaltung mit männlichen Personen immer öfter Erwähnung getan, sie werden geschildert, bewertet, verhöhnt, ihre Liebe zu Hely wird angedeutet, Helys Sympathie zu ihnen erwähnt. So 17: „... du mußt nämlich wissen, daß ich jetzt hier der Mittelpunkt der ‚Society' bin, schön, nicht? Ich benehme mich auf der Straße wie eine erfahrene Gesellschaftsdame... Der Bursch hier, mein Jugendfreund... ist bis zur achten Vorzugsschüler und Malen und Violin kann er, unglaublich... wissen tu ich genau so viel wie er, nur er ist herrlich gescheit..." 18: „Der Ungar... so ein Kerl! Hübsch ist er! usw., usw., mit einem Wort, es war sehr fein..." 19: „... war ich am Ball, das köstlichste, was man sich vorstellen kann, ich hab' selten so viel gelacht... Mit einem Stockböhm hab' ich getanzt, der so gehopst ist, daß ich mir den Kopf beinahe am Plafond wundgeschlagen habe... Heute war's komisch, wir sind ausgefahren und weit draußen steht auf einer Holzwand vielleicht zwanzigmal Hely... Ich möcht' was schenken, wenn ich wüßt', wer sich dorthin stellt und schreibt... Einer seiner sieben Brüder ist hier, er ist sehr hübsch, aber sehr affektiert. Er hat, glaube ich bei den Husaren gedient und diesen fesch sein sollenden Ton, kann ich nicht ausstehen..."

Eine tiefere Beziehung scheint Hely zu Nandl nie gehabt zu haben. Die Anreden, die sie ihr in den Briefen gibt, scheinen zwar zärtlich genug, aber im Zusammenhang mit dem Inhalt dieser Briefe und besonders bei Betrachtung des Tones, den Hely überhaupt anschlägt, machen sie eher den Eindruck des Künstlichen und Ironischen. Nur die Briefe aus 19, wo Hely berufstätig von allem, was ihr lieb und gewohnt war, fern lebte, scheinen auch für Nandl einen echteren, wärmeren Ton zu tragen. Nandl äußert über ihre Beziehungen im Protokoll (Briefe von ihr an Hely liegen nicht vor): „Sie ist mir zuerst aufgefallen, weil sie ein eigentümliches Mädchen war. Wir haben uns daher auch meistenteils gerauft, aber trotzdem waren wir während der Schulzeit mehrmals eine Zeitlang intimer geworden und darauf dann wieder eine Zeit ganz entfremdet. Nach der Schule waren wir uns ziemlich fremd geworden..." An der Hely zog sie am meisten an, daß „sie mit ihrem Charakter so viel zu kämpfen hatte..."

6. Hely – Elly

Obgleich der Verkehr zwischen Hely und Elly recht rege, zeitweilig sogar intensiv war, liegen uns keine Briefe von Elly an Hely und bloß vier Briefe und eine Karte (17: zwei, 18: drei) von Hely an Elly vor. Die Briefe behandeln vorwiegend ihr Befinden, Schilderungen ihrer Bekannten und Unterhaltungen und Anfragen nach Ellys Verkehr, Bällen usw. Dann folgen die Kreismitglieder und das Briefschreiben. Erwähnt werden: Schule, Nähschule, Reisen, Angehörige, Wetter, Dummheiten. Die Briefe sind durchaus in dem uns bereits bekannten Ton der Korrespondenz dieses Kreises, der insbesondere für Hely charakteristisch ist, abgefaßt, doch läßt manche Stelle, auch wenn sie durch Ironie abgeschwächt ist, eine herzlichere Beziehung und einen größeren Ernst vermuten; so etwa aus 17: „... Gott, wenn nur diese Frauenklasse zustande kommt. Sonst bin ich wieder dem Verzweifeln nahe. Du kennst ja diesen Zustand, der sich besonders bei mir auf die liebenswürdige Art äußert. Ich fühl' mich aber so gekräftigt an Leib und Seele, daß ich eine Portion vertragen kann, hoffe wenigstens..." oder im gleichen Brief: „... Schade, daß du nicht hier bist, ich bin philosophisch aufgelegt heute – oder sei froh. Unterhalt' dich gut, Elly! Wann kommst du zurück? Hoffentlich nehmen wir wieder unsere Abendpromenaden auf..." Da mit Hely kein Protokoll aufgenommen wurde, so fehlen direkte

Äußerungen von ihr, hingegen hat Elly im Protokoll ausführliche Angaben über ihre Stellung zu Hely gemacht. In den Briefen an die anderen Freundinnen wird Elly zwar einigemale erwähnt, aber lediglich unter Konstatierung, daß sie von Elly noch keinen Brief erhalten habe oder dergleichen. Bis zu Helys Erkrankung hatte Elly keine besonders nahe Beziehung zu ihr, sie verkehrte mit ihr wie mit den anderen. Eher bestand ein kleiner Krieg zwischen den beiden. „Mein hauptsächlicher Streit mit Hely, eine Spannung, war: Sie war spöttisch, hat alle Leute angegriffen, ich habe sie verteidigt. Da haben wir alle Tage gestritten, wir haben uns abgestoßen und fortwährend gerieben. Auch darum, weil sie mich ausgelacht hat. Oft sehr arg, so daß es so weit gekommen ist, daß gesagt wurde (von ihr oder von mir): Du brauchst mich nicht mehr abzuholen [zum gemeinsamen Schulweg]. Vielleicht hat sie es gesagt. Eine Zeitlang sind sie (Affi, Hely und zuweilen Ad.) allein gegangen." Was Elly unter dem „Auslachen" versteht, wird aus Helys Briefen deutlich, in denen es zum Beispiel noch 17 heißt: „... Und noch etwas, Elly, wie kann ein reifes Mädchen, das mitten ins Leben hineingetreten ist, sechs Lyzealklassen gemacht hat, Forderungen mit V schreiben. Ich war entsetzt und dankte Gott, daß dir das nicht bei der Matura geschehen ist..." Oder: „Zwei Sachen wünsch' ich dir... zweitens, daß du ‚ihn' findest. Es wäre wirklich Zeit. Such' nur genau; er wird schon zu finden sein..." Elly erzählt weiter: „... weil ich das Gefühl hatte, sie verspotten mich wegen meiner etwas größeren geistigen Interessen..."

Sie wiederholt mehrfach, daß Hely die „interessanteste Person" des Kreises sei, daß sie ihr gern eine Sonderstellung eingeräumt hat. Ohne nähere Auskunft über diesen Satz geben zu wollen, bemerkt sie: „Wenn die Hely schön war (an gewissen Tagen) habe ich es nicht rein als Freude empfunden. Es war nicht Neid, aber Unruhe." Später: „Sie reizt mich." Und: „Die Hely war die einzige, der wir gestattet haben, daß sie mit Burschen verkehrt, d.h. kokettiert usw. Bei den übrigen war das verpönt..."

7. Hely – Rickl

Briefe Helys an Rickl liegen nicht vor, aus den Briefen an die anderen und der anderen folgt aber, daß Hely und Rickl in einer zeitweilig recht lebhaften Korrespondenz standen; worauf sich diese bezog, läßt sich nicht angeben. Zu anderen Zeiten wieder läßt Rickl die Hely lange auf Antwort warten, was sie „sehr greulich" von ihr findet. Daß Rickl und Hely beisammen waren, wird immer wieder einmal erwähnt. Sie spielten zusammen Tennis und trieben Dummheiten, vor allem aber lachten sie viel miteinander. Rickl verdankt einen wenig freundlichen Spitznamen, „der Kutscher", Helys Spottlust, ohne daß etwa daraus geschlossen werden dürfte, daß Hely eine Abneigung gegen Rickl gehabt hätte.

Rickl erwähnt Hely nur kurz im Protokoll. „Zeitweise waren Hely und ich viel zusammen. Als sie vom Sanatorium zurückgekommen war und die anderen nicht hier waren, da waren wir viel zusammen. Auch wenn wir zwei allein waren, haben wir wohl auch nur Dummheiten gemacht [im Gegensatz zum Verkehrsinhalt und Verkehrston, den Rickl mit Nandl im gleichen Fall hatte]; manchmal haben wir auch miteinander gelernt. Aber mir ist nur das Lustige in Erinnerung". Hely und Rickl kannten sich bereits aus der Volksschule. Rickl erzählt darüber: „Da haben wir uns nicht leiden können. Ob es gegenseitig war, weiß ich nicht. Ich habe später gefunden, ich hätte mich geirrt." In der Volksschule war ihr Hely aber trotzdem „aufgefallen".

8. Elly – Nandl

Von Elly an Nandl liegen keine Briefe vor. Sie war allen gegenüber immer ziemlich schreibfaul, hat aber zweifellos an Nandl geschrieben. Eine Äußerung darüber findet sich freilich in den Briefen der Freundinnen nicht. Vielmehr beklagt sich Nandl mehrmals darüber, daß Elly ihr nicht schreibe, zum Beispiel: „Von Elly hört man überhaupt nichts. Wir werden sie bald mittels eines Dedektivs aufsuchen müssen." Im Protokoll spricht Elly recht herzlich von Nandl: „Ich habe sie gern, wirklich gern. Ich habe nie mit ihr gestritten, gar keinen Konflikt gehabt". Wann diese Beziehung angefangen hat, weiß sie nicht, jedenfalls ziemlich früh, und zwar auf einem Schulausflug. Sie fühlte sich ihr wahrscheinlich auch verbunden, weil sie im Gegensatz zur halben Klasse stand, weil sie „intellektueller" war als die anderen. Gerade nach der eigentlichen Zeit des Kreises vertiefte sich das freundschaftliche Verhältnis dadurch, daß sie denselben Beruf ergriffen hat wie Elly. „Und sie interessiert mich, weil sie sich jetzt befreien will, wie sie sagt, sie will sie selbst sein; ich glaube nicht daran, weil sie nicht merkt, daß sie durch die Eltern gebunden ist; sie schließt die Eltern aus" [bei ihrem Befreiungskampf]. Trotzdem gab es einiges, das Elly an Nandl störte, das sie nicht gerne an ihr sah. „Geärgert hat mich, daß sie sich von der Rickl hat eine Zeitlang beherrschen lassen, also daß sie unselbständig ist... Rickl und Nandl haben etwas in ihrem Sprechen, was ich nicht mag: Sie verdrehen die Wörter [in kindlicher Weise]. Ich werde verlegen, wenn sie so sprechen."

Nandl gibt an: „Elly hat mir gleich zuerst gut gefallen;" aber auch sie bestätigt, daß engere Beziehungen erst später einsetzten, eigentlich erst nach der Auflösung des Kreises oder besser nach dessen langsamem Auseinanderfallen. Auf die Frage, was ihr an Elly besonders sympathisch war, sagt sie, Elly habe ihr immer gut gefallen, äußerlich genommen, ein Zusatz, der wohl nicht als einschränkender, sondern erklärender aufzufassen ist. Von Nandl an Elly liegt eine inhaltslose Karte aus 18 vor und ein bemerkenswerter Brief aus 18:

Lieber Ernsti! Ich hoffe, daß Du schon von Deinem Schnupfen geheilt bist. Mitten im Sommer ein solcher Schnupfen. Das ist kein Ghört sich. Überdies habe ich jetzt auch Schnupfen. Nimm Dich nur jetzt in Acht, lieber Ernst, damit ich nicht in steter Sorge leben muß. Wir haben es hier wunderschön u. ich faulenze was ich kann, weil ich sowieso bald zu lernen anfangen muß. Ich nähre mich redlich und mache mit sämtlichen Obstbäumen Bekanntschaft, beschäftige mich mit dem lieben Vieh etc. Liebe Elly ich muß den Brief aufgeben, drinnen steht nichts aber ich habe wirklich nichts erlebt, nur daß Du weißt, daß ich lebe. Viele herzliche Grüße Deine Elisabeth.

Die Anrede „Ernsti" kommt auf Elly bezüglich auch in einem anderen Brief Nandls vor, in dem es heißt: „... Ich bitte Dich, gib mir nur ja auf den Ernsti acht, bei dem weiß man ja nie, was er für Unsinn macht, ich schreib ihm ja schon selber, aber mir ist es lieber, wenn er in irgendeiner Obhut ist..."

9. Elly – Rickl

Da uns Briefe dieses Paares nicht vorliegen, sind wir völlig auf die übrigens sehr spärlichen Angaben des Protokolls angewiesen. Elly erzählt: „Die Rickl hat mir sehr gut gefallen, so daß ich sie sehr gern gehabt habe, durch ihre gesunde Art und weil sie eine Zeitlang sehr schön war. Und das ist so geblieben. Bei der Rickl habe ich mich an ihrer Schönheit gefreut" (im Gegensatz zum Verhalten gegenüber Hely). Nach der eigentlichen Kreiszeit kam Elly mit Rickl öfter zusammen, zum Teil durch Rickls Schwester, mit der Elly in einem technischen Interesse verbunden war, und durch Nandl, die mit Elly zusammen sich auf die eine Prüfung vorbereitete. Und in solchen Fällen (besonders „auf einem Skiausflug habe ich mit ihr gesprochen und da ist sie mir sehr nahe gewesen") bemerkte sie, „daß sie mir in Ansichten viel näher steht als Affi und Hely, während sie früher [also in der uns interessierenden] Zeit die Unintellektuellste war." In den ersten Schuljahren „war Rickl die, welche vom Teufelsbund am meisten verspottet wurde. Sie war die jüngste und hatte viel zu leiden, weil sie gröber (auch körperlich dicker) war und unser Kreis ihr außerdem den Beinamen ‚der Kutscher' gegeben hatte". Trotzdem hatte Elly schon damals Sympathie für sie. Sie erinnert sich „an den Aufnahmsprüfungstag. Rickl war ein kleines Mädchen, auf die ich mit Verachtung herabgeschaut habe, die aber zum größten Erstaunen die Prüfung bedeutend besser gemacht hat als ich. Sie war grob in ihrem Benehmen, Wesen, Zügen. Hely nannte sie den Kutscher, das war sehr beleidigend. Sie war kindisch, das hat mir an ihr gefallen." Ganz ungetrübt war aber diese Beziehung nicht. Was von Nandls kindischer Wortverdrehung gesagt wurde, gilt auch für Rickl. Überdies gibt Elly an: „Ich erinnere mich nicht mehr, von wann an wir mit ihr verkehrt haben. Ich glaube von der Zeit an, wo wir Tennis mit ihr gespielt haben. Da war sie sehr geschickt, sehr geschickt. Von Rickl weiß ich wirklich nicht viel mehr, als daß beide am Tennisplatz sehr gestritten haben, weil – d.h. einmal ist es halt hinausgekommen (und zwar in dem Jahr, wo wir genäht haben) – weil sie mir vorgeworfen hat, daß ich mit einem Burschen kokettiert hätte und ich mich als die gefühlt hatte, die sich am wenigsten mit Burschen abgibt. Es war schon seit einiger Zeit eine Spannung zwischen ihr und mir. Wie das aufgehört hat, weiß ich nicht mehr, wahrscheinlich sehr leicht..." Ein Tagebuchblatt Ellys, von dem wir noch in einem späteren Zusammenhang sprechen werden, gibt uns eine Vorstellung davon, was jener Streit für sie bedeutet haben mag.

Rickl spricht im Protokoll von ihren Beziehungen zu Elly überhaupt nicht. Sie erwähnt bloß einen „närrischen Brief", den sie mit den anderen ihr einmal geschrieben hatte; von dem später die Rede sein wird.

10. Nandl – Rickl

Die wenigen Sätze an protokollarischen Aussagen Nandls und Rickls, die das Material für die Darstellung dieser Beziehung bilden, bestätigen, was wir aus einigen Andeutungen Ellys (Seite 295f.) und aus der Tatsache, daß Affi und Hely an Nandl und Rickl gemeinsame Briefe richteten, schließen konnten, daß diese beiden Mädchen sich inniger aneinander geschlossen hatten. Nandl sagt: „Die erste Freundin war die Rickl. Ursprünglich war sie ja keine Freundin, sondern nur meine Cousine; wir waren gleich alt, gingen zusammen in die Schule. Zuerst verbanden uns nur Schulinteressen. So war es bis in die sechste Klasse, daß wir uns innerlich vertrugen und äußerlich immer gerauft haben; schon seit der vierten Volksschulklasse. Dann aber vertrugen wir uns wirklich gut." Und das dauerte bis in die Zeit der Untersuchung so. „... Bei Rickl (und mir) war es anfangs die Gewohnheit... mit Rickl kann ich mich am meisten vertragen, sehr gut verstehen." Zu zweit kommt es immer zu ernsten Gesprächen. Und Rickl erwähnt mehrmals: „... Meistens waren wir zwei zu zwei: Nandl und ich"; sie erklärt dies dadurch, daß „wir zusammen [in unmittelbarer Nähe] gewohnt haben", sagt aber ausdrücklich: „Die anderen haben sich vielleicht doch näher gestanden, über sich selbst unterhalten, Dinge, die ich ihnen nie gesagt habe – ich war halt scheu. Der Nandl sagte ich es wohl, aber den anderen nicht."

Wer nun diese Briefe kennt, würde kaum die Berechtigung einsehen, mit der wir von einem Kreis sprechen, da weder dieses Wort noch irgendein anderes, das eine die Paare umfassende Gesamtheit bezeichnete, jemals gebraucht wird, ja nicht einmal durch das Wort „wir" irgendeine Zusammenfassung angedeutet wird. Wenn eine der Schreiberinnen von „wir" spricht, so meint sie damit ausnahmslos lediglich die Mitglieder des Kreises, von deren gemeinsamer Handlung oder Anschauung sie berichtet; etwa: wir lesen zusammen, oder: wir sorgen uns um Ernsti. Und doch bedarf es nur der Betrachtung eines Umstandes, um zu erkennen, daß es sich hier jedenfalls um eine soziale Bildung höheren Grades handelt, als bloße, miteinander bekannte Paare wären. Wie immer man nämlich die Intensität der Freundschaftsbeziehung zwischen den Kreismitgliedern einschätzen mag, hat doch mit Ausnahme von Elly keines der Mädchen eine irgend ins Gewicht fallende Freundschaft zu einem Mädchen außerhalb des Kreises. Elly war mit E., eine Zeitlang mit M. und H. und ganz zuletzt mit B. befreundet, ohne daß die anderen, Hely, Nandl, Rickl und Affi, zu ihnen Beziehungen gehabt hätten, wobei E. und B. offenbar Freundschaften darstellen, die denen innerhalb des Kreises an Intensität gleichkamen, sie vielleicht übertrafen. Aber selbst bei Elly ist noch eine Einschränkung zu machen. Der Höhepunkt der Beziehung zu E. fällt (ebenso wie die zu M. und H.) in die Zeit ihrer Absonderung vom Kreis, B. folgt im Grunde erst dem aufgelösten Kreis, und endlich äußerten Rickl und Nandl, daß Elly zwar ganz zu ihnen gehörte, aber doch außenstehend war.

Konstruieren wir ein Schema der paarweisen Beziehungen, wie es etwa für die Zeit kurz vor Helys Erkrankung gültig ist, so ergeben sich zunächst zwei ausgesprochene Paare, Rickl – Nandl und Affi – Hely. Rickl und Nandl bezeichnen einander als ein solches, dem gegenüber die anderen Beziehungen ziemlich nachstehen. Affi bezeichnet Hely als die ihr nächste. Von Hely liegen keine Äußerungen vor, aber sie handelte doch so, als wäre Affi ihre ausschließliche Freundin. Elly hat starke Beziehungen zu Affi, nicht

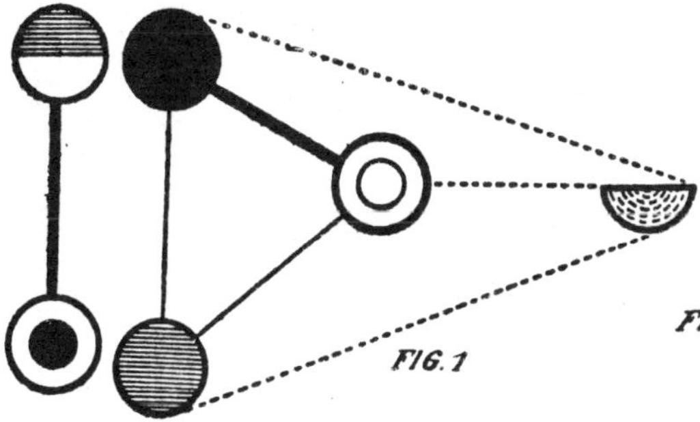

FIG. 1

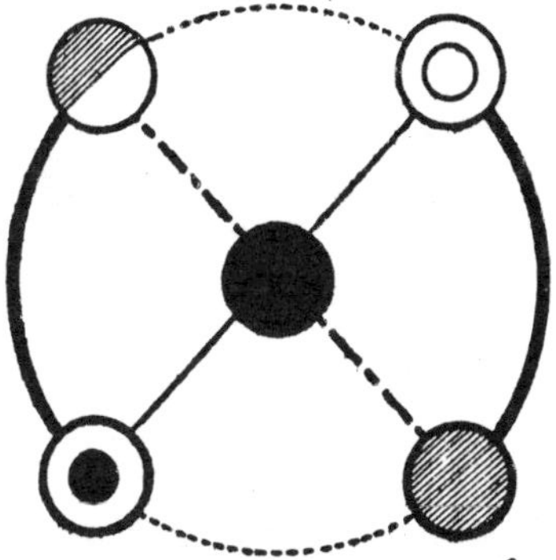

FIG. 2

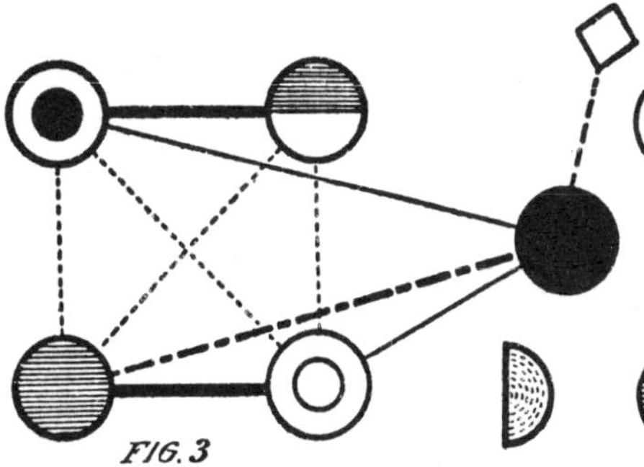

FIG. 3

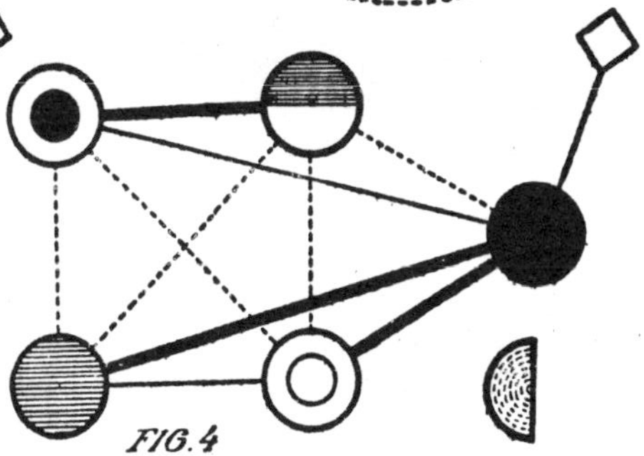

FIG. 4

● Elly; ◎ Affi; Hely; ⦿ Nandl; Rickl; Ad; ◇ Freundinnen außerhalb des Kreises.
Die Intensitäten sind durch Verbindungsstriche symbolisiert, von der stärksten: ▬▬ über: ▬ ▬ ▬ und: ——— zur schwächsten: ....

ganz so deutlich zu Nandl und Hely, aber dennoch macht sie bloß geringe Unterscheidungen und es ist, als wäre sie allen gleich nahegestanden. Zu Rickl steht sie weniger klar und positiv. Dazu kommen Ellys Beziehungen zu E., die hier für alle anderen stehen. Die Beziehungen von Rickl, Nandl, Affi zueinander sind stärker als von Rickl, Nandl, Hely und Affi zu Elly. Die verschiedenen Intensitäten durch Verbindungsstriche symbolisiert, ergäbe sich die Figur 3.

Durch Helys Erkrankung lockert sich die Beziehung Affi – Hely, während sich die Elly – Affi und Elly – Hely fester knüpft. Was in Figur 4 veranschaulicht sei. Aus beiden Figuren ist sichtbar, daß die einzelnen Mädchen in einer Beziehung stehen, die, abgesehen von allen Nuancen, sich von den Beziehungen zu den übrigen Altersgenossen deutlich abhebt. Die beiden Paare erscheinen in erster Linie durch Elly, dann auch durch Affi miteinander verknüpft, und durch das Eingestelltsein in diese Verknüpfungen haben auch Rickl – Elly einerseits, Hely – Rickl und Hely – Nandl andererseits eine freundschaftliche Beziehung gewonnen, die wohl ohne dies nicht zwischen ihnen entstanden wäre.

Man kann sich die Struktur des Kreises auch aus dem Dreieck Elly – Affi – Hely und dem Paar Nandl – Rickl konstruieren (Figur 1). Diese Betrachtung ergibt eine neue Bestätigung für den behaupteten Kreischarakter unserer Gruppe. Das Dreieck entstand aus der Gruppe Elly, Affi, Hely und Ad. Diese Mädchen, in unmittelbarer Nähe wohnend, hatten den gemeinsamen Weg in die Schule. Elly und Affi kannten einander aus der Volksschule und waren einander sympathisch. Hely und Ad. kamen durch die Nachbarschaft hinzu. Aber obwohl Ad. ihre Wohnung nicht wechselte und sie noch recht lang mit den dreien zusammen in die Schule und aus der Schule ging, entstanden zwischen ihr und den Dreien keine deutlichen freundschaftlichen Beziehungen; zu Nandl und Rickl überhaupt keine. Nandl saß in der Schule in der Nähe der drei und wurde eines Tages als zugehörig empfunden, während sich mit den anderen Nachbarinnen nicht das gleiche ereignete. Als Nandl ihre Cousine und Freundin Rickl „einführte", wurde sie angenommen, obwohl sie weder mit Hely noch mit Elly und Affi in freundschaftlichem Verkehr gestanden hatte, obwohl selbst eine gewisse Abneigung, mindestens zwischen Elly und Hely und Rickl, wahrscheinlich bestanden hatte.

Es sind positiv-affektive Einstellungen ausschließender Natur, die zwischen den fünf Mädchen walteten. So wenig dies in der Korrespondenz der Paare auch zum Ausdruck kommt, so deutlich ist es doch den Kreismitgliedern bewußt. Nandl antwortet auf meine Frage: „Wünschten Sie eine gewisse Ausschließlichkeit?" „Ja, ich habe oft gedacht: nur die fünf sollten beisammen bleiben. Wir haben es oft in Gedanken versucht, aber niemand anderer paßte." In anderem Zusammenhang spricht sie spontan von „dem ausschließlichen Kreis", ferner „in der Nähschule haben wir uns gegenüber den Fremden fest zusammengeschlossen..." und „... Wenn eine fehlte, so fehlte uns irgendwas. Wenn wir zu viert, fünft waren, so genügten wir uns sehr. Wir haben nie versucht, jemanden fünften, sechsten hinzuzunehmen. Wenn wir mit jemandem Freundschaft geschlossen hatten, so hatten wir ihn doch nicht zu uns haben wollen. Wir haben auch nie davon gesprochen, ob jemand sechster dazu kommen könnte. Daß wir nicht abgefallen sind, wenn wir es eine Zeitlang bei anderen Mädchen versucht hatten, ist sehr merkwürdig." Auch Affi findet es bemerkenswert, daß doch „sonst viel andere gewesen wären, mit denen man ebensoviel hätte verkehren können." Die Frage: Haben Sie sich als Bund gefühlt? beantwortet sie mit: nein, „es war nicht aufzufassen als Bund, der die ganze Schulzeit fortgedauert hat. Es war immer unterbrochen durch verschiedene Freundschaften, Kameradschaften mit anderen, nur wenn wir eine gemeinsame Idee ausführen wollten, haben wir uns enger zusammengetan". „Haben Sie die Anwesenheit anderer störend empfunden?" „Ja, das schon. Wir sind immer am lustigsten gewesen, am ausgelassensten, wenn wir vier allein waren, und andere haben wir nie zugelassen; dann war es steif und gezwungen. Sonst war es so viel, wo wir uns mit Blicken und so verständigt haben, die anderen haben es nicht verstanden." „Unsere richtigen Zusammenkünfte waren nur wir, die anderen waren da nie dabei" und „eine Zeitlang haben wir Schulkolleginnen zugezogen, aber das hat nur kurz gedauert", erklärt sie spontan in anderem Zusammenhang. Und ebenso: „Der Verkehrston war bei uns anders (als bei den übrigen Schulkolleginnen). Es ist schwer zu sagen. Waren wir alle (fünf) untereinander, so hat *ein* Ton geherrscht, je nach Stimmung und Tag. War ich mit einer allein, so war das natürlich anders, da paßt man sich ja dem Charakter an... Natürlich war der Ton bei jedem (von uns) anders, aber es hat zwischen uns ein Einverständnis geherrscht, wenn die anderen (Schulkolleginnen) ausgeschlossen waren." Rickl fragte ich: „Haben Sie noch andere in den Kreis hineingewünscht?" „Nein, o nein; es wäre mir sehr unangenehm gewesen; ich hab gefunden, es war gerade das rechte. Ich habe es versucht mit einer Cousine. Aber es ist nicht gegangen."

„Lustigkeitsbund" nannten die Mädchen ihren Verein in den ersten Jahren. Und so sehr auch der Inhalt des Kreisverkehrs wechselte, so blieb er doch durch dieses Wort vollauf charakterisiert. Alle betonen wiederholt im Protokoll, daß in den Zusammenkünften viel gelacht, getollt, „Dummheiten getrieben" wurden, daß es lustig war, sogar überlustig und ausgelassen. Es ist nötig, genauer zu betrachten, worin die gemeinsame Tätigkeit bestand, und wieweit es bei ihr Einzelheiten oder größere Gebiete gab, die in einem präzisen Sinn dem Kreis als Ganzem zukamen, in denen er also ein richtiges Merkmal jedes Sozialpsychischen bewährte: daß das Resultat der Gruppentätigkeit ein anderes ist als die bloße Summe der Einzelleistungen. Dabei wird freilich das Wort „Leistung", „Tätigkeit" oder ein ähnliches weder im Sinne des Sprachgebrauchs noch in einem definiert terminusmäßigen gebraucht, sondern in jenem erweiterten Sinn, den unser Thema selbstverständlich erscheinen läßt und in jener schwankenden Art, die einer Arbeit zukommt, welche vor der strengen methodischen Durcharbeitung unternommen wird.

Aus der Zeit der Kompanie, des beginnenden „Lustigkeitsbundes", erfahren wir bloß durch Elly einiges wenige. „Es hatte sich in der Stille, unter der Bank (ich meine, es war kein öffentlicher Bund) ein Bund gebildet; in der Stille, während der Unterrichtsstunden, wogegen die anderen [Bünde der Klasse] sich laut in den Pausen betätigten. Durch das Zusammensitzen – und zwar kommt es mir vor, als wären sie rund um mich gesessen – haben wir eine lustige Kompanie ausgebildet, mit Gütergemeinschaft und – halt schwätzen und lachen, und – wir haben halt ein Heft für alle gehabt, wir haben nicht mehr ordentlich gelernt. Wir haben auf alle unsere Sachen den Namen und dazu „und Co.“, auf Gummi, Lineal, Löschblatt, Hefte, Bleistifte, nun alles mögliche, geschrieben. Ich glaube, ich habe am wenigsten Material gehabt, und die Affi hat das meiste geliefert.“

Aus der Zeit 14 erfahren wir von Elly: „Wir sind sehr oft auf den . . . Berg spazieren gegangen. (Da war auch eine und die andere der Schulkolleginnen mit), haben herumgetollt, eigentlich wie Gassenbuben . . . Da hatten wir viel Anstand mit Gassenbuben. Bei einem dieser Spaziergänge haben wir auch einmal oben [auf dem . . . Berg] geturnt, haben ein Gedicht auswendig gelernt, den Reiter auf dem Bodensee. Daneben aber sind wir, oder dabei, in die Grube auf dem Gras hinuntergerodelt.“ Von einer der Arten des „Tollens“ und „Dummheiten-machens“ erzählt Elly: „Dann hatten wir oben [. . . Berg] unsere Warenhäuser, in denen wir Straußfedern gekauft haben, Klematis [-Früchte, die dort an zahlreichen Sträuchern gedeihen]; und sind mit großen (Klematis-)Straußfedern-Boas spazieren gegangen.“ Sehr oft gingen sie an einen Tümpel fischen: Käfer, Salamander, Larven und dergleichen, aber nur die Mitglieder des Kreises. Regelmäßig gingen sie gemeinsam von der Schule, und Affi, Hely, Elly auch in die Schule. „Auf diesem Weg haben wir das ‚Trudchen‘ geschrieben“, gibt Elly an. Affi antwortet auf eine Frage nach Trudchen: „Das war nur Persiflage über die Mädchenbücher, die wir verachteten und natürlich auch gelesen haben, und da haben wir in diesem Stil ein Gedicht, nein, ein Roman war es, geschrieben.“ Elly macht noch die nähere Angabe: „Wir haben zusammen ein Buch geschrieben; jede ein Kapitel oder ein paar Kapitel, Trudchen, ein typisches Mädchenbuch; voller Begeisterung. Angefangen habe ich, die Idee und das erste Kapitel. Geschrieben haben Affi, Hely und ich. Wir haben alle das hervorgehoben, was wir an den anderen dumm gefunden haben: das Süßliche.“ Als „Trudchen“ geschrieben wurde, war Rickl noch nicht im Kreis, aber sie weiß „von der Schule, wie sie es erzählt haben.“

Aus den Jahren 15 bis 17 werden angegeben: Spaziergänge (Rickl, Affi, Elly), Ausflüge (Affi, Nandl). Die Spaziergänge waren lediglich Gelegenheit fürs „Dummheitenmachen". So erklärt Rickl das Wort Dummheiten: „Wir sind im Garten gelegen und haben Blödsinn gelesen" (davon spricht auch Affi: „Wir haben uns gemeinsames Lesen vorgenommen, aber nie durchgeführt, wir sind immer gleich auf was anderes gekommen: aufs Lachen –"), und Elly: „In den Ferien sind wir fast täglich zusammengekommen, auf dem ... Berg, Wiesen, zu Hause und haben geredet: Unsinn." Nandl sagt von dem Schulweg und den übrigen Zusammenkünften: „Wir haben uns über irgendwen lustig gemacht oder über jemand gesprochen, den wir sehr gern gehabt haben." Man sprach auch über Schule und Schulsachen (Affi). Im Jahre 17 und 16 kam noch fleißiges Tennisspiel mit viel Zank dabei hinzu (Elly, Nandl, Affi); und Tanzen: „Wie wir dann in der Tanzstunde waren, haben wir getanzt und haben das, was in der Tanzstunde vorgefallen ist, erörtert. Besonders bei Elly haben wir viel getanzt" (Affi); und Elly: „Wir haben regelmäßig getanzt; sehr viel getanzt. Wir haben auch nicht bloß Walzer getanzt, sondern auch alle möglichen Tänze. Aber das war nicht immer so, sondern manchmal haben wir uns auch sehr gut unterhalten, wenn wir (Rickl und Elly) uns so verbeugt haben und uns so benommen haben wie Herren im Ballsaal und die anderen wie Damen. Das war sehr ironisch. Sonst war es mehr ein phantastisches Tanzen. Weil es aber mehr großen Lärm und die größte Unordnung gemacht hat, so haben wir das meistens dann und dort getan, wo niemand zu Hause war." Zuweilen wurde aus dem Stegreif Theater gespielt oder Verkleidungen unter anderen Vorwänden vorgenommen. Ein Fall, der Elly, Affi, Nandl in Erinnerung geblieben ist und der auch im Briefwechsel erwähnt wird, war, „daß wir die Affi, die erst ein paar Tage später hätte vom Land kommen sollen, verkleidet haben und der Nandl, die nichts gewußt hat, daß die Affi schon zurück ist, erzählt haben, daß das meine Cousine ist und sie ihr gegenübergesetzt haben – und sie hat eine ganze Stunde mit ihr französisch gesprochen und hat es nicht gemerkt." Daß sie einander fleißig Briefe schickten und daß dies irgend aus dem Gefühl geschah, daß es sich für die Kreisteilnehmer gehöre, wurde bereits erwähnt; daß sie aufeinander eifersüchtig waren in bezug auf die Regheit der Korrespondenz, erklärt Rickl ausdrücklich. Zwei spezifizierende Äußerungen über ihre „Dummheiten" verdienen noch angemerkt zu werden: Affi versteht unter Dummheiten, daß sie Pläne ausheckten, Streiche gegen die Lehrer, die sie dann zum Teil auch ausführten; Nandl: „Wie wir jünger waren, hieß Dummheiten machen, jemandem etwas anzustellen, z.B. sich verkleiden. Später (siebzehntes bis neunzehntes Jahr etwa) hieß Dummheiten, mehr über ein hingeworfenes Wort lachen, Witze darüber machen, so leichthin davon zu sprechen." Dazu ist die Bemerkung in Affis Brief auf S. 283 zu vergleichen. Zu Ende dieser Periode (siebzehntes Jahr) sprechen sie natürlicherweise auch über ihre Zukunft, Beruf und dergleichen (Affi, Nandl).

Im Nähschuljahr 18 hat sich in diesen Kreistätigkeiten kaum etwas geändert. Nur Nandl erwähnt einmal, sie hätten auch zusammen gearbeitet, und sagt auch, sie hätten ein- oder zweimal ernstere Gespräche geführt, „nicht nur über Leute, die wir kennen, nicht nur auslachen, sondern über Dinge, die uns interessierten." Im übrigen aber wurde der bisherige Inhalt gepflegt, „man lachte sich von Grund durch" (Elly). Rickl erwähnt einen „närrischen Brief" an Elly, der ihnen viel Spaß gemacht hat. Es handelt sich offenbar um die drei abgerissenen Löschpapierfetzen, die jedenfalls aus diesem Jahr stammen, und die als Antwort auf folgenden Brief Ellys an diese gesendet wurden:

18. Juli [18].

Liebes Afferl!
Bist Du in Wien oder nicht? Weißt, warum ich Dir schreib'? Einzig und allein um meine Briefsammlung zu vergrößern; nicht etwa damit Du in meinen Briefen orthographische Fehler ausbessert, verstanden? das heißt nämlich, daß Du antworten sollst. Man muß ja leider deutlich zu Dir sprechen. Ah! jetzt hab' ich einen Patzen [Klex] gemacht, das ist mir in meiner langjährigen Praxis schon lang' nicht vorgekommen; so was passiert mir überhaupt nur, wenn ich Dir schreib', das macht nur Dein Verkehr mit mir. Wir werden übrigens nicht mehr lange miteinander verkehren können, denn die Gegensätze unserer Anschauungen werden sich während meiner Anwesenheit hier bedeutend verstärken: Hier gibt es nämlich sehr viel und außerordentlich schönen Buchs. Ich gewinne Buchs (den ich doch schon von jeher liebte) von Tag zu Tag, von Stunde zu Stunde, von Minute zu ', von „zu" lieber; ja ich kann ohne Buchs nicht mehr sein, nicht mehr atmen: Buchs wurde mir zur Lebensnotwendigkeit. Drum trage ich auch stets ein Büschelchen Buchs im Gürtel oder auf dem Hut, parfürmiere mich mit Buchsparfüm und gebe anstatt Lorbeer Buchs in die Suppe. Du wirst es

rücksichtslos finden, daß ich Dir von dem Gewächs, das Du am meisten hasst, so viel erzähle, aber es geht einfach nicht anders, so erfüllt bin ich von Buchs. Nun aber werde ich mich bezwingen und von gleichgültigen Dingen reden – weißt Du, ich hab' eine Idee (Das kommt übrigens bei mir oft vor), ich werde bei Dir beginnen meine Erlebnisse zu schildern und bei Hely und Rickl fortfahren. Du liest dann ihre Briefe. Also: Vorige Woche, Donnerstag war der Tag meiner Abreise. Es war ein Unglückstag, denn zwei Abschiedsbesuche machte ich, ich hatte für jeden Tag Besuch zwei Sacktücher (vom Papa, weil sie größer sind, in Bereitschaft). Und denke Dir, die Damen waren beide ausgegangen. Der eine Besuch war in der A...gasse[9], der andere in der B...gasse[10]. Da war ich so traurig, daß ich zu weinen begann und so viel weinte, daß es für sechs Sacktücher zu viel gewesen wäre und ein Leintuch gerade ausgereicht hätte. Darauf bestieg ich mit meiner Mutter und meinen Brüdern den Wagen und Fortsetzung folgt in Helys Brief. Einen Kuß. Elly

I. Liebe Elly!

Im ... barg stützend ferfassen Wirr hochderro Hantschraibn, Gémes deinen „Einjährigen-Zwiefelsauce Autoschleier-Buchs-Tagebuch" berrücktigen Wir Dich daß es uns sämdlich wolörgehet mahsen wir ja sonzt nicht schribben. Disehalp und andrerseids aus Kesundheitsrücksichten fanden Wir unz bemühsigt zur Wesper kuhwarme Ziegenmilch zu embortieren. Indem das ich Dir die Bite zu Füßen lege nämlich deine fernsten Brife getrent und vortlaufend zeiche ich Hochlöblich Effi Briest. – Hoffe durch diesen meinen Brief Deine Sammlunk zu vergrésern –.

II. 17. *nämlich* – nicht *nähmlich*
Troittoir – nicht Trottoar
vor – nicht for.
Summa summarum [Kleks] dangend salltihrt Effi

mein Nahme: Rückel mache In Buchs seit 1. Fäber 1. J. haben mich Ihre allerwärtästen *Bedürfnisse* in die angenehme Lage mit Fernsicht auf weitere Bestellung placiert mein Geschäft zu erweitern.

Hiermit, indem daß ich um treustes Wohlwollen bidä, biete Ich ihnen meinen 1a Bux (hundeunempfindlich) 5·80, 2a Bux (hundeempfindlich) 1·20 an. Mein großes Lager von Suppenbux ebenso wie Buxparfein. Sein Duft dürfte Ihnen gnädigst bekannt sein.

III. aufgeg. *Pedesche*
6h 40'

Im Abendblatt der „Freien Neuen Presse" fand sich zu allgemeinen Bedauern folgende Notize: – Heute Früh hat Fräulein Kitty Smiths ihre Verlobung mit Herrn Kurt Liers plötzlich aufgelöst. – – Von kompetenter Quelle wurde mir gedrahtet: Herr K.L. hat sich seit 1. Fäber mit Ihrer allerwertesten Förderung einen blühenden, schwungvollen Buchshandel eröffnet. – Fräulein Kitty S., die an krankhafter Abneigung (schon an Haß grenzend) gegen Buchs (einerlei ob 1a oder 2a) leidet, kann sich nicht mit einem blühenden Buchshändler lebenslänglich vereinigen. – In diesem düstern Bericht werden arge Beschuldigungen gegen ihre Person angebracht.

9 Wohnung von Hely.
10 Wohnung von Affi.

Hüten Sie sich!! Man stellt Ihnen nach. Ein Detektiv umzüngelt in Gestalt eines Einjährigen Ihr vielhundertjähriges... Achtend Redakzion Hedwige.

Im Jahre darauf (19) bestand der Kreis kaum mehr; eine Zeitlang arbeiteten die Freundinnen in einer Wohltätigkeitsanstalt zusammen und hatten manche Veranlassung zu ernsteren Gesprächen. Soweit sie außerdem zusammenkamen, setzten sie das Leben des „Lustigkeitsbundes" fort.

Eine ausschließlich führende Rolle hatte keines der Mädchen im Kreis inne. Vielmehr betonen alle, daß sie ihre Zusammenkünfte nur dann als komplett empfanden, wenn keine von ihnen fehlte. So verschieden das Maß von Sympathie war, das die Glieder der zehn Paare zueinander gehabt haben mögen, es blieb jedenfalls jeder Teilnehmerin genug Bejahung jeder einzelnen, um den Verkehr mit ihnen positiv empfinden zu lassen. Und selbst wenn die Paarbeziehung eine Trübung erfahren hatte, behielt doch die Einzelbeziehung oder wenigstens der Kreis als Ganzes genug Wert, um den völligen Bruch zu verhindern.

Im vorigen Kapitel haben wir angegeben, wie jede der Teilnehmerinnen ihre Beziehung zu den anderen charakterisiert, und wir können deutlich aus diesen Bemerkungen ersehen, daß jede einzelne aus verschiedenen Gründen den anderen lieb oder interessant war. Während es aber allen recht gut gelingt, differenziert zu formulieren, was sie an jede ihrer Freundinnen fesselt oder seinerzeit gebunden hatte, versagt die Fähigkeit zu formulieren gegenüber der Frage, was der Kreis als solcher bot, was man von ihm hatte, warum man so lange in ihm verblieben war. „Es ist mir angenehm", „es war sehr lustig", „ich fühlte mich wohl", das sind die immer wiederkehrenden Urteile. Elly und Nandl erwähnen ausdrücklich noch ein Element als überdies wirksam. Beide verwahren sich dagegen, als könnte der allen gemeinsame Gehalt des Kreises in irgend einem intellektuellen Inhalt gefunden werden, obwohl ihre Äußerungen so verstanden werden könnten. Es handle sich vielmehr auch dort, wo sie Anschauungen, Einstellungen, Ideale als ein Verbindendes angeben, lediglich um „Gefühlsmäßiges". So sagt Nandl: „Hauptsächlich waren wir gefühlsmäßig verbunden: Liebe und Verstehen, gegenseitiges Einfühlen. Intellektuelles kam da gar nicht in Betracht. Weil wir in einem Sinn erzogen worden sind und dieselben Empfindungen haben. Ich meine das nur gefühlsmäßig, nicht inhaltlich, nämlich in unserer Stellung zur Außenwelt. Die Art von diesen vier Mädchen hat mir am besten gefallen, ihr Charakter. Wir ergänzen uns gegenseitig so, daß wir alle zusammen den Charakter am besten darstellen, der uns gut gefällt. Wenn uns eine fehlt, so fehlt uns irgendwas..." Und ebenso will Elly lediglich affektiv verstanden werden, wenn sie erzählt: „... ein Zusammengehörigkeitsgefühl, da wir gegen die Mädchen in der Schule waren, die Mieder trugen usw. Man hätte das einen Verein gegen Weiblichkeit (sich verbessernd), gegen Backfischigkeit nennen können. Ich weiß nicht, aber der Anstoß war, ich glaube, wir waren alle ganz gleich. Die Affi und ich, weil wir aus... (einem Wiener Vorort, im Gegensatz zu „Stadt" [s. o. S. 276]; auch Nandl und Rickl gehören für Elly in diese Kategorie) waren, die Hely eigentlich nicht, sie war immer so ein, ich weiß nicht was." Diese letzte Seite wieder aufgreifend an späterer Stelle: „Die Hely war die einzige, der wir gestattet haben, daß sie mit Burschen verkehrt, das heißt kokettiert usw. Bei den anderen war das verpönt..."

Unser Kreis erweist sich demnach als eine der sozialen Bindungen, die für die Jugend recht eigentlich charakteristisch sind, eine Gruppe von *Gleichen* schließt sich ohne Führer und ohne feste Formen, ohne Ziel und ohne fomulierbare Funktion zusammen. Verbindend ist die gemeinsame Sympathie, deren Maß den meisten einzelnen gegenüber nicht oder kaum ausreichen würde, eine dauernde Beziehung zu erhalten, deren Summierung aber ein merkwürdiges Affektgebilde schafft, das recht different von der Summe der Affektbeziehungen ist. Es verstärkt vorhandene Neigungen, überwindet vorgefundene oder sich einstellende Abneigungen und erzeugt ein Zusammengehörigkeitsgefühl mit anderen, verbunden in einem kaum formulierbaren, außerintellektuellen „Etwas", das nicht nur über das Maß des Zugehörigkeitsgefühls mit den einzelnen hinausgeht, sondern von eigener Art ist, und nachwirkend die Beziehungen zwischen den einzelnen dauernd färbt.

Eine genauere Betrachtung nötigt freilich zu einer gewissen Einschränkung dieser Formulierung. Sowohl die Stellung Ellys als auch die Helys stimmt nicht in allen Stücken zu der festgestellten Gleichheit und Gleichwertigkeit aller Teilnehmerinnen. Hely hat eine Ausnahmestellung, es ist ihr erlaubt, was den anderen verboten ist, sie erweckt mehr Interesse als Sympathie, sie wirkt eher aufreizend als ruhig sich einfügend; es ist in ihr manches, was den anderen rätselhaft, wenn nicht unangenehm ist. Elly wird als nicht so ganz zugehörig und doch zugleich als wesentlich für den Kreis bezeichnet; sie ist deutlich die Initiatorin der Kompagnie, Trudchens, des Tanzens und mancher anderen einzelnen bezeichnenden Züge des Kreises. Und schließlich ist sie, wie schon unsere graphischen Schemata zeigen, das verbindende Element im Kreise. Da sie auch die aufschlußreichsten Mitteilungen über sich in den Protokollsitzungen machte, sei kurz die Entstehung des Kreises von ihr aus als dem Mittelpunkt dargestellt.

Elly findet im Lyceum Affi wieder, mit der sie vorher in der Volksschule zusammen gewesen war und die sie dort gern gehabt hätte, gewinnt sie gleich wieder lieb und erfährt volle Gegenseitigkeit. Sie fühlt sich als Affis Beschützerin. Beide haben gemeinsamen Schulweg. Hely und Ad. schließen sich an. Hely und Affi schließen sich aneinander an. Elly und Hely streiten sich, weil Elly Menschen und ihre Schwächen verteidigt, wenn Hely sie verspottet. Elly fühlt sich mit Nandls Güte verwandt und findet sie wohl auch wegen ihrer körperlichen Fehler (wie Affi) verteidigens-, beschützens-, mitleidenswürdig. Auch Rickls, die von den anderen verspottet wird, nimmt sich Elly an. Als Hely erkrankt, ist es Elly, die sich ihr enger anschließt. Ursprünglich ist also das Paar Nandl – Rickl und Hely – Affi durch Elly zusammengehalten, später erhält sie den Zusammenhang zwischen dem Kreis und Hely aufrecht. Sie selbst wird von allen als ihnen lieb bezeichnet, ohne daß sie teil hätte an einer bevorzugten Paarbeziehung. Dabei vertritt sie gewissermaßen das versöhnende, liebende Element, und zwar ausdrücklich in der Nuance der Beschützung, der Erziehung, der Aufmunterung zu Selbständigkeit, Unabhängigkeit. Dem durchaus entsprechend spielt sie bei den Tänzen, Verkleidungen usw. eine männliche Rolle. In Briefen

Nandls wird sie als Ernsti angeredet, und auch in dem „närrischen Brief" wird eine Situation, die sie geschaffen hat, so paraphrasiert, daß Elly als Mann, Affi als dessen Braut erscheint. So tolerant Elly den Menschen gegenüber ist, so intolerant ist sie gegen „Backfischigkeit, Kokettieren usw." – mit Ausnahme Helys –, und sie empfindet sich selbst als diejenige, die diese Tradition des Kreises am reinsten vertritt. Mit Rickl, die noch strenger zu sein scheint, gerät sie deswegen in Streit. Ein Tagebuchblatt zeigt deutlich, was die Frage ihr bedeutet. Elly hat nie Tagebuch geschrieben; nur eine kurze Zeit hindurch machte sie den Versuch dazu. Dieser liegt uns vor und enthält auf vier Seiten zwei längere Eintragungen vom 17. April 18 und 5. September, eine Eintragung von sechs Zeilen vom 23. April, vier Zeilen vom 8. September und acht Zeilen vom 10. September. Auf den Kreis bezieht sich die Eintragung vom 17. April und in der Notiz vom 10. September der Satz: „Affis Verkleidung war sehr lustig – es war alles raffiniert hergerichtet." Die uns hier interessierende Stelle (17. April) lautet:

„Ich schreibe das, um später psychologische und pädagogische Studien machen zu können. Die Anklage von Rickl „Du machst den Hof" hat mich gestern den ganzen Tag schlecht aufgelegt gemacht. Gelegt hat es sich erst, als abends der G. kam und ich nicht sehr eitel war. Der Rickl gegenüber habe ich mich damit verteidigt, daß ich auch Mädchen gegenüber liebenswürdiger bin als sie und sie darum erst recht gegen Burschen ihren Maßstab nicht anlegen darf. Für mich genügt die Entschuldigung, obwohl sie wahr ist, nicht, denn die Geschichte ist doch nicht so einfach. Alles geht von dem Punkt aus, ob ich meine Triebe bekämpfen muß oder nicht. Ich glaube nicht, daß es ein Muß gibt in dieser Beziehung, auf Ethik bin ich jetzt schlecht zu sprechen; und doch will ich gerne das Bekämpfen wählen, wenn ich es kann; ich glaube aber, daß es durch Bekämpfen nicht kleiner, sondern immer nur tiefer wird. Das wird übrigens falsch sein. Nein, doch nicht; es ist richtig: so wie ich es bekämpfen kann, wird es nicht ausgerottet, sondern nur verdrängt, und das hat keinen Sinn; verdrängt war alles lang genug bei mir. Also: Nein, ich weiß doch noch nicht, wie ich das machen soll, denn die Freiheit, die ich mir gebe, ist ja doch natürlich nur Denk- und Schaufreiheit, dadurch wird der Trieb auch nicht befriedigt, sondern muß immer noch wachsen. Also werde ich ihn zu bekämpfen suchen. Aber wie? Am besten geht das durch Denken. Indem ich mir klar mache, daß Schönheit nur wenige Leute so hinreißt wie mich, indem ich oft genug in den Spiegel schaue, um mich auf der Tat zu ertappen, daß ich weniger schön bin, als ich es mir vorstelle, indem ich daran denke, daß ich nicht das einzige lebende Mädchen bin und mir darüber klar werde, wie viele Leute mir, also auch anderen Leuten, gut gefallen. Aber wie soll ich mir das immer gerade in dem Augenblick klar machen, in dem ich es brauche? Indem ich mich an diese Gedanken fest gewöhne."

Hely entspricht diesen Tendenzen keineswegs. Sie ist offenbar gerade das, was Elly und die anderen mit „Backfischigkeit – Stadt – Koketterie" bezeichnen. Freilich scheint sie bei dieser seelisch-moralischen Haltung nicht völlig zufrieden zu sein, denn Elly, Nandl, Affi, Rickl lehnen sie nicht ab, sondern interessieren sich für sie, ja stehen zum Teil stark unter ihrem Einfluß; Nandl erzählt, daß Hely in stetem Kampf mit ihrem Charakter war, und schließlich zeigt Helys Erkrankung, die zwar aus den vorliegenden Mitteilungen nicht genau zu diagnostizieren ist, jedenfalls aber deutliche Züge der Hysterie aufweist, daß Helys Wesen zwar nicht an sich, aber in manchen seiner Erscheinungen zum Ganzen des Kreises paßte, daß aber andererseits auch das Wesen des Kreises nicht völlig zutreffend durch das bezeichnet ist, was die Teilnehmerinnen von ihm zu formulieren wissen, sondern daß ein Anteil ihm zugehörte, ein Rätselhaftes und Unausdrückbares, das zu allem anderen Inhalt des Kreises im Gegensatz steht und durch die „interessanteste Person des Kreises", durch Hely, repräsentiert wird.

So zeigt sich – und wer die gegenseitigen Wertungen der einzelnen Teilnehmerinnen miteinander vergleicht, sieht es förmlich plastisch vor sich –, daß der Kreis der Gleichen zwar keine Führerinnen, aber doch zwei, und zwar polar entgegengesetzte Zentren hatte, um die er sich gruppierte.

VI. Bemerkungen über die psychische Funktion des Kreises

Obgleich das Voranstehende von einer restlosen methodischen Beschreibung fern genug ist und das uns vorliegende Material noch die Aufhellung manches Details leisten könnte, sei die bisherige Betrachtung abgeschlossen, weil es kaum möglich wäre, durch bloßes geordnetes Zitieren des Materials wesentliche weitere Aufschlüsse über die Struktur des Kreises zu erlangen. Vielmehr sei der Versuch gemacht, nunmehr ein gewisses Verständnis der geschilderten Gruppe zu gewinnen. Im wissenschaftlichen Sinn der Jugendkunde kann für uns nur dasjenige psychische Phänomen als verstanden erscheinen, dessen Entwicklung im psychischen Zusammenhang des Individuums wir bis in die Anfänge des Seelenlebens oder wenigstens bis zu jener Stelle ihrer Entwicklung zurückgeführt haben, an der der Anschluß an ein weiter nicht Analysierbares erreicht ist. Und hier erhebt sich eine Schwierigkeit, die selbst bei jenen Untersuchungen unserer Beiträge bemerkbar genug ist, die über reicheres und vielseitigeres Material aufgebaut sind als die uns eben beschäftigende. Um die psychische Funktion des Kreises für seine Teilnehmerinnen aufzuklären, bedürfte es der Kenntnis des seelischen Zusammenhanges, in dem sie wirksam ist. Und diese fehlt uns; sie läßt sich nur, unsicher und unvollständig genug, aus ihren Äußerungen und aus Schlüssen auf anderwärts festgestellte Zustände und Beziehungen vermuten. Darum kann das Ergebnis dieses letzten Kapitels nicht in seiner Gänze den Anspruch der letztlichen Schlüssigkeit erheben. Daß wir uns streng an die empirischen Daten halten und keine der von uns gemachten Annahmen oder geäußerten Vermutungen schlechthin unwahrscheinlich sind, wird, hoffen wir, jeder zugestehen, auch wer etwa nicht in allen Einzelheiten mit uns übereinstimmt.

Aus der Fülle der Probleme, die jede soziale Tatsache des Jugendlebens noch bietet, seien hier zwei besonders auffällige Momente herausgegriffen und zu jenem Verständnis geführt, das uns gegönnt sein mag. Alles andere muß in dem Zustand der Unklarheit gelassen werden, in dem es bei dem spärlichen Licht verbleibt, das die Aufklärung zweier Einzelfragen auf diesen komplexen Problemkreis zu verbreiten vermag. Wie kommt es, daß in reichlichen fünf Jahren, noch dazu in den entscheidungsvollen Jahren der Pubertät, das Gesamtbild des Kreises sich so wenig änderte? Und wie vermochte dieses widerspruchsvolle und anscheinend psychisch so arme und periphere Gebilde die Aufmerksamkeit und Beteiligung länger als wenige Wochen zu binden?

Einen Beweis für die Berechtigung dieser Fragen brauchen wir nach der gegebenen Beschreibung nicht ausdrücklich zu führen. Ob man auf dem Berg herumtollte oder während der Schulstunden kindlichen Unfug trieb, ob man auf dem Schulweg die Leute verspottete oder ob man tanzte, sich verkleidete, Tennis spielte, einander Briefe schrieb, närrische oder lustige – immer behält der Kreis den Charakter der Harmlosigkeit, der Lustigkeit und der Sympathie, immer nimmt er ein gut Stück Zeit, Denken, Fühlen, Tun in Anspruch. Was also mochten die fünf Mädchen aneinander und am Kreise gefunden haben? Welche Triebe wurden in ihm befriedigt, welche Wünsche in ihm erfüllt?

Zunächst sei deutlicher, als bisher geschah, festgestellt, daß die Teilnehmerinnen des Kreises keinem der Bünde angehörten, die sich damals in der Klasse, die sie besuchten, gebildet hatten. Elly zumindestens bedauerte das und fühlte sich zurückgesetzt, nicht von den anderen, denn sie war nie geradezu ausgeschlossen worden, sondern vom Schicksal: Sie meinte, aus angeborenen Gründen sich zu den bevorzugten Angehörigen dieser Bünde nicht zählen zu dürfen. Sie hatte lange mit diesem Gefühl einer gewissen Minderwertigkeit zu kämpfen; manchmal nahm es ihr die Form eines „Verfolgungswahns" an, dem sie für eine gewisse Zeit unterlag. Auch die anderen hatten ähnliche Gefühle. Affi war durch die Folgen einer Kinderkrankheit nicht unbeträchtlich entstellt und hatte darunter jahrelang zu leiden, bis es durch therapeutische und künstliche Maßnahmen gelang, jenen Fehler völlig unsichtbar zu machen. Nandl war durchaus ein „gedrücktes Kind" von wenig anziehendem Äußern; typisch ist für sie, wenn Affi von ihr auf die Frage, was sie an Nandl liebte, nur anzugeben weiß: „Mein Gott, es war ihre Güte." Rickl war wegen ihres Benehmens von einem großen Teil ihrer Mitschülerinnen verfolgt, fühlte sich selbst als kindisch, sehr jung, „schlafmützig". Alle waren „jüngere Geschwister". Keineswegs waren diese eingebildeten oder echten Fehler ausreichend für die Begründung eines lebhaften Minderwertigkeitsgefühls, aber, und das allein interessiert uns hier, sich selbst erschienen die Mädchen bis zu einem gewissen Grad als Verfolgte, Ausgeschlossene. Sie gehörten dem gar nicht seltenen Typus Jugendlicher an, der, auf winzige Anlässe oder sogar ohne sie, aufbauend, in sich ein sehr beträchtliches Maß von Gefühl des Lebensunfähigseins, der Minderwertigkeit, des sozialen Ausgeschlossenseins entwickelt und es zuweilen zu einem sehr folgenreichen masochistischen Depressionszustand steigert.

Nun scheint Elly gerade in den Anfängen der Kompagnie diese Einstellung bis zu einem gewissen Grad überwunden zu haben. Sie scheint dies gerade durch eine reaktive Gegeneinstellung vollzogen zu haben, sie wurde Anführerin in dem kleinen Kreis der lustigen Kompagnie; und fand noch Schwächere, Minderwertigere, die sie zu schützen hatte und vermochte, die sich ihr so attachierten; während Affi und Nandl – Rickl gehörte damals noch nicht dazu – sich in der Beachtung, die ihnen Elly schenkte, in der Hilfe, die sie ihnen bot, einen sehr erwünschten Rückhalt gewonnen haben mögen. Elly, die keine Herrschsucht in sich aufkommen ließ, übte ihre Übermacht als Liebe aus, die beiden anderen antworteten in gleicher Weise. Wir verstehen von hier aus ein Element der psychischen Situation, die die Bereitschaft zur Kreisbildung erzeugte: Linderung des Minderwertigkeitsgefühls, gegenseitige Bestätigung des persönlichen Wertes durch gegenseitiges Lieben.

Die meisten der uns bekannt gewordenen Tätigkeiten des Kreises aus dieser Zeit werden zu einem guten Stück aus dieser Wurzel einheitlich verständlich. Das Verspotten der Leute, der Backfischigkeit, die Streiche gegen Lehrer, Trudchen, provozierter Streit mit Gassenbuben sind alles Äußerungen eines Überlegenheitsgefühls; das Herumtollen, Sichsonnen, Klematis-Boa-tragen und dergleichen eines körperlichen Sicherheitsgefühls, das in einem starken Widerspruch zu der eben festgestellten Grundeinstellung steht. Ein Widerspruch, der sich darin löst, daß solche Überlegenheit nur beim Zusammensein der Teilnehmerinnen, nur innerhalb des Kreises und bei dessen kollektiver Tätigkeit vorhanden war, als Resultat der Zugehörigkeit zu ihm. Gerade dies ist ein Teil seiner Funktion im Seelenleben jeder einzelnen, daß er gewisse psychische Einstellungen umzukehren vermag. Es ist freilich zuzugestehen, daß wir diese Kraft des Kreises durch die Feststellung, sie sei durch die Bestätigung des Wertgefühls, das in der Zuneigung der Kameradinnen erlebt wurde, begründet, uns nicht voll verständlich machen können.

Wieweit unsere Charakterisierung der Mädchen auch für Hely zutrifft, läßt sich nicht erweisen. Gewiß aber ist, daß sie im Gegensatz zu Elly aufs Herrschen aus war, einerlei ob wir dies als Reaktionserscheinung aufzufassen haben (wofür ihre spätere Erkrankung spräche) oder als primäres Phänomen. Und dies gelingt ihr bei Affi zur Verstimmung Ellys. Doch kann sich Elly nicht eingestehen, daß sie um Affis Liebe kämpft, sondern sie verallgemeinert es ins Ethische und lehnt sich gegen jede Unterdrückung der Schwachen auf. Auch darf sie Hely nicht abgeneigt sein, weil diese ihr gegenüber bei Affi siegreich ist und auch ihre „Schönheit" sie neidig macht, sondern sie wendet ihr Sympathie und Interesse zu. Freilich ambivalent genug, so daß ein geringfügiger Anlaß zum zeitweisen Abbruch der Beziehungen führen kann. Im Grunde aber ist gerade das für Elly ein Anlaß, sich mit Hely zu befreunden, daß sie ihr unterlag. Und vielleicht ist es nur dieser Konstitution Ellys zu danken, daß sich bei Helys Eintritt in Ellys Affektssphäre nicht zwei feindliche Paare, Affi–Hely und Nandl–Elly, bildeten, sondern vielmehr unter Ausschaltung von Ad. und aller anderen, unter Zuziehung Rickls, der Kreis, der uns hier beschäftigt. Vielleicht war die Enttäuschung an Affi–Hely für Elly ein zur Resignation treibendes Element; vielleicht aber sind hier andere uns unbekannte Erlebnisse entscheidender. Jedenfalls aber scheint es sehr berechtigt, die hier ausschlaggebende kreisbildende Einstellung Ellys etwa folgendermaßen zu schematisieren. Sie hatte es versucht, als Anführerin und Beschützerin (Affi und Nandl gegenüber) ihre Minderwertigkeitsgefühle zu kompensieren. Dies mißlang bei Affi. Sie resigniert gänzlich, sie gibt es auf, Nandl zu beschützen, sie hilft ihr z. B. nicht, wie sie selbst sagt, gegen Rickl, die Nandl beherrscht, sondern zieht noch Rickl als Gegengewicht gegen sich selbst in den Kreis. Sie wendet ihre Anführerschaft und Schützerrolle ins Allgemeine und weitgehend aus dem Kreis hinaus. Sie selbst bleibt in ihm, mäßigt die Beziehung zu Affi, verstärkt die zu Nandl, wendet die negative gegen ihre Prätendenten Hely und Rickl ins Positive, so daß sich die Beziehungen tatsächlich um Elly als Mittelpunkt schließen (Fig. 2, S. 300). Und dies ermöglicht Elly im Kreis zu bleiben, der ihr nicht allein lieb geworden war, sondern dessen Funktion der Aufhebung des Minderwertigkeitsgefühls gerade jetzt nötig ist, ohne trotzdem weder Anführerin sein, noch darum kämpfen zu müssen.

Wie sich der gleiche Vorgang im einzelnen bei den vier anderen abspielte, ist nicht ebenso deutlich aus dem Material zu entnehmen. Was sie aber psychisch gewonnen haben, dadurch, daß sie die von Elly gebotene Kreismöglichkeit ergriffen, ist vielleicht nicht schwer zu vermuten. Zunächst gilt auch für sie, daß sie ihre Gemeinsamkeit lieb gewonnen hatten; warum, wurde oben erörtert. Für Affi und Nandl kommt aber hinzu, daß sie nur so in der Abhängigkeit von Rickl und Hely bleiben konnten (die ihnen ja keineswegs verwerflich oder unangenehm erschien, da dies ihre Liebesform war), ohne ihr gänzlich verfallen zu sein, denn Elly paralysierte ein Endchen von Rickls und Helys Einfluß. Rickl und Hely hingegen hatten durch Ellys Gegenwart die Möglichkeit, sich immer aufs neue ihres Sieges zu versichern; daher äußert Elly, daß sie mit Rickl und Hely oft, ja ständig im Streit gestanden sei, mit Affi und Nandl gar nicht, bis auf den einen Punkt ihrer Abhängigkeit von Hely und Rickl.

In diesem Affektschema haben wir vielleicht ein typisches Strukturelement mancher Figuren von Freundeskreisen erfaßt: daß sich in ihnen das Bündel von ambivalenten Beziehungen, die zwischen je zwei Mitgliedern bestehen, in eine Figur von gewisser Stabilität aufteilt und ordnet.

Ein zweites Element des „Geselligkeitstriebes", der zur Bildung des Kreises führt, ist in einer anderen, für dieses Alter ebenso typischen Verhaltensweise auffindbar. Die Pubertät bringt nach der Latenzperiode einen neuen Schub von Libido zur Entwicklung. Man pflegt die Pubertät ja ganz allgemein als jene Periode der psychophysischen Entwicklung aufzufassen, in der die Sexualität im engeren Sinne entsteht und aus gewissen Anfängen zur erwachsenen genitalen Heterosexualität sich entwickelt. So wenig uns diese Formel zutreffend erscheint, so können wir sie uns doch eine Weile lang zu eigen machen und müssen zunächst als äußerst auffallend konstatieren, daß wir in unserem Material gerade davon nichts bemerken können. Es erscheint stellenweise beinahe asexuell. Der Inhalt der Briefe kreist keineswegs um die Liebe zu männlichen Personen in den bekannten backfischhaften Formen; wo das Thema erwähnt wird, geschieht es immer recht beiläufig und ironisch, und vor allem ist keine Entwicklung dieser

Einstellung zu verzeichnen. In Affis Briefen aus 15 ist fast ebensoviel oder -wenig wie in Helys Briefen von achtzehn bis neunzehn an Erlebnissen mit Jungens oder Männern zu lesen. Und gar die kollektive Tätigkeit des Kreises hat keinerlei Beziehungen zum männlichen Geschlecht. Vielmehr handelt es sich bei ihr um einen mehr oder weniger bewußten Ausschluß dieses Themas und dieses Tatsachenkreises. Wo die heterosexuelle Liebe auch nur entfernt erwähnt wird, geschieht dies im ablehnenden Sinn. Sehr bezeichnend ist dafür die Äußerung Ellys im Protokoll: „Dieses Gefühl des Katzenjammers, wie wir es einmal [beim Tanzen] gehabt haben, als ein Bursche mit dabei war, das haben wir sonst nie gehabt, sondern im Gegenteil hatte ich nachher das Gefühl von sehr großer Freudigkeit; ich habe immer gesagt: von Grund aus durchgelacht." Es ist zwar anzunehmen, daß die Mädchen bei ihren Zusammenkünften nicht selten von der Liebe zu Männern, dem „Flirten, Kokettieren usw." sprachen, die Art der Einstellung aber dieser Gespräche haben wir wohl eher im Sinne von Ellys Tagebuchblatt uns vorzustellen, als in dem nach jener allgemeinen Formel erwarteten. Gewiß hat jede einzelne das Thema der Sexualität im engeren Sinn nicht wenig beschäftigt, und zweifellos ist dies in den „ernsten Gesprächen", die die Paare miteinander führten, mitgemeint, aber gerade dem Kreis als Ganzen kam dieses Thema nicht zu. Vielmehr war er von Anfang an aufgebaut auf den Kampf gegen „Backfischigkeit, Mieder usw."

Von Anfang an wehren sich die Mädchen gegen die ihrem Alter gemäße Entwicklung der Sexualität. Dieses Verhalten, das wir nicht anders denn als vollzogene und zum Teil sich immer neu vollziehende Verdrängung auffassen können, ist es, worin sie einander „gleich" sind, was den Inhalt der „gleichen Erziehung" ausmacht, die sie erfahren haben wollen, was ihren Gegensatz zur „Stadt" inhaltlich bezeichnet und wofür „Backfisch, Mieder und dergleichen" Andeutungen sind. Auf den Sinn des Gegensatzes zwischen Land und Stadt können wir hier nicht eingehen, aber daß damit ausgedrückt sein soll, daß die Mädchen im Gegensatz zu dem ihnen bekannten Kreis Wi, zu dem besonders Elly Beziehung hatte und der tanzte, sich vom Gymnasiasten aus der Schule abholen ließ, flirtete, sich sorgfältig, kokett und raffiniert, „eitel", kleidete, dessen ausschließliches Thema die Beziehung zum männlichen Geschlecht war, sich als „Provinzlerinnen", als unwissende, unberührte, keusche, natürliche Existenzen darstellen wollten, ist zweifellos. Wieweit das inhaltlich richtig war, läßt sich kaum feststellen, es gelang ihnen aber jedenfalls, voreinander und sich selbst so zu erscheinen, denn ihr Kreis war harmlos, und er wußte von dem Tun, Fühlen und Wollen der anderen überhaupt nichts, oder er verspottete es. Und darin haben die Jahre seines Bestehens schlechterdings nichts Wesentliches geändert. Selbst wenn sie als Achtzehnjährige miteinander tanzen, sind sie noch so harmlos wie mit dreizehn oder zwölf; sie lachen, sind närrisch, tollen, haben aneinander genug, brauchen keine Jungens, als wären sie überhaupt nicht älter geworden. Nandl und Rickl verdrehen sogar noch die Wörter und jener Brief aus 18, der sie alle so sehr belustigte, ist wie von Kindern geschrieben. Und das ermöglichte zweifellos allein der Kreis. Seine Funktion war zu diesem Teil die Verdrängung der heterosexuellen genitalen Komponente, genauer die Aufrechterhaltung des früheren Zustandes der Latenzperiode. Aber ebenso wie die parallele Funktion in bezug auf das Minderwertigkeitsgefühl nur beim Zusammensein erreicht wurde, war es auch bei dieser, so daß der Kreis ihnen dauernd nötig war.

Wenn wir uns auch in dieser Arbeit bewußt (übrigens aphoristisch und andeutend) auf die ökonomische Betrachtungsweise beschränken und die topische und dynamische (Freud) kaum berühren, müssen wir doch kurz die Frage stellen, welche Partialtriebe der Libido verdrängt werden und welches das Schicksal der verdrängten ist. Damit verlassen wir freilich jene vulgäre Formel der Sexualität und schließen uns der Terminologie und den Ergebnissen der Freudschen Psychologie an, denn diese führt noch ein Stück weiter ins Verständnis des in Frage stehenden Phänomens, während wir ohne sie mit den letzten Worten des vorstehenden Absatzes unsere Untersuchung hätten schließen müssen.

Bemerkenswert ist an unserem Kreise, daß in ihm zwar die Beziehung zum männlichen Geschlecht keine Rolle spielt, daß aber ziemlich deutlich die Mädchen untereinander und zueinander sich so verhielten, als handelte es sich um männlich-weibliche Beziehungen. Eifersucht, Küssen, Umarmungen, Hand in Hand gehen und zahllose Aufmerksamkeiten aller Art brauchen dabei nicht einmal mit in Betracht gezogen werden, denn sie gehören jeder Liebe zu. Wenn sie, die freilich zum Teil Ausdruck starken Affektes und sexueller Neigung im engsten Sinne des Wortes sind, im Kreis trotz seiner vielleicht recht schwachen Liebesbeziehungen häufig sind, so gibt dies eine Fragestellung, die uns fürs erste nicht beschäftigt. Aber über diesen allgemeinen Liebes-, Neigungsausdruck hinaus ist vieles völlig aus dem Gebiet der Heterosexualität auf das der Homosexualität übertragen vorhanden. Elly spielte Affi und Nandl gegenüber die Rolle des Mannes, Rickl desgleichen Nandl und Affi gegenüber. Aber nicht allein in den Spielen, Tänzen, sondern ganz allgemein im Kreisleben. Die Geschichte der Namensgebung Affis zeigt, daß auch Ad. ihr gegenüber Mann war. Affi gilt allen als exquisit weibliche Figur, während Rickl „der Kutscher" und Ad. der „Adam", Elly sehr häufig der „Ernsti" genannt wird. Im Material der voranstehenden Kapitel findet sich manche weitere hierhergehörige Stelle. Die Auffassung, die diese spielerische Verwendung, die zum Teil sogar ironisch ist, ausbeutet, könnte verschieden sein. Ich neige zur Meinung, daß gerade jene Äußerungen, die klar und deutlich auf die Einteilung in männlich und weiblich innerhalb des Kreises hinweisen, als Wiederkehr des Abgelehnten (um nicht zu sagen des Verdrängten, das – in seinem strengen Wortsinn gefaßt – uns in dieser Arbeit unzugänglich ist) zu verstehen sind. Dieselben Regungen, die Männern gegenüber nicht erlaubt sind, können sich hier in der „Verkleidung" auswirken, weil das Bewußte Mädchen vor sich hat – und sie wirken sich aus, weil das Unbewußte die Männer meint. Trotzdem dürften aber auch echte homosexuelle Triebbestandteile im Gefüge des Kreises wirksam sein, und zwar gerade in seinen Anfängen, in denen jene Verkleidungen und Rollen noch gar nicht oder nur leise angedeutet vorhanden waren.

Von hier aus ließe sich ein Charakter des Kreises gut verständlich machen. Er ist für die 14- bis 19jährigen etwa im Freudschen Sinne des Wortes ein witziger Mechanismus: er erspart Verdrängungsaufwand, indem er heterosexuelle Triebe sich in homosexueller Form ausleben läßt. Daher bleibt er die ganze Zeit ein „Lustigkeitsbund", auch als er längst nicht mehr so hieß und seine Dynamik geändert hatte.

Der Anfang des Kreises fällt in den psychischen Moment, dessen Aufgabe die endgültige Loslösung von den ursprünglichen Liebesobjekten und die Vollziehung der Objektwahl (der neuerlichen) ist. Wir sehen die Freundinnen von Anfang an abgeneigt, diese Fixierung an heterosexuellen Objekten zu vollziehen. Wir finden sie aber auch im Zustand des Minderwertigkeitsgefühls, das heißt der Verdrängung des sekundären Narzißmus der Latenzperiode. Der narzißtische Weg, sich der altersgemäßen psychischen Aufgabe zu entziehen, hat bereits zum Schiffbruch geführt, der andere soll nicht betreten werden. Der Kreis ist ein dritter Weg. Zunächst bietet er einen Rahmen, in dem – ohne irgendeine dem Bewußtsein merkliche Überschreitung der Zensurgrenzen – allerlei Affekt-(Fixierungs-)versuche ein Stück weit unternommen und geprüft werden können. Die Lust, andere zu ärgern, sie auszulachen, das „so wie Gassenbuben tollen", „wie elegante Damen mit Boas zu spazieren" und manches andere mehr – sind Versuche, eine bereits verlassene kindliche Position wieder einzunehmen; die späteren Verkleidungen, Rollen, Korrespondenzen sind Versuche, das Verbotene in einen harmlosen Rahmen zu fügen. Wichtiger aber noch ist, daß der Kreis tatsächlich Lieben und Geliebtwerden auf einem neuen Weg ermöglicht. Die Objektwahl wird in ihm vollzogen und zugleich vermieden, indem jedes von den Mädchen, die ihr gleiche liebt, jene, mit der sie sich vielleicht sogar restlos identifiziert, also sich selbst. Wenn z.B. Elly ihre Beziehung zu Affi völlig umkehrt, indem sie die früher in der Volksschule Bewunderte als bedauernswürdig und schutzbedürftig empfindet und sie, die ehemals bedauernswerte und schutzbedürftige, Affi unter ihre Fittiche nimmt, so ist die Identifikation als der Mechanismus dieser Liebe und damit ihr narzißtischer Charakter deutlich genug erkennbar.

Keineswegs gilt aber dieser Mechanismus für alle. Affi und Nandl dürften kaum in dieser Weise Hely und Elly lieben; und vor allem, Nandls, Affis und Ellys Beziehungen zu Hely werden so nicht ganz verständlich. Elly erschien Nandl als schön; Nandl erschien Affi als gütig. Es ist möglich, daß auch hier Identifikationen eine Rolle spielen; ohne Individualanalyse oder anderes aufschlußreiches Material ist dies aber nicht genügend zu erweisen. Sicher jedoch ist, daß das eine wie das andere Urteil Bestandteile des Ideal-Ichs sind, dessen Bildung gerade dem Alter unserer Kreisfreundinnen durchaus gemäß ist. Soweit es sich nicht um echte Identifikation handelt, haben wir diese indirekte Identifikation mit dem Ideal-Ich, das in der Freundin realisiert erscheint und das durch die Liebe zu ihr und durch das Geliebtwerden von ihr in sich verwirklicht wird, als den entscheidenden Mechanismus im Kreise zu verstehen. Ein Ausspruch Nandls wurde bereits zitiert: „Wir ergänzen uns gegenseitig so, daß wir alle zusammen den Charakter am besten darstellen, der uns gut gefällt." Hier ist geradezu vollendet formuliert, was wir eben in psychologischen Terminis entwickelt haben.

Nandls Formulierung macht uns aber auf einen Umstand aufmerksam, den wir nicht genügend beachtet haben. Das Ideal-Ich war nicht durch eine oder die andere, sondern bloß durch alle zusammen verwirklicht. Auch Affi, Rickl und Elly haben Bemerkungen gemacht, die dasselbe ausdrücken oder so, wenn dies zutrifft, verstanden werden können. Wir sehen, daß die Freundschaft zwischen den Paaren mäßiger war, als man vielleicht erwartet hätte bei Berücksichtigung mannigfacher anderer Fälle. Man darf diese Tatsache vielleicht als Resultat einer Verdrängung betrachten, die sich sowohl gegen ein Anwachsen der narzißtischen homosexuellen Komponente als auch gegen die verkleidete Heterosexualität wendete. Was aber den einzelnen Freundinnen versagt wird, kommt ihrer Gesamtheit zugute und der Kreis absorbiert mehr Zeit, Energie, Aufmerksamkeit als der Summe der paarweisen Beziehungen entspräche. Zudem gab es ja Spannungen, beinahe Spaltungen in ihm. Und es kann doch nicht zugleich Elly und Hely, die einander polar entgegengesetzt sind, Nandls Ideal-Ich repräsentieren. Vielmehr lehnt sie den Typus Hely für sich ab und bejaht den Typus Elly. Dennoch aber ist sie irgendwie an Hely interessiert, in einem gewissen Maß sogar an sie gefesselt und empfindet auch ohne sie den Kreis (ihr Ideal-Ich) inkomplett. Der Widerspruch löst sich durch die Tatsache, daß Nandls bewußte und unbewußte Wünsche einander widersprechen: Ideale und Triebansprüche. Und im Kreis finden beide ihre Befriedigung. Das Bewußtsein identifiziert sich mit Ellys Schönheit, Askese und Klugheit, mit Affis Güte, Liebenswürdigkeit, mit Rickls natürlicher Geradheit, mit aller Sexualablehnung, Harmlosigkeit, Unwissenheit; das Unbewußte mit Helys heterosexueller Konstitution und Neigung. Die einen werden geliebt, die anderen als rätselhaft fesselnd empfunden. Und das gleiche gilt, mutatis mutandis, vermutlich auch für die anderen, ohne daß unser Material es schlüssig nachweisen könnte.

Der närrische Antwortbrief des Kreises auf Ellys Ferienbericht (S. 307) läßt uns noch ein Detail erkennen. Spottlust, Verharmlosigung, spielerische Mann-Weib-Einstellung von Elly und Affi, ironisches, entwertendes Behandeln der Heterosexualität und noch mehrere bereits erwähnte Charakteristika finden sich deutlich genug in ihm. Sein Zentrum scheint aber eine redselige Erörterung über hundeempfindlichen Buchs zu sein. Der Buchs wird in Wiener Parkanlagen und in den Gärten des Villenviertels, in dem Elly, Hely und Affi wohnten, gern als Solitär in die Rasenecken oder als Einfassung von Rabatten gesetzt und von Hunden gern zu ihrem Harnentleerungsritus verwendet. Dadurch erhalten aber die unteren Partien der Buchssträucher ein abgestorbenes gelbliches Aussehen. Die beiden Briefe zeigen uns, daß der Ritus der Hunde und dessen Folgen am Buchs die Phantasie der Mädchen nicht wenig beschäftigt hatte und daß unter Umständen das Thema stundenlang von ihnen behandelt, paraphrasiert und belacht wurde. Es ist der einzige Fall, wo wir ein Originaldokument ihres Dummheiten-machens vor uns haben und er fügt den Themen, die wir als Kreistätigkeiten feststellen oder vermuten konnten, ein neues hinzu. Und zwar eines, dessen Vorhandensein vielleicht bei „wohlerzogenen" siebzehnjährigen jungen Damen verwundern könnte. Es ist ein Beleg mehr dafür, daß die Funktion des Kreises in einer Regression lag, die in diesem Fall bis in das infantile Voyeurstadium und in die Analerotik führt.

So unsystematisch diese entwicklungspsychologischen

Bemerkungen sind, so wenig schlüssig sie erscheinen mögen, so wenige von den zahlreichen Problemen sie zu lösen vermochten, sei doch deren Mitteilung hier abgebrochen. Wir hoffen, daß die zahlreichen Einzeluntersuchungen, die der vorliegende Band von Beiträgen zur Jugendforschung anregen möchte, uns bald instand setzen werden, zusammenfassendes Befriedigendes aufgrund reichen und mannigfachen Materials über die Gesellungsformen der Kinder und Jugendlichen auszusagen.

HISTORISCHE JUGENDTAGEBÜCHER
(1928)

In den letzten Jahren mehren sich erfreulicherweise die Publikationen, die sich mit den Tagebüchern von Kindern und Jugendlichen befassen. Zwar ist noch nicht durchaus Einigkeit in der Frage erreicht, welchen Wert das Tagebuch für die Jugendpsychologie hat[1], doch ist es unzweifelhaft als geistige Leistung des Jugendlichen ein berechtigter Gegenstand der Forschung und wird als solcher eine gewisse Aufmerksamkeit beanspruchen dürfen. Ebenso ist noch nicht entschieden, welches Maß, welche Art von Deutung, welche methodischen Vorsichtsmaßregeln die Verwendung von Tagebüchern in der Jugendpsychologie erfordert[2]; dennoch leugnet wohl niemand, daß irgendwelche psychologische Einsichten, unter gewissen Bedingungen, aus den Tagebüchern gewonnen werden können. Und gerade die Skeptischen müßten vermehrte Publikation von Tagebüchern begrüßen, da erst dann diese Frage definitiv entschieden werden kann, wenn eine beträchtliche Zahl möglichst verschiedenartiger Jugendtagebücher der allgemeinen Kontrolle zugänglich vorliegt.

Aber hiergegen gibt es Hemmnisse, die nicht ganz unberücksichtigt bleiben dürfen. Der Publikation von Tagebüchern ist eine enge Grenze gesetzt. Auch nur die wichtigsten Typen in repräsentativen Exemplaren vorzulegen, würde eine kleine Bibliothek erfordern, für die nicht leicht die äußeren Möglichkeiten zu schaffen wären. Hierzu kommt, daß sowohl die *vollständige* Publikation, wie sie

1 Extreme Standpunkte vertreten hierbei Charlotte Bühler (*pro*) und Otto Tumlirz (*contra*).

2 Stern und Bühler haben zu dieser Frage recht verschiedene Anschauungen entwickelt; Bühlers Verfahren habe ich zu kritisieren versucht in meiner Abhandlung „Die heutige Psychologie der Pubertät". In: Imago 13 (1927), S. 1–56.

Charlotte Bühler pflegt, als auch jene umfangreichen *psychographischen Angaben* über den Verfasser nötig sind, die Sterns Publikation, obwohl sie in sparsamstem Umfang gegeben sind, so wertvoll machen. Wollte man die Aussagen des ehemaligen Tagebuchschreibers in jenem Ausmaß aufnehmen und mitteilen, das ein eindringendes Verständnis erst ermöglicht, so müßten die Tagebuch-Editionen einen verlegerisch kaum tragbaren Umfang annehmen. Schließlich wird man auch Briefe und Produktionen aller Art des Tagebuchschreibers mit heranziehen wollen, um ein volles Bild seiner Persönlichkeit und von ihm aus ein Urteil über die psychische Bedeutung und Funktion seines Tagebuchs gewinnen zu können. Ich fürchte, daß solche Publikationen, die eigentlich nötig wären, *ehe* die Differenz in der Bewertung des Tagebuchs innerhalb der Jugendpsychologie beigelegt werden kann, nur sehr spärlich möglich sein werden.

Bei dieser Sachlage empfiehlt es sich vielleicht neben neuen, jugendpsychologischen Publikationen, den bereits vorliegenden Tagebüchern von Kindern und Jugendlichen Aufmerksamkeit zu schenken. Im historischen, literatur- und kulturwissenschaftlichen Interesse sind längst eine ganze Reihe von, zum Teil sehr umfänglichen, Jugendtagebüchern herausgegeben worden. Solche Schriften haben für uns ein beträchtliches Interesse. Vor allem ist ihre Echtheit sorgfältig geprüft. Sie stammen meistens von Jugendlichen, die durch ihre spätere kulturelle Rolle der Forschung Anlaß gaben, über Leben, Wirken und Werke sorgfältige Untersuchungen anzustellen. Ihre Jugendbriefe, Gedichte usw. sind oft gleichfalls publiziert oder in Archiven der Forschung bereitgestellt. Mag auch manche einzelne Publikation nur wenig psychologisch Neues bieten, in ihrer Gesamtheit stellen sie doch eine nicht zu verachtende Quelle dar. Hierzu kommen die noch nicht edierten historischen Tagebücher. Aus dem Goethekreis z.B. sind nach dem Urteil eines Kenners „Massen von Tagebüchern" vorhanden, die gewiß zu einem Teil auch von Jugendlichen herrühren; die Biographien zahlreicher Dichter, Wissenschaftler, Künstler, Staatsmänner usw. sind auf Jugendtagebüchern aufgebaut, die noch nicht herausgegeben sind. Während das anonyme Tagebuch eines jungen Mädchens außerhalb der Jugendpsychologie wenig Interesse findet, wären vollständige Publikationen von Jugendtagebüchern, die auch anderen Wissenschaften interessant sind, wesentlich erleichtert.

Leider hat das Tagebuch auch in der Literatur- und Geschichtswissenschaft zwar viel Auswertung, aber wenig gesondertes Studium erfahren; es fehlt bisher eine Geschichte oder Literaturgeschichte des Tagebuchs.[3] Selbst bibliographische Publikationen sind, meines Wissens, nicht vorhanden. Das Material ist in Spezialarbeiten verstreut, zum Teil in den zusammenfassenden Werken über Memoiren und Autobiographien summarisch mitbehandelt. Die Jugendpsychologie bedarf daher der Hilfe fachkundiger Forscher, soll sich ihr diese Quelle im ganzen Umfang erschließen. Als Gegenleistung – sozusagen – dürfte die Literatur- und Geschichtswissenschaft von der Psychologie manche Anregung erwarten und vor allem Materialien zum Entscheid der methodologisch so wichtigen Frage nach der Glaubwürdigkeit des „Tagebüchlers"[4] und Autobiographen. Vorerst freilich kann in dieser Frage die Psychologie noch einiges bei den Historikern lernen; so hätte z. B. Charlotte Bühler zu ihrem extremen Standpunkt nicht gelangen können, wenn sie die sehr überzeugende Untersuchung von Glagau[5] oder die scharf pointierten Bemerkungen von Burr[6] zur Kenntnis genommen hätte. Obwohl die Wertung und Deutung der Quellen in den Geschichtswissenschaften, natürlicherweise, soviel weiter vorgeschritten ist als in der Jugendkunde, sind hier doch gerade für das Tagebuch noch manche Fragen offen, die erst durch eine entwickelte Psychologie des Tagebuchs beantwortbar sein werden.

---

3 Richard M. Meyers Aufsatz „Zur Entwicklungsgeschichte des Tagebuchs" (in: Ders.: Gestalten und Probleme. Berlin 1905, S. 281–295) bietet dafür keinen Ersatz.

4 Für das Wort „Tagebüchler" trägt Theodor Klaiber die Verantwortung (Ders.: Die deutsche Selbstbiographie. Beschreibungen des eigenen Lebens. Memoiren, Tagebücher. Stuttgart 1921); doch erspart dieses Wort manche komplizierte Umschreibung.

5 Hans Glagau: Die moderne Selbstbiographie als historische Quelle. Marburg 1903.

6 Anna Robeson Burr: The autobiography. A critical and comparative study. Boston/New York 1909.

Vermutlich fördert eine konkrete Probe diese Anregung mehr als allgemeine Erwägungen. Als solche mag die folgende kleine bibliographische Liste dienen, die eine Anzahl historischer Tagebücher von Kindern und Jugendlichen nachweist. Ich stelle hier das Ergebnis unsystematischer – und fachunkundiger – Aufmerksamkeit auf die in literatur- und geschichtswissenschaftlichem Interesse erfolgten Publikationen zusammen. Die angeführten Titel sind nur ein Teil jener, die ich im Laufe der Zeit notierte, da ich nur solche Nachweise aufführe, die ich im Zusammenhang einer Untersuchung über das Einwachsen der Jugend in die Kulturformen (auf Grund von Tagebuchmaterial) neuerlich an den Originalen überprüfen konnte. Die verzeichneten Schriften haben selbstverständlich sehr verschiedenen Wert für den Psychologen, da aber ihr Wert nur von bestimmten Fragestellungen aus zu beurteilen ist, es auch Probleme gibt, für die ein bestimmter Tagebuchauszug von wenigen Seiten bedeutsamer ist als eine andere vollständige Publikation, habe ich von einer Graduierung abgesehen.

*XIV.–XVII. Jahrhundert**

Ein vollständiges Jugendtagebuch ist mir nicht bekannt geworden; die folgenden Autobiographien [Briefe, Tagebücher, Aufzeichnungen usw.] sind auf Grund von ausführlichen Tagebüchern verfaßt und bringen aus ihnen Auszüge, so daß sie einen ersten Eindruck davon vermitteln, wie damals Jugendliche Tagebuch führten.

Karl IV., deutscher Kaiser; geb. 14. 5. 1316; Tagebuch von 1330–1333
Vita Karoli IV. Imperatoris.
(Fontes Rerum Bohemicarum. Tom. 3, Fasc. 4–6.) Prag 1878–1882.
Kaiser Karls IV. Jugendleben, von ihm selbst erzählt.
(Die Geschichtsschreiber der deutschen Vorzeit. In deutscher Bearbeitung hrsg. von G.H. Pertz, u.a.; XIV. Jh., Bd. 5 [= Bd. 83 der Gesamtreihe].) Übersetzt von Ludwig Oelsner.Leipzig 1899.

Felix Platter; geb. Oktober 1536
Tagebuchblätter aus dem Jugendleben eines deutschen Arztes des 16. Jahr-

* Die nachfolgenden bio-bibliographischen Angaben sind in der vorliegenden Form ergänzt und korrigiert.

hunderts. (Voigtländers Quellenbücher, Bd. 59.) Hrsg. von Horst Kohl. Leipzig o.J. (1913)

Bartholomäus Dietmar; geb. 7. 9. 1592
Bartholomäus Dietmar. Leben eines evangelischen Pfarrers im frühen markgräflichen Amte Kitzingen, von 1592–1670, von ihm selbst erzählt. Zugleich ein Beitrag zur Geschichte des Dreißigjährigen Krieges in Franken.
Mit erläuternden Zusätzen hrsg. von Volkmar Wirth.
Kitzingen 1887.

Christian der Jüngere, Fürst zu Anhalt; geb. 10. 8. 1599
Tagebücher 28. 1.–7. 3. 1620; 8. 3.–9. 7. 1620; 10. 7.–4. 11. 1620.
In: Aretin, Johann Christoph (Hrsg.): Beiträge zur Geschichte der Literatur, vorzüglich aus den Schätzen der Münchener National- und Hofbibliothek. Bd. 2, München 1804, 6. St., S. 65–96; Bd. 3, ebd. 1804, 1. St., S. 49–112; Bd. 3, ebd. 1804, 2. St., S. 49–112.
Tagebuch 25. 11. 1621–14. 9. 1624. Niedergeschrieben in seiner Haft zu Wien, ... auf dem Reichstage zu Regensburg, und während seiner Reisen und Rasten in Deutschland, Dänemark und Italien.
Hrsg. von Georg Krause.
Leipzig 1858.

John Evelyn; geb. 31. 10. 1620
Diary and Correspondence. Ed. by William Bray.
New ed., rev. and enlarged, 4 vol., London 1850–1852.
Hier vol. 1, London 1850: Tagebuch von 1620–1665.

XVIII. Jahrhundert

Nicolaus Graf Zinzendorf; geb. 26. 5. 1700
Zinzendorfs Tagebuch 1716–1718. Hrsg. von G. Reichel und J. T. Müller.
Tagebuch 10. 5.–29. 7. 1716, Anhg.: Briefe von und an Z. des Jahres 1716; Tagebuch 27. 8.–22. 10. 1717, Anhg.: Instruktionen für Wittenberg vom 17. 8. 1716; Tagebuch 23. 10. 1717–27. 7. 1718, Anhg.: Briefe von, an und über Z. der Jahre 1716/17.
In: Zeitschrift für Brüdergeschichte, 1. Jg., Herrnhut 1907, H. 2, S. 113–203; 2. Jg., ebd. 1908, H. 2, S. 81–129; 4. Jg., ebd. 1910, S. 5–97.

Johann Wolfgang von Goethe; geb. 28. 8. 1749
Der junge Goethe.
Neue Ausg., in 6 Bdn., besorgt von Max Morris. Leipzig 1910.
Hier: 2. Bd., Straßburg April 1977: August 1771 (aus den „Ephemerides" des Jahres 1770, S. 26–50).

Elisa von der Recke; geb. 20. 5. 1754
Elisa von der Recke.
2 Bde., hrsg. von Paul Rachel. Leipzig 1900/1902.
Hier Bd. 1: Selbstbiographie von ihrer Geburt bis zu ihrer Verlobung, 1754–1771, S. 1–154; Briefe von ihr, vom 25. 5. 1771–1778, S. 155–429.

Johann Heinrich Landolt; geb. 1763
Aus dem Reisetagebuch eines jungen Zürichers in den Jahren 1782–1784.

Hrsg. von Ernst Dümmler.
In: Neujahrsblätter. Hrsg. von der Histor. Kommission der Provinz Sachsen, Nr. 16, Halle 1892.
Tagebücher vom 26. 9. 1782–6. 5. 1784.

Franz von Baader; geb. 1765
Franz von Baaders Tagebücher. Aus den Jahren 1786–1793. Hrsg. von Emil August von Schaden.
(Baaders Nachgelassene Werke [= 2. Hauptabt. der Sämtlichen Werke], Bde. 1–5 und Suppl.bd. 6.)
Hier: Bd. 1 (= 11. Bd. der Sämtl. Werke), Leipzig 1850.
Tagebücher vom 12. 4. 1786–10. 4. 1793.

XIX. Jahrhundert

Joseph Freiherr von Eichendorff; geb. 10. 3. 1788
Hermann Anders Krüger: Der junge Eichendorff. Ein Beitrag zur Geschichte der Romantik. Oppeln 1898.
In die Biographie eingearbeitete Tagebuchnotizen vom 12. 11. 1800 bis 3. 4. 1808 sowie Memoirenfragmente aus dem Jahre 1857, die bis 1808 zurückreichen.
Fahrten und Wanderungen der Freiherren Joseph und Wilhelm von Eichendorff, 1802–1814. Hrsg. von Alfons Nowack. Oppeln 1907.
Tagebuch vom 9. 6. 1802–21. 2. 1814.

Arthur Schopenhauer; geb. 22. 2. 1788
Reisetagebücher aus den Jahren 1803/4.
Hrsg. von Charlotte von Gwinner. Leipzig 1923.
Tagebuch vom 3. 5. 1803–25. 8. 1804.
Wilhelm Gwinner: Arthur Schopenhauer. Aus persönlichem Umgang dargestellt. Ein Blick auf sein Leben, seinen Charakter und seine Lehre. Krit. durchges. u. mit einem Anhg. neu hrsg. von Charlotte von Gwinner. Leipzig 1922.
Darin: Journal einer Reise von Hamburg nach Karlsbad und von dort nach Prag; Rückreise nach Hamburg; 16. 7.–17. 10. 1800, S. 209–259.

Franz von Gaudy; geb. 19. 4. 1800
Aus Franz Freiherrn Gaudys Jugendtagen.
Ein Kindertagebuch, Mutterbriefe, Gelegenheitsgedichte und Karikaturen. Hrsg. von Fedor von Zobelitz.
In: Zeitschrift für Bücherfreunde, 1. Serie, 4. Jg., Bielefeld/Leipzig 1900/01, H. 1, S. 13–23.
Tagebuch vom 1. 11.–30. 12. 1807; Briefe von und an G. aus den Jahren 1812–1823; Auszüge aus seinem „Karikaturenbuche“.

Franz Grillparzer; geb. 15. 1. 1791
Tagebücher und literarische Skizzenhefte I (1808–1821).
(Grillparzers Werke. Hrsg. von August Sauer. 2. Abt., 7. Bd.) Wien/Leipzig 1914.
Tagebücher von Mai 1808 bis 1821.

Lili Parthey; geb. 2. 10. 1800
Bernhard Lepsius: Lili Parthey. Tagebücher aus der Berliner Biedermeierzeit. Leipzig 1928.
In die Biographie eingearbeitete Tagebuchnotizen und Briefe vom 1. 1. 1814–29. 8. 1829.

Theodor Körner; geb. 23. 9. 1791
Theodor Körners Tagebuch und Kriegslieder aus dem Jahre 1813.
Hrsg. von Emil Peschel. Freiburg i.Br. 1893.
S. 25–37: Tagebuch vom 15. 3.–22. 8. 1813.

Johann Gottfried Niesemann; geb. 15. 6. 1795
Aus einem Tagebuch über die Belagerung Stettins im Jahre 1813.
Hrsg. von G. F. A. Strecker.
In: Monatsblätter der Gesellschaft für Pommersche Geschichte und Altertumskunde, Jg. 1916, S. 51–58.

August Graf von Platen; geb. 24. 10. 1796
Die Tagebücher des Grafen August von Platen. Hrsg. von G. v. Laubmann und L. v. Scheffler. 2 Bde., Stuttgart 1896/1900.
Hier 1. Bd.: Tagebuch vom 22. 10. 1813–31. 12. 1817.

Adele Schopenhauer; geb. 12. 6. 1797
Tagebücher der Adele Schopenhauer.
Hrsg. von Kurt Wolff. 2 Bde., Leipzig 1909.
1. Bd.: Tagebuch vom 22. 5. 1816–26. 4. 1817;
2. Bd.: Tagebuch vom 30. 10. 1818–26. 8. 1822.

Clara Schumann; geb. 13. 9. 1819
Berthold Litzmann: Clara Schumann. Ein Künstlerleben. Nach Tagebüchern und Briefen.
1. Bd.: Mädchenjahre, 1819–1840. Leipzig 1902.
Tagebuch vom 7. 5. 1827–12. 9. 1840.

Carl von Hohenhausen; geb. 17. 1. 1816
Carl von Hohenhausen. Untergang eines Jünglings von 18 Jahren. Zur Beherzigung für Eltern, Erzieher, Religionslehrer und Ärzte.
Hrsg. von Elise von Hohenhausen. Braunschweig 1836.
S. 45–126: Tagebuch vom 12.–17. Lebensjahr (1828–1833).

August Rauschenbusch; geb. 13. 2. 1816
Leben und Wirken von August Rauschenbusch, Professor am Theologischen Seminar zu Rochester in Nordamerika, angefangen von ihm selbst, vollendet und hrsg. von seinem Sohne Walther Rauschenbusch, Professor an derselben Anstalt. Cassel 1901.

Gustave Flaubert; geb. 12. 12. 1821
Tagebücher. Gesamtausgabe in 3 Bänden.
Hrsg. von E.W. Fischer. Potsdam 1919–1920.
Hier 1. Bd.: Die Pyrenäen – Korsika – Italien – Über Feld und Strand (1840–1847).

Ferdinand Lassalle; geb. 11. 4. 1825
Ferdinand Lassalles Tagebuch.
Hrsg. und mit einer Einleitung versehen von Paul Lindau. Breslau 1891.
Tagebuch vom 1. 1. 1840 – Frühjahr 1841.
Ferdinand Lassalle. Tagebuch des Leipziger Handelsschülers.
Mai 1840–Mai 1841.
In: Der Rote Hahn. Hrsg. von Franz Pfemfert. Buch 6/7, Berlin 1918, S. 5–88.

Robert Hamerling; geb. 24. 3. 1830
Lehrjahre der Liebe. Tagebuchblätter und Briefe. Hamburg 1890.
S. 1–47: Meine Ferien in der Heimat (18. 8.–9. 10. 1850).
Michael Maria Rabenlechner: Aus Hamerlings Gymnasialzeit.
In: Heimgarten, 20. Jg., Graz 1896, S. 746–755.
Mit Tagebuchnotizen aus dem Jahre 1845.
Michael Maria Rabenlechner: Hamerlings Jugend. Nach den nächsten Quellen und unter Mitteilung von zahlreichen bisher unveröffentlichten Dichtungen, Tagebuchblättern und Briefen Robert Hamerlings.
1. Bd. (mehr nicht ersch.) Hamburg 1896.
S. 121–374: In die Biographie eingearbeitete Tagebuchnotizen vom 16. 8. 1844–13. 9. 1846; Anhang S. 377–432: Tagebuch meiner Heimatjahre im Jahre 1867.

Heinrich Julius Holtzmann; geb. 1832
Robert Holtzmann: Ein Reisebericht aus den Frankfurter Septembertagen von 1848.
In: Archiv für Kulturgeschichte 14 (1919), S. 295–306.
Darin H. J. Holtzmanns Tagebuch vom 17./18. 9. 1848.

Julius Rodenberg; geb. 26. 6. 1831
Julius Rodenberg: Aus seinen Tagebüchern.
Hrsg. von Justine Rodenberg. Berlin 1919.
Tagebuch vom 5. 11. 1849–21. 11. 1908.

Marie Fürstin zu Erbach-Schönberg, Prinzessin von Battenberg; geb. 15. 7. 1852
Entscheidende Jahre. 1859, 1866, 1870.
Aus meiner Kindheit und Mädchenzeit. Braunschweig 1921.

Anonym
Unter Feinden in Vejle.
Auszug aus einem Tagebuch ..., jeden Tag vom 18. 2. bis 11. Juni geführt [ohne Jahresangabe].
In: Karl Larsen: Ein modernes Volk im Kriege. In Auszügen aus dänischen Briefen und Tagebüchern der Jahre 1863/64. Deutsche Ausgabe ... besorgt von R. v. Fischer-Benzon. Kiel/Leipzig 1907, S. 113–133.
Aus dem Tagebuch eines zwanzigjährigen Mädchens, Tochter eines höheren juristischen Beamten in Vejle.

Marie Bashkirtseff; geb. 11. 11. 1860
Journal de Marie Bashkirtseff.
Hrsg. von André Theuriet. Paris 1914–1919.
Hier 1. Bd., Paris 1914: Tagebuch von Januar 1873–6. 9. 1877.

Christian Morgenstern; geb. 6. 5. 1871
Christian Morgenstern: Stufen. Eine Entwicklung in Aphorismen und Tagebuchnotizen. München 1918.
Tagebuch von 1891 bis 1913.

Paula Modersohn-Becker; geb. 8. 2. 1876
Briefe und Tagebuchblätter.
Hrsg. und biographisch eingeführt von Sophie Dorothea Gallwitz.
4. Aufl., München 1921.
Tagebuch vom Sommer 1897 bis Juli 1906.

ZUR „SITTENLOSIGKEIT DER JUGEND"
(1928)

Aus den kulturellen Antipoden der heutigen Welt, aus Amerika und Rußland, erfahren wir durch zwei neue Bücher Tatsachen des Jugendlebens, die man kennen muß, um die heutige Jugend Deutschlands zu verstehen.

Daß die deutsche Öffentlichkeit das wirkliche Leben ihrer eigenen Jugend nicht kennt, haben die beiden Prozesse Kolomak und Kranz gezeigt. In beiden stand, was immer der Gegenstand der Gerichtsverhandlung gewesen sein mag, inmitten des Publikumsinteresses die Offenbarung, daß unsere heranwachsende Jugend sich nicht ganz so benimmt, wie man von „gesunder und reiner" Jugend bisher anzunehmen bereit war, daß sie nämlich Sexualtriebe besitzt und von ihnen einen Gebrauch macht, den Sitte und Pädagogik dem Erwachsenen reserviert. Die Beurteilung dieser beiden Fälle als völlig abnormaler Verbrechen war nicht durchführbar; man mußte zur Kenntnis nehmen, daß die Sittenlosigkeit in der Jugend weit, sogar allgemein verbreitet ist. Unerörtert bleibe dabei, ob Kolomak und Kranz würdige und edle Vertreter der heutigen Jugend sind. Sicherlich aber geht es nicht an, in ihnen Einzelfälle zu sehen, geht es auch nicht an, sie als Symptome einer sich ausbreitenden moralischen Verkommenheit zu werten. Sie sind in Wahrheit Symptome einer Wandlung im Jugendleben, die sich vor unsern Augen vollzieht, aber nicht etwa bloß im bösen Berlin, oder in der finsteren Provinz Bremen, sondern ziemlich gleichartig in der ganzen Welt.

Diese Wandlung richtig zu beurteilen, muß man sich freilich vorerst einer Illusion entledigen. Die „gesunde und reine" Jugend, wie sie unsere Pubertätspsychologen Charlotte Bühler und Eduard Spranger hymnisch besingen, und von deren selbstverständlicher Existenz das Publikum überzeugt ist, gibt es nicht mehr, weil es sie nie gegeben hat. Die Wandlung, von der jene Prozesse und die Bücher Zeugnis ablegen, ist nicht darin zu suchen, daß die Jugend früher asexuell gelebt hätte und heute erst infolge des sittenverwildernden Weltkrieges (den übrigens die Besinger reiner Jugend seinerzeit selbst gepriesen hatten) den Begierden ohne sittliche Bändigung preisgegeben wäre. Die Pubertät und spätere Jugendzeit hat immer ihren Sexualtrieb zu befriedigen gewußt. Jedoch die *soziale* Form der jugendlichen Sexualbetätigung ist tatsächlich gegenwärtig in tiefgreifender Wandlung begriffen. Was hinter den Illusionen der Öffentlichkeit, hinter den Idealen der Pädagogik und hinter der Verschwiegenheit der Jugend an Sexualbefriedigung genossen wurde: war die Onanie.

Natürlich gab es Jugendliche auch vor Krieg und Revolution, die vor ihrem Schulabitur gelegentlich oder regelmäßig erwachsenen Sexualverkehr pflegten; und ebenso gab es solche, die ohne eine im engeren Sinn des Wortes sexuelle Befriedigung mehr oder weniger lang und konfliktlos auszukommen vermochten. Aber repräsentativ für das wirkliche Sexualleben der Jugend waren solche Typen nicht. Das wirkliche Sexualleben der Jugend, d.h. der *höheren Schuljugend*, war die Onanie. Zwar ist die höhere Schuljugend nur eine dünne Schicht der Gesamtjugend; sie aber ist es vornehmlich, die Pädagogen und Psychologen vor Augen schwebt, sie ist es auch, an die die breite Öffentlichkeit denkt. Auf sie bezog sich – und bezieht sich heute noch – jene Illusion, deren man sich nunmehr endgültig entledigen muß.

Über das Sexualleben der proletarischen Jugend macht man sich selten Illusionen. Daß sie nicht asexuell, „gesund und rein" lebt, war so ziemlich bekannt. Dieser *Klassenunterschied* wurde eben mit Hilfe jener Illusion in einen *Wertungsunterschied* umgedeutet; man denkt etwa: die gebildete (in erster Linie bürgerliche Schul-)Jugend weiß ihre Triebe zu bändigen, sie lebt asexuell; die ungebildeten, halb verwahrlosten Massen hingegen sind von jener Reinheit weit entfernt. Und dies traf insofern zu, als die Verbreitung und Bedeutung des Sexualverkehrs in der proletarischen Jugend unvergleichlich viel größer war als in der gleichaltrigen bürgerlichen Jugend, die statt dessen als nahezu allbeherrschendes Zentrum ihres Sexual- und Jugendlebens die Onanie hatte. Hierin ist offenbar eine entscheidende Wandlung eingetreten.

Ben Lindsey, der Vater des Jugendgerichts, ein Mann von unvergleichlich großer Erfahrung und bewundernswürdigem Mut, versichert, daß die amerikanische bürgerliche Jugend (der Höheren Schulen) sich den Sexualverkehr erobert hat – allen Hindernissen und der Blindheit ihrer Eltern zum Trotz.[1] Lindsey gibt eine eingehende Darstellung der Formen, in denen sich dies neue Sexualleben abspielt. Dem Psychologen eröffnet diese Darstellung viele Probleme – hier genügt es, auf dies Buch nachdrücklich hinzuweisen und als höchst wichtiges Faktum zu betonen, daß gerade die *weibliche* Jugend an dieser Eroberung des Sexualverkehrs in sehr bedeutsamer Weise aktiv beteiligt ist. War das zentrale Problem der Vorkriegsjugend bürgerlicher Kreise die Onanie, so ist das der heutigen: Geschlechtskrankheit und Abtreibung.

Lindsey lehrt das Faktum, seine Verbreitung in Amerika scharf sehen. Wir müssen es auch als für Europa gültig anerkennen, ehe an eine moralische Verwerfung oder an eine sittliche Billigung gedacht werden kann. Vor vorschneller Wertung warnt uns die Vergegenwärtigung der historischen Tatsache, daß die Jugend des 16. und 17. Jahrhunderts in Europa nicht anders lebte, als die von Lindsey im heutigen Amerika geschilderte. Man kann nicht behaupten, daß sie kulturloser, lebensunfähiger und verkommener gewesen wäre, als die Jugend des 19. Jahrhunderts, die sich der Onanie gewidmet hatte. Sicherlich besteht eine Beziehung zwischen der kulturellen Wertigkeit einer Jugendgeneration und den gesellschaftlichen Formen ihres Sexuallebens; aber wie diese Andeutungen zeigen, kann der Zusammenhang kein *einfacher* sein. Die wissenschaftlichen Grundlagen zu seiner Erkenntnis fehlen noch völlig. Immerhin ist es kaum Zufall, daß jene zweite Hälfte des 18. Jahrhunderts, die die Französische Revolution und damit das Bürgertum im modernen Vorkriegssinne geschaffen hat, in der das Erziehungswesen in seiner heutigen Gestalt

1 Ben B. Lindsey: Die Revolution der modernen Jugend. Stuttgart 1927.

und Ideologie, der Typus des höheren Schülers entstanden ist, auch die Entdeckung der Onanie als einer Krankheit, einer pädagogisch zu bekämpfenden „heimlichen Sünde" eben dieses Jugendtypus brachte.

Es ist nicht unbegreiflich, wenn nun, da jenes Bürgertum einem neuen Typus Raum gibt, der sich in Amerika besonders deutlich entwickelt, auch eine neue Form des Sexuallebens seiner Jugend sich durchsetzt. Die bürgerliche Jugend ist im Begriff, im Massenmaßstab anstelle der Onanie eine den erwachsenen Formen ähnliche Befriedigung zu setzen. Die Psychologie wird zu untersuchen haben, inwieweit diese Sexualbetätigung von der Onanie wirklich, analytisch betrachtet, unterschieden ist. Lindsey gibt auch hierfür Anregungen, die dem Leser zu denken geben mögen.

Dieser meines Erachtens unbezweifelbaren Entwicklung innerhalb der bürgerlichen Jugend steht anscheinend eine entgegengerichtete in der proletarischen Jugend gegenüber. In ihren kulturellen, politischen, sportlichen Organisationen lebt ein starker Drang nach sexueller Reinheit, und wenn nicht alles täuscht, so gewinnt diese Tendenz in den letzten Jahren rasch und anhaltend Raum. Die Arbeiterjugend, in ihren organisierten Schichten, nähert sich in der sexuellen Frage entschieden der Ideologie der bürgerlichen Jugendbewegung und der Pädagogik des vergangenen Jahrhunderts. Es kann nicht zweifelhaft sein, daß dies in der Wirklichkeit des sexuellen Jugendlebens gleichbedeutend ist mit: Ausbreitung und Vergrößerung der seelischen Bedeutung der Onanie. Wieweit hier international wirkende Tendenzen im Spiele sind, läßt sich derzeit bloß vermuten (denn obgleich die Arbeiterjugend mit dieser Ideologie in den Rang gesunder und reiner Jugend aufrückt, haben die Pubertätspsychologen ihr noch keine genügende Aufmerksamkeit geschenkt).

Das Tagebuch des kleinen Kostja[2] schildert das Entstehen dieser neuen Ideologie in einem Jungenskopf und in einer Schule, es zeigt die Macht der sozialistischen Idee, in deren Namen hier eine – für Kostjas Lebensschicht – neu-

2 Nikolai Ognjev: Das Tagebuch des Schülers Kostja Rjabzev. Berlin 1928.

artige Sexualform gefunden wird. Vielleicht ist dies Buch ein Anzeichen für eine im internationalen Maßstab vor sich gehende Wandlung des Sexuallebens der proletarischen Jugend, wie das Lindseys für die entgegengesetzt verlaufende Wandlung der bürgerlichen Jugend.

Nachdrückliche Nachschrift: Für diese hinreißende, interessante Schrift Ognjevs, die übrigens kaum ein Schülertagebuch, aber eine mutige Beschreibung der Wirklichkeit ist, möchte ich hier Leser werben. Sie wird jeden nicht nur über die Frage der Sittenlosigkeit belehren, sondern steckt die stärksten Lichter auf über die Fragwürdigkeit unserer Schule, unseres Lehrerlebens, zeigt eine Schule im Werden, die von unserem Begriff der Schule so weit absteht wie neurotische Verdrängung von Sublimierung im Dienste einer geliebten gesellschaftlichen Realität. Jeder sollte sie lesen. Nebenbei: Das Buch ist lustig, traurig, interessant und aufregend, wie nur die besten und schlechtesten Romane sind.

RELIQUIEN UND TAGEBÜCHER
(1930)

Ist unsere Aufmerksamkeit auf den *Sammlungs*charakter des Tagebuchs gelenkt, so wird uns das Studium der höchst mannigfaltigen Sammlungen, die sich Kinder und Jugendliche anlegen, der Aufhäufungen und Ansammlungen, die sie entstehen lassen, wünschenswert erscheinen. Leider ist dieser Kreis kindlichen Phantasierens und Tuns so gut wie gar nicht psychologisch beachtet worden, aber jeder, der Kinder kennt, hat einen Begriff von der Art kindlicher Sammlungen. Offenbar haben wir es hier mit einem überaus umfangreichen Formenkreis zu tun, der mit seinen Urformen bis in die früheste Kindheit zurückreicht. Betrachten wir die Tagebücher in einem ihrer Charaktere, dem der Sammlung, so heben sie sich als spezielle, differenzierte Formen wie von dem Hintergrund zahlloser anderer, aber doch verwandter Sammlungsformen ab. Sie erscheinen in dieser Hinsicht als Entwicklungsprodukte, als Transformationen oder Variationen, als Spezialisierungen oder Differenzierungen der kindlichen Sammlungen.

Eine besonders enge Verwandtschaft zum Tagebuch hat eine Gruppe von Sammlungen, die man geradezu als „autobiographische“ Sammlungen bezeichnen könnte: die Sammlungen von Andenken, Fetischen, Reliquien. Im Gegensatz zu den anderen Sammlungen handelt es sich bei diesen um Gegenstände, die nicht um ihrer selbst willen, nicht als geeignete Objekte des Sammeleifers geschätzt und aufbewahrt werden, sondern um ihres Symbolwertes willen. Die Andenken deuten auf Objekte oder Situationen, auf Ereignisse oder Erlebnisse hin, an deren Stelle sie stehen. Das Andenken ist zugleich ein Anlaß zum Denken an jemand oder etwas, es hat ein vorsorglich in die Zukunft weisendes Element und ist zugleich ein Symbol für ein vergangenes Erlebnis, für eine abgelebte Situation, es hat ein rückschauendes, autobiographisch in die Vergangenheit weisendes Element. Es wird dem Andenken kaum je die Ichbezogenheit (der narzißtische Faktor) völlig fehlen; doch kann dessen Bedeutung verschieden groß sein. Bei einer Sammlung von Berggipfeltrophäen, aus einsamen Wanderungen stammend, ist der narzißtische Faktor fast ausschließlich vorhanden, während er nahezu völlig der Objektbezogenheit weicht bei jenen Andenken, die geradezu ein Stück des geliebten Wesens darstellen; so etwa die Haarlocke der Geliebten, die geradezu als Ersatz für die zeitweilig Abwesende eintreten kann. Wir haben das Wort „Fetisch" für Gegenstände, die als Ersatz eines geliebten Objekts dienen, und sprechen daher sinngemäß von Andenken mit vorwiegender Objektbezogenheit als von Fetischen. Für die Andenken mit vorwiegender Ichbezogenheit möchte ich, in Ermangelung eines geläufigen Terminus, das Wort „Reliquie" gebrauchen. Andenken, deren Reliquienwert oder Fetischwert nicht bestimmt oder unbestimmbar ist, bleiben wohl mit dem wenig verbindlichen subsumierenden Wort des Andenkens versehen.

Das Motiv, sich Andenken durch das Tagebuchschreiben herzustellen oder zu sammeln, wird sehr häufig von den Tagebüchlern ausdrücklich erwähnt. Meist taucht es nebenbei im Verlauf des Tagebuchs auf, wird aber auch als Hauptmotiv in den Vordergrund oder selbst in den Vorspruch gestellt.

Kann man trotzdem zweifeln, wieweit dieses Motiv für den Tagebüchler entscheidend ist, so ist gewiß das fertige, abgeschlossene Tagebuch als Ganzes eine Art Reliquie aus der Kindheit und Jugend, das Denkmal einer bestimmten Lebensepoche; sozusagen ein Andenken an mich selbst. Wir sehen dementsprechend das fertige Tagebuch mit einer gewissen Pietät behandelt, sorgfältig aufbewahrt und wertgeschätzt. Zwar hat sein Verfasser gewöhnlich nur selten Gelegenheit, die darin festgehaltenen Notizen zu verwenden oder in ihm, wie in einer Chronik, nachzulesen; er wird es meistens jahre- oder jahrzehntelang nicht wieder in die Hand nehmen und wird dann darin Ereignisse finden, „die sich lesen, als ob sie von einem anderen berichtet würden und sich auf diesen ‚anderen' nur beziehen. Bei einigen entwickelt sich das Identitätsbewußtsein allmählich aus dem zunächst vorwaltenden Fremdheitsgefühl heraus" (W. Stern). Aber dennoch behält das Tagebuch einen gewissen seelischen Wert, eben den einer Reliquie des eigenen vergangenen Lebens. Der Natur der Sache nach können wir von unserem vergangenen seelischen Leben nur wenige Formen von Reliquien aufbewahren und müssen uns meist begnügen, zufällige Überbleibsel, Niederschläge unserer Tätigkeiten, als Symbole für diese selbst zu verwenden. Unter diesen wenigen Möglichkeiten hat das Tagebuch einige bedeutsame Vorzüge; es entspricht in gewissem Sinne dem Porträt aus unserer früheren Zeit und wird auch ähnlich behandelt.

Indem wir uns aber, älter werdend, nicht nur von unserer jugendlichen Persönlichkeit entfernen, sondern ihr geradezu fremd werden, ihr gegenüber stehen wie einem anderen Menschen, mit dem uns seinerzeit Sympathie, Freundschaft oder Liebe verband, wird das Tagebuch, das Andenken an jenen ehemaligen Freund „Ich vor Jahren", leicht seinen Reliquienwert in echten Fetischwert wechseln. Es gewinnt die Bedeutung eines *realen Teils jener verlorenen Person* „Ich vor Jahren", wird Ersatz für die ganze [Person] und kann so, wenn wir uns selbst in früher Zeit leidenschaftlich liebten, wenn wir an jene frühe Periode unseres Lebens, und wäre es auch bloß unbewußt, gebunden geblieben sind, eine ganz beträchtliche Bedeutung gewinnen. Ihr entsprechend erhält das Tagebuch dann etwa einen überaus kostbaren Einband, oder andere Kultmomente treten auf.

Meistens jedoch wird diese Liebe zu unserer eigenen Jugendpersönlichkeit sich nicht voll ausdrücken dürfen, ja meistens nur in Bruchteilen uns bewußt werden können. Dieser Hemmung entsprechend ist die häufigste Haltung zum Tagebuch eine kühle, ambivalente. Nicht selten aber finden wir Fahrlässigkeit, Unachtsamkeit, Sorglosigkeit und Mißachtung gegenüber der Reliquie Tagebuch; gelegentlich sogar Feindschaft und Haß, die zur Vernichtung führen. Im allgemeinen wird diese Behandlung des Tagebuches einer ablehnenden oder feindlichen Haltung gegenüber der vergangenen Lebensperiode entspringen, die im Bewußtsein durch nichts anderes vertreten sein muß als durch diese Sorglosigkeit gegenüber den Andenken, den Reliquien aus jener Zeit.

Ist das Tagebuch ein Fetisch, ein realer Ersatzteil sozusagen des Tagebüchlers, dann kann es auch in gewissem Sinn ihn selbst vertreten, wie eine Widmung im Tagebuch Margots (aus dem 15. Lebensjahr) sehr deutlich sagt: „Dies Tagebuch, meine liebste Johanna, möge Dir während unserer Trennung ein kleiner Trost sein, indem es mich Dir zeigt, wie ich Dich und wie Du mich liebst."

Die Andenkenherstellung und -sammlung dürfte kaum einem Menschen völlig fremd sein; doch herrschen hier sehr beträchtliche individuelle, vielfach bedingte Differenzen. Soweit das Andenkenwesen für die Form des Tagebuchs und für die Motive zum Tagebuchführen eine Rolle spielt, werden nur jene Individuen, Typen, Alter, sozialen Gruppen als Tagebüchler in Frage kommen, bei denen eine starke Neigung besteht, Reliquien zu produzieren und zu sammeln. Wir müssen daher versuchen, einiges über die Bedingungen zu erfahren, unter denen Reliquien vorzüglich entstehen.

Als lehrreiches Beispiel hierfür erweist sich Elsies Tagebuch. Es erzählt fast ausschließlich die Liebeserlebnisse eines 13- bis 15jährigen Mädchens mit ihren Flirts, *„Kuß- und Knutschgenossen"*. Die Aufschriebe sind bemerkenswert einförmig, oft stereotyp wiederkehrend und stellen ein Pubertätsleben dar, das für eine nicht eben seltene Pubertätsverlaufsform bezeichnend ist. Diese wird von der Jugendpsychologie gelegentlich als „unreine" und „ungesunde" Pubertät bewertet, ist aber bisher weder beschrieben noch benannt. Das gehäufte Aufzählen all ihrer „Knutscherlebnisse" verbunden mit der schnoddrigen, blasierten und zynischen Ausdrucksweise ergeben das Bild des Tagebuchs einer „Herumtreiberin", einer, die „jeden Mann nimmt", die Männer serienweise „besitzt". Es steht gewiß jedermann frei, die Verfasserin für ein „verdorbenes" Mädchen zu halten; die psychologischen Aufgaben, die Elsie bietet, sind damit aber nicht erledigt. Erst recht nicht die Probleme, die ihr Tagebuch der Psychologie des Tagebuchs bietet, selbst wenn Elsies Tagebuch ein isolierter Fall sein sollte, was freilich kaum wahrscheinlich ist.

Erfahren wir aber gar von einer geliebten Verwandten

Elsies, daß das Mädchen in Wirklichkeit einen sehr geordneten, zwar etwas „schlimmen", aber keineswegs besorglich „sittenlosen" Eindruck macht, daß sie keineswegs frech und ungehemmt, sondern ziemlich still, ja häufig genug schüchtern sich benimmt, so wird unser Interesse an diesem Produkt wachsen; es verliert dadurch allerdings an „dokumentarischem" Wert. Vieles in ihm muß „unaufrichtig", „Schwindel", „Pose" sein, aber die Frage erhebt sich um so dringender: Was veranlaßt Elsie, sich drei Jahre lang solcher Pose hinzugeben, weshalb wählt sie die Tagebuchform zur Befriedigung jener wie immer gearteten Bedürfnisse, die hinter einer stattlichen Arbeitsleistung von 130 Schreibseiten stehen müssen?

Über die Veranlassung und die Motive äußert sich Elsie nicht ausdrücklich; doch finden sich genügend oft, über das Tagebuch verstreut, Bemerkungen, die das Walten von Vorsatz, Auslese und bestimmten Vorstellungen, die ihr von der Form des Tagebuchs vorschweben, erweisen.

Ihrem Tagebuch hat Elsie „Leitsprüche" vorangestellt. Sie handeln von der *Liebe*; Elsie füllt ihr Tagebuch mit „Liebessachen". Eine genaue Prüfung lehrt, daß sie diese Leitsprüche zu ihrem Tagebuch beinahe wörtlich erfüllt: „Sieh nicht vor, nicht zurück" beginnt ihr Spruch. Dem Tagebuch fehlt fast jede vor- und rückschauende Reflexion, es gehört ganz dem Tag. „Die Liebe will nur wieder Liebe und nichts anderes. Sie will, kann nichts dulden neben sich, allein will sie, allein muß sie auch herrschen". Sie herrscht tatsächlich tyrannisch in Elsies Tagebuch. „Ein Glück, das du gehabt, es wird dir nicht entrissen, im Angedenken hältst du's fest." Der erste Aufschrieb beginnt dementsprechend: „Heute ist ein Glückstag für mich. Trotzdem schöne Erlebnisse nicht weit zurückliegen, will ich sie nicht erwähnen. Ich liebe Egon." Dies Motiv *Glück* zu fassen, dem Vergessen zu entreißen, *Glückstage zu sammeln*, durchzieht tatsächlich das ganze Tagebuch. Freilich sind es eigentlich mehr *Enttäuschungen*, die das Ergebnis der Sammlung sind, aber jede Enttäuschung beginnt doch mit Küssen, *„Haben", „Gehabt haben"*, die das Tagebuch in einem sehr einförmigen Katalog aneinanderreiht. Sie sammelt Männer, Männerküsse, Männerliebe, Liebesbeweise – gelegentlich wahllos. Im Tagebuch wird diese Sammlung gewissermaßen wiederholt, verewigt wenigstens. Es ist die Sammlung von Andenken an „glückliche Stunden".

Aber tatsächlich bedarf es eigentlich solcher Sammlung nicht. Glückliche Stunden merken sich selbst.[1] Flüchtig ist das Glück ja nur in der Realität; in der Phantasie pflegt es ewig zu sein, wie andere Tagebüchler immer wieder betonen. So selbstverständlich vielen Menschen der Drang zum Festhalten der Erinnerung an flüchtige Stunden erscheint, er ist rational gewiß kein ausreichendes Motiv. Es muß zum Glückserleben noch ein Vorgefühl von Gefährdung hinzukommen, soll es nicht in sich genügen, sondern das Bedürfnis nach Festhaltung, nach Materialisierung erwecken. Dies Motto: „es wird dir nicht entrissen" klingt wie Trost bei beträchtlicher Gefahr des Beraubtwerdens. Nun ist Elsies Liebesleben, wie sie es im Tagebuch schildert, wirklich in Gefahr: der Vater, die Familie bedrohen es mit Verboten und mit Entwertungen. Elsie erkennt sich trotzig das Recht zu, gegen alle Verbote und Entwertungen eben dies Leben der „Herumtreiberin" zu führen, dessen Denkmal das Tagebuch ist. Die Sammlung ihrer „glücklichen Stunden" ist gleichzeitig die Sammlung ihrer Siege gegen die Eltern. Von den Eltern aus gewertet, ist ihr Tagebuch das Protokoll ihrer *„Sexualverbrechen"*. Daß sie ein solches abfaßt, ist höchst bemerkenswert und tatsächlich gefährlich.

Auch andere Tagebüchler vertrauen ihrem Tagebuch sehr intime Mitteilungen an und verbergen daher ihr Tagebuch sorgfältig. Es sind aber meistens nur Mitteilungen, deren sie sich schämen, nicht solche, deren Aufdeckung reale Folgen hätte. In diesem Fall greifen die Tagebüchler regelmäßig zur Entstellung irgendeiner Art. Für Elsie wäre die Aufdeckung des Tagebuchs eine Familienkatastrophe ersten Ranges. Dennoch schreibt sie es nicht nur, sondern wählt hierfür ein auffallend bunt gebundenes Schreibheft ohne Schließe; entstellt nicht einmal die Eigennamen, übergab das Heft (wenige Tage nach dem letzten Aufschrieb)

1 „Ich halte nicht viel auf (Tagebücher); was mir interessant ist, vergesse ich so nicht, und was mich nicht interessiert, daran ist mir nichts gelegen, ob ich es behalte oder nicht" – heißt es bei Eduard Wedekind: Studenten in der Biedermeierzeit. Ein Tagebuch aus dem Jahr 1824. Hrsg. von Heinrich Hubert Houben. Göttingen 1927.

einer Verwandten ohne irgendeine Scheu mit der lässigen Bemerkung, „nur der Vater solle es nicht lesen".

Solche Widersprüche im Verhalten sind kaum verständlich, wenn sie nicht als Ausdruck einer unbewußten Mitteilungstendenz, eines Dranges zum Selbstverrat gedeutet werden. Ohne genaues Wissen über Elsie läßt sich nur sehr unsicher vermuten, welcher Art dieses Mitteilungsbedürfnis sein mag. Manche ähnliche Fälle ließen mich erwarten, mit tieferer Analyse bei Elsie Motive zu finden, die etwa sagten: „Seht her, Eltern, eine solche Herumtreiberin ist Eure Elsie geworden, weil Ihr sie nicht versteht, nicht liebt." Jedenfalls aber genießt Elsie ihre glücklichen Stunden in äußerer Gefahr, unter dem Druck der Möglichkeit, ihrer beraubt zu werden, mindestens durch Stubenarrest und Krach, was eine labile innere Situation des Erlebens schaffen kann.

Läßt man sich durch den Anschein der Verdorbenheit nicht hindern, das Tagebuch sorgfältig zu studieren, wird auch die ganze Labilität von Elsies Psyche sichtbar, die offenbar weiter reicht als die Widerstände der Familie erzwingen. Eigentlich ist das Tagebuch, wie bereits bemerkt, die Sammlung von Liebesenttäuschungen. In fast komischer Monotonie folgt eine Episode der anderen, jede bis auf den Namen des Partners fast der anderen gleich, von zwei relativ dauerhafteren Beziehungen abgesehen. „Ich liebe Egon – ich liebe Egon nicht mehr – ich liebe Friedel" und dazwischen sind heiße und leidenschaftliche Küsse, derentwegen sie liebt – und schwächere, die sie enttäuschen. So sehr Elsie sich dabei als erwachsen vorkommen mag, ist die rasche Verliebtheit, die rasche Enttäuschung, die Reihenbildung, die Trauer und Langeweile in den recht kurzen Phasen zwischen zwei „Schwarms" doch Anzeichen eines noch keineswegs stabilisierten Sexuallebens. Wir dürfen von noch nicht stabilisierter Liebe sprechen, da Elsies 14 oder 15 Jahre, nebst manchem sonstigen Symptom im Tagebuch selbst, erwarten lassen, daß sie bei vorschreitender Pubertät zu tieferen Bindungen gelangen wird.

Es soll aber doch nicht unbeachtet sein, wie sehr das Bild, das Elsies Tagebuch bietet, auf eine ausgebildete Neurose passen würde, wenn die Schreiberin älter wäre. Trotz ihres Alters bewegt Elsie bereits direkte Sexualität; was sie beim

Kuß erlebt, ist offenbar nicht das „harmlose Schwärmen" des Backfischs, sondern sexueller Orgasmus. Dennoch ist Elsie weit entfernt von erwachsener Sexualität und Liebe. So sehr sie sich den Anschein der oberflächlichen Herumtreiberin gibt, verläuft ihr reales Sexualleben in engen Grenzen, und alles, was sie von ihren Phantasien und Wünschen im Tagebuch andeutet, geht über den Kuß nicht hinaus. Ihre Sexualität bleibt im wesentlichen *unbefriedigt*; und muß unbefriedigt bleiben, gewiß nicht bloß wegen der äußeren Hemmnisse, sondern wegen ihrer inneren – übrigens altersgemäßen – Sexualwiderstände.

Elsies Verhalten entspricht durchaus einer teilweise verdrängten sogenannten *„Dirnenphantasie"*; deren wesentlicher Anteil, das genitale Ziel und das inzestuöse Objekt bleibt verdrängt; anstatt des verdrängten Ziels erscheint das „wilde, leidenschaftliche Küssen" als abgeschwächtes, allein bewußtseinsfähiges Teilziel; anstelle des verdrängten inzestuösen Objekts steht die lange Reihe der nicht zärtlich, sondern sexuell geliebten „Jungen", von denen keiner dauernd sinnliche und zärtliche Regungen auf sich zu vereinen vermag. Dieser Tatbestand ist der Psychoanalyse so gut bekannt, ist von Freud[2] so präzis beschrieben, daß ich nur eben darauf hinweisen will. Für Elsie ist die Situation gegeben, daß ihr die teilweise Realbefriedigung ermöglicht, den verpönten Teil ihrer Sexualität in Verdrängung zu erhalten. Sie „hält es nicht aus", wenn sie nicht verliebt ist, sie verfällt sogleich der Depression. Dies ist ein sicheres Anzeichen dafür, daß ihre psychische Struktur ihr nicht, wie ihrem Alter gemäß wäre, die bloße Phantasiebefriedigung gestattet. Die Phantasiebefriedigung enthält Inhalte, auf die sich ihre schärfste Abwehr richtet, die sie „unglücklich" machen. Glücklich ist sie, wenn ein Stück Realbefriedigung ihr gegeben wird, wenn sie den süßen Jungen küssen, sich nach ihm sehnen kann und so die inzestuösen Phantasien teilweise befriedigt und im übrigen verdrängt werden können.

Elsie sammelt so in ihrem Tagebuch die zweifach geraub-

---

2 Freud: Beiträge zur Psychologie des Liebeslebens (1910ff.). GW VIII, London 1943; Studienausgabe. Bd. V, Frankfurt a.M. 1972, S. 185ff.

ten Küsse: *gegen die autoritären Wertungen der Familie und gegen die eigenen Sexualwiderstände* (den verdrängten Anteil der Sexualphantasien). Es ist nicht unverständlich, daß sie diese Erlebnisse wertschätzt und durch eine besondere Sammeltechnik sich gegen deren Verlust schützt. Ihre psychische Situation ist so kompliziert wie instabil. Die Sexualwünsche müssen verdrängt bleiben. Dem widersetzt sich Elsies intensives Lustbegehren. Sie müssen also teilweise erfüllt werden. Die teilweise Erfüllung bringt aber den Durchbruch des Verdrängten gefährlich nahe. Die Hysterie entgeht dieser Gefahr durch fortschreitend weiterreichende Verdrängung. In Elsies Fall sehen wir ein kompliziertes, nicht seltenes Verfahren; die teilweisen Erfüllungen werden davor gesichert, sowohl zu ganzen zu werden, als auch durch Verdrängung in Verlust zu geraten. Sie werden abgesondert stabilisiert, abgetrennt gesammelt. Die Sammlung der „Küsse" sagt: „Ja, ich bin eine Sexualverbrecherin, aber ich bin ein unschuldiger Engel im Vergleich zu dem, was ich wäre, wenn ich nicht wenigstens diesen Katalog von ‚Verbrechen' begangen hätte – da ich keinesfalls auf Lust ganz verzichten kann." Das Tagebuch ist also *Selbstdenunziation*, aber zugleich auch *Selbstfreispruch*. Elsie sammelt in ihm ihre ich-gerechten Sexualerlebnisse, ihre „glücklichen Stunden".

Unter solchen strukturellen Bedingungen entstandene Glückserlebnisse neigen, wegen ihrer Flüchtigkeit, zur Objektivierung in irgendeiner Gestalt; die Reliquie ist eine dieser Formen.

Bei dieser Erörterung, die von Andenkensammlungen ausging und plötzlich zu Elsies Tagebuch überging, soll nicht übersehen sein, daß zwischen Reliquien und Tagebuchaufschrieben Unterschiede bestehen. Aber hier kommt es darauf an, den starken Eindruck von einer Verwandtschaft zwischen diesen beiden Leistungen festzuhalten. Nicht allein dadurch, daß das Tagebuch als Ganzes zur Reliquie einer bestimmten Lebensperiode werden kann, hat eine große Zahl von Einzelaufschrieben im Tagebuch Reliquienwert. Sie entspringen dem Bedürfnis, Reliquien herzustellen und stehen anstelle einer Reliquiensammlung. Solche Tagebucheintragungen sind eigens zur Sammlung hergestellte Reliquien, die sich in erster Linie durch die Herstellungstechnik von anderen Reliquien unterscheiden: durch die schriftliche Fixierung. Mit dieser Technik ist aber auch ein sehr wichtiges Formmoment der Reliquie gegeben, sie wird zur schriftlichen *Darstellung* jenes Erlebnisses, von dem ein Andenken erhalten bleiben soll. Statt daß Elsie sich begnügte, eine Ansichtskarte, die sie von Egon erhielt und deren seelische Bedeutung die eines flüchtigen Glückserlebnisses war, aufzubewahren und vielleicht noch durch eine Datumsnotiz, durch eine Verzierung oder durch die Aufbewahrungsweise als Reliquie zu betonen, stellt sie im Tagebuch Empfang, Inhalt und Bedeutung der Karte dar. Ersichtlich hat die schriftliche Darstellung und Fixierung für die Andenkenherstellung beträchtliche Vorzüge, denn durch sie erst wird es möglich, schlechterdings von jedem Erlebnis eine Reliquie zu bewahren; aber dies ist nur die Voraussetzung, nicht der Grund (nicht das psychische Motiv) für die *Transponierung einer Reliquiensammlung in die Tagebuchform* – wie im folgenden zu zeigen sein wird.

Hedwig besitzt – heute 30 Jahre alt – noch den *„Reliquienschrein"* aus ihrer Kindheit. Sie selbst nennt so eine Sammlung von Andenken an ihre Liebe zu Emmy, der schwedischen Turnlehrerin, die eine wichtige Episode ihres Lebens vom 9.bis 12. Lebensjahr war. Reliquienschrein heißt eine Metallbonbonniere in Kassettenform, mit Goldglanz, die Hedwig irgendwann in der Kindheit bekommen hatte und die sie vom 11. Jahr an zur Aufbewahrung von Sachen verwendete, die von „Ihr" herrührten. Solche Gegenstände sind u. a.: ein Stückchen Knekebröd (schwedisches Brot), das Emmy aus ihrer Heimat den Schülerinnen schenkte; Blütenblätter einer Rose, die „Sie" getragen hatte; zwei Photos von „Ihr", mit Widmung; ein Medaillon, das sich Hedwig für Emmys Bild anfertigen ließ, welches die Klasse herstellen ließ. Hedwig hat ins Medaillon noch überdies eine Probe von Emmys Haaren eingeschlossen, die sie von der Haarbürste Emmys raubte; sie war zu diesem Zweck in schulfreier Zeit in die Schule geschlichen und war in Emmys Umziehkammer beim Turnsaal eingebrochen.

Zu diesen eigentlichen Fetischen kamen allmählich eine ganze Anzahl anderer Materialien. Hedwig unterscheidet sehr wohl Briefe und Andenken, die „nicht dazu gehören", die im Schrein aufbewahrt wurden, damit die Emmy-Reliquien in den „tiefsten" Tiefen „versteckt" blieben, von Aufschrieben, die geradezu in den Schrein gehören. Schließlich enthält der Schrein: ein Gedicht Hedwigs an Emmy, die Abschrift zweier Briefe an Emmy, ein „Tagebuch Emmy" und eine Reihe von Straßenbahnfahrscheinen. Diese Fahrscheine sind echte Reliquien, sie sind die Belege für alle Fahrten, bei denen Hedwig „Sie" gesehen oder in der Straßenbahn getroffen oder gar bei denen sie mit „Ihr" gesprochen hatte. Auf der Rückseite hat Hedwig sorgfältig das Datum eingetragen, gelegentlich auch einige Details der „schönen Stunde mit Emmy".

Zum näheren Verständnis dieses Reliquienschreins gehört die Kenntnis folgender Tatsachen. Emmy war die heißgeliebte und verehrte Lehrerin der höheren Schule, die Hedwigs ältere Schwester Klara besuchte. Hedwig beneidete Klara sehr um diese Liebe und setzte schließlich durch, daß sie, trotz ihrer Jugend, am Turnkurs von Emmy mit den Älteren teilnehmen durfte. Hier war sie die freundlich-spöttisch behandelte Kleine und hatte von den Schulkolleginnen und der eigenen Schwester einiges zu ertragen, das sie, glücklich Emmy zu sehen und zu lieben, gern duldete. Emmys Sympathie errang sie leicht, aber keineswegs eine Bevorzugung, sondern Emmys Interessen waren deutlich den Älteren zugewandt. An all dem änderte sich wenig, als Hedwig ein Jahr älter wurde und nun mit vollen Rechten am Turnkurs und an der allgemeinen Schwärmerei für Emmy teilnehmen konnte. Emmy verließ bald Wien – als Hedwig 12 Jahre war –, aber wie die Briefe bezeugen, bewahrte ihr Hedwig Treue; noch mit 14 Jahren liebte sie „alle Schwedinnen" und bewahrt aus dieser Zeit im Schrein ein Andenken an eine junge Schwedin, die sie im übrigen nicht interessierte (Blumen in Papier mit Aufschrift). Diese Liebe zu Emmy war also vielfach von außen gefährdet: Spöttereien der Älteren, Kühle der Geliebten, Bewußtsein der „Kleinheit", des „Nicht-voll-genommen-werdens". Aber auch von innen drohten ihr Gefahren. Hedwig hatte (und behielt bis in ihre Erwachsenheit) eine ungewöhnlich tiefe Bindung an ihre ältere Schwester Klara, die einer ernsthaften homoerotischen Freundschaft und Liebe durchaus gleichwertig, auch gelegentlich Züge bewußter Verliebtheit nicht entbehrte. Gleichzeitig aber wurde Klara, als die bevorzugte Rivalin, bei Emmy zum Gegenstand der Feindschaft, und für Hedwigs Ruhe kam alles darauf an, sich ihrer Liebe zu Emmy zu erfreuen, ohne Feindschaft gegen Klara zu erleben. Wenn dies gelang, durfte sie sich einer glücklichen Stunde erfreuen, und die Reliquie kündet diese Leistung für „ewige Zeiten".

Die Bedingungen für die Reliquienschaffung, die wir bei Elsie bloß erschließen konnten, lassen sich – bei ausreichender Kenntnis von Hedwigs Psychologie – für Hedwig erweisen. Besteht Elsies Tagebuch aus Reliquien in der Form des Tagebuchaufschriebs, so vereinigt Hedwigs Reliquienschrein einige Fetische mit Reliquien und Produktionen unter völligem Verzicht auf jeden Normangleich an die Form Tagebuch. Denken wir die folgenden Briefe und Gedichte in ein Tagebuch eingetragen, denken wir uns die Fetische in dieses Tagebuch eingelegt und die Fahrscheinreliquien ins „Literarische", ins Tagebuchförmige transponiert, so läge ein Gebilde vor, das nur mehr in unwesentlichen Formmomenten von dem üblichen Tagebuch entfernt wäre.

Das Gedicht, das der Reliquienschrein enthält, illustriert Hedwigs Einstellung zur Genüge. Es wurde in einer Geographiestunde auf ein ausgerissenes Blatt eines Schulheftes geschrieben und lautet:

An meine Muse (Sie)[3]

Dein (Ihr) Aug! so heiß, so süß, so liebend,
Hat oft ein Männerherz entzückt!
Für Dich (Sie) zu sterben, Dich (Sie) zu lieben,
Ist das, was man das „Überird'sche" nennt!

Die Schwedenkinder so kühl und fremd
Und doch so liebreizend und behend,
Die eine, die ich nun liebe auch,
Ist das Schönste, das Süßeste der Erdenkugel auch.

O Muse (Emmy) mein, wie ich Dich liebe,
So heiß, so flehend immerdar.
Die Du mich oft zum Wahnsinn triebest,
Du ewig Schöne, ewig Süße!

---

3 In Klammern gesetzte Worte sind nachträgliche Korrekturen Hedwigs.

Du hast's gesagt, Du hast's versprochen,
Daß Du mich liebest (immer) auch ein bißchen,
Ich denk daran, ich mahne Dich,
Du kannst es glauben sicherlich.

Es wurde gleich anschließend – später – noch einmal abgeschrieben; aber statt „Emmy" heißt es nun „Lula", die eine Phantasiefigur aus den Spielen der Schwestern ist.

Eine gesonderte Betrachtung verdient das „Tagebuch Emmy", das einen Bestandteil von Hedwigs Reliquienschrein bildet. Klara und ihre Freundinnen führten Tagebuch über ihre Liebe zu Emmy. Hedwig wußte davon, ohne daß ihr Einblick in die Aufzeichnungen gewährt worden wäre. Bald nach ihrem Eintritt in Emmys Turnkurs begann Hedwig ihr Tagebuch. Sie wählte dazu ein Notizbüchlein, das sie im Vorjahr als Klassenordnerin benutzt hatte. Und trug als einzigen Aufschrieb ein:

„Sie" hat am 25. Jänner Geburtstag. O „Du". Aufschreiben kann ich nicht alles, was ich mit ihr erlebt habe, wie das alles war. Ich hoffe, ich werde es mir merken. Jetzt kommt es mir vor wie ein schöner Traum. Aber ich hoffe bestimmt nicht, daß ich einmal darüber lachen wer[de], wie einige Leute sagen!" (und in ganz kleiner Schrift darunter) „Lieber Gott, hilf mir mit ‚Ihr'."

Weitere Aufschriebe machte sie nicht – sondern das Notizbüchlein mit diesem einen Aufschrieb wurde in der Folge noch für schwedische Vokabeln und Sätzchen (wie etwa: „Min söd eöder vocker Svenska = Meine süße und schöne *Schwedin*") benutzt.

Dieses „Tagebuch" Hedwigs bestärkt die Auffassung, daß ihr Reliquienschrein als Eigenform eines Tagebuchs zu werten ist. Sie wußte um Tagebücher, und wie Gedicht, Briefe und dieser eine Tagebuchaufschrieb beweisen, fehlte es ihr nicht etwa an der Ausdrucksfähigkeit oder Schreibgewandtheit; sondern offenbar fehlte es ihr lediglich am Motiv, ihre Reliquien- und Fetischsammlung der ihr ungefähr bekannten Norm des Tagebuchs anzugleichen. Gerade die Ausnahme des einen Tagebuchaufschriebs scheint mir dies zu beweisen, wenn seine Vorgeschichte beachtet wird. Hedwig berichtete mir mündlich von der tiefen Enttäuschung, die für sie mit Emmys Geburtstag verbunden war:

Klara hatte das Datum des Geburtstags erfahren und

wollte es um keinen Preis der kleinen Hedwig verraten. „Ich weinte stundenlang. Als ich dann doch nach einigen Tagen den Geburtstag erfuhr, begann ich das Tagebuch. Wer es mir mitgeteilt hatte, weiß ich nicht mehr; aber sicherlich nicht Klara." Dies Faktum wirft Licht auf die naheliegende Erklärung, Hedwigs Tagebuch sei eine Nachahmung von Klaras. Der Reliquienschrein ist gewiß keine Nachahmung, während das Tagebuch freilich in gewissem Sinn eine ist. Zwar enthält der Aufschrieb eine Absage an Klara und deren Freundinnen, die Hedwigs Liebe nicht ernst nehmen (und sie nicht für wert halten, Emmys Geburtstag vorzubereiten), und sagt: „Ich bin anders als Ihr! Ich werde meine Emmy nicht vergessen; ich brauche kein Tagebuch" – dennoch „ahmt" sie an diesem Unglückstag Klara nach und führt gleichfalls ein Tagebuch. An diesem Tag, durch diesen Akt sagt sie sich von der Abhängigkeit los, die sie an Klara bindet: „Du sagst mir dein Geheimnis nicht? Ich brauche es und dich nicht; ich bin selbst wie du, habe meine Geheimnisse und bin Tagebuchschreiberin wie du". Hedwig identifiziert sich mit Klara, indem sie Tagebuch schreibt, sie „nachahmt". Sie setzt sich an Klaras Stelle, identifiziert sich mit der glücklicheren, wissenderen, älteren Schwester. Ermöglicht wird diese *Identifizierung* durch die Störung der Liebesbindung, und sie erspart es der kleinen Hedwig, ihre Schwester zu beneiden und zu befeinden. Die Identifizierung ist ein Mittel zur *Bewältigung des psychischen Konfliktes*: Emmy zu lieben und doch auch Klara nicht hassen zu müssen. Die Nachahmung hat eine Funktion im Dienste der Bewältigung des Konfliktes um Emmy–Klara. Erst als dieses Motiv wirksam wurde, setzte die Nachahmung ein, die Angleichung der Reliquiensammlung an das Vorbild, Klaras Tagebuch. Die Nachahmung wird eingestellt, das Tagebuch findet keine Fortsetzung, weil bald eine Versöhnung mit Klara, die Abhängigkeit von ihr, wieder hergestellt wurde, sich vielleicht bereits während der Niederschrift einstellte und in der Vorsicht des kleingeschriebenen Hilferufs sich ausdrückte.

Der eine Aufschrieb, mit dem Hedwig ein Tagebuch ansetzt, hat kaum Reliquienwert. Aber hätte sie ihr Tagebuch fortgeführt, hätten die Motive der Ablösung von der Schwester und der Identifizierung mit ihr angehalten, so wäre sicherlich der Reliquienschrein überflüssig geworden, er wäre in Darstellungen, Reflexionen, Niederschriften aller Art ins Tagebuch übergegangen. Die Reliquien wären ins Tagebuchförmige transponiert worden.

Gewiß sind manche Tagebücher solche transponierte Reliquiensammlungen. Es müßte möglich sein, Tagebücher oder Einzelaufschriebe, die ihren Ursprung von Reliquien nehmen, die Äquivalente eines höheren Formniveaus für Reliquiensammlungen sind, zu unterscheiden von solchen, die anderen Ursprung haben. Denn die Grundform Reliquie, wie man sagen könnte, wird für gewisse Formmomente des Tagebuchs bestimmend bleiben. Daher werden zunächst weitere Grundformen nachzuweisen sein, aus deren Umwandlung Tagebücher zu entstehen pflegen.

Das jüdische Institut für Jugendforschung und Erziehung

Korrespondenzblatt

des Jüdischen Institutes für Jugendforschung und Erziehung

Nr. 7 Wien April 1922

Anweisungen zur Sammlung von Material:

I. Über Geheimsprachen und Geheimschriften bei Kindern und Jugendlichen.

Einige Untersuchungen haben uns vermuten lassen, daß Geheimsprachen und Geheimschriften bei Kindern und Jugendlichen häufiger vorkommen als bisher angenommen wurde, und daß das Studium dieser Erscheinung zu gewissen Kenntnissen der Psychologie der Gruppe führen wird. Es besteht die Absicht, dieses Gebiet gesondert zu bearbeiten; da das uns zur Verfügung stehende Material verhältnismäßig spärlich ist, bitten wir alle unsere Freunde, uns bei der Sammlung solcher Materialien behilflich zu sein.

Lehrer, Jugendführer, Hortner, Kindergärtnerinnen und dergleichen haben nicht selten Gelegenheit, Kinder, die Geheimsprachen (-schriften) benützen, zu beobachten; auch in der schönen Literatur dürfte sich mancher Hinweis finden. Insbesondere aber wird die sorgfältige Erinnerung an die eigene Kindheit und Jugend Ergebnisse fördern.

JÜDISCHES INSTITUT FÜR JUGENDFORSCHUNG UND ERZIEHUNG

– Gründungsaufruf –
(1920)

Wien, 10. April 1920

An den
Zentralrat des Histadruth Haschomer Hazaïr,
Lemberg,
Warschau

Chawerim und Chaweroth!

Zu den wichtigsten Aufgaben der jüdischen Jugend gehört wohl die Mitarbeit am Aufbau des jüdischen Erziehungswesens Palästinas und [in] der Diaspora, damit dieses Erziehungswesen anders werde als das heutige europäische. Es gilt vor allem, die Pädagogik von allen andern Faktoren unabhängig zu machen, nur der wissenschaftlichen Forschung gehorchend, und so zu bewirken, daß sie aufhöre, das Mittel zu sein, die Jugend in die bürgerliche Gesellschaft zu überführen, alles Revolutionäre in ihr zu unterdrücken und so die bürgerliche Gesellschaft zu erhalten.

Wir sagten, die Pädagogik dürfe nur der wissenschaftlichen Forschung gehorchen, nur deren Ergebnisse als maßgebend betrachten. So ist es denn notwendig, ein Institut zu schaffen, das die Möglichkeit für wissenschaftliche Forschung gibt. Um ein derartiges Institut zu schaffen, haben wir versucht, hier in Wien ein jüdisches Institut für Jugendforschung zu gründen, dessen Leitung in den Händen von Dr. Siegfried Bernfeld liegt.

Die erste Aufgabe des Instituts ist es, alle für die wissenschaftliche Forschung notwendigen Materialien zu sammeln und so den Wissenschaftlern die Möglichkeit zu wissenschaftlicher Arbeit zu geben. Dieses Sammeln erstreckt sich vor allem auf das gesamte handschriftliche und dokumentarische Material (Protokollbücher, Briefe, Mitgliederverzeichnisse, Denkschriften, Rundschreiben, Zeitschriften, Drucksachen u. dgl.) der Jugendorganisationen sowie Tagebücher, Briefe, literarische und schriftstellerische Produktionen einzelner Jugendlicher, ferner Produktionen aller Art, Zeichnungen, Musikstücke, Photographien. Das Material wird im Institut nach wissenschaftlichen Grundsätzen geordnet, registriert und katalogisiert und ist so jedem, der eine wissenschaftliche Arbeit machen will und dadurch dem jüdischen Erziehungswesen einen großen Dienst leistet, zugänglich.

Wir wenden uns nunmehr an den Zentralrat der Histadruth Haschomer Hazaïr, um ihn aufzufordern, an dem für die jüdische Jugend so wichtigen Werke dadurch mitzuarbeiten durch die Überlassung von oben bezeichneten Materialien. Wir zweifeln nicht, daß der Zentralrat sich in Würdigung der überaus großen Wichtigkeit dazu entschließen wird.

Gleichzeitig fragen wir an, ob es möglich wäre, einen kurzen Aufruf im „Haschomer" zu veröffentlichen. Wir erwarten Eure baldige Antwort.

Mit Schalom

JÜDISCHES INSTITUT FÜR JUGENDFORSCHUNG UND ERZIEHUNG

– Gründungsmitteilung –
(1920)

Nach mehrmonatigen Vorbereitungen ist nunmehr die Gründung eines jüdischen Instituts für Jugendforschung und Erziehung in Wien erfolgt, dessen Grundstock die in eine gemeinnützige Stiftung, die satzungsgemäß für Palästina bestimmt ist, verwandelte Bibliothek und Sammlungen des Herrn Dr. Siegfried Bernfeld (2000 pädagogische und psychologische Bände und 20 000 Sammelnummern) bilden. Zweck des Instituts ist:

1. Bereitstellung von Material für soziologische und psychologische jugendkundliche Arbeiten durch Sammlung von Dokumenten zur Geschichte des jüdischen Erziehungswesens und zur Geschichte der jüdischen Jugend;
2. Verarbeitung in Form von Bibliographien und Arbeiten aus dem Gesamtgebiet der Jugendforschung;
3. Förderung des Interesses und des Verständnisses für „neue Erziehung" im Kreise der Erzieher und pädagogischen Laien;
4. soll das Institut zunächst bedacht sein auf Erweiterung der Sammlungen. –

Es ergeht hiermit der Aufruf, sich bei der Leitung des Instituts (Wien XIII, Auhofstraße 222) als Sammler zu melden, wobei es zunächst insbesondere auf das zerstreute und in jeder Beziehung überaus gefährdete Material über die jüdische Jugendbewegung ankommt, das es systematisch zu bergen und zu retten gilt, um dann in den teilweisen Besitz des sehr umfangreichen Materials vom jüdischen Erziehungswesen der Diaspora und Palästinas zu gelangen. Die Sammler erhalten eine genaue Sammelanweisung. – Ferner ist das Institut schon jetzt in der Lage, Materialien für wissenschaftliche Arbeiten (Seminararbeiten, Dissertationen) zur Verfügung zu stellen oder zumindest auf Themata zu verweisen. Alle diejenigen, die wegen einer wissenschaftlichen Arbeit Material oder sonstige Hilfe bedürfen, mögen sich an die Leitung dieses Instituts wenden.

Die Eröffnung von Sammelstellen in Wien, Berlin, Prag, Heidelberg, Paris, Zürich und in Palästina steht unmittelbar bevor.

Gerhard Fuchs Dr. Siegfried Bernfeld

JÜDISCHES INSTITUT FÜR JUGENDFORSCHUNG UND ERZIEHUNG

– Selbstdarstellung und Arbeitsprogramm –
(1920)

Arbeitsprogramm

I.

Das Institut will dem Aufbau des jüdischen Erziehungswesens in Palästina und in der Diaspora dienen. Aus der Fülle wichtiger Aufgaben, die dieser Aufbau bietet, widmet es sich:

1. der wissenschaftlichen Fundierung des Unterrichts, der Erziehung, der Kinder- und Jugendfürsorge und des Kinder- und Jugendlebens im Judentum;
2. der Vermittlung der Methoden und Ergebnisse der amerikanisch-europäischen pädagogischen und psychologischen Wissenschaft;
3. der Verbreitung wissenschaftlichen Geistes und sozialistischer Gesinnung – der *neuen Erziehung* – unter jüdischen Lehrern, Fürsorgern, Jugendführern, Ärzten und Eltern.

Nachdem wir mehrere Jahre im Stillen gearbeitet und so einen gewissen Grundstock an Mitteln uns erworben, einen kleinen Kreis von Mitarbeitern gewonnen, gewisse Prinzipien, Methoden und Resultate erarbeitet und verstreute Einzelbestrebungen in eins vereinigt haben, wenden wir uns nunmehr, durch unseren Verein „Jüdisches Institut für Jugendforschung und Erziehung" zu einer Institution geworden, an einen größeren Kreis, um Freunde, Förderer und Mitarbeiter zu werben.

II.

Das Institut umfaßt derzeit:

1. eine Bibliothek von mehr als 2500 Bänden pädagogischen, psychologischen und jugendkundlichen Inhalts; über 150 Jahrgänge wissenschaftlicher und von Jugendorganisationen aller Art herausgegebener Zeitschriften;
2. eine bibliographische Abteilung, die, eine beträchtliche Anzahl Bücher- und Aufsatznachweise enthaltend, langsam so ausgebaut werden soll, daß sie Auskunft geben kann über die wichtigen Bücher, Broschüren, Aufsätze, Zeitungsartikel über jene Probleme, die für pädagogisch-psychologische und jugendkundliche Forschungen oder für aktuelle Probleme der jüdischen pädagogischen Praxis nötig sind;
3. ein Archiv von mehr als 20000 Sammelnummern, enthaltend
   a) Zeitungsausschnitte;
   b) Expressionen kindlichen und jugendlichen Seelenlebens, Briefe, Tagebücher, literarische Produktionen;
   c) dokumentarisches Material aller Art zur Geschichte des jüdischen Erziehungswesens;
   d) dokumentarisches Material aller Art zur Geschichte der jüdischen Jugendbewegung und -organisationen, des jugendlichen Vereins- und Gemeinschaftswesens überhaupt;
4. eine Musealabteilung mit einigen hundert Nummern, Spiele, Lehrmittel, Bilder, Trachten, Abzeichen u. dgl.

Diese Sammlungen, schon jetzt nicht ganz unbeträchtlich und in manchen Zweigen vollständiger und reicher als alle ähnlichen, gilt es so auszubauen, daß sie in ihrer Bibliothek einen Überblick über die Methoden und hauptsächlichen Ergebnisse der Forschung, in ihrem Archiv und Museum ein getreues Bild der physischen, psychischen und sozialen Art und Bedeutung des jüdischen Kindes und Jugendlichen, ein großzügiges Inventar der Einrichtungen, Meinungen, Mittel des allweltlichen jüdischen Erziehungswesens werden. Insbesondere sind wir bemüht, jenes Material zu bergen, das, erfahrungsgemäß sonst rasch verstreut und verloren, gesammelt zu werden verdient; das Material zur

Geschichte aber ebenso zur Psychologie und Soziologie der Jugendbewegung und des Fürsorgewesens.

III.

Da es nötig ist, solche Sammlung systematisch und sofort zu beginnen und sie sobald als möglich zu einem gewissen Umfang zu bringen, damit das Institut, falls sich die ersehnte baldige Möglichkeit zur Übersiedlung nach Palästina ergibt, seine Tätigkeit dort mit einem ansehnlichen und einigermaßen geschlossenen Material beginnen kann und die Fortführung der laufenden Arbeit in der Diaspora durch eine feste Organisation gesichert sei, hat das Institut sich den folgenden Rahmen geschaffen:

1. Die *Zentrale* leitet die Sammelarbeit systematisch und verwaltet das *Archiv*. Ihr sind unterstellt die *Landessammelstellen*. Solche bestehen derzeit für das Deutsche Reich in Heidelberg, für Österreich in Wien, für Palästina in Haifa, für die Tschechoslowakei in Prag. In Gründung befindlich sind Landessammelstellen für Polen, Jugoslawien, Rumänien und Frankreich-England. Wo es die Umstände fordern und gestatten, werden den Landessammelstellen unterstellte *Sammelstellen* eingerichtet. Solche bestehen derzeit in Berlin, Brünn, Prag, Pilsen. An einigen anderen Orten sind sie in Gründung.
   Die *Sammler* sind bemüht, insbesondere das Material über und aus den Jugendgruppen, Schulen, Heimen und dergleichen aufzubringen, während die Landessammelstellen die Zeitungen, Zeitschriften, Berichte usw. ihres Rayons sammeln und sichten, den Kataster der Erziehungsinstitutionen, Jugendgruppen usw. anlegen und fortführen und wichtigere Untersuchungen darstellen. Wir sind bemüht, Hörer jüdischer Pädagogik, Seminaristen und Lehrer verschiedener Kategorien zu ihnen anzuregen und sie mit den Mitteln des Instituts (Bibliothek, Bibliographie, Archiv, Rat und Hilfe der Mitglieder) zu fördern.
2. Aus dem ganzen Komplex wissenschaftlicher Aufgaben wurden in eigener *Abteilung für Wirtschaftserziehung* unter der Leitung von Erwin Kohn jene vereinigt, welche die

Beziehungen von Jugenderziehung und Wirtschaft betreffen, also Erziehung zur Arbeit, Lehrlingswesen, Fach- und Fortbildungsschulen, Berufsberatung, -eignung, -umschichtung, Produktivierung des jüdischen Volkes durch produktivierende Erziehung seiner Jugend.

3. Der *Propagierung* des neuen Erziehungsgedankens – der dritten Aufgabe des Instituts – haben wir noch keine besondere Organisation gewidmet. Sie soll als eigener Zweig der Institutsarbeit erst eingerichtet werden, wenn dieses selbst in den anderen gesichert ist. Vorbereitet ist für diesen Zeitpunkt eine Wander- und Leihbibliothek, die Herausgabe von „Schriften zum Aufbau des jüdischen Erziehungswesens" (von denen drei vorliegen) und von „Handbüchern für jüdische Lehrerbildungsanstalten" (von denen fünf in Arbeit sind).

Soll das Institut über den Rahmen einer privaten Unternehmung von beschränktem und schwankendem Wirkungskreis hinauswachsen, bedarf es des Interesses, der Förderung, der Mitarbeit eines größeren Kreises, um die wir hiermit werben.

Jeder kann mithelfen, der Interesse nimmt an der Förderung des wissenschaftlichen Geistes, der kind- und jugendgemäßen Erziehung zu Arbeit und sozialer Gesinnung, jeder, der kulturell befreiende Erziehung im sozial befreiten Judentum will. Jeder kann uns fördern mit Geldmitteln; jeder kann uns helfen als Sammler. Alle Lehrer, Fürsorger, Jugendführer und solche, die es werden wollen, können überdies mitarbeiten an Sammlung und wissenschaftlicher Arbeit.

Heppenheim a. d. Bergstraße, 1. Dezember 1920

Dr. Siegfried Bernfeld m. p.
als Leiter

Gerhard Fuchs m. p.
als Assistent

Das Institut will dem Aufbau des jüdischen Erziehungswesens in Palästina und der Diaspora dienen. Aus der Fülle wichtiger Aufgaben, die dieser Aufbau bietet, widmet es sich:

1. der wissenschaftlichen Fundierung des Unterrichts, der Erziehung, der Kinder- und Jugendfürsorge und des Kinder- und Jugendlebens im Judentum;
2. der Vermittlung der Methoden und Ergebnisse der amerikanisch-europäischen pädagogischen und psychologischen Wissenschaft;
3. der Verbreitung wissenschaftlichen Geistes und der neuen Erziehungsgesinnung unter jüdischen Lehrern, Fürsorgern, Jugendführern, Ärzten und Eltern.

Nach mehrjähriger Arbeit in der Stille wendet sich das Institut nunmehr an einen größeren Kreis, um Freunde, Förderer und Mitarbeiter zu werben.

Für die geistigen Grundlagen seiner Arbeit stützt sich das Institut auf Schriften von Pestalozzi, Fichte, Tolstoi, Wyneken, Berthold Otto, Montessori, Freud, Stanley Hall, Ed. Claparède, William Stern.

Das Institut umfaßt zur Zeit: eine Bibliothek, eine bibliographische Abteilung, ein Archiv, eine Musealabteilung.

Die Sammelarbeit ist vorläufig verteilt auf Landesstellen in Heidelberg, Wien, Haifa (Palästina), Prag. In Vorbereitung sind Landessammelstellen für Polen, Jugoslawien, Rumänien und Frankreich-England.

Die Materialsammlung bildet die Grundlage für die vornehmlichste Aufgabe der Zentrale, wissenschaftliche Arbeit aus dem gesamten Gebiet der Jugendkunde und Pädagogik zu leisten und zu fördern. Es liegen vorläufig zehn Arbeiten aus dem Jüdischen Institut für Jugendforschung vor, Themen der Psychologie, Sozialpsychologie, Physiologie der Jugend und Wirtschaftserziehung behandelnd. Sie werden auf Wunsch in maschinenschriftlicher Vervielfältigung gegen eine geringe Gebühr verliehen. Auch die Studienmittel des Instituts können abseits Wohnenden zugänglich gemacht werden.

Sammelanweisung

Art der Sammelstücke	Von	Notwendige Daten und Angaben
1. Dokumentarisches und handschriftliches Material zur Jugendbewegung wie: Protokollbücher, Briefe, Aufrufe, Drucksachen, Berichte, Kassabücher usw.	Jüdischen Jugendvereinen, Organisationen, Gruppen, Zentralverbänden, Studentenorganisationen, Arbeiterjugend	Tendenz, Gründungsjahr, Zahl der Mitglieder, Ausschuß, Heim, Bibliothek, Veröffentlichungen (nach Fragebogen für Vereine)
2. Material zur Jugendfürsorge und Erziehungsvereine: Materialien wie bei 1.	Jugendfürsorge-Vereine, (Ernährung, Bekleidung, Unterstützung u. dgl.) Zentralverbände, Volksheime, Settlements	Wie bei 1.
3. Zur Geschichte des jüdischen Schulwesens: Lehrpläne, Berichte, Drucksachen, Hefte, Beobachtungsbogen, Berichte über angewendete Methoden, Erfolge, Lehrbücher.	Schulen, Kindergärten, Tagesheimstätten, Fürsorgeheime	Art der Schule, Dauer des Bestehens, von wem erhalten, Lehrkörper, Anzahl der Schüler, Klassen
4. Expressionen jugendlichen Seelenlebens: Briefe, Tagebücher, wissenschaftliche, künstlerische, philosophische, literarische, musikalische Produktionen	Kinder und Jugendliche bis zum 23. Lebensjahr, eventuell noch weiter hinausgehend bis zum 30., jedoch nicht Produktionen, die mit beruflicher Tätigkeit zusammenhängen	Genaue Daten des Autors, möglich auch die seiner Eltern und Geschwister
5. Abzeichen, Couleurbänder, Kappen, Schläger, Bänder, Trachten, Uniformen usw.	Jugendorganisationen, Studentenvereinigungen, Schulen, Fürsorgevereine	Genaue Daten über den Verein nach 1.

Art der Sammelstücke	Von	Notwendige Daten und Angaben
6. Photographien jüdischer jugendlicher Lehrer, Schulgebäude, Heime, Vereinsheime		Daten der Dargestellten
7. Alle Äußerungen, Briefe, Aufsätze usw. über das jüdische Schulwesen, jüdische Jugendvereine, einzelne jüdische Jugendliche		Daten des Autors
8. Einrichtungsgegenstände, Stampiglien, Vereinsutensilien		Angaben über den Verein nach 1.
9. Material zu Intelligenzprüfungen, Berufseignungsprüfungen an jüdischen Unerwachsenen, Beobachtungen an Kindern, Äußerungen von Kindern		Angaben von Zeit, Ort, Art und Umständen der Beobachtungen und Prüfungen

Vorschläge für wissenschaftliche Arbeiten aus dem Institut

I. Philologische Arbeiten:

1. Übersetzungen:

A) Ins Hebräische und Jiddische: ausgewählte Partien aus den Schriften psychologischer, jugendkundlicher, psychoanalytischer, pädagogischer Natur.

B) Aus dem Hebräischen: das gesamte pädagogische Schrifttum ist unübersetzt; es kämen in Betracht einzelne Stellen und längere Traktate, Responsen, Abschnitte usw., die pädagogischen und psychologischen Inhalts sind, oder die speziell pädagogischen und psychologischen Aufsätze und Bücher der neueren und insbesondere der älteren Literatur.

2. Untersuchungen:

A) Über die Bezeichnung der Altersstadien im Hebräischen, Aramäischen, Arabischen.
   a) Ethymologisch; b) Sprachhistorisch.
B) Zusammenstellung und Ethymologie (evtl. Vergleich mit anderen semitischen Sprachen und den nichtsemitischen) der Worte, die sich auf Erziehung, Unterricht, Sitten und Gebräuche mit Kindern und Jugendlichen beziehen.
C) Historisch stilistische (evtl. ethymologische und vergleichende) Untersuchung der in verschiedenen Stilperioden oder bei einzelnen Autoren gebräuchlichen charakterisierenden, wertenden, liebkosenden usw. Wendungen, die Kindern, Jugendlichen, Eltern, Erziehern usw. gegenüber gebraucht werden.

II. Folkloristische (volkskundliche) Arbeiten:

Sammlung, Darstellung (beschreibend, historisch vergleichend) von Sitten und Gebräuchen, auf Kinder, Jugendliche, Geburt, Beschneidung, Bar-Mizwah, Cheder, Jechiwah, Verlobung, Hochzeit usw. bezüglich z.B. a) Kinderlieder, b) Spiele, c) Sprichwörter, d) Schwänke (Maisses), e) Gebräuche bei Wöchnerinnenschaft und Entbindung, f) Chederlieder (Spottverse, Witze, Kindermund), i) Tracht, j) Strafen usw.

III. Historische Arbeiten:

A) Kindheit und Jugend in der Literatur, z.B. in Bibel, Talmud, Responsenliteratur, Haskalah, moderner hebräischer Literatur, Emanzipation, Zionismus, a) einzelne Perioden, b) einzelne Werke, c) einzelne Schriftsteller.
B) Die neueren – unwissenschaftlichen Anschauungen über Eigenart, Wesen, Entwicklung, Aufgabe von Kindheit und Jugend, nach den literarischen Äußerungen.
C) Die Literatur für die Jugend (in den einzelnen Perioden und Sprachen), Jugendschriften, Erbauungsbücher, Lehrbücher, Zeitschriften.

D) Der Anteil junger Menschen an literarischen, politischen, religiösen, kulturellen Strömungen im Judentum.

IV. Pädagogisch-historische Arbeiten:

A) Geschichte des pädagogischen Schrifttums verschiedener Perioden.
B) Geschichte der Erziehungseinrichtungen in verschiedenen Perioden und Gebieten.
C) Geschichte der Fürsorgeeinrichtungen in verschiedenen Perioden und Gebieten.
D) Geschichte einzelner Schulen, Organisationen, Fürsorgeeinrichtungen.
E) Biographien pädagogisch-geschichtlicher wichtiger Personen.

V. Psychologische Arbeiten:

A) Die Sprachentwicklung von Kindern mit hebräischer, jiddischer, spaniolischer Muttersprache a) in der Muttersprache, b) in der fremden Umgangssprache.
B) Darstellungen von Jugendvereinen, Spielgruppen usw.
C) Arbeiten an Tagebüchern, Briefen, Produktionen usw.

VI. Pädagogische Arbeiten:

Kann nur von Fall zu Fall, entsprechend dem Interesse des Arbeitenden und der ihm zur Verfügung stehenden konkreten Gelegenheiten besprochen werden. Es kommt dabei auf Arbeiten hinaus, die sich auf

A) genaue Beobachtungen: a) der Kinder, b) des Lernprozesses, c) des Lehrers, d) des Lehrprozesses, e) des Unterrichtsergebnisses,
B) Untersuchungen zur Anpassung moderner Methoden auf a) die Eigenart jüdischer Kinder, b) die jüdische Sprache, c) die jüdischen Sozial- und Kulturbedingungen beziehen.

VII. Physiologische Arbeiten:

A) Wachstumsvorgänge bei jüdischen Kindern.
B) Eintritt der physischen Pubertät bei jüdischen Kindern.

VIII. Bibliographische Arbeiten:

Zu allen den genannten und fallweise zu nennenden, in jedem Umfang und für jedes Interesse.

IX. Wirtschafts-Erziehung-Forschung:

Für solche, die speziell auf dem Gebiet der Beziehung zwischen Wirtschaft und Erziehung zu arbeiten wünschen, stehen besondere Themen zur Verfügung, nur von Fall zu Fall zu besprechen.

EIN PÄDAGOGISCHES FORSCHUNGS-INSTITUT IN PALÄSTINA

(1920/21)

Wie immer man zum Plan einer Universität in Palästina stehen mag[1], mit dem Beschluß der zionistischen Jahreskonferenz Juli 1920 darf man zufrieden sein: es soll zunächst im Lande eine Anzahl von kleinen Forschungsinstituten eingerichtet werden. Zunächst, damit aus ihnen eine Universität werde – oder zunächst, damit sie solchen wissenschaftlichen Geist im Volke erzeugen, der für immer eine europäische Universität unmöglich macht. Für dies oder jenes gilt es jedenfalls noch nicht einzutreten, sondern nur dafür, daß die beschlossenen Institute auch wirkliche werden, daß nur solche gegründet werden, die das Land im jetzigen Augenblick verträgt, und alle, die es braucht. Vielleicht werden jetzt allerhand kluge oder törichte Vorschläge ausgeschrien werden; vielleicht wird mancher, der für seine Liebhaberei kein Gehör in Europa oder Amerika findet, für sie wenigstens in Palästina eine Zufluchtsstätte zu suchen beginnen; aber bei allen diesen Gründungsfragen wird doch ein strenges Maß gegeben sein für Brauchbarkeit, Dringlichkeit oder Möglichkeit eines konkreten Vorschlages in den nächsten Bedürfnissen des sich entwickelnden Landes, seiner wachsenden Bevölkerung. Bei unserer Armut ist gewiß, daß aus der Fülle der Projekte nur jene Verwirklichung finden werden, die keines langen Memorandums bedürfen, um ihre Wichtigkeit theoretisch zu beweisen. Alle Arbeit der nächsten Jahre wird so streng um einige wenige konkrete Probleme konzentriert sein – oder

1 In meinem Aufsatz „Universität und Volkskultur" (in: Die Arbeit. Organ der zionistisch-volkssozialistischen Partei, 2. Jg., Berlin 1920, S. 73–79) habe ich versucht, das Wesentliche dieser Frage kurz anzudeuten.

sie wird, unfruchtbar, von einer zulänglichen Generation, irgendwann später von Grund auf neu begonnen werden müssen –, daß die wenigen nötigen und dauerhaften fruchtbaren Einrichtungen wie von selbst, nicht als Projekte eines einzelnen, sondern als folgerichtige Ergebnisse einer geleisteten Arbeit der Gesamtheit mehr sich bilden, als werden eingerichtet werden. Und es kommt bei allen Plänen nur darauf an, wie ein ganz selbstverständliches Ziel am besten und einfachsten, vorbedacht und überlegt erreicht werden könnte.

Darum bedarf es keinerlei Nachweises, daß die Londoner Konferenz ein wichtiges Forschungsinstitut vergessen habe, und warum es nötig, selbst unerläßlich sei, dem hebräischen, dem mikrobiologischen, dem chemischen usw. noch eines, das pädagogische Institut hinzuzufügen. Denn es geht gar nicht um das pädagogische *Institut*, um die Fragen, die mit Recht auftauchten, wenn der Plan einer Universität für eine europäische Stadt erörtert würde. Es geht überhaupt um keinen Vorschlag, der ein solches Institut zum ausschließlichen Inhalt hätte, sondern lediglich um das, was bereits im Lande ist und täglich wichtiger in ihm wird: um das heutige Erziehungswesen und seine Lehrer, um die Entwicklung des heute Bestehenden zu dem schon heute als unerläßlich nötig Eingesehenen.

Man ist in Palästina selbst mit dem vorhandenen Schulwesen, mit dem Durchschnitt der in ihm tätigen Lehrer unzufrieden. Man hat das Empfinden, als wäre nun die erste Periode der pädagogischen Entwicklung abgeschlossen, ein Zeitraum von 15, wenn man will 30 Jahren, in dem geleistet wurde, was vor allem nötig war: die Hebraisierung, und als stünde man nunmehr vor einem neuen Abschnitt, dessen Inhalt noch nicht eindeutig und einstimmig bezeichnet werden kann, in dem es sich aber doch irgendwie um die Erziehung zur Arbeit und zur sozialen, zur gemeinschaftsbildenden Gesinnung handeln wird. Daß dafür das Bestehende unzulänglich ist, hat man sich deutlich klargemacht; wie das Neue aussehen und wie es aus dem Jetzigen herbeigeführt werden soll, darüber denkt, ahnt, vermutet man noch.

Die neue Unterrichtsverwaltung steht vor schwierigen Aufgaben, von den Reformwünschen der Arbeiterschaft und Chaluziuth völlig abgesehen. Das Schul- und Erziehungswesen soll erweitert werden. Es fehlt an Lehrbüchern und an Lehrmitteln; es mangelt so gut wie alles und kann aus Europa nicht ohne weiteres beschafft werden, weil nicht allein die Sprache, sondern noch ungezählte andere Faktoren gewisse eigenartige Nuancen, manchmal sogar völlig eigenartige Schöpfungen erzwingen. Die Produktivierung der Jugend des alten Jischuw ist eine unumgängliche Notwendigkeit. Die Psychologie der Juden, der Zustand der Einwanderer, die ökonomischen und kulturellen Notwendigkeiten des Landes verlangen Unterrichts- und Erziehungsarbeit an den Erwachsenen. Dies alles gehört zweifellos nicht zu den sekundären Problemen des Aufbaus, sondern in die erste Reihe ihrer und wird in Erez Israel selbst lebendig und besorgniserregend so empfunden und erkannt.

Aus solchen und allen anderen konkreten Problemen werden selbstverständliche Lösungen erwachsen. Manches dieser Art setzt sich bereits an; manches wird bereits deutlich genug gesehen und findet versuchsweise Befriedigung. Vor allem nach drei Richtungen sind solche Ansätze zu Einrichtungen schon jetzt zu bemerken oder in Kürze zu erwarten: (1) Erhöhung der pädagogischen, menschlichen und technischen Anforderungen an alle im Erziehungswesen tätigen Menschen; (2) klare und ausreichende Ordnung in der Verwaltung; (3) Studien über die nötigen Einrichtungen, über die Resultate der getroffenen Maßnahmen, Versuche auf unbekannten oder eigenartigen Gebieten, Vergleiche mit dem Ausland.

Welche konkrete Einrichtung immer in einem bestimmten Augenblick ausgebaut, verändert oder neu geschaffen werden soll: immer ist es zugleich die Ausbildung der nötigen Lehrer, die Einrichtung des Verwaltungsapparates und die Anpassung der bisherigen Erfahrungen im Lande und anderwärts an das gegebene Problem, die zu jeder Zeit und an jedem Ort aufs neue bedacht und erprobt werden müssen. Dabei leidet die Entwicklung des Erziehungswesens im ganzen und die richtige und fruchtbare Lösung jeder einzelnen Frage darunter,

– daß die Denkenden und Erprobenden voneinander getrennt sind, so daß dieselbe Erfahrung an vielen Stellen

unabhängig, derselbe Irrtum von verschiedenen Menschen zugleich und nacheinander gemacht werden muß, oft ein Problem hier, dessen Lösung dort gesehen wird, hier ohne Lösung, dort ohne fruchtbare konkrete Aufgabe;
- daß die Instanzen „Lehrerbildung“, „Verwaltung“ und „tägliches pädagogisches Leben, Versuchen, Erfahren“ voneinander nichts wissen, oder wenigstens nichts voneinander wissen müssen; und
- daß sich endlich kein einzelner, der dies zudem nebenbei tun muß, für jeden Fall genügend klar, umfassend und tief, schon gar nicht aber andauernd und für alle möglichen oder wahrscheinlichen Fälle im voraus, einen Überblick über ähnliche und anregende, belehrende oder warnende Erfahrungen in Europa und Amerika schaffen kann.
Darum wird sich mit Notwendigkeit über kurz oder lang eine innige Verschmelzung zwischen Lehrerbildung, Verwaltung und Erfahrungssammlung entwickeln, es wird für diese letztere Aufgabe eine Einrichtung geschaffen werden,
- die [*einerseits*] alle einzelnen im Erziehungswesen Tätigen von der allgemeinen Sammlung des ausländischen Erfahrungsmaterials entlasten und diese Funktion besonderen dafür geeigneten Personen übertragen, sie in der richtigen Weise mit denen in Verbindung setzen wird, die dieser aufgespeicherten Kenntnisse im bestimmten Fall bedürfen; eine Einrichtung,
- die *andererseits*, was an pädagogischen Erkenntnissen im Lande selbst, an seinen Brennpunkten ebenso wie in der entlegensten Kwuzah gewonnen wurde, wie ein Kraftverteiler erst an einem Ort konzentriert und dann fruchtbar machend überall hin ausstrahlt.

Wir wollen diese künftige Einrichtung das pädagogische Institut[2] nennen und versuchen, vorschlagsweise seinen inneren Aufbau, seine Aufgaben und seine Wirksamkeit zu

---

2 Der Leser wird bald sehen, daß mit diesem Namen das gleiche Prinzip und dieselbe Institution bezeichnet wird, die ich in der pädagogischen Utopie (meines Buches: Das jüdische Volk und seine Jugend. Wien/Berlin 1920) die pädagogische Fakultät nannte. Fakultät und Institut unterscheiden sich als Dinge wie Utopie zur realen Möglichkeit und im Grunde – was die Worte schon enthalten – wie Anfang und Ende.

skizzieren. Nicht weil wir meinen, daß es nur auf diese und auf keine andere Weise richtig wäre, sondern als einfachen Vorschlag, der auf Kenntnis der ähnlichen Institutionen in Europa und Amerika aufgebaut, unter Berücksichtigung unserer spezifischen Verhältnisse und Bedingungen, nicht zuletzt unserer Armut und Begrenztheit in allen Belangen, eine zusammenfassende Überlegung des Möglichen und Nötigen bildet.

Das Wesen des Instituts ist der harmonische Ausgleich zwischen vernünftiger Spezialisierung, also genügender, aber nicht zu weit gehender Spezialisierung und Zusammenfassung und Belebung aller pädagogischen Kräfte zu einer, wenigstens kollektiven, aber womöglich auch personellen Universalität. Das wäre das Grundprinzip einer Organisation, das auf alle seine speziellen Aufgaben anzuwenden sein wird, die nun vorerst im einzelnen behandelt werden sollen.

Vorbildlichkeit kann das Ergebnis jahrelanger Bemühungen, aber nicht ihre Absicht sein. Zunächst aber ist unser Erziehungswesen verhältnismäßig so ungefestigt, so dürftig und unvollkommen, daß es sehr not tut, Vorbilder zu suchen, anstatt geben zu wollen. Freilich denkt niemand weniger als der Verfasser dieses Vorschlags daran, ungeprüfte Nachahmung zu empfehlen, aber tatsächlich vollzieht sich der Prozeß der pädagogischen Entwicklung in Erez Israel heute so, daß vor jede neue Einrichtung das Suchen eines Vorbildes geht, bewußt oder unbewußt, in beiden Fällen aber gegenwärtig unzulänglich, unsystematisch, zufällig und unvollständig. An Stelle der fallweisen und zerstreuten Informationsbestrebungen des einzelnen muß die regelmäßige gesammelte Information der Gesamtheit, ausgedrückt im Institut, treten. Gerade das Land mit dem mannigfaltigsten Erziehungswesen hat den am besten ausgebauten Informationsdienst über die Einrichtungen und Bestrebungen in allen Ländern. Der Commissioner of Education in Washington überreicht alljährlich seiner vorgesetzten Behörde einen umfassenden, meist zweibändigen gedruckten Rapport, der auf diesem Gebiet wohl die imponierendste Leistung ist, die wir kennen. Es wäre töricht, vom Institut eine solche Leistung zu verlangen oder zu erhoffen. Aber so sehr sich unser Informationsdienst über das pädagogische Leben in Umfang und Art vom amerikanischen unterscheiden muß – einen zweckmäßigen und ausreichenden brauchen wir. Und wäre es auch bloß darum, weil die hebräische Sprache und die Entfernung des Landes von den pädagogischen Zentren einer Einrichtung bedarf, die Bewegungen und Erfahrungen zu uns hereinzieht, da sie von selbst so weite Kreise erst ziehen würden, wenn sie an ihren Mittelpunkten schon ein wenig veraltet wären. Welches ist demnach die Art und der Umfang dieser Information? Es ist dabei zweierlei zu unterscheiden: die *pädagogischen Ideen, Bewegungen* und die *pädagogischen Einrichtungen, Erfahrungen*. Eine wirkliche Information über die *pädagogischen Ideen und Bewegungen* Europas und Amerikas kann nur gewonnen werden durch Kontakt mit solchen Menschen, die selbst davon erfaßt sind. Da die nichtjüdischen Führer aber kaum zu uns kommen werden, müssen wir sie aufsuchen. Es muß dafür gesorgt werden, heißt das, daß unsere Lehrer, die zu Studienzwecken ins Ausland reisen oder später einmal vielleicht von der Gesamtheit geschickt werden, dorthin gehen, wo sie in pädagogischen und menschlichen Dingen wahrhaft etwas lernen können und nicht an eine beliebige Universität, die aus irgendeinem Grund im Lande bekannt wurde. Es muß dafür gesorgt werden, daß die Kindergärtnerinnen, Pflegeschwestern, Kinderärzte, Lehrer, die nach Erez Israel einwandern, in Europa oder Amerika am rechten Ort sich vorbereitet haben, und nicht dort, wohin sie irgendeine unmaßgebliche Zufälligkeit hingeführt oder belassen hat; dafür, daß alle, denen Palästina etwas Wesentliches bedeutet, dahin ausstrahlen lassen, was sie bei ihren Lehrmeistern, am Ort ihrer beruflichen Tätigkeit, im Lande ihrer Muttersprache an Bewegendem in sich aufgenommen haben. Solche Funktion, mit der mancherlei vorbereitende, durchführende und kontrollierende Tätigkeit verbunden ist, kann nur eine Stelle ausüben, die sich damit systematisch und aufmerksam befaßt: das Institut. Es wird zu diesem Zweck eine gewisse Korrespondenz, organisatorischer und informatorischer Art, mit den pädagogisch Interessierten in der Diaspora führen; die ausländischen Zeitschriften und bezüglichen Neuerscheinungen studieren und schließlich im Lande und im Galuth jene Parolen oder Anregungen, Auskünfte und Hilfen geben, die möglich und nötig sind. Die Information über *Einrichtungen und Erfahrungen* ist meistens durch Bücher in genügendem Maß zu erwerben. Das Institut wird demnach für seine Bibliothek Werke und Zeitschriften, Berichte und Statistiken mit besonderer Sorgfalt anschaffen müssen, die einen allgemeinen Überblick über das Erziehungs- und Unterrichtswesen in allen bedeutenden Ländern, über die mannigfaltigen Zweige des Schul-, Lehrlings-, Fachbildungs-, Fortbildungs-, Lehrerbildungs- und Volksbildungswesen geben; es wird so weit bibliographische Aufzeichnungen zur jeweiligen Verwertung bereitzuhalten haben, daß es nötigenfalls das Material zur Verfügung stellen oder nachweisen kann, das nötig wäre, um der Verwaltung, Lehrern, Schulleitungen, Parteien, einzelnen Unternehmern Einsicht in die Bedingungen, Möglichkeiten und Bewährung eines Projektes, das sie befassen möge, zu geben. Dabei wird es sich in keiner Weise um Vollständigkeit, sondern immer um die fruchtbare Auswahl für die konkreten Gegebenheiten, für die naheliegenden Möglichkeiten handeln.

Bei diesem Teil der Institutsarbeiten kommt alles auf die Auswahl an; nur sie ist möglich, und nur sie ist fruchtbar. Gerade umgekehrt verhält es sich beim andern Teil der informatorischen Arbeit des Instituts, der sich auf das Land selbst bezieht. Hier ist es nötig, daß im Plane des Unternehmens die Vollständigkeit vorgesehen sei, daß bei seiner Durchführung Schritt für Schritt, so wie es die Bedingungen erlauben und die Aufgaben verlangen, die Lückenlosigkeit angestrebt werde. Denn es muß eine Stelle geben, wo ein genauer Überblick über Umfang, Art und Zustand aller Erziehungseinrichtungen, aller Erziehungsströmungen, aller Versuche und Erfahrungen im Lande sich herstellt, durch das Zusammenfügen der kleinen Steinchen der einzelnen Untersuchungen und persönlichen Erfahrungen zu einem bunten, aber streng umrissenen Gesamtbild. Eine geordnete Verwaltung kann einer solchen Stelle keinesfalls entbehren. Aber auch die Lehrer und alle anderen, die irgendein reales oder ideelles Interesse am Ausbau, an der fördernden Entwicklung des Organismus der Erziehungseinrichtungen nehmen, müssen wissen, daß solch ein Zentrum der Erfahrungen, solch ein Spiegel und Gedächtnis des Bestehenden vorhanden sei. Und schließlich, die künftigen Generationen werden solch eine Beihilfe für ihr historisches Bemühen nicht gerne vermissen wollen. Es läge uns fern, irgendeinen Aufwand heute vorzuschlagen oder auch nur zu dulden, der lediglich dem künftigen Historiker und seinen Nutznießern Dienste leistete. Wo aber nichts anderes nötig wäre als eine leichte Korrektur, als eine geringfügige Ergänzung an einem ohnehin Nötigen und es würde zur historischen Quelle, während es ohne diese Berücksichtigung einer späteren Zeit minder nutz würde, so könnte sehr wohl auch dieser Zweck mitbedacht werden. Es kommt aber eins hinzu, das uns die historische Absicht schon heute nahelegt. Wir fangen in Erez Israel heute nicht an, sondern wir setzen bloß fort, vielleicht in einer neuen Epoche, aber selbst dieses ist noch gar wenig gewiß. Und nichts bezeichnet den Grad pädagogischer Kultur so scharf wie das Maß ihrer Selbsterkenntnisbemühungen, und das ist die Betrachtung ihrer Vergangenheit. Zudem rechnet die pädagogische Historie meist nicht mit Jahrhunderten, sondern mit Jahrzehnten; und uns selbst erscheint, was wir noch anfangen sahen, heute als recht vergangen, und was wir heute tun, wird – so hoffen wir – uns noch völlig als historisch erscheinen. Wenn also das Institut darangehen wird, ein vollständiges Inventar des gegenwärtigen pädagogischen Zustandes in Erez Israel aufzunehmen, so wird es, was noch an dienlichen Zeugen des gestrigen und vorigen Zustandes vorhanden ist, mit aufnehmen.

Jedenfalls aber wird das Institut – schon um die Bedürfnisse der Verwaltung zu befriedigen – ein Archiv einzurichten und auszubauen haben. Es wird mit Hilfe des amtlichen Rechts, Dokumente, Berichte, Materialien einzufordern, ein lückenloses Bild aller Schulen und Institutionen aller Art geben können, die sich mit Kindheit und Jugend befassen, und so das Material bereitstellen, aus dem authentisch alle Daten über die innere und äußere Einrichtung der Institutionen, über die an ihnen tätigen Menschen, über die physischen und psychologischen Verhältnisse der Kinder und Jugendlichen entnommen werden können. Es wird nicht versäumt werden, auch die Lehrbücher, Lehrmittel, Lernbehelfe u. dgl. in einer Art Schul- oder Erziehungsmuseum zu sammeln. Die eigenartigen Zustände des Landes, daß in ihm von Anfang an gerade das Erziehungswesen unter viel strengerer und allgemeinerer Kontrolle der Gesamtheit steht, als sonst üblich ist, werden das Institut veranlassen, den Äußerungen der Öffentlichkeit in Literatur, Presse, Partei, Versammlung und Verein eine besondere Aufmerksamkeit zu widmen, die entsprechenden Bücher, Zeitschriften, Zeitungen zu sammeln und zu sichten. Das Gleiche gilt selbstverständlich in noch höherem Maße für die pädagogische Fachliteratur, in hebräischer Sprache oder im Lande erschienen. Die engen Beziehungen, die das jüdische Volk in Erez Israel mit dem arabischen, mit England und den europäischen Gruppen verbindet, lassen es als unerläßlich erscheinen, daß jenes Archiv, von dem wir hier sprechen, sich nicht auf die jüdischen Einrichtungen beschränke, sondern sich auf alles erzieherische Tun im Lande erstrecke. Dabei wird vermutlich ganz allgemein manches in den Kreis der pädagogischen Aufmerksamkeit einbezogen werden, was ihr in Europa im strengen Wortsinn und im üblichen Gebrauch nicht angehört. Denn gerade in einem jungen, in einem sich entwickelnden Volk ist ganz besonders deutlich, was ganz allgemein für alle Erziehungseinrichtungen gilt, aber ganz allgemein nicht beachtet wird, wo Schulen und systematische Erziehungseinrichtungen die Tatsache der außerordentlich tiefen anderen Wirkungen auf Körper, Seele und Geist der Kinder und der Jugend verdunkeln, daß nämlich stärker vielleicht noch als Schule und Unterricht, gewiß aber ihr ebenbürtig Haus und öffentliches Leben, Beruf und Gasse, Partei und Verein, Glauben, Willen, Meinen, Gebräuche, Sitten, Urteile und Wertungen des Volkes, kurz Wirtschaft und Kultur auf die heranwachsende Jugendgeneration bildend und verzerrend einwirken. Das Institut wird das Zweckdienliche vorkehren müssen, um auch diese Erziehungsfaktoren irgendwie zu erfassen, ihre wissenschaftliche Erkenntnis, ihre bewußte Gestaltung zu ermöglichen – soweit als Wissenschaft und alle soziale und organisatorische Bewußtheit eben vermögen.

Vor allem eins ist hier für den Anfang schon, aber auch für alle weitere wissenschaftliche Bemühung um das Erziehungswesen nötig: Die Verwaltung, die Lehrerschaft, Ärzte und Eltern bedürfen einer gewissen Kenntnis des

Kindes, seiner körperlichen und seelischen Natur, seiner natürlichen Entwicklungsweise. Die Kinderpsychologie hat manche wichtige Erkenntnis bereits gewonnen und arbeitet in allen Ländern unermüdlich, sie zu erweitern und zu vertiefen. Wir dürfen das ringende und sich entwickelnde jüdische Erziehungswesen nicht ohne diese wichtige Hilfe lassen, wenn auch gewiß weder das Leben, noch die Verwaltung, noch auch die Eltern ihre Pflicht erfüllt hätten, wenn sie theoretisch, und wäre es noch so gründlich, von diesen Kenntnissen durchdrungen wären. So wird das Institut eine Bibliothek der Jugendkunde einzurichten haben. Gewiß keine Institution, die etwa mit der Comenius-Bibliothek in Leipzig konkurrieren wollte, nicht einmal eine, die dem Umfang der üblichen Fachbibliotheken dieses Gebietes in Amerika entspräche, sondern eine bescheidene Sammlung von einigen Tausenden Büchern, sparsam und umsichtig ausgewählt, genügend groß, um an einer Stelle im Lande das Wissens- und Erfahrungsgut der heutigen Wissenschaft im Rahmen dieses Themas zu vereinigen, und um Anregung zu eigenem Beobachten, Erfahren und Sammeln auszustrahlen in alle jene, die Fähigkeiten und Bedürfen in sich fühlen, ihre Kunst des Verkehrs mit Kindern, des Unterrichtes, des Bildens und Erziehens durch Empirie und Abstraktion zu fördern, zu bändigen. Denn die zwei Hauptforderungen, die an sie in der gegenwärtigen Lage gestellt werden müssen, könnte auch die größte Bibliothek des Insituts an sich nicht erfüllen: daß alle mit Jugend befaßten Menschen sachgemäß zu ihrer Aufgabe erzogen werden und daß nicht ein Schema von der Kindernatur und -entwicklung das Denken der Lehrer verdunkle, sondern eine konkrete Kenntnis des Erez-Israel-Kindes sie belebe und fruchtbar werden lasse. Das kann nur auf eine Weise erreicht werden: daß der palästinensische Lehrer (das Wort im weitesten Sinne verstanden) das palästinensische Kind, so wie es eben ist, wie es in Schule und Haus, bei Spiel und Arbeit, in jedem Alter und in jeder Beziehung ist, kennenlerne. Es kommt darauf an, daß solches Beobachten, so sehr es natürlich von mannigfaltigen Zufällen abhängig ist, doch nach einem gewissen, freilich nicht starren, sondern belebenden Plan geschehe, daß die Erkenntnisausschnitte der einzelnen sich irgendwo zu einer Gesamtanschauung zusammenfügen und daß diese wieder zurückkehre zu den einzelnen.

Zu diesem Zweck wird das Institut gewisse einfache und grundlegende Erhebungen über körperliche, intellektuelle, affektive und soziale Tatsachen des Kindeslebens einheitlich im ganzen Lande vornehmen, in angemessenen Abständen wiederholen und kontrollieren, regelmäßig an den einwandernden Kindern vornehmen lassen; es wird Richtlinien und Anleitung, Förderung aller Art jenen zuwenden, die darüber hinaus Interesse fühlen, einer speziellen Frage nachzugehen; es wird Themen und Anregung jeder Art solchen vermitteln, die allgemeines Interesse oder Pflichtgefühl zu irgendeiner Hilfeleistung an dieses Werk der Selbsterkenntnis des Volkes drängt. Und schließlich wird es Sorge zu tragen haben, daß die Erfolge dieses mannigfaltigen Bemühens keinem verschlossen bleiben, der ihrer benötigen könnte. Bei solchen Arbeiten wird Problemstellung und Methode im allgemeinen sich wenig unterscheiden von dem Verfahren in den europäischen Kinder- und Jugendforschungsinstituten der Universitäten und Lehrerbildungsanstalten und der amerikanischen Child-Study-Institutionen.

Aber in zwei Richtungen sind heute schon gewisse eigene Wege vorgezeichnet: im konkreten Zustand des Landes und der Bevölkerung, die der Wirkungsbereich des Instituts sein werden. *Erstens*: Während die ähnlichen Anstalten in Europa und Amerika weitgehend unabhängig vom realen Erziehungswesen sind und sehr viele ihrer Untersuchungen lediglich theoretischem Interesse entspringen, werden wir auf lange hinaus uns den Aufwand autonomen wissenschaftlichen Bemühens in Erziehungsdingen kaum leisten können. Die Aufgaben unseres Forschungsinstitutes werden vielleicht nur allzusehr beeinflußt sein durch die brennenden Fragen der Praxis. Es ist zunächst auf sehr wenige mitarbeitende Lehrer zu rechnen; und diese werden ihre wissenschaftlichen Aufgaben aus der großen Zahl der Probleme schöpfen müssen, die sie, beängstigend oder anregend, nahe umgeben. Das Institut wird darum weniger systematisch, weniger formal vorgehen können als die verwandten Institutionen an anderen Orten; etwas Fragmentarisches, selbst Zufälliges wird seinen Unternehmungen anhaften, wird geradezu der Beweis dafür sein, daß es richtig und fruchtbar arbeitet, daß es im Zusammenhang mit dem Leben auf wirklich aktivem Interesse der Lehrenden und Erziehenden aufgebaut ist. *Zweitens:* Während in der pädagogischen Forschung des Auslands eine große Unabhängigkeit vom *speziellen* pädagogischen Leben bemerkbar ist, und wir uns hüten müssen, dies nachzuahmen, ist ersichtlich das pädagogisch-wissenschaftliche und kinderpsychologische Bemühen Europas und Amerikas starr gebannt in den *allgemeinen Rahmen* des gegenwärtigen Erziehungswesens und seiner kulturellen Voraussetzungen. Es muß an dieser Stelle genügen, das behauptet zu haben und durch ein Beispiel zu illustrieren[3]: Man untersucht recht eifrig, welche Lehrgegenstände bei Kindern beliebt sind, wie lange eine Unterrichtsstunde währen soll, welches die psychischen und sozialen Nebenerscheinungen des Prüfungs- und Zensurenwesens sind – daß aber Lehrfächer, Stundeneinteilung, Prüfungen, Klassen vielleicht gar nicht die unumstößlichen Grundpfeiler des Schulwesens sein müßten, bleibt völlig unbeachtet. Und muß es bleiben, weil der allgemeine Grundriß des europäischen Erziehungswesens gezeichnet ist von seiner bürgerlichen Klassengesellschaft und von deren jeweiligem Zustand bis in zahllose Details hinein bestimmt ist. Der Wissenschaft ist erlaubt, diesen Zaun zu überfliegen und im Abstrakten zu forschen, oder sie muß innerhalb seines engen Bereiches verbleiben; an ihm selbst aber sich zu schaffen machen gilt als verboten, so sehr, daß dies Verbot unausgesprochen wirkt, als stünde der Tod auf dem Vergehen. Gewiß glaubt niemand mehr, daß in Erez Israel von Anbeginn die neue Gesellschaft, die sozialistische, klassenlose Arbeiter-Menschen-Gesellschaft dastehen wird. Wir werden eine kämpfend zum fernen Idealen sich entwickelnde Klassengesellschaft im Lande haben – wir haben sie schon –, und darum wird auch unser Erziehungswesen das einer Klassengesellschaft sein; darum wird an seinen Fun-

3 Im Abschnitt „Das europäische Vorbild" meines Buches „Das jüdische Volk und seine Jugend" (Berlin/Wien 1920) und in mehreren meiner Aufsätze findet der Leser gegebenenfalls das Nähere ausgeführt.

damenten zu forschen ebenso wie jedes Daranrühren so sehr verboten sein, daß nur wenige unabhängige Köpfe es und damit sich wagen werden. Aber dennoch ist vom ersten Tag an das Verhältnis der Klassen in Palästina anders als in Europa-Amerika. Das kulturelle Gewicht wird mehr als sonstwo und mehr, als dem ökonomischen entsprechen wird, bei den arbeitenden Menschen im Lande sein oder wenigstens sein können, und das pädagogische Wesen, die psychologisch-pädagogische Forschung wird daher eine engere Verknüpfung zu allem Konkreten und eine größere Unabhängigkeit im Denken und Forschen an allen grundsätzlichen Bedingungen und Begrenzungen erfahren.

Vielleicht wird mancher es für unklug oder unvorsichtig halten, daß durch diese Bemerkung eine gewisse Einfügung des Instituts in die sozialen Kämpfe, die in irgendeiner Form die Entwicklung des Landes in den nächsten Jahren beherrschen werden, angedeutet wurde, um so weniger klug, als ja bei einer wissenschaftlichen Untersuchung der objektive wissenschaftliche Zweck leicht genug als einzige Funktion dargestellt werden könne, und es unnötig sei, durch Betonung irgendwelcher außerwissenschaftlicher Wirkungen nach irgendeiner Seite, und in unserem Fall noch überdies nach der zahlungsfähigen, anzustoßen. Aber auf die Gefahr hin, daß durch diese eben begonnene Erörterung mein Vorschlag gewissen Kreisen in Erez Israel und außerhalb bloß deswegen mißfallen sollte, und selbst wenn ich der Meinung wäre, daß durch ein Verschweigen an einer zentralen Stelle das Gefallen dieser Kreise gewonnen werden könnte, scheint es mir unerläßlich, darauf hinzuweisen: Bei keiner kulturellen Unternehmung ist es gleichgültig, unter welchem sozialen Aspekt sie begonnen und gefördert wird; auch nicht bei der Wissenschaft und schon gar nicht bei der Wissenschaft von der Erziehung. Gewiß ist: Die empirischen Ergebnisse wissenschaftlicher Untersuchungen sind unabhängig von jeder nationalen und kulturellen Bindung, von jeder sozialen Gesinnung. Aber ihre Fragestellungen sind innig von diesen Faktoren abhängig. Ein Institut für Pädagogik, das der sozialistischen Ordnung, den arbeitenden Menschen dienen will, *forscht*, wo dasselbe, das der Rentabilität des privaten

Kapitals dienen muß, *glaubt*. Und was wir im Lande beim Aufbau des Erziehungswesens brauchen, ist freilich zunächst wissenschaftlicher Geist in Verwaltung, Schule und Lehrerbildung, wissenschaftlicher Geist der Empirie und des konkreten Detailarbeitens überhaupt – aber er wird nicht zugleich dem Aufbau der sozialen Ordnung dienen, er wird diesen hindern, wenn er sich nicht verknüpft mit einem bestimmten sozialen Wollen, ja er wird sonst nicht einmal der pädagogischen Entwicklung dienen, sondern gebannt in den Raum der Bibliothek und des Laboratoriums, eng, abstrakt und schließlich stockig werden. Die Wissenschaft, so sehr sie als geistiges Phänomen an sich damit nichts zu tun haben mag, sie ist als soziale Erscheinung allemal, und wäre es auch nur bis zu einem gewissen Grad, Instrument jener sozialen Entwicklung und Auseinandersetzung, die man heute Klassenkampf nennt, und es kommt alles darauf an, welchem Partner sie als Kampfmittel dient, ob sie die Vergangenheit vergewaltigt, sich noch ein Stündlein Gegenwart zu ertäuschen, oder ob die Zukunft ihrer Hilfe ein schnelleres Heutewerden verdankt.

Eingangs wurde betont, daß hier nicht ein beliebiger Vorschlag, der ausgeklügelt und zusammengedacht ist, gegeben werden soll, sondern daß ich versuche, eine Einrichtung zu schildern, die so oder ähnlich aus den vorhandenen Bedingungen erwachsen dürfte. Und gerade darum, weil zu erwarten ist, daß dieses Institut irgendwoher und irgendwie – wenigstens in seinen bisher geschilderten konkreten Arbeiten – sich entwickeln wird, ist es nötig, deutlich zu betonen, daß nur eine Wahl ist: entweder wird sein Tun und Bemühen Arbeit und soziale Gemeinschaft im Lande bewußt fördern, oder es wird sie stören, wenn nicht nach ameriko-europäischem Vorbild vergewaltigen, und zwar gewiß nicht als ausgesprochenes Ziel, nicht einmal als ausdrücklich zugestandene Nebenerscheinung, sondern gedeckt durch ein strahlendes Schild von Phrasen über die Objektivität der Wissenschaft, über die politische – wie man statt „soziale" sagen wird – Neutralität der Erziehung. Das gilt es zu verhindern. Noch darf man hoffen, daß eine „aufbauende" Verhinderung möglich sein wird, daß die Arbeiterschaft und ihre Lehrerschaft Menschen, Einsicht und Einfluß genug haben werden, um rechtzeitig jenes pädagogische Forschungsinstitut zu errichten, das ihnen dient. Gelingt das nicht, so wird das andere, wenn es begründet werden sollte, zu bekämpfen sein – in dieser oder in jener, gewiß aber in nachdrücklicher Weise. Das unterscheidende Erkennungsmerkmal für die soziale Gesinnung eines pädagogischen Forschungsinstitutes ist aber, was es arbeitet und wie es arbeitet, um Produktivierung und soziale Gemeinschaft durch Erziehung zu erzeugen.

Somit können wir die Darstellung der Aufgaben fortsetzen, die das Institut zu leisten haben wird, da klar ist, welcher Gesinnung allein es sein darf. Die Verknüpftheit des Instituts mit den praktischen Aufgaben und ein gewisses Mißtrauen gegen die Lehr- und Erziehungsmethode der „bürgerlichen" Staaten Europas und Amerikas wird die Aufmerksamkeit der wissenschaftlich Tätigen nicht bei der Kinderpsychologie stehen bleiben lassen – von der im Grunde bisher die Rede war –, sondern sie zur Untersuchung der eigentlich pädagogischen Vorgänge führen. Denn jenes Mißtrauen hat nur eine fruchtbare Weise sich auszuwirken: indem es die behaupteten Erfolge der üblichen Maßnahmen kritisch und empirisch untersucht. Also nicht allein ein Inventar des Schulwesens, eine gründliche Untersuchung des Zustandes der Kinder und Jugendlichen vorzunehmen, ist Aufgabe des Instituts, sondern auch die Feststellung, wie weit nun dieses Schulwesen diese Kinder tatsächlich im Sinne eines bestimmten Ideals erzieht. Der Sprachunterricht, die allgemeinen Kenntnisfächer nach Inhalt und Methode, ebenso wie die organisatorischen Fundamente: Klassen, Noten, Prüfungen, Lehrpläne, Stundenpläne, Strafen, Belohnungen und das ganze System der disziplinären Maßnahmen, und schließlich die sozialen Grundlagen des Schulwesens, die Einteilung in niedere und höhere, das Berechtigungswesen, die fachliche Vor- und Fortbildung, Berufswahl und -auslese, all dies unter gleichmäßiger Berücksichtigung der bewußten und der unbewußten durch Milieu, Beruf, Gesellschaft wirkenden Faktoren muß allmählich in den Forschungsbereich des Instituts einbezogen werden. Es muß festgestellt werden, wieweit diesen Methoden und Inhalten tatsächlich Kraft der Veränderung der kindlichen und jugendlichen Entwicklung innewohnt, und in welcher Richtung diese sich bewegt, ob nicht, was als bewährte Methode zur Erreichung eines ideellen, allgemein menschlichen, kulturellen Zwecks angegeben wird, in Wahrheit zwar nicht diesen, wohl aber einen nur im Interesse der herrschenden Klasse liegenden in aller Heimlichkeit und Verborgenheit erreicht. Vor allem dann werden solche Forschungen von institutswegen einzusetzen haben, wenn irgendwo für den naiven Blick des Nichtpädagogen eine konkrete palästinensische Aufgabe in gewissen Widerspruch mit den importierten (allgemein europäischen) Anschauungen oder Einrichtungen zu geraten scheint; wenn die quasi-Fachleute der Pädagogik eine aufkeimende originelle Lösung durch ihre „bewährten“ Weisen unterdrücken wollen. Dann wird die Untersuchung einsetzen, ob diese oder jene, ein ausschließlich Richtiges in Händen zu haben, mit Recht behaupten dürfen. Wissenschaftliche Gutachten werden es vor allem sein, die zu erstatten in dieser Beziehung des Instituts wichtige Aufgabe sein wird. Um hier ernsthaft und gründlich entscheiden zu können, wird es nötig sein, daß das Institut sich allen Schematisierungsversuchen, die etwa in Zukunft noch stärker auftreten mögen, als es heute schon beginnt, bis zu einem gewissen Grade widersetze. Es muß eine gewisse Freiheit der Methoden und Einrichtungen den Lehrern und Organisatoren im Lande gegeben sein, soll nicht alles Bemühen in der uniformierten Unzulänglichkeit des Abendlandes ersterben. Aber solche Versuchsstätten und Versuchsschulen müssen unter der wissenschaftlichen Kontrolle des Instituts stehen, sie vor allem und nachhaltiger als andere, damit sich erweise, was törichter und verderblicher Einfall, was an einem Ort oder bei einem Menschen zulässig, aber nicht maßgeblich für einen weiteren Kreis, und schließlich, was wertvolle Neuerung von Bestand ist.

Gilt dies alles auch allgemein, so dennoch insbesondere für die Erziehung zur Arbeit und zur Gemeinschaft. Wohl wird, nicht erst seit neuestem, aber eben jetzt besonders viel, von Arbeitsschule, Arbeitsunterricht u. dgl. in Europa und allerorts sehr viel gesprochen und nicht Unbeträchtliches getan, aber aus vielerlei Gründen doch nicht das

Entscheidende[4]. Noch gibt es trotz mancher Verwendung der Arbeit im Unterricht keine systematische Erziehung zu ihr, keinerlei Methodik der beruflichen Vorbildung, keinerlei fundierte Erkennung und Beeinflussung der Begabung, ja der einfachen Eignung zu einer wirtschaftlichen Tätigkeit. Wenigstens keinerlei auf empirischer Erkenntnis gegründete Praxis. Alles ist dem Zufall und den Bedürfnissen einer planlosen Konkurrenzwirtschaft anheimgegeben. Auf diesem Gebiet fehlt noch jede primitive Grundlage, und doch ist es für unsere Erziehung, für unsere Wirtschaft und unsere Gesellschaft schlechthin Anfang und Grundlage. Gerade hier wird das Institut von Grund auf und eifrig zu schaffen haben; und gerade hier wird sich zeigen, ob es mehr, ob es sozial Bedeutsameres zu leisten vermögen wird, als kleine Verbesserungen am Schulwesen der höheren Stände oder im luftleeren Raum wachsende Theoreme.

Daß Sozialismus mehr ist, als eine bestimmte oder auch sehr unbestimmte Wirtschaft, daß er überdies auch eine Sache des Geistes und der Seele und darum der Jugend und der Erziehung ist, weiß man in Erez Israel gewiß lebendiger als sonstwo. Daß dies bessere Wissen aber nicht verloren gehe in zweifellos bevorstehenden Kämpfen um die Wirtschaft, in den zweifellos bevorstehenden Zeiten bitterer wirtschaftlicher Not, wird an seinem bescheidenen Teil auch Aufgabe des Instituts sein. Zwar nur indirekt, aber nachdrücklich wird es dahin zu wirken haben, indem es die Grundsätze der Erziehung zur wahren Gemeinschaft zu erforschen sich von Anfang an wird bereitfinden müssen; indem es aus den Erfahrungen der neuen Erziehungsanstalten in Europa und Amerika, die in ihrer Heimat tausendfach angefochten und bedrückt werden, eben wegen des neuen Gehalts ihrer Organisationsform, wegen des neuen Geistes im Verkehr der erwachsenen und unerwachsenen Menschen ihres Bereiches, der eine keimhafte Vor-

4 Vergleiche zu diesem Punkt den Aufsatz von Erwin Kohn „Entwurf einer Arbeitsgemeinschaft für wissenschaftliche Wirtschaftserziehung" (in: Der Jude, 5. Jg., Berlin/Wien 1920/21, S. 565–576) und dessen ausführliche Arbeit „Wirtschaftserziehung" (nicht ermittelt). Vgl. unten im vorliegenden Band das Programm „Wirtschaftserziehung" des Jüdischen Instituts, S. 417ff.

wegnahme des künftig – so hoffen und wollen wir – allgemeinen Verhaltens der Menschen in Gemeinschaft ist, nur verborgen und fast ausgeschieden aus dem öffentlichen pädagogischen Bewußtsein: indem es aus den Erfahrungen der beabsichtigten und von selbst wachsenden neuen Erziehungsformen und -versuche im Lande durch unermüdetes Beobachten, Versuchen und kritisches Abwägen langsam das gesicherte System der neuen, der Erziehung zur Gemeinschaft schaffen wird.

Dies etwa sind die Arbeitsgebiete des Instituts, die es freilich nicht am Tage seiner Gründung alle zugleich und gleich intensiv in Angriff nehmen wird, die sich vielmehr langsam und stetig, so wie ihm Menschen, Mittel, Erfahrungen und Ideen zuwachsen werden, auseinander und miteinander entwickeln werden. Es hieße diesem natürlichen Wachsen vorgreifen, wollten wir versuchen, hier ein in sich geschlossenes System der Aufgaben eines pädagogischen Forschungsinstituts zu geben, und lieber sei dies und jenes unerwähnt, das uns selbst oder dem Leser vor allem wichtig erscheinen mag – wenn nur der Eindruck vermieden werden kann, als wären die vorliegenden Seiten in irgendeiner Weise vorlaut und vorgreiflich, wo doch in Wahrheit nichts anderes gemeint ist, als daß sich in der ungefähren Richtung des Gesagten, von Umständen und Menschen bedingt, das ergeben möge, was irgendwie den Weg zum Idealbild der Erziehung bahnt.

Wie nun müßte ein Institut solcher Art organisiert sein? Wer sollten seine Mitarbeiter, wie soll seine Einrichtung im Inneren und nach außen sein? Dies ist nicht für alle Abteilungen zugleich zu beantworten, sondern vielmehr wird dies die organisatorische Aufgabe sein, die dem Institut gestellt ist, durch sparsame und überlegte Einrichtungen Sorge zu tragen, daß aller entbehrliche Aufwand gespart werde zur reichlichen Versehung des Unentbehrlichen. Das Archiv wird zur Einrichtung und zur Fortführung einen Beamten brauchen, der seinen Beständen sachgemäß jenes Maß von Sorgfalt, Kenntnis und Zeit widmen wird, durch das allein eine weitschichtige Häufung von Papier und Material mannigfaltiger Art zu einer benutzbaren und nützlichen, zu einer allein schon durch ihre Anlage erziehenden und belehrenden Einrichtung wird. Ihm wird, er heiße Assistent des Instituts, auch die Ordnung der Bibliothek, die organisatorische Korrespondenz, der Verkehr mit Gruppen und Einzelnen, Ausstellungen, Informationen und Auskünfte obliegen. Von aller mechanischen Arbeit, deren ein solches Unternehmen die reiche Fülle verlangt, von allem Schreiben, Bezeichnen, Stempeln, Schneiden und Kleben muß er grundsätzlich frei sein. Er muß den Überblick behalten, er muß Bücher und Material kennen, er muß Zeit haben, solche Kenntnis zu erwerben und weiterzuleiten. Sparsam ist es in diesem Fall, wenn dem Assistenten so viel Arbeitskräfte beigegeben werden, als nötig ist, als ihm vernünftigerweise nötig erscheinen mag. Um das Archiv so zu führen, wie die verschiedenen Aufgaben des Instituts verlangen, bedarf es der Autorisation durch die Verwaltung, muß es gleichzeitig das Archiv der palästinensischen oder wenigstens der jüdischen Erziehungsverwaltung sein. Alle amtlichen und halbamtlichen Berichte, Korrespondenzen und Akten gelangen in ihm zur Niederlage, alle Enquêten, die von ihm ausgehen, haben amtlichen oder offiziösen Charakter.

Die Forschungsarbeit des Institus wird nicht bei Beamten liegen. Sie muß der spontanen Tätigkeit von Lehrern und allen anderen im Erziehungswesen arbeitenden Menschen entspringen. Das Institut wird Mitglieder haben in den Städten, in den Kolonien, vielleicht auch auswärts, Lehrer, Kindergärtnerinnen, Ärzte, Pflegeschwestern, Jugendführer – ja vielleicht Landarbeiter, Handwerker, Schriftsteller, Parteileute, kurz, unabhängig vom Ort, vom Alter und vom Beruf, solche, die teilnehmen an den Forschungsarbeiten und die durch eine oder die andere wissenschaftliche Arbeit bewiesen haben, daß sie die Probleme zu erfassen vermögen, daß sie gelernt haben, was geistige Arbeit, was wissenschaftliche Methode ist. Sie mögen Mitglieder des Instituts heißen. Sie werden in stetem Verkehr mit dem Institut stehen, persönlich oder schriftlich; sie werden untereinander in Verbindung stehen, einander fördern und ergänzen; sie werden Materialien, Beobachtungen, Versuchsergebnisse dem Institut mitteilen oder übergeben und von ihm die Resultate der Arbeit anderer anfordern und erhalten. Bücher, Zeitschriften, Untersuchungs- und Studienmittel werden sie vom Institut bekommen oder auch gegebenenfalls ihm zur Verfügung stellen. An den pädagogischen Tagungen im Lande, oder auch an eigenen Zusammenkünften werden, ähnlich den wissenschaftlichen Kongressen, die Ergebnisse dieses Forschens und Meinens bekanntgemacht werden, aber auch, anders als auf den üblichen Kongressen, Grundlinien für künftige gemeinsame Arbeiten, Prinzipien für einander ergänzende Untersuchungen angegeben werden; andererseits versucht werden zu formulieren, was zur Lösung eines Problems geleistet ist, was noch aussteht. Diese Mitglieder des Instituts sind, wohlgemerkt, nicht seine Beamten, sondern vielmehr sie sind in ihrer Gesamtheit das Institut selbst. Sie werden nach bestimmten Maßstäben für wissenschaftliche Leistungen neue Mitglieder ernennen und einen sehr weitgehenden Einfluß auf die Führung der ganzen Anstalt haben. Sie alle aber sind nicht ausschließlich für das Institut tätig, sondern jeder von ihnen hat seinen Beruf, mancher sogar einen von seiner wissenschaftlichen Arbeit im Dienste des Erziehungswesens sehr abliegenden Erwerb, und widmet nur einen Teil seiner Arbeitskraft und -zeit dieser Forschertätigkeit. Soll ein solcher Organismus aber stetig und organisch funktionieren, so bedarf er einer gewissen Anzahl von mehr oder weniger ständig ihm Verpflichteten. Die Mitglieder werden darum aus ihrer Mitte einen oder den anderen wählen, der für diese Arbeit besondere Neigung hat, und ihn zum haupt- oder nebenamtlichen Beamten des Instituts machen. Diese – sehr wenigen – Beamten werden Referenten für gewisse Spezialthemen oder Leiter gewisser Abteilungen sein. Es wird völlig von den Geldmitteln und vom Umfang der zu bewältigenden Arbeit, vom Grad des Interesses der jüdischen Erzieherschaft abhängen, wie groß die Zahl dieser Referate und Abteilungen sein wird; aber man kann sich leicht vorstellen, daß ein Arzt für die physiologischen und hygienischen Fragen und ein Nationalökonom und Techniker für die Probleme der Wirtschaftserziehung nötig, Referenten für Heilpädagogik, für experimentelle Didaktik, für Pädagogiegeschichte, für Schulbau, für die einzelnen Lehrfächer und Lehrmethoden wünschenswert sein werden. Die Leitung des Ganzen wird notwendigerweise einem ausschließlich dem Institut sich widmenden Beamten übertragen sein müssen, ob dieser Vorstand nun bloß einen Assistenten mit dessen technischer Hilfskraft oder überdies noch einen Stab von Referenten und Abteilungsleitern zur Seite haben wird.

Um die Erziehung zu wissenschaftlichem Geist an der Erzieherschaft des Landes ausüben zu können, wird das Institut durch seine Beamten und Mitglieder ein System von Vorlesungen abhalten lassen und die Schüler der Lehrseminare und die jungen eben in die Praxis getretenen Lehrer an diesen Vorlesungen teilnehmen lassen und sie unter Aufsicht des Vorstandes, des Assistenten oder der Referenten zu den wissenschaftlichen Untersuchungen des Instituts heranziehen, so daß sie nach ein oder zwei Jahren zu selbständiger Forschung befähigt oder wenigstens für ihren pädagogischen Beruf tiefer gebildet sein werden, als einer, der niemals gelernt hat, die entsagungsvolle, Geist und Seele disziplinierende Arbeit zu tun, die wir wissenschaftliche Methode im Denken und Beobachten nennen. Diesen Geist auch über die kurze Ausbildungszeit hinaus lebendig zu erhalten, wird das Institut zur gegebenen Jahreszeit an Provinzorten pädagogische Filialhochschulen einrichten, an denen nicht so wie an den Tagungen des Institutes die speziellen Forschungsprobleme, sondern die allgemeinen Fragen der Pädagogik und die Resultate der Forschung nicht allein Mitgliedern des Institutes, sondern einem weiteren Kreis pädagogisch Tätiger und Interessierter vermittelt werden.

So wird das Institut eine wichtige Funktion in der Lehrerausbildung erfüllen; wir haben gezeigt, daß es auch der Verwaltung wichtige Dienste abzunehmen oder zu leisten haben wird durch sein Archiv und seine gutachtlichen Untersuchungen; erwähnen wir noch, daß es aus der Diaspora aufzunehmen haben wird Ideen, Erfahrungen, Methoden, Bücher und Menschen, daß es in sie hinauszuwirken, absichtlich oder unabsichtlich, nicht wird vermeiden können und daß beides durch irgendwie organisierte Stellen an den Zentren der Diaspora wird geschehen müssen, so haben wir die Grenze erreicht, bis zu der ein konkreter und organisch unphantastischer, aktueller, realisierbarer Entwurf gehen darf. Denn die völlige Vereinigung von Forschung, Verwaltung und Lehrerausbildung in einer einzigen großartigen Institution, so sehr sie mir als das einzig richtige und notwendige erscheint, die innige Verknüpftheit zwischen dem Lande und denen außer seiner Grenzen, so sehr sie mir als schöne und fruchtbare Zukunft vorschwebt – es sind meine Wünsche und vielleicht vieler tausender anderer, aber sie sind noch nicht reale im Ansatz schon heute sichtbare Zukunft, wie dieses gewiß recht anspruchslose und beschränkte, aber ebenso gewiß fruchtbare und mögliche pädagogische Forschungsinsitut.

ERRICHTUNG EINER WISSENSCHAFTLICHEN STUDIEN- UND VERSUCHSSTELLE BEIM EDUCATION-DEPARTMENT IN EREZ ISRAEL

Memorandum an das Engere Aktions-Comité der zionistischen Organisation

(1920)

Überreicht von Dr. Siegfried Bernfeld

Die Aufgaben des Education-Department und die Methoden seiner Arbeit decken sich nicht völlig mit denen der Unterrichtsverwaltungsbehörden anderer Länder. Und dies liegt nicht bloß darin begründet, daß es sich bei uns nicht bloß um die Funktion eines Unterrichtsministeriums in einem normalen Staatsgebilde handelt, vielmehr um solche, die einerseits weit dahinter zurückbleiben und andererseits weit darüber hinausreichen (z.B. Diasporaarbeit, insbesondere Förderung des Hebräischstudiums an allen Orten). Sondern auch dann, wenn das Education-Department in Erez Israel seinen Sitz und seine hauptsächlichsten Agenden haben wird, werden ihm gewisse Aufgaben zufallen – wenigstens eine Zeit lang –, die im strengsten Sinne des Wortes einer Verwaltungsbehörde nicht zugehören, oder nicht zugehören müssen. Denn es wird vielfach nicht allein das Bestehende zu ordnen und zu kontrollieren haben, sondern es wird auch genötigt sein, Neues anzuregen, vielleicht sogar zu schaffen; es wird gezwungen sein, Neues zu unterstützen oder zu unterdrücken. Dabei wird es sich zweifellos oft um Tatsachen, Forderungen, Einrichtungen, Mittel und Methoden handeln, die gänzlich neu sind, d.h. für die es wegen der eigenartigen Bedingungen des jüdischen Erziehungwesens in Erez Israel keine Erfahrungen in Europa und Amerika gibt. Und auch in jenen Fällen, wo es sich um Übernahme bestehender Tatsachen handelt, wird häufig eine Veränderung nötig sein, für die eine sichere Erfahrung anderwärts fehlt, oder wo die anderwärts gemachten Erfahrungen auf die jüdischen bzw. palästinensischen Verhältnisse nicht ohne weiteres anwendbar erscheinen. Dazu kommt, daß das Education-Department als eine *aufbauende* Verwaltungsbehörde ein größeres Bedürfnis als sonst Verwaltungsbehörden haben wird, mit den Erziehungseinrichtungen anderer Länder und mit den Resultaten der wissenschaftlichen Pädagogik in unmittelbaren Zusammenhang zu treten.

Das Education-Department befindet sich demnach in einer ähnlichen Lage wie die zionistischen Verwaltungsstellen für Landwirtschaft, Industrie und Hygiene und muß von Anfang an, soll es seinen Aufgaben nachhaltig gewachsen sein – so wie jene landwirtschaftliche Versuchsstation wissenschaftlich-statistische oder medizinisch-hygienische Forschungsstätten eingerichtet hat –, seinerseits sich eine, und wäre es auch nur bescheidene, wissenschaftliche Studien-, Forschungs- und Versuchsstelle schaffen. D.h. es muß in seinem Beamtenstand neben Verwaltungsfachleuten und praktischen Schulmännern auch einen und den anderen hauptamtlich bestellten wissenschaftlichen Pädagogen und Psychologen besitzen, dem eine Arbeitsstätte und die nötigen Mittel, sowie ein (und wäre es auch nur sehr bescheidenes) Institut für pädagogische Forschung und Studien zur Verfügung stünde.

Dieses Institut, das ähnlich wie die entsprechenden amerikanischen und deutschen Institutionen „Institut für Jugendkunde und pädagogische Forschung" heißen könnte, hätte zunächst die folgenden Aufgaben oder Referate dem Education-Department zu leisten:

1. Evidenz: Es hätte eine (archivarisch durchdachte) Übersicht über das jüdische Erziehungswesen, in erster Linie in Palästina, in zweiter Linie in der Diaspora, in dritter Linie über das nichtjüdische Erziehungswesen in Palästina zu bieten, und zwar in dem Umfang, der für die Aufgaben des Education-Departments nötig ist und der vom Standpunkt einer künftigen Geschichtsschreibung des jüdischen Erziehungswesens wünschenswert erscheint. Es wird also Materialien zu sammeln und zu ordnen haben, die sich auf das genannte jüdische Schul- und Unterrichtswesen beziehen, auf die Säuglings-, Kinder- und Jugendfürsorge, auf die Strömungen innerhalb der Jugend (Jugendbewegung), auf die Lehrervorbildung und -fortbildung, auf Lehrbücher,

Lehrmittel, Lernmittel, Jugendlektüre, Spiele, auf die bezüglichen Vereine und Lehrer- und Erzieherpersönlichkeiten, auf die pädagogischen Strömungen innerhalb der verschiedenen Bevölkerungskreise, der jüdischen Parteien, Zeitungen, Repräsentationskörperschaften usw.

2. *Information:* Das Institut wird Material bereitzustellen haben (u.zw. teils grundsätzlich, teils von Fall zu Fall) über Einrichtungen, Erfahrungen, Forderungen und Strömungen des Erziehungswesens und der wissenschaftlichen Pädagogik in den wichtigeren Ländern. Dabei werden die konkreten Aufgaben des Education-Departments insbesondere zu berücksichtigen sein, z.B. Sprachunterricht, Erziehung zur Arbeit, landwirtschaftliche und industrielle Fachschulen, Lehrbücher usw.

3. *Gutachten und Vorschläge:* Hier wird es sich darum handeln,

a) Organisationspläne, Methoden, Lehrmittel, Jugendschriften u. dgl. zu prüfen, ob sie den Anforderungen und Erfahrungen der pädagogischen und psychologischen Wissenschaft entsprechen, um das junge jüdische Erziehungswesen vor überflüssigen Fehlern und Schwierigkeiten zu bewahren;
b) gegebenenfalls Versuche und Untersuchungen mit den bewährten pädagogischen und psychologischen Forschungsmethoden vorzunehmen, um dem Education-Department das Urteil über gänzlich oder teilweise neue Angelegenheiten auf einer objektiven, wissenschaftlichen Basis zu ermöglichen;
c) Vorschläge zu unterbreiten, die sich aus den Erfahrungen der wissenschaftlichen Pädagogik ergaben oder aus eigens dazu unternommenen Untersuchungen als wünschenswert erweisen.

4. *Aufklärung:* Auf die Dauer sind Erziehungseinrichtungen nicht haltbar, die nicht von dem zustimmenden Verständnis der Lehrerschaft und der Bevölkerung getragen werden. Es wird demnach die Aufgabe des Instituts sein, wissenschaftlichen Erziehungsgeist im Judentum, vor allem aber unter Eltern und Lehrern, zu verbreiten; insbe-

sondere von Fall zu Fall solche Maßnahmen des Education-Departments, die nicht unmittelbar dem Verständnis der betroffenen Bevölkerungskreise verständlich sind, durch eine entsprechende Propaganda zu begleiten.

Diese sehr wichtigen und fruchtbaren Aufgaben könnten mit verhältnismäßig sehr geringen Mitteln durchgeführt oder wenigstens begonnen werden. Es wären ungefähr nötig:

An *Personal*: ein wissenschaftlich geschulter Pädagoge bzw. Psychologe, hauptamtlich als Referent für Jugendkunde und Leiter des Institutes; ein oder zwei wissenschaftliche Hilfskräfte, hauptamtlich (Assistenten), von denen einer pädagogisch-psychologisch *und* archivarisch gebildet ist bzw. ausbildbar wäre (am besten ein Student der letzten Semester oder ein junger Doktor), der andere Dr. med., womöglich mit schulhygienischer Vorbildung; eine Stenotypistin; ein bis zwei unqualifizierte Hilfskräfte für archivarische, Schreib-, Kleb-, Numerierarbeiten.

An *Räumlichkeiten*: je ein Arbeitszimmer für Leiter und Assistenten; ein Laboratoriumsraum; zwei bis drei Räume als Depots, Bibliothek usw.

An *Inventar*: außer dem Selbstverständlichen (Regale, Schreibmaschine usw.) die einfachen psychologischen und anthropologischen Messungsapparate, die wichtigsten Zeitschriften und Zeitungen und schließlich festgesetzte Beträge zur Anschaffung von Büchern, Broschüren und Materialien für Punkt 1. und 2. der Aufgaben.

Was hier vorgeschlagen wird, ist keineswegs neu. Das deutsche Unterrichtswesen besitzt neben zahlreichen Universitätsseminaren und -instituten für Jugendkunde und wissenschaftliche Pädagogik ein reichdotiertes staatliches Zentralinstitut für Erziehung und Unterricht in Berlin. In Amerika sind neben den sehr zahlreichen Institutes of Child-Study in vielen Städten Stadt-Schul-Psychologen und in den Boards of Education der einzelnen Staaten die scientific referents bzw. deren Büros mit den gleichen Aufgaben betraut. Und die sub 1. und 2. genannten Funktionen wird das Education-Department schon jetzt wahrscheinlich irgendwo organisiert haben und in der Folge immer umfangreicher fortführen müssen. Nur das eine würde vielleicht erwogen werden müssen: Ob nicht besser die sub 3.

und 4. genannten Aufgaben *gänzlich* und die sub 1. und 2. genannten *teilweise* dem Pädagogischen Institut der Universität oder dem Lehrstuhl für Pädagogik und Psychologie an einer der Lehrerbildungsanstalten überwiesen werden sollten.

Demgegenüber wäre zu bemerken, daß vermutlich das jüdische Erziehungswesen in Erez Israel nicht so reich dotiert sein wird und nicht solchen Überfluß an fähigen Fachleuten besitzen wird, um eine Zersplitterung zu vertragen, die in Europa und Amerika – übrigens auch hier schädlich und bekämpft – herrscht. Es wird daher nötig sein, ähnliche Institute mit sich teilweise deckenden Aufgaben zusammenzulegen. Es wird also das Pädagogische Institut der Universität und der Lehrerbildungsanstalt verschmolzen werden müssen mit den archivarischen und wissenschaftlichen Aufgaben des Education-Departments. Und dies um so mehr, als

– *einerseits* nichts für das künftige Erziehungswesen in Erez Israel wichtiger ist als eine innige Verknüpfung von Verwaltung und Wissenschaft in den Anfängen;

– *andererseits* jederzeit eine Aufteilung der sich entwickelnden Keimzelle auf verschiedene Organisationen leichter möglich ist, als die eventuell später nötige Verbindung verschiedener Keimzellen zu einem Ganzen;

– *schließlich* derzeit weder die Universität besteht noch die Lehrerbildungsanstalt im Stande sein dürfte, jene Aufgaben zu übernehmen, wohl aber das Education-Department ein dringendes Bedürfnis nach einem wissenschaftlichen Referat empfinden muß, jedenfalls aber in seinem langsam wachsenden Archiv den ersten Keim zu der genannten Institution ohnehin schon besitzt.

HANDBUCH DER JÜDISCHEN JUGENDBEWEGUNG

– Ein Programm –
(1918/20)

Der Jüdische Verlag bereitet für den Herbst d. J. die Publikation eines „Handbuches der jüdischen Jugendbewegung" vor, dessen Redaktion Herrn Dr. Siegfried Bernfeld übertragen ist. Das Handbuch wird in seinem zweiten Teile eine vollständige Übersicht der in Deutschland und Österreich sich befindlichen jüdischen Jugendgruppen und Organisationen sowie von jenen Institutionen bringen, die sich mit Angelegenheiten der jüdischen Jugend zu befassen haben. Dieser Teil enthält nur dokumentarisches Material, und es dürfte für Ihren Verein von großem Wert sein, auch in diesem ersten Adressenbuch der jüdischen Jugend enthalten zu sein. – Wir ersuchen Sie daher, so rasch als möglich den beigelegten Fragebogen zu beantworten und umgehend an die angegebene Adresse zu senden. Die ausführliche Beantwortung des Fragebogens ist unerläßlich, da nur solche Organisationen aufgenommen werden können, von welchen uns spätestens am 1. April 1920 ein vom Ausschuß unterzeichneter Fragebogen vorliegt.

Der dritte Teil des Handbuchs wird den ersten Versuch einer Bibliographie der jüdischen Jugendbewegung und Erziehung sein. Eine solche Bibliographie ist die Voraussetzung für künftige Bearbeitung der Geschichte der jüdischen Jugend und damit eines Teiles der jüdischen Geschichte des letzten Jahrzehnts. Wir ersuchen Sie daher auch für diese Abteilung um Ihre Mitarbeit und bitten Sie, den beigelegten Bogen so ausführlich als nur möglich zu beantworten. Um die Bibliographie so vollkommen als möglich zu gestalten, als es für wissenschaftliche Zwecke wünschenswert erscheint, ist es notwendig, daß die genannten Bücher, Broschüren, Zeitschriften, Jahrbücher der Redaktion zur Einsicht vorliegen. – Sie würden uns daher zu großem Dank verpflichten und, wie wir überzeugt sind, der jüdischen Jugend einen großen und bedeutenden Dienst erweisen, wenn Sie das in Betracht kommende Material uns umgehend zur Einsicht einsenden wollten. Falls Sie es wünschen, übernehmen wir gerne die Verpflichtung, nach bestimmter Zeit das uns leihweise überlassene Material unversehrt zurückzustellen. –

Der Wert dieser Teile des Handbuchs ist ganz und gar davon abhängig, ob die Ausfüllung des beigelegten Fragebogens genau und schnell erfolgt. Wir glauben, daß Ihre Organisation sich in dieser Sache keine Lässigkeit zuschulden kommen lassen wird.

Für die Redaktion
des „Handbuchs der jüdischen Jugendbewegung"

1 Fragebogen

Handbuch der jüdischen Jugendbewegung

Fragebogen

1. Vollständiger Name: . . . .
2. Gebräuchliche Kürzung: . . . .
3. Sitz und genaue Anschrift: . . . .
4. Ortsgruppen mit genauer Anschrift: . . . .
5. Angeschlossene Vereine und Organisationen in Kartell mit (unter Angabe des vollen Namens, der gebräuchlichen Kürzung und der Anschrift): . . . .
6. Zweck des Vereins unter möglichst wörtlicher Anführung des Programms, der Satzung, des Gründungsprotokolls u. dgl.: . . . .
7. Name, Adresse, Beruf und womöglich Alter des Vereinsausschusses, evtl. des Zentralausschusses und der Ortsgruppen-Ausschüsse: . . . .
8. Programmatische Erläuterung zu Zweck der Organisation (im Höchstausmaß von 50 Druckzeilen): . . . .
9. Daten und Geschichte der Organisation, womöglich kurze zusammenhängende Darstellung, enthaltend

Gründungsdaten der Organisation und der Ortsgruppen, der an der Gründung beteiligten Personen (womöglich die Namen der bisherigen Präsidentialmitglieder), wichtige Tagungen, grundsätzliche Änderungen u. dgl., Übersicht über Mitgliederbewegung: . . . .

10. Gegenwärtige Mitgliederzahl (Alter, Geschlecht, Beruf und soziale Studien): . . . .
11. Inhalte der Vereinstätigkeit (Heimabende, Ausflüge, Zusammenkünfte, Fahrten etc.): . . . .
12. Besitzt der Verein ein eigenes Büro? (Angabe der genauen Adresse): . . . .
13. Besitzt der Verein ein eigenes Zusammenkunftslokal? (Bei eigenem Heim Angabe der Adresse, der Größe und der Art der Einrichtung [klubartig, Vortragssaal etc.], Photographien erwünscht): . . . .
14. Besitzt der Verein eine Bibliothek? (Wie groß, welcher Art ist sie, wem zugänglich und wieviel benützt? Womöglich Bücherverzeichnis beilegen): . . . .
15. Gibt der Verein für seine Mitglieder Nachrichten heraus? Geschrieben, hektographiert, lithographiert oder gedruckt? Seit wann, in welchem Umfange, unter welcher Redaktion erschienen sie? Gibt er eine allgemein zugängliche Publikation: Jahrbuch u. dgl. heraus? (Verlag, Charakter des Inhalts) Verzeichnis gelegentlicher Publikationen: . . . .
16. Besitzt der Verein ein Archiv, Sammlung von Erinnerungsgegenständen u. dgl. mehr (Umfang, Art der Sammlung und des Archivs, Beschreibung der Abzeichen, Farben, Fahnen, Zirkel, Vereinskleidung, Kappen u. dgl./Womöglich Photographien oder Einsendung der Originale): . . . .
17. Kurze Besprechung der Stellung der Organisation zu den jüdischen Parteien und der verschiedenen Gruppen der jüdischen Jugendbewegung: . . . .
18. Name, Beruf der ehemaligen Mitglieder der Organisation, die gegenwärtig im öffentlichen Leben stehen: .

DAS JÜDISCHE INSTITUT FÜR JUGENDFORSCHUNG

– Arbeitsprogramm – (1920/21)

So ziel- und systemlos sich nach den bisher gehaltenen Referaten unsere Arbeiten einem von außen Kommenden zeigen müssen, ist – so glaube ich doch – unsere Arbeit nicht. Denn wenn auch der eine hier, der andere dort, der dritte an dieser, der vierte an anderer Stelle arbeitet, so gibt es doch ein – allerdings weites – System, in das sich all diese Arbeiten einpassen und einfügen, und so scheint es mir, als ob doch alle mehr oder weniger bewußt auf unser – weitgestecktes – Ziel hinarbeiten. In diesem Sinne fügt sich auch in das System und in unsere Arbeit ein Institut für jüdische Jugendforschung ein.

I.

Ein Erziehungswerk, wenn es überhaupt in unserem Sinne etwas bedeuten soll, braucht schlechthin ein Institut für pädagogische, psychologische und soziologische Forschung: ein Institut für Jugendforschung. Denn nur auf Grund pädagogischer, psychologischer und soziologischer Forschung ist es möglich, jenes Erziehungswerk zu errichten, das uns vorschwebt und es der Verwirklichung nahezubringen – und wäre es auch nur um den kleinsten Schritt, den wir erstreben. So soll denn das Institut für Jugendforschung sich in das jüdische Erziehungswerk, in das Erziehungswerk des jüdischen Volkes einstellen; es soll ihm dienen und soll aus den Ergebnissen seiner Untersuchungen und Forschungen heraus es belangvoll einzurichten mithelfen.

Ist so seine Einstellung und Verwurzelung in das jüdische Volk festgestellt, so dürfte von vornherein jene so häufig gestellte Frage, warum man sich gerade mit *jüdischer* Jugendforschung und nicht mit der Wissenschaft *als solcher* befaßt, beantwortet sein. In ihrer Beantwortung liegt nicht die Erklärung, als würde man sich nur mit jüdischer Jugendkunde und der Ignorierung der anderen Völker, der *allgemeinen* Jugendkunde, befassen. Im Gegenteil: All dies liegt eingeschlossen in den Aufgaben des Instituts – so wie auch hoffentlich die jüdische Pädagogik auf Berthold Otto, Gustav Wyneken und Stanley Hall basieren wird; sie bezeichnet nur den Aufgabenkreis, der innerhalb des Erziehungswerkes des jüdischen Volkes liegt und drückt die Bereitwilligkeit zur Erfüllung desselben aus.

Es sei hier gar nicht davon gesprochen, daß die Größe und Menge der Mittel, die Anzahl der Mitarbeiter und alle anderen technischen Dinge ein Institut für jüdische Jugendforschung beinahe überhaupt als Wunschphantasie erscheinen lassen, so daß auch in dieser Hinsicht die Konkretisierung in bescheidener Beschränkung – es bleibt noch soviel übrig und so weit sind die Grenzen, daß auch dies alles nicht leicht zu fassen sein wird – einen Schritt nach vorne zur Realisierung dieser Idee und nicht als willkürliche Verpflanzung dieser auf das jüdische Volk und eine Abtrennung erscheinen lassen. – Auch eine andere Frage, nämlich die, daß durch die Zerstreuung des jüdischen Volkes über die ganze Welt eine Kenntnis der Verhältnisse seiner Wirtsvölker unbedingt notwendig erscheint – was aber das vorhin Gesagte nicht aufhebt, da es sich nur um Hilfsuntersuchungen handelt –, bleibt an dieser Stelle unerörtert.

II.

Die Aufgaben, die sich ein Institut für Jugendforschung – es sei dieses oder ein anderes – zu stellen hat, ist die Jugendforschung bzw. die Verwertung ihrer Ergebnisse, die Übertragung auf das Erziehungswesen und der Kampf für die Durchsetzung dieser Forderungen. Wie das jüdische Erziehungswesen aussehen soll, dem zu dienen die Aufgabe des Instituts sein soll, ist hier weder nötig noch möglich des weiteren auszuführen. Daß es auf einer *anderen* Einstellung als der zur heutigen Jugend beruhen muß, erscheint uns sicher; denn die Auffassung und Bewertung des Zustandes „Kindheit" und „Jugend" ist das entscheidende Moment für die Einstellung des Menschen zum Erziehungswerk und zur Pädagogik. Davon, ob er im Kinde, im Jugendlichen das noch-nicht-fertiggewordene, halb lächerliche, halb merkwürdige Lebewesen sieht, nur zu dem einzigen Endziel lebend, vollkommener, fertiger – d.h. also erwachsener – zu werden, und daher jeden Ausdruck dieses Zustands als unfertig, dumm und unwesentlich betrachtet; oder ob ihm Jugend etwas Wesentliches, eine nur nach *eigenen* und nicht nach den Gesichtspunkten Erwachsener zu wertende Entwicklungsstufe ist, davon hängen die Anschauungen von Erziehungswerk und Pädagogik und die Anforderungen an dieselben ab. Während wir bei den anderen Völkern unsere Untersuchungen über die verschiedene Auffassung des Phänomens „Jugend" – denn es gibt verschiedene, was, wie wir eben gezeigt, von so ausschlaggebender Bedeutung für das Erziehungswerk und dadurch für die Gestaltung des Lebens eines Volkes ist – in die verflossene Geschichte des betreffenden Volkes einzustellen haben, so bleibt uns hier, beim jüdischen Volk, infolge seiner ganz eigenartigen Stellung noch zusätzlich die Untersuchung der Auffassung seiner verschiedenen Teile zur *gleichen* Zeit.

Diese Untersuchungen, nicht nur in diesem einzelnen Fall, sondern auch in anderem Belang, und eine Analyse derselben erscheint uns auch aus jugendkundlich-wissenschaftlichem Interesse nicht unwichtig für die Beurteilung des Zustandes des jüdischen Volkes: bewußter oder unbewußter Assimilation, größerer oder geringerer Rückständigkeit, höherer oder tieferer Kultur oder Zivilisation. Können wir im allgemeinen – schon durch die Vergegenwärtigung von Tatsachen bei den sogenannten Naturvölkern – sagen, daß die Auffassung von „Jugend" Zeiten und Völkern nicht gemeinsam ist, so glauben wir auch sagen zu können, daß es sowohl im Leben des jüdischen Volkes wie auch heute in anderen Teilen desselben andere Anschauungen und Einstellungen – begründet auf anderen Rechten und Pflichten der Jugend, auf einer anderen Stellung der Jugend in der Gesellschaft als in dem west-östlichen Teil, dem wir angehören – gibt und gegeben hat, welche Hypostasierung durch Untersuchungen zu beweisen sein wird. Hierher gehört auch der Hinweis auf die Funktionen, die die Jugend innerhalb und für die Gesellschaft verrichtet, da die Jugend manchmal besondere und nur ihr zukommende geistige und körperliche Aufgaben hat. Kurz sei auch hier auf die Trachtenkunde verwiesen, die uns Nachricht gibt von äußerlich sichtbar gemachten Unterschieden und Stufen. Es sei auch hingewiesen auf Pubertäts- und Geburtsriten beim jüdischen Volk; auf die Tatsache, daß das jüdische Individuum in der jüdischen Religionsgemeinschaft mit seinem 13. Lebensjahr als vollwertiger Mann, als Erwachsener gilt.

III.

War bisher von der Stellung der Jugend *innerhalb* der Gesellschaft der Erwachsenen die Rede – wobei uns allerdings als Wichtigstes erscheint Art, Maß und Mittel der Überführung der Jugend in die Gesellschaft, d. h. also: der Erziehung; und von einem wichtigen Faktor, nämlich von der Stellung der Jugend im Wirtschaftsleben, noch nicht gesprochen wurde, und worüber noch später zu handeln sein wird –, soll jetzt von den *Gesellschaftsformen der Jugend selbst*, von ihren Auswirkungen und ihrer Gestaltung, kurz: von der *jugendlichen Gesellschaft* gesprochen werden. Es gilt hier, alle jene spontan entstandenen Gruppen ohne Unterschied auf Dauer, Zweck, Tendenz, Organisation, äußerer und innerer Verfassung und Alter der Teilnehmer zu erfassen. Von der Spielgruppe der Kinder über Freundeskreis, Vereinchen, Verein, Organisation, Bünde, Zentralvereinigung zur Jugendbewegung. Alle diese von der Gemeinschafts*sucht* und dem Gemeinschafts*sinn* der Jugend hervorgerufenen Erscheinungen der Jugend zu beobachten, zu untersuchen, festzustellen, erscheint als eine der vornehmsten Pflichten des Instituts, soll doch unser Erziehungswerk jene Gruppen und Bünde nicht nur einschließen, nicht nur ihnen die Möglichkeit geben, innerhalb seiner Grenzen zu existieren, zu bestehen, zu leben, sondern auf ihnen aufzubauen, durch sie im Leben der Jugend zu verwurzeln.

Es ist bei der Untersuchung der sozialen Ausdrucksform

nicht der Ort, auf die Analyse und die psychologischen Gründe dieser Erscheinungen einzugehen. Hier handelt es sich nur um die Ausdrucksform, und hier müssen wir uns auch mit den Ausdrucksformen der Liebe, sie sei nun gleich- oder andersgeschlechtlich, befassen. Es kann aber wohl schon hier gesagt werden, daß die Untersuchungen über die gleichgeschlechtliche Liebe – drücke sie sich nun in schwärmerischer Freundschaft, in leidenschaftlicher Verehrung des Führers und Helden aus, oder finde sie ihre Auswirkung schon in der orgiastischen Kurve – heute noch unschätzbar wertvolles Material zur Erfassung und Erkenntnis der Schicksale des jüdischen Volkes, die durch solche inneren Vorgänge bedingt wurden, zu Tage fördern kann.

KORRESPONDENZBLATT

der Freunde des Jüdischen Instituts für Jugendforschung und Erziehung

Nr. 1

Wien, August 1920

Die Mitarbeiter des Jüdischen Institutes für Jugendforschung und Erziehung, die ehemaligen Lehrer und Helfer vom Kinderheim Baumgarten sowie alle direkt oder indirekt zum früheren Kreis „Jerubbaal" gehörigen Menschen bedürfen eines menschlichen Kontaktes. Zu seiner Aufrechterhaltung trotz räumlicher Entfernung schlagen wir die Herausgabe eines gemeinsamen *Korrespondenzblattes* vor.

Jeder möge darin regelmäßig berichten:

1. über seine Arbeiten;
2. über etwa geschriebene Bücher, Aufsätze, Artikel, über gehaltene wichtige Vorträge, eventuell mit ganz kurzer Inhaltsangabe;
3. über bemerkenswerte sachliche Eindrücke (z. B. besichtigte Schulen, Anstalten, wichtige Bücher usw.);
4. über den eventuellen Bedarf an Hilfskräften für eigene Arbeiten, zu Büchern, Literaturangaben usw.;
5. über sonstige allgemein interessierende Dinge und ähnliches.

Neben solchen Berichten könnte das Blatt bringen: kurze grundsätzliche Erläuterungen, Diskussionen, schließlich alle Mitteilungen des Institutes.

Zum richtigen Gelingen ist es nötig:

1. Korrektur und Ergänzung der hier folgenden Abonnenten-Vorschlagsliste.
2. Sofortige Anmeldung des Abonnements (auch für solche, die die erste Nummer aus irgendeinem Grunde nicht erhielten, die sich aber für die Sache interessieren.

3. Einsendung des Abonnementpreises für die ersten Nummern, das sind K 20,– d. ö. S. oder K 6,– cz. slov.
4. Einsendung aller in Betracht kommenden Berichte (möglichst knappe Stilisierung).

Für die Redaktion:

Gerhard Fuchs m. p. Frieda Schiff m. p.

Mitteilungen des Instituts

Adresse der Arbeitsleitung des Instituts bis auf weiteres: Gerhard Fuchs, Mährisch-Ostrau, Oderfurtergasse 6.

Die Landessammelstelle Deutsch-Österreich hat sich konstituiert. Leitung: Grünberg, Bondy, Inslicht.
Sammler und Mitarbeiter melden sich bis zur Bekanntgabe weiterer Bestimmungen bei einem Leitungsmitglied.

Literatur: Siegfried Bernfeld: „Universität und Volkskultur" („Arbeit" – Jahreskonferenznummer[1])

Sammler, Interessenten und Mitarbeiter in allen Orten wenden sich an die Arbeitsleitung. An diese sind auch Anfragen, wissenschaftlicher Arbeiten halber, zu richten.

Gerhard Fuchs, m. p.

Die „Aohduth Haawodah" wird in Wien ein Emigrationsamt errichten, über dessen Arbeiten wir laufend berichten werden. Dr. Rudolf Glanz und Frieda Frank treten in die Partei ein und werden an den Arbeiten ihres Wiener Büros teilnehmen.

Für den Herbst benötigt das Berufsamt Mitarbeiter.
Adresse: Dr. Rudolf Glanz, jüd. Berufsamt, Wien II., Taborstraße 20 a.

[Es folgt ein Adressenverzeichnis, s. Faksimile.]

---

1 Die Arbeit. Organ der Zionist.-volkssozialist. Partei, 2. Jg., Berlin 1920, S. 73–79.

Nachtrag zu den Mitteilungen

Auf zahlreiche Anfragen, die an mich in Angelegenheit des Lehrerkurses des Jüdischen Nationalrats gerichtet wurden, teile ich folgendes mit: Dieser Kurs bezweckt die Vorbereitung jüdischer Studenten zur Volksschullehrerprüfung an der staatlichen Lehrerbildungsanstalt; außerdem ist ... (unleserlich) ... 10 Wochenstunden eingeräumt. Die so Herangebildeten sollen für die zu gründenden jüdischen Schulen in Deutsch-Österreich verwendet werden. Deutsch-österreichische Staatsbürgerschaft ist erforderlich. [...] Dieser Kurs ist nicht zu verwechseln mit der geplanten Volksschullehrerabteilung des Jüdischen Pädagogiums in Wien, worüber noch nichts Näheres bekannt ist und noch später berichtet werden wird. [...]

Gerhard Fuchs

[...]

1. Ich suche Vertrauensleute, die mit Jugendlichen Fragebögen nach entsprechender Instruktion meinerseits ausfüllen.
2. Ich wünsche Berichte aller Art über Lehrbetriebe, Werkstätten, Musterfarmen etc., Adressen von Leitern oder Leuten, die dort gearbeitet haben, Literatur darüber (auch insbes. russische Veranstaltungen).

Erwin Kohn

Adressen

Willi Hoffer, Luditz b. Karlsbad
Osk. Spatz, Oderfurt, Ringplatz
Dr. Hilda Geiringer, Karlsdorf bei
Graz, Gut Posthof.
Dav. Salpeter, XIII Linzerstr. 299
Barackenlager, Bar. 21.
Recha Gelb, XIII. Linzerstr. 299
Baracke II.
Paula Schwager, Linz, Bischofstr. 7
Rudolf Ornstein, Salzburg
Else Goldberger, VII. Wimbergerg.
Josef Salamonowitsch, M. Ostrau
Reichstr. 16.

Otto Feniohel, Alt-Aussee
Trude Hammerschlag, Alt-Aussee
Fuchsbauer.
Pinah Ginsberg,II.Gr.Stadtgutg.26
Kurz Regina, XIII.Linzerstr.229
Baumgartner Kinderheim
Friedmann Lea, IX., Brigittan-
auerlände 22/23
Gottesmann Jehosz,IX.Moserg.11/6
Abeles Siegfr.,II.Volkertstr.14
Braun Fritz, II.Ennsgasse 15.
Bondy Alfr.,III. Ungargasse 50
Goldstein Malka,II.Ob.Donaustr.
No. 63/34.
Dr.Siegfr.Bernfeld,bei Martin Buber,
Heppenheim a.d.Bergstr.(Hessen)
Hammer Leon, VIII. Langegasse 17
Herling Al., II.Aloisg. 4/7.
Nezel Berta,XVI.Frdr.Kaiserg.4.
Hammer Elise,VIII.Lerchenfelder-
str. 106/8.
Rosenbaum Bronia, I. Franz Josefs-
Kai 49/15.
Kohn Erwin, bei Freund, Linz,
Volksfeststr. 5.
Burgeni Irma,XVIII.Wurzingerstr.4
Czuczka Ernst, II.Praterstr.65
Frieda Zanker, Skrzewan b.Oderberg
Mely Masarik, Brünn, Kröna 67
Dr.Anna Kluger, IX., Türkenstr.
Lili Bernfeld,XIII ,Suppégasse 10
Grete Obernik.Adr.Hapoel Hazair,
JAFFA, Palästina.
Judith Kahn, XIII. Linzerstr.222
Baracke II.
Louise Freund,Linz,Volksfestr.5
Saul Weinreb, Adr. Ahawaht Zion
II.Café zur Sennerin,Kl.Zufahrtsstr.
Otto [illegible],Adr.Jungwandervogel
I. Augustinerstr. 12.
Adolf Rawitz,XVI. Paletzg. 31
Jos.Wundermann,IX.Dreihakeng.4.
Laufer Debora,II.Elisabethpromenade.
No.28/22.
Fränkel Alfred, XIX. Kreindlg.10

Zucker Mirjam, IX., Seegasse 15/5
Wachsmann Ziporah,XV. Staudinger-
gasse 14/16.
Lettringer David,II.Hermineng.46
Bretter Justi,VI Linke Wienzeile
No. 56/23.
Inslicht Josef,XIV.,Prinz Carlg.35/30

Fuss Josef, II. Novaragasse
Schönfeld Hermann X., Neusatzg. 8/33.
Guttmann Chaim, II. Krumbaumg 10/20.
Biller Klara, II. Volkertpl. 1
Seidmann Rosa, II. Sebastian Kneippgasse 10/12
Schlonter Erna, XX. Klosterneuburgerstrasse 61/7.
Braun Robert, XIX, Sieveringerstr. 19a.
Bernstein Jakob, II. Wehlistr. 22.
Edel Ina, XX. Gerhardusgasse 18/13.
Eisenberg Jehudith, IX. Porzellang. 20
Fränkel Hans, XVIII., Gentzg. 111
Gerber Hedy, Godesberg a. Rn Gartenausschule
Kaminka Felix, III. Ob. Weissgärberstrasse 24
Hersch Kirschenbaum, II. Rotensterngasse 23/29
Frieda Schiff, XVIII. Gentzg. 40
Marusa Schück, Rot Janowitz bei Kuttenberg in Böhmen
Robert Freund, Uebersee Handels-u. Industrieges., Charbin, China.
Flocn Josef, IX. Liechtensteinstr. 20
Fürst Jakob, Ottakringerstr. 23
Gelbard Joachim I, II. Kais. Josefstr.
Else Goldberger, VII. Wimbergerg. 10
Artur Kamc, II. Krafftgasse 3
Walter Kien, XVIII. Starkfriedg. 10
Moschek Jakob, II. Wolfg. Schmälzlg. 10
Rafael Pollak, I. Schottenhof, 9. Stge.
Wiesner Berthold Paul, I. Wipplingerstr. 20/10.
Regina Seidmann, II. Darwing. 5/I.
Dr. Robert Ungar, IV. Prinz Eugenstr. 6

KORRESPONDENZBLATT

der Freunde des Jüdischen Instituts für Jugendforschung und Erziehung

Nr. 2

Wien, September 1920

Inhalt: 1) Brief von Siegfried Bernfeld, 2) Baumgarten-Bericht, 3) Landessammelstelle Österreich, 4) Literatur, 5) Wünsche und Anfragen, 6) Adressen, 7) Redaktionelles.

In Briefen und Gesprächen wird immer häufiger die Meinung oder Einstellung unserer Freunde deutlich, wir müßten uns der Mitarbeit an Erziehungs- und Fürsorgeeinrichtungen enthalten, die nicht ganz und gar in unserem Sinne geführt werden. Mir scheint diese Ansicht grundsätzlich falsch zu sein, und sie verbirgt sehr gefährliche Folgen. Ich meine ganz im Gegenteil: Wir müssen energisch versuchen, in die Schulen, Heime, Kindergärten, Horte, Kurse, Ämter, Institutionen einzudringen; wir müssen dort arbeiten in unserem Sinne, d.h. wir müssen mit den Kindern und Jugendlichen sein, wie wir es für richtig halten, und müssen versuchen, den Erwachsenen zu zeigen, daß sie Unrecht und wir Recht haben. Dabei sind Kompromisse unvermeidlich. Aber sie sind fruchtbar für uns selbst, da wir nur so die Gefahr vermeiden, lebensleere „Theoretiker" zu werden; für die anderen, die nur so Schritt für Schritt zu neuen Überzeugungen geführt werden oder aus ihren jetzigen Auskunftskreisen langsam verdrängt werden können; für die Kinder schließlich, die durch uns so – wenigstens einen Anhauch des neuen Erziehungsgeistes verspüren können. Freilich kann der Fall eintreten, wo die Arbeitsstätte wieder verlassen werden muß. Nämlich dann, wenn nicht ein „Kompromiß" verlangt wird, sondern wenn die entgegenstehende Gesinnung oder Meinung die unsere aufhebt, vergewaltigt. Dies war in Baumgarten so, aber es ist nötig, daß man das Eintreten dieser Konstellation *wagt*. Keine Phantasie von der „Insel der Seligen", auf der es kein „..." [Lücke im Ms.] gibt – sondern mitten hinein in die Realität des heutigen jüdischen Erziehungswesens!

Bernfeld

Bericht aus Baumgarten

Vor zwei Monaten hat sich Frau Erna Patak von ihrer Leitung zurückgezogen. Ein neues Licht ging in unserem Herzen auf, denn wir dachten, daß an die Stelle der Frau Patak eine richtige Leitung die Arbeit des Heimes in Angriff nehmen wird. Aber welche Enttäuschung erleben wir! Ein Kollegium von zwei Leuten und der frühere Verwalter zogen ins Heim ein und übernahmen die Leitung desselben.

Die Ordnung der Heime, die nun die neuen Leiter hergestellt hatten, ist eine Ordnung, wie sie in der jetzigen Gesellschaft überall besteht. Der Verwaltungsdirektor handelt nach seiner Willkür und Laune. Nach seiner Verlautbarung der Tagesordnung haben einige Kinder ihre Unzufriedenheit kundgetan. Er hat mit einem Ausdruck: „Haltet Eure Schnauze, ihr Fratzen!" die Kinder beschwichtigt.

Wir sollten angestellt zum Frühstück kommen; als wir unangestellt zum Frühstück kamen, wurden wir hinausgejagt. Dies wiederholte sich zum zweiten- und zum drittenmal, worauf wir auf das Essen verzichteten. Die Größeren aber drängten die Kleinen zu frühstücken, währenddem die Größeren auf den Sportplatz gingen. Einige, die Brot hatten, gaben es den Kleineren, die trotz des Drängens der Größeren mitgingen. Auf dem Wege berieten wir, was wir beim Mittag machen sollen. Wir kamen nach Hause und bewirkten unter der Bedingung, daß wir alle zu einer und derselben Zeit in den Speisesaal hereinkommen sollen, daß wir uns nicht anstellen müssen. Trotz unserer Erwirkung stellen wir uns unbewußt weiter...

Landessammelstelle Österreich

Leitung: Ginsberg, Inslicht, Bondy
Arbeitsstunden Montag und Mittwoch von 5–8 Uhr.
Wien II., Ob. Donaustraße 91, Jüdisches Pädagogium.

Sämtliche jüdische in Österreich erscheinende Zeitungen und Zeitschriften werden von den Leitungsmitgliedern ständig bearbeitet. Die Sammler werden aufgefordert, das von ihnen beschaffte Material in den Arbeitsstunden abzuliefern. [...]

Literatur

Martin Buber: Die jüdische Bewegung. Gesammelte Aufsätze und Ansprachen. 2. Folge, Berlin 1920.

Robert Weltsch: Religiöses Leben. In: Der Jude 5 (1920), S. 242–246.

Hilda Geiringer: Eine proletarische Schulgemeinde. In: Die Junge Schweiz (Basel), 2. Jg.(1920), H. 3/4, S. 47–58; H. 7, S. 112–117. – Bericht über das Kinderheim Baumgarten in Wien.

Hilda Geiringer: Gedanken zur Lehrweise an Volkshochschulen. In: Die Arbeitsgemeinschaft (Leipzig), 2. Jg. (1921), H. 1, S. 13–24; H. 3/4, S. 94–108. – Bringt neben eigenen auch Anregungen bzw. Verwertung der Arbeitsschulgedanken und der Ideen Berthold Ottos für Volksschulen.

Russische Korrespondenz, Nr. 11, enthält u. a. „Der Arbeitsschutz der Jugendlichen in Moskau“ sowie das Inhaltsverzeichnis der in den ersten 10 Nummern erschienenen Artikel.

G. Walter Klein: Die Freie Schulgemeinde Wickersdorf. Ein soziologischer Versuch. Jena 1920.

[Es folgen kleinere redaktionelle Mitteilungen und Hinweise auf Anschriften (Alfred Bondy, Frieda Schiff, Siegfried Bernfeld); die Adressenliste für den Versand des „Korrespondenzblattes“ s. Faksimile.]

Adressen

Adressenänderungen

früher Judith Kohn, Linzerstrasse 299, jetzt Judith Kohn, Jaffa Hapoel Hazair. Tel Awiw,/ früher Walter Kien, XIII. Starkfriedg 15 jetzt: Walter Kien, Jaffa Hapoel Hazair Tel Awiw/ früher Dr. Hilda Geisinger, Karlsdorf bei Graz, Gut Postnof, jetzt Dr. Hilda Geiringer, XIX., Sieveringerstr. 19.

Neue Adressen

Weltsch Dr. Robert: Berlin W 15, Sächsische Str. 8, Redaktion der jüdischen Rundschau.
Bernfeld Dr. Anne, Heidelberg, Akademiestr. 6 (Pension)
Strauss Dr. Max, Berlin W., Bregenzerstr. 1
Lehmann Dr. Siegfried, Kowno p. Adr. Jüdisches Volksheim. Berlin. Dragonerstrasse
Fränkl Karl, Berlin Charlottenburg, Kaiserdamm 5
Bergmann Dr. Hugo, Jerusalem, University library
Forbe Dinah, Przemysl, Wlodycze 14.
Lea Siegl, Ada Reisner, Gusta Salzberg p.A. Dinah Forbe
Rosenblum Hella, Warschau, Karmelicka 15 Arbeiterheim
Büschel Karl
Welkanoz Gertrud, Berlin, Dragonerstr jüd. Volksheim
Schalom Rudel, Berlin N 24, Auguststr. 15 I
Henny Rosental, Dessow M. Immenhof
Penina Ginsberg, II. Gr. Stadtgutg. 28
Leon. Hammer, VIII. Langeg. 34/7.
Genia Bock, XIX., Linzerstr. 299
Offenberger J., XIX., Linzerstr. 299
Lea Bergstein, II. Ruepppg. 15/8.
Otto Fenichel, IV., Margaretenstr. 25
Karl Ettinger, III. Sechskrügelg. 8
Heinz Rappaport p.A. Jungwandervogel, I. Augustinerstr.
Lily Kenedy, XIII. Auhofstr. 236.

Unbestellbar.

David Lotringen
Jehudith Eisenberg
Joachim Gelbart

KORRESPONDENZBLATT

der Freunde des Jüdischen Instituts für Jugendforschung und Erziehung

Sonder-Nummer

Ohne Datum [Herbst 1920]

Liebe Freunde, Mitarbeiter und Sammler!

Wir wollen Ende Dezember dieses Jahres in Salzburg oder dessen nächster Umgebung, jedenfalls aber aus valutarischen Gründen im österreichischen Gebiet, eine kleine pädagogische Tagung veranstalten, damit wir *erstens* uns wieder einmal sehen und miteinander persönlich und sachlich aussprechen können; *zweitens* einige wichtige pädagogische und organisatorische Fragen und einige Angelegenheiten des Instituts gründlich erörtert werden können; *drittens* die Möglichkeit gegeben werden sollte, die uns noch ferne stehen, mit uns und unseren Ideen bekannt zu machen und sie persönlich kennenzulernen.

Um diesen verschiedenen Zwecken gerecht zu werden, gedenken wir, die Tagung etwa in der folgenden Weise zu organisieren: In ihrem Mittelpunkt steht eine Anzahl von Referaten mit anschließenden Diskussionen, die seit unserem Abgang von Baumgarten vorbereitet werden und deren gemeinsamer Obertitel sein könnte: „Aufbau einer Schule für Tausend". Um diesen sachlichen Hauptinhalt gruppiert sich eine Reihe von mehreren Kursen; von diesen sind bisher als sicher angesagt:

1. Dr. *Martin Buber*: „Begriff und Methode einer Volkshochschule"
2. Dr. *Siegfried Bernfeld*: „System der neuen Erziehungslehre"

Die zeitliche Anordnung dieser systematischen Unternehmung und die räumliche Unterbringung der Teilnehmer soll so getroffen werden, daß reichliche Gelegenheit zu allerhand Sonderbesprechungen und privaten Zusammenkünften und Veranstaltungen gegeben ist. Wir denken uns die Tagung etwa sechs bis acht Tage dauernd. Die Zusammenkunft findet auf alle Fälle statt. Ihre Ausgestaltung ist aber von der Zahl und der Art der Teilnehmer und deren Wünschen abhängig. Wir bitten daher dringend, uns sofort mitzuteilen, ob Sie sicher, voraussichtlich oder unter welchen Bedingungen nach Salzburg kommen werden. Wir bitten auch hinzuzufügen, ob Sie ein und etwa welches Referat übernehmen wollen, ob Sie Wünsche aller Art in bezug auf die sachliche Gestaltung berücksichtigt haben möchten, wen von Ihren Bekannten Sie zur Teilnahme an der Tagung eingeladen haben oder eingeladen wissen möchten.

Wir wollen uns bemühen, einen Fond zum ganz ausnahmsweisen Ersatz von Reisespesen anzuschaffen, und bitten hiermit jeden, der dazu einigermaßen in der Lage ist, an dem Fond beizutragen.

Mit herzlichen Grüßen

Gerhard Fuchs
m.p.

Dr. Siegfried Bernfeld
m.p.

Alle Zuschriften sind zu richten an Dr. S. Bernfeld, Heppenheim a.d. Bergstraße, Darmstädterstraße 47.

[Kleine Hinweise aus der Redaktionsarbeit von Frieda Schiff.]

JÜDISCHES INSTITUT FÜR JUGENDFORSCHUNG UND ERZIEHUNG

Abteilung Wirtschaftserziehung (Programm)

Berlin, im Januar 1921

Wie Sie aus dem beiligenden Prospekt[1] ersehen, geht das Jüdische Institut für Jugendforschung unter anderem daran, eine Abteilung für Wirtschaftserziehung zu errichten, deren Zweck und Inhalt der Prospekt angibt. Zu ihrer Verwirklichung scheint es vor allem nötig, einen Kreis von Fachleuten und von fachlich interessierten Studierenden zu bilden, die das überaus umfangreiche Gebiet der Wirtschaftserziehung in gemeinsame Bearbeitung nehmen wollen. Es ist der Wunsch des Instituts, daß allenthalben in den jüdischen Zentren „Arbeitsgemeinschaften für wissenschaftliche Wirtschaftserziehung" gegründet werden, die vier Hauptaufgaben zu übernehmen haben:

1. Die Organisation der theoretischen Bearbeitung aller Zweige der Wirtschaftserziehung mit Rücksicht auf die besonderen Zwecke des Judentums in Erez Israel und in der Galuth.
2. Die seminaristische Vereinigung aller Jugendlichen, deren Beruf in den Rahmen der Wirtschaftserziehung fällt, also von Instruktoren, Fachschullehrern etc. zur vertieften Fortbildung und zur Herausarbeitung eines gemeinsamen Bildungszieles und einer gemeinsamen Art zu erziehen.
3. Die Diskussion und die Agitation von konkreten Plänen zur Wirtschaftserziehung, die da und dort gemacht werden, und damit die allgemeine Zentralisierung des geistigen Anteils an diesen Plänen an einer berufenen Stelle.

1 Nicht überliefert.

4. Die Organisation der bibliographischen und archivarischen Arbeit.

Ein systematisches Verzeichnis unseres Arbeits- und Sammelgebietes geht Ihnen auf Wunsch zu. Es orientiert Sie darüber, in welcher Weise wir uns den systematischen Aufbau der Wirtschaftserziehung vorstellen. Wir sind in der sicheren Erwartung, daß Sie, sofern Sie für unsere Arbeit überhaupt Interesse haben, sich aus ihr diejenigen Teilgebiete auswählen werden, an deren speziellen Bearbeitung Ihnen gelegen ist.

Die Konstituierung der Arbeitsgemeinschaft für wissenschaftliche Wirtschaftserziehung wird unmittelbar nach dem Einlangen der Antworten auf dieses Zirkular erfolgen. Die Liste der Adressaten dieses Zirkulars[2] ist deshalb beigelegt, damit wir diesen ermöglichen, uns sofort auf einen Irrtum in der Auswahl aufmerksam zu machen und auf weitere Personen, die als Mitarbeiter in Betracht kommen. Nach der Konstituierung dieser Arbeitsgemeinschaft wollen wir die Gliederung in Sektionen, die Wahl von Sektionsleitern, die Art der Korrespondenzvermittlung, des Orts für das Archiv etc. vornehmen.

Indem wir Ihrer ehebaldigsten Antwort darüber entgegensehen, ob Sie grundsätzlich an unserer Arbeit teilnehmen wollen und welche Arbeitsgebiete für Sie von Interesse wären, zeichnen wir

mit vorzüglicher Hochachtung

Für die Leitung des Instituts:
Dr. Siegfried Bernfeld

Für die Abteilung Wirtschaftserziehung:
Erwin Kohn

Zuschriften an Erwin Kohn, Charlottenburg,
Witzlebenstr. 4

---

2 Nicht überliefert.

Materien- (zugleich Archiv-) Einteilung

I. Zur Geschichte der Wirtschaftserziehung

A. Primitivismus
- a) Religionsübung, Spiel, Tanz
- b) Bewußte wirtschaftliche Arbeit
- c) Entwicklung der Werkzeuge
- d) Wirtschaftsanschauungen

B. Antike (exklusive Judentum)
- a) Einrichtungen für Wirtschaftserziehung
- b) Gruppierung und Arbeitsleistungen der Jugend

C. Mittelalter und Neuzeit bis Industrialismus
- a) Einrichtungen zur Wirtschaftserziehung
- b) Soziologie der jugendlichen Arbeit
- c) Berufserbfolge, Fortschritte der Arbeitsteilung, freie Berufswahl und deren Folgen

D. Judentum
- a) Wirtschaftserziehung in geschlossenen jüdischen Wirtschaftskreisen
- b) Im parasitären Judentum
- c) Spezifische Wirtschafts- und Berufsanschauungen
- d) Terminologie für Ökonomie und Technik, Hebräisch
- e) Terminologie Jiddisch

II. Ontogenese des Wirtschaftsmenschen

A. Dispositionen
- a) Familienforschung und Vererbungslehre, insbesondere Schicksale der Aszendenten
- b) Milieu
  - 1) Wohnort und -viertel, Lebenshaltung der Familie
  - 2) Verkehr und bedeutsame Kindheitseindrücke

B. Allgemeine Physiologie der jugendlichen Arbeit
- a) der häuslichen Leistungen
- b) der Schulleistungen
- c) Ermüdungsforschung

C. Allgemeine Psychologie der jugendlichen Arbeit
- a) Kindheit
  - 1) Echte Individualspiele
  - 2) Echte Sozialspiele (beide besonders rücksichtlich der Ich-Idealbildung)
  - 3) Zweckmäßige Spiele (Arbeit)
    - a) Dauer
    - b) Intensität
    - c) Material
    - d) Werkzeuge
    - e) Art des Produktes und seiner Verwertung
  - 4) Ökonomische Gebahren mit eigenem Gut, Wirtschaftsanschauungen

b) Pubertät
   1) Häusliche Dienste
   2) Leistungen im Arbeitsunterricht etc.
   3) Basteln (Unterteilung wie, wozu, bei zweckmäßigen Spielen)
   4) Berufswahl und evtl. Berufswechsel
   5) Psychische Einstellung zum Berufsmilieu. Psychogene Arbeitsstörungen

c) Erwachsenheit
   1) Endgültige Eingliederung in das Arbeitsleben
   2) Realisierung der Jugendideale

D. Allgemeine Soziologie der jugendlichen Arbeiter
   a) Gruppierung zu zweckmäßigen Spielen (Kameradschaftsarbeiten)
   b) Gruppen in der Berufsarbeit
   c) Gruppen außerhalb des Berufes mit außerberuflichen Interessen

III. Theorie der Wirtschaftserziehung

A. Organisation
   a) der Zentralstelle für Wirtschaftserziehung
      1) Zusammensetzung und Ressorteinteilung
      2) Budgetierung
      3) Statistik der aa) Berufswahl
         bb) Berufsverteilung
         cc) Produktion der Lehrbetriebe
         dd) Konsumation
      4) Ausbildung der Instruktoren
      5) Bedarfsermittlung für Lehrbetriebe, für Landwirtschaft, Handwerk und Kunstgewerbe, Industrie, Transport und Verkehr
   b) der Abteilung Berufsberatung
      1) Beobachtung in der Schulzeit
      2) Eignungsprüfung
      3) Individualanalyse der Berufswahl
      4) Durchführung der Berufsverteilung
   c) der Lehrbetriebsleitung
      1) Zentrallager aa) Rohstoffe
         bb) Betriebsstoffe
         cc) Maschinen und Werkzeuge
         dd) Transportmittel
      2) Buchführung und Verrechnung
      3) Kalkulation, Rationalisierung, Typisierung
      4) Auftragsermittlung, Absatzorganisation
      5) Betriebskontrolle
   d) des Arbeitsnachweises
      1) Organisation nach Branchen, Informationen über Arbeitsmarkt
      2) System der Arbeiterverteilung
      3) Individualauslese
   e) der einzelnen Lehrbetriebe
      1) Betriebsart aa) Umfang
         bb) Bodenverhältnisse (zur Landwirtschaft)
         cc) Bauten

dd) Toter und lebender Fundus (zur Landwirtschaft)
ee) Roh- und Hilfsstoffe [..., unleserlich]
ff) Betriebsorganisation und Unterweisungspersonal
gg) Zahl und Alter der Zöglinge

2) autonome Verwaltungsinstitutionen

f) der Lehrbetriebsfürsorge
1) Ernährung
2) Wohnung aa) in Betrieben
bb) außer Betrieben (Heime)
3) Kleidung
4) Hygiene, Sicherheit
5) Rechtsschutz, Hilfe in Wirtschaftsangelegenheiten

g) des allgemeinen Bildungswesens für die Arbeiterjugend (Institutionen s. unter „Pädagogik und Didaktik")

B. Pädagogik und Didaktik
a) Persönlichkeit des Wirtschaftserziehers
1) Betriebsleiter und Betriebsbeamte
2) Lehrer für Theorie
3) Vorarbeiter
b) Lehrgang (Untergliederung nach Betriebsarten)
1) Unterrichtsgegenstände Theorie
2) Unterrichtsgegenstände Praxis
3) Lehrzeiteinteilung
4) Unterrichtseinheiten
5) Leistungswertung
6) Gruppierungsnormen
c) Allgemeine Bildungsinstitutionen
1) Zeichnen und bildende Künste
2) Sozialwissenschaft
3) Naturwissenschaften
4) Geisteswissenschaften mit Ausnahme der sozialen
5) Gymnastik

IV. Die gegenwärtige Praxis der Wirtschaftserziehung (seit Beginn des Industrialismus)

A. Dokumente zur geltenden Theorie der Wirtschaftserziehung
a) in der Literatur
b) in der Presse
c) sonstige Dokumente

B. Sozialgesetze für Lehrlinge und jugendliche Hilfsarbeiter in den einzelnen Staaten

C. Praxis der beruflichen Anlernung
a) Landwirtschaft
b) Handwerk
c) Industrie (Unterteilung in Berufsgruppen nach Bedarf)
d) Transportwesen

D. Berufsvorbereitung in den Schulen
a) Handels- und Gewerbekunde
b) Landwirtschaft
c) Verschiedene Fertigkeiten

E. Berufsberatung, Lehrstellenvermittlung, Arbeitsnachweis

F. Das Bildungswesen für die arbeitende Jugend
   a) Stellvertretung der Lehrer
      1) Landwirtschaftsfachschulen und Mustergüter
      2) Gewerbliche Fachschulen und Lehrwerkstätten
      3) Handelsschulen und Schulen für sonstige Verkehrsberufe
   b) Ergänzung der Lehre
      1) Landwirtschaftliche Winterschulen und Fachkurse
      2) Gewerbliche Fortbildungsschulen, Zeichensäle, Ergänzungswerkstätten und sonstige Fachkurse
      3) Handelsfortbildungsschulen
   c) Allgemeinbildung und Volkshochschulwesen
G. Lehrlingsfürsorge
H. Die Organisation der Berufsvertretungen hinsichtlich der arbeitenden Jugend
I. Grundzüge der geltenden Lehrlingspolitik

Vorschläge für wissenschaftliche Arbeiten der Abteilung Wirtschaftserziehung

1. *Judaistische Arbeiten:*

a) Zusammenstellung und kritische Würdigung der Ausdrücke für Arbeit in Bibel und Talmud im Vergleich zu den indogermanischen Sprachen

b) Zusammenstellung und kritische Würdigung der Ausdrücke für Gerät in Bibel und Talmud im Vergleich zu den indogermanischen Sprachen

c) Zusammenstellung und kritische Würdigung der Sprüche und sprichwörtlichen Redensarten über Arbeit und Beruf in der hebräischen Literatur.

2. *Kinderpsychologische Arbeiten:*

a) Beobachtung über die Wirtschaftsanschauung der Kinder und Jugendlichen: Geld, Arbeit, Beruf, Werkzeug, Maschine, Haus, Fabrik, Werkstatt, Verkehrsmittel, Boden, Tiere, Stoffe

b) Form und Inhalt kindlicher Arbeitsleistungen: einzelne und gesellschaftliche Arbeit, Arbeitsdauer, Arbeitsintensität, zerstören oder bauen, erfinden oder nachahmen, Beliebtheit des Materials, zweckmäßige oder Phantasietätigkeit, Benützung von Werkzeug, organisatorisch leitende oder untergeordnete Arbeit, Zuhilfenahme von Erwachsenen, Ausnützung der vollbrachten Leistungen als Geschenk, Verkaufsgegenstände, Sammelobjekte etc. Bewußter Unterschied zwischen Arbeit und Spiel, Art und Umfang der Verdrängung von Spiel durch Arbeit mit fortschreitendem Lebensalter, Wert der eigenen Arbeit in der kindlichen Anschauung.

3. Völkerpsychologische Arbeiten:

a) Vergleich von Arbeitsleistungen Primitiver und Jugendlicher

b) Die wirtschaftlichen Aufgaben der Jugend bei den verschiedenen Völkern und in den verschiedenen Zeiten

c) Der naive Begriff von der wirtschaftlichen Bedeutung der Jugend.

KORRESPONDENZBLATT

der Freunde des Jüdischen Instituts für Jugendforschung und Erziehung

Nr. 3

Wien, Februar 1921

I. Berichte und Briefe

Wien

a) Über die *Konferenz*, die in Wien im Januar stattfand[1], wird zusammen mit dem Bericht über die Konferenz, die in Berlin Anfang April stattfinden wird, berichtet werden.[2]

b) Karl Ettinger teilt mit, daß die jüdische Pfadfindergruppe, die er gegründet hat, in gutem Fortschreiten ist. „Purim werden wir wahrscheinlich im Freien feiern und die jüdischen Pfadfinder zum ersten Mal mit den Blau-Weiß zusammenführen."

c) Klara Biller sandte einen ausführlichen, sehr interessanten Bericht über ihre „ersten Hebräischstunden an der jüdischen Volksschule in Wien". Er steht Interessenten leihweise zur Verfügung. Es heißt darin: „Ich ließ die Kinder die Augen zumachen und sagte laut ‚ich stehe', ließ dann die Augen aufmachen und fragte ‚von wem habe ich gesprochen – von einem Buben oder einem Mädel?' Nun rief ein großer Teil von ihnen ‚von einem Buben', und als ich ganz erstaunt fragte, woher sie das wissen, stellte sich zweierlei heraus: daß nämlich die guten Kleinen doch die Augen nicht ganz zugemacht haben und daß ich, während ich gesprochen habe, zu-

1 Vgl. Fußnote zur Sonder-Nummer, oben S. 415.
2 Vgl. Semesterbericht Winter 1920/21, s.u. S. 451ff.

fällig einen Blick auf einen Buben geworfen habe. Nun ließ ich die Kinder die Augen ganz fest zumachen, stellte mich in die Mitte des Zimmers und unverwandt auf die Decke schauend, damit, wenn mich ein verstohlener Blick trifft, er doch nichts erspähen kann, sagte ‚ich stehe', ließ die Augen aufmachen und fragte, von wem ich denn jetzt gesprochen habe. Die Meinungen waren natürlich geteilt, und es ließ sich schwer eine Einigung herbeiführen. Ich griff dann ein Kind heraus, das ganz überzeugt war, ich hätte von einem Mädel gesprochen, und fragte es ‚Weißt du es denn ganz sicher?'. ‚Ganz sicher kann man das überhaupt nicht wissen', lautete die Antwort. Und nun riefen alle ‚das kann man doch nicht sicher wissen'. Nun hatte ich erreicht, was ich eigentlich wollte. Ich sagte ihnen, die Kinder dort sind viel gescheiter (›dort‹ haben wir stillschweigend für Palästina angenommen), wenn die an einen Buben denken, sagen sie gleich anders, und wenn sie an ein Mädchen denken, da sagen sie auch anders. Bei einem Buben sagen sie ›Ani omed‹, bei einem Mädchen ›Ani omedeth‹. Und jetzt macht mal die Augen zu: – Ani omed – wer war das jetzt?' – Kinder: ein Bub. – ‚Ani omedeth' – K.: ein Mädel. – ‚Ani joschew' – K.: ein Bub. – ‚Ani joscheweth' – K.: ein Mädel usw. – Von allen weiteren Verben, die wir seitdem gelernt haben, haben die Kinder ganz von selbst die Femininform gebildet, und als wir dann später einmal ‚Sä chalon' und ‚Soth däläth' lernten und ich fragte, warum man denn einmal ‚Sä' und einmal ‚Soth' sagte, da wurde mir geantwortet, daß man von der Tür so sagt, ‚als ob's ein Mädel wäre'." –

Sehr wünschenswert wäre, wenn alle unsere Hebräischlehrer in ähnlich konkreter, sachlich-berichtender Weise uns über ihr Vorgehen im Unterricht schreiben würden. Die Berichte könnten unter den didaktisch Interessierten kursieren.

Przemysl

Ada Reisner berichtet ausführlich „über unsere Arbeit im *polnisch-hebräischen Kindergarten*". Vor drei Monaten begann sie mit der Arbeit, damals „glich der Kindergarten mehr einer Schule als einem Kindergarten". Es gelang nicht völlig, die Leitung auf den Standpunkt der neuen Erziehung zu bringen, aber es wurde ein Kompromiß gemacht, „da wir darauf eingingen, daß das Ziel des Kindergartens die Vorbereitung zur hebräischen Volksschule ist; aber die Mittel wurden uns überlassen, und das ist das Wichtigste." Der Bericht enthält interessante Details; er steht leihweise zur Verfügung. Ada Reisner schreibt: „Sehr oft stehen wir vor der Frage, wie den Kindern den Begriff ‚Gott' darzulegen. Die Kinder stellen sich Gott als Feuer, Schlange, einen alten Mann und dergleichen vor. Wir stellten dem Kinde ‚Gott' als die Urkraft der Natur dar, z. B. Gott ist in jeder Blume, in dem Vogel, im Menschen, überall. Die Kinder stellten sich damit zufrieden, aber wir haben noch manche Bedenken darüber, ob diese Erklärung für Kinder entsprechend ist, und bitten deshalb um Meinungsäußerungen darüber."

Prag

Aus dem von Egon Drucker gehaltenen Referat am „letzten Heimabend des jüdischen Wanderbundes „Blau-Weiß" Prag am 6. Jänner 1921" entnehmen wir, daß der Prager „Blau-Weiß" aufgelöst wurde. Nach dem Inhalt des Referats und auch nach unseren sonstigen Erfahrungen scheint der Prager „Blau-Weiß" wohl der einzige gewesen zu sein, in dem sich eine Gruppe Jugendlicher bis zu seiner Auflösung gegen Parteibevormundung und Massenacteure gehalten hat und die bis zur Auflösung der Ortsgruppe ein bestimmtes Gepräge gegeben hat.

Zlozow

Dr. Abraham Schwadron begleitet den Bericht über die „Seminarkurse" mit einem Brief, in dem es heißt: „Ich habe den Posten eines Schuldieners übernommen; Direktorstelle, Kandidaten hatten wir 100, wir nahmen keinen. Aber Schuldiener, echte einfacher, gojisch gerader wollte keiner werden, darum mußte ich es übernehmen. Ich fege oft die Zimmer, wenn der oder die es nicht tut, der es tun sollte, stehe 9 Uhr früh an der Tür und schimpfe über Schüler und Lehrer, die, Gott behüte, eine Minute sich verspäten; schicke sie zwei Stockwerke ‚zur Strafe' hinunter, wenn sie vergessen haben, die Korridortür zu schließen oder die Schuhe abzuputzen; trage über die Straße Schränke oder Bretter, wenn es nicht warten kann, bis der Rechte kommt, gehe zum Schüler nach Hause, um nachzusehen, ob seine Krankmeldung auf Wahrheit beruht." – Die Seminarkurse selbst bezwecken die Ausbildung hebräischer Volks- und Bürgerschullehrer für den Osten und werden derzeit von 29 Mädchen und 5 Burschen im Alter von 15 bis 20 Jahren besucht. Die Unterrichtsgestaltung scheint keineswegs glücklich, aber es handelt sich doch um „einen bescheidenen Versuch, der nachgeahmt werden soll". Der Bericht steht zur Verfügung.

Klausenburg [Cluj]

a) Joel Fuss, der an einer hebräischen Volksschule tätig ist, schreibt, daß er und seine Freunde bereits einem Teil der Schüler nähergekommen sind. „Wir sind nämlich die einzigen, die auch außerhalb der Klasse mit unseren Schülern geistigen Verkehr pflegen. Außer dem Selbstbildungsverein ‚Chawerim', der von den Schülern ganz unabhängig selbst geleitet wird, haben wir mit den im Hebräischen fortgeschrittenen Kindern jeden Samstag Zusammenkünfte, wo wir zusammen sprechen, spielen usw. Diese Zusammenkünfte führten zur Gründung eines hebräischen Jugendvereins ‚Haschachar', der Aussicht auf eine schöne Entwicklung hat. In der Klasse dagegen müssen wir sehr oft vieles gegen unsere Überzeugung machen, und das nicht aus Schwäche, sondern weil es die anderen, die doch die Mehrzahl sind, anders machen. Wie wir sehen, klappt es mit der alten Ordnung auch nicht..."

b) Zwi Infeld schreibt ausführlich über seine Tätigkeit am *hebräischen Gymnasium*, in dem er in der ersten und dritten Klasse 40 resp. 29 Knaben unterrichtet. Zu Beobachtungen hat er, wie er schreibt, mancherlei Gelegenheit. Im großen ganzen ist die Wirkungsmöglichkeit während des Unterrichts minimal. Die Knaben lernen im Untergymnasium vier fremde Sprachen (obligatorisch)!!

Haifa

Grete Obernik sendet „sehr sehr herzliche Grüße" und berichtet über *Vorträge* von Eliese Rieger über Disziplin in der Schule und von Zwi Karmi über Schulgemeinde. Aus diesem Bericht, insbesondere aus dem Inhalt der Diskussion, spricht das lebhafte Interesse einzelner palästinensischer Lehrer und das erste Ringen um einen Standpunkt zur und in der neuen Erziehung.

II. Anregungen, Wünsche, Anfragen

1. Grete Obernik schreibt: „Ich habe eine große Bitte. Ich brauche Bilderbücher, Liederbücher, Wandbilder, schöne Kinderansichtskarten, Ausschneidepuppen, Modellierbögen." Jeder kann und soll hier behilflich sein; die gesammelten Materialien sind zu senden an Rafael Pollak, Wien I., Schottenhof 11. Soweit postalische Schwierigkeiten bestehen, sind Materialien in Deutschland an Gerhard Fuchs, Berlin W 10, Sigismundstraße 5, in der Tschechoslowakei an Egon Drucker, Prag, Weinberge, Manesova 17 zu senden.
2. Wilhelm Hoffer schreibt: „Für das Institut lege ich eine Personalevidenz an, wofür vorläufig von den Lesern alle die in Betracht kommen, die schon pädagogisch tätig sind oder es im geeigneten Zeitpunkt sein wollen; aber auch die, die ihren an sich nicht pädagogischen Beruf,

z.B. Handwerk, gern im Rahmen einer Erziehungsinstitution, wie wir sie wünschen, ausüben wollen, sollen sich jetzt schon melden. Alle die, die sich in obige Gruppe zählen, sind sehr gebeten, ehestens auf einer Korrespondenzkarte Namen, Adresse, Beruf mir mitzuteilen. Weitere Angaben hole ich mir hiernach schriftlich ein. – Von den Lesern, die bis zum 1. April 1921 sich nicht gemeldet haben, nehme ich an, sie wünschen, daß mit ihrer persönlichen Mitwirkung gegebenenfalls nicht gerechnet werde. Adresse: Wilhelm Hoffer, Heidelberg, Plöck 56a (bei Leser), Deutschland.

3. Wer für einen Lesezirkel pädagogischer, psychologischer Zeitschriften Interesse hat, wolle sich ehestens an Wilhelm Hoffer wenden. Auch die Bestellung von Zeitschriften für Kindergärtnerinnen usw. usw. ist vorgesehen.

III. Umschau

Das *Zentralinstitut für Erziehung und Unterricht* in Berlin, Potsdamerstraße 120, ist begründet und wird unterhalten von der Jubiläumsstiftung für Erziehung und Unterricht. Es untersteht dem Staatsministerium für Unterricht als Aufsichtsorgan, so daß das Zentralinstitut indirekt dem offiziellen pädagogischen Kurs Deutschlands unterworfen ist. Dadurch wird scheinbar den Wünschen und Absichten einzelner Männer, grundlegend auf die Neugestaltung der deutschen Erziehung vom Zentralinstitut aus einzuwirken, eine allzu enge Schranke gesetzt. Schulreformer, pädagogische Arbeitsgruppen usw. arbeiten daher nicht im Rahmen des Zentralinstituts, sind bei ihm nur in einzelnen Fällen zu erfragen. So ist es im wesentlichen Tummelplatz kleinlicher Reformer, die einer beschränkten Zahl suchender, aber auch resignierter Lehrer Vorträge halten.

Von den sieben Abteilungen ist die wesentliche die pädagogische (Leitung Prof. Schönichen). Sie veranstaltet Vorlesungen für je drei Monate. Von den mir bekannten kann ich das psychologische Praktikum bei Dr. Bobertag als Einführung in die experimentelle Psychologie empfehlen. Ferien- und Sonderkurse im Reich werden veranstaltet. – Die Bibliothek dieser Abteilung ist für pädagogische und didaktische Studien zu empfehlen. Lesezeit 3–4 Nachmittage wöchentlich. Sämtliche Neuerscheinungen. Die psychologische Sammlung Dr. Bobertags enthält ziemlich vollständig die Apparate, Hilfsmittel der experimentellen Psychologie.

Als Leiter der „Auskunftsstelle für Jugendkunde" erteilt Dr. Bobertag Auskünfte über Intelligenz- und Begabungsprüfungen. Eine vollständige Sammlung aller in Deutschland gebräuchlichen Schülerbeobachtungsbogen steht zur Verfügung. Mehrere hundert Zeichnungen deutscher und ungarischer Kinder sind vorhanden. Die Auskunftsstelle für Berufsberatung beschränkt sich lediglich auf Auskünfte, Berufsberater bildet sie weder aus noch führt sie selbst Beratungen durch. Die Auskunftsstelle für Kleinkinderfürsorge berät und belehrt vor allem in sanitärer Hinsicht. Sie kommt für unsere Kindergärtnerinnen kaum in Betracht. Die Ausstellungsabteilung veranstaltet Ausstellungen im Reich, die „deutsche Unterrichtsausstellung" des Zentralinstituts stellt eine kleine Auswahl von modernen Lehrmitteln deutscher Firmen dar. Die „Bildstelle" beschäftigt sich vorzüglich mit der Erprobung von Lehrfilmen. Die weiteren Abteilungen – „Zentrale für Volksbücherei", „Abteilung für Kunsterziehung und volkstümliche Kunstpflege", „Auslandsabteilung" – habe ich nicht besichtigt.

Das Zentralinstitut gibt eine eigene Zeitschrift, „Pädagogisches Zentralblatt", heraus, die ich wegen ihres bibliographischen Teils empfehle. Der kurze Besuch des Zentralinstituts ist besonders abends nach 5 Uhr empfehlenswert, um diese Zeit beginnen die Kurse, dann auch fast täglich Vorträge, bisweilen auch solche bedeutender deutscher Pädagogen. Die Abteilungen stehen bei Anwesenheit des Abteilungsleiters jedermann zur Besichtigung offen. Die Hauptstelle für den naturwissenschaftlichen Unterricht in Deutschland ist räumlich mit dem Zentralinstitut verbunden und veranstaltet gute Praktika.

W. Hoffer

IV. Chronik

Darmstadt: 13. XII. Vortrag Dr. Bernfeld im „Jungjüdischen Wanderbund": Jugend und Erziehung. – Heidelberg: 6., 13., 20., 27. II. Kurs Dr. Bernfeld im Verein sozialistischer Studenten: Sozialistische Pädagogik. – Klausenburg (Cluj): Gründung des Jugendvereins Haschachar. – Köln: 22. II. Vortrag Dr. Bernfeld im K. J. V.: Jugendbewegung und jüdische Erziehung. – Mainz: 3. II. Vortrag Dr. Bernfeld im Jungjüdischen Wanderbund: Jugendbewegung und Judentum. – Prag: Auflösung des Wanderbundes Blau-Weiß. – Wien: Gründung der jüdischen Pfadfindergruppe.

V. Literatur

a) *Aus unserem Lesekreis:*

Siegfried Bernfeld: Kinderheim Baumgarten. Bericht über einen ernsthaften Versuch mit neuer Erziehung. Berlin 1921.

Siegfried Bernfeld: Zwei Träume von „Maschinen". In: Internat. Zeitschr. f. Psychoanalyse 6 (1920), S. 339–341.

Erwin Kohn: Entwurf einer Arbeitsgemeinschaft für wissenschaftliche Wirtschaftserziehung. In: Der Jude 5 (1920/21). H. 10, S. 565–576.

b) *Für unseren Lesekreis:*

Sigmund Freud: Jenseits des Lustprinzips. Wien 1921.

Oskar Pfister: Zum Kampf um die Psychoanalyse. Wien 1920.

Vassilij Morosow: Erinnerungen eines Jassnopoljaner Schülers an Leo Tolstoi. Aus dem Russ. übertr. von K. Gedding. Basel 1919. [Hrsg. von Bernh. Suin de Boutemard. Lindenfels/Ow. 1978.]

Wendekreis-Schule [Hamburg], Schriften.

Internationale Erziehungsrundschau. Berlin 1919ff., ab 1925: Das werdende Zeitalter. Vierteljahrsrundschau des internationalen Arbeitskreises für Erneuerung der Erziehung.

Arthur Holitscher: Drei Monate in Sowjetrußland. Berlin 1921.

VI. Adressen

Adressenänderungen

Bernfeld, Dr.Siegfried, Heidelberg, Gaisbergstr. 16a
Bondy, Alfred, Beograd, E.F.G.-vertretung, Knez Mihailow Venac 22, Yugoslavien
Bock, Genia, Wien II., Malzgasse, Elisabethheim
Einerl, Otto, Wien VI., Matroseng. 9
Fränkel, Karl, Wien IX., Türkenstr. 31
Fuss, Joel, Cluj, Tarbut Szendelek utcza 1a, Rumänien
Fuchs, Gerhard, Berlin W 10, Sigismundstr. 5, bei Schwebs
Floch, Josef, Wien IX., Liechtensteinstr. 90
Freund, Luise, s. Erwin Kohn
Geiringer, Hilda, p.A. Gerhard Fuchs
Gelb, Bath Schewa Recha, Jaffa, c.o. Hapoel-Hazair, Palästina
Goldstein, Malka, Oswiecim, Dworcez, Polen
Hammerschlag, Trude, Wien I., Universitätsstr. 11
Hammer, Leo, Cluj, Tarbut Szendelek utcza 1a, Rumänien
Hoffer, Wilhelm, Heidelberg, Plöck 56a, bei Leser
Kennedy, Lilly, Wien XIII., Missindorfstr. 4/12
Kohn, Erwin, Berlin, Witzlebenstr. 4
Kurz, Regina, Wien II., Malzgasse, Elisabethheim
Lehmann, Dr.Siegfried, Kowno, Jüdisches Ministerium, Abteilung für Jugendfürsorge, Litauen.
Masaryk, Melitta, Berlin-Steglitz, Albrechtsstr. 9a/IV
Obernik, Margalita, Haifa, Palästina
Offenberger, Isidor, Wien I., Gonzagag. 23, bei Dr. Frank
Rawitz Adolf, Wien XVI., Paletzg. 12/25
Reisner, Ada, Przemysl, Rejlana 12a, Polen
Rosenblum, Hella, Warschau, Grzybowska 15/3
Salpeter, David, Wien VIII., Bennoplatz 1, Lehrlingsheim
Salzberg, Gusta, p.A. Ada Reisner
Schiff, Frieda, Heidelberg, Röderweg 1
Schük, Maruscha, Praha II., Litna 41 u.p.Urbacha, Czechoslowakei
Torbe, Dinah, p.A. Isachar Reiss, s.Beilage II.
Zanker, Frida, Berlin-Gross-Lichterfelde-West, Flotowstr.1b

Neue Adressen

Cohn, Reinhold, Berlin NW., Lavetzowstr.16a
Dreyfuss, Heinrich, Elberfeld, Königsstr. 114, Deutschland
Drucker, Egon, Praha-Vinohrady, Manesova 17, Czechoslowakei
Felix, Leo, Berlin SO.16., Schäferstr. 12
Fränkl, Gottfried, München, Wagmüllerstr. 16/II
Freund, Sissy, Linz, Volksfeststr. 5
Fuchs, Leo, Wien IV., Karolineng. 23, bei Weigmann
Glanz, Dr. Rudolf, Wien VII., Seideng. 57
Grünberg, Isak, Wien IX., Serviteng. 11
Hirsch, Adolf, München, Schwantalerstr. 88
Hirsch, Eugenie, Komotau, Fleischbankgasse 71, Czechoslowakei
Hoffert Sarah, Berlin-Wilmersdorf, Lothringerstr.34-35, bei Nussb
Infeld, Zwi, Cluj, Kruza-utcza 8, bei Buchwald, Rumänien
Jakob, Lilli, Frankfurt a.M., Schwalbacherstr. 68/I.
Karpeles, Richard, Praha-Vinohrady, Sladkovského 4, Czechoslowake
Kaufmann, Schlomah, Köln a.Rh., p.Adr. W. Bongartz, Altenburgerstr,
Klüger, Gisa, Wien XVI., Grundsteing. 43
Knöpfmacher, Hugo, Wien II., Rembrandtstr. 2

Kohn, Hans, Paris; 10, Place Edouard VII
Krauss, Dr. Hedda, Wien II., Ob. Donaustr. 59
Lang, Anna, Wien IV., Luiseng. 13

Pollak, Fritz, Pilsen, Tylg. 29, Czechoslowakei
Rafael, Grete, Wien XIX., Hochschulstr. 25
Reiner, Dr. Markus, Czernowitz, Slowacki 3, Bukowina-Rumänien
Reiss, Isachar, Wien VIII., Florianig. 57/III
Reiss, Dora, Wien II., Alliertenstr. 10/25 (Kronprinz Rudolfstr.)
Salus, Ernst, Bensen bei Tetschen a.d. Elbe, Czechoslowakei,
Sanderling, Ada, Wall. Meseritsch, Husova Trida 13, bei Frau Schlesinger
Schiftan, Frida, Berlin-Charlottenburg, Grolmannstr. 15
Schück, Lizi, Wien XVI., Kirchstettengasse 22, bei Frau Urbach
Schwadron, Dr. Abraham, Zloszow, Polen
Spira, Maria, Wien XIX., Gatterburgg. 23
Spira, Hella, Wien XIX., Gatterburgg. 23
Spitzer, Monczi, Boskowitz, Mähren
Steindler, Dr. Paul, Prahn-Vinohrady, Vavrova 36/I, Czechoslowakei
Stern, Edgar, Frankfurt a.M., Bäckerweg 7
Sternberg, Rudolf, Berlin-Charlottenburg, Bayernallee 48
Tabak, Emanuel, Wien IX., Pögerg. 24/14
Vogl, Erwin, Pilsen, Zeughausg. 2, Czechoslowakei
Weiss, Rahel, Berlin W., Wielandstr. 33/III bei Moscowski.

JÜDISCHES INSTITUT
FÜR JUGENDFORSCHUNG UND ERZIEHUNG

Semesterbericht über das Arbeitssemester 1920–1921

I. Organisation

Es war unser Bemühen, einen dauerhaften Rahmen für künftige Arbeiten des Instituts zu schaffen; wir hatten darin insofern Erfolg, als es uns gelungen ist, Landessammelstellen in Wien für Österreich, in Prag für die Čzechoslowakei zu konstituieren. Die Arbeiten im Deutschen Reich haben dazu geführt, daß in einer Reihe von Städten eine Auswahl von Sammlern für das Institut interessiert sind; die Bemühungen, diese Kräfte von Berlin aus zu einer Landessammelstelle zusammenzuschließen, werden aber ununterbrochen fortgesetzt. In Palästina ist mit dem Sitz in Haifa eine über das Land verstreute Gruppe organisiert, die den besonderen Verhältnissen des Landes entsprechend nicht in der Form der Landessammelstelle organisiert ist, sondern ihre Form noch sucht. In Belgrad, Sarajewo, Cluj (Klausenburg), Przemysl, Warschau, Paris sind unsere Freunde tätig, den Kreis der Interessenten so zu erweitern, daß eine Organisation ähnlich der der bereits bestehenden zu erwarten ist. Für Polen sind die diesbezüglichen Vorbereitungsarbeiten sehr günstig gediehen, da die derzeit in Wien sich befindliche Zentralleitung der „Chawerim" zugesagt hat, die Entwicklung des Instituts zu ihrer eigenen Sache zu machen. – Die Korrespondenz der Zentrale erstreckt sich auch auf New York, London, Rom, Christiania, Kowno und Bukarest; wir erwarten von dort anregende Antworten von denen, die wir für das Institut zu interessieren versuchten.

Die Zentrale mußte aus persönlichen Gründen zunächst von Wien nach Heppenheim a. d. Bergstraße verlegt werden, wobei die Sammlungen, Verwaltung und Buchhaltung in Wien verblieben. Im Dezember mußte eine weitere Dezentralisation vorgenommen werden, indem Herr Fuchs mit einem Teil der Agenden nach Berlin übersiedelte, und in den letzten Wochen wurden die bis dahin in Heppenheim verbliebenen Agenden nach Heidelberg übersiedelt. Dieser Umstand hat unsere Arbeit ein wenig gehemmt, ihr Fortschreiten hat uns aber gezeigt, daß die weitere organisatorische Entwicklung des Instituts sehr günstig beurteilt werden kann, wenn es gelingen wird – wie derzeit in Aussicht – ab 1. Mai alle Agenden der Zentrale einheitlich in Wien zu konzentrieren.

II. Bibliothek

Die Bibliothek hat in der Berichtszeit einen Zuwachs von 500 Nummern erfahren, unter denen sich eine Anzahl von grundlegenden Werken der Psychologie und Jugendkunde befindet und Spezialarbeiten über jüdische Jugendkunde und Erziehungswesen (ein Teil bereits vergriffen, von höchster Seltenheit). Der Zuwachs bezieht sich auf Schriften in englischer, deutscher, hebräischer und jiddischer Sprache.

Zeitschriften
Das Institut bezieht regelmäßig seit 1. August 1920 sämtliche in Deutschland, der Tschechoslowakei, Österreich und Rumänien erscheinenden jüdischen Blätter und die wichtigsten Zeitschriften aus Amerika, den Niederlanden, England, Polen, Palästina. Von den Zeitschriften der Jugend dürften nur sehr wenige uns noch nicht bekannt sein und uns daher noch nicht zugehen. Der Einkauf von allgemeinen Zeitschriften psychologischen und pädagogischen Inhalts konnte in der Berichtsperiode noch nicht ausgebaut werden.

III. Bibliographie

Eine Bibliographie über Kinderspiele (mit 300 bibliographischen Nachweisen) und eine über die jüdischen Jugendzeitschriften ist zu den bisherigen laufenden bibliographischen Arbeiten hinzugekommen.

IV. Das Korrespondenzblatt der Freunde des Instituts

liegt in drei Nummern vor (maschinenschriftlich, vervielfältigt). Nummer 1 und 2 folgten rasch im November und Dezember aufeinander, während Nr. 3 erst im März erscheinen konnte, da erst die Konferenz in Wien im Januar d. J. die Grundlage für die Weiterführung und den Ausbau des Korrespondenzblattes geschaffen hat. Nr. 3 ist an Umfang und Inhalt gegenüber den ersten Nummern wesentlich erweitert; auch der Lesekreis hat sich beträchtlich erweitert.

V. Konferenz

In der 1. Januarwoche fand in Wien eine Konferenz des Instituts unter Leitung von Dr. Siegfried Bernfeld statt[1]. Daran nahmen die in Wien ansässigen Sammler und Freunde, mehrere Chawerim, die derzeit in Wien sind, und ein großer Kreis von Freunden des Instituts teil. Soweit die dort besprochenen Fragen nicht in der Referatensammlung der „Schule für 1000", deren Redaktion G. Fuchs übernommen hat, erwähnt werden, wird über sie im Zusammenhang mit den Besprechungen, die in der Zeit vom 5.–15. April in Berlin stattfinden, berichtet werden. Die Konferenz war durchschnittlich von ... [Lücke im Ms.] besucht. Besprochen wurde laut Tagesordnung „Schule für 1000".

Die von einem Teil der Freunde des Instituts herbeigeführte längere Aussprache über die Bedeutung der religiösen Erziehung gewinnt für das Institut erst dann an Wert, wenn eine Reihe wissenschaftlicher Arbeiten auf diesem Gebiet vorliegen.

1 Siehe oben S. 406f.

VI. Wissenschaftliche Arbeiten

Fertiggestellt wurden wissenschaftliche Arbeiten (im Werbeblatt des Instituts[2] Seite 4 sind die ersten 10 genannt). Die Titel der 2 neu aufgenommenen sind:
11. Erwin Kohn: Die Initiationsriten[3]
12. Otto Fenichel: Sexualfragen in der Jugendbewegung[4]
Von den derzeit in Arbeit sich befindlichen zu berichten, verhindern selbstverständliche Rücksichten. Doch sind derzeit etwa 12 Personen mit der Institutsleitung in regem wissenschaftlichen Verkehr, aus dem eine Anzahl wertvoller Arbeiten im Laufe der nächsten Monate aller Wahrscheinlichkeit nach resultieren dürfte.

VII. Mitglieder

Auf Grund ihrer wissenschaftlichen Arbeiten wurden
Wilhelm Hoffer
Erwin Kohn
zu Mitgliedern des Instituts ernannt.

VIII. Abteilung für Wirtschaftserziehung

Unter diesem Namen wurde in Berlin unter Leitung von Erwin Kohn ein Teil der Arbeit konzentriert. Die Abteilung hat sich in den letzten Monaten der Berichtszeit definitiv konstituiert, ein Rundschreiben[5] an viele Fachleute abgehen lassen, dessen Erfolg derzeit noch abgewartet wird. Inzwischen arbeitet die Abteilung unter anderem an einer Bibliographie der jüdischen Wirtschaftserziehung.

---

2 Nicht überliefert.
3 Bibliographischer Nachweis s.u. S. 464.
4 Veröffentlicht: Der Text „Sexualfragen in der Jugendbewegung" befindet sich im Original-Typoskript in den Bernfeld-Papieren mit Bernfelds Vermerk „Kapitel aus dem gleichnamigen Buch", das Fenichel damals offensichtlich plante.
5 S.o. S. 417ff.

IX. Spezialsammlungen

Jugend und Sozialismus: Es ist gelungen, die von Frieda Schiff unternommene Sammlung von Material, das dieses Thema betrifft, in enger Weise dem Institut anzugliedern. Der Einkauf während der Berichtszeit umfaßt ... [Lücke im Ms.] Nummern.

X. Publikationen

Die Publizierung einer Anzahl neuer schriftlicher Arbeiten des Instituts steht unmittelbar bevor. Soweit die Publizierung einzelner Arbeiten nicht möglich ist, werden diese schreibmaschinen-vervielfältigt und gebunden zur Verfügung stehen. Die außerordentlich hohen Druckkosten einer solchen Vervielfältigung lassen aber das Unternehmen nur langsam fortschreiten, so daß derzeit nur Nr. 1, 2, 3 verleihbar sind.

In der Zeitschrift „Der Jude" 1921 erscheinen zwei Programmschriften:

1. Dr. Siegfried Bernfeld: Ein pädagogisches Forschungsinstitut in Palästina[6]
2. Erwin Kohn: Entwurf einer Arbeitsgemeinschaft für wissenschaftliche Wirtschaftserziehung[7]

Einen Aufruf der Abteilung für Wirtschaftserziehung brachte die „Jüdische Rundschau" Berlin, und der in der vorigen Berichtszeit bereits versendete Aufruf des Instituts erschien auch in dieser Berichtszeit in einer Reihe von Zeitungen.

XI. Finanzen

[Hier bricht der Text ab.]

---

6 Der Jude 5 (1920/21), S. 465–479 [im vorliegenden Band S. 371 ff.].

7 Der Jude 5 (1920/21), S. 565–576.

JÜDISCHES INSTITUT FÜR JUGENDFORSCHUNG UND ERZIEHUNG

Ankündigung von pädagogischen Ferienkursen

In Palästina und im Osten verbreitet sich immer mehr die Einsicht, daß für die Entwicklung des jüdischen Erziehungswesens die Bekanntschaft mit den in Europa und Amerika gemachten Versuchen zur Reform des Schulwesens und zur Einführung neuer Methoden in den Unterricht [sowie] die Kenntnisnahme der Resultate der modernen psychologischen und pädagogischen Wissenschaft äußerst fruchtbringend wäre. Viele Lehrer aus Palästina und dem Osten bemühen sich daher in kürzeren oder längeren Urlauben auf Studienreisen, diese Lücken in ihren Kenntnissen auszufüllen. Dabei wird übereinstimmend die Erfahrung gemacht, daß man durch schnelle Beratung viel Zeit verliert, ehe man an den Ort gelangt, an dem wirklich Wissenswertes gelernt werden könnte, und daß durch die Tatsache, daß alle pädagogischen Lehr- und Forschungsinstitute ganz und gar auf die Bedürfnisse Deutschlands, Österreichs oder der Schweiz eingerichtet sind, verhältnismäßig sehr wenig studiert werden kann, was unmittelbarer Anwendung im jüdischen Schulwesen fähig wäre.

Dies hat das Jüdische Institut für Jugendforschung und Erziehung dazu bewegt, im Einvernehmen mit den derzeit in Europa auf Urlaub befindlichen Lehrern aus Palästina für den heurigen Sommer einen Ferialkurs in Wien abzuhalten, der in der Zeit vom 15. Juli bis 3. Oktober durchgeführt werden wird und zu dem Lehrer und Kindergärtnerinnen aller Kategorien hiermit eingeladen werden. Die Hauptaufgabe des Kurses ist

1. das Studium der modernen Psychologie, insb. Kinderpsychologie,
2. die Anleitung zu wissenschaftlichen Arbeiten auf dem gesamten Gebiet der Psychologie und Pädagogik,

3. systematische übersichtliche Kenntnisnahme der derzeit in Europa und Amerika im Versuchsstadium sich befindlichen Methoden (Arbeitsschule, Montessori, Berthold Otto, Schulgemeinde usw.).

Der Unterrichtsbetrieb im Ferialkurs wird grundsätzlich seminaristisch organisiert, so daß die Teilnehmer praktisch und selbsttätig einen möglichst tiefen Einblick in das behandelte Material gewinnen können. Das Ziel dieses Kurses ist, den Teilnehmern nach ihrer Absolvierung alle Voraussetzungen gegeben zu haben, die nötig sind, damit sie am Orte ihrer beruflichen Wirksamkeit selbständige weitere Versuche und Untersuchungen machen können. Um diesen Hauptteil des Kurses werden sich je nach Bedarf eine Anzahl Spezialvorlesungen und Übungen, z.B. über den Bau einfacher physikalischer Apparate, über die Unterrichtsmethode in Naturwissenschaften, über die Verwendung von Sozialwissenschaften an den Schulen und dergleichen mehr, Hospitium an den modernen Schulen und Übungsklassen in Wien gruppieren. Während der ganzen Zeit des Ferialkurses wird eine nach und nach das ganze Gebiet behandelnde Ausstellung von Büchern, Lehrmitteln und dergleichen eingerichtet werden.

Der Ferialkurs steht unter der Leitung Dr. Siegfried Bernfelds, für die einzelnen Kurse und Seminare sind eine Anzahl vorzüglicher Dozenten aus Wien und Deutschland gesichert. Die Teilnehmerzahl am Kurse ist beschränkt, daher sind alle Interessenten gebeten, sich umgehend anzumelden.

Anfragen ist Rückporto in den kursierenden Briefmarken des Anfragenden beizulegen. Auskünfte jeder Art erteilt das Jüdische Institut für Jugendforschung und Erziehung, Wien XIII/9, Suppégasse 10, in deutscher, hebräischer und jiddischer Sprache.

KORRESPONDENZBLATT

der Freunde des Jüdischen Instituts für Jugendforschung und Erziehung

Nr. 4

Wien, im April 1921

I. Berichte und Briefe

Berlin

Sarah Hoffert (Wiener Pädagogium) hat einen hebräischen Kindergarten und schreibt: „Im großen und ganzen haben die Leute von meiner Arbeit keine Ahnung – sie kümmern sich auch nicht sehr viel darum; manche sind stille Gegner, doch sagen sie es nicht, weil ‚freie Erziehung' jetzt Mode geworden ist. Ich habe weder Montessori-Material noch Spielzeug; nur Papier, Ton, Tafeln, Stifte etc. habe ich – das ist alles. Ich habe weder einen Garten noch einen Platz in der Nähe, wo die Kinder im Freien spielen könnten. Es ist daher nicht so leicht zu arbeiten – und man muß oft, durch die äußeren Umstände gezwungen, einen Kompromiß machen; man muß oft – obwohl man es gut weiß – Fehler machen, und das fällt schwer und ist sehr gefährlich. Dazu kommt noch die Schwierigkeit zweier Sprachen, ‚Deutsch-Hebräisch', die Kinder sollen in beiden sprechen lernen und erzogen werden ... (aber das ist ein Problem für sich ...)

Hauptsächlich will ich aber von einem Kind sprechen, das ich intensiver beobachtete. Der Junge ist 6 Jahre alt, macht aber physisch den Eindruck eines vierjährigen. Er ist ein einziger Sohn. Das Kind scheint sehr viel mit seiner Mutter zu verkehren und überhaupt mit älteren Leuten, wenig mit Kindern. Es spricht auch so eine Sprache der Älteren, man könnte sagen, es ist keine Kindersprache mehr. Sobald er aber aufhört zu sprechen, schwindet diese Illusion; er steckt sogleich den Finger in den Mund und lutscht. Beim Ludeln vergißt er dann die ganze Umgebung, zupft so charakteristisch sein Ohrläppchen. Die Kinder lachen ihn aus, wollen immer den Daumenschneider holen, schlagen ihn sogar über die Hände (hauptsächlich ein dreijähriger Junge) ... es hilft nichts. Sobald er nur einen Moment frei hat, macht er wieder dasselbe. Unlängst bemerkte ich, wie er beim Kreisspiel die Mädchen küßte, hauptsächlich ein 5jähriges Mädchen, das so sehr mädchenhaft ist. Er hat sie auch sehr gern, will immer bei ihr stehen, sitzen, gibt ihr die Schürze, damit sie sich nicht schmutzig macht bei der Arbeit, und denkt sogar zu Hause viel an sie, was nicht selbstverständlich ist, weil er nicht sehr gern in den Kindergarten geht und an dem Kindergartenleben sehr wenig teilnimmt ..." (Folgen sehr wesentliche Details wie Handlungen, Gespräche etc.)

Jaffa

Recha Gelb: „Es hat sich in letzter Zeit hier eine Gruppe gebildet, die als eine Gruppe des Instituts gelten kann. Es sind einige junge Lehrer darunter, auch Thaller, die zu dieser Gruppe gehören." Die Gruppe beabsichtigt, im Sinne des Instituts zu sammeln und seminaristisch zu arbeiten; sie hat unseren Vorschlag einer Wanderbücherei für Palästina aufgegriffen und führt ihn durch.

Klausenburg (Cluj)

Joel Fuss schreibt: „Um die Unzulänglichkeit des uns aufgezwungenen hebräischen Klassenunterrichts zum Teil zu überwinden, unternahmen wir (ich und die hebräischen Kollegen aus dem Wiener Pädagogium) vor zwei Monaten die Bildung einer hebräischen Gruppe der Schuljugend, und wir hatten auch dabei Erfolg. Den Grundstock dieser Gruppe bildeten diejenigen Burschen, die einmal im Cheder gelernt hatten. – Die Lehrer sammelten an einem Samstag die in Betracht kommenden Kinder und sprachen mit ihnen. Das ging nicht so einfach, denn die Knaben schämten sich anfangs; dann sagte ich, nur der, welcher etwas erzählen wird, ist ein Chawer. Darauf erzählte jeder etwas von seinen Erlebnissen. Wir auch. Nächste Woche kamen viele. Manche von ihnen lernten während der Woche etwas erzählen und wurden so in die Gruppe aufgenommen. Die anderen Kinder klagten darüber. Weil wir aber wollten, daß die Gruppe rein hebraistisch sein soll, beschlossen wir, eine Prüfung zu machen. Zum Schluß sahen wir ein, daß auch die Prüfung keinen Wert hat. Das über die Aufnahme. – Jeden Samstagnachmittag versammelten wir uns, und anstatt wie früher auf freie Weise wurde nun im vorhinein ein Programm ausgearbeitet, welches eine Erzählung über jüdische Große von einem Lehrer, Erzählungen vom eigenen Leben der Schüler oder von der Literatur, Deklamationen, Gesang, Spiele enthält. Schließlich werden bei diesen Zusammenkünften alle Besprechungen bezüglich Organisation, Ausflüge, Bibliothek etc. abgehalten und diesbezügliche Beschlüsse gefaßt. Vor drei Wochen wurde ein Ausschuß gewählt, der zusammen mit uns Lehrern die Statuten verfertigte, die dann von der Versammlung mit kleinen Änderungen angenommen wurden. Als der ‚Haschachar' von Tag zu Tag sich vergrößerte und die ursprüngliche Gruppe zu einem Verein sich entwickelte, sahen wir ein, daß wir in der Arbeit, die zur hebräischen Umgangssprache der Kinder einerseits, zur Erzielung eines intimen Gemeinschaftslebens andererseits führen sollte, keinem von beiden nahekamen. – Es waren Erfolge für die hebräische Sprache. Manche Kinder lernten vom Spiele sowie von der Diskussion mehr als in der Schule, doch war das Ganze nicht mehr als eine Unterhaltung, eine Zerstreuung, ein jeder wollte auftreten, um Applaus zu ernten. Natürlich ist auch diese Veranstaltung nicht zu unterschätzen; auch hat sie bereits die Aufmerksamkeit der offiziellen Zionisten auf sich gelenkt, die darüber staunen, daß die Kinder (wenn auch nur ein kleiner Teil von ihnen) hebräisch sprechen. Wir mußten also nach einem Mittel suchen, der Verflachung unserer Ziele entgegenzuwirken. Und wir schlugen der Versammlung folgendes vor: Ein jeder, der sich verpflichtet, immer mit allen Chawerim des ‚Haschachar' nur Hebräisch zu sprechen, heißt ein ‚Kochaw' (‚Stern'). Die gewöhnlichen

Chawerim müssen nur in den offiziellen Zusammenkünften des ‚Haschachar' hebräisch sprechen. Die ‚Kochawim' haben separate ‚Sichoth' während der Woche mit den hebräischen Lehrern. Ein jeder notiert sich immer in einem separaten ‚Pinkas' alle ihm unbekannten Ausdrücke ungarisch und fragt bei der Sichah. Es meldeten sich ca. 30 ‚Kochawim', die anfangs begeistert ihr Gelübde einhielten. Mit der Zeit aber erlaubten uns die Umstände nicht, während der Woche mit den ‚Kochawim' zusammenzukommen; dazu kommt noch, daß dieselben meist Burschen waren, und ich, der ich mich am meisten mit dieser Idee befaßte, unterrichtete derzeit in der Schule leider nur Mädchen, die im Hebräischen noch nicht so weit sind. Ich konnte mit den ‚Kochawim' nicht zusammenkommen, um sie besser kennenzulernen oder gar zu beeinflussen. Diese Umstände brachten mich auf die Idee der ‚Kwuzah', wie ich sie in ‚Baumgarten' hatte. Ich erzählte mein Vorhaben zwei mir befreundeten Burschen, die auch ‚Kochawim' waren; sie waren sofort davon begeistert. Der eine schlug sofort vor, wir sollten uns ein separates Zimmer mieten, wo wir ungestört zusammenkommen könnten. Die zwei Burschen wählten sich noch vier von ihren besten Freunden (Kochawim), und wir hatten bis nun (drei Wochen) dreimal wöchentlich ‚Sichoth', deren Erfolg schon jetzt sichtbar wird. Das ganze Leben des Schülers, manchmal auch das des Lehrers, wird da besprochen und beurteilt. Die Begeisterung wächst von Tag zu Tag ... Auch die Kollegen Hammer und Infeld bildeten sich ‚Kwuzoth', jeder aus Schülern seiner Klasse. Der ‚Haschachar' macht auch an jedem freien Tag Ausflüge, die eine sehr gute Wirkung haben, er hat eine hebräische Bibliothek, die vorläufig nur den Kochawim zur Verfügung steht ... Diese Tätigkeit erweckt auch den Neid mancher unserer Kollegen (Professoren) anderer Gegenstände, Zionisten, die gegen das ‚Zuviel' Hebräisch losstürmen, weil ‚das für ihre Gegenstände schade'." Von dem an der dortigen Schule eingeführten Schülergericht berichtet Fuss kurz, daß er und seine Wiener Kollegen die Erklärung abgaben, daß ein Kindergericht ohne Beteiligung der Kinder an der Gesetzgebung unrichtig sei.

New York

Moses Zwick (Wiener Pädagogium) nimmt den Briefverkehr mit uns auf und wird ausführlich über das amerikanisch-jüdische Schulwesen berichten. Seinem Brief entnehmen wir: „Hier gibt es überhaupt keine hebräischen Schulen, weder moderne noch andere, nur Limud thoroth, in denen ein reaktionärer, conservativer Geist herrscht, und wer nicht hypokritisch lügnerisch veranlagt ist, kann auf wenig Erfolg in Amerika rechnen."

Prag

Marusa Schück, die seit Monaten als Heimstättenleiterin um primitive Voraussetzungen neuer Erziehung kämpft, schreibt: „Die Heimstätten sind von Frl. G. mit dem Geld, das sie gesammelt hat, errichtet worden. Sie sind für jüdische Proletarierkinder gedacht, die sich am Nachmittag dort aufhalten sollen. In den meisten Heimstätten sind aber Mittelstandskinder. Da man auf die ‚Ärmsten der Armen' eingestellt ist, werden sie zu Schnorrern erzogen. Man schloß z. B. Kinder, die gut gekleidet waren, aus; daher geht ein kluges Kind schlecht gekleidet, erzählt Schauermärchen oder ist ‚so brav und nett, daß die Damen es nicht übers Herz bringen, es wegzuschicken'. Herz und Nerven der Damen spielen eine große Rolle. Es waren einmal schon vier Heimstätten eingerichtet; da reichte das Geld nicht, und so wurde für jede Heimstätte ein Damenkomitee interessiert; unter diesen ist nunmehr ein edler Wettstreit, der eben durch die privaten Vermögensverhältnisse entschieden wird. Die Bne Brith haben viel Geld – also gibt es in ihrer Heimstätte Tassen und Untertassen, Kalbsbraten etc. zum Nachtmahl. Dafür sticken die Mädchen dort volle drei Stunden Kreuzelstich zur vollsten Zufriedenheit der gnädigen Frauen. Ein großer Mangel: Die meisten Kräfte sind gleich Null; so große Kinder insbesondere müssen Arbeitsmöglichkeiten haben; da aber von den Erwachsenen selbst niemand arbeiten kann, wird gefaulenzt. Kahle Wände, leere Tische, eine schreiende Leiterin; vergebens bittet sie um Ruhe, anstatt Arbeit zu schaffen."

Sarajewo

Hilel Herling (Wiener Pädagogium), Leiter der hebräischen Schule, nimmt den Verkehr mit uns auf und teilt mit, daß er Gelegenheit zu vielen Beobachtungen hat.

Wien

Frau Gusti Bretter berichtet vom Seminar der pädagogischen Arbeitsgruppe: „Nun hat sich herausgestellt, daß einfach nicht gearbeitet wird, teilweise aus innerer Disziplinlosigkeit, teilweise aus ungünstigen äußeren Verhältnissen (Zeit-, Büchermangel); der Bibliotheksdienst ist noch nicht zum Funktionieren gebracht. Die Volksschullehrerschule wurde vorläufig nicht ‚in Angriff genommen, sondern soll von langer Hand vorbereitet werden'."

II. Umschau

Pestalozzi-Fröbel-Haus I des Berliner Vereins für Volkserziehung Berlin W 30, Karl-Schröder-Str. 8.

Im P.F.H. werden Kindergärtnerinnen, Hortnerinnen (Helfer für Tagesheimstätten), Jugendleiterinnen (Leiterinnen von Heimen, Horten) und Handfertigkeitslehrerinnen ausgebildet. Staatliche Abschlußprüfung mit Zeugnis. – I. Abteilung für Kindergärtnerinnen und Hortnerinnen, Dauer drei Semester, Vorbedingung: Lycealreife, 16. Lebensjahr, Hortnerinnen desgleichen. Die Praxis im 2. und 3. Semester ist für Hortnerinnen eine etwas andere. – Abteilung II für Jugendleiterinnen. Dauer zwei Semester. Aufnahme finden nur geprüfte Kindergärtnerinnen oder Hortnerinnen mit einjähriger Praxis. – Abteilung III für Handfertigkeitslehrerinnen. Dauer zwei Semester. Hospitantinnen werden in alle Kurse aufgenommen. – Zum Kindergärtnerinnenkurs werden neben den üblichen theoretischen Fächern auch praktische gelehrt, bei denen auf Anfertigung von Spielzeug aus billigem oder wertlosem Material scheinbar viel Wert gelegt wird, Kinderkleider werden selbst verfertigt. Kochen wird ein viertel Jahr, ebensolang Hausarbeit und Baden gelehrt; Kinderspeisung, Gartenbau je ein halbes Jahr. Die praktische Ausbildung erfolgt in fünf Seminarkindergärten. Daneben gibt es Spezialabteilungen, und zwar eine Klasse für Zweijährige, eine Vermittlungsklasse, in der sich Kinder befinden, die unmittelbar vor dem Eintritt in die Schule stehen, eine Montessori-Versuchsklasse, eine Vorklasse für schwachbegabte Schulkinder. – Jeder Kindergarten ist in einige Gruppen von 10 bis 15 Kindern eingeteilt. Die Kleinsten sind in einer Gruppe allein, die übrigen sind ohne Altersunterschied in den Gruppen beisammen. Jede Gruppe hat ein Gruppenzimmer für sich allein. Vormittags sind in jeder Gruppe 2 bis 3 Schülerinnen, die diese selbständig leiten. An einem Vormittag sind gewöhnlich immer außer den Bewegungsspielen, die alle zusammen machen, zwei Beschäftigungen: eine, bei der die Kinder in irgendeiner Weise gefördert werden sollen, und eine etwas freiere Beschäftigung. Eine Beschäftigung leitet immer eine Schülerin, die sich eigens dazu vorher vorbereiten und eine schriftliche Ausarbeitung abliefern muß. Gewöhnlich sind das Fröbel'sche Beschäftigungsspiele; augenscheinlich beschäftigt man sich etwas mehr mit Montessori.

In der Montessori-Versuchsklasse will man erproben, wie diese Methode mit der Fröbels zu vereinigen wäre. In den anderen Kindergärten darf sich gleichfalls jedes Kind seine Beschäftigung wählen. Gewöhnlich steht aber nur altes Material (nach Fröbel) zur Verfügung. Das Montessori-Material gilt für diese Kinder meist als zu schwer. (Zusammengestellt nach dem Bericht einer Schülerin im P.F.H. und dem Prospekt.)

III. Chronik

Berlin: 28. III. Vortrag von Erwin Kohn: Jüdische Wirtschaftserziehung. Čzechoslowakei: Gerhard Fuchs: Besprechungen und Vortrag in Prag über das Institut. – Prag: Notiz über das Institut in den „Jüdischen Jugendblättern". – Rezensionen: Dr. S. Bernfeld, „Kinderheim Baumgarten" in der „Jüdischen Rundschau" (Berlin) vom 1. IV. 1921.

IV. Literatur

a) *Aus unserem Leserkreis:*
Egon Drucker: Die Auflösung des Prager Blau-Weiß. In: Jüdische Jugendblätter, Prag 1921, H. 1.

b) *Für unseren Leserkreis:*
1. *Empfohlen von Dr. Bernfeld:*
Friedr. Michael Schiele: Geschichte der Erziehung. Vier Vorlesungen, gehalten im 1. Stuttgarter Hochschulkurs für Lehrer und Lehrerinnen. Leipzig 1909. – Äußerst empfehlenswerte, kurze Geschichte der Pädagogik vom soziologischen Standpunkt, die zwar nicht so viel Material bringt wie die Barthsche „Geschichte der Pädagogik", die Prinzipien aber deutlicher herausarbeitet. Sehr ausführliche Berücksichtigung des christlichen Schulwesens im Mittelalter.
Hermine Hugh-Hellmuth: Vom wahren Wesen der Kinderseele vom „mittleren" Kinde. In: Imago 7 (1921), H. 1, S. 84–94.
2. *Empfohlen von Erwin Kohn:*
Washington Booker: Handarbeit. Berlin 1913. – Geschichtliche Entwicklung, Organisation und didaktische Erfahrungen einer Schulsiedlung mit Negern.
Wenzel Holek: Lebensgang eines deutsch-tschechischen Handarbeiters. Jena 1909. – Zur Entwicklung des Proletariers; autobiographische Schicksalsdarstellung.

V. Adressen

Neue Adressen

Beutl, Markus, Wien VIII. Bennoplatz 1, Lehrlingsheim
Böhm, Philipp, Budweis, Böhmg. 14, Tschechoslowakei
Brande, Chaja, Berlin, Nürnbergerstr. 35 b (bei E.Cohn)
Brotski-Ornstein, Nadja, Bukarest, 7, Strada Colalesu
Buchholz, Dr. Erich, Berlin W.15, Düsseldorferstr. 73
Cahn, Hilde, Cöln a/Rhein, Roonstr. 31
Cohn, Curt, Berlin-Halensee, Karlsruherstr. 30
Cohn, Susi, Berlin, Knesebeckstr. 90
Dreyfuss, Heinrich, Elberfeld, Königstr. 114
Engel, Eva, Berlin, Uhlandstr. 193/II
Frank, Fritz, Wien XIX. Hauptstr. 62
Freud, Anna, Wien IX. Bergg. 19
Ginsburg, Golde, Frankfurt a.M., Beethovenstr. 7a
Glanz, Otto, bei Fröhlich, Berlin-Charlottenburg, Pestalozzistr. 99
Glassner, Josma, Berlin, Linienstr. 87
Glick, Chajim, 6. Place de l'Odeon, Paris, Frankreich
Gross, Ernst, Privoz bei Mähr.Ostrau, Tschechoslowakei
Herling, Hillel, Sarajewo, Krckowa ulica 1, Bosnien, S.H.S.
Hoffmann, Dr. Martha, Wien VIII. Pfeilg. 34
Horwitz, Menachem, Wien IX. Hahng. 12/15
Hurwitz, Deborah, p.A. Jüd. Kinderfreunde, Wien II. Ob. Donaustr. 91
Ilan, A., Leipzig, Schützenstr. 93
Jorysch, David, Wien III. Hauptstr. 151
Kagan, Esther, Berlin, Schleswiger Ufer 16/II
Kern, Hersch, Wien VIII. Bennoplatz 1, Lehrlingsheim

Klein, Frau Melanie, Berlin, Warmbrunnerstr. 4
Klötzel, Ch. Z., Berlin, N.W.23, Klopstockstr. 53
Laufer, Deborah, Bolechow, Polen
Lichtenstein, Hans, Berlin, NO. 18, Freudenstr. 27
Littauer, Gisela, Syncwuczko Vycne in Polen
Mechner, Ernst, Wien VIII. Florianig. 17/11
Meyer, Dr. W. Leipzig, Keilstr. 4, Zion. Parteisekretariat
Neier, Wolf, Berlin, Pestalozzistr. 20
Neumann, Frieda, Berlin-Charlottenburg, Schlütelstr. 35
Offer, Agnes, Wien IX. Glaserg. 15/14
Oppenheimer, Eva, Berlin Pankow, Breitestr. 31
Ostertag, Ferdinand, Berlin W.50, Augsburgerstr. 28
Redlich, Franz, Wien II. Gabelsbergerg. 2
Rosenblum, Sulamith, Berlin-Charlottenburg, Kantstr. 92
Rosenblüth, Frau Anni, Berlin W.15, Panierstr. 18 a
Rosenblüth, Elsa, Berlin NW 23, Klopstockstr. 14
Sachs, Lotte, Berlin-Charlottenburg, Suarezstr. 13
Schönfeld, Riwka, Berlin-Charlottenburg, Schlüterstr. 17
Schröter, Cilli, Mähr.-Ostrau, Krankenhausg. Tschechoslowakei
Schwabe, Dr. Max, Kowno, Minist. f. jüd. Angelegenheiten, Litauen
Stadthagen, Alice, Leipzig, Kantstr. 30/II
Stark, Lotte, Berlin-Neukölln, Fuldastr. 2
Stein, Karl, Darmstadt, Georgenstr. 9
Sternberg, Hermann, Berlin-Grunewald, Höhnramstr. 8
Töplitz, Erich, Berlin, Karlsstr. 35/III
Tscherniki, W. jun., Mainz, Grosse Bleiche 66
Vogl, Karl, Prag-Vinohrady, Sladkovskeho-ul. 14, Tschechoslowakei
Weidmann, Karl, Brünn, u. dolni 10, bei Schuller, "
Weinberg, Viktor, Wien I. Teinfaltstr. 1
Weissenberg, Karl, Berlin-Dahlen, Fontanestr. 17
Wolf, Simon, Wien IX. Währingergürtel 124/13
Zerner, Dr. Fritz, Berlin S.W. 11, Hedemannstr. 13
Ziegler, Ernst, Ludweis, Landstr. Tschechoslowakei
Zwick, Moses, New York, (durch die Redaktion).

Adressenänderungen

Bernfeld, Dr. Siegfried, Wien XIII/9, Suppég. 10
Felix, Leo, Teplitz, Virchowstr. 16, Tschechoslowakei
Fuss, Joel, Cluj, Kriza u. 8 (Rumänien)
Geiringer, Dr. Hilda, Berlin-Westend, Nussbaumallee 24
Hoffer, Wilhelm, p.A. Dr. Bernfeld, Wien XIII/9, Suppég. 10
Hoffert, Sarah, bei Brod, Berlin C 54, Linienstr. 223 a
Lohmann, Dr. Siegfried, Berlin-Schöneberg, Eisenachstr. 20
Offenberger, Isidor, p.A. Gisa Klüger, Wien XVI. Grundsteing. 43/3
Reiss, Dora, Wien II. Malzg. 7, Elisabethheim.
Bernfeld Anny, Wien XIII. Suppeg. 10.

JÜDISCHES INSTITUT FÜR JUGENDFORSCHUNG UND ERZIEHUNG

Bericht über das dritte Semester im Winter 1920/21

I.

Das Wintersemester war fast ausschließlich der *Erweiterung und Festigung unserer Organisation* gewidmet und der *wissenschaftlichen Arbeit der Institutsmitglieder und Freunde.* Wenn wir den jetzigen Stand aller unserer Agenden mit dem des Sommers 1920 vergleichen, so dürfen wir feststellen, daß das Institut, das damals die Angelegenheit von einigen wenigen Menschen war, zu einer gewissen Realität gelangt ist. Man kann freilich nicht erwarten und auch nicht verlangen, daß eine Unternehmung, wie sie unser Institut darstellt, in ihrem Bericht mit großen Zahlen aufwarten kann; denn alles kommt bei einer wissenschaftlich-pädagogischen Institution auf Intensität und Qualität an, und der Umfang ist nur insofern wichtig, als er Voraussetzung für eine gewisse Güte und Tiefe der Arbeit ist. Alle charakteristischen Maßnahmen des Instituts sind nicht Selbstzweck, sondern Mittel zum Zweck. Mittel, um die wissenschaftliche Arbeit auf dem Gebiet der Jugendforschung und Erziehung im Judentum zu fördern, um Lehrern und anderen pädagogisch Tätigen eine im Sinne der neuen Erziehung zulängliche Vorbildung und Ausbildung zu geben, die Idee der neuen Erziehung im Judentum zu verbreiten.

In diesem Sinn allein haben wir *Landessammelstellen, Sammelstellen* und *Arbeitsgruppen* gegründet. Es war durchaus unser Bemühen, den organisatorischen und bürokratischen Apparat nur so groß zu schaffen, als für unsere Zwecke nötig ist, auf die Gefahr hin, daß der eine oder der andere ein gewisses Mißverhältnis zwischen dem Namen „Landessammelstelle" und ihrer wirklichen Tätigkeit empfinden möchte. Unsere Sammelstellen müssen etwas anderes sein als etwa Sammelstellen des Nationalfonds, und so sehr es natürlich bei ihnen darauf ankommt, daß sie auch tatsächlich wichtiges Material für künftige wissenschaftliche Arbeiten bereitstellen und das Inventar der jüdischen Erziehung in ihrem Gebiet aufnehmen, so ist doch ihre Leistung nicht zu beurteilen nach den Zahlen, die die Berichte enthalten, sondern nach dem Maß der Aktivität, das in ihnen lebt, und nach der Art und Intensität der pädagogischen Bildung, die durch sie verbreitet wird. Daraus folgt auch, daß unsere Institutionen an verschiedenen Orten selbst bei gleichem organisatorischen Rahmen verschiedene Inhalte decken. Und ferner, daß es nicht möglich ist, nach wenigen Monaten ihres Bestehens bereits ein abschließendes Urteil über den Wert zu bilden.

II.

Wir bitten, diese grundsätzlichen Bemerkungen zu berücksichtigen, wenn wir nun kurz mitteilen, auf welche Länder oder Städte sich bisher unsere organisatorische Arbeit bezog.

In *Deutschösterreich* besteht in *Wien* eine Gruppe von eifrig am Institut interessierten Menschen, die den Namen einer Landessammelstelle führt und im Laufe der Berichtszeit die Sammlungen des Instituts um annähernd 4000 Nummern vermehrt hat. Diese Wiener Gruppe hat auch mit lückenloser Vollständigkeit das in den österreichischen Zeitungen enthaltene, für uns interessante Material zusammengebracht und den Grund zu einem Kataster des jüdischen Erziehungs- und Jugendwesens in Wien gelegt. In *Linz* und in *Salzburg* sind auch der eine und der andere an unserem Unternehmen interessiert, für es tätig und mit uns in ständiger Korrespondenz.

Es war nicht leicht für uns, im *Deutschen Reich* in irgendeiner bemerklichen Weise Fuß zu fassen, und erst in den letzten Wochen der Berichtszeit ist uns dies bis zu einem gewissen Grad gelungen. Unsere Korrespondenz erstreckt sich in befriedigender Intensität mit Freunden in München, Heidelberg, Darmstadt, Mainz, Köln, Leipzig, Bamberg, Breslau und Berlin. In Berlin hat sich eine größere Gruppe zusammengefunden, die sich die gemeinschaftliche Förderung der Institutsarbeit zur Aufgabe gestellt hat. In den anderen Orten ist es je ein oder der andere Lehrer oder Führer aus einer Jugendgruppe, der mit uns in Verbindung steht.

In der *Tschechoslowakei* besteht in Prag eine größere Gruppe, die ähnlich wie die Wiener Landessammelstelle unter dem Namen „Landessammelstelle" für die Tschechoslowakei funktioniert. Sie hat in der bisherigen Zeit ihr hauptsächliches Augenmerk auf die Zusammentragung des Materials aus den Blau-Weiß-Bünden gerichtet und in dieser Beziehung mit außerordentlichem Erfolg gearbeitet, so daß für die Geschichte des Blau-Weiß und der übrigen jüdischen Schülerorganisationen der Tschechoslowakei ein völlig ausreichendes Material dem Institut zur Verfügung steht oder in Kürze gestellt sein wird. Wir bzw. die Landessammelstelle in Prag steht in ständiger Verbindung mit Teplitz, Aussig, Brünn, Pilsen, Olmütz, Mährisch Ostrau, Komotau.

Die Versuche, in *Frankreich, Holland* und *Norwegen* Freunde des Instituts zu gewinnen, sind bisher mit Ausnahme eines für uns sehr interessierten Menschen in Paris gescheitert. Hingegen hoffnungsvoll erscheint, daß unsere Versuche in London auf einen günstigen Boden gefallen sind, daß die Korrespondenz mit unseren dortigen Freunden für das Institut in Zukunft noch sehr förderlich werden wird. In *Amerika* hat sich in den letzten Tagen der Berichtszeit eine Gruppe von Freunden des Instituts in New York gebildet, über deren Wirksamkeit wir im nächsten Semesterbericht ausführlich mitteilen zu können hoffen. Auch *Litauen* und *Polen* wurden uns erst in der letzten Zeit erschlossen, aber in einem Maße, daß eine sehr aussichtsreiche Entwicklung zu erwarten ist. In Cluj [*Rumänien*] befindet sich eine Gruppe sehr eifrig für das Institut tätiger Lehrer, in Cernowitz und Bukarest je ein oder der andere Freund. Zu *Jugoslawien* haben wir durch einzelne Freunde in Belgrad, Sarajewo, Zemum Beziehung gewonnen. Ein Freund in Rom vertritt *Italien*. Mit *Palästina* stehen wir in regstem Briefverkehr, in Jaffa besteht eine Gruppe unserer Freunde, in Haifa und Jerusalem korrespondieren wir mit einzelnen.

Dies ist der äußere Rahmen, in dem sich die Arbeit der Berichtszeit abgespielt hat und der wohl auch ungefähr für die Zukunft maßgebend sein wird.

III.

Die Leistungen des Instituts während der Berichtszeit sind auf allen anderen Gebieten als auf dem der Organisation sehr gestört gewesen durch die *Dezentralisierung*, die sich aus den persönlichen Umständen der Mitarbeiter ergeben hat. Wir haben daher vieles, was nötig erschien, auf das nunmehr begonnene Semester verschoben, bis die Zentrale alle ihre Agenden in Wien vereinigt hat, und können vorwegnehmend konstatieren, daß uns die Hoffnung auf den Erfolg dieser Maßnahmen bisher nicht getäuscht hat.

In erster Linie widmeten sich unsere Mitarbeiter der *wissenschaftlichen Arbeit*. An wissenschaftlichen Arbeiten ist in der Berichtsperiode im Rahmen des Instituts fertiggestellt worden: ... [Lücke im Ms.] Eine noch größere Anzahl ist in Durchführung. In Wien, Berlin, Cluj und Jaffa sind die Gruppen des Instituts mit wissenschaftlichen Arbeiten oder mit Besprechung konkreter pädagogischer Probleme befaßt. Ein Teil der fertiggestellten Arbeiten befindet sich im Druck und wird als „Beiträge zur Jugendforschung Band I" im Internationalen psychoanalytischen Verlag noch in diesem Jahr erscheinen.[1]

Der größte Teil unserer *Korrespondenz*, soweit sie nicht ausschließlich mit Organisationsfragen befaßt war, gehörte der Beratung über Literatur, über Vorbildungs- und Fortbildungsmöglichkeiten und der Diskussion der konkreten Beobachtungen und Erfahrungen, die unsere pädagogisch tätigen Freunde gemacht haben. Diese Korrespondenz wurde allermeistens persönlich und nicht bürokratisch geführt und gehörte, so sehr sie die Leitung des Instituts mit der Arbeit in ihrer bisherigen Form belastet haben mag, zu den wesentlichsten Aufgaben des Instituts. Bei ihr geht es am wenigsten darum, Zahlen zu berichten; denn das Wichtigste dabei ist lediglich, daß jenen, die es wünschen,

---

1 Reprint in dieser Ausgabe Band 4.

nachhaltige Anregung geboten wird und daß sich unsere Ideen und Prinzipien konkretisieren und in den realen Aufgaben erweitern und befestigen. Wieweit wir dabei Erfolg hatten, wird sich erst in einem späteren Zeitpunkt erweisen.

Im Zusammenhang mit den wissenschaftlichen Arbeiten wurden einige Gebiete sehr eingehend *bibliographiert*, und wir sind in der Lage, diesbezüglich gesichertere Auskünfte zu erteilen, als bisher möglich war.

Das *Archiv* des Instituts wurde – die Sammlungen in der Tschechoslowakei, die zahlenmäßig noch nicht festzuhalten sind, und die Sammlungen in Wien nicht mitgerechnet – um mehr als 5000 Nummern bereichert, die Bibliothek erfuhr einen Zuwachs von 600 Nummern, worunter etwa 300 sich auf Fragen der jüdischen Jugend und Erziehung beziehen.

IV.

Den Verkehr zwischen den Mitgliedern so intensiv als möglich zu gestalten, haben wir im Januar in Wien eine *Konferenz* und Mitte April in Berlin eine Anzahl von *Besprechungen* abgehalten. Das Ergebnis bisher war vor allem die Feststellung, daß einer nicht geringen Anzahl von allen pädagogisch Tätigen und Interessierten die Existenz und intensive Tätigkeit des Instituts Bedürfnis ist und daß die Institutsarbeit in Zukunft sich mehr als bisher den konkreten Problemen der Praxis zuwenden müsse. Von seiten der Institutsleitung wurde dabei betont, daß es einzig und allein in Händen der Mitarbeiter und Freunde des Instituts liege zu bestimmen, was und wieviel im Institut geleistet wird, von der Intensität und der Art der Mitarbeiter hängt die weitere Entwicklung ab; denn unsere Aufgabe ist lediglich, ein Instrument zu schaffen; es lebendig zu machen und zu verwerten, liegt in der Entscheidung jener, die seiner bedürfen. Dementsprechend haben wir auch in Berlin das Institut, das bisher ein Mittelding zwischen privater und öffentlicher Institution war, definitiv zu einer öffentlichen Einrichtung gemacht. Wir haben festgestellt, daß das Institut seine Mitglieder sind und daß diese kollegial über seine

Arbeit nach innen und außen in allen Belangen zu entscheiden haben. Es wurde festgestellt, daß Mitglied des Instituts derjenige werden könnte, der durch eine konkrete wissenschaftliche oder pädagogische Leistung, die als wertvoll im Sinne der Förderung der neuen Erziehung erkannt wurde, vermuten läßt, daß er auch weiterhin im Dienste dieser Idee förderlich tätig sein wird. Die Zuwahl der Mitglieder geschieht aufgrund einer solchen klar umschriebenen Leistung durch einstimmigen Beschluß der Mitgliederschaft.

Als *Mitglieder des Instituts* wurden bisher erklärt Dr. Siegfried Bernfeld, Gerhard Fuchs, Wilhelm Hoffer und Erwin Kohn auf Grund der von ihnen vorliegenden wissenschaftlichen Arbeiten.

Als *Aufgabe des Instituts* wurde neuerlich formuliert

1. die *Förderung wissenschaftlicher Arbeit,*
2. die *Vorbildung und Fortbildung pädagogisch Tätiger und Interessierter* und
3. die *Verbreitung der Idee der neuen Erziehung.*

Institutionen, die nicht unmittelbar diesen drei Zwecken dienen, werden vom Institut weder geschaffen noch subventioniert, noch ist in Aussicht genommen, einen gelegentlichen, von Fall zu Fall in Umfang und Art zu bestimmenden Einfluß auf Menschen und Institutionen zu nehmen, die sich freiwillig dem Institut in pädagogischer und wissenschaftlicher Beziehung unterstellen.

Für die *Publikation* der Institutsbestrebungen wurde während der Berichtszeit geleistet:

1. eine informative Mitteilung, die in den meisten jüdischen Blättern, aber auch in einer Anzahl pädagogischer Blätter erschienen ist;
2. die Herausgabe eines Berichts im November 1920;
3. vier Nummern des Korrespondenzblattes;
4. eine Anzahl spezieller Notizen, die auch jeweils von den meisten Blättern gebracht wurden, über spezielle Unternehmungen des Instituts.

Es wäre noch ein Wort über die *Finanzen* zu sagen, das so kurz sein kann, als unser finanzieller Zustand traurig ist. Ein Kassabericht ist schnell gegeben. Wir haben so gut wie keine Einnahmen, so gut wie keinen Saldovortrag, so gut wie kein Budget. Was bisher geleistet wurde, geschieht auf Grund unregelmäßiger, minimaler Einnahmen, an denen allermeistens Mitglieder des Instituts beteiligt waren. Da dieser Zustand keinen Augenblick länger ertragen werden könnte, ist bei allen unseren Unternehmungen unsere grundsätzliche Feststellung von nun ab, daß alles, was im Interesse oder zugunsten der Freunde des Instituts unternommen wird, von ihnen selbst finanziert werden muß. Während wir bemüht sind, und in den letzten Wochen der Berichtszeit auch nicht ganz ohne Erfolg, für die weiter ausgreifenden Aufgaben entsprechende Spenden von fernerstehenden Personen zu erhalten.

Was aus den Erfahrungen des 3. Semesters und insbesondere aus unseren Erfolgen der letzten Wochen für unsere Arbeit unmittelbar folgt, in welcher Weise wir sie fortzuführen und auszubauen gedenken, ist nicht mehr Sache dieses Berichts darzustellen, sondern wird der interessierte Leser aus den weiteren Seiten dieses Heftes[2] des Korrespondenzblattes leicht [entnehmen können].

---

2 Nicht überliefert.

KORRESPONDENZBLATT

des Jüdischen Instituts für Jugendforschung und Erziehung

Nr. 5/6

Wien, Juli 1921

Diese Nummer unseres Korrespondenzblattes erscheint mit einer ungebührlichen Verspätung, die verursacht wurde durch unser Bemühen, das Korrespondenzblatt – dem Wachsen der Freunde des Instituts entsprechend – zu einer kleinen Zeitschrift für neue Erziehung im Judentum auszubauen; erst nach manchen Versuchen wurde uns klar, daß sich diese Absicht zur Zeit noch nicht durchführen läßt. Es sind ausschließlich finanzielle Schwierigkeiten, die sich bis zuletzt nicht überwinden ließen, obwohl die Wiener Gruppe der Korrespondenzblatt-Bezieher in ihrer Zusammenkunft eine außerordentliche Anstrengung gemacht hatte. Diese Lage zwingt uns aber, unsere Leser mit einigen grundsätzlichen Schwierigkeiten der Redaktionsführung des Korrespondenzblattes bekannt zu machen.

Das Blatt diente bisher der Verständigung der Freunde des Instituts untereinander und zur Übermittlung der Nachrichten, die die Institutsleitung an alle zu richten Veranlassung sah. Der Kreis der Freunde des Instituts war eng und bestand zum großen Teil aus solchen, die nicht nur am Institut, sondern auch aneinander persönlich Interesse nahmen. Daher standen im Mittelpunkt unserer Nachrichten Mitteilungen über die Arbeit unserer Freunde, Auszüge aus ihren Briefen, die einem Fremden nichts zu bieten vermochten, die aber dem Bekannten erwünschte Andeutungen über Befinden und Tätigkeit der an entfernten Orten Wohnenden boten. Demgegenüber traten die Rubriken „Umschau" und „Literatur" sehr in den Hintergrund, zudem waren auch diese beiden nach den zufälligen Kenntnissen und Berichten unserer Freunde zusammengestellt.

Bei dem nunmehr sehr beträchtlich gewachsenen Umfang unseres Leserkreises spielt dies persönliche Interesse nur mehr eine nebensächliche Rolle. Würden wir das Korrespondenzblatt in der bisherigen Weise fortführen, so müßte es dem überwiegenden Teil seiner Bezieher uninteressant und überflüssig erscheinen, und es würde nach ihm die ganze Tätigkeit des Instituts beurteilt werden.

Was für die jetzige Zusammensetzung unseres Leserkreises nötig wäre, ist ein Blatt, das in grundsätzlichen Aufsätzen zur konkreten Arbeit der Freunde des Instituts kritisch Stellung nähme und das vom Standpunkt des Instituts die pädagogischen Vorgänge im Judentum beurteilen würde. Zugleich müßte eine fortlaufende Übersicht über die jüdische und nichtjüdische Literatur und über die mustergültigen oder doch lehrreichen Institutionen geboten werden. Dies ist im Rahmen einer getippten Zeitschrift gänzlich unmöglich, sondern verlangt ein gedrucktes Blatt von etwa 8 Seiten Oktav im Monat. Um ein solches herauszugeben, fehlen uns etwa Kr. 4000 monatlich. Diese Summe sicherzustellen, ist bei einem Interessentenkreis von etlichen 100, von denen überdies eine Anzahl in Ländern mit guter und bester Valuta lebt, eine ganz einfache Angelegenheit.

Wir fordern hiermit alle Bezieher des Korrespondenzblattes auf, uns umgehend mitzuteilen, welche monatlichen Beiträge sie für die Schaffung der Zeitschrift aufzubringen bereit sind, und werden vom Ergebnis dieser Aufforderung in der nächsten Nummer Mitteilung machen. Gleichermaßen aus finanziellen wie aus organisatorischen und pädagogischen Gründen kann das Institut von seinem Vorsatz nicht abgehen, die vollen Kosten jeder nicht im engsten Sinn wissenschaftlichen Unternehmung auf jene aufzuteilen, die an der Durchführung interessiert sind.

Außer diesen Aufgaben hat aber das Korrespondenzblatt noch die weitere zu erfüllen, die am Institut Interessierten mit ihm in Verbindung zu halten. Es ist also Ankündigungsblatt des Instituts. Diese seine Funktion wird gerade mit wachsendem Interessenkreis immer wichtiger, da ein getippter Ersatz für jene pädagogische Zeitschrift nicht möglich, die bisherige Form des Korrespondenzblattes aber nicht wünschenswert ist. So haben wir uns entschlossen, das Korrespondenzblatt so lange vorwiegend als Nachrichtenblatt der Institutsleitung (doch nicht ganz so ausschließlich wie die vorliegende Nummer) zu gestalten, bis neue Umstände, z.B. ein in kleinen Geldopfern sich bemerkbar machendes Interesse, neue Maßnahmen verlangt und ermöglicht. Dr. Siegfried Bernfeld

[Das einzige überlieferte Exemplar dieser Nummer des Korrespondenzblattes ist im folgenden fast ganz unleserlich; offensichtlich handelt es sich um nähere Einzelheiten und Mitteilungen aus der Institutsarbeit.]

KORRESPONDENZBLATT

des Jüdischen Instituts für Jugendforschung und Erziehung

Nr. 7

Wien, April 1922

Anweisungen zur Sammlung von Material

I. Über Geheimsprachen und Geheimschriften bei Kindern und Jugendlichen

Einige Untersuchungen haben uns vermuten lassen, daß Geheimsprachen und Geheimschriften bei Kindern und Jugendlichen häufiger vorkommen, als bisher angenommen wurde, und daß das Studium dieser Erscheinung zu gewissen Kenntnissen der Psychologie der Gruppe führen wird. Es besteht die Absicht, dieses Gebiet gesondert zu bearbeiten; da das uns zur Verfügung stehende Material verhältnismäßig spärlich ist, bitten wir alle unsere Freunde, uns bei der Sammlung solcher Materialien behilflich zu sein.

Lehrer, Jugendführer, Hortner, Kindergärtnerinnen und dergleichen haben nicht selten Gelegenheit, Kinder, die Geheimsprachen (-schriften) benützen, zu beobachten; auch in der schönen Literatur dürfte sich mancher Hinweis finden. Insbesondere aber wird die sorgfältige Erinnerung an die eigene Kindheit und Jugend Ergebnisse fördern.

Wir bitten Sie, sich durch die Erwägung, eine Tatsache sei allbekannt und habe daher für uns keinen Wert mehr, nicht abhalten zu lassen, uns alle Erinnerungen und Beobachtungen mitzuteilen. Es ist für uns sehr wichtig, einen Eindruck von der Verbreitung gewisser Geheimsprachen (-schriften) zu haben, und dazu ist nötig, daß wir zahlreiche, eventuell auch gleichlautende Mitteilungen sammeln.

Die uns bisher bekannt gewordenen Geheimsprachen und -schriften lassen sich in folgende (vorläufige) Gruppen einteilen:

1. *Geheimsprachen:*

a) Entstellung der Worte, Anhängung von Silben oder Buchstaben, Zerlegung des Wortes in Buchstaben mit Anhängung eines oder mehrerer Buchstaben (z. B. Erbsensprache: gehen = gerbsen, erbsen, herbsen, erbsen, nerbsen).

b) Zusammenhanglose, auch dem Sprecher nichtssagende Silben und Worte: Kryptolalie, z. B. „es ist gut" = „efflorian meins gut" (nach Pfister) oder „Rischna, Goschna, Nim, Plarischiös" (nach Gerhard Fuchs).

c) Zusammenhanglose, sinnlose Silben, unter die Worte der Umgangssprache zur Verständigung der Sprechenden eingestreut sind.

2. *Geheimschriften:*

a) Vertauschung der Buchstaben (z. B. l = z, z = y usw.).

b) Schriftzeichen ohne bewußte Bedeutung für den Schreiber (Kryptographie).

Den Beobachtungen bitten wir folgendes hinzuzufügen:

1. Wie ist die Sprache entstanden; Anlaß, eventuelle Nachahmung; welcher Zweck sollte damit ausgedrückt sein; die Autoren der Sprache: Alter, Geschlecht, Bildungsgang, soziale Klasse, Nationalität (alle Angaben auf die Zeit der Erfindung oder hauptsächlichen Verwendung der Schrift [Sprache] bezogen).
2. Angabe der Gruppe, von der die Schrift (Sprache) verwendet wurde. (Zahl der Mitglieder, Alter, Geschlecht, Bildungsgang, soziale Klasse, Nationalität). Ist die Gruppe organisiert, hat sie Statuten?
3. Wie lange wurde die Sprache, Schrift verwendet, bestand die Gruppe schon vor der Erfindung oder Einführung der Sprache, bestand sie nach ihrem Verschwinden weiter?
4. Welche Veränderung machte die Sprache (Schrift) in der Zeit ihrer Verwendung durch?

5. Ausgiebige Proben der Sprache oder Schrift. Ausgiebiger Chiffrenschlüssel. Handelt es sich nicht um eine Sprache (Schrift), die aus der Umgangssprache durch bestimmte Veränderungen abgeleitet wird, so bitten wir alle verwendeten Worte mitzuteilen. – Es ist auch zulässig, beliebige Proben für uns produzieren zu lassen, doch muß der betreffenden Mitteilung dies ausdrücklich hinzugefügt werden.
6. Einvernahme der Personen (Kinder), die die Schrift (Sprache) verwendeten. Dabei ist zu erfragen:
   a) die Bedeutung jedes einzelnen Wortes (Schriftzeichens);
   b) Bildung der einzelnen Worte.
7. Angabe des Namens und Adresse des Einsenders.

Alle Nachrichten an die Adresse: Dr. Siegfried Bernfeld, Wien XIII/9, Suppégasse 10.

II. Über Phantasiespiele

Die Tatsache der Verarbeitung von Phantasievorstellungen (Phantasien, Tagträumen) in den Erzählungen, Spielen und sonstigen Produktionen der Kinder und Jugendlichen ist so allgemein bekannt, daß es ihrer ausführlichen Besprechung (Verbreitung, erstmaliges Auftreten) nicht bedarf. Trotzdem ist bisher eine typische Verwendung der Phantasievorstellungen, und zwar die im Kinderspiel, noch nicht untersucht worden, wodurch die wissenschaftliche Kenntnis wesentlicher Äußerungen der Kinderseele und deren Berücksichtigung in den erzieherischen Maßnahmen verhindert wurde.

Wir lenken Ihre Aufmerksamkeit im folgenden auf die Spiele der Kinder, in denen ausschließlich phantasiert, das heißt nur gesprochen (erzählt) wird, ohne oder mit verteilten Rollen, wobei Handlungen ganz wegfallen oder nur wenige (sehr lebhafte) Vorstellungen begleiten. Statt aller Umschreibungen geben wir hier einen Auszug aus dem Phantasiespiel zweier Mädchen wieder, das diese im Alter von sieben respektive fünf Jahren bis zum Alter von elf respektive neun Jahren spielten: „Wir sind jeden Sonntag an einer bestimmten Stelle zusammengekommen und haben dort gespielt, indem die L. (die ältere) erzählt hat: Jetzt fahren wir auf einem Schiff, da kommt ein Wind und wir scheitern. Alle ertrinken, nur wir zwei kommen auf eine Insel. Dort leben wir jetzt von Datteln. Da kommen die Neger, und wir müssen ihnen kochen, und sie lassen uns nicht fort. Wir bekommen ein Kind usw."

Da diese Spiele (als solche werden sie von den Kindern bezeichnet) gewiß formen- und inhaltsreicher sind, als uns bisher bekannt wurde, bitten wir Sie, uns Ihre eigenen Erinnerungen mitzuteilen. Sie tun dies am besten, indem Sie sie möglichst bald zu Papier bringen und sofort nach der Niederschrift uns übersenden. Sollten sich ehemalige Gespielen in Ihrer Nähe befinden, so bitten wir Sie, diese gleichfalls zu einer Niederschrift zu veranlassen. Sie dürfen weder vor der Niederschrift Ihre Erinnerungen austauschen, noch nachher diese vergleichen. Sollten sich an die Erinnerung von Phantasiespielen auch solche an andere Spiele schließen, so bitten wir, auch diese Spiele mitzuteilen, jedenfalls aber dann, wenn es nicht ohne weiteres klar ist, ob es sich um ein eigentliches Phantasiespiel handelt oder nicht.

Wegen des vertraulichen Charakters, den der Inhalt dieser Spiele oft aufweist, ist es schwierig, diesbezügliche Mitteilung von *Kindern* ohne Zuhilfenahme besonderer Methoden zu erlangen. Sollten Sie als Lehrer oder ähnliches dennoch solche Mitteilungen erhalten, so wäre uns deren Übersendung besonders erwünscht. Dabei bitten wir zu beachten, daß die *genaue* Mitteilung, unter welchen Bedingungen Sie in den Besitz des Materials gekommen sind, für uns von größter Wichtigkeit ist.

Es erübrigt sich wohl zu betonen, daß alle Mitteilungen streng geheimgehalten werden und ohne Einwilligung des Absenders nicht publiziert werden dürfen.

Alle Zusendungen an die Adresse: Dr. Siegfried Bernfeld, Wien XIII/9, Suppégasse 10.

Literatur

Von Mitgliedern des Instituts ist erschienen:

Siegfried Bernfeld: Erziehung zur Arbeit und Gemeinschaft. Ein Verzeichnis empfehlenswerter Schriften zur Einführung in die neue Pädagogik. Verlag des Jüdischen Instituts für Jugendforschung und Erziehung, Wien 1921.
Erwin Kohn: Professionelle Bildung. [In jiddischer Sprache] Wilna 1922.
Siegfried Bernfeld (Hrsg.): Vom Gemeinschaftsleben der Jugend. Beiträge zur Jugendforschung. (Quellenschriften zur seelischen Entwicklung, Bd. II.) Leipzig/Wien/Zürich 1922. [Reprint in dieser Werkausgabe, Bd. 4]
Inhalt:
S. Bernfeld: Die Psychoanalyse in der Jugendforschung, S. 1–11 [in diesem Band S. 261 ff.].
S. Bernfeld: Ein Freundinnenkreis, S. 12–57 [in diesem Band S. 273 ff.].
G. Fuchs: Ein Schülerverein, S. 58–75.
W. Hoffer: Ein Knabenbund in einer Schulgemeinde, S. 76–144.
G. Fuchs: „Knurrland". Versuch einer Analyse des Kinderspiels, S. 145–187.
E. Kohn: Die Initiationsriten der historischen Berufsstände, S. 188–271.

An wissenschaftlichen Arbeiten sind eingelaufen:

Siegfried Bernfeld: Über eine typische Form der männlichen Pubertät. [Später erschienen] In: Imago 9 (1923), S. 169–188.
Die Herausgabe des III. Bandes der „Beiträge zur Jugendforschung": „Vom dichterischen Schaffen der Jugend" wird vorbereitet. [Später erschienen: Leipzig/Wien/Zürich 1924; Reprint in dieser Werkausgabe Bd. 5]

Sonstige empfehlenswerte Literatur:

Pawel Petrowitsch Blonskij: Die Arbeitsschule. 2 Teile, Berlin 1921.
Max Kawerau: Soziologische Pädagogik. Leipzig 1921.
Sigmund Freud: Massenpsychologie und Ichanalyse. Wien 1921.

Aus dem Einlauf des Archivs und der Musealabteilung des Instituts

Unter anderem sind bei uns eingegangen: 150 Kinderzeichnungen (Maruscha Schück); Ostjüdisches Kinderspielzeug (Dr. Abraham Schwadron und Ljuba Mirska); Tiroler Kinderspielzeug (Gertrude Hammerschlag); Pädagogische Literatur und Separata eigener Schriften (Rabb. Louis Großmann, New York; Dr. Duschkin, New York); Photographien aus dem Kindergarten (Malka Goldstein, Mährisch-Ostrau); Sammlung von Gedichten eines Jugendlichen (Ernst Ziegler); Unterrichtsprotokolle aus Chadarim (Pesenik, Zloczow); Kindermodenbilder (XVIII. und XIX. Jahrhundert) (Dr. Siegfried Bernfeld); Zeitschriften (Zentrale Schulorganisation Wilna und Tarbuth Warschau).

Den freundlichen Spendern sei auch an dieser Stelle herzlich gedankt.

Aus dem Institut

In Wien wurden folgende Kurse veranstaltet: Psychologie (inklusive Psychoanalyse) für Anfänger; Psychoanalyse (für Fortgeschrittene), Geschichte der Pädagogik; Seminar für wissenschaftliche Arbeiten; Seminar für Pädagogik; Kurse für Korbflechterei und Handfertigkeiten.

Die Kurse und Seminare werden fortgesetzt. Anmeldungen jeden Dienstag und Mittwoch 7 bis 9 Uhr, Wien III, Czapkagasse 7, Atelier.

[Es folgen technisch/redaktionelle Mitteilungen der Redaktion des Korrespondenzbriefs.]

KORRESPONDENZBLATT

des Jüdischen Instituts für Jugendforschung und Erziehung

Nr. 8

Wien, August 1922

Anweisungen zur Sammlung von Material

III. Die Sprachentwicklung des jiddischen und hebräischen Kindes

Der Unterricht, den die modernen Reformbestrebungen fordern, und was sich an Unterricht aus unseren Erziehungsanschauungen ergibt, findet eine seiner wichtigsten Grundlagen in der Kultur der Muttersprache und der Entwicklung des kindlichen Denkens, die ja mit der ersteren eng verknüpft ist. Hier treffen sich unsere Forderungen auch mit solchen pädagogischen Bestrebungen im Judentum, die im übrigen Gegensätze zu uns darstellen. Wir dürfen daher erwarten, daß alle mit dieser Frage zusammenhängenden wissenschaftlichen Untersuchungen einem besonders allgemeinen Interesse begegnen werden. Denn es kann kein Zweifel darüber bestehen, daß alle Unterrichtspläne für Muttersprache so lange unsicher und unfruchtbar sind, als nicht die Rolle der Muttersprache und die Art der kindlichen Sprachentwicklung wissenschaftlich festgestellt ist. Die deutsche und englisch-amerikanische Psychologie hat durch sehr zahlreiche und sorgfältige Untersuchungen die Gesetze der Sprachentwicklung festgestellt und auch die nationalen Differenzen erforscht. Über das Kind mit jiddischer und hebräischer Muttersprache fehlen solche Untersuchungen vollständig, und wir haben daher die Durchführung solcher Arbeiten in unserem Institut in Aussicht genommen. Wir bitten Lehrer und alle anderen Erzieherpersonen, die unter Kindern jiddischer oder hebräischer Muttersprache leben, sich mit uns in Verbindung zu setzen, da für solche Untersuchungen der Kreis der Mitarbeiter und der Beobachter nicht groß genug sein kann.

Bei unseren Arbeiten kommt es zunächst auf folgendes an:

1. Es ist festgestellt, daß sich die Entwicklung der Sprache nicht ganz so einfach vollzieht, als man gewöhnlich anzunehmen geneigt ist. Auch die Muttersprache wird erst im Laufe einer großen Zahl von Jahren so sprechen gelernt, wie es nach dem Urteil der Erwachsenen „richtig" ist. Die Art und die Dauer dieses „Richtig"-Sprechen-Lernens ist aber nur zum geringen Teil von der Unfähigkeit des Kindes bedingt und fast unabhängig von dem pädagogischen Geschick und Interesse der Umgebung. Die Stufen der kindlichen Sprachentwicklung entsprechen vielmehr gewissen psychologischen Gesetzmäßigkeiten. Ein großer Teil der „Fehler", die das Kind im dritten, vierten oder sechsten Lebensjahre macht, sind typische, „Fehler" nur vom Standpunkt der Grammatik der Erwachsenen. Die typischen Fehler legt das Kind zum gegebenen Zeitpunkt von selbst ab. Es ist daher für jeden Sprachunterricht von größter Wichtigkeit, die typischen von den individuellen Fehlern zu unterscheiden, das heißt, die jedem Alter eigentümliche Sprechweise zu kennen und zu verstehen.
   Wir müssen nunmehr sorgfältig feststellen, wie Kinder bestimmten Alters die jiddische oder hebräische Sprache tatsächlich gebrauchen und wie sie sich zu den Korrekturen der Erwachsenen tatsächlich verhalten. Eine solche Aufzeichnung ergibt also das Vokabular und die Grammatik der *natürlichen* Sprechweise der Kinder verschiedener Alter (Orte und Dialekte).

Wie erhalten wir nun das Material zu einem solchen Vokabular? Wir haben drei Möglichkeiten dafür:

a) Wir schreiben, von den Kindern möglichst unbemerkt, alles das mit, was sie *unbeeinflußt* sprechen;
b) wir sammeln Briefe, Aufsätze, Aufzeichnungen der Kinder, soweit diese ohne Beeinflussung von Schule oder Lehrer entstanden sind, und sammeln auch

c) die in der schönen und wissenschaftlichen Literatur vorhandenen Proben des natürlichen Sprechens der Kinder.

2. Es hat sich gezeigt, daß das Sprechen-Lernen der Kinder kein gleichmäßig fortschreitender Prozeß ist, sondern sich in bestimmten Perioden von Tagen, Wochen oder Monaten vollzieht. Das Auftreten, der Verlauf und das Ende dieser intensiveren Lernperioden ist zum Teil auch typisch, und die Kenntnis der Zeiten und des Aufeinanderfolgens dieser Perioden ist von großer Wichtigkeit. Das Material für solche Untersuchungen erhalten wir am besten durch *Sprachtagebücher*, die fortlaufend über einzelne Kinder und möglichst jahrelang geführt werden. Die Mutter oder Pflegeperson notiert möglichst alle Sprachäußerungen des Kindes vom ersten Auftreten von Lauten, bis die Fülle des Gesprochenen nur mehr die Niederschrift von Proben gestattet.
3. Es hat sich gezeigt, daß zum Verständnis der Sprachentwicklung auch die Sprechversuche, die lange vor dem wirklichen Sprechen beginnen und bis zu dem Lallen der ersten Hälfte des ersten Lebensjahres zurückreichen, von besonderer Wichtigkeit sind.

Der zur Verfügung stehende Raum und die große Zahl der individuellen Bedingungen, die zu berücksichtigen wären, verhindern uns leider, über Punkt 2 und 3 genauere Anweisungen zu geben. Wir bitten alle, die Gelegenheit und Neigung zu solchen Materialsammlungen haben, sich mit uns in Verbindung zu setzen. Jedermann aber kann unsere Arbeiten fördern, wenn er wenigstens Material, das sich auf Punkt 1 bezieht, in jedem Ausmaß an uns sendet. Dabei ist aber zu beachten, daß alle Aufzeichnungen wertlos sind, wenn sie nicht genau mit folgenden kurzen Angaben versehen sind: Alter des Kindes zur Zeit der betreffenden Äußerung, das Geschlecht des Kindes, Angaben über seine Umgebung, Dialekt-Zugehörigkeit (auch bei geringen Differenzen ist dies wichtig!). Sehr erwünscht sind Ergänzungen über das soziale Milieu und die bisherige pädagogische Einwirkung auf das Kind.

Die Einsender sind gebeten, ihre Zuschrift mit ihrer genauen Adresse zu versehen. Alle Zuschriften an uns durch die Adresse: Dr. Siegfried Bernfeld, Wien XIII/9, Suppégasse 10.

Bemerkung zur Methodik unserer Umfragen

Eine naheliegende Einwendung zur Methodik unserer Umfragen in Nr. 7 des Korrespondenzblatts gibt uns Anlaß zur Bemerkung, daß wir selbstverständlich mit den Anforderungen, die an wissenschaftliche Fragebogen gestellt wurden, vertraut sind. (Einzelne unserer Mitglieder haben auch Untersuchungen nach der strengen Fragebogenmethode unternommen und publiziert.) Da wir aber unsere *Anweisungen* zur Materialsammlung weder als *Fragebogen* meinen noch als solche *verwenden*, dienen sie lediglich der Gewinnung eines möglichst mannigfachen Materials, dessen Ergänzung und geeignete methodische Verarbeitung wir uns vorbehalten. Eine statistische oder psychographische Verarbeitung ist mit diesem Material in keiner Weise geplant; eine solche fiele gegenwärtig auch nicht in den Arbeitskreis des Instituts.

AUS DEM INSTITUT

I.
Bericht des wissenschaftlichen Seminars des Instituts über das Jahr 1921/22

In der Berichtszeit, d.i. vom 12. November 1921 bis 22. Juni 1922, veranstalteten die Mitglieder 18 Sitzungen.[1] Den *erziehungswissenschaftlichen* Arbeiten einzelner Mitglieder wurde das Referat Dr. Bernfelds „Grundlagen eines Systems der Erziehungswissenschaft" zugrunde gelegt. Arbeiten über den „naiven Begriff von Kindheit und Jugend" bei Fröbel, Wyneken, Pestalozzi und Basedow sind übernommen und im Fortschreiten. Methodisch schulend waren Besuche und Beschreibungen von Schulen und Anstal-

1 Das vollständige Protokollbuch ist überliefert.

ten in Wien, Wilna und Warschau. Herr Kaufmann referierte „Über die jüdische Erziehung in Rußland im XVIII. Jahrhundert".

Von den Arbeiten auf *jugendkundlichem* Gebiet behandelt eine „Beobachtungen über die Sprachentwicklung zweier Kinder" (Kurz), eine andere stellt die „Oedipussituation eines Knaben" (Stark) auf Grund der Tagebücher von Scupin dar. Die großen Lücken in der Kenntnis der Sechs- bis Elfjährigen außerhalb der Schule füllen, wenn auch nur um ein geringes, drei durchgeführte Arbeiten aus: Die genaue Beschreibung eines Kinderspiels bietet Stadthagen in der Arbeit „Die Kadettenschule der Sechs- bis Zehnjährigen" und verweist neben anderen insbesondere auf die schubweise Durchdringung von Handlung und Phantasie durch den Realitätssinn. Diese Arbeit findet durch eine psychoanalytische Ergänzung Dr. Hoffers noch ihre Einfügung in die Gesamtheit unserer Kenntnis der kindlichen Seele. Eine typische Erscheinung dieser Entwicklungsperiode behandelte Dr. Hoffer in der Arbeit „Über Phantasiespiele". Wie auch in der Schule bei veränderten Methoden des Sprachunterrichts die freie Produktion angeregt wird, zeigt eine ausführliche Materialsammlung von L. Schück, die, nach psychologischen und soziologischen Gesichtspunkten zusammengestellt, bisher unbekanntes Material zur Psychologie der proletarischen Jugend bringen wird.

Das Gebiet der *eigentlichen Jugend* bearbeitet Stadthagen durch eine vorläufige Untersuchung „Über Jugendzeitschriften", in der an der Hand von mehreren Hundert Zeitschriften aus dem Archiv des Instituts eine Systematik der Schülerzeitschriften und die Definition der einzelnen Richtungen nach Autoren, Inhalt und Tendenz durchgeführt wird. R. Baumgarten hat nach Durchführung einer mühevollen Materialsammlung die Darstellung einer Mittelschülerverbindung begonnen. Außer diesen im Rahmen des Seminars unternommenen Arbeiten wurde von Dr. Bernfeld eine Arbeit „Über eine typische Form der Pubertät"[1], von Dr. Hoffer „Über wissenschaftliche Grundlagen

---

1 Bibliographischer Nachweis s.o. S. 464.

der Pädagogik des Kinderspiels"[2] referiert. Die genannten Arbeiten werden, soweit dies nicht bereits geschehen ist, in kurzer Zeit auch formell abgeschlossen vorliegen und ihre Einreihung unter die „Arbeiten aus dem Institut" erwogen werden. Soweit sie nicht in absehbarer Zeit im Druck werden erscheinen können, wird für die maschinenschriftliche Vervielfältigung gesorgt werden. Am Seminar beteiligten sich 12 Mitglieder und 15 Gäste. Der Termin der ersten Sitzung des kommenden Studienjahres wird noch bekanntgegeben.

II.

Die *Kurse* des Instituts wurden am 28. Juni geschlossen. Über die Wiederaufnahme im nächsten Studienjahr berichtet die nächste Nummer. [Nicht mehr erschienen.]

III.

Wegen der *Sommerferien* bitten wir bei Verzögerungen, die sich durch Nachsenden der Post unausweichlich ergeben werden, nachsichtig zu sein.

2 Willi Hoffer: Über wissenschaftliche Grundlagen der Pädagogik des Kinderspiels. Diss. phil. Wien 1922 (masch.schr.).

Literatur

Curt Bondy: Die proletarische Jugendbewegung in Deutschland, mit besonderer Berücksichtigung der Hamburger Verhältnisse. Ein methodischer und psychographischer Beitrag zur Jugendkunde. Lauenburg 1922.

Zur Beachtung empfehlen wir:

Oskar Pfister: Die Liebe des Kindes und ihre Fehlentwicklung. Ein Buch für Eltern und Berufserzieher. Bern 1922.

Paul Oestreich (Hrsg.): Zur Produktionsschule. (Entschiedene Schulreform, Bd. III.) 2., umgearb. u. verm. Aufl. Berlin 1921.

W. Posner: Die Einheits-Arbeitsschule. (Kleine Bibliothek der russischen Korrespondenz, Nr. 26.) Berlin 1920.

Georg Kerschensteiner: Die Seele des Erziehers und die Lehrerbildung. Leipzig 1921.

Von Mitgliedern des Instituts ist erschienen:

Siegfried Bernfeld: Bemerkungen über „Sublimierung". In: Imago 8 (1922), S. 333–344.

[Es folgen technisch/redaktionelle Mitteilungen der Redaktion des Korrespondenzbriefs.]

NACHWEIS DER ERSTVERÖFFENTLICHUNGEN UND DER QUELLEN EDITIONSBERICHT

1. Nachlaßbestände

Der Nachweis der unveröffentlichten Texte aus dem Bernfeld-Nachlaß in der Manuscript Division der Library of Congress in Washington, D.C. erfolgt mit dem Kürzel MD LC und dem Zusatz der Container- und Faszikel-Nummer des Repertoriums. – Der Bernfeld-Nachlaß ist erst vorläufig geordnet.

Der Nachweis der unveröffentlichten Texte aus den Beständen des YIVO Institute for Jewish Research in New York, N.Y. erfolgt nach deren Faszikelnummer und Foliierung. – Mehrfach wurden zusammengehörige Texte, auch Mehrfertigungen und Texte gemeinsamer Provenienz bei der Ordnung der Archivalien wohl versehentlich verschiedenen Faszikeln zugeordnet; dies erklärt die Unregelmäßigkeiten in den Nachweisen.

2. Erstveröffentlichungen und Quellennachweise

Aus Ideale – Die Geschichte einer Jugend in Skizzen, Rhythmen und Gesprächen erzählt von B. In: Eos. Stimmen der Jugend. Selbstverlag E. Hoffmann, Wien 1909, S. 12–14.

Aus dem „Classenbuch" (1910/11). In: Die Freie Schulgemeinde III (1912/13), H.2, S. 54–58.

Die Geschichte meines Gymnasialstudiums. Anonym. In: Siegfried Bernfeld (Hrsg.): Vom dichterischen Schaffen der Jugend. Neue Beiträge zur Jugendforschung. (Quellenschriften zur seelischen Entwicklung, Bd. III.) Leipzig/ Wien/ Zürich 1924, S. 183–189. – Zum Nachweis der Autorschaft Bernfelds vgl. Johannes Reichmayr, in: Psyche 45 (1991), H.6, S. 522–533.

Das Akademische Comité für Schulreform. Unveröffentlichtes Typoskript. YIVO 3913, fol. 153581. – Vgl. auch eine gedruckte Version in: Der Anfang I (1913/14), H.1, S. 27f.

Ein Sprechsaal für Mittelschüler. In: Der Anfang I (1913/14), H. 1, S. 28f.

Das Akademische Comité für Schulreform – Bericht über das erste Semester. In: Der Anfang I (1913/14), H.6, S. 189f.

Die erste studentisch-pädagogische Tagung in Breslau, 6.–7. Oktober 1913. In: Der Anfang I (1913/14), H.8, S. 251f.

Die Arbeiten des Akademischen Comités für Schulreform. In: Alfred Mann (Hrsg.): Student und Pädagogik II. Erste studentisch-pädagogische Tagung zur Breslau am 6. und 7. Oktober 1913. (Säemann-Schriften für Erziehung und Unterricht, H.9.) Leipzig/ Berlin 1914, S. 31–34.

Rat- und Hilfsstelle für jugendliche Angelegenheiten – „Grüner Anker". Unter der Überschrift „Grüner Anker" in: Der Anfang I (1913/14), H.10, S. 311–313.

Das Akademische Comité für Schulreform. In: Münchner Akademische Rundschau, 7. Jg., Sommer 1914, H. 13 vom 14. Mai 1914, S. 221f.

Drei Reden an die Jugend. Überschrift vom Herausgeber. Unveröffentlichte Typoskripte. Zur Datierung vgl. unten den Editionsbericht.

I. Die Idee einer allgemeinen Jugendkultur. Überschrift vom Herausgeber. Das Typoskript trägt die Kopfleiste: Ziel-Gemeinde. Es folgt die Überschrift: Von den Jugendgemeinden. YIVO 3916, fol. 153775–153782.

II. Der Kampf der Jugend gegen Schule und Familie. Überschrift vom Herausgeber. Das Typoskript trägt die Überschrift: II. Rede Bernfelds an die Jugend. YIVO 3916, fol. 153783–153795.

III. Über das Recht der Jugend in der Schule. Überschrift von Bernfeld. Zusatz: III. Vortrag. Hs. sign. von Bernfeld. YIVO 3916, fol. 153796–153810.

Entwurf eines allgemeinen Programms der Jugendbewegung. Unveröffentlichtes Typoskript, mit hs. Korrekturen von ? Aus dem Bestand von Bernfelds „Archiv für Jugendkultur". YIVO 3922, fol. 154357.

Die Jugendgemeinde. In: Die Freie Schulgemeinde V (1914/15), H. 1/2, S. 52–58.

Praktische Arbeit. In: Studentische Monatshefte vom Oberrhein, Freiburg i.Br., Heft 5 vom 15. Mai 1914, S. 7f.

An die freideutsche Jugend. Gez.: Akademisches Comité für Schulreform. In: Der Anfang I (1913/14), H. 11, S. 321–327.

Die Freideutsche Jugend. Eine Abrechnung mit den Marburger Beschlüssen. Gez.: Akademisches Comité für Schulreform. In: Der Anfang II (1914), H.1, S. 1–12.

Die Zukunft der Freideutschen Jugend. Zur Verständigung. Gez.: Akademisches Comité für Schulreform. In: Der Anfang II (1914), H.4, S. 93–103.

Bericht über den XIV. Freistudententag in Weimar. Gez.: Bfd. In: Der Anfang II (1914), H.4, S. 120–122.

Ämter für die Jugend. In: Münchner Akademische Rundschau, 8. Jg., Wintersemester 1914/15, H.1 vom 4. November 1914, S. 5–7.

Die deutsche Jugendbewegung. Originalveröffentlichung in polnischer Sprache. In: Moriah. Monatsschrift der jüdischen Jugend 12 (1916/17), H.3, S. 96–101. – Deutsche Übersetzung von Isolde Wutzke-Sczcygiol, Tübingen.

Die Psychoanalyse in der Jugendbewegung. In: Imago 5 (1919), S. 283–289.

Tendenzerziehung und Autonomie des Zöglings in der Jugendbewegung. In: Der junge Jude (Berlin) 1 (1928), S. 15–18.

Das Archiv für Jugendkultur. In: Der Anfang I (1913/14), H.2, S. 51–54.

Ein Archiv für Jugendkultur. In: Zeitschrift für angewandte Psychologie 8 (1914), S. 373–376.

Über Schülervereine. Ein Beitrag zur Gruppenpsychologie und ihrer Methodik. In: Zeitschrift für angewandte Psychologie 11 (1916), S. 167–213.

Ein Institut für Psychologie und Soziologie der Jugend. Archiv für Jugendkultur. Entwurf zu einem Programm. In: Annalen der Natur- und Kulturphilosophie 13 (1917), S. 217–251.

Die Psychoanalyse in der Jugendforschung. In: Siegfried Bernfeld (Hrsg.): Vom Gemeinschaftsleben der Jugend. Beiträge zur Jugendforschung. (Quellenschriften zur seelischen Entwicklung, Bd. II.) Leipzig/ Wien/ Zürich 1922, S. 1–11.

Ein Freundinnenkreis. In: Siegfried Bernfeld (Hrsg.): Vom Gemeinschaftsleben der Jugend. Beiträge zur Jugendforschung. (Quellenschriften zur seelischen Entwicklung, Bd. II.) Leipzig/ Wien/ Zürich 1922, S. 12–57.

Historische Jugendtagebücher. In: Zeitschrift für angewandte Psychologie 30 (1928), S. 174–179.

Zur „Sittenlosigkeit der Jugend". Besprechung der Bücher von Lindsey und Ognjew. In: Der junge Jude (Berlin) 1 (1928), S. 164–166.

Reliquien und Tagebücher. In: Zeitschrift für psychoanalytische Pädagogik 4 (1930), S. 370–381.

Gründungsaufruf. Überschrift vom Herausgeber. Unveröffentlichtes Typoskript. YIVO 3924, fol. 154442.

Gründungsmitteilung. Überschrift vom Herausgeber. Unveröffentlichtes Typoskript. YIVO 3908, fol. 152661.

Jüdisches Institut für Jugendforschung und Erziehung. Arbeitsprogramm und Selbstdarstellung. Überschrift vom Herausgeber.

Arbeitsprogramm. Unveröffentlichtes Typoskript. Mit hs. Korrekturen von Bernfeld. YIVO 3908, fol. 152659f.

Selbstdarstellung. In: Internationale Erziehungs-Rundschau. (Monatliche Beilage zur „Neuen Erziehung“, im Auftrag der Pädagogischen Abteilung der Deutschen Liga für Völkerbund hrsg. von Elisabeth Rotten.) 2. Jg., Nr. 4 von April 1921, S. 32.

Sammelanweisung. Unveröffentlichtes Typoskript. YIVO 3908, fol. 152678.

Vorschläge für wissenschaftliche Arbeiten aus dem Institut. Unveröffentlichtes Typoskript. YIVO 3924, fol. 154520f.

Ein pädagogisches Forschungs-Institut in Palästina. In: Der Jude 5 (1920/21), S. 465–479.

Errichtung einer wissenschaftlichen Studien- und Versuchsstelle beim Education-Department in Erez Israel. Unveröffentlichtes Typoskript. YIVO 3908, fol. 152662–152664; YIVO 3924, fol. 154434–154458.

Handbuch der jüdischen Jugendbewegung. Unveröffentlichtes Typoskript. YIVO 3924, fol. 154469–154472.

Das jüdische Institut für Jugendforschung – Arbeitsprogramm. Unveröffentlichtes Typoskript, mit hs. Korrekturen von Gerhard Fuchs. YIVO 3924, fol. 15445–154448.

Korrespondenzblatt Nr. 1. Vervielfältigtes Typoskript. YIVO 3908, fol. 152728–152730.

Korrespondenzblatt Nr. 2. Vervielfältigtes Typoskript. MD LC, cont. 5,6; YIVO 3905 A, fol. 132364–132366.

Korrespondenzblatt, Sondernummer. Unveröffentlichter Typoskript. YIVO 3905 A, fol. 152307.

Programm der Abteilung Wirtschaftserziehung. Unveröffentlichtes Typoskript. YIVO 3908, fol. 152678 (eine Folierung für alle 6 Bll.).

Korrespondenzblatt Nr. 3. Vervielfältigtes Typoskript. Überliefert: Entwurf mit hs. Korrekturen von Bernfeld. YIVO 3924, fol. 154527–154531; YIVO, unarranged material, ohne fol.; YIVO 3905 A, fol. 152309–152314; MD LC, cont. 7,3.

Semesterbericht 1920–21. Handschriftlich (von Frieda Schiff). YIVO 3908, fol. 152678 (eine Foliierung für alle 11 Bll.).

Ankündigung von pädagogischen Ferienkursen. Überschrift vom Herausgeber. Unveröffentlichtes Typoskript. YIVO 3924, fol. 154537f.

Korrespondenzblatt Nr. 4. Vervielfältigtes Typoskript. YIVO 3905 A, fol. 152314–152316; MD LC, cont. 7,3.

Bericht über das 3. Semester 1920/21. Unveröffentlichtes Typoskript. YIVO 3905 A, fol. 152364–152368.

Korrespondenzblatt Nr. 5/6. Unveröffentlichtes Typoskript, größtenteils unleserlich, mit hs. Korrekturen von Bernfeld. YIVO, unarranged material; YIVO 3905 A, fol. 152247–152256.

Korrespondenzblatt Nr. 7. Als Manuskript gedruckt (Wien). MD LC, cont. 7,3.

Korrespondenzblatt Nr. 8. Als Manuskript gedruckt (Wien). MD LC, cont. 7,3.

3. Editionsbericht

Bernfelds Texte und Schriften zur Jugendbewegung und Jugendforschung verteilen sich auf mehrere Bände dieser Sämtlichen Werke. In den vorliegenden Band sind Texte aus dem Umkreis der Zeitschrift „Der Anfang" (Band 3 dieser Gesamtausgabe) und vor allem aus dem thematischen Zusammenhang „Zionismus und Jugendkultur" (Band 7) nicht aufgenommen worden und finden sich später in diesen Bänden.

Kleinere Mitteilungen von Bernfeld über die Aktivitäten z.B. des Akademischen Comités für Schulreform in der Zeitschrift „Der Anfang" finden sich dort und durften deshalb hier unberücksichtigt bleiben.

Über das Wiener Akademische Comité für Schulreform und den dortigen „Sprechsaal" für Schüler und Studenten – beide von Bernfeld 1913 ins Leben gerufen – ist im YIVO

Institute for Jewish Research in New York, NY. reichhaltiges Material überliefert, anhand dessen sich die Aktivitäten des Comités und im Sprechsaal im Detail nachzeichnen lassen. Einzelheiten werden später in den Erläuterungen und ergänzenden Dokumenten zu diesem Band mitgeteilt werden.

Vor seinem Weggang von Wien in die Emigration hatte Bernfeld die Verwahrung seiner Bestände des „Archivs für Jugendkultur" bei Max Weinreich in dessen Jiddischem Wissenschaftlichen Institut in Wilna geregelt (vgl. das Fasimile eines Briefes bei Karl Fallend / Johannes Reichmayr [Hrsg.]: Siegfried Bernfeld oder die Grenzen der Psychoanalyse. Basel / Frankfurt a.M. 1992, S. 84). Nach dem deutschen Überfall auf das Baltikum kamen die Bestände ins Amt Rosenberg und von dort nach dem Krieg ins YIVO Institute nach New York, das Max Weinreich im New Yorker Exil gegründet hatte (Auskunft YIVO).

Aus diesem Bestand wurden hier vor allem die drei Reden Bernfelds an die Jugend aufgenommen, die bei der Ordnung des YIVO-Bestandes durch Dr. Rudolf Glanz, Bernfelds Freund in Sprechsaal und in der zionistischen Bewegung während des Ersten Weltkriegs, beisammen gelassen wurden, weil er sehr wahrscheinlich zu den Hörern dieser Vorträge gehört hat. Eine Datierung ist möglich aufgrund einer Überlieferung über das Akademische Comité für Schulreform im Wiener Archiv der Niederösterreichischen Landesregierung (Stadthalterei, Präsidium, Staatspolizei, Sign.: Präs. P, Index 1914, Stammzahl 109, Nachzahlen 197,198). Die Staatspolizei nimmt die Anmeldung von drei Vorträgen Bernfelds entgegen:

14.2.1914 – Der Sinn der Jugend
21.2.1914 – Der Kampf der Jugend
28.2.1914 – Der Sieg der Jugend

Die Polizeiakten enthalten ausführliche Berichte vom Inhalt dieser Vorträge sowie den Vorgang der Auflösung des Akademischen Comités wegen gesetzwidriger, staats- und familiengefährdender Aktivitäten. Ein Verein „Archiv für Jugendkultur" wird untersagt.

Die Materialien zum jüdischen Institut für Jugendforschung und Erziehung werden ebenfalls im YIVO Institute for Jewish Research verwahrt. Es handelt sich vor allem auch um Korrespondenzen und Protokolle. Für die Veröffentlichung im vorliegenden Band wurden die Gründungsdokumente ausgewählt sowie die Programme und die Korrespondenzblätter.

Der Abdruck der Archivalien und der Wiederabdruck der Texte erfolgt grundsätzlich unverändert. Offensichtliche Versehen, Auslassungen und Druckfehler wurden stillschweigend korrigiert. Sprachliche Eigentümlichkeiten wurden beibehalten, Interpunktion und Orthographie jedoch weitgehend dem heutigen Gebrauch angeglichen. Einige der bisher unveröffentlichten Texte, manchmal nur Entwürfe, wurden behutsam in die hier jeweils gewählte Form des Druckbildes gebracht. In allen Texten wurden gelegentlich längere unübersichtliche Sätze durch eine neue Interpunktion gegliedert; längere Absätze wurden, der Gedankenführung folgend, weiter untergliedert.

SIEGFRIED BERNFELD
SÄMTLICHE WERKE

Siegfried Bernfeld (1892–1953) ist in der psychoanalytischen Bewegung und in der Pädagogik als ein ungewöhnlich kreativer und produktiver Kopf hervorgetreten. Allein dies läßt es schon gerechtfertigt erscheinen, seine *Sämtlichen Werke* herauszugeben. Einzelne seiner Schriften sind seit dem Ende der 1960er Jahre wieder nachgedruckt worden. Es gab auch die von Lutz von Werder und Reinhart Wolff herausgegebene dreibändige Auswahlausgabe, unter dem irreführenden Titel „Antiautoritäre Erziehung und Psychoanalyse" und unter Editionsgesichtspunkten wenig befriedigend. Diese Ausgabe hat immerhin das Verdienst – neben der separaten Neuausgabe des „Sisyphos" in der „Theorie"-Reihe bei Suhrkamp –, erneut zur – bis heute immer intensiver sich gestaltenden – Beschäftigung mit Bernfelds Arbeiten und Thesen angeregt zu haben. Eben dieser Aneignung des Bernfeld'schen Werkes soll mit den *Sämtlichen Werken* eine solide Grundlage gegeben werden. Als Ausgabe wissenschaftlicher Texte müssen sie keine historisch-kritische Ausgabe sein, enthalten aber doch Texte aus dem Nachlaß (in der Handschriften-Abteilung der Library of Congress, Washington D. C.), denen Bernfeld eine abschließende textliche Gestalt gegeben hat.

Die Anordnung der einzelnen Bände der *Sämtlichen Werke* folgt den Schwerpunkten des Bernfeld'schen Wirkens, wie sie sich in seiner Lebensgeschichte herauskristallisiert haben.

Als Student in Wien suchte Bernfeld vor dem Ersten Weltkrieg Anschluß an den kulturkritschen Flügel der deutschen Jugendbewegung (die Jugend*kultur*bewegung um Gustav Wyneken) und die Bewegung der freistudentischen

Sprechsäle. In Wien gründete Bernfeld einen eigenen Sprechsaal für (jüdische) Gymnasiasten und Studenten, ein Akademisches Comité für Schulreform (A. C. S.) und eine Arbeitsgruppe zum Studium und zur Erforschung des Jugendalters. Er war Mitherausgeber der Zeitschrift „Der Anfang", dem Organ der Jugendkulturbewegung, das Pfemfert in Berlin verlegte. Diesem Studien- und Wirkungskreis sind die drei ersten Bände der *Sämtlichen Werke* gewidmet.

Band 1 – Theorie des Jugendalters
u. a. Erstveröffentlichung der Wiener Dissertation „Über den Begriff der Jugend" (1915) und die grundlegenden abhandlungen zu einer psychoanalytischen Theorie der Pubertät und der Adoleszenz (Weinheim/Basel 1991).

Band 2 – Jugendbewegung und Jugendforschung
u. a. Bernfelds Programmschriften und Beiträge zu diesem Bereich, Vorträge aus dem Nachlaß, Texte zur Begründung des „Archivs für Jugendkultur" und aus der Arbeit des „Jüdischen Instituts für Jugendforschung".

Band 3 – Reprint des „Anfang" (1913/14)

In den Jahren nach dem Ersten Weltkrieg beteiligte sich Bernfeld an der Weiterentwicklung der psychologischen Jugendforschung, wobei für ihn Fragen der Jugendkultur, der lebensgeschichtlichen Orientierung und damit der psychoanalytischen Akzentuierung dieser Forschungen im Vordergrund standen. Wiener Freunde beteiligten sich an diesen Studien, Dokumentationen und Forschungen, aus denen drei Sammelbände hervorgingen:

Band 4 – Vom Gemeinschaftsleben der Jugend (1922)

Band 5 – Vom dichterischen Schaffen der Jugend (1924)

Band 6 – Trieb und Tradition im Jugendalter. Kulturpsychologische Studien an Tagebüchern (1931)

Während des Ersten Weltkriegs engagierte sich Bernfeld in der österreichischen zionistischen Bewegung und war im Zionistischen Zentralrat für Niederösterreich für Jugendfragen zuständig. Aus diesem Umkreis stammen die Texte des nächsten Bandes:

Band 7 – Zionismus und Jugendkultur
u.a. „Das jüdische Volk und seine Jugend" (1919), der Grundschrift für Theorie und Praxis der Kibbuz-Erziehung, die bisher unbekannten Beiträge Bernfelds aus der Wiener „Jüdischen Zeitung" und das Programm einer jüdischen Jugendbewegung. Eine aus diesem Zusammenhang von Bernfeld ins Leben gerufene Zeitschrift wird im nächsten Band als Reprint gebracht:

Band 8 – Jerubbaal. Eine Zeitschrift der jüdischen Jugend 1918/19)

Die folgenden drei Bände dokumentieren Bernfelds Beiträge zur Theorie-Entwicklung in der Erziehungswissenschaft der zwanziger Jahre, sein Engagement für eine sozialistische Bildungs- und Schulpolitik sowie seine sozialpädagogischen Arbeiten und Anregungen. Jeder dieser Bände enthält eine größere Veröffentlichung von Bernfeld als Kern, um den sich kleinere Studien und Diskussionsbeiträge gruppieren.

Band 9 – Theroie und Praxis der Erziehung
Der zentrale Text ist hier die zuerst 1925 erschienene Monographie „Sisyphos oder die Grenzen der Erziehung", Bernfelds eigenständiger und origineller Beitrag zur Diskussion über die Grenzen der Erziehung in der Mitte der 20er Jahre in Deutschland, wo Bernfeld gegen die „geisteswissenschaftliche" Betrachtungsweise von Erziehungsprozessen zum einen die psychoanalytische, zum andern die marxistische, die gesellschaftskritische und die ideologiekritische geltend macht.

Band 10 – Sozialistische Pädagogik und Schulkritik
Die zentrale Schrift ist hier das Büchlein „Die Schulgemeinde und ihre Funktion im Klassenkampf" von 1928, in

dem Bernfeld seine Auffassung von den Voraussetzungen und Perspektiven einer gesellschaftskritischen und -verändernden Bildungs- und Schulpolitik niedergelegt hat.

Band 11 – Sozialpädagogik
Bernfeld gehört wie Karl Wilker und Curt Bondy zu den bahnbrechenden Reformpädagogen auf dem Gebiet der Sozialerziehung und der Sozialpädagogik. 1919/20 war Bernfeld in Wien Gründer und pädagogischer Leiter eines Kinderheims für jüdische Waisenkinder, wo er seine (damals im wesentlichen von Gustav Wyneken inspirierten) Erziehungsmaximen und -praktiken verwirklichen konnte. „Kinderheim Baumgarten. Bericht über einen ernsthaften Versuch mit neuer Erziehung" (1921) ist ein Klassiker der Reformpädagogik und im Wirken Bernfelds der Beginn intensiver Beschäftigung mit sozialpädagogischen Fragen, deren Erträge dieser Band vereinigt.

Bernfeld war Mitglied der Wiener und der Berliner Psychoanalytischen Vereinigung, und zu seinen hauptsächlichen Aufgaben gehörte es in Wien und in Berlin, im Lehrinstitut Kurse zu geben für Pädagogen (Lehrer, Erzieher, Sozialarbeiter, Fürsorger usw.). Bernfeld beschäftigte sich intensiv mit den Konsequenzen der Psychoanalyse für pädagogische Probleme und Fragestellungen und entwickelte in seinen Lehrkursen die Grundzüge einer Psychoanalytischen Pädagogik; seine prominenteste Schülerin war Anna Freund. Die beiden folgenden Bände sind diesem Themenbereich gewidmet:

Band 12 – Pädagogik und Psychoanalyse
Kleinere Abhandlungen, dazu die Protokolle von Arbeitsgemeinschaften in Berlin (1931/32) und die Manuskripte von Vorträgen in Wien (1934) über „Psychoanalytische Pädagogik".

Band 13 – Psychologie der frühen Kindheit
u. a. Bernfelds umfangreiche Monographie „Psychologie des Säuglings" (1925) und ein umfangreiches Fortsetzungsmanuskript aus dem Nachlaß als Erstveröffentlichung.

Rauschenbusch, Walther 331
Rauschenbusch, August 331
Recke, Elise von der 329
Redwitz, Oscar von 221
Reichel, G. 329
Rein, Wilhelm 221
Reisner, Ada 426
Richter, Gustav 221
Rieger, Eliese 428
Rodenberg, Justine 332
Rodenberg, Julius 332

Sauer, August 330
Schaden, Emil August von 330
Scheffler, L.v. 331
Schiele, Friedrich Michael 448
Schiff, Frieda 407, 413, 416, 438
Schiller, Friedrich 199
Schmid, Karl August 221
Schnitzler, Arthur 196
Schönichen, Walther 429
Schopenhauer, Arthur 330
Schopenhauer, Adele 331
Schrader, Wilhelm 221
Schück, Maruscha 445, 464
Schück, Lizi 470
Schumann, Clara 331
Schwadron, Abraham 427, 464
Scupin 470
Shakespeare, William 120, 194 ff.
Solltmann 135
Sommer, Otto 221
Spranger, Eduard 334
Stadthagen, Alice 466
Stael, Germaine de 284
Starbuck, Edwin Diller 207
Stark, Lotte 470
Stern, William 170, 238, 251, 255, 265, 325 f., 341, 365
Stilgebauer, Edward 221
Strecker, G.F.A. 331
Szymank, Paul 221

Thaller 442
Theuriet, André 332
Tolstoi, Nikolai 365
Tolstoi, Leo 431
Tumlirz, Otto 325

Verhaeren, Emile 199

Die beiden folgenden Bände enthalten Bernfelds eigenständige Beiträge zur Diskussion des Verhältnisses von Psychologie und Psychoanalyse sowie seine Forschungen zur Psychophysiologie, mit denen er – von Haus aus Biologe – einen experimentell-naturwissenschaftlichen Zugang zu psychoanalytisch relevanten psychophysiologischen Vorgängen zu gewinnen suchte – ein bisher kaum beachteter und gewürdigter Aspekt in Bernfelds Gesamtwerk.

Band 14 – Psychoanalyse und Psychologie
Hierher gehören Bernfelds Beiträge zur Wissenschaftstheorie der Psychoanalyse als Teildisziplin der wissenschaftlichen Psychologie und seine Auseinandersetzung mit dem Thema „Psychoanalyse und Marxismus“.

Band 15 – Psychoanalyse und Psychophysiologie
Bernfelds und Feitelbergs Untersuchungen und Diskussionsbeiträge zu den Themenbereichen „Psychische Energie“, „Libidometrie“ und „Bioanalyse“.

In seinen letzten Lebensjahren in San Francisco – wo Bernfeld zusammen mit seiner dritten Frau Suzanne Bernfeld-Cassirer seit 1937 im Exil lebte und als Lehranalytiker wirkte – beschäftigte sich Bernfeld mit der Lebensgeschichte von Sigmund Freud. Die Ergebnisse dieser zum Teil zusammen mit seiner Frau Suzanne durchgeführten Studien zur Freud-Biographik wurde von Ilse Grubrich-Simitis vor einigen Jahren zum ersten Mal in ihrem Zusammenhang in deutscher Übersetzung präsentiert (Bausteine der Freud-Biographik. Frankfurt 1981). Diese Studien, Bernfelds letztes Forschungsfeld, schließen auch die *Sämtlichen Werke* ab:

Band 16 – Freud-Biographik

Der Herausgeber hat sich – trotz naheliegender Bedenken – entschlossen, in diesen *Sämtlichen Werken* zunächst nur die Texte von Bernfeld zu präsentieren und in knappen Nachworten auf deren Bedeutung und auf ihre Stellung in Bernfelds Gesamtwerk einzugehen. Es wurde davon abgesehen, in jedem Band Erläuterungen und weiterführende

Literaturhinweise zu geben und zu einzelnen Texten ergänzende Dokumente, Materialien und Briefe abzudrucken. Das hätte nicht nur den Umfang einiger Bände gesprengt, sondern auch für die Gesamtausgabe ein aufwendiges Verweissystem erforderlich gemacht. Es ist daher beabsichtigt, in Zusammenarbeit mit anderen Bernfeld-Forschern den jetzt geplanten Text-Bänden der *Sämtlichen Werke* einige Bände mit Materialien und Erläuterungen folgen zu lassen, die in übersichtlicher Anordnung Erläuterungen und Verweisungen sowie Dokumente und Briefe enthalten werden.

***

Die Beschäftigung mit Bernfelds Leben und Werk erwuchs dem Herausgeber dieser *Sämtlichen Werke* aus der Beschäftigung mit der Geschichte der Pädagogik in Deutschland in der Zeit der Weimarer Republik. Die Deutsche Forschungsgemeinschaft finanzierte zwei Reisen in die USA für Gespräche mit Bernfelds damals noch lebender Tochter Rosemarie und seiner Schwester Lilly (beide in Berkeley, Ca.) sowie seinem Stiefsohn Peter Paret (damals Professor in Stanford, jetzt in Princeton, NJ.) und für Archivarbeiten, die von der Familie großzügig und vertrauensvoll gestattet wurden. Dafür sei hier herzlich gedankt. Es schlossen sich zahlreiche Interview- und Archivreisen in Europa an. Mein damaliger Mitarbeiter Johannes-Christoph von Bühler hat sich im Rahmen seiner eigenen Forschungen über die Anfänge der Jugendkunde und Jugendforschung in Österreich und Deutschland (deren Ergebnis als Monographie im Deutschland (deren Ergebnis als Monographie im Deutschen Studien Verlag, Weinheim, vorliegt: Die gesellschaftliche Konstruktion des Jugendalters, 1990) der Vervollständigung des Tübinger Bernfeld-Archivs angenommen und vor allem auch die Bibliographie der Veröffentlichungen von Bernfeld abschließend bearbeitet. Diese Bibliographie liegt jetzt im Druck vor in dem Band: Karl Fallend/Johannes Reichmayr (Hrsg.): Siegfried Bernfeld oder die Grenzen der Psychoanalyse. Basel/Frankfurt a.M. 1992, S. 328–346.

Ohne diese Hilfe wären die Abschlußarbeiten für die Herausgabe dieser *Sämtlichen Werke* nicht so zügig bewerk-

stelligt worden. Dafür sage ich hier noch einmal meinen besonderen Dank. Er gilt auch den Gutachtern der Deutschen Forschungsgemeinschaft, die sich wiederholt mit diesem Vorhaben beschäftigen mußten und die auch für diesen vorliegenden Band einen Druckkostenzuschuß bewilligten.

Tübingen Ulrich Herrmann

NACHWORT VON ULRICH HERRMANN

Der zweite Band von Bernfelds „Sämtlichen Werken" schließt sich thematisch unmittelbar an den ersten Band an. Handelt es sich dort um die Schriften zur Theorie des Jugendalters – mit denen Bernfeld Pionierleistungen vorlegte und einem ganzen Theorie- und Forschungsprogramm zu einer grundlegenden und dauerhaften Neuorientierung verhalf[1] –, enthält der vorliegende Band eine Dokumentation von Bernfelds vielfältigen Aktivitäten

- bei der Gestaltung einer eigenständigen Jugendkultur in dem von ihm in Wien gegründeten „Sprechsaal" (1913/14);
- bei der kritischen begleitenden Interpretation der deutschen Jugendbewegung (1913ff.);
- auf dem Gebiet der empirischen Jugendforschung durch die Erprobung neuer Fragestellungen und Methoden (1916ff.);
- durch den Aufbau eines Jüdischen Instituts für Jugendforschung und Erziehung in Wien (1920/22):

Eingeleitet wird dieser Band durch drei autobiographische Texte. Besonders Bernfelds Erinnerungen an seine Schulzeit im Gymnasium in Hietzing, einem der westlichen

1 Leopold Rosenmayr: Geschichte der Jugendforschung in Österreich 1914–1931. Wien o.J. (1962). – Ders.: Jugend. (Handbuch der empirischen Sozialforschung, Bd. 6) Stuttgart 1976. – Johannes Christoph von Bühler: Die gesellschaftliche Konstruktion des Jugendalters. Zur Entstehung der Jugendforschung am Beginn des 20. Jahrhunderts. Weinheim 1990. – Peter Dudek: Jugend als Objekt der Wissenschaften. Geschichte der Jugendforschung in Deutschland und Österreich 1890–1933. Opladen 1990.

Vororte von Wien, lassen erkennen, welchen „Sitz im Leben" seine späteren Aktivitäten im „Akademischen Comité für Schulreform" hatten und woher der energische Impuls seiner „Reden an die Jugend" stammt.[2] Auch im Falle Bernfelds bestätigt sich wieder der so oft zu beobachtenden enge Zusammenhang von reflektierter Lebens- als Erziehungserfahrungsgeschichte auf der einen und von pädagogischen Denk- und Reformanstößen an der anderen Seite[3], wie er für so viele „klassisch" gewordene Theoretiker und Praktiker, Programmatiker und Essayisten – insbesondere reformpädagogischer Provenienz – charakteristisch ist: für Rousseau und Pestalozzi, für Salzmann und Jean Paul, für Hermann Lietz und Karl Wilker, Georg Kerschensteiner und Wilhelm Flitner. Auch Bernfeld gehört in diese Reihe der „eigentlichen" Pädagogen, die aufgrund von *reflektierter Erfahrung* etwas zu sagen haben und deshalb auch etwas *zu sagen* haben.

I.

Die Texte über „Jugendkultur und Schulreform" atmen ganz und gar den Geist Gustav Wynekens, den Gründer der Freien Schulgemeinde Wickersdorf, den der junge Bernfeld dort besucht hatte und der für ihn Vorbild und – so in einer Buchwidmung – geistiger „Führer" geworden war. Der „Sprechsaal", den Bernfeld im Frühjahr 1913 in Wien gründete, orientierte sich an dem Vorbild aktiver „Sprechsäle" von Gymnasiasten und (Freideutschen) Studenten in zahl-

2 Ulrich Herrmann: Bernfelds pädagogische Themen und ihr „Sitz im Leben". Ein biographischer Essay. In: Reinhard Hörster/ Burkhard Müller (Hrsg.): Jugend, Erziehung und Psychoanalyse. Zur Sozialpädagogik Siegfried Bernfelds. Neuwied/ Berlin 1992, S. 9–21. – Ders.: „Zwischen allen Stühlen". Bausteine zu einer *biographie intellectuelle* von Siegfried Bernfeld. In: Zeitschrift für Pädagogik, 29. Beiheft, Weinheim/ Basel 1992, S. 369–373.

3 Klaus Prange: Lebensgeschichte und pädagogische Reflexion. In: Ders.: Pädagogische Erfahrung. Weinheim 1989, S. 203–225. – Ulrich Herrmann: „Innenansichten". Erinnerte Lebensgeschichte und geschichtliche Lebenserinnerung, oder: Pädagogische Reflexion und ihr „Sitz im Leben". In: Christa Berg (Hrsg.): Kinderwelten. Frankfurt a.M. 1991, S. 41–67.

reichen deutschen Groß- und Universitätsstädten; die bekanntesten sind diejenigen in Berlin und München, Freiburg i.Br. und Stuttgart, Heidelberg und Göttingen. Wyneken hielt dort, wie seine Kalendereintragungen zeigen, regelmäßig Vorträge, um für seine Idee der „Jugendkultur" zu werben und in der jungen Generation eine Gruppierung zu wecken, die seine Ideen weitertragen und später verwirklichen sollten. Diesem Ziel diente auch der Wiener „Sprechsaal". Er sollte der Mittelpunkt „freier geistiger Betätigung" heranwachsender junger Menschen sein, unabhängig von den Elternhäusern, ohne Anleitung oder Bevormundung und Kontrolle durch Ältere oder Lehrer – mit einem Wort: der „Sprechsaal" sollte nach Bernfelds Absicht die Übertragung von Wynekens Konzeption der Freien Schulgemeinde – fern von den Elternhäusern in Wickersdorf (bei Saalfeld) auf den Höhen des Thüringer Waldes – in die Lebensverhältnisse und in den Lebensalltag der städtischen Gymnasiasten und Studenten bedeuten.

Dieser radikale Bruch mit den traditionellen Formen der Gestaltung der Freizeit und der Beziehungen zwischen Eltern und Kindern rief die Behörden auf den Plan: der „Sprechsaal" mußte geschlossen werden, und das „Akademische Comité für Schulreform" wurde wegen Staats-[!] und Familiengefährdung [!] verboten![4] Die Behörden spürten offenbar das Unerhörte, das sich im Anspruch des „Sprechsaals" und der dort sich versammelnden jungen Menschen (beiderlei Geschlechts und zumeist jüdischer Herkunft) artikulierte: daß nämlich – ganz im Sinne Gustav Wynekens – der älteren Generation die *Definitionsmacht* über das, was „Zukunft" bedeutet, entzogen und der jungen Generation in deren *autonomen* Gestaltungswillen überantwortet werden sollte. Das traditionelle Verhältnis der Generationen – die jüngeren treten in die Funktionen und Rollen der älteren ein und übernehmen auch im wesentlichen deren überkommene Wahrnehmungs-

---

4 Die Dokumentation der archivalischen Überlieferung der Aktivitäten und der internen Diskussionen des A.C.S. sowie der aktenmäßigen Überlieferung der Verbotsgeschichte erfolgt später in den Materialien-Bänden dieser Werkausgabe.

und Deutungsmuster – würde sich auf diese Weise auflösen und einen kulturgeschichtlichen Bruch unübersehbaren Ausmaßes und mit unabsehbaren Konsequenzen für die herrschende Gesellschaft und Kultur in allen ihren Bereichen heraufbeschwören. In der Tat: *insofern* kann in der Tat eine „Staatsgefährdung" angenommen werden.

Der „Sprechsaal" und das A.C.S. sollten nicht nur ein Forum für freien Gedankenaustausch bilden, sondern auch eine Stätte der aktiv-kreativen Selbstbildung neben der Schule sein: anstelle der *Freien Schul*gemeinde eine *freie Jugend*gemeinde" und als solche das Propaganda- und Aktionszentrum für eine radikale Schulreform.[5] Das A.C.S. wollte Enquêten über die Verhältnisse an den Höheren Schulen durchführen[6], und das „Archiv für Jugendkultur" sollte die erste umfassende Sammel- und Dokumentationsstelle der zeitgenössischen und zukünftigen „Jugendkultur" bilden und damit zugleich Kern eines noch zu gründenden Instituts für Jugendforschung[7]. Dieses Vorhaben wurde tatkräftig ins Werk gesetzt. Bis auf geringe Überreste (in zwei US-amerikanischen Archiven in Stanford CA und New York NY) ist das Material jedoch infolge der Ereignisse in der NS-Zeit und des Zweiten Weltkriegs verlorengegangen, und Bernfeld selber hat – zusammen mit einigen seiner Freunde – in den zwanziger Jahren nur erste Auswertungen

---

5 Ulrich Herrmann: Die Jugendkulturbewegung. Der Kampf um die Höhere Schule. In: Thomas Koebner et al. (Hrsg.): „Mit uns zieht die neue Zeit". Mythos Jugend. Frankfurt a.M. 1985, S. 224–244.

6 Vgl. oben S. 164 das faksimilierte Deckblatt eines Fragebogens, der der Zeitschrift „Der Anfang" beilag.

7 Vgl. Bernfelds Programme für eine solches Institut und die Dokumentation der Aktivitäten seines „Jüdischen Instituts für Jugendforschung und Erziehung" in diesem Band. Über den Gesamtbestand der Archivüberlieferung wird in den späteren Materialenbänden berichtet. – Die Idee der Selbstdokumentation und der Sammelstellen für „Jugendkultur" haben später u.a. das Archiv der deutschen Jugendbewegung, das Archiv der Arbeiterjugendbewegung, die Archive der Pfadfinderbünde (jetzt im Archiv der deutschen Jugendbewegung) realisiert. Besonders vom Archiv der deutschen Jugendbewegung (Burg Ludwigstein bei Witzenhausen) sind – vermittelt durch sein „Jahrbuch" und die „Edition" – in den letzten 25 Jahren wichtige Impulse der Jugendforschung ausgegangen.

des umfangreichen Sammlungsmaterials vornehmen können[8].

II.

Bernfelds Kommentare zur deutschen Jugendbewegung sind ebenfalls geprägt durch seine Zugehörigkeit zu Wynekens Richtung der „Jugendkulturbewegung" bzw. zur „Entschiedenen Jugendbewegung"[9]. Dieser Umstand erlaubte Bernfeld auch eine pointierte Differenzierung „der" Jugendbewegung bereits aus zeitgenössischer Sicht:

- Für den *Wandervogel* sind kennzeichnend das *neue Erlebnis von Gemeinschaft* und die *Erschließung neuer Gefühlswelten in Freundschaft, Naturliebe und Körpergefühl* sowie – daraus erwachsend – *neuer Sexualität und Erotik*, eine „befreiende Atmosphäre", „ein lebendiges Gefühl für den eigenen Körper, für die eigene Kraft und Schönheit, das schöpferische Ideal des einzelnen, die Nüchternheit, Selbständigkeit und Natürlichkeit" (S. 143) – Erlebnisse und Ideen, die aber auch – wie Bernfeld schon auf dem Meißner-Fest polemisch konstatierte und hier wiederholte – in Richtung eines deutschen Nationalismus, einer völkischen Ideologie und der Rassenhygiene tendieren konnten (ebd.).
- Die *Akademischen Freischaren* bzw. die *Freideutschen Studenten* akzentuieren ihre Bestrebungen anders: „Lebensgestaltung, Ausdruckskultur, Reformkleidung, Abstinenz und Siedlungsbewegung" (S. 145).
- Die *Jugendkulturbewegung* erstrebt eine *geistige* Kulturre-

8 Neben den Abhandlungen in diesem Band ist vor allem auf die Beiträge in den Bänden 4 und 5 dieser Werkausgabe zu verweisen, vgl. die Hinweise oben S. 464 und die Übersicht S. 482.

9 Sigrid Bias-Engels: Zwischen Wandervogel und Wissenschaft . Zur Geschichte von Jugendbewegung und Studentenschaft 1896–1920. (Edition Archiv der deutschen Jugendbewegung, Bd. 4) Köln 1988. – Reinhard Preuß: Verlorene Söhne des Bürgertums. Linke Strömungen in der deutschen Jugendbewegung 1913–1919. (Edition Archiv der deutschen Jugendbewegung, Bd. 8) Köln 1991. – Ulrich Linse: Die Entschiedene Jugend 1919–1921. Frankfurt a.M. 1981.

volution zum Zwecke der Erneuerung von Kultur und Gesellschaft aus dem Geiste *„absoluter Werte"*, wie sie für das Selbst-Erleben des Jugendalters charakteristisch sind: *Hingabe und Leidenschaft* für *„Größe, Schönheit, Wahrheit, Gerechtigkeit und das Gute"* (S. 146).

Dieser zuletzt genannte Aspekt bildet dann auch den Übergang zu einer psychologisch-psychoanalytischen Theorie des Jugendalters, die in den Texten des ersten Bandes schon angeklungen ist und hier mit den Abhandlungen von 1919 (S. 149ff.) und 1922 (S. 261ff.) den unmittelbaren Zusammenhang mit der Jugendbewegung, dem Verständnis ihres Ausdrucks*wollens* und der Deutung ihrer Ausdrucks*formen*, herstellt.

III.

Die Abhandlungen der Abteilung „Jugendforschung" enthalten zum einen programmatische Texte, zum andern Bernfelds eigene Beiträge zur empirischen Jugendforschung. Letztere wurden in diesen Band aufgenommen (obwohl sie in späteren Reprint-Bänden dieser Werkausgabe enthalten sein werden[10]), weil nicht nur der Zusammenhang von Forschungs*programm* und Forschungs*praxis* unmittelbar hergestellt werden, sondern auch gezeigt werden sollte, inwieweit Bernfeld selber sein Konzept einer psychologischen und soziologischen Jugendforschung einzulösen vermochte – wenn auch vielleicht nur ansatzweise, weil die modernen Methoden der Sozialpsychologie und der Soziologie sozialer Beziehungen allesamt noch nicht erfunden waren. Die Abhandlung „Über Schülervereine" (S. 174ff.), besonders aber diejenige „Ein Freundinnenkreis" von 1922 (S. 273ff.) mit ihren überraschenden analytischen Einsichten zeigt dabei die Fruchtbarkeit der von Bernfeld praktizierten innovativen Kombination von Methoden und Instrumenten der Sozialisations- und Biographieforschung, die bis heute nicht überholt ist. Bernfelds Analysen bestätigen allerdings auch damals schon die Ein-

---

10 Vgl. oben S. 482 die Hinweise auf die Bände 4–6.

sicht, daß eine fruchtbare Forschungspraxis der Sozialisations- und Biographieforschung häufig gebunden bleibt an die Möglichkeit der (Selbst-)Kommentierung von lebensgeschichtlichen Dokumenten und Berichten durch die Beteiligten selbst bzw. die unmittelbar beteiligten Beobachter.[11]

Die große Abhandlung von 1917 über „Ein Institut für Psychologie und Soziologie der Jugend" kann als Ergänzung zu Bernfelds Dissertation von 1915 gelesen werden, die im ersten Band dieser Werkausgabe zum ersten Mal veröffentlicht wurde. Die Doktorarbeit brach nach der Darlegung des *psychologischen* Begriffs der Jugend ab und ließ die *soziologische* Dimension des Jugendbegriffs unerledigt. Dies wird nun in der Abhandlung von 1917 wenigstens in einem knappen Umriß nachgeholt (S. 230 ff.) und schließt mit der Forderung, auch die *physische Eigenart* des Jugendalters einzubeziehen und so schließlich das Gesamtgebiet einer *„universellen Jugendforschung"* zu entfalten. Diese Abhandlung ist einerseits hervorgegangen aus den Überlegungen zu einem „Archiv für Jugendkultur" (1913/14, S. 165 ff.) und bildet andererseits den Übergang zu den Texten über „Das jüdische Institut für Jugendforschung und Erziehung" (1920/22), die den vorliegenden Band abschließen.

IV.

Bernfeld hatte unter dem Eindruck antisemitischer Ausschreitungen an der Wiener Universität im Jahre 1913/14 und der Pogrome während des Krieges eine Wendung zur österreichischen zionistischen Bewegung vollzogen. Seit 1917 engagierte er sich – obwohl zum Militär eingezogen, aber aus Gesundheitsgründen nicht zum Einsatz an die Front abkommandiert – im neugegründeten Zionistischen

11 Dazu der Schluß meiner Abhandlung: Die Pädagogisierung des Kinder- und Jugendlebens in Deutschland seit dem ausgehenden 18. Jahrhundert. In: Ulrich Herrmann: Historische Bildungsforschung und Sozialgeschichte der Bildung. Weinheim 1991, S. 133 ff., hier S. 144 f. – Vgl. auch zum Thema: Biographische Konstruktionen und das gelebte Leben, ebd. S. 301 ff.

Zentralkomitee für Westösterreich. Bernfeld übernahm die Leitung des Jugendamtes in diesem Komitee; gründete Hilfswerke und Heime für die Jugend; betrieb die Gründung eines jüdischen Jugendverbands in der k.u.k. Monarchie; richtete eine Zentralstelle jüdischer Jugendgruppen in Wien ein; betrieb Pläne für den Erwerb eines Landgutes bei St. Pölten für eine „Hachscharah" (Vorbereitung zur Auswanderung) von etwa tausend jungen Menschen, die sich dem Aufbau Palästinas widmen sollten; gab zwei Jugendzeitschriften heraus („Blätter aus der jüdischen Jugendbewegung", „Jerubbaal"); auf seine Initiative hin nahmen der Arbeitskreis für jüdische Erziehung und das Jüdische Pädagogium für jüdisch-pädagogische Unterrichtskurse ihre Arbeit auf. Im Mai 1918 fand bei Wien ein großer jüdischer Jugendtag statt, den Bernfeld initiiert hatte; der Hauptredner war Martin Buber. Für die Versorgung und Erziehung von etwa 200 jüdischen Waisenkindern gründete und leitete Bernfeld das Kinderheim Baumgarten in Wien (1919/20) und erprobte hier unter den denkbar ungünstigsten Bedingungen, aber mit einem Helferkreis gleichgesinnter Freundinnen und Freunde, mit großem Erfolg das Konzept einer „Sozialpädagogik" als Selbsterziehung in und durch Gruppen im Rahmen einer „Schulgemeinde", die den Wyneken'schen Grundsätzen entsprach.[12]

Diese Aktivitäten sind von nicht zu überschätzender Bedeutung gewesen für den Aufbau des Erziehungswesens in Palästina[13], zumal Bernfeld mit seinem Buch „Das jüdische Volk und seine Jugend" (1919) *der* Theoretiker der Kibbuz-Erziehung war[14]. Das Ende des Ersten Weltkriegs

12 Auch hierzu erfolgt später die Dokumentation des Archivmaterials, das vollständigt überliefert ist.

13 Ludwig Liegle/ Franz-Michael Konrad (Hrsg.): Reformpädagogik in Palästina. Frankfurt a.M. 1989.

14 Dieser Text erscheint in Band 7 dieser Werkausgabe. – Vgl. dazu M. Glücksohn in dem Band von Liegle/ Konrad, S. 162ff. sowie Ludwig Liegle: Tagträume, Wirklichkeit und Erinnerungsspuren einer neuen Erziehung im jüdischen Gemeinwesen Palästinas (1918–1948). In: Neue Sammlung 25 (1985), S. 231–249. – Wolfgang Melzer/ Georg Neubauer (Hrsg.): Der Kibbutz als Utopie. Weinheim/ Basel 1988, darin zu Bernfeld: Wolfang Melzer: Die Bedeu-

und die einsetzende Geldentwertung vereitelten den Kauf des Landgutes. Die ungünstigen wirtschaftlichen Verhältnisse bereiteten auch den anderen Aktivitäten ein jähes Ende; das Kinderheim Baumgarten hatte nur ein knappes Jahr Bestand. Das Jüdische Institut für Jugendforschung und Erziehung vermittelte zwar – durch Literaturreferenzen und Seminare in Wien – reformpädagogische Theorie und Praxis aus Europa nach Palästina. An eine Übersiedlung dorthin hat Bernfeld selber wohl nie ernsthaft gedacht, wenn er sein Institut auch der in Gründung befindlichen Universität Jerusalem angliedern wollte.[15] Nach der Beendigung der Arbeit im Kinderheim Baumgarten ging Bernfeld zunächst für kurze Zeit zur Erholung in die Nähe von Salzburg, wohnte dann mit seiner Familie in Heidelberg und arbeitete als Redakteur der Zeitschrift „Der Jude", die von Martin Buber im benachbarten Heppenheim herausgegeben wurde. In diese Zeit fallen auch die letzten Texte und Dokumente dieses Bandes.

1922/23 kehrte Bernfeld nach Wien zurück und begann sein Engagement in der Wiener Psychoanalytischen Gesellschaft. Dem Freud-Kreis hatte er schon im Ersten Weltkrieg angehört. Jetzt gab er regelmäßig Kurse im Lehrinstitut der Vereinigung und entwickelte im Laufe der Jahre sein neues Arbeitsfeld: Forschungen, Vorträge und Veröffentlichungen über „Pädagogik und Psychoanalyse" bzw. „Psychoanalytische Pädagogik". Auch hier sollte es Bernfeld wieder gelingen, Pionierarbeit zu leisten. Ein neues Kapitel in seinem Leben und Wirken hatte begonnen.

---

tung von Utopien für die Genese der Kibbutzim und ihres Erziehungsarrangements, S. 38–69.

15 Dazu und dem ganzen Umkreis des Instituts in den späteren Materialienbänden weitere Dokumente und Erläuterungen. Außerdem sind die Bände 7 und 8 dieser Werkausgabe heranzuziehen (vgl. oben S. 483)

SACHREGISTER

Ablösung 352
Abstinenz 143, 145, 154, 190
A.C.S., s. Akademisches Comité für Schulreform
Adoleszenz (s. auch Jugend, Pubertät) 169, 220
Affekt, -gebilde, -leben 271f., 309, 317, 320
Akademische Freischar (s. auch Freideutsche Jugend) 118, 122f., 144
Akademisches Comité für Schulreform (A.C.S.; s. auch Sprechsaal) 33ff., 39, 42, 44f., 49ff., 101, 105, 107, 166f., 170, 172, 175, 178, 180
Allgemeinbildung 189, 196, 422
Altersgruppen, -klassen, -stufen 174, 215, 229, 235, 240, 243f., 368
„Alt-Wandervogel" 141
„Der Anfang" 16, 37f., 40, 49, 51, 81, 94, 101, 103, 105–108, 113f., 120, 122f., 127ff., 150, 152f., 167, 171, 176
Anlage 269f.
Anthropologie 262
Arbeit 30, 81, 162, 364, 380, 419, 422
Arbeiterjugend 337, 366, 421f.
Arbeiterschaft 74, 258, 372, 384
Arbeiterunterrichtskurse 100
Arbeitsschule 81, 386, 413, 440, 464, 471
Arbeitsunterricht 83, 386, 420
Archiv für Jugendkultur 37, 50, 107, 165, 169, 171, 180f., 183ff., 220, 222, 256, 260
Askese 149, 156, 323
Autobiographie 327, 448
Autonomie 45, 79ff., 98, 158ff., 162
Autorität 73, 80

Backfisch 18, 276
Bedürfnisse 46, 208f., 210, 215, 232, 235f., 238f., 343f.
Bedürfnisse, erotische 150
Begabung 24f., 170, 387, 430
Beobachtung (Empirie) 188, 216f., 256, 262f., 265, 267, 271f., 369, 380, 388–391, 430, 453, 461
Berechtigungswesen 385
Beruf, Berufsbildung, -erziehung, -eignung, -wahl 47, 50, 69, 159, 217, 244, 249, 364, 367, 379, 385, 387, 407, 419–422, 430, 471

Bildung 15, 77, 79, 83, 110, 126, 134, 138, 187, 189, 214, 380, 394, 451
Bildungsgang 256, 461
„Blau-Weiß“ (Jüdischer Wanderbund) 424, 426, 431, 448, 452
Briefe 183, 328, 358, 362, 366, 369
Brüderschaft 50, 98
Bürgertum 160 ff., 336
„Bund abstinenter Studenten“ (Akademische Vereinigung) 122
„Bund deutscher Volkserzieher“ 118, 122
„Bund deutscher Wanderer“ 122, 141
„Bund für Freie Schulgemeinden“ 112, 115 f., 118, 122 f., 194
„Bund für Schulreform“ 251

Charakter 277 f.
Child study (s. auch Kinderforschung) 166, 381, 396

Depression 25, 138, 346
Didaktik 222 f., 248, 421
Didaktik, experimentelle 390
Disziplin 80, 84, 161, 385, 428, 446
„Dürerbund“ 122, 260
Dürerschulen 94

Ehrfurcht 21, 27, 97 f.
Eltern, Elternhaus 15, 17 f., 21, 30, 40, 45, 47, 50, 55, 64, 67, 73 f., 84, 94, 101, 103, 107, 129, 138, 142, 147, 149 f., 159, 224, 226, 250, 256, 258, 267, 344, 361, 365, 368, 379 f., 395, 471
Emanzipation 198, 368
Entwicklung 27, 30, 33, 110, 126, 174, 244, 252, 261, 269 f., 313, 327, 339, 368, 380, 386, 403, 464, 466 f., 470
Entwicklungsgeschichte 327
Entwicklungspsychologie 274, 323
Erinnerung 187 f., 219, 266, 273, 463
Erlebnis 25, 66, 125, 127, 130 f., 212 f., 215, 217, 220, 263, 271, 316, 339, 347 f.
Eros 67 f., 152, 154
Erotik 153, 216
Erwachsenheit, Erwachsensein, der Erwachsene 45 f., 56, 70, 90, 115, 139 ff., 145 ff., 149 f., 209, 212 f., 215, 225, 227 f., 231, 233, 236, 241, 245, 247, 257, 264, 266 f., 373, 403 f., 411, 420, 422
Erzieher 15, 17 f., 79 f., 263, 359, 368, 391, 395, 467, 472
Erziehung 17, 30, 40, 59, 71, 79, 81, 89, 108, 110, 119, 126, 128, 140, 142, 145, 147, 149, 158 f., 161 f., 165 f., 173, 222 ff., 229, 232 f., 247, 310, 318, 361, 364 f., 368, 379, 380 ff., 387 f., 404, 466
Erziehung, absichtliche 232
Erziehung, autoritative 125
Erziehung, Begriff 231
Erziehung, gesellschaftliche 159
Erziehung, Idealbild der 388

Erziehung, neue 359, 361, 364, 411, 415, 426, 428, 431, 445, 450, 455, 457, 464
Erziehung, religiöse 436
Erziehung, sozialistische 82
Erziehung, systematische 232
Erziehung, Tatsache 231
Erziehung, Theorie 231
Erziehung, zum Klassenkampf 162
Erziehung, zur Arbeit 81, 372, 386, 395, 464
Erziehung, zur Gemeinschaft 81, 162, 387f., 464
Erziehungsvereine 366
Erziehungswesen, -einrichtungen (s. auch Schule) 40ff., 50, 166, 222ff., 226, 247, 336, 372f., 375, 377, 379, 382, 390, 393f., 397, 402, 435
Erziehungswissenschaft 469

Fachschule 81, 395, 422
Familie 37, 61, 63ff., 69, 71, 73, 78, 89, 103, 166, 170, 174, 211, 215, 228f., 232f., 245, 344f., 347, 419
Familienforschung 419
Ferienkurse, pädagogische 439
Fetisch 340ff., 350f.
Forschung 182, 357, 362, 371, 381, 383, 389, 391, 394f., 401, 439
Fortbildung 377, 385
Fortbildungsschule 364, 422
Fortschritt 77ff., 89f.
Fragebogen 177f., 185f., 200, 267, 408, 469
Französische Revolution 336
Freideutsche Bewegung 108f., 115, 127, 153, 162
Freideutsche Jugend 51, 81, 101, 103f., 105ff., 109f., 112ff., 116–120, 123f., 126, 128f., 131, 133f., 141, 144f., 147, 151
Freideutscher Jugendtag 101, 106–109, 111f., 114ff., 117–120, 122f., 125ff., 129ff., 144, 153
Freie Schulgemeinde 40, 49, 51, 56, 90–98, 101, 104, 116ff., 121, 124, 148, 151, 249
Freie Schulgemeinde Wickersdorf (s. auch Wickersdorf) 57f., 145, 413
Freie Studentenschaft (s. auch Akademische Freischar) 99f., 134, 136f., 139, 144
Freund, Freundschaft 27, 29, 97, 134, 142ff., 181, 194, 206, 211f., 214, 236, 249, 274, 277, 281, 287, 299, 301f., 322, 341, 400f.
Führer 52, 57f., 71f., 91, 93, 95, 97f., 111, 132, 141f., 159ff., 245, 309, 405, 452
Fürsorge, -wesen 224, 361, 363–366, 369, 411

Gedichte 181, 201, 351
Gefolgschaft 245
Gefühl 55, 155, 271
Geist, geistig, Geistesleben 23, 29, 63, 66, 69ff., 78, 92, 108, 114, 132, 151, 153, 156, 166, 189, 387

Geistesbildung 89, 187, 189, 203
Gemeinschaft, -sbildung, -sleben 34, 46, 48, 52, 55f., 58, 65, 70, 72f., 77f., 80ff., 85, 90, 92, 97, 124, 142f., 166, 169, 171, 187ff., 191, 202, 210, 220, 231, 234ff., 240f., 245, 248, 261, 372, 385, 388, 404, 443, 464
Gemeinschaftsleben, jugendliches 169, 239
Generation 45, 59, 62, 65, 73f., 79, 90, 92, 109, 152, 257, 336, 372, 378f.
Genie 240, 244
Geschichte der Erziehung 232, 369, 448
Geschichte der Familie 73
Geschichte der Fürsorgeeinrichtungen 369
Geschichte der jüdischen Jugend 359, 398
Geschichte der jüdischen Jugendbewegung 362
Geschichte der Pädagogik 232, 448, 465
Geschichte des jüdischen Erziehungswesens 359
Geschichte des jüdischen Schulwesens 366
Geschichte des Schulwesens 232, 369
Geschlecht 40, 214, 217, 229, 240, 244, 256, 461
Geschlechterverhältnis 67, 154
Geschlechtsleben 34, 208
Geschlechtstrieb 149
Geselligkeit 187, 190, 194, 196, 198, 204, 206, 209f., 212, 235, 317
Gesellschaft, bürgerliche 357
Gesellschaft, -sordnung 53, 63f., 71, 74f., 78f., 90, 107, 149, 154, 159ff., 224ff., 230f., 233f., 236f., 239, 385, 387, 412
Gewissen 26, 28, 82, 105, 108, 126, 128, 130
Glück 343f., 347f.
Gruppe 50, 53, 57f., 60, 82, 92, 96f., 99, 174, 206, 211, 213, 216, 227f., 230f., 234f., 237f., 240, 243, 245, 312, 404, 442, 461
Gruppenpsychologie 174, 460
Guttemplerorden 194
Gymnasiasten, Gymnasium 17ff., 21ff., 27f., 30, 35, 38, 71, 76, 165, 175f., 249, 428

Heilpädagogik 390
Heime 363, 367, 411f., 445
Heterosexualität 317–320, 322f.
Hoher Meißner, s. Freideutscher Jugendtag
Homosexualität 156, 236, 320ff., 349
Hysterie 312, 347

Ichanalyse 464
Ich-Idealbildung 419
Ich-Ideale 271
Ich-Wünsche 271
Ideal-Ich 322f.
Idealismus 126, 187, 190
Individualanalyse 322
Initiation 159, 161, 437, 464

Institut für Jugendforschung 401
Institut für Jugendforschung und Erziehung 450
Institut für Jugendkunde und pädagogische Forschung 394
Institut für Pädagogik 383
Institut für pädagogische Forschung und Studien 394
Institut für Psychologie und Soziologie der Jugend 220, 222
Intelligenz 38, 245, 248, 367, 430
Interesse 22, 28f., 146, 188, 209, 218f., 249, 287, 310, 316, 343, 420
Inzest 346

„Jerubbaal" (jüdische Jugend-Zeitschrift) 406
Juden, -tum 140, 361, 364f., 369, 417, 419, 422, 431, 450, 457f., 466
jüdische Erziehung 357ff., 361f., 364f., 380, 394f., 402, 412, 431, 439, 451, 454, 470
jüdische Jugend 357, 398f.
jüdische Jugendbewegung 359, 398, 400
jüdische Jugendforschung 402
jüdische Jugendkunde 402, 435
jüdische Jugendvereine 366f.
jüdische Lehrerbildung 364
jüdische Pädagogik 363, 402
jüdische Pfadfinder 424, 431
jüdische Proletarierkinder 445
jüdische Schülerorganisationen 452
jüdische Wirtschaftserziehung 447
Jüdisches Institut für Jugendforschung (und Erziehung) 357, 359, 361, 365, 401, 406, 424, 434, 439, 441, 457, 460, 464, 466
Jüdisches Pädagogium 408, 413
jüdisches Schulwesen 367, 394
Jüngling 14f.
Jugend, s. auch Institut für...
Jugend, Jugendalter, -zeit 15f., 33, 45f., 51ff., 56, 58f., 61ff., 75ff., 84, 89, 92ff., 98, 106, 110, 119f., 124ff., 127, 130, 132, 134, 137f., 140ff., 145f., 150f., 154, 156f., 165, 168f., 174f., 180ff., 189, 193, 223ff., 227ff., 230ff., 236f., 240f., 245ff., 261f., 264ff., 324ff., 328, 334, 339f., 368, 373, 378f., 387, 402ff., 422, 427, 431, 460, 462, 469
Jugend, autonome 96, 98
Jugend, (soziologischer) Begriff der 230, 245f.
Jugend, bürgerliche 337f.
Jugend, Eigenart 62, 68f., 107, 146, 230, 232, 236, 238f., 246, 248
Jugend, Eigenwert 79
Jugend, Emanzipation der 111
Jugend, Freiheit der 118
Jugend, Gesellschaftsordnungen der 404
Jugend, Geist der 166
Jugend, geistige Stellung 229
Jugend, Idee der 61, 73, 145
Jugend, Mission der 59
Jugend, Naturleben der 234ff.

Jugend, neue 116, 129, 135
Jugend, proletarische 85, 335, 337f.
Jugend, Psychologie der 185, 238, 240, 243
Jugend, psychologischer Begriff 245
Jugend, Recht auf 76
Jugend, Recht der 47, 74, 81f., 403
Jugend, Selbstgefühl der 16
Jugend, Sinn der 61, 63
Jugend, Soziologie der 237
Jugend, sozialistische 162
Jugend, Wille zur 81
Jugend und Gesellschaft 225, 253
Jugend und Wirtschaft 232, 237
Jugendbewegung 35, 81, 84, 89f., 92, 100, 103f., 109, 113ff., 118f., 121, 126f., 129f., 134, 140f., 147, 149f., 152f., 155, 157ff., 221, 235, 366, 394, 404, 431, 437
Jugendbewegung, proletarische 471
Jugendbewegung, sozialistische 160, 162
Jugendforschung 175, 182, 185, 222, 242f., 246, 249f., 253ff., 258, 260f., 266, 268ff., 272f., 324, 359, 381, 402, 450, 453, 464
Jugendführer 160, 267, 361, 364f., 389, 460
Jugendfürsorge 361, 365f., 394
Jugendgemeinden 50, 52, 55ff., 91, 94ff., 146, 236
Jugendgemeinschaft 60, 73, 89f., 152, 190, 235
Jugendheime 61, 85, 97
Jugendideale 420
Jugendkultur 33ff., 40f., 49, 51f., 55f., 91ff., 98, 103, 109, 111f., 116, 121, 125, 128, 132, 135, 147f., 151, 166, 176, 190
Jugendkulturbewegung 141, 145, 147, 179
Jugendkunde 237, 251, 261f., 264ff., 269f., 313, 327, 359, 362, 365, 367, 380, 396, 402, 435, 470f.
Jugendleben 41, 43, 49, 71, 78f., 90, 93, 100, 125, 140, 165, 173, 207, 250, 254, 313, 334, 336, 361
Jugendlicher, jugendlich 47, 76f., 144, 158, 232, 246f., 368, 385, 411, 417, 460
Jugendorden 51
Jugendorganisationen 211f., 358, 362, 366
Jugendpolitik 260
Jugendpsychologie 217, 325ff., 342
Jugendrecht 81
Jugendsexualität 149f., 335
Jugendverein 63, 210, 212–218, 236, 369, 427, 431
Jugendzeitschriften 470
„Jungdeutscher Orden" 161
„Jungjüdischen Wanderbund" 431
„Jung-Wandervogel" 94, 101, 118, 141

Kameradschaft 57, 80, 89, 97f., 104f., 117, 119, 129, 131, 154, 193, 198, 202, 208, 302, 420
Kind 45, 64, 70, 73f., 79, 145, 158, 160, 180, 198, 220, 225f., 228f.,

262–267, 324f., 326, 328, 339, 368, 379, 385, 394, 411, 422, 460, 462, 467
Kinderforschung (s. auch Child Study) 381
Kinderfürsorge 361, 365, 430
Kindergarten 366, 411, 426, 441f., 447
Kindergärtnerin 376, 389, 429f., 439, 446, 460
Kinderheim Baumgarten 406, 411ff., 415, 431, 444, 447
Kinderpsychologie 264, 267, 269f., 380, 382, 385, 422, 439
Kinderseele 267f., 270, 362, 448, 462, 470
Kindheit 14, 33, 70, 151, 169, 245f., 264, 266, 340, 348, 368, 378, 403, 419, 460, 469
Kindheit, frühe 267, 271, 339
Klassenkampf 162, 384
Koedukation 21, 149
Konflikt 15, 47, 50, 68, 127, 138, 151, 154, 159, 236, 352
Körper, -gefühl, -kultur 142f., 153, 156, 187, 189f., 193, 207
Kultur 18, 21, 42f., 48ff., 52, 55, 57–60, 62f., 70ff., 80f., 83, 85, 89f., 92ff., 96, 99f., 117, 132, 140, 144, 146f., 155, 157f., 160, 170, 213, 219, 244, 246ff., 257, 369, 379, 403, 466
Kunst 35, 62, 84, 97, 147, 155, 187f., 194, 230, 233, 421
Kunsterziehung 83, 430

Landerziehungsheim 161
Latenzperiode 317, 319, 321
Lebensform 75, 112, 147
Lebensführung, -gestaltung 70, 75, 92, 107ff., 120f., 145, 156
Lehrer 15f., 27, 29, 50, 57f., 63, 80, 84f., 95, 97, 138, 160, 180, 232, 249f., 258, 285, 315, 338, 361, 364–367, 369, 372ff., 376f., 379ff., 384, 389, 391, 394f., 397, 408, 439, 444, 450, 452, 460, 466, 472
Lektüre 291f., 395
Libido 317, 319
Liebe 27, 29, 55, 64, 73f., 80, 131, 156, 169, 235f., 240, 245, 249, 315, 317, 320ff., 341, 343ff., 349, 352, 405, 471
Literatur 84, 189, 194, 200, 206, 457
Lust, -prinzip 347, 431

Männerbund 153, 156
Massenpsychologie 464
Menschheit 41, 56, 60ff., 66, 69f., 74, 85, 89, 144, 166, 208, 219
Milieu 256f., 385, 419, 468
Militarisierung 80
Minderwertigkeitsgefühl 315f., 319, 321
Mittelschule, s. Gymnasium
Mittelschüler, s. Gymnasiasten
Moral, Sittlichkeit 54, 66ff., 74, 80, 104, 147, 151, 161, 236, 271
Musterfarmen 408

Narzißmus 322, 340
Nation 143, 147, 214, 219, 223, 240, 244, 256
Naturvölker 226, 235, 244, 403
Neurose 151, 345

Onanie 335ff.

Pädagogik 38, 72, 145, 150, 176, 220, 223, 226, 232f., 237, 242, 246ff., 261f., 334f., 337, 357, 361f., 365, 386, 391, 403, 421, 439, 465, 468
Pädagogik, experimentelle 222f.
Pädagogik, sozialistische 431
Pädagogik, soziologische 464
Pädagogik, wissenschaftliche 237, 394ff.
Pädagogische Bewegung 42
pädagogische Forschung 371, 382, 385, 388, 438
pädagogische Institute 34, 372, 374, 392
pädagogische Kultur 378
Pädologie 249, 261
Pestalozzi-Fröbel-Haus 446f.
Pfadfinder 141
Phantasie 22, 212f., 240, 268, 339, 344, 346, 422, 462, 470
Philosophie 54, 62, 237, 246
Produktionsschule 471
Proletariat 160ff., 448
Psychoanalyse 149, 151ff., 219, 240f., 259, 261, 265, 269ff., 274, 346, 367, 431, 465, 470
Psychographie 255f.
Psychologie 38, 50, 169, 174f., 180, 189, 192, 205, 210, 217, 220, 222, 234, 237ff., 242, 245f., 252, 255, 258, 261ff., 269f., 272, 319, 327, 337, 342, 361f., 365, 367, 435, 439, 465f.
Psychologie der Schulklasse 249
Psychologie des Säuglings 266
Psychologie, experimentelle 224, 242f., 429f.
Pubertät (s. auch Jugend) 15, 138, 146, 149, 151, 153, 155f., 159, 169, 313, 317, 334, 337, 342, 345, 370, 404, 420, 464

Rasse 57, 95, 244, 256
Rassenhygiene 54, 115, 143
Realschule 22, 175f.
Reformkleidung 145
Reformschulen 144
Religion 55, 84, 101, 230, 233, 284, 369, 419
Religionspsychologie 253
Reliquie 339ff., 341f., 347f., 350ff.
Revolution 74, 81, 84, 103, 127

Säugling 169, 394
Schule, Schulsystem, -wesen (s. auch Erziehungswesen) 16f., 19, 21f. 24, 28f., 37, 40, 47, 50, 52, 55, 60ff., 65ff., 71f., 76, 78, 80f., 89, 91, 93f., 96, 101, 103, 106f., 116, 118, 138, 147, 149, 165f., 170, 174, 190, 198, 223, 232f., 247, 249f., 267, 291, 338, 363, 366, 372f., 379f., 384–387, 411, 421, 427
Schüler 19, 27, 36f., 50, 54, 57, 83f., 125, 138f., 141f., 165, 171, 177, 198, 337, 444
Schülervereine 174

Schülerzeitschriften 181, 470
Schulgemeinde 57, 72, 82ff., 94, 97, 166, 413, 428, 440
Schulmuseum 378
Schulreform 15f., 33, 41, 48, 72, 165, 190, 199, 207, 429, 439, 471
Seele, Seelenleben 26f., 81, 158f., 244, 264f., 313, 387
Seele, jugendliche 46, 89, 181, 206f., 241, 244, 267, 366
Selbstachtung 113, 129f.
Selbstbegrenzung 143
Selbstbeobachtung 184, 266f., 271
Selbstbestimmung 117, 126, 137f.
Selbstbewußtsein 184
Selbstbildung 79, 427
Selbsterziehung 71, 99f., 103, 110, 128, 130, 143f.
Selbstmord 46, 138
Selbstvertrauen 25
Sexualethik 143
Sexualforschung 157
Sexualität, infantile 149
Sexualität, jugendliche 47, 150, 166, 171, 235, 241, 335
Sexualität, Sexualleben 149ff., 154f., 157, 241, 271, 317ff., 323, 334–338, 345ff., 437
Sexualleben, erwachsenes 241
Sexualpädagogik 149, 236
Sexualphantasien 347
Sexualproblem 157
Sexualtrieb 151, 334f.
Sexualwissenschaft 151, 155
Siedlungsbewegung 145
Sittenlosigkeit 334, 338
Sittlichkeit, s. Moral
Sozialismus 81, 84, 387
Sozialpsychologie 210, 245, 262, 269, 365
Sozialwissenschaft 225, 421, 440
Soziologie 20, 50, 23f., 262, 269
Soziologie der jugendlichen Arbeiter 420
Spiel 234, 240, 362, 368f., 380, 395, 404, 419f., 422, 436, 462f., 470f.
Sprachentwicklung 369, 466ff., 470
Sprechsaal (s. auch Akademisches Comité für Schulreform) 34f., 38f., 50, 55f., 84, 89, 94, 101, 105f., 113f., 120f., 128, 139, 179 245
Studenten 33, 35ff., 40, 42, 54, 84, 99, 119, 125f., 138f., 141f., 165, 167, 170ff., 211, 344, 366, 408
Sublimierung 151, 155, 241, 338, 472
Sympathie 309f., 314, 316, 341

Tagebücher 166, 172, 180f., 183, 218, 256f., 268, 311, 325f., 328, 338f., 340ff., 350–353, 358, 362, 366, 369
Traum 23, 248, 351
Trieb 68f., 74, 152ff., 155, 158, 160, 176, 182, 190, 210, 215, 235, 239, 263, 311, 314, 320f., 323, 335

Universität 40, 81, 126, 139, 249, 371, 407
Unterricht 83, 361, 365, 368f., 379f., 382, 421, 430
Utopie 52, 85, 374

Vater 66, 71, 232, 249, 344
Verantwortung 103, 105, 108, 110, 120, 130, 145, 155
Verdrängung 151, 241, 271, 318ff., 338, 346f.
„Verein für Volkserziehung" 446
Versuchsschulen 386
Vertrauen 15, 45
Völkerpsychologie 423
Volksbildungswesen 377
Volksbücherei 430
Volksheime, Settlements 366
Volkshochschule 413, 415, 422
Volkskultur 371, 407
„Vortrupp" 118, 122

Wandervogel 35, 51, 53, 55, 60, 81, 85, 106f., 117f., 122, 124, 128, 141–145, 147, 150ff., 156, 179, 193, 206f., 216, 220f., 241, 245
„Wanderscharen e.V." 141
„Weimarer Verband freistudentischer Freunde der Jugendbewegung" 136, 139
Wendekreis-Schule 431
Wert, Wertgefühl 65f., 116, 315
Wickersdorf (s. auch Freie Schulgemeinde) 49, 94, 117, 123, 137
Wille 23, 28f., 48, 56, 58f., 60f., 69, 75, 92ff., 105, 107, 109, 111, 120, 135, 379
Wirtschaft 364, 379, 387
Wirtschaftserziehung 363, 365, 370, 390, 417ff., 422, 431, 437f.
Wissenschaft 97, 206, 379f., 381ff., 391, 394, 397, 455, 466

Zeichnungen 183, 358
Zentralinstitut für Erziehung und Unterricht 396, 429
Zionismus 368

PERSONENREGISTER

Altenburg, Oskar 221
Aretin, Johann Christoph 329
Avenarius, Ferdinand 54

Baade 170, 255
Baader, Franz von 330
Barbizon, Georges [i. e. Georg Gretor] 150
Barth, Paul 225 f., 448
Basedow, Johann Bernhard 469
Bashkirtseff, Marie 332
Baumgarten, R. 470
Benjamin, Walter 44, 134
Berendsohn, Walter A. 134
Bernfeld, Siegfried 21, 34, 39, 150 f., 158, 171, 220, 261, 357, 359 f., 364, 369, 371, 374, 382, 393, 398, 407, 411, 413, 415 f., 418, 431, 436 f., 438, 440, 447 f., 456, 460, 464 ff., 471 f., 474
Bierbaum, Otto Julius 221
Biller, Klara 424
Bleuler, Eugen 272
Blonskij, Pawel Petrowitsch 464
Blüher, Hans 141, 152 f., 155 f., 193, 206 f., 216, 221, 241
Bobertag, Otto 429 f.
Bondy, Alfred 407, 413
Bondy, Curt 471
Booker, Washington 448
Braun, Lily 196
Bray, William 329
Bretter, Gusti 446
Buber, Martin 413, 415
Bühler, Charlotte 325 ff., 334
Burr, Anna Robeson 327

Christian der Jüngere, Fürst zu Anhalt 329
Claparède, Edouard 365

Dietmar, Bartholomäus 329
Drucker, Egon 426, 428, 448

Dümmler, Ernst 330
Duschkin 464

Eichendorff, Joseph Freiherr von 330
Eichendorff, Wilhelm Freiherr von 330
Emscher, Fritz Heinz von der 221
Ernst, Paul 12
Ettinger, Karl 424
Evelyn, John 329

Fenichel, Otto 157, 437
Fichte, Johann Gotlieb 64, 365
Fischer, E. W. 331
Fischer, Aloys 238
Fischer-Benzon, R.v. 332
Flaubert, Gustave 331
Frank, Frieda 407
Freud, Sigmund 152, 216, 319f., 346, 365, 431, 466
Friedemann, Adolf 221
Fröbel, Friedrich 447, 469
Fuchs, Gerhard 360, 407f., 416, 428, 435f., 447, 455, 461, 464
Fuss, Joel 427, 442, 444

Gallwitz, Sophie Dorothea 333
Gaudy, Franz von 330
Geiringer, Hilda 413
Gelb, Recha 442
Giese, Fritz 180f., 206
Ginsberg, P. 413
Glagau, Hans 327
Glanz, Rudolf 407
Goethe, Johann Wolfgang von 14, 97, 199, 326, 329
Goldscheid, Rudolf 37
Goldstein, Malka 467
Gräser, Gusto 132
Grillparzer, Franz 330
Grossmann, Louis 466
Grünberg, I. 407
Gwinner, Charlotte von 330
Gwinner, Wilhelm 330

Hall, Granville Stanley 207, 220, 238, 365
Hamerling, Robert 332
Hammer, Leo 444
Hammerschlag, Gertrude 466
Händel, Georg Friedrich 196
Hebbel, Friedrich 199
Herbart, Johann Friedrich 262
Herling, Hilel 446
Herzl, Theodor 221

Hodann, Max 157
Hoffer, Willi 428ff., 437, 456, 470
Hoffert, Sarah 441
Hohenhausen, Elise von 331
Hohenhausen, Carl von 331
Holek, Wenzel 448
Holitscher, Arthur 431
Holtzmann, Heinrich Julius 332
Holtzmann, Robert 332
Holz, Arno 221
Houben, Heinrich Hubert 344
Hugh-Hellmuth, Hermine 448

Infeld, Zwi 428, 444
Inslicht, J. 407, 413
Ipsen, Henrik 199

Jäger, Gustav 234
James, William 207
Jerschke, Oskar 221
Johnson, John 221

Karl IV., deutscher Kaiser 328
Karmi, Zwi 428
Kaufmann, Schlomo 470
Kawerau, Max 464
Kerr, Alfred 50
Kerschensteiner, Georg 472
Klaiber, Theodor 327
Klein, G. Walter 413
Kleist, Heinrich von 199
Kohl, Horst 329
Kohn, Erwin 363, 387, 408, 418, 431, 437f., 447f., 455, 464
Körner, Theodor 331
Kranold, Hermann 134
Krause, Georg 329
Krüger, Felix 238, 265
Krüger, Hermann Andreas 330
Kulka, Anna 274
Kurz 470

Lamprecht, Karl 251
Landolt, Johann Heinrich 330
Larsen, Karl 332
Lassalle, Ferdinand 331
Lassmann, Alfred 221
Laubmann, G.v. 331
Lepsius, Bernhard 331
Lichtenberg, Johann Christoph 13
Lindau, Paul 332

Lindsey, Ben B. 336ff.
Lipmann, Otto 170, 251
Litzmann, Berthold 331

Marie Fürstin zu Erbach-Schönberg 332
Meumann, Ernst 238
Meyer, Richard M. 327
Mirska, Ljuba 464
Modersohn-Becker, Paula 333
Monroe, Will S. 174, 205f., 220f.
Montessori, Maria 365, 440f., 447
Morgenstern, Christian 333
Morosow, Vassilij 431
Morris, Max 329
Müller, J.T. 329

Nath, Max 221
Natorp, Paul 50, 54, 108, 127
Neuendorff, Edmund 94, 118
Niesemann, Johann Gottfried 331
Nietzsche, Friedrich 257
Nowack, Alfons 330

Obernik, Grete 428
Oelsner, Ludwig 328
Oestreich, Paul 471
Ognjev, Nikolai 337f.
Ostwald, Wilhelm 50, 108
Otto, Berthold 365, 402, 413, 440

Paasche, Hans 116
Parthey, Lili 331
Patak, Erna 412
Pertz, Georg Heinrich 328
Peschel, Emil 331
Pesenik 465
Pestalozzi, Johann Heinrich 363, 446, 469
Pfemfert, Franz 332
Pfister, Oskar 263, 471
Pilger, Robert 192, 205f., 221
Platen, August Graf von 331
Platter, Felix 328
Pollak, Rafael 428
Popert, Hermann 132
Posner, W. 471
Preyer, Wilhelm 263, 265

Rabenlechner, Michael Maria 332
Rachel, Paul 329
Rausch, Alfred 221

Weber, Alfred 126, 153
Wedekind, Eduard 344
Wedekind, Frank 150
Weltsch, Robert 413
Winkelmann 82
Wolff, Kurt 331
Wundt, Wilhelm 263, 265
Wyneken, Gustav 36, 44, 49, 94, 101, 103f., 112ff., 124, 132, 134f., 145, 148, 150f., 153, 156, 179, 365, 471

Ziegler, Ernst 465
Zinzendorf, Nicolaus Graf von 329
Zobelitz, Fedor von 330
Zwick, Moses 445